# 上海工程咨询
# 优秀成果选编

## 2010—2014年（上）

上海市工程咨询行业协会·编

主编　蒋应时　戴建敏

上海社会科学院出版社

# 《上海工程咨询优秀成果选编（2010—2014年）》编委会

主　　编：蒋应时　戴建敏

编　　委：（排名不分先后）

　　　　　梁玉源　王　骅　印保兴　张玉鑫　汤　伟
　　　　　周　军　何晓平　申伟强　张建伟　吴德荣
　　　　　林贻伟　黄学军　孙伟军　崔志仁　徐志浩
　　　　　产正平　潘晓东　刘伟杰　韩光耀　张燕平
　　　　　毕湘利　张金明　黄建勇　薛新功　郭康玺
　　　　　冯裕兴

执行编辑：周荣生　韩光耀　关海华

责任编辑：陈　军　王　勤

编　　辑：徐青芬　敖永杰　贝聿炎　邬贤南　沈解放
　　　　　刘新梅　蒋竞芳　李　明　王星晨　孙永康

我国的工程咨询行业,是伴随着改革开放成长和发展起来的新型智力型服务行业。其功能主要是为经济社会的科学发展、政府投资的合理使用、投资项目的规范建设等提供咨询服务。虽然其发展的历史比较短暂,但已有力地推动了中国投资决策的民主化、科学化进程,在优化重大布局、调整经济结构、提高投资效益、规避投资风险、确保工程质量、加强和改善投资宏观调控等方面作出了重要贡献,发挥了智囊和参谋的作用。因此,正如中央全面深化改革领导小组办公室专职副主任、国家发展改革委副主任穆虹在中国工程咨询协会送阅的《人民日报——为中国工程咨询竖起大拇指》专刊上批示的那样:"工程咨询队伍也是新型智库的重要组成部分。"

　　当今世界各国现代化发展的历程表明,智库已成为影响重大决策的重要力量,可谓成大事者,不可不用大谋。随着中国"两个百年"发展目标的提出、"一带一路"等重大国家战略的推出和全面深化改革的继续推进,工程咨询行业要充分发挥新型智库的智囊作用,还有许多基础工作要做。当前首要工作,就是要围绕落实党中央、国务院关于加强中国特色新型智库建设的要求,抓紧研究、总结工程咨询的理论、方法和经验,进一步加强行业素质建设,练好内功,夯实基础。要充分利用本行业涌现出的大量优秀咨询成果,充分发挥优秀成果的示范和引领作用。不仅在工程咨询行业内营造出创优、推优、树优的良好氛围,还要大力宣传工程咨询的服务价值,提升工程咨询行业在社会的认知度。通过总结、提炼、宣传和交流,大大提高行业的咨询工作水平和谋事建言能力。唯有这样,工程咨询行业才能以更加科学的思路、更加先进的技术、更加合理的建议咨政建言,不失为经济社会发展、政府投资及项目建设的新型智库,充分发挥新型智库服务国家经济社会发展目标、服务国家重大战略、服务政府投资的功能。

　　在这方面,上海市工程咨询行业协会率先跨出了务实的一步,他们在总结工程咨询行业优秀成果、宣传行业服务价值上进行了有益的探索。2010年,他们精选了前五年评出的部分上海市优秀工程咨询成果,编撰出版了《上海工程咨询优秀成果选编》。2015年,他们根据新形势、新要求,与时俱进,继续组织编撰了《上海工程咨询优秀成果选编

（2010—2014年）》（上册、下册）。本书着力聚焦工程咨询行业的特点和服务价值，在原有基础上，作了较大改进，即在每篇优秀成果的篇头，新增对成果特色的"点评"，力求突出工程咨询行业在咨政建言过程中所采用的先进理念、思路、方法和手段，使工程咨询的服务亮点突出，价值彰显。本书展示的优秀成果，案例典型、图文并茂、效果显著，生动地再现了工程咨询行业在中国经济社会快速发展过程中的各类咨询服务工作，从一个侧面展现了工程咨询行业作为经济社会发展的智库所发挥的独特功能。同时，通过一个个工程咨询的优秀成果，也让社会各界深刻感受到，在经济社会快速发展的过程中，先进的城市功能布局、合理的产业结构调整、标志性的重大建设项目、惠及民生的城市基础设施等，无不饱含着工程咨询行业专业技术人员的聪明智慧和辛勤汗水，领略到工程咨询行业咨政建言的智库作用。

当前，我国经济社会的发展进入了新常态，工程咨询行业已发展成为现代服务业的重要组成部分和经济社会发展的先导产业，其服务于经济社会发展的空间将会越来越宽广。我衷心希望，通过上海市工程咨询行业协会本书的出版，不仅能够带动全国工程咨询行业对工程咨询理论再研究、工作再认识、方法再创新的热情，而且能够促进全国的行业协会，以多种形式及时总结新经验、新方法，进一步提高全行业的业务水平和工作能力，不断完善工程咨询的智库建设，为实现中国"两个百年"的宏伟目标作出新贡献。

中国工程咨询协会会长<br>
2016年3月

# 前 言

当前,中国正处于重要战略机遇期,经济社会的发展已进入一个新常态。作为经济社会发展先导产业的工程咨询行业,如何主动适应新常态,在加快自身转型、创新发展的同时,用好机遇迎挑战,勇于创新求发展,积极开辟国际国内两个市场,进一步发挥工程咨询行业推动经济社会发展的作用,显得十分重要。

工程咨询行业提供的,是依据法律法规和经济社会发展规划,结合实际情况,综合运用各种科学手段,为促进经济社会发展规划的贯彻落实,提高投资决策的科学性,保证投资建设质量和效益,妥善解决投资过程中各类难题的一种智力服务。中国工程咨询行业已成为投资管理部门投资建设的参谋和助手。党中央、国务院领导同志历来高度重视工程咨询工作,近年来多次对行业的发展作出重要批示,为中国工程咨询行业指明了前进道路与方向。同时,工程咨询行业也以其优质的服务和较高的咨询价值回馈社会,为经济社会的可持续发展,发挥了重要的促进作用。当前,及时认真地总结并交流工程咨询的先进理念与方法,大力宣传行业的优秀成果,不仅能够更好地展现该行业的良好形象,也能为"两个百年"奋斗目标的实现,为"一带一路"、"京津冀协同发展"、"长三角经济带"三大国家战略的实施,为进一步促进经济社会的可持续发展,发挥至关重要的推进作用。

2010年,上海市工程咨询行业协会首次组织编撰出版了《上海工程咨询优秀成果选编》(以下简称《选编》),在业内外广泛交流,加强了行业宣传、树立了行业形象,产生了良好的效应。这为咨询人员进一步学习先进咨询理念、运用科学手段、创新咨询方法,注入了提升业务能力的正能量。经过五年以来的工作实践,本市工程咨询行业又产生了累累硕果。面临当前新形势,协会经理事会讨论决定,为更好地加强行业宣传、发挥行业优势,进一步为行业抓住机遇、迎接挑战、拓展市场、优化咨询提供服务,决定继续组织编撰《上海工程咨询优秀成果选编(2010—2014年)》(以下简称《选编(2010—2014年)》)。

入选《选编(2010—2014年)》的案例,主要从2010年至2014年本市工程咨询优秀成果一等奖中遴选出来，同时包括部分获得国家奖项的优秀工程咨询成果。这些优秀咨询成果，涉及方方面面，包括对中国（上海）自贸试验区建设情况的评估，上海"四个中心"和后世博建设项目等重大项目的建设，还涉及轨道交通设施项目和全国其他地区重大交通规划的咨询等众多项目。总之，本书的内容基本涵盖工程咨询的业务范围，不仅涉及国家战略和地区重大发展规划的实施，还涉及公共安全、保障民生项目和区域标志性重大项目的建设。《选编（2010—2014年）》旨在通过本市工程咨询行业优秀成果的展示，充分展现这几年上海工程咨询人员辛勤劳动的结晶；充分反映上海工程咨询人员在促进经济社会发展、调整经济结构、保障和改善民生中，所注入的科学精神和聪明才智；还以一个个翔实的案例，生动地体现通过工程咨询，确实提高投资决策的科学性、确保工程质量、规避投资风险和验证"先评估、后决策"原则的正确性；同时，还能通过众多的咨询成果，充分凸显工程咨询行业在解决项目投资和工程建设中遇到棘手难题时的咨询价值。

《选编（2010—2014年）》的案例，主要包括规划编制与咨询、投资机会研究、投资可行性研究、投资评估咨询和工程项目全过程管理，以及节能或社会稳定风险专项分析报告等工程咨询的新理论、新业务和新方法，涉及国民经济和社会发展的诸多领域。

《选编（2010—2014年）》单篇优秀成果的篇章结构，与2010年出版的《选编》相比，作了较大的创新与改进。首先，强调了工程咨询的服务价值。以项目投资可行性研究报告为例，在"项目背景"、"项目内容"、"工作过程"、"咨询工作特点"和"咨询效果"等五部分的内容中，要求重点叙述后三部分内容，即重"工作过程"——向读者介绍工程咨询中，针对遇到的重点、难点问题，如何运用新思路、新方法、新手段来破解难题的过程和细节；重"咨询工作特点"——通过直接呈现解决问题的创新性方案和先进方法，或通过独到的解题思路与科学方法的叙述，或通过成果优点、特点的描述，从侧面反映咨询工作有效解决难题的咨询价值；重"咨询效果"——集中叙述经咨询后，项目投资或建设所产生良好的技术、经济和社会效果。其次，新增了对每篇优秀成果的"专家点评"。点评抓住成果的先进技术、经济效应和工程影响力,或工程咨询运用的新思路、新方法、新手段等,选择其中一两个亮点进行评价,实事求是地评价咨询工作的服务价值,达到让社会进一步认识行业在经济社会发展中不可或缺作用的目的。

我们衷心希望,《选编(2010—2014年)》的出版,不仅能为行业的业务学习和交流提供一个内容丰富的载体;也能为工程咨询行业在当前形势下,进一步适应新常态,加快推进行业的科学健康发展提供智力支持;更为行业单位在转型发展中努力开拓国内外市场,提供一个介绍行业和单位优秀成果的窗口,并以此激励工程咨询的同仁们,继续共创工程咨询行业的辉煌业绩。

2016年3月

# 目录

## 上 册

序 ……………………………………………………………………… 王武龙　1
前言 ……………………………………………………………………………… 1

## 一、规划咨询研究报告篇

城市总体规划的定位和作用研究报告 …………………………………………… 3
"创新驱动、转型发展"背景下上海大都市城乡发展规划战略研究报告 ………… 7
上海市城市近期建设规划（2011—2015）研究报告 …………………………… 12
上海市土地利用总体规划（2006—2020年）研究报告 ………………………… 17
上海市基本生态网络规划研究报告 ……………………………………………… 22
上海市创建国家公交都市示范城市规划研究报告 ……………………………… 31
南充市城市综合交通规划咨询报告 ……………………………………………… 41
常州市城市快速轨道交通建设规划（2011—2018）咨询报告 ………………… 52
昆山市城市总体规划（2009—2030）咨询报告 ………………………………… 59
宁德企业总部用地城市设计咨询报告 …………………………………………… 63
绍兴市城市轨道交通线网规划咨询报告 ………………………………………… 69
珠海智能交通系统规划咨询报告 ………………………………………………… 75
上海中心大厦信息通信建设规划研究报告 ……………………………………… 82
上海市公用移动通信基站站址布局专项规划（2010—2020）研究报告 ……… 88
钦州市滨海新城综合交通体系规划咨询报告 …………………………………… 94
上海市奉贤区四团镇拾村村村庄规划研究报告 ………………………………… 102
上海英雄（集团）有限公司三年行动规划咨询报告 …………………………… 108

## 二、可行性研究报告、项目和资金申请报告篇

| | |
|---|---|
| 宁波梅山春晓大桥工程可行性研究报告 | 115 |
| 芜湖市利用世界银行贷款改善交通走廊及建设绿色公交系统项目可行性研究报告 | 121 |
| 上海世博会地区B02、B03地块地下空间工程可行性研究报告 | 126 |
| 上海市周家嘴路越江隧道新建工程可行性研究报告 | 132 |
| 上海市轨道交通11号线北段工程、南段工程可行性研究报告 | 139 |
| 上海市中山南路地下通道工程可行性研究报告 | 145 |
| 上海市沿江通道越江隧道工程（越江段）可行性研究报告 | 152 |
| 北翟路（外环线—中环线）快速路工程可行性研究报告 | 158 |
| 虹梅南路—金海路通道工程（越江段）工程可行性研究报告 | 164 |
| 辰塔公路跨黄浦江大桥（暂名）新建工程可行性研究报告 | 170 |
| 上海临港新城东港区公用码头一期项目资金申请报告 | 176 |
| 天津市文化中心地下交通枢纽工程可行性研究报告 | 179 |
| 南京南站综合枢纽快速环线工程可行性研究报告 | 183 |
| 武汉王家墩商务区核心区地下车行环廊工程可行性研究报告 | 191 |
| 长沙市万家丽路（福元路—湘府路）快速化改造工程可行性研究报告 | 196 |
| 南昌市朝阳大桥工程可行性研究报告 | 201 |
| 乌鲁木齐市高铁综合交通枢纽工程可行性研究报告 | 207 |
| 贵阳市东站路道路工程可行性研究报告 | 215 |
| 无锡锡东新城高铁商务区地下车行通道工程可行性研究报告 | 221 |
| 苏州高新区有轨电车1号线工程可行性研究报告 | 227 |
| 宁波市轨道交通2号线一期工程可行性研究报告 | 233 |
| 温州机场交通枢纽综合体及公用配套工程可行性研究报告 | 239 |
| 海南省旅游公路万宁石梅湾至大花角段示范工程可行性研究报告 | 246 |
| 海口市快速路网骨干工程海秀快速路工程可行性研究报告 | 251 |
| 鄂尔多斯市康巴什新区伊克昭大桥新建工程可行性研究报告 | 256 |
| 临沂市三河口祊河隧道工程可行性研究报告 | 261 |
| 扬州文昌阁中环疏解工程可行性研究报告 | 267 |
| 哈尔滨市阿什河干流道外香坊段防洪及河道整治工程可行性研究报告 | 273 |
| 广州市西江引水工程可行性研究报告 | 279 |

崇明岛东风西沙水库及取输水泵闸工程可行性研究报告……………………………… 285

青浦第三水厂一期工程可行性研究报告…………………………………………… 289

镇江市大港水厂一期工程可行性研究报告………………………………………… 295

山东东营市南郊水厂扩建工程可行性研究报告…………………………………… 300

广州市番禺区前锋净水厂扩建三期工程及一、二期排放标准升级工程可行性
　研究报告………………………………………………………………………… 304

上海市白龙港城市污水处理厂污泥处理工程可行性研究报告…………………… 309

上海市竹园污泥处理工程可行性研究报告………………………………………… 315

苏州工业园区污泥干化处置项目一期工程可行性研究报告……………………… 318

上海市污水治理白龙港片区南线输送干线完善工程（东段输送干管）可行性
　研究报告………………………………………………………………………… 322

郑州市南三环污水处理厂工程可行性研究报告…………………………………… 328

虹口港泵闸工程可行性研究报告…………………………………………………… 335

淀东水利枢纽泵闸改扩建工程可行性研究报告…………………………………… 341

大治河西枢纽新建二线船闸工程可行性研究报告………………………………… 346

东太湖综合整治工程可行性研究报告……………………………………………… 352

上海古猗园景观水体治理工程可行性研究报告…………………………………… 357

南汇东滩促淤圈围工程项目建议书………………………………………………… 361

苏州河下游段防汛墙加固和底泥疏浚工程（底泥疏浚部分）可行性研究报告 …… 365

常州市餐厨废弃物综合处置一期工程可行性研究报告…………………………… 370

2011年第八届中国（重庆）国际园林博览会——上海园工程可行性研究报告 …… 377

# 下　册

上海虹桥商务区主功能区滨河及绿地景观——华翔绿地（暂名）可行性研究
　报告……………………………………………………………………………… 383

中国电信2013年总部计费及容灾系统（上海节点）扩容改造工程可行性研究
　报告……………………………………………………………………………… 388

上海轨道交通网络运营智能化信息服务系统可行性研究报告…………………… 392

上海市浦东新区城市图像监控覆盖项目可行性研究报告………………………… 398

福建炼油化工有限公司精细化工园区碳五分离装置可行性研究报告……406

大众汽车变速器（上海）有限公司搬迁技术改造项目可行性研究报告……411

中船龙穴造船基地民船项目一期工程可行性研究报告……415

国核压水堆示范工程初步可行性研究报告……422

上海华电莘庄工业区燃气热电冷三联供改造项目可行性研究报告……428

菏泽尧舜牡丹生物科技有限公司牡丹日化项目可行性研究报告……433

上海中联重科桩工机械有限公司大型、智能化旋挖钻机、地下连续墙关键部件
工艺改进、产品提升项目可行性研究报告……438

中华艺术宫项目可行性研究报告……442

上海国际舞蹈中心项目可行性研究报告……447

七彩云南·古滇王国文化旅游名城项目可行性研究报告……452

云南文化艺术中心（云南大剧院）建设项目可行性研究报告……457

海南博鳌宝莲城游艇俱乐部工程可行性研究报告……461

河南中医学院第一附属医院国家临床研究基地建设项目可行性研究报告……469

常州市第一人民医院综合病房大楼项目可行性研究报告……474

## 三、评估咨询报告篇

中国（上海）自贸试验区半年、一年度综合评估报告……481

黄浦江两岸地区规划及实施评估报告……485

上海市对口支援新疆喀什四县综合规划（2011—2013年）中期评估报告……491

北京地铁6号、14号及15号线一期工程可行性研究评估报告……495

河北沧州核电项目厂址普选评估报告……500

上海市轨道交通基本网络中期评估报告……505

上海市南北通道工程预可行性研究评估报告……509

中环线浦东段（军工路越江隧道—高科中路）新建工程可行性研究评估报告……512

松江广富林配套湖底人防车库建设项目申请报告评估报告……516

松江醉白池站配套地下车库建设项目申请报告评估报告……520

ETL维生素项目节能评估报告……525

苏州高新区有轨电车1号线工程节能评估报告……532

国泰君安证券股份有限公司办公楼项目社会稳定风险评估报告评价报告……538

松江区九亭医院改扩建工程社会稳定风险评估报告评价报告……………………544
中环线浦东段（军工路越江隧道—高科中路）新建工程交叉施工风险评估报告……548
轨道16号线泐马河大桥施工图设计阶段安全风险评估报告 …………………554
山东海阳核电项目3、4号机组工程环境影响报告书（选址阶段）……………560
崇明三岛支撑电源（申能崇明燃气电厂）工程环境影响评估报告………………563
深圳市轨道交通4号线续建工程试运营情况评估报告…………………………568

# 四、工程项目管理篇

上海市第六人民医院门诊医技综合楼项目管理报告………………………………573
深圳地铁3号线工程建设项目管理咨询及设计监理报告 ………………………579

# 五、项目后评价篇

大型国有企业战略执行与重大投资后评价研究……………………………………585
上海大型医院管理中心合同能源管理后评估报告…………………………………587
上南路（耀华路—环南一大道）拓建工程后评价报告……………………………592
A医院改扩建工程项目后评价报告 ………………………………………………598

# 六、专题研究报告篇

中国（上海）自由贸易试验区制度创新研究………………………………………605
超大特长盾构法隧道设计关键技术综合研究………………………………………609
上海市建设投资项目社会稳定风险评估机制和方法研究…………………………615
长春市政府投资工程项目管理研究…………………………………………………619
上海轨道交通网络大型专用检测维护与应急抢修装备体系研究…………………625
中国2010年上海世界博览会园区运行综合管理专题研究 ………………………630
中国博览会会展综合体项目（北块）专项研究……………………………………634
上海迪士尼主题乐园项目申请报告及专题研究……………………………………637

| 篇目 | 页码 |
|---|---|
| 上海民用航空产业发展策略及规划研究 | 641 |
| 中国-马来西亚钦州产业园发展规划及可行性研究 | 645 |
| 上海市机构养老设施"十二五"建设规划研究 | 649 |
| 文登市养老产业发展实施规划策划研究 | 653 |
| 特大城市节约集约利用土地战略规划研究 | 658 |
| 全球大都市基础设施比较研究 | 661 |
| 上海国际航运中心货运集疏运系统集成优化研究 | 665 |
| 上海市综合交通体系规划（2010—2020）之常规公共交通系统规划研究 | 669 |
| 轨道交通站点"最后一公里"出行模式和保障机制研究 | 675 |
| 城市轨道交通列车运行控制系统的运行能力分析模型建模研究及软件开发 | 678 |
| 市域轨道交通建设关键技术研究 | 683 |
| 软土隧道工程运营期结构安全关键技术研究 | 692 |
| 钢弹簧浮置板设计施工一体化研究 | 698 |
| 上海市能源中长期发展规划研究 | 704 |
| 上海市合理控制能源总量分解落实方案研究 | 707 |
| 上海市加快分散燃煤治理实施方案研究 | 711 |
| 崇明生态岛建设纲要（2010—2020）研究 | 716 |
| 上海市郊野公园布局选址和试点基地概念规划研究 | 720 |
| 全国饮用水水源安全保障体制与预警机制研究 | 727 |
| 蓄排协同提高城市雨水治理系统防汛标准关键技术研究 | 732 |
| 上海市感潮河网纳污能力及限制排污总量研究 | 736 |
| 上海市中心城区初期雨水治理规划标准研究 | 742 |
| 促进上海重点开发地区加快发展的体制机制研究 | 749 |
| 2012年静安区商务楼宇员工午餐项目运行专题研究 | 754 |
| 11所地方高校内涵建设（分类指导、分类管理改革）中期绩效审计的专题研究 | 760 |
| 佘山国家旅游度假区旅游集散中心课题研究 | 767 |
| 附录：参与编写单位一览表 | 773 |
| 编后记 | 774 |

# 一、规划咨询研究报告篇

# 城市总体规划的定位和作用研究报告

The Research Report on the Positioning and Function of the Urban Master Planning

编写单位：上海市城市规划设计研究院
Shanghai Urban Planning & Design Research Institute
联系电话：021-62473288　　网址：www.supdri.com
主要完成人：张玉鑫　金忠民　沈果毅　范宇　骆悰　陈琳　童志毅　彭晖　周凌　郭淳斌

## 【点评】

本报告作为国家住房和城乡建设部（简称住建部）《城市总体规划编制办法改革与创新》总课题的专题成果，综合分析了中国城市发展的宏观背景与趋势，对总体规划基本概念进行深入辨析，探讨了总体规划转型的基本维度，是对新时期城市总体规划应有的地位和作用的重新认识和思考。

## 【项目背景】

为了贯彻落实《中华人民共和国城乡规划法》（简称《城乡规划法》），改进城市总体规划编制工作，住建部城乡规划司于2011年4月委托中国城市规划设计研究院负责《城市总体规划编制办法改革与创新》课题研究工作，课题研究工作的主要目的是总结和评估国内外在城市总体规划编制工作上的经验和教训，梳理现行规划编制办法在实践中暴露出的问题，综合新形势下总体规划编制工作遇到的新情况、新问题，在研究的基础上，明确改进的目标、任务、思路和方法，为下一步起草《城市总体规划编制办法》和配套细则提供工作基础。

课题组邀请北京市规划委员会、江苏省建设厅、上海市规划和国土资源管理局（简称规土局）以及中国城市规划学会等10家单位开展11项专题研究。按照住建部课题工作方案，上海市规土局牵头，上海市城市规划设计研究院承担"城市总体规划的定位和作用研究"专题。市规土局将本课题列为2011年度重点科研项目，于4月份参加住建部第一次工作会议，对专题组研究内容和具体计划进行了讨论。7月份由市规土局组织召开"上海城市总体规划回顾与展望"老专家座谈会，回顾上海30年的规划历程，展望未来30年发展。之后课题组先后参加了住建部组织的3次全国主要城市调研，收集到最新总体规划编制动态，学习了相关城市总体规划编制经验，成为课题研究重要基础和支撑。

## 【项目内容】

《城乡规划法》准确界定了城市总体规划在城市发展建设和城市规划调控体系中的地位、功能和作用。面对新的形势和要求，如何科学设定城市总体规划的编制思路、内容和方法，充分体现城市总体规划的综合性、战略性，使之在城市化和城市建设快速发展背景下，保持充分而必要的科学性、前瞻性和适应性，是当前改进和完善城市总体规划工作的重要任务。

本研究报告作为住建部《城市总体规划编制办法改革与创新》总课题的专题成果，聚焦新形势下城市总体规划的定位与作用，重点研究城市总体规划的基本内涵，及其在社会主义市场经济时期城市总体规划编制面临的问题，在整理归纳国内外特大城市总体规划编制创新改革的实践探索的基础上，提出对城市总体规划定位和作用的重新认识，并分析研究其与国民经济与社会发展规划、土地利用规划、交通市政等专项规划的相互关系，进而提出城市总体规划编制的改革方向，更好地发挥城市总体规划在调控城市宏观资源和引领城市长远发展的先导作用。

同时，本研究报告结合上海实际情况，分析城市总体规划引领城市经济社会发展的实践，总结经验；结合"两规合一"工作，探索了城市总体规划与上位规划，与其他行业规划、专项规划的衔接机制；通过上海实证案例的分析，总结总体规划指导下一层次规划的工作方法，为中国特大城市总体规划编制提供参考和借鉴。

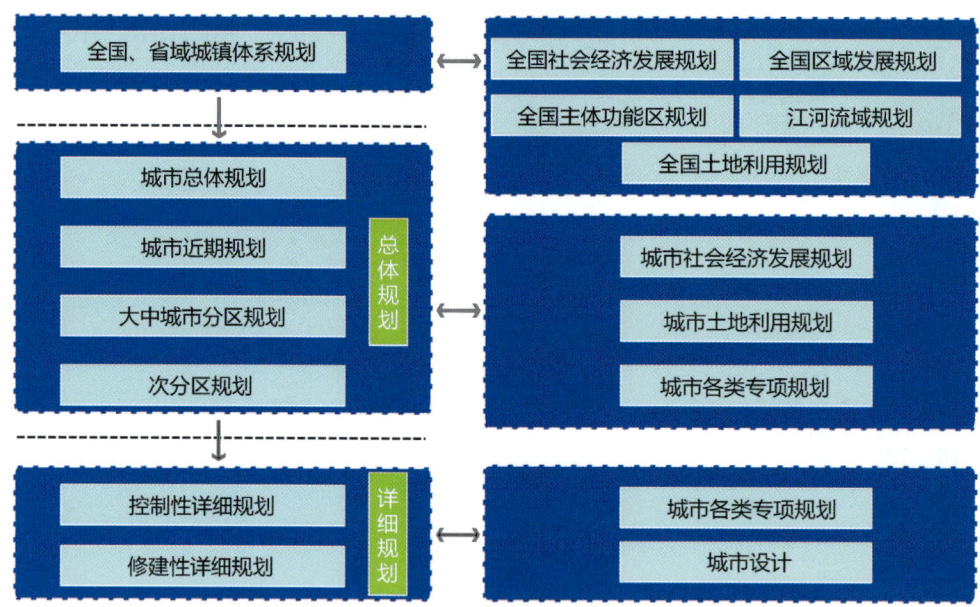

图1 国家城乡规划体系与相关规划对接示意图

本研究报告认为,城市总体规划是城市政府在一定期限内统筹城乡空间资源的宏观战略,协调社会、经济、环境发展的公共政策。在空间规划体系中,城市总体规划具有承上启下的作用,向上以全国、省域城镇体系规划为依据,向下作为各级、各类涉及城市空间发展的地区规划或行业发展规划、详细规划的依据和指导。城市总体规划立足于统筹空间资源,是对一定时期内城市性质、发展目标、发展规模、土地利用、空间布局以及各项建设的综合部署,在城市发展目标上与国民经济发展规划相衔接,在用地指标上与土地利用总体规划相衔接。

根据总课题要求,本专题重点研究城市总体规划的基本内涵,及其在社会主义市场经济时期城市总体规划编制面临的问题,在整理归纳国内外特大城市总体规划编制创新改革的实践探索的基础上,提出对城市总体规划定位和作用的重新认识,最后对新版《总体规划编制和审批办法》提出相关建议。

1. 基本定位

中国城市规划体系经历了三轮演进,总体规划和详细规划两层次框架基本稳定,但内部层次在不断丰富,以建立与社会主义市场经济体制相适应的城市总体规划编制和管理实施体系为基本主线。从城市规划体系来看,总体规划是最顶层且最具权威的规划。其以全国和省域城镇体系规划为依据,体现国家意图,落实地方政府需求,指导下位详细规划,并与同级专项规划相衔接。但值得注意的是,目前为止只有1999年版《城市规划基本术语标准》对总体规划概念给出明确界定,无论是《城乡规划法》还是《城市规划编制办法》,均没有在法律法规层面对总体规划给予概念界定。因此,本研究提出城市总体规划应该是城市政府在一定期限内保护和调控城乡空间资源,引导城市空间布局的战略纲领、发展蓝图和沟通平台,协调社会、经济、环境发展,统筹城乡建设的重要公共政策。

2. 基本作用

城市总体规划作用在于城市政府以空间规划为载体阐述其发展蓝图的重要政策,其核心工作是在谋划发展目标的基础上,在既定空间中调配资源以协调公共利益和政府需求,统筹近期建设与远期部署,维护社会公平、保护生态环境。

(1)作为战略纲领。总体规划要起到引领城市空间发展的纲领性文件的作用,体现前瞻性、综合性和协调性。具体而言,总体规划应该加强对规划期内城市发展的预判,重视城市长远发展战略研究;着眼城市空间发展的整体和大局,把握核心要素,简化过于繁琐的具体内容;统筹协调城市宏观经济、社会、环境的发展。

(2)作为法定蓝图。总体规划要发挥政府调配各类空间资源的基础性蓝图作用,其特征主要体现为守底线、分层次、重维护三个方面。具体而言,总体规划应强化对城市发展具有战略影响的要素控制,把握城市发展规模和方向,控制增长边界,维护生态底线;针对不同区位、不同规模尺度、不同发展阶段的城市,确定不同"发展蓝

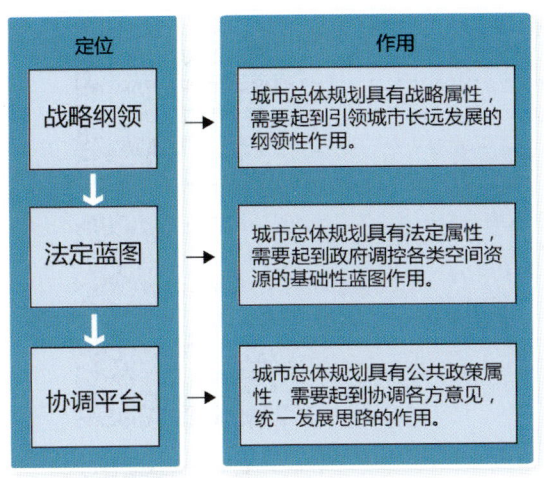

图2 总体规划定位与作用示意图

图"编制要求和深度；通过实施评估等手段，对总体规划进行动态维护。

（3）作为沟通平台。总体规划要发挥代表公众利益，协调各方意见的公共政策作用，必须遵循能动性、协作性和过程性的原则，面向社会公众、专家学者和政府职能部门三个层面开展征询，以更加开放、主动的态度统筹协调各方资源，促使各种利益群体能够更多地参与到规划编制、实施和维护的过程中。

3. 相关建议

综合国内外城市案例及实践，基于理论研究成果，对新版《城市总体规划编制和审批办法》提出相关建议。

城市总体规划作为"协调平台"，应该促进各部门之间的沟通和协调，因此必须处理好与其他规划的关系。编制城市总体规划，应当以全国城镇体系规划、省域城镇体系规划以及其他上层次法定规划为依据。城市总体规划是经济社会发展的空间上落实，引导土地利用规划指标落地的城市公共政策之一，与国民经济社会发展规划和土地利用规划互为补充和互为依据，在编制和实施过程中应相互协调。

城市总体规划作为"发展蓝图"，针对中国城市发展阶段和发展规模的差异性，城市总体规划要遵循分类指导的原则，区别不同层次的编制内容，并应该分层次进行编制和审批，同时编制办法中应明确城市总体规划编制、审批、监督主体，特别应强调公众监督的作用。

作为公共政策文件的总体规划，应创新成果表达形式。分类确定城市总体规划的成果深度；加强总体规划文件的法律规范性表达、相关政策性表达，并增加面向公众的通俗性表达。

【工作过程】

本研究报告为住建部城乡规划司《城市总体规划编制办法改革与创新研究》课题的11项专题研究之一，涉及新时期总体规划的定位反思，为总报告及其他专题研究报告提供了良好的支撑。

2010年12月，住建部规划司在北京召开《城市总体规划编制办法改革与创新》课题开题会暨高层专家研讨会，国内13名专家学者参加了研讨。会后根据会议精神，江苏省建设厅、北京市规划委以及中国城市规划学会等9家单位开展了8项专题研究。

2011年4月，规划司在北京召开"城市总体规划编制办法改革与创新"课题第一次工作会议，对总报告组和各专题组研究内容和具体研究计划进行了讨论，并根据工作需要又增加了3项专题，最终形成了11项专题研究。

2011年2月本专题研究启动，对北京、上海、广州等10余个城市的深入调研，召开三次全国范围专家咨询会，总结和评估国内外城市总体规划编制工作的经验和教训。

2011年12月，研究成果通过住建部规划司专家审查。专家一致同意通过本课题成果验收，并认为课题成果具有创新性，达到国内领先水平。

【咨询工作特点】

本课题是为住建部制定《城市总体规划编制和审批办法》提供基础，更重要的是对城市总体规划如何适应中国未来处于矛盾凸显期和战略机遇期进行前瞻性研究。同时对于中国率先转型的特大城市上海而言，本研究将提供有益的实际指导和经验借鉴。课题成果具有以下特点：

（1）广泛调研。本研究以调研为基础，分别开展了北京、武汉、广州等地调研，为下阶段展开课题研究奠定了较为扎实的基础。

（2）多方参与。参与研究的单位包括中国城市规划规划学会，省建设厅、市规划局，以及规划院、规划院校等，充分发挥各方的优势和长处，有利于梳理创新思路。课题组分别在重庆、上海和广州进行了三次全体专题单位参与的调研情况讨论和成果交流工作，获得了积极的成效。

（3）专家咨询。课题研究期间，先后开展了多次专家咨询会，2011年7月开展"上海城市总体规划回顾与展望"老专家座谈会。并在2011年城市规划学会年会期间，召开了关于总体规划的自由论坛，邀请规划界的同仁广泛参与。

（4）放眼长远。尽管本研究成果是为《城市总体规划编制和审查办法》提供技术支撑，但在研究过程和成果中可以看出，研究内容涉及城市总体规划概念内涵，转型时期面临的机遇与困境，以及城市规划机制体制建设等，为未来城市规划的改革和创新也提出了许多富有前瞻和针对性的思考。

（5）面向实际。本专题结合上海实际情况，分析城市总体规划引领城市经济社会发展的实践和经验；结合"两规合一"工作，探索了城市总体规划与上位规划、相关其他行业规划、专项规划的衔接机制；通过上海实证安全分析，总结总体规划指导下一层次规划的工作方法，为转型时期上海市城市总体规划明确定位，创新编制方法提供参考和借鉴。

【咨询效果】

本报告综合分析了中国城市发展的宏观背景与趋势，对总体规划的基本概念进行深入辨析，探讨了总体规划转型的基本维度，是对新时期城市总体规划应有的地位和作用的重新认识和思考。

本报告由住建部规划司多次听取汇报并肯定研究工作，于2011年12月26日通过专家审查。本研究成果全面，研究深入，提出的改革内容和政策建议符合当前城市发展建设实际，为下一步研究制定《城市总体规划编制审批办法》打下了良好的工作基础。

本课题成果被纳入上海市规土局重点科研《"创新驱动、转型发展"背景下上海大都市土地利用规划、城乡发展规划战略研究》的子课题，针对上海市创新驱动、转型发展的要求，进一步明确上海市城市总体规划的定位，以及城市总体规划编制理念创新和改革的重点和方向，对上海市总体规划编制与管理具有启示作用，同时对转型时期上海市总体规划编制工作有着重要参考价值。

图3 专家咨询会现场

# "创新驱动、转型发展"背景下上海大都市城乡发展规划战略研究报告

The Strategy Research Report on Shanghai Metropolitan Urban and Rural Development Planning under the Background of "The Innovation is the Driven Power of Industrial Transformation and Development"

编写单位：上海市城市规划设计研究院
Shanghai Urban Planning & Design Research Institute
联系电话：021-62473288　　网址：www.supdri.com
主要完成人：张玉鑫　金忠民　熊鲁霞　石崧　沈璐　陈琳　张娴　林华　周文娜　凌莉

## 【点评】

本报告准确把握转型时期城市发展的特征，积极探索城市空间发展的战略导向，立足顶层设计，按照"聚焦重点，强化创新转型；开放运作，强化合作协作；立足上海，强化国际借鉴"的原则，通过总报告、专题研究、2040系列活动三部分工作，最终形成了1份总报告、13份专题研究报告的成果体系。研究结论和主要观点可以对上海城市转型发展提供战略性支撑作用，对后续全市郊野公园规划、城市更新规划、郊区新城规划、综合交通规划有着直接的指导意义。

## 【项目背景】

"创新驱动、转型发展"是推进上海"四个中心"建设，实现"四个率先"发展的重要战略举措。根据上海市委、市政府的总体部署，按照上海市规划与国土资源管理局（简称规土局）对强化规划引领和创新改革的总体要求，进一步加强规划的前瞻性、科学性，上海市城市规划设计研究院开展了《"创新驱动、转型发展"背景下上海大都市城乡发展规划战略研究》，以求准确把握转型时期城市发展的特征，积极探索城市空间发展的战略导向。

本研究秉持"尊重历史、立足当前、着眼长远、统筹考虑"的工作思路，将上海转型的背景放到时空的大格局中进行剖析，通过对产业经济、社会结构、生态环境、空间形态等多个维度的现状认知来把握转型的核心瓶颈，充分借鉴国际经验，深入探索上海大都市转型的空间战略，建立起以目标—战略—策略导向的发展框架体系。

## 【项目内容】

创新课题立足于顶层设计，建立起以背景研究—国际借鉴—重大问题为基础，目标—战略—策略为导向的发展框架体系，聚焦城市人口、功能、布局等重大战略问题，搭建上海城市转型的多维化行动框架。在回顾城市发展历程和借鉴国际城市转型经验的基础上，通过翔实的数据分析，从产业经济、社会结构、生态环境和空间形态四个方面来把握转型时期城市发展的关键特征和核心瓶颈。

创新研究提出产业升级的空间约束、人口规模的空间压力、生态环境的空间瓶颈，以及城市和区域发展的突出问题，并从区域协调和城乡统筹的角度构想上海空间战略，提出上海应成为"世界城市、亚太都会、国家门户和区域龙头"的

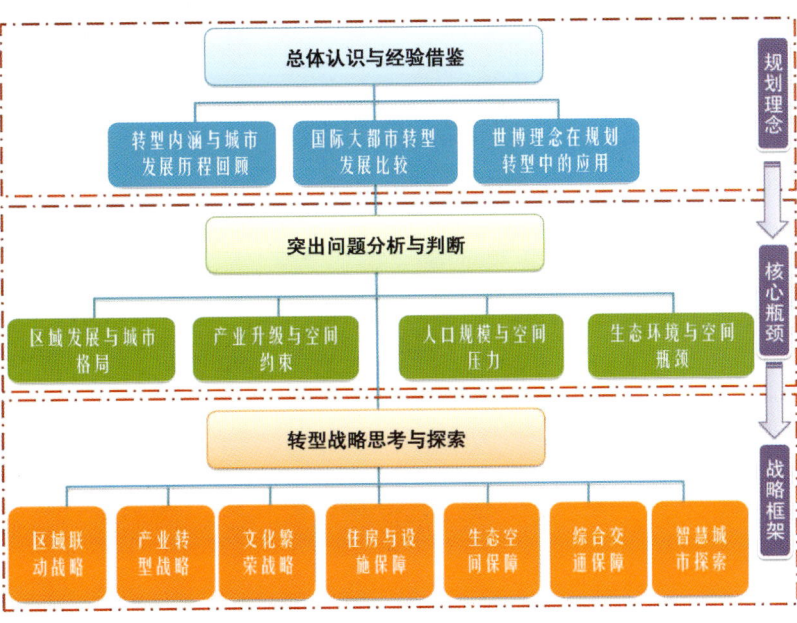

图1　技术路径

发展定位，建立跨行政区的"上海大都市区"的概念，构筑"大都市、多中心"的空间结构，支撑起都市区"核心引领、集聚发展、特色凸显"的城镇格局，进一步实施区域联动、产业升级、文化繁荣三大发展战略，明确民生、生态、交通三大保障体系，对低碳生态、智慧城市等领域进行创新性探索，从而以有限的空间资源承载增长的城市规模，并持续提升与国际大都市地位相匹配的宜人环境品质。

## 【工作过程】

上海城市发展背景研判通过横向从全球、国家、长三角、上海四个层次来分析上海所处的时代背景，纵向解读上海开埠170年来三个阶段的社会经济、城市格局、规划战略特征，提出城市转型发展的基本概念、内涵特征以及转型时期城市规划的定位与思考。本研究提出面对创新促转型的时代要求，上海需要搭建起一个整合产业经济、社会结构、生态环境和空间形态与城市规划在内的多维化的行动框架。城市规划通过完善城市功能布局、优化土地和空间资源配置、提供有效的公共服务、协调重点地区开发和各类建设行为、整合不同利益主体的关系，从而在维护城市整体和公共利益、引导城市平稳有序发展、加快推动城市转型上发挥日益重要的作用。

按照"聚焦重点，强化创新转型；开放运作，强化合作协作；立足上海，强化国际借鉴"的原则，本研究在工作过程中，积极整合各方面研究力量，围绕核心研究设计13项专题研究，同济大学、华东师大、上海社科院、上海发改院等多家高校和研究机构直接参与；同时在同济大学和上海交通大学两所高校的支持下，全球8个国家近200名学生参与"描绘2040规划设计坊"活动；研究过程中还组织专家顾问团队全程跟踪，共组织各类咨询、审议会50余次，参与专家200多人次。

关于世界城市的比较研究，本研究重点考察了伦敦、纽约、东京和香港等世界大都市的城市发展和转型的历程。通过分析经济动力和政治决策之间的关联，观察城市的特定文化和历史条件、区分普通因素和特定因素，着重研究城市规划作为公共政策，通过改变和调整战略决策，推动产业经济转型、社会结构转型及资源环境转型，并最终通过转变土地开发模式反映在空间形态上，使城市空间格局呈现出不同的特征，空间形态转型是城市转型发展的落脚点。本研究进一步明确在城市转型发展的过程中，城市规划应遵循的规划原则：在城市发展格局上应坚持"聚焦重点、区域协调"，在空间布局上应坚持"有机疏散、多心集中"，在土地使用方式上应坚持"生

图2　研究团队照片

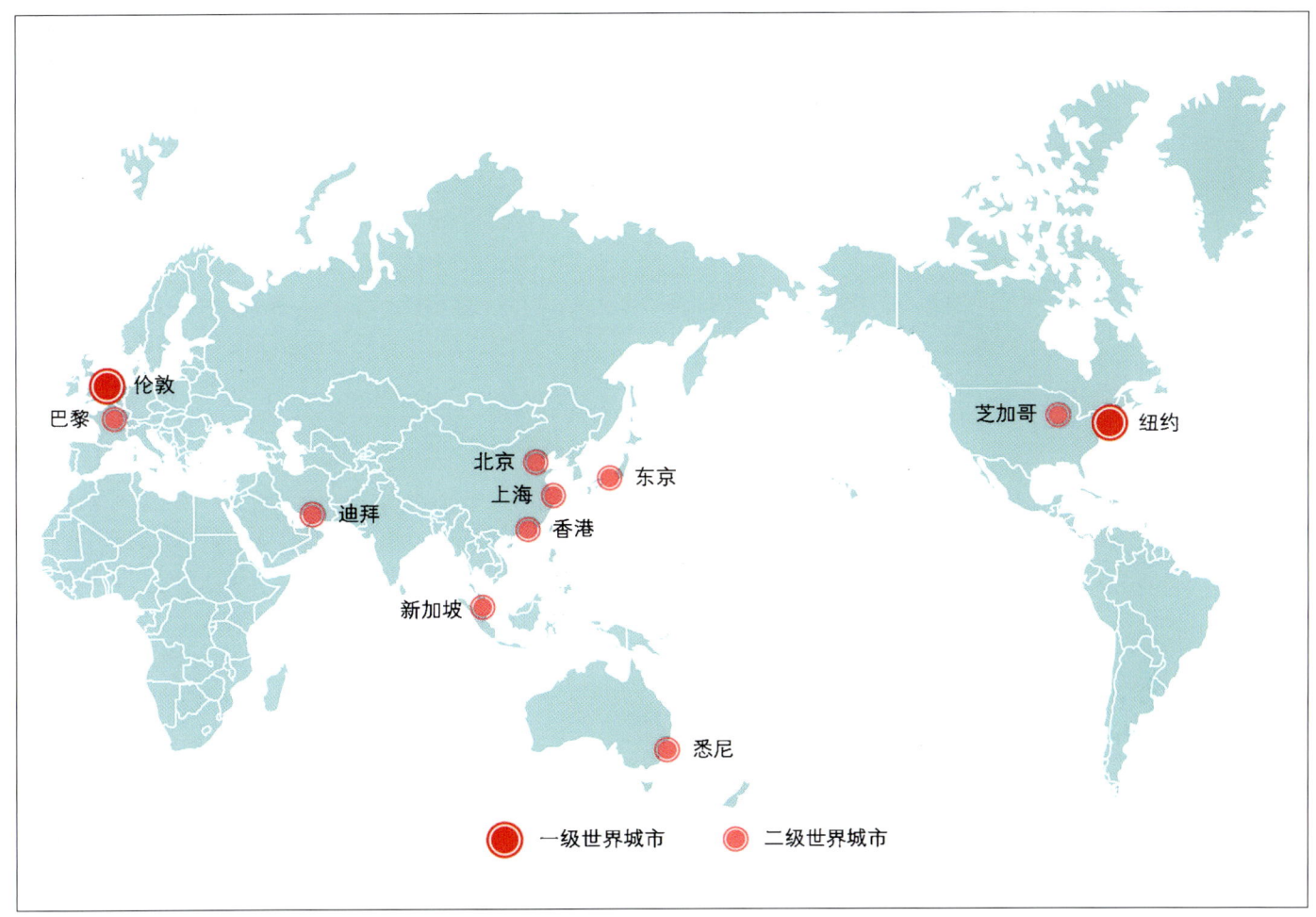

图3 上海在世界城市体系中的地位

态优先、空间集约"。同时，开展以下三个层次的工作：制定城市总体战略规划以应对全球竞争；推进重点地区规划编制以完善城市功能；聚焦重大项目开发建设以增进城市活力。

【咨询工作特点】

一、具有现实针对性

当前，上海正面临着内外部发展环境的变化。从外部环境看，自2008年全球金融危机之后，全球经济体系面临着深层次的结构危机，国际贸易环境正趋于恶化。从内生发展需求看，处于城市转型战略机遇期和关键攻关期的上海，面临着诸多发展中的瓶颈，主要集中在产业经济升级、社会人口结构、生态环境制约等方面。城市产业经济升级面临着空间约束，主要表现为：产业用地规模偏大、产业布局相对分散、工业用地转型更新亟待引导、非集约化产业项目仍在新增等方面，亟须加强空间统筹，引导工业用地转型更新。城市社会结构上，人多地少的空间压力日趋紧迫。人口呈现城市近郊快速蔓延，引发对空间品质需求凸显，从住房建设和配套设施布局来讲，人口结构的区域分布不均衡伴随着住房、配套设施的空间分配不合理，成为孕育社会矛盾的温床。城市生态环境面临严重压力，生态赤字快速增长，城市生态安全底线面临挑战。从生态空间分布来看，主要集中在远郊地区、近郊生态空间日趋破碎、中心城楔形绿地被逐步侵占蚕食。上述三个维度的在城市空间上的叠加，使上海城市整体空间结构呈现出中心集聚和外围蔓延并存的态势，建设用地规模总量偏高、用地结构和用地绩效有待优化。与此同时，由于居住近郊蔓延和就业中心集聚，形成空间分异现象。而在近沪地区，郊区县与邻沪地区发展差距较大，形成区域空间的价值断层。如何在区域经济一体化的整体格局下，形成合理有序的城市空间格局，是上海创新转型必须要解决的关键问题。

二、具有长远前瞻性

上海城市转型发展战略思考与探索面对创新转型的诉求和发展中的瓶颈，处于转型发展战

9

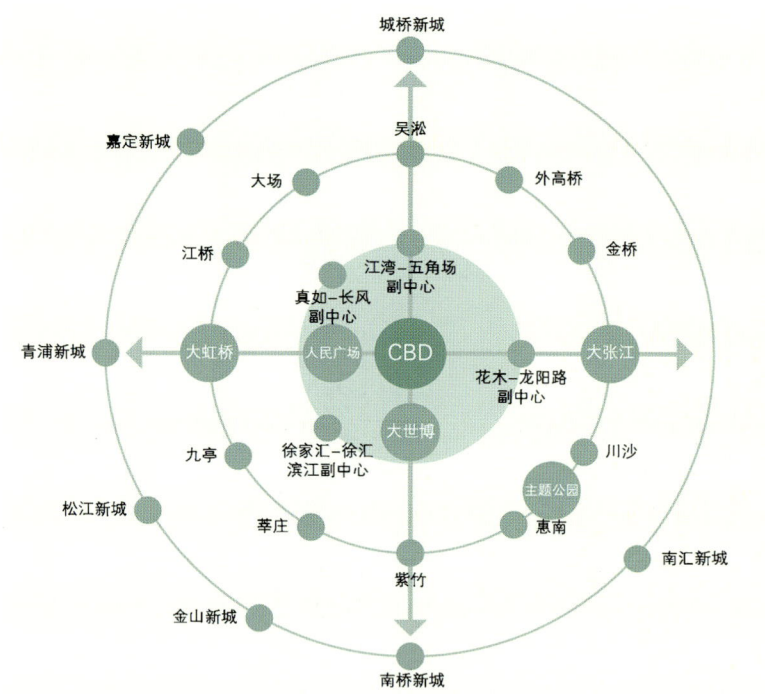

图4　两个扇面

图5　大都市区空间结构

略机遇期和关键攻关期的上海，应始终坚持"四个中心"和现代化国际大都市的发展目标，并不断注入新的时代内涵，以适应内部发展条件和外部发展环境的变化。

作为世界第二大经济体的首位城市，上海应当发展成为与中国国际地位相匹配的世界城市，展望上海未来的城市定位，概括为"世界城市、亚太都会、国家门户、区域龙头"。未来城市发展的愿景是，建设成为智慧活力的世界都会、绿色安全的宜居家园、多元包容的文化名城。

在上述目标的指引下，上海的城市空间发展应遵循"人本、宜居、低碳智慧"的核心理念，秉持"区域统筹、文化先导、环境优先、空间集约"的规划原则。必须建立起"上海大都市区"这一跨行政区的空间概念，构筑"大都市、多中心"的空间结构，支撑起大都市区"核心引领、集聚发展、特色凸显"的城镇格局。从区域视角统筹资源，形成大都市区"核心引领、集聚发展、特色凸显"的城镇格局。上海市中心城与苏州、嘉兴的临沪地区共同形成空间紧密联系的组合城镇群。结合不同的区位、自然禀赋和产业发展导向，在都市区内部发展一系列特色城镇。

为了促进这一空间格局的形成，需要实施统领区域联动发展、产业转型发展、文化繁荣发展三大城市战略，以适应区域一体化的趋势和文化大繁荣的要求，迫切产业结构转型升级的空间约束。同时构筑起住房与配套设施、生态环境、综合交通支撑三大保障体系，以缓解人多地少的空间资源压力。同时，积极探索适应信息化背景下智慧城市的实现路径。

【咨询效果】

通过广泛调查和深入研究，形成十余份上报市委、市政府的规划工作专报，供决策参考。研究报告已形成《转型上海·规划战略》和《2040上海·空间畅想》两本专著。本课题研究结论可对上海城市转型发展提供战略性支撑作用，已应用于《上海市城市总体规划实施评估》等一系列重大课题和项目中，并对正在开展的全市郊野公园规划、城市更新规划、郊区新城规划、综合交通规划有着直接的指导意义。本研究为今后上海市城市总体规划编制奠定了良好的技术基础，并对中国其他特大城市转型发展的规划应对具有重要的参考价值。

|  |  |  |  |  |  |  |
|---|---|---|---|---|---|---|
| 区域协作战略 | 产业升级战略 | 文化繁荣战略 | 民生住房保障 | 生态环境保障 | 综合交通保障 | 智慧城市探索 |

### 智慧活力的世界都会

| 区域协作战略 | 产业升级战略 | 文化繁荣战略 | 民生住房保障 | 生态环境保障 | 综合交通保障 | 智慧城市探索 |
|---|---|---|---|---|---|---|
| 1. 实现跨区域的港口和产业合作<br><br>2. 建立边界地区次要交通干线衔接，打通多层次物流通道<br><br>3. 构筑轨道交通的边界延伸，保证人流能够快速抵沪 | 1. 调整工业用地规模提高用地绩效<br><br>2. 促进制造业与服务业的深度融合<br><br>3. 建设服务业市域"三层圈"<br><br>4. 发挥政府引导作用，注重市场调节机制<br><br>5. 依托区域整合确保沿海和区际战略空间 | 1. 借力世博后续利用，加快重大文化设施建设<br><br>2. 加快文化创意产业发展 | | 协调近沪生态空间、构建区域化生态网络空间体系 | 1. 以高速复合集疏运网络扩展海空枢纽服务腹地<br><br>2. 以集约共享城际交通系统拓展区域服务功能。 | 1. 全面提高城市信息化水平，让市民共享智慧城市建设成果<br><br>2. 建适应特大型城市发展要求的数字化、智能化、精细化管理体系，全面提升城市运行服务水平和应急能力 |

### 绿色安全的宜居家园

| 区域协作战略 | 产业升级战略 | 文化繁荣战略 | 民生住房保障 | 生态环境保障 | 综合交通保障 | 智慧城市探索 |
|---|---|---|---|---|---|---|
| 1. 携手保育生态敏感地带：杭州湾北部地区、长江北支和南岸地区<br><br>2. 在跨沪边界地区建设长三角第一条慢行绿道<br><br>3. 建设跨地区的大型基础设施，实现区域内的基础合作 | 1. 促进农业生产和农业科技进步<br><br>2. 优化农业产业功能布局 | 依托新城和大社区，强化文化服务网络建设 | 1. 优化住房供应结构，加大住房保障供应力度<br><br>2. 构筑高效的居住空间结构<br><br>3. 聚焦人口重点发展区域加快推进基本公共服务均等化<br><br>4. 应对人口老龄化，加快养老设施建设 | 1. 严保生态空间的底线，确保生态安全<br><br>2. 打通生态空间的脉络，丰富生态景观<br><br>3. 探索生态复合的路径，提升生态效益<br><br>4. 保护各类保护区、郊野公园、绿道和城市绿地 | 1. 建立低碳交通实践区，改善慢行交通服务环境，优化交通管理与控制<br><br>2. 以多模式一体化交通促进城市可持续发展，满足多层次多样化客货交通需求 | 1. 促进交通与城市管理等领域智能化应用<br><br>2. 选择新城、新市镇作为试点进行智慧城市示范 |

### 多元包容的文化名城

| 区域协作战略 | 产业升级战略 | 文化繁荣战略 | 民生住房保障 | 生态环境保障 | 综合交通保障 | 智慧城市探索 |
|---|---|---|---|---|---|---|
| 示范打造长三角的国际度假区；环淀山湖地区，发挥地区生态和人文优势 | 大力构筑人才高地，实行人才引进政策 | 1. 加强中心功能混合，促进各种文化要素集聚<br><br>2. 优化文化产业空间布局<br><br>3. 加强历史文化风貌保护<br><br>4. 完善文化发展政策机制 | | | 强化公交整合运营模式和"缓型"慢行交通发展，提升地区活动 | 引进培育一批领军型、复合型、专业型人才，形成支持智慧城市建设的智力保障 |

图6 大都市区空间发展策略包

# 上海市城市近期建设规划（2011—2015）研究报告
## The Research Report on Shanghai Urban Immediate Construction Plan (2011-2015)

编写单位：上海市城市规划设计研究院
Shanghai Urban Planning & Design Research Institute
联系电话：021-62473288　　　网址：www.supdri.com
主要完成人：金忠民　詹运洲　沈果毅　方　澜　邹　玉　黄　珏　童志毅　王　征　易伟忠

## 【点评】

本规划是上海市城市规划与国土管理职能整合后的首个总体层面的城市规划，鲜明突出"十二五"时期全市"创新驱动、转型发展"的主线，注重转型、民生、交通和安全的要求，综合性考虑上海城市总体规划实施以来在城市规模、空间布局、产业发展、居住与社会事业、交通设施、市政工程等领域的变化和未来格局，体现了"三个聚焦"：聚焦国际竞争力、聚焦转型发展、聚焦民生保障。规划为不断加强城市空间发展战略研究、优化和深化城市总体规划奠定阶段性的基础。

## 【项目背景】

"十二五"是上海加快推进"四个率先"、加快建设"四个中心"和社会主义现代化国际大都市的关键时期。

按照住房和城乡建设部颁布的《关于加强"十二五"近期建设规划制定工作的通知》的要求，依据《上海市城市总体规划（2001—2020年）》和《上海市土地利用总体规划（2006—2020年）》，衔接落实《上海市国民经济和社会发展第十二个五年规划纲要》，上海市组织编制了《上海市城市近期建设规划（2011—2015年）》，对未来五年内的市域空间发展及各专项系统建设进行预控和引导。

## 【项目内容】

本规划按照国家战略的要求，深化和提升了"四个中心"的内涵。提出城市功能定位为：建设国际金融、贸易中心和高端现代服务经济为主的经济中心城市；形成全球重要的先进制造业基地和高新技术创新基地；打造国际航运中心和亚太地区国际门户；构筑具有国际影响力、竞争力的长三角世界城市群的核心城市。

本次近期建设规划确定的目标为：以"创新驱动、转型发展"为主线，建设"四个中心"和社会主义现代化国际大都市取得决定性进展，转变经济发展方式取得率先突破，人民生活水平和质量得到明显提高。

全市生产总值年均增长率预期为8%左右，第三产业增加值占全市生产总值比重达到65%左右。

规划到2015年，全市建设用地总量约为3 070平方千米；常住人口约为2 500万，年均增长人口约40万左右。

为了适应上海城乡一体化和全域城市化的发展趋势，优化和提升市域"多轴、多层、多核"的空间布局结构，形成适应上海现代化国际大都市区发展的"多核、多轴（带）和多层次的基本生态网络"的总体空间发展战略结构。优化和提升中心城和新城"多核"布局结构。重点打造有利于发挥中心城辐射功能的沿海滨江发展轴和沪宁沪杭发展轴。

针对中心城及周边地区，规划通过延"两轴"，展"绿楔"，优化和延伸东西发展轴线，提升和塑造沿黄浦江南北发展轴线，推进城市副中心建设，构建多中心的公共活动中心体系，建构以"绿楔"为骨干的绿色开敞空间结构。

分项系统规划紧扣提升国际竞争力和建设宜业宜居品质城市目标。主要包括建设国际金融贸易中心，打造张江国家自主创新示范区，聚焦国际文化大都市、亚洲医疗中心城市、国际教育交流中心等，吸引国际人才创业，提升上海的国际竞争力。构造社会和谐、功能完善、交通便捷、生态宜居的居住空间结构；形成多领域、多层次、多元化的公共服务供给体系，提高基本公共服务保障能力和均等化水平等。

一、规划咨询研究报告篇

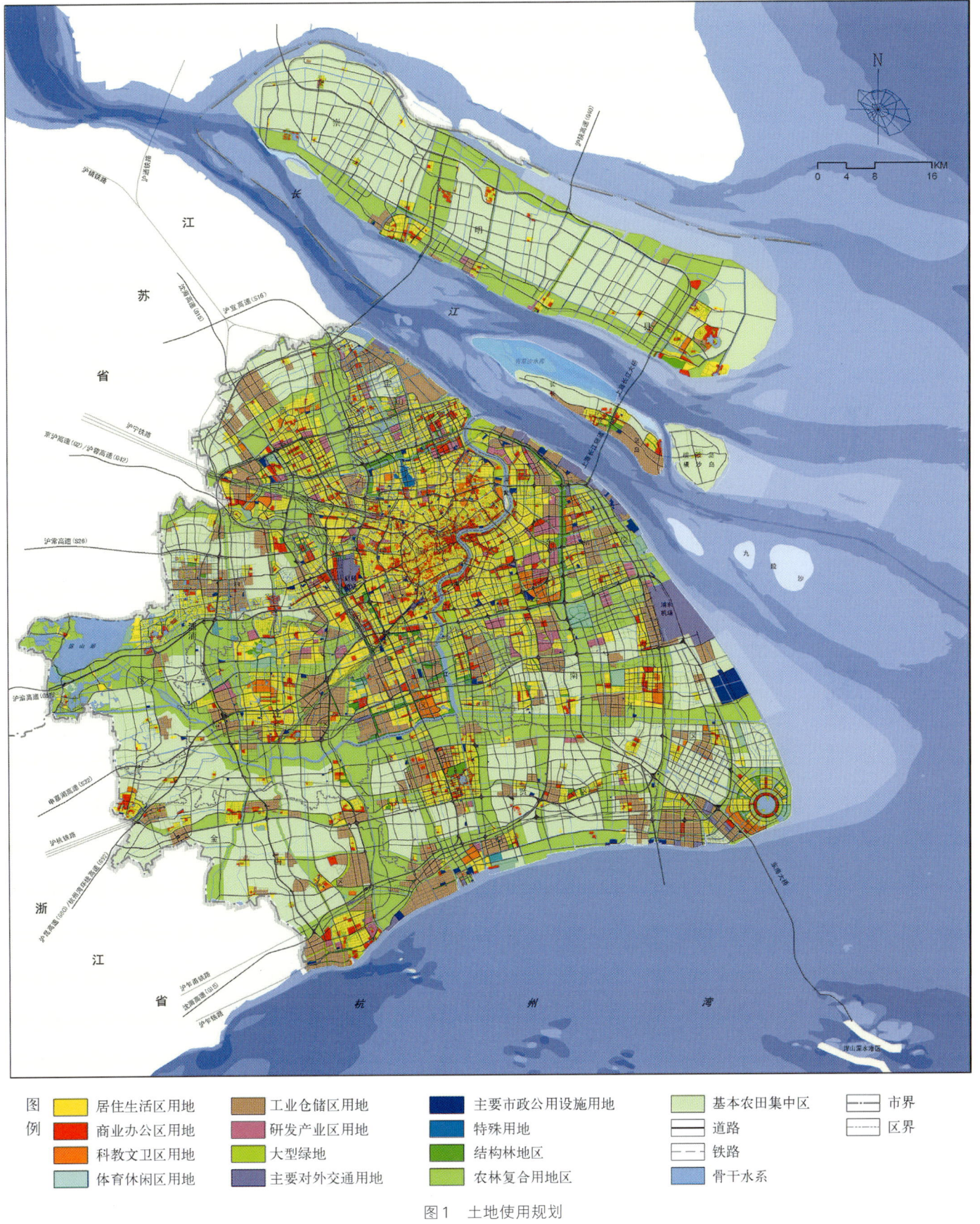

图1 土地使用规划

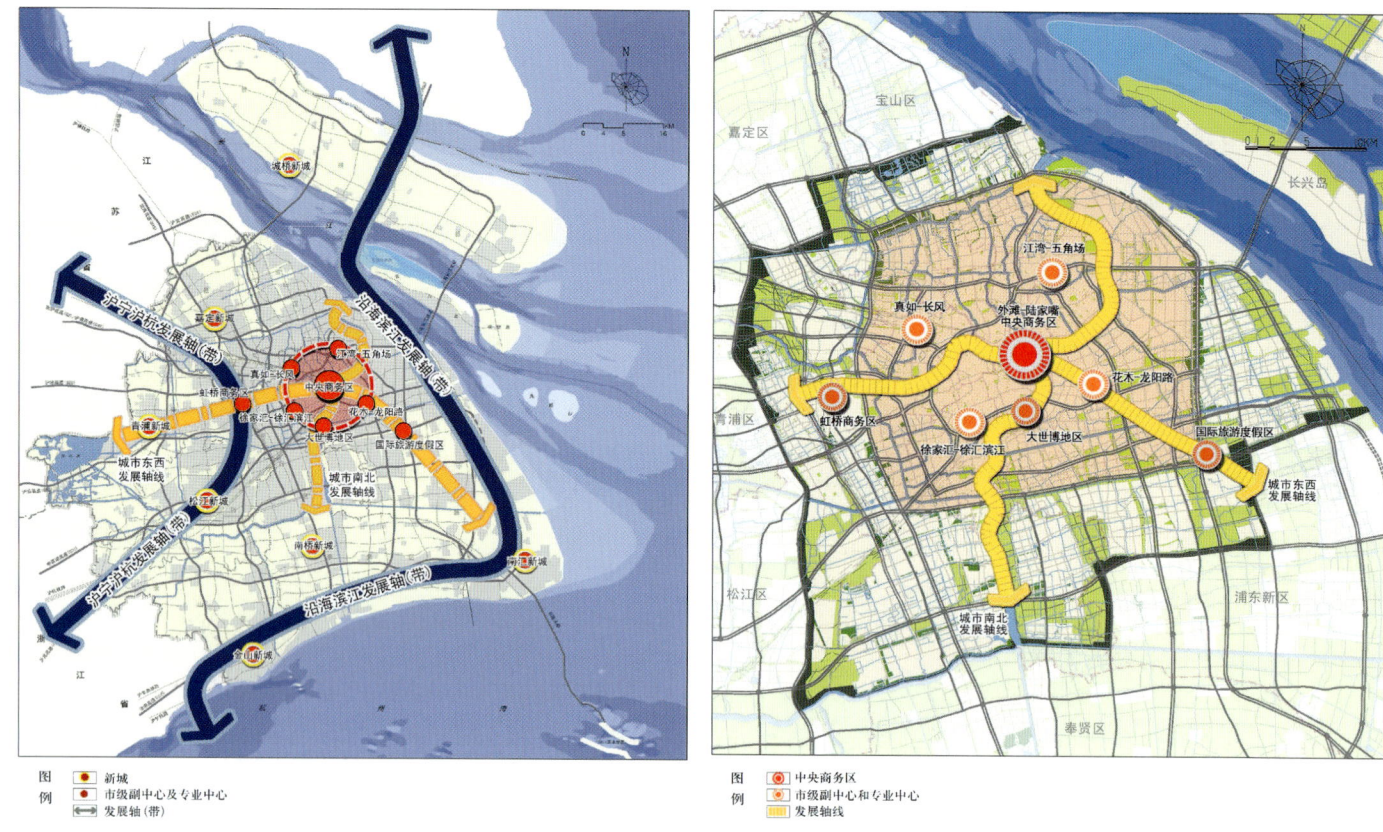

图2 市域空间发展战略结构

图3 中心城及周边地区空间发展战略结构

图4 生态结构规划

图5 主导产业布局

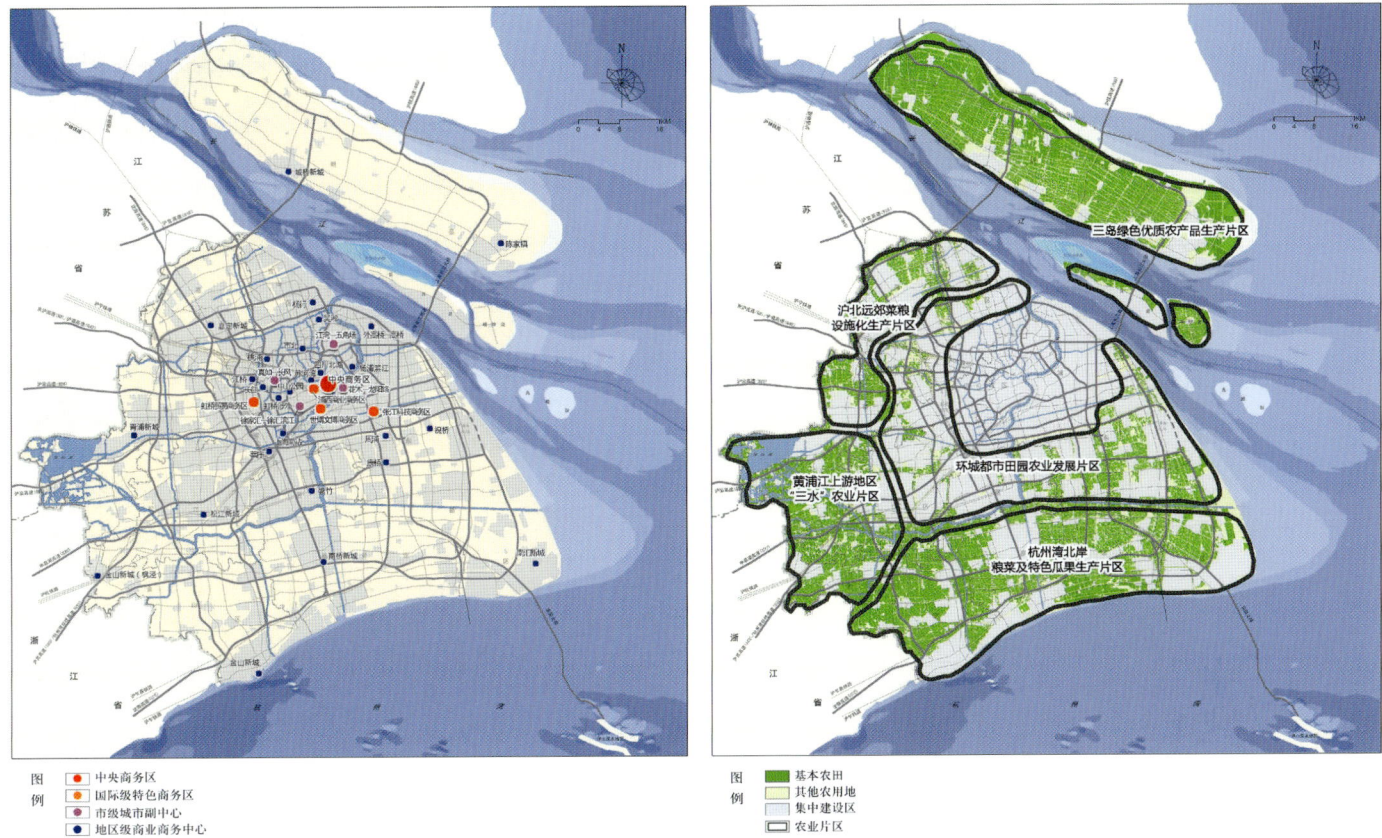

图6 基本商务区布局

图7 基本农田与农业布局

图8 铁路系统规划

基础设施规划强化基础设施的保障水平和运行安全，主要包括规划市域综合交通发展体系，提高市政设施服务水平，保障城市安全平稳运行及生态环境安全。推进国际先进水平的基础设施体系，促进长三角地区一体化发展。

## 【工作过程】

本规划编制一是坚持实施评估先行。以五年评估及专项规划深化为编制基础。二是强化上位规划引领。以全市及各专项"十二五"规划为指导，以批准的上海市城市总体规划和土地利用总体规划为依据。三是落实建设发展空间。衔接全市及各区县"两规合一"规划确定的空间格局，有序落实各系统、各专项建设项目的布局。

本规划的章节编排紧扣"四个中心"的功能定位、围绕提升城市国际竞争力进行设置，包括评估、总体思路、分项规划、基础设施规划和规划实施五个部分。

评估突出了"十一五"城市建设总体成就和重大事件，对应第一章；总体思路提出了城市发展的目标、规模及空间格局，对应第二章和第三章；分项规划围绕着力提升城市国际竞争力，建设宜业宜居品质都市，从产业发展、公共服务、居住民生等方面展开，对应第四章到第七章；基础设施规划强化了交通和市政基础设施的支撑保障和城市安全高效运行，对应第八章到第十章；规划实施明确了近期重点建设项目，对应第十一章。

## 【咨询工作特点】

本次上海城市近期建设规划是上海市城市规划与国土管理职能整合后的首个总体层面的城市规划。规划编制工作鲜明突出"十二五"时期全市"创新驱动、转型发展"的主线，积极落实转型、民生、生态、交通和安全的要求，规划创新主要体现在方法创新和内容创新两个方面。

### 一、方法创新

方法创新主要体现在科学评估、"多规"统筹和专题研究。本次规划以五年评估和年度研究报告为编制基础，通过对总体规划的动态实施监测，总结宏观发展趋势和重点问题。规划将社会经济计划、城乡总规、土地规划相结合，明确近期发展空间格局，保证规划引导落实，严格保护基本农田，维护市域生态安全，实现城乡一体化发展。针对重点领域，例如规划方法、空间布局、现代服务业、生态环境等方面进行专题研究，有力支撑了规划的相关内容。

### 二、内容创新

根据上海市"十二五"规划和住建部要求，针对上海市目前发展特点和重点，内容创新主要体现了"三个聚焦"：聚焦国际竞争力；聚焦转型发展；聚焦民生保障。

聚焦"国际竞争力"，发展服务经济，构造适应现代服务业发展的基本商务区布局结构，推进科技创新，拓展高新技术开发区的发展空间，通过构建高端服务生活设施体系，营造国际一流品质与环境，增强上海城市的国际竞争力。

聚焦"转型发展"，针对土地资源紧约束凸显，城市空间蔓延发展的突出问题，合理规划布局建设用地布局与规模，推进土地集约节约利用，构筑大都市基本生态网络，形成开敞通透、疏密有致的城市空间结构，维护生态安全。

聚焦"民生保障"，构造住有所居的住房体系，根据全市居住用地布局，以基本居住区为规划重点，进行人口分布引导、公共服务设施完善及用地开发管控。完善基础教育、基本医疗体系、为老服务体系和社会福利保障等社会服务设施体系。提高市政基础设施服务水平，保障城市安全平稳运行。

## 【咨询效果】

本近期建设规划强化了城市空间发展战略研究，为上海新一轮总体规划编制奠定了阶段性的基础。

本近期规划规划方法和成果已在后续的重点规划与研究中得以运用，宏观总体层面包括《上海市主体功能区规划》、《转型上海规划战略》、《上海市城市总体规划（1999—2020年）实施评估与发展战略研究报告》等规划中。

专项规划层面：在近期规划的指导下，全市基本生态网络规划、基本商务区规划、公共体育设施规划、文化设施规划等专项规划陆续开展编制。

项目建设层面：规划建立近期实施项目库，落实各部门计划，统筹指导了规划期内重点建设项目的规划建设。规划提出的郊野公园的建设，已经在全市五个试点基地顺利开展。

# 上海市土地利用总体规划（2006—2020年）研究报告

## The Research Report on Shanghai Land Use Master Plan (2006-2020)

编写单位：上海市城市规划设计研究院
Shanghai Urban Planning & Design Research Institute
联系电话：021-62473288　网址：www.supdri.com
主要完成人：冯经明　俞斯佳　姚　凯　黄吉铭　熊鲁霞　骆　悰　徐闻闻　林　华　孙忆敏

【点评】

本报告坚持城市总体规划确定的城市发展方向、空间结构、城镇布局和重大市政基础设施安排基本不变，结合上海未来发展的特定要求（世博会、虹桥商务区、浦东行政区划调整、大飞机项目等），统筹人口分布、城镇布局、产业发展、土地资源利用和基础设施建设，对未来上海整个市域范围的各项用地的基本调控指标、土地利用总体布局、城乡产业空间布局、土地利用规模结构、生态空间体系及重大工程的安排起到直接的指导作用。

【项目背景】

《上海市城市总体规划（1999—2020年）》和《上海市土地利用总体规划（1997—2010年）》实施以来，促进了上海经济社会持续快速发展，但在经济发展方式转变和产业结构调整的新形势下，土地资源供需矛盾、空间布局蔓延、结构不尽合理等问题逐步显现。

为了有效保障和促进上海经济社会的良好发展，切实保护和十分珍惜耕地资源，合理利用土地和引领城市发展空间布局，在上海市规划和国土资源管理局组织下，我院与上海市地质调查

图1　市域土地利用现状

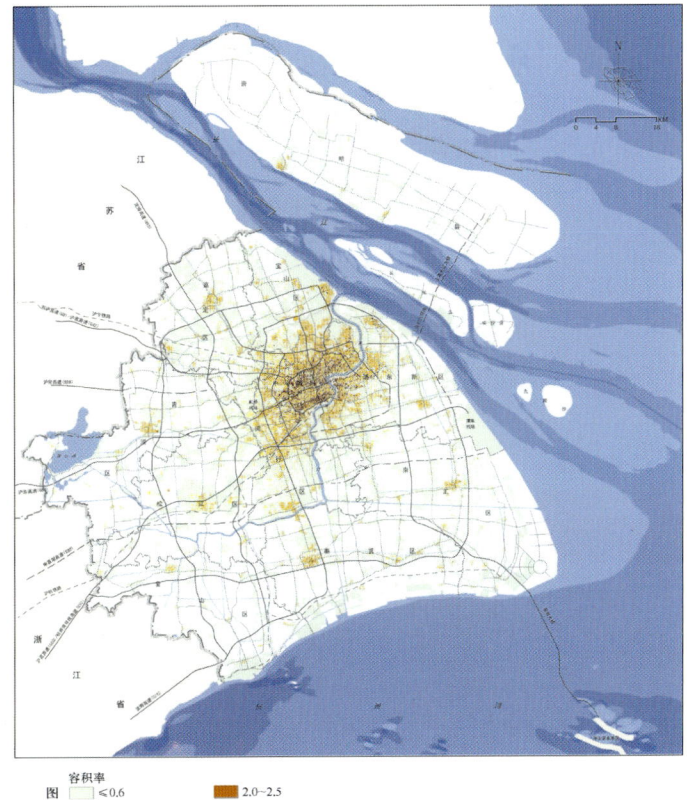

图2　市域现状建设用地开发强度

院合作编制了本规划。

## 【项目内容】

### 1. 成果简介

本规划成果包括规划文本、说明、图集、专题报告,另有各部门审查意见作为附件。专题报告包括:环境影响评价、土地利用空间发展战略、土地整理复垦开发补充耕地以及产业结构调整和空间布局优化等。

### 2. 指导思想

坚持城市总体规划确定的城市发展方向、空间结构、城镇布局和重大市政基础设施安排基本不变,结合上海未来发展的特定要求(世博会、虹桥商务区、浦东行政区划调整、大飞机项目等),统筹人口分布、城镇布局、产业发展、土地资源利用和基础设施建设,促进城乡一体、协调发展,实现"保障发展、保护资源、引领布局"的土地利用规划目标。

### 3. 发展定位与战略目标

区域发展定位——落实国家对以上海为龙头的长江三角洲地区发展的指导意见,建设成为"亚太地区重要的国际门户、全球重要的先进制造业基地、具有较强国际竞争力的世界城市群"。

城市战略目标——加快建成上海国际经济、金融、贸易、航运中心,增强创新能力和高端服务功能,率先形成以服务经济为主的产业结构,成为具有国际影响力和竞争力的世界城市。

### 4. 落实国家要求,结合上海实际,明确相关指标

耕地保有量和基本农田保护指标。全市布局20个基本农田集中区。

建设用地总规模2 981平方千米,增长空间十分有限。积极争取国家在土地整理复垦开发新增耕地指标的支持。

### 5. 总体布局

深化市域"1966"城乡规划体系,优化和提升市域"多轴、多层、多核"空间布局体系和中心城"多心、开敞"布局结构,科学、有序引导城市化和城市郊区化的发展趋势,形成适应上海现代化国际大都市区发展的"多中心、轴线切线组合和多层次的城乡生态安全网络"的总体空间布局结构。

### 6. 土地利用分区

实施"中心城功能提升、周边区空间整合、东西两翼战略发展、南北侧适当保护"的分层次战略,将市域划分为:中心城、中心城周边地区、浦

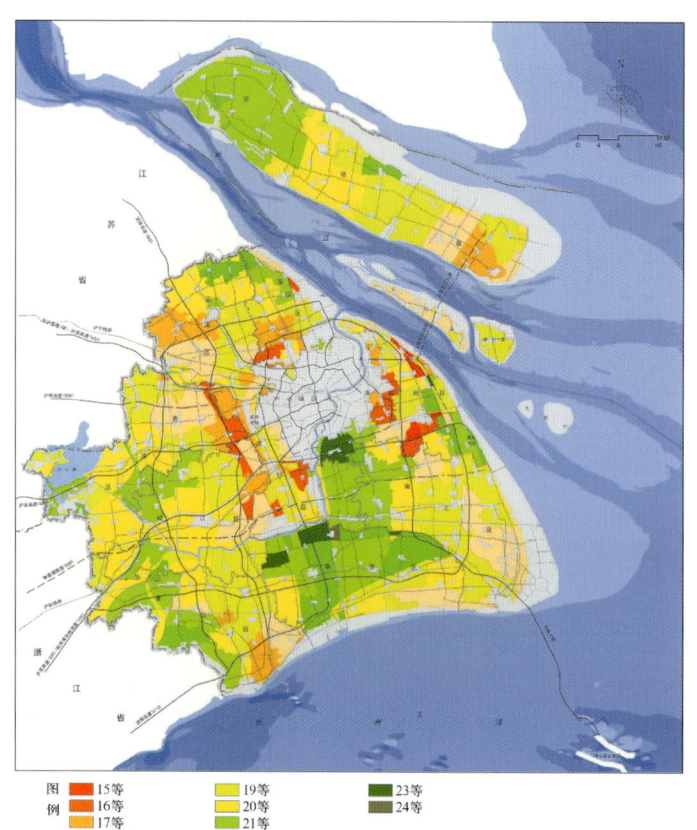

图3 市域农用地利等别

图4 市域基本农田集中区分布

一、规划咨询研究报告篇

图5 城市土地整理复垦开发

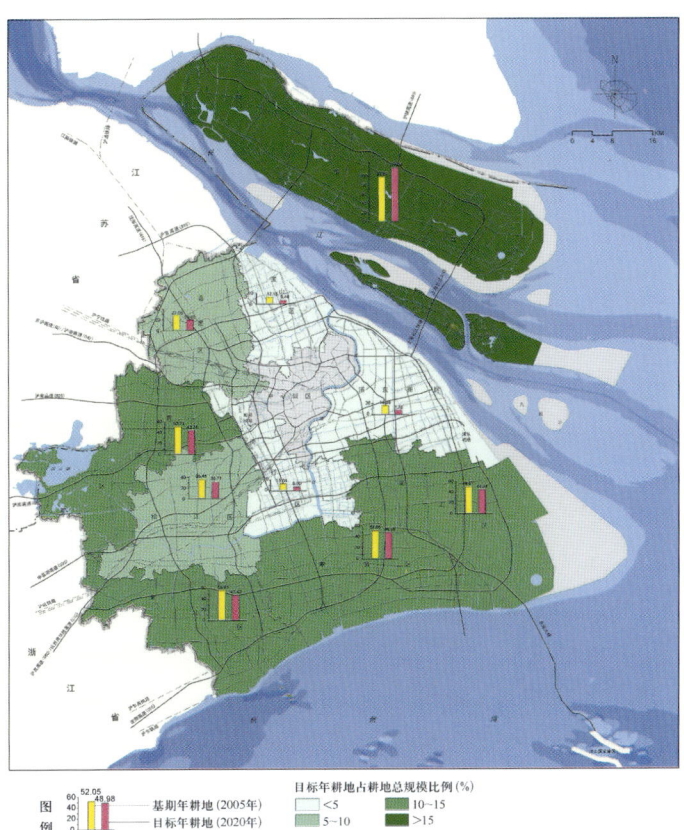

图6 市域耕地保护控制目标

图7 土地利用空间发展战略结构

图8 市域土地利用总体规划

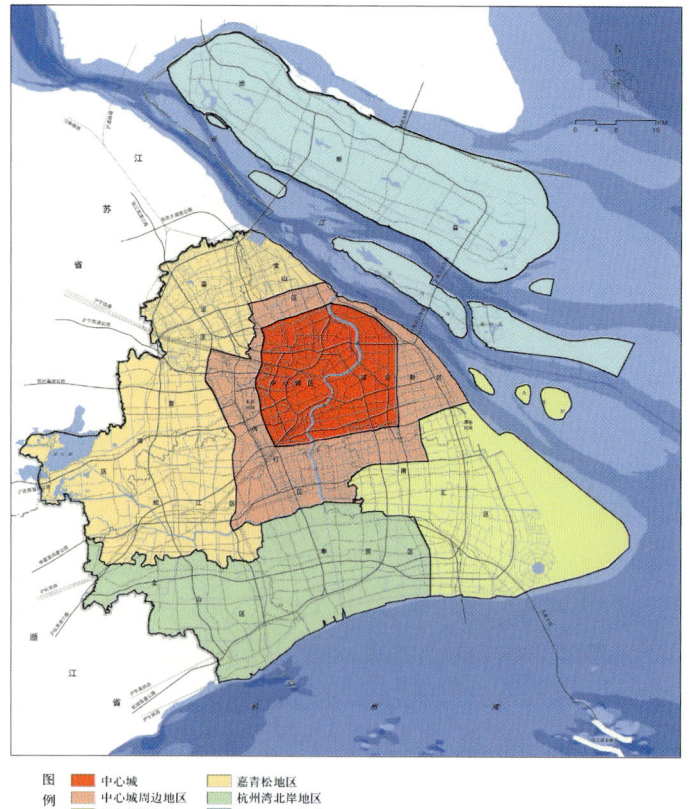

图9 市域土地利用综合分区

图10 市域生态空间结构

图11 市域生态空间体系

东拓展地区、嘉青松虹地区、杭州湾北岸地区和长江口三岛地区。

7. 生态空间

构建"双环八廊二十区四源"的生态开敞体系。

8. 规划意义

土地利用总体规划是指导上海城乡建设和土地管理的纲领性文件。

对全面落实科学发展观，促进上海经济社会全面、协调、可持续发展具有重要的现实意义。

过程中直接指导了全市"两规合一"工作，并将对未来上海整个市域范围的各项用地的基本调控指标、土地利用总体布局、城乡产业空间布局、土地利用规模结构、生态空间体系及重大工程的安排起到直接的指导作用。

【工作过程】

1. 大纲编制阶段

2008年8月，国务院原则通过了《全国土地利用总体规划纲要（2006—2020年）》，确定了分解给各省市的主要规划指标。

《上海市土地利用总体规划大纲（2006—2020年）》于2008年10月通过了国土资源部组织的专家评审。

2. "两规合一"方案编制阶段

2008年11月，上海市规划国土资源局组建后，全面开展了城市总体规划与土地利用总体规划衔接的"两规合一"工作，以"确定规模、保证流量、优化布局"为核心，在青浦、嘉定两区试点，随后在浦东新区、松江等区推开。

3. 土地利用空间战略展望阶段

2009年3月开始，上海市规划和国土资源管理局邀请了国内设计单位，按照"布局优化、生态优先"的原则，对上海土地利用空间发展战略提出咨询方案。

在此基础上，按照"结构优化、整合提升"的原则，进一步完善用地布局，形成市级方案。

4. 成果编制阶段

根据土地利用总体规划编制规程，加强与全市第二次土地调查成果衔接，编制完成了《上海市土地利用总体规划（2006—2020年）》。

先后两次征询了18个部门的意见，听取了市人大、市政协的意见建议。两次赴北京向国土资源部和全国土地利用规划修编委作专题汇报。

## 【咨询工作特点】

1. 组织方法创新

首次实现"两规"规划部门编制土地利用总体规划，在当前社会经济发展转型背景下，对"两规衔接"的要求不断提高。在两局合并的有利条件下，第一次实现了"两规"规划编制部门共同编制土地利用总体规划的情况。

我院与市地调院在合作过程中，充分体现了"工作磨合、资源整合、思想融合"。工作中，既相对的分工，又共同解决技术难题，通过合作，相互了解。

2. 编制内容革新

通过城市规划领域的介入，彻底改变传统土地利用规划仅侧重数据及专业政策的特点，尤其增加了对全市层面的战略发展的呼应，对相关重要专项（如产业）需求的落实。

本规划对城市空间板块的划分进行了研究，并提出了深入的指导意见。这些都极大地丰富了规划的内容，拓深了规划的内涵，也是土地利用规划编制方法的一次历史性革新。

3. 编制方法创新

在具体编制中，通过空间战略研究加强规划宏观领域的思考深度，通过区县土地利用规划试点，夯实了具体控制要求的准度和力度。这种"自上而下"和"自下而上"相结合的工作方法，为本规划奠定了较高的科学性和可操作性。

## 【咨询效果】

进一步优化了空间布局，进一步控制城市增长边界，从而推进城市增长方式转变。

在本规划研究基础上，先后开展了上海市工业用地梳理和认定、上海市生态空间网络结构规划和区县土地利用规划等一系列工作。

# 上海市基本生态网络规划研究报告
## The Research Report on Shanghai Basic Ecological Network Plan

单位名称：上海市城市规划设计研究院
Shanghai Urban Planning & Design Research Institute
联系电话：021-62473288　　网址：www.supdri.com
主要完成人：黄吉铭　姚　凯　沈果毅　詹运洲　骆　悰　徐闻闻　张　兰　李　艳　邹　玉

【点评】

本报告提出了"大生态空间"的概念，强调生态空间的区域融合和市域的贯通，加快形成中心城以"环、楔、廊、园"为主体、中心城周边地区以市域绿环、生态间隔带为锚固、市域范围以生态廊道、生态保育区为基底的"环形放射状"的生态网络空间体系。通过基础生态空间、郊野生态空间、中心城周边地区生态系统、集中城市化地区绿化空间系统四个层面的空间管控，维护生态底线。

【项目背景】

为了促进上海市资源紧约束条件下城市发展转型、加快经济发展方式转变、维护城市生态安全，按照市政府的工作部署，在"两规合一"工作的基础上，2009年7月，上海市规土局会同市绿化市容管理局等部门组织开展此项工作。2010年9月9日，上海市委副书记、市长、市规划委员会主任韩正听取了汇报，本规划获原则通过，并通过媒体广泛报道。

【项目内容】

本规划的总体目标是：建设与上海"四个中心"建设总目标相适应、与现代化国际大都市目标要求相衔接的生态空间体系。通过"多层次、成网络、功能复合"的基本生态网络建设，落实低碳、生态理念，促进市域绿地、耕地、林园地和湿地的融合发展，提升城市环境品质，提高居民生活环境质量，增强城市国际竞争力。

具体指标是：生态用地比例达到陆域用地的50%以上。生态用地总面积达到3 500平方千米。至2015年，市域森林覆盖率达到15%，至2020年力争达到18%。

一、现状判断

据统计，至2008年底，建成区外围现状生态用地（包括耕地、园林地和内陆湿地等）面积约3 895平方千米（同期现状建设用地总面积约2 860平方千米），约占陆域总面积的57%（如加上现状建成区内绿地约162平方千米，生态用地总面积约4 057平方千米）。

在各相关部门的积极推进和各区县政府的大力支持下，近些年来，上海生态环境建设取得明显发展。据市绿化部门统计，2009年底，上海市

图1　市域生态用地现状（2008年）

域森林覆盖率达到11.6%。建成区绿化覆盖率达到38.1%,人均公共绿地达到12.8平方米/人。

同时,随着上海城市建设和社会经济的快速发展,生态用地保护压力逐渐加大。其主要体现在:一是生态用地总量减少趋势比较明显。据统计,2005年到2009年期间,全市生态用地降幅明显,年均降幅占陆域总面积的1.5%。二是生态连通性不够,整体效益较差。与中心城向外扩张、蔓延趋势相对应,生态用地占用和分割现象比较突出。快速城市化、近郊区化加剧了生态用地斑块的零散程度。三是生态用地分布不均衡,近郊区和城市建成区生态用地比重明显较低。四是生态空间建设难度比较大。规划的楔形绿地、建设敏感区和生态敏感区,被不同程度占用,生态空间建设激励机制和实施保障有待进一步完善。

## 二、规划策略

### 1. 生态空间网络化

绿色网络空间必然是源于区域、面向区域,由外而内渗入、由内而外扩散的。通过"环、廊、区、源"生态空间的合理布局,以及绿地、林地、农地、湿地、水面等各种生态要素的有机整合,组织全市高效的生态网络系统。

### 2. 生态功能复合化

上海人多地少,不仅建设用地指标紧张,非建设用地总量也较难满足生态、生产和生活的要求,因此上海生态空间必须要追求整个系统效益的多样和高效,使生态用地效益最大化。生态功能复合化主要包括农林复合系统和林渔复合系统,并鼓励农业旅游和生态型功能性项目的结合。

### 3. 生态管理层次化

基本生态网络的实施需要多部门的紧密配合,机制上也需要有所突破和创新。在实施管理上,建议由粗而细逐层确定和落实。

## 三、布局结构

落实土地利用总体规划确定的市域"环、廊、区、源"的城乡生态空间体系,维护生态安全。加快形成中心城以"环、楔、廊、园"为主体、中心城周边地区以市域绿环、生态间隔带为锚固、市域范围以生态廊道、生态保育区为基底的"环形放射状"的生态网络空间体系。具体来说,通过基础生态空间、郊野生态空间、中心城周边地区生态系统、集中城市化地区绿化空间系统四个层面的空间管控,维护生态底线。

### 1. 基础生态空间

主要指长江口岛群、淀山湖水源地、杭州湾海湾休闲地带和东海海域湿地及与之相依存的自然保护区,形成基础性生态源地和生态战略保障空间,为维护水资源平衡、保护生物多样性、降低自然灾害风险等提供缓冲空间。基础生态空间重点保护各级自然保护区。自然保护区划定面积761.75平方千米。其中,崇明东滩鸟类自然保护区面积241.55平方千米,长江口中华鲟自然保护区面积276平方千米(其中220.8平方千米与东滩保护区重叠),九段沙湿地自然保护区面积420平方千米,金山三岛自然保护区面积0.45平方千米。

### 2. 郊野生态空间

包括市域10片生态保育区和9条生态走廊。

生态保育区以大面积的基本农田集中区为主,是全市基底性生态空间。主要分布在黄浦江上游—青西、崇明三岛及黄浦江—大治河以南地区。包括宝山、嘉定、青浦、黄浦江上游、金山、奉贤西、奉贤东、奉贤—临港、浦东、崇明10片。生态保育区以基本农田控制线实施管控,规划控制区面积约2 340平方千米。保育区内,促进基本农田集中连片建设,促进形成农田林网的复合生态空间,适当提高林木覆盖率,有效增强农地抵御灾害能力。

生态走廊通过放射状、通畅性廊道,隔离城市组团,实现与中心城生态空间的互连互通。包括嘉宝、嘉青、青松、黄浦江、金奉、金汇港、浦奉、大治河、崇明9条市域生态走廊。规划控制区面积约1 600平方千米。生态走廊内,积极支持并鼓励城乡建设用地增减挂钩和零星建设用地的整理复垦。结合基本农田保护可建设较大片林,局部地区可布置郊野公园。

郊野生态空间中实施分类管理,严格保护一级水源保护区、二级水源保护区和黄浦江上游准水源保护区。其中,一级水源保护区面积90.2平方千米,包括黄浦江上游一级水源保护区4.3平方千米,长江口陈行一级水源保护区6.9平方千米,长江口青草沙一级水源保护区79平方千米,已经实现精确落地并经市政府批复同意。

### 3. 中心城周边地区生态空间系统

包括市域"双环"和中心城周边地区生态间隔带,是锚固市域空间结构,与外围自然生态空间互联互通的结构性生态用地。

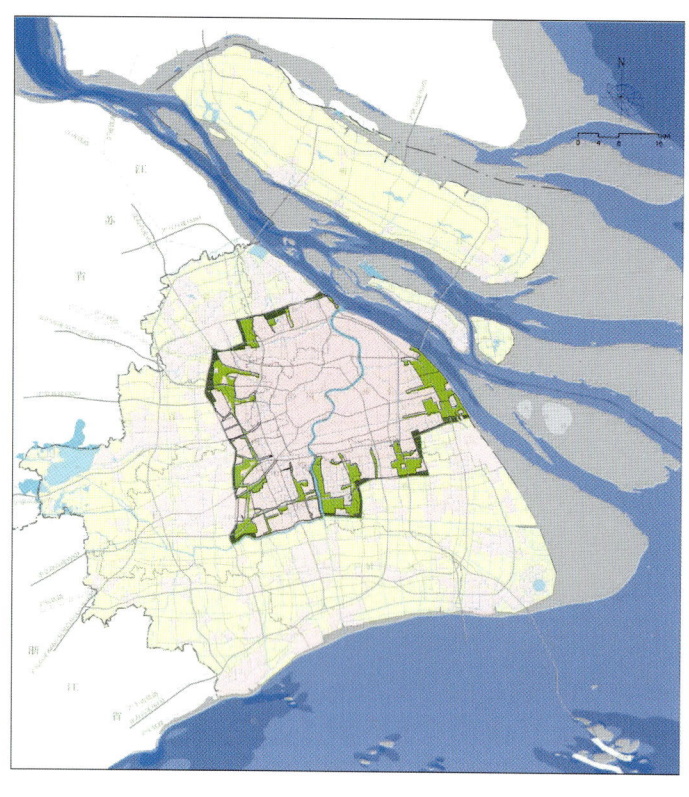

图2 中心城周边生态空间分布

图3 中心城绿地系统

市域"双环"指近郊绿环和中心城外环绿带，规划总面积约120平方千米。近郊绿环依托G1501-G15-S32形成，控制区面积约80平方千米。中心城外环绿带（环外部分）面积约40平方千米，通过外环生态专项工程，实现规划落地。"双环"以建设环城林带为主，通过强化土地用途管制，限制城市蔓延，保障城市生态空间。

生态间隔带是沟通联系中心城与外围绿化空间、限制主城区连绵发展的纵向间隔性绿带。规划控制16条间隔带，总控制面积约260平方千米。通过加大整理复垦力度，实施政策激励，保障城市开敞空间，建立中心城与郊区的生态通道。

4. 集中城市化地区绿化空间系统

包括中心城和郊区新城、新市镇等集中城市化地区绿化空间系统。规划集中建设用地内各类绿地总量340平方千米。

一是中心城绿化空间系统。以"环、楔、廊、园"为基本格局，与市域生态空间相互贯通、有序衔接。规划通过中心城单元规划和控制性详细规划的全覆盖，实现各类绿地总量约120平方千米，人均绿地14平方米。

二是新城、新市镇绿化空间系统。以构筑生态优良、环境优美的宜居城市为目标，通过生态景观风貌规划引导，体现水网、绿网相互交织，营造社区宜居休闲环境，展现江南水乡风貌、塑造新城新市镇绿化空间体系。

四、生态空间控制引导

通过生态功能区块的具体划示，从四个方面加强全市总体层面的生态空间控制引导。

一是明确要求，分类指导。针对不同的生态空间用途，实施分类指导。对于市域绿环、生态间隔带和生态走廊等重点结构性生态空间，明确空间限定、强化功能引导、实施严格控制。

二是划示边界、确定范围。按照中心城绿地、市域绿环、生态间隔带、生态走廊、生态保育区五类生态空间，以规划主要干道、河流为边界，结合行政区划，划示生态功能区块。共划定17段市域绿环、16条生态间隔带和9条生态走廊。

三是制定措施、明确时序。明确各类型生态空间的功能定位、允许建设范围和管制措施，针对不同区域的阶段性发展需求，合理安排实施步骤。

四是制定规划、保证实效。明确生态控制区内各类生态用地比例、现状建设用地整理复垦比例等指标,促进农田林网复合利用,加大路、水、宅、田等"四旁林"建设力度,通过专项规划的编制和实施,确保工作实效。

五、生态建设的重要空间载体

生态建设空间的具体环境要素包括保护区、郊野公园和绿道,以此固化城市空间及生态空间结构。

1. 保护区

优化已建自然保护区的建设与管理,重点推进崇明东滩国家级鸟类自然保护区的基础设施建设。九段沙湿地国家级自然保护区和中华鲟市级自然保护区争取建成国际重要湿地。大小金山岛自然保护区争取建成国家重要湿地。

拓展城市生物多样性基础生态空间。配合青草沙水源地建设与保护,将长兴和横沙岛的部分重要湿地区域划建为市级自然保护区,规划面积1万公顷。配合海港新城、大小洋山深水港建设,将南汇东滩野生动物禁猎区升格为市级自然保护区,规划面积1.2万公顷。

构建具有重要保护价值野生动植物栖息地网络。在初步查明的45块近2万公顷野生动植物分布地,建立一批具有重要保护价值野生动植物栖息地,每个郊区县至少建立1~2处落实有效保护管理措施、具有推广示范意义和保护与合理利用结合的示范性栖息地。

水源保护区严格根据《上海市饮用水水源保护条例》进行管理和控制。

2. 郊野公园

郊野公园是为促进康乐及旅游发展、保护植物及野生生物、保护及保存具有历史或文化价值的建筑物和地点,提供设施和服务,方便公众到郊外游玩的区域。

在郊野生态空间内,保护生态景观功能基础较好的生态片林,并进行片林调整和完善,完善生态补偿机制,结合新城建设,结合城郊生态间隔带,采用灵活的开发机制,规划郊野公园等功能性项目。赋予该生态空间以一定的功能,生态建设与城市公共活动相融合。

3. 绿道

绿道具有防洪固土、清洁水源、净化空气等作用,能保护内部生态环境免受外部干扰,为动物迁徙提供通道,连接破碎化的生态景观等。

在布局上,形成由部分高速公路、骨干道路和主要河流两侧形成的绿道。中心城河道两侧绿化带控制10~50米,郊区景观河道控制

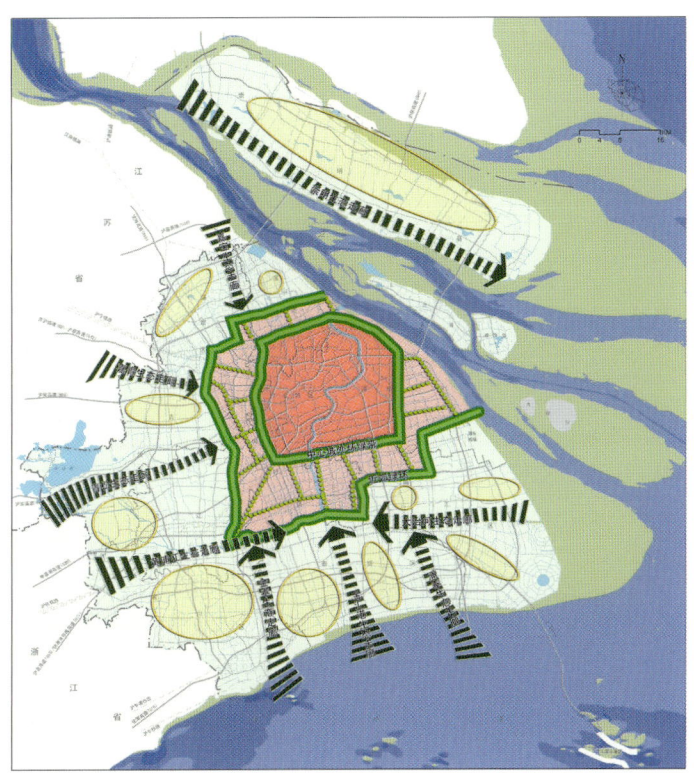

图4　市域生态空间结构

图5　市域基本生态网络规划方案

50～500米绿化带，黄浦江沿江两岸规划50米的绿化景观带，苏州河沿线绿化控制带8～30米，新泾港两岸各规划10～50米的绿化景观带，淀浦河两岸规划蓝线外规划100米的绿化林带和500米的建设控制带，淀山湖沿岸规划200米的绿化控制带。高速公路两侧绿带应确保50～60米的宽度，主干道两侧绿带应确保20～30米的宽度。

### 六、实施建议

规划深化落实《上海市土地利用总体规划（2006—2020年）》的重要内容，也是"两规合一"成果体系的重要组成部分。为了促进规划落地，建议如下：

（1）实施生态要素强控制，推进规划落地。同时，结合区（县）域土地利用总体规划的修编，明确各区（县）生态用地总量、规模、布局，实现生态控制线的优化和精确落地工作。

（2）完善生态建设管理和相关政策，确保生态空间建设实施。建议请市发改委牵头，市规划和国土局、绿化局、财政局等部门配合，逐步完善生态补偿制度和相关激励政策，适当扩大生态补

图6 市域生态功能区块编号索引

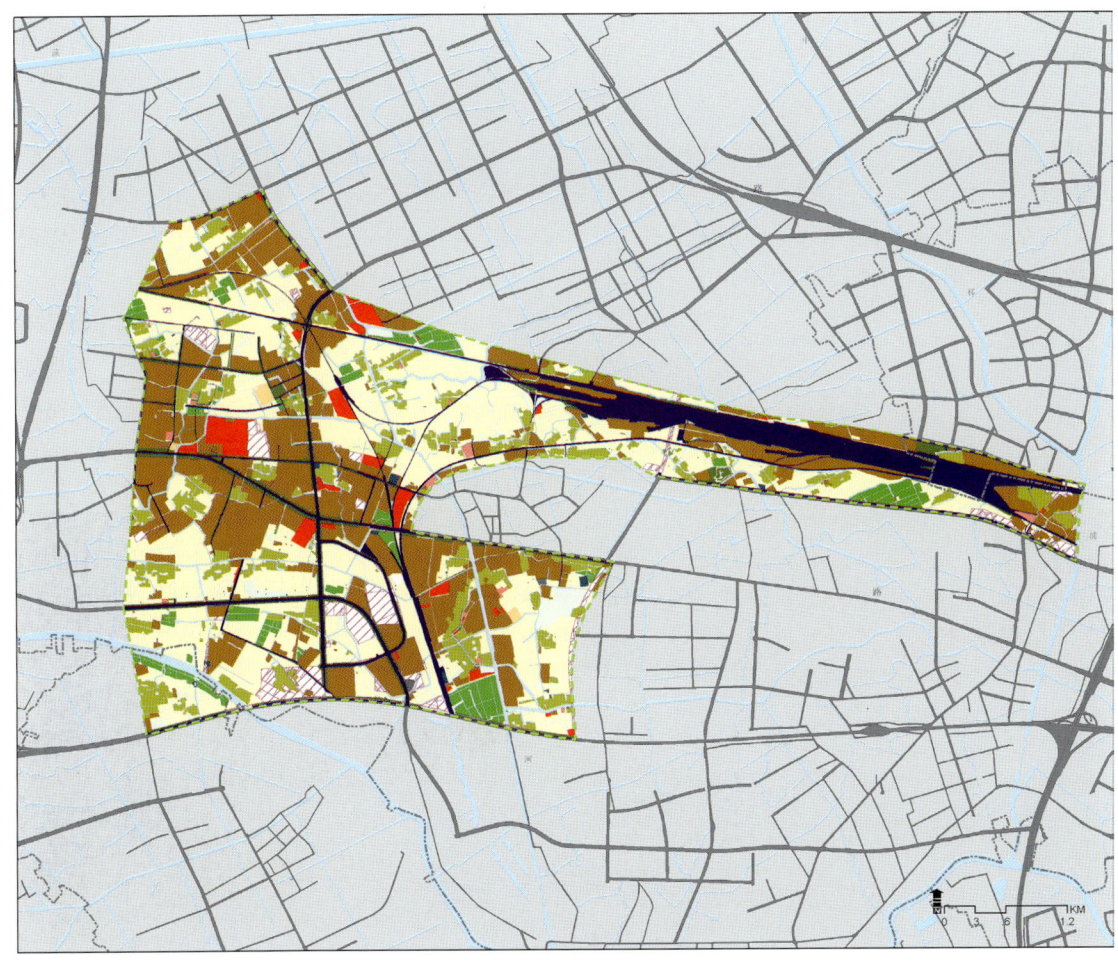

| 分类 | 生态间隔带G5 | | | | | | | | | | | | | | | | | | |
|---|---|---|---|---|---|---|---|---|---|---|---|---|---|---|---|---|---|---|---|
| 范围 | 位于嘉定区和青浦区交界处。北至沪宁铁路,南到京沪高速公路(G2),东接新槎浦,西临联友路的范围内,规划面积20.15平方千米。 | | | | | | | | | | | | | | | | | | |
| 用地性质 | 林园地 | | | 绿地 | 湿地 | | | 农村建设用地 | | | 其他建设用地 | | | | | | | | 总计 |
| | 耕地 | 林地 | 园地 | 小计 | | 坑塘水面和养殖水面 | 滩涂苇地 | 水域 | 小计 | 农村居民点用地 | 其他农用地 | 小计 | 城镇住宅用地 | 工矿仓储用地 | 公共基础设施用地 | 公共建筑用地 | 交通运输用地 | 批次供地 | 商服用地 | 特殊用地 | 未利用地 | 小计 | |
| 用地面积(km²) | 5.2 | 1.4 | 0.1 | 1.5 | 0.6 | 0.4 | 0.0 | 1.0 | 1.4 | 1.9 | 0.5 | 2.4 | 0.0 | 5.3 | 0.0 | 0.1 | 2.3 | 0.7 | 0.5 | 0.0 | 0.0 | 9.0 | 20.1 |
| 比例(%) | 25.9 | 6.9 | 0.3 | 7.3 | 3.2 | 2.0 | 0.0 | 5.1 | 7.1 | 9.4 | 2.6 | 12.0 | 0.2 | 26.5 | 0.2 | 0.3 | 11.5 | 3.5 | 2.3 | 0.1 | 0.1 | 44.6 | 100.0 |

图7 生态间隔带G5用地现状

偿范围,加大生态补偿力度。同时,综合运用土地调控手段,结合增减挂钩、整理复垦等专项规划的实施,落实林业发展规划和年度计划,推进生态空间建设。

(3)建立长效的生态评估机制,实现动态维护和管理。市规划和国土局、绿化市容局牵头,建立与近期建设规划相衔接的生态建设实施评估机制。通过"实施评估、规划维护、适时更新、严格管理"的运行机制,实现长效管理。

(4)聚焦重点建设区域,积极开展试点区块实施推进工作。针对目前城市发展影响较大的重点生态建设区域,如"嘉宝"、"青松"、"黄浦江上游"生态走廊等,适当使用"新增建设用地有偿使用费",推进生态空间建设,实现生态建设良好开局。

【咨询工作特点】

1. 创新编制方法,倡导"生态优先"的理念和方法

不同于传统城市建设区规划方法,倡导"生态优先"的理念和方法,强调通过优先进行非建设区域的控制,应对快速城市扩张。

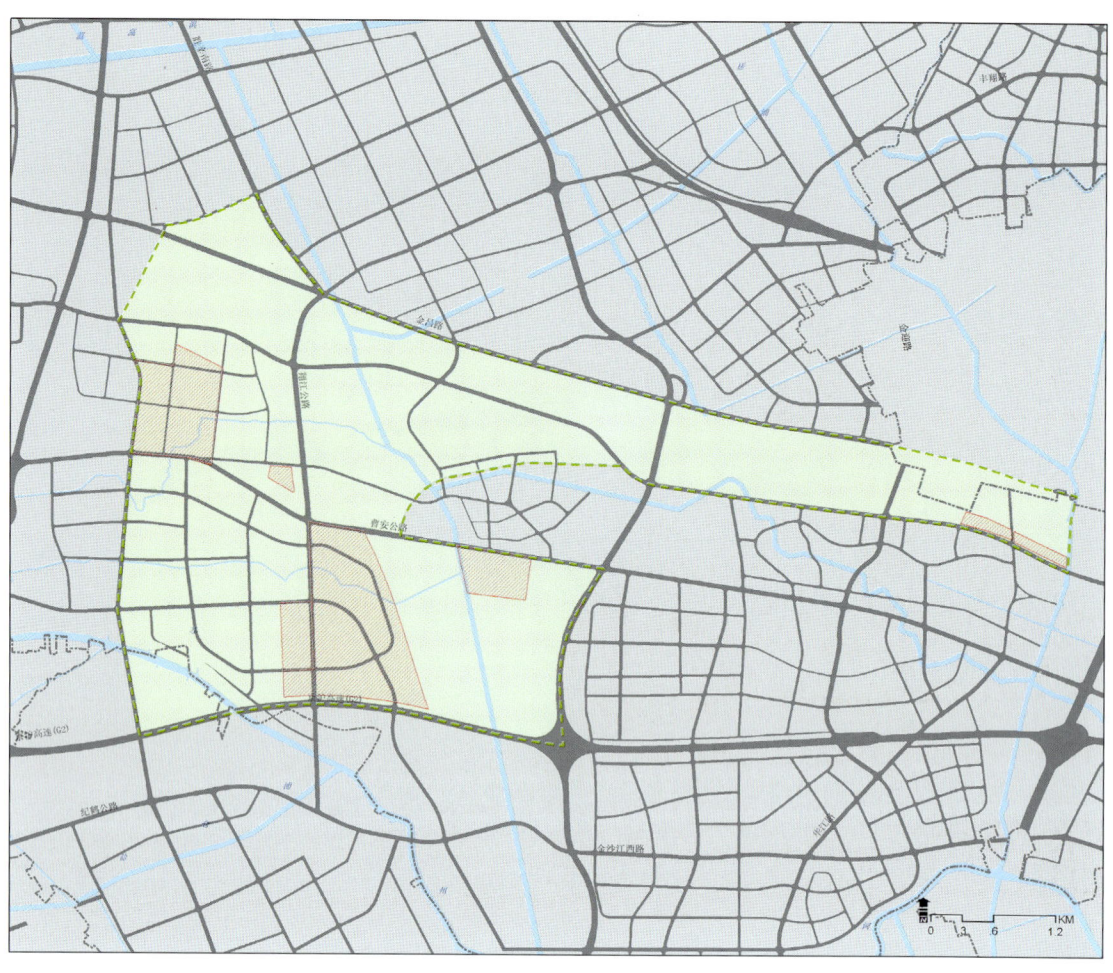

| 分类 | 生态间隔带（G5） | | | | | | | |
|---|---|---|---|---|---|---|---|---|
| 功能定位 | 生态间隔带G5与近郊绿环H6构成嘉青生态走廊向主城区渗透的主要生态空间，同时作为沪宁铁路的主要防护绿地，起到隔离铁路对周边城镇建设用地负面环境影响的作用。 | | | | | | | |
| 土地使用性质 | 鼓励区域生态建设区内规划建设城市郊野公园、体育用地、少量公共服务设施用地。禁止工业用地，大型商业商务中心和对环境有严重影响的对外交通设施和市政设施的规划建设。 | | | | | | | |
| 用地比例（%） | 耕地 | 22 | 林园地 | 40 | 湿地 | 7 | 瞻仰景观用地 | 4 | 建设用地 | 27 |
| 生态控制指标 | 复垦比重（%） | 52 | 森林覆盖率（%） | 43 | 生态建设控制区面积（km²） | 2.84 | 建筑高度（米） | 24 | 绿地率（%） | 40 |
| 备注 | 用地比例以整生态功能区块计。<br>生态控制指标中复垦比重、森林覆盖率针对整生态功能区块；绿地率、建筑高度控制针对生态建设控制区。<br>绿地率计算包括公共绿地（G1）、生产防护绿地（G2）及附属绿地。 | | | | | | | |

图例：
- 生态间隔带范围
- 生态建设控制区
- 水域

图8　生态间隔带G5规划管制导则

2. 编制过程复杂，注重协调各部门利益关系

本规划涉及的各类生态用地，如耕地、林地、园地、湿地等，涉及绿化局、农委、林业局等各部门的利益和诉求，编制过程复杂，其间大量协调各部门的利益关系。

3. 覆盖面广，通过各层面的生态空间，落实各类生态用地的管控

与上海以往编制的绿地规划不同，本规划是上海第一个覆盖全市各类生态用地的专项规划，通过基础生态空间、郊野生态公园、中心城周边地区生态系统、集中城市化地区绿化空间系统四个层面的空间管控，落实低碳、生态理念，促进绿地、耕地、林园地和湿地的融合发展，维护生态底线，进而增强城市国际竞争力。

4. 控制线与管控措施并重，双管齐下管控全市生态空间

本规划划示的生态控制线将进入规划国土信息平台，作为"保障发展、保护资源、优化布局"的重要基础，同时明确对各类生态空间的管控要求，主要涉及功能定位、土地使用、布局结构、用地比例和开发控制五个方面，双管齐下管控全市生态空间。

一、规划咨询研究报告篇

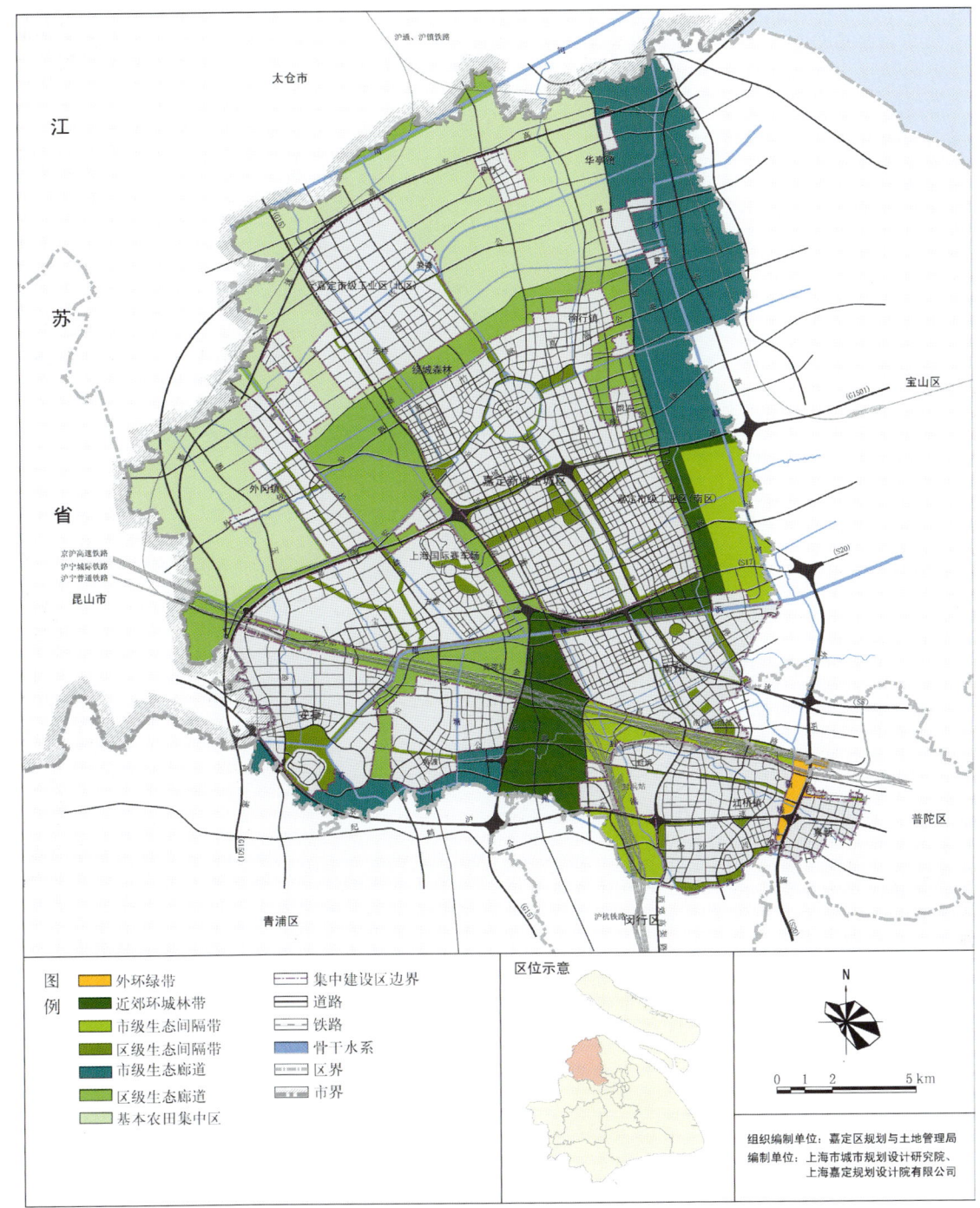

图9 嘉定区城乡总体规划（2010年梳理版）生态网络规划

**【咨询效果】**

本报告于2010年9月经市规划委员会全体会议审议同意。

上海市"十二五"规划已采纳本报告的核心内容，并明确了生态空间的建设目标。我院建立了对生态绿化的长期维护的机制，完成了《2010年度上海市生态环境建设白皮书暨十年发展回顾梳理》。本报告是郊区（县）城乡总体规划梳理和土地利用总体规划的重要依据，并同步完成生态控制线深化工作，对于优化城市空间结构、维护城市生态环境起到了积极的引导作用。

为了深化和落实基本生态网络规划，我院目前正在开展上海市基本生态网络规划实施研究、试点规划研究、上海市林地专项规划、郊野控规编制研究和泖港片林规划实施方案等工作。

29

图10 嘉宝试点方案

# 上海市创建国家公交都市示范城市规划研究报告
## The Research Report on the Creating Nationally Public Transportation Demonstration City Plan in Shanghai

编写单位：上海城市交通设计院有限公司
Shanghai Urban Transportation Design Institute Co., Ltd.
联系电话：021-63867310　　网址：http://www.shjiaotong.com/
主要完成人：董明峰　万　鹏　王建军　朱　鲤　陆　磊　李　永　许　佳　张　蕾　陈仕瑜　张品立

【点评】

本报告提出"六大工程、四大保障、33项指标"，内容全面具体，重点任务及配套措施较为完善，规划形成上海特色的公交引导城市发展（TOD）模式。同时，本报告提出轨道交通、有轨电车、BRT等多元化发展思路，推出区县积极创建"公交城区"的创新做法，体制、机制、票制改革以及监管创新等新措施，公交枢纽场站综合开发、地铁上盖开发等新举措。该项目多项创新成果为全国公交都市创建提供了较好的借鉴。

【项目背景】

"公交都市"是为应对小汽车高速增长和交通拥堵所采取的一项城市战略，其本质是以"公共交通引领城市发展"为导向，通过科学规划和系统建设，建立以公共交通为主体的城市交通体系，扭转城市公共交通被动适应城市发展的局面。根据国家《交通运输"十二五"发展规划》，交通部在"十二五"期间组织开展国家"公交都市"建设示范工程，上海市积极响应，组织编制《上海市创建国家公交都市示范城市》申报材料、实施方案及实施计划，贯彻落实城市公共交通优先发展战略，提高城市公共交通服务水平，满足人民群众基本出行需求，缓解城市交通拥堵和资源环境压力。

上海市创建国家公交都市示范城市是在《上海市交通发展白皮书》的基础上对公共交通规划的进一步深化落实；是规划与政策的结合，兼顾了远期战略和近期行动的统一，不仅是指导政府部门近期实施的纲领性文件，也是市政府对国家和市民的郑重承诺。

【项目内容】

公交都市示范城市建设将构建以轨道交通为骨干、公共汽电车为基础、水上轮渡为补充、慢行交通为延伸，通过综合交通枢纽紧密衔接的，安全可靠、经济适用、便捷高效、低碳智能的城乡一体化的公共交通综合体系。打造与国际化都市相匹配，与智慧城市相适应的"低碳公交"、"立体公交"、"智慧公交"、"优质公交"。

为全面创建国际水准的公交都市示范城市，上海市将推行"六大工程、四大保障体系"（见图1），落实"33项指标"实现"四大转变"，从被动

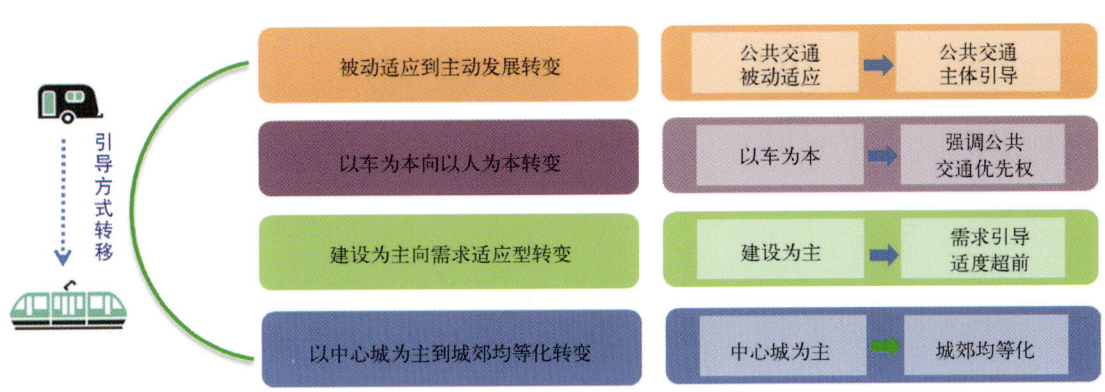

图1　创建公交都市实现"四大转变"

适应到主动发展的转变，以车为本向以人为本的转变，以建设为主向需求适应型转变，以中心城为主到城郊均等化转变。

### 一、健全公共交通规划体系

本规划提出科学制定并严格落实城市公共交通规划。以大数据为支撑（见图2），通过综合交通调查、每年度公交出行调查，建立综合交通预测模型，为城市总体规划、交通规划以及各专项规划等的规划编制、政策制定、管理方案等提供强有力的数据支撑。

强化城市总体规划对城市发展建设的综合调控，统筹城市发展布局、功能分区、用地配置和交通发展，倡导公共交通支撑和引导城市发展的规划模式，科学合理制定城市综合交通规划和公共交通规划。加强对公共交通规划实施过程的监管，建立规划落实责任机制，保障规划的组织实施，禁止随意修改和变更城市公共交通规划，确保规划执行到位。

### 二、落实基础设施建设计划

完善上海市轨道交通网络规划，优化轨道交通网络形态，提高中心城轨道交通网络密度和站点覆盖率，到2017年，力争建成约700公里的轨道交通基本网络（见图3）。

本规划提出在郊区新城、中心城有条件的道路、重点商务区和旅游区积极发展现代有轨电车（见图4）或快速公交（BRT）系统（见图5）。郊区新城形成以有轨电车为主的区域骨干公交网络；中心城区补充轨道交通网络不足，支撑公交线网调整。至2017年，重点推进200公里的中运量网络建设，力争100公里开工建设（其中50公里通车运营），100公里开展前期研究。

完善公交优先车道规划及建设机制，加大公交优先车道建设力度。中心区形成公交专用道基本骨干网络，与轨道交通网联合形成中心区公共交通快速通行网络；外围区构筑与轨道交通站点、客运交通枢纽相衔接的公交专用道骨架；

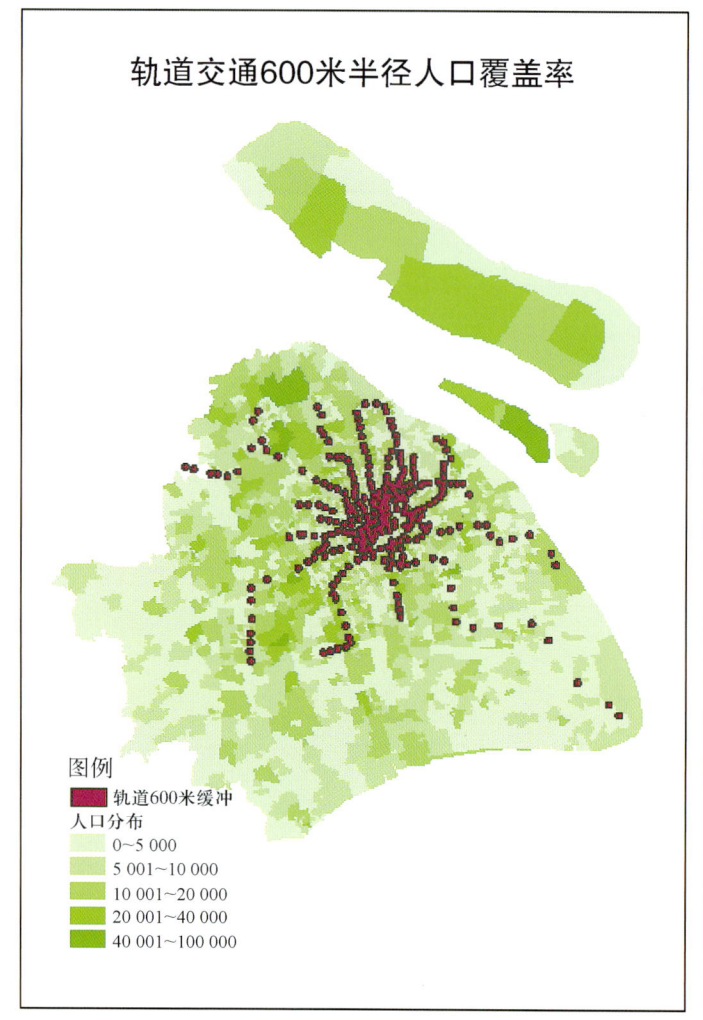
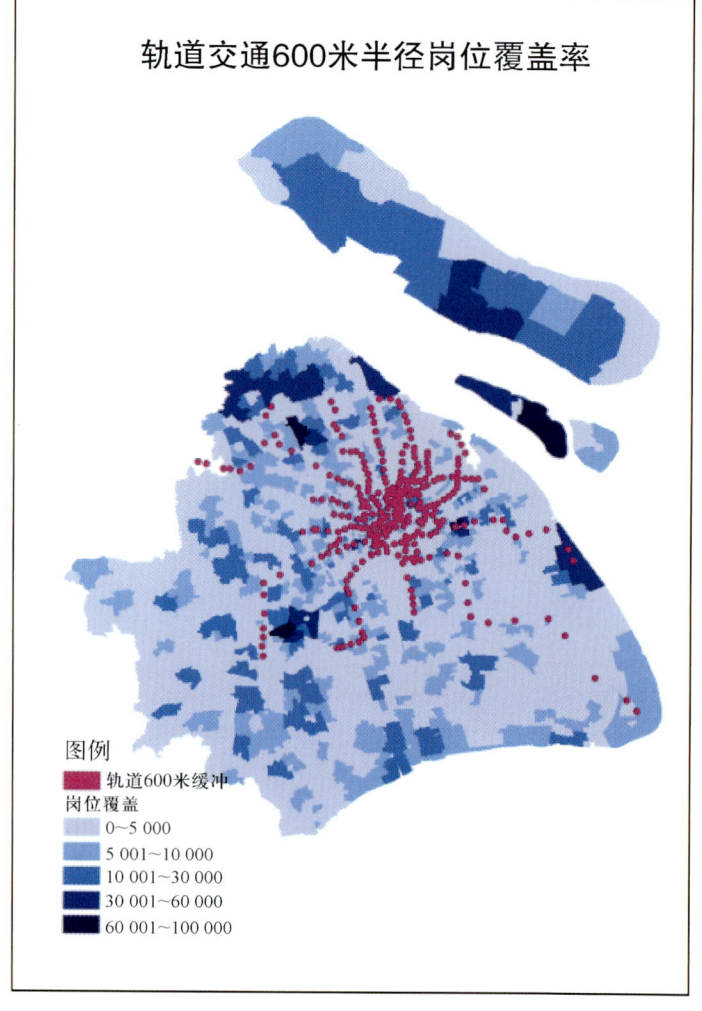

图2　大数据分析

在部分客运走廊上试点实施路中式公交专用道。至2017年，全市形成约380公里的公交专用道网络（见图6）。

新规划建设60余个综合客运枢纽（见图7），基本形成覆盖全市、多层次、多方式有机衔接、换乘便捷的综合客运交通枢纽体系，至2017年实现约900条公交线路首末站设置枢纽化。新建、改建公交停车保养场12座，基本实现公交车辆进场停放。同时，对新建公共交通设施用地的地上、地下空间，按照市场化原则实施土地综合开发。对现有公共交通设施用地，支持原土地使用者在符合规划且不改变用途的前提下进行立体开发。公共交通用地综合开发收益用于公共交通基础设施建设和弥补公共交通企业运营亏损。

### 三、推进公共交通服务提升

本规划提出按照"一路一骨干，区域成网，枢纽锚固，方便换乘"的思路全面推进地面公交线网优化（见图8），并选取部分区域或客运走廊试点推进实施。同时，推出精细化公交规划，原则上公交中途站距离轨道交通站点出入口距离不超过50米。积极发展灵活便捷的小型公交接驳

图3　轨道交通网络

图4　有轨电车规划

图5 快速公交规划

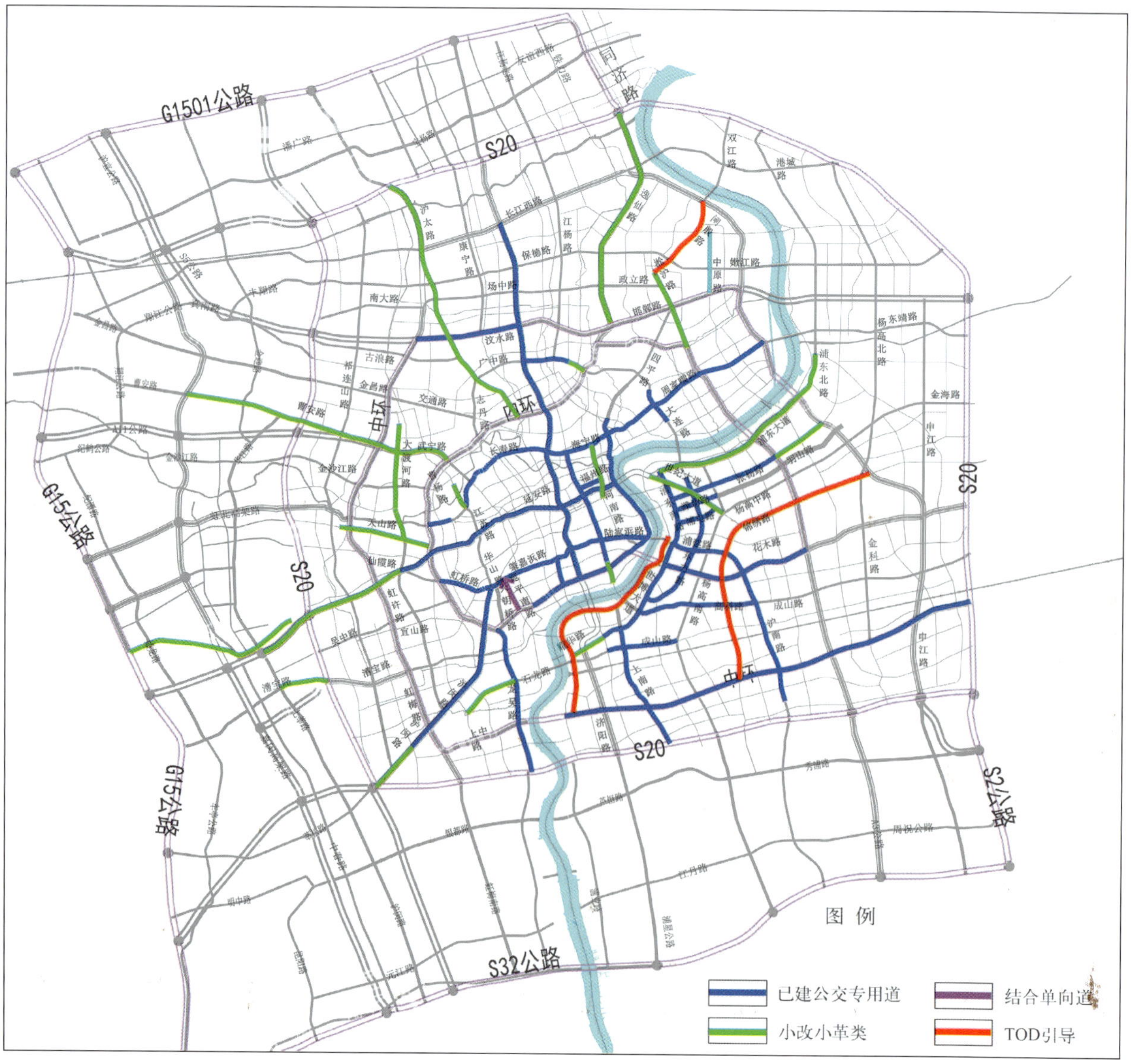

图6 公交专用道网络规划

图例
- 已建公交专用道
- 小改小革类
- 结合单向道
- TOD引导

图 7　枢纽案例

方式和公共自行车租赁网络，形成服务于大型居住社区、商务区、商业街区的，多层次、多样化的"最后一公里"接驳方式（见图9）。

加强公共交通与民航机场、郊区铁路、城际铁路在运输组织、站点建设、设施、运营等方面的衔接，推动市域交通与对外交通的一体化运行，积极开辟毗邻地区省际公交化班线（见图10），推进城际公共交通"一卡通"。

### 四、发展低碳绿色公共交通

本规划提出创建公交都市，绿色公共交通车辆比率需达到75%以上，公共汽电车辆全部达到国三及以上排放标准，其中国四及以上标准达60%；2013—2017年，公共汽电车平均责任事故

图8　五角场商业中心公交线网优化及微枢纽试点

图9 "最后一公里"公交线路接驳轨道交通

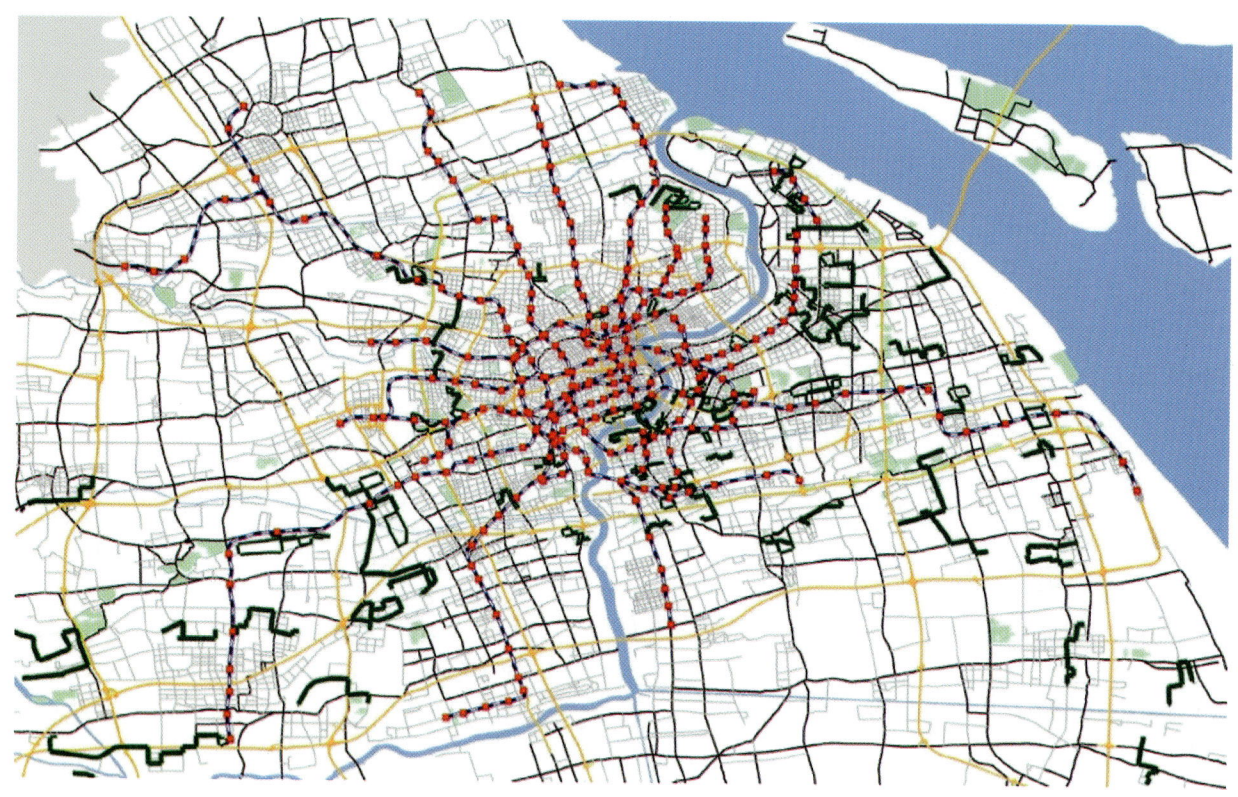

图10 省际毗邻地区公交班线

死亡率控制在每百万车公里0.035人以内；轨道交通确保基本不发生责任死亡事故。

五、推进公共交通智能化建设

公交行业信息化工作目标是建成集行业监管决策、企业运营调度和公众信息服务为一体的公交行业信息化体系。公交行业信息化基本框架是：一个平台和三大系统，即公交信息平台，一体化车载信息系统、智能集群调度系统和出行信息服务系统。

六、创造安全、文明、可持续的公共交通环境

通过鼓励区（县）创建公交城区，深化改革促进公交行业健康可持续发展，强化公共交通安全营运监管，积极创建公共交通文明行业，全面实施城市交通综合管理，建立公交企业一线职工工资正常增长机制等一系列措施，创造安全、文明、可持续的公共交通环境（见图11）。

同时，推行四大保障体系，推进政府机构改革，理顺交通管理机制；完善公共财政综合扶持机制；加强动态监督管理；加强舆论宣传保障等保障公交都市示范城市的顺利创建实施。

通过一系列工程及保障措施，制定了33项考核指标，其中20个考核指标，10个参考指标，3项特色指标，形成年度评估制度，规范并约束公交都市示范城市创建目标达成。力争到2017年，全市公共交通日均客运量达1700万乘次（不含出租），中心城市民群众选择公共交通出行方式的比重达到50%（不含步行），其中轨道交通占公共交通客运量比重达55%；公共交通占机动化出行比例达到67%。

【工作过程】

上海市创建国家公交都市示范城市，自2013年初启动，在市委、市政府的高度重视下，按照交通部相关要求，组织编制《上海市创建国家公交

图11　创建公共交通文明行业宣传活动

都市示范城市申报材料》，经过多番论证，提出上海市公交都市创建发展目标，明确33个考核指标，提出创建设想及方案，经市领导圈阅并同意后，2013年10月上报交通部，并通过专家评审，成功列为国家公交都市创建示范城市；同时编制完成《上海市公交都市创建实施方案》对上报方案进行深化分解，提出创建实施建设计划，并于2014年4月通过交通部组织的专家评审，专家评审组给出高度评价，并寄予创建国际水准公交都市示范城市厚望。根据公交都市创建计划，相关工程及政策保障由上海市公交都市创建联席会议（分管副市长牵头）成员：上海市交通委、上海市发展和改革委员会、上海市城乡建设和交通委员会、上海市规划和国土资源管理局、上海市财政局、上海市公安局交警总队、上海市人力资源和社会保障局、上海市国有资产管理和监督委员会、上海市审计局9个职能单位落实实施。

2014年6月，交通部组织专家考察团到上海进行实际工作督导，对上海市示范城市创建工作提出指导意见。2014年12月，市交通委组织编制《上海市2014年公交都市创建工作年度报告》，就本市创建工作进行剖析，总结经验和存在问题，明确下一步工作计划，上报交通部并获得批复。

## 【咨询工作特点】

### 一、创建公交都市意义重大

执行国家政策，具有至高的权威。上海开展公交都市创建工作，是贯彻落实国家公共交通优先发展战略和国家公交都市示范工程的重要行动，相关规划与政策逐步推进落实，相关工程项目逐步推进实施，其代表着行政主管部门的意志，具有至高的权威。

缓解大城市交通拥堵，改善生态环境。在人口高度集聚、资源能源相对匮乏、用地紧张的特大型城市，创建公交都市是调控和引导交通需求，缓解城市交通拥堵和资源环境压力，推进新时期上海公共交通又好又快发展的重大举措；是城市可持续性发展的需要；各项举措的实施能够有效提高公共交通吸引力，引导市民集约化出行，缓解城市交通拥堵，有利于改善城市生态环境，增强上海城市国际竞争力。

### 二、规划高度与考核力度并存

本规划以世界坐标，全球视角，统筹考虑了上海城市发展规划及实际进程，打造与国际化都市相匹配，与智慧城市相适应的"低碳公交"、"立体公交"、"智慧公交"、"优质公交"，构建公共交通综合体系。

同时，根据总体目标，提出了33个具体指标，具体指标的设定也成为国家对上海市创建国家公交都市实施方案落实的考核依据和标准，突破了常规课题重规划轻实施的现实，以指标为依据进行年度及最终考核，使得方案的制定具有高标准，严要求的特点，规划难度大。

### 三、规划理念体现上海特色

本规划中提出了创建国家公交都市的"四大转变"，规划理念紧密联系上海实际。同时，上海在公交都市创建过程中，本着"国际化、品质化、制度化、标准化、信息化、精细化、人性化、优质化"全面开展各项工程，制定相关政策措施，为上海市打造优质、高水平的公共交通服务指引方向。

### 四、提出"六大工程，四大保障体系"强化方案落地实施

本规划是在《上海市交通发展白皮书》的基础上对公共交通规划的进一步深化落实；方案提出了"六大工程、四大保障体系"，为公交都市创建制定了详细的规划实施方案，年度实施计划，落实建设实施主体，行动方案经各方反复讨论后形成共识，并将成为政府操作实施的依据。

同时，以推进政府机构改革，理顺交通管理机制为基础，建立创建"国家公交都市"示范城市推进联席会议制度，九大职能部门共同研究方案制定以及任务落实。从组织机构上保障公共财政综合扶持、动态监督管理、工程推进等重大事项的落地实施。

### 五、多项创新举措成为全国公交都市创建的示范

制度化、标准化、精细化管理，一体化规划、系统化实施，体现上海大都市管理统一，设施平衡，资源共享，高效运转的综合效应，成为国内公交都市创建的重要示范。

本规划中提出了上海市多元化发展的公共交通模式，公共交通建设涵盖轨道交通、中运量（有轨电车、BRT）、地面公共汽电车、水上轮渡、慢行系统等，对全面支撑城市发展，引导带动大

城市建设具有示范意义。

本规划提出了借助市区两级管理平台，鼓励各区县积极创建"公交城区"的创新思路。

从体制改革、机制改革、票制改革以及监管创新等方面，全面提高企业的经营活力，提升行业的服务水平，深化改革促进公交行业健康可持续发展先行先试做法成为公交都市创建的亮点工程之一。

本规划推出公交枢纽场站综合开发、地铁上盖开发等创新举措，也成为上海公交都市创建示范的典范。

**【咨询效果】**

上海市体量大，城市化进程快，如何建设公交都市，怎样建成公交都市，在建成公交都市的基础上，如何打造国际化公交都市，怎样才能做到持续化、常态化，上述种种问题成为一直困扰我们的难题。结合一年多上海创建经验和实施效果，归纳公交都市创建取得"五化一格局"的良好成效：一体化规划、制度化监管、标准化建设、智能化引导、实现优质化服务，形成市区共建良好格局。

一、一体化规划

上海大体量的公交发展体现了一体化规划，构建了系统完善的公共交通综合体系，形成了分层分级的公共交通网络，基本实现三个"100%"（见图12）。

一是内环内建设以轨道交通为骨干，公共汽电车为补充，以步行为主的"最后一公里"接驳方式，打造高度密集的公共交通网。公交站点300米服务半径达到100%。

二是内外环间形成以轨道交通为骨架，公共汽电车为支撑，出租汽车及轮渡为补充的公共交通网络结构。公交站点500米服务半径100%以上。

三是郊区新城加强轨道交通对外联系，以中运量为内部骨干，地面公共汽电车为主体，"最后一公里"线路、出租汽车以及公共自行车系统为补充，形成网络层级明确、互为饲喂补充的公共交通系统。其中，郊区行政村公交通达率达100%。

二、制度化监管

上海创建公交都市示范城市制度化监管取得成效主要呈现在以下两个方面：

一是进一步健全了适应上海特大型城市特点和发展需要的城市管理体制，促进了综合管理水平的提升，加大了对公共交通发展的政策资金保障力度。

二是进一步完善了公交行业"体制、机制、票制"改革和创新监管体系，全面提高了企业经营活力，提升了服务水平，促进公交健康可持续发展。

三、标准化建设

标准化建设是制度化的最高形式。上海在遵照国家相关标准规范的基础上，出台了有关地方标准共16项；在编的有3项，分别为城市公共汽、电车专用车道系统设计规范，现代有轨电车工程设计规范，现代有轨电车线网规划编制标准；另有15项标准纳入储备阶段。

四、智能化引导

强化了智能化引导作用，通过智能集群调度系统建设，优化了公交调度运营，基本实现无纸化调度指挥；推进公交信息化工作及公众信息服务，开发了"上海公交"手机APP系统，可供查询公交车辆到站时间，实现公交站台零等候；通过

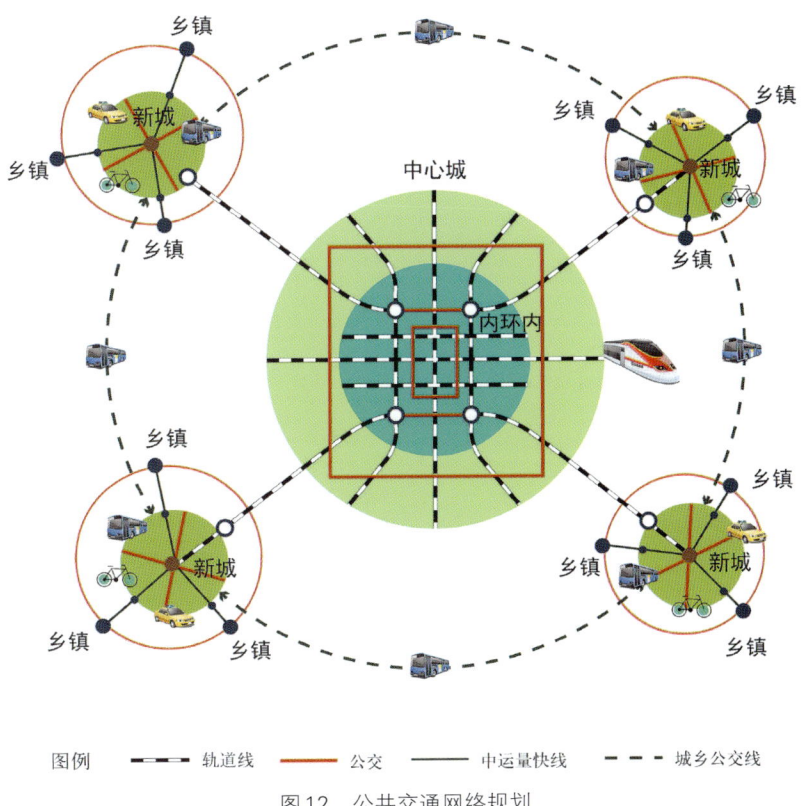

图12 公共交通网络规划

建设智能电子站牌,预报公交到站时间,让乘客等车时间有把握,推行出租车"智能叫车"服务,满足乘客多样化智能出行需求。

### 五、优质化服务

一是提供了多样化公交服务。强化"最后一公里"服务,通过开辟社区巴士、完善轨道交通站点50米范围内交通设施配套、建设公共自行车系统,调整轨道交通与地面公交时刻表对接等多项措施,进一步提供乘客需求化的公交服务。推出了城际公交化班线,实施标准化服务,满足了远距离出行乘客需求。

二是提供了优质公共交通服务。通过建设轨道交通、有轨电车等高等级的公共交通系统,提升了整体公交服务质量和水平,提高公交吸引力。通过建设分层分级的公共交通网络,提升整体网络效率,提供优质公共交通服务,最终实现公共交通引导城市发展的目标。

### 六、市、区两级共建格局

实现了市、区两级共建公交都市的良好格局。由市公交都市创建联席会议办公室组织郊区9家区(县)同步开展"公交城区"创建工作,先后完成创建"公交城区"方案的编制、审核及批复工作。各区(县)积极组织公交城区创建,结合重点工作推进,归纳区(县)公交城区创建特色,形成特点鲜明、不拘一格的"公交城区"创建局面。

同时,上海公交都市创建工作多次在国务院新闻办公室网站、交通运输部官方网站、上海市政府公开信息网、中国智慧城市网、中新网、东方网以及电视、广播等多个媒体载体进行了宣传报道,提高了市民参与意识,营造了良好的社会氛围,公交都市示范城市的创建成果也深入民心。

# 南充市城市综合交通规划咨询报告
## The Consulting Report of Nanchong Urban Comprehensive Transportation Planning

编写单位：上海市政工程设计研究总院（集团）有限公司
Shanghai Municipal Engineering Design Institute ( Group ) Co., Ltd.
联系电话：021-55000000　网址：www.smedi.com
主要完成人：徐　健　俞雪雷　汪　洋　刘　莹　高　明　黄　璇　张　亮　李开兵　董丕灵

## 【点评】

本报告充分尊重南充的自然地理形态，顺应现状与未来的城市布局结构，构建低碳生态的一体化综合交通系统。同时，也应用了当今最前沿低碳生态交通规划理论，并在规划技术手段上实现了多项创新和突破，创新性地运用了交互分析法处理现状调查数据，提出多项量化的交通发展战略指标和符合低碳生态规划理念的规划技术指标，实现全市交通运行高效率、土地和环境资源的低消耗，为四川省内其他城市的交通规划起到了较好的示范作用。

## 【项目背景】

### 一、规划背景

南充位于四川省东北部、成渝经济发展带的中部，是成渝经济圈重要城市之一，是除成都、重庆外人口最多、城区面积最大的城市，在促进成渝城镇群经济协调发展中，具有重要的战略地位。随着社会经济的持续快速发展，城区人口规模不断扩大，城市建设不断向外围扩展，城市发展进入了一个新的时期。

1. 城市总体规划正在修编

2010年南充市开展了城市总体规划的修编工作，新规划的城市范围与人口规模都较原规划有很大的扩展，在此基础上，城市综合交通须进行相应的调整规划，以支撑城市总体规划。

2. 城区交通矛盾日益突出

市区内居民小汽车保有量增速迅猛，城区交通拥堵、越江设施严重不足、城区交通秩序混乱等问题，极大地影响了南充城市的进一步发展，城市交通问题的解决已经迫在眉睫。

3. 城市交通处于结构转型期

城市化进程正逐步推进，城乡一体化的要求日益迫切，城市交通对区域范围提出了更高的要求，新交通体系的构建是未来南充交通发展的重要趋势。

4. 新区建设亟须交通规划为指导

老城改造、新区建设同步进行，新区的建设需要交通规划的先行指导，以交通引导城市发展，交通支撑新区发展。

在此背景下，为适应城市扩展和规模扩大的发展趋势，应对城区小汽车迅猛增长的交通需求，缓解南充城区日益严重的交通拥堵矛盾，提升城市综合形象，实现其川东北中心城市、枢纽城市的规划定位，南充市开展了《南充市城市综合交通规划》编制工作，以实现交通规划支撑城市发展、引导城市发展的目标。

### 二、规划范围与期限

本次规划范围同南充市总体规划保持一致，为南充市辖三区的城区范围，总面积约155平方千米。

规划期限近期为2010—2020年，远期为2021—2030年。

### 三、规划理念与技术路线

规划理念：充分尊重南充的自然地理形态，顺应现状与未来的城市布局结构，构建低碳生态的一体化综合交通系统，实现全市交通运行高效率、土地和环境资源的低消耗。

技术路线：南充市城市综合交通规划的技术路线遵循从宏观到微观、定性与定量相结合的办法，强调规划编制的前瞻性、系统性和可操作性的协调统一（见图1）。

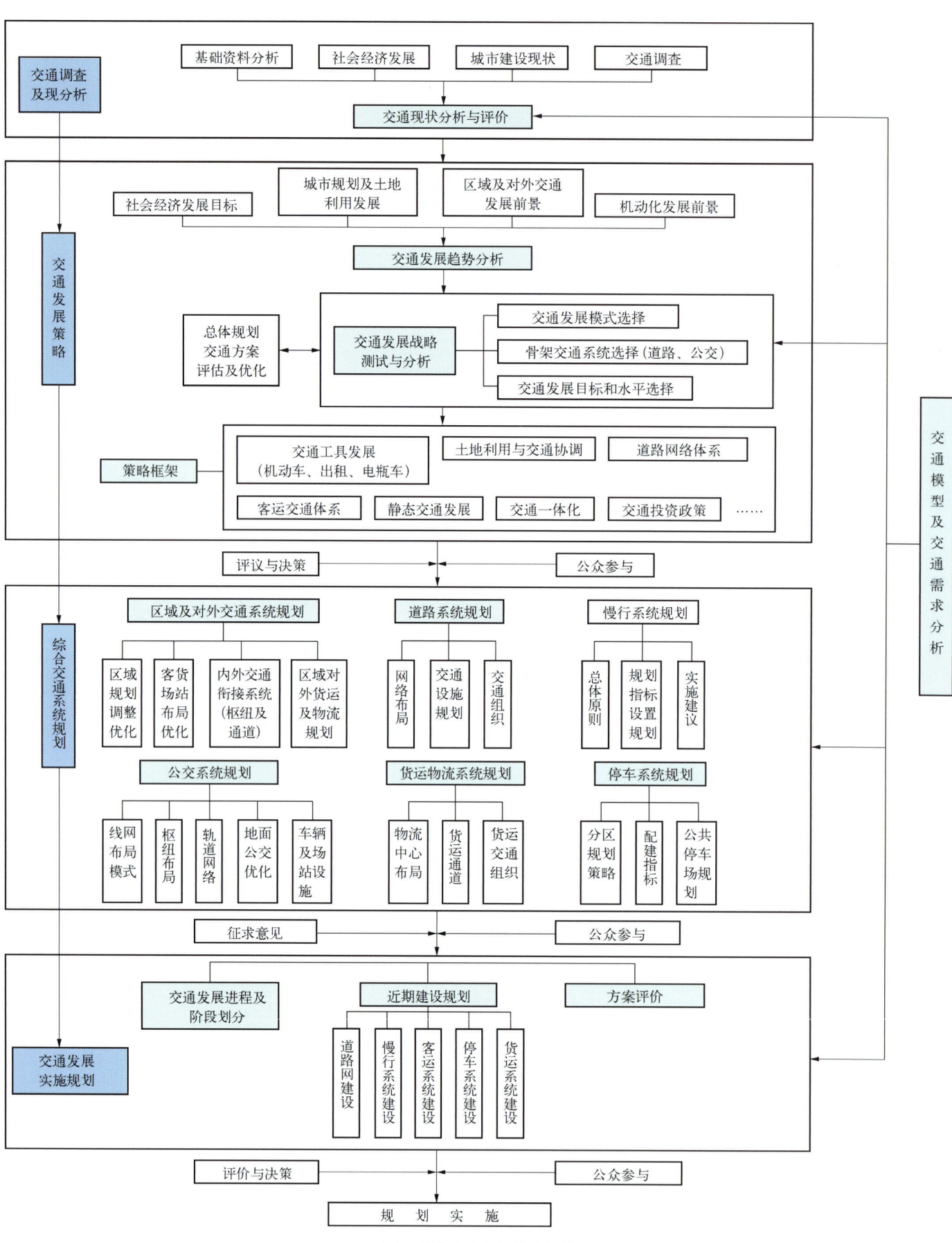

图1 综合交通规划技术路线

# 【项目内容】

## 一、城市布局现状与总体规划

### 1. 城市布局与发展现状

南充城区位于南充市域的南端，城区范围由顺庆区、嘉陵区、高坪区三区的城区组成，现状城区范围约80平方千米。南充为微丘地区，北向南倾斜，海拔256～889米。嘉陵江由北往南穿城而过，高坪区位于嘉陵江东岸，顺庆区、嘉陵区位于嘉陵江西岸（见图2）。

根据2009年统计数据，城区现有常住人口约80万人，其中50万人居住在嘉陵江西侧的顺庆老城区，老城区人口密度极高。

### 2. 城市总体规划布局

根据城市总体规划，至2030年南充市城区建设用地规划约为160平方千米，城区常住人口约为155万人，形成"南北拓展、三城同构、紧凑城市"的城市空间格局（见图3）。

（1）拥江主城区：包括顺庆旧城片区、高坪江东片区、白土坝—燕儿窝片区、都尉—西兴片区、青莲—老君片区，共计约80平方千米。

（2）北部新城区：包括潆溪—荆溪片区、小龙—龙门片区，共计约58平方千米。

（3）南部产业新城：包括文峰片区和河西片区，以石油、天然气化工产业为主的新城，共计约23平方千米。

## 二、城市综合交通现状

### 1. 综合交通基础设施现状

（1）道路交通。南充城区内道路呈典型的"方格网"布局，顺庆老城区受山体和嘉陵江的影响相对较大，路网以五星花园为中心，呈现不规则的方格网形态，嘉陵、北部新区、高坪等区域内均是较为规整的方格网布局。

现状道路总里程为348千米，其中主干道116千米，次干道97千米，支路135千米（支路包括宽度在7～10米左右的街道和小巷）。城区现状骨干路网布局见图4。从道路网络密度看，全市道路总里程离规范要求尚有较大的差距（通常为6～7 km/km²），从各级道路的级配看，主、次干道长度已经达到了规范的要求，但支路严重不足，且城区目前尚无快速路系统。

（2）公共交通。至2010年9月，南充市共有公交线路34条，总营运里程449千米，公交车辆

图2　南充城区现状布局

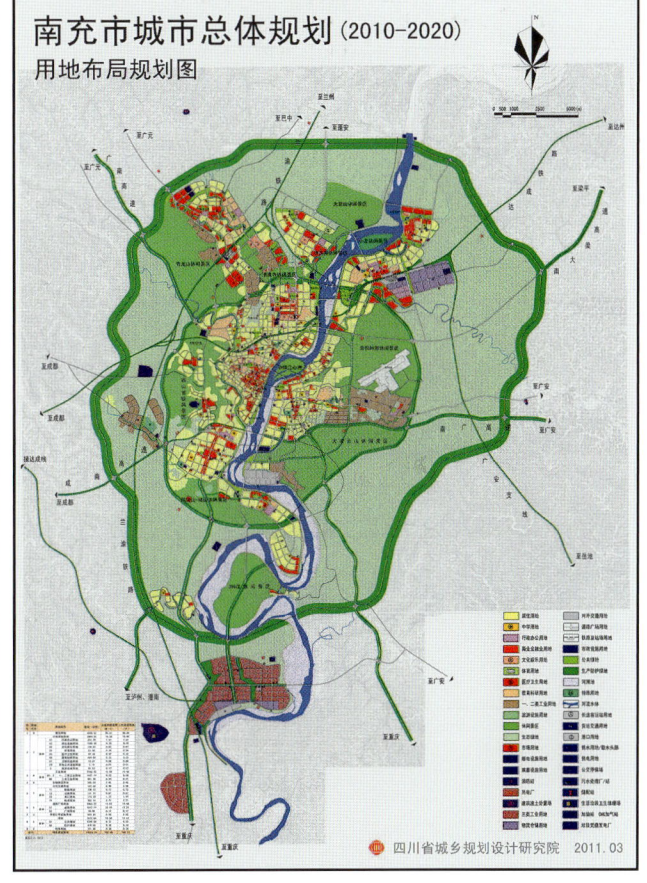

图3　南充总体规划用地布局

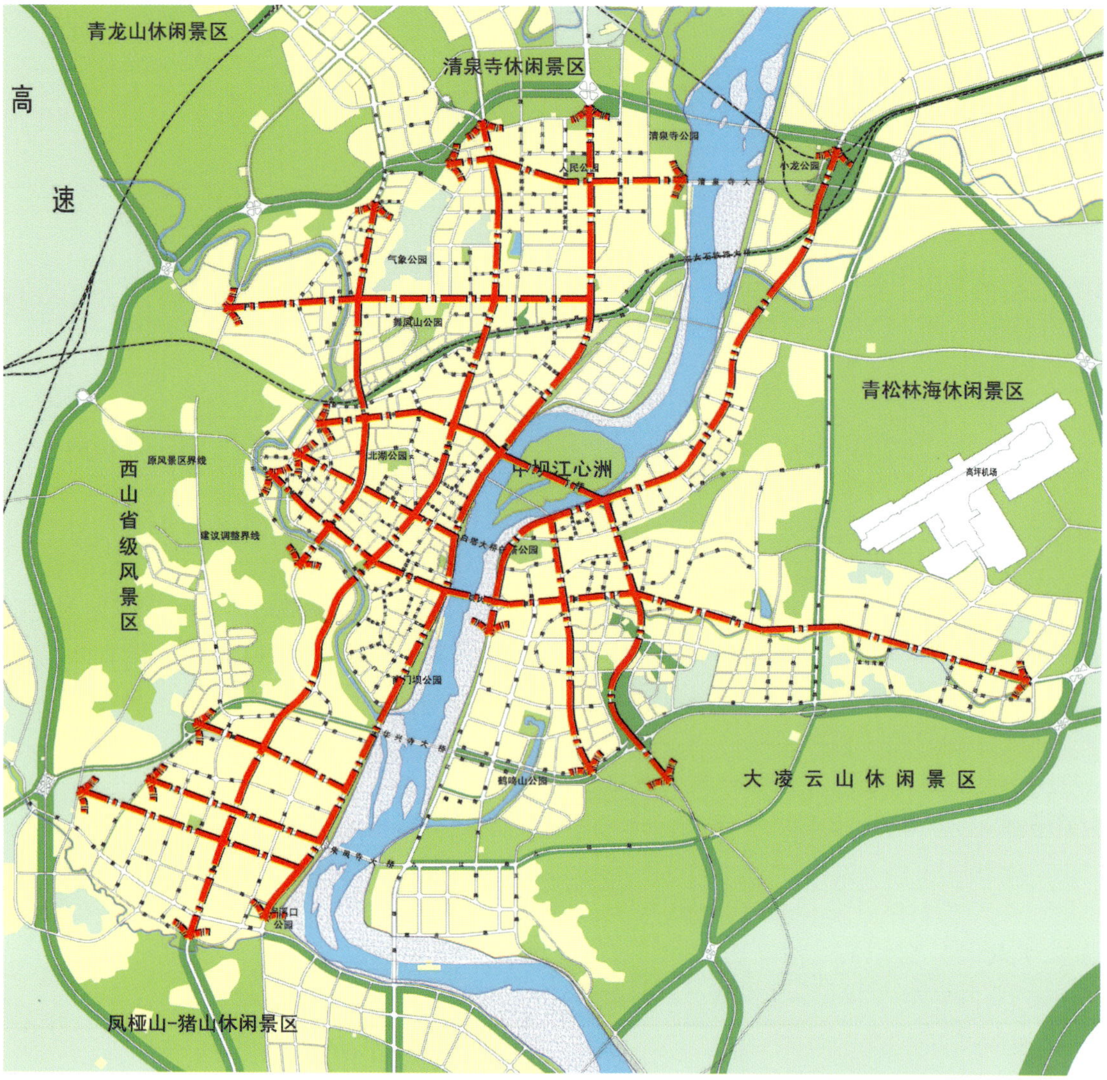

图4 现状骨干道路分布

540台,无大型公交保养场,全市共有4处低级保养工间,总面积约2公顷。各类公交首末站均为简易设施,缺乏首末站的相关服务设施。

(3)静态交通。全市公共停车设施共有223处,共计泊位6 704个,其中路内停车设施187处,提供泊位3 436个,平均每处提供泊位约18个,路外专用停车场36处,提供泊位3 268个,平均每处设施提供泊位约90个。

2. 综合交通服务水平现状

(1)居民出行特征。市区居民人均出行次数为2.62次,目前南充市辖三区的城镇区域共有各类常住人口约79.7万人,由此推算规划范围内居民一日出行总量为208.8万人次。全市居民出行存在四个高峰,早晚高峰以及中午两个小高峰。

居民全方式出行方式结构见图5,现状以慢行为主占57%,私人小汽车出行比例为11%,且有增高趋势,公交出行比例为16%,相对较低,

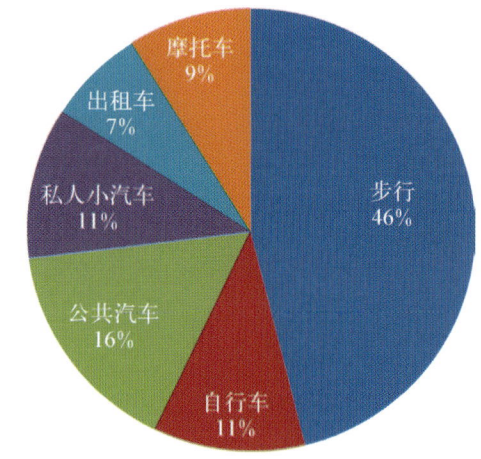

图5 交通出行方式结构

出租车出行比例较高达到7%,摩托车出行达到9%,比例相对较高。

(2)道路交通运行特征。城区内现状道路服务水平如图6所示,交通量主要集中在几条干

图 6 现状道路运行水平

道上,尤其以人民路、滨江路等贯通性较好的道路为主,高峰时刻主要干道的交通拥堵现象严重,尤其是南充城区老城区内约 4 平方千米范围,在早高峰几乎所有的道路均存在严重拥堵的现象,大多数道路的服务水平在 E 级和 F 级。

另一方面,目前南充市区内各个片区道路摩托车比例极高,道路上摩托车的自然车比例超过了 30%,严重降低了道路交通的通行能力。

3. 综合交通现状存在主要问题

(1) 人口集中,城区分布格局导致现状交通不均衡,核心城区聚集了超过 50 万人口,道路交通严重拥堵。

(2) 越江设施严重不足,现状越江桥梁交通量已经饱和,嘉陵江两侧城区之间的交通联系十分不畅。

(3) 新区建设过程中,对于交通设施、交通体系的保障不完善,交通配套不健全。

(4) 公共交通场站缺乏,公交首末站的设施不完善,不利于公共交通的安全运行,公交车辆夜间停车场泊位缺口巨大。

(5) 交通管理水平较为低下,城区存在大量的摩托车,摩托车对城区交通的正常运行造成了较大的干扰,交通管理的系统性不强。

(6) 公交车的线路数量、车辆数量不足,公交车设施陈旧,公交的运营组织尚需要优化。

(7) 城区停车矛盾突出,停车的随意性比较大,静态交通的矛盾已经影响了道路动态交通的正常运行。

(8) 部门之间的协调管理欠缺,基础设施建设过程中各体系缺乏有效的沟通与协调。

### 三、交通发展战略与综合交通运输体系

1. 城市定位与交通发展协同

城市发展的定位决定着交通发展方向,南充要努力打造成渝经济区北部中心城市、能源基地及商贸物流中心、交通枢纽城市、生态宜居城市,这对南充城市交通发展提出了对应的要求(见图 7)。

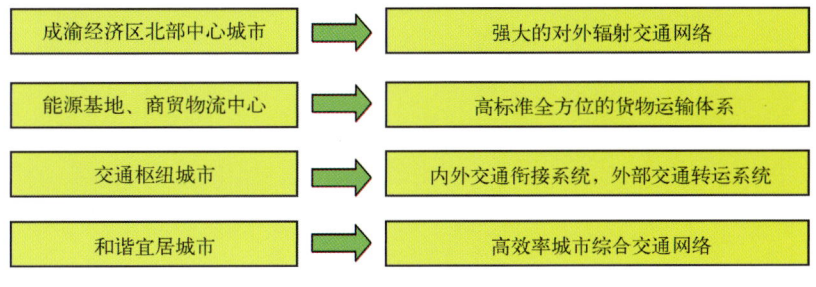

图 7 城市交通发展

2. 城市综合交通发展目标

南充市城市交通发展总体目标为：构筑与城市的区域职能、空间布局、交通需求特征相符合的、多种交通方式协调发展的、低碳生态的综合交通运输体系。

南充市城市综合交通运行指标如表1所示。

表1 南充市综合交通运行指标体系

| 类别 | 指标 | | 2030年目标值 | 说 明 |
|---|---|---|---|---|
| 道路网络 | 时效 | | 构建30-30-45交通圈<br>30：核心城区内30分钟互达<br>30：核心城区与外围片区30分钟互达<br>45：外围片区之间45分钟互达 | |
| | 密度 | 全市指标 | 7.5～8.0 km/km² | 干道网包括快速路、主干路、次干路 |
| | | 干道网指标 | >3.5 km/km² | |
| | 速度 | 顺庆老城区 | >20 km/h | 只是针对干道网络 |
| | | 外围新区 | >30 km/h | |
| | | 片区之间 | >40 km/h | |
| | 容量 | 顺庆老城区 | <0.7 | 取用路网平均饱和度指标 |
| | | 外围新区 | <0.6 | |
| | | 片区之间 | <0.5 | |
| | 交叉口 | 顺庆老城区 | 90%以上达C级，杜绝E级 | C级服务水平车均延误小于35秒 |
| | | 外围新区 | C级以上 | |
| 公共交通 | 分担率 | 全市指标 | >30% | |
| | | 片区之间中长距离出行 | >50% | |

3. 综合交通发展战略

（1）交通引导城市发展战略。充分考虑南充城区山水分隔的自然布局，利用交通发展引导城市空间拓展，形成组团布局的城市格局。一方面通过城市骨干路网的建设，实现外围新区同中心城区之间的便捷联系。另一方面通过城市公共交通的建设，实现公共交通引导为主的城市发展模式，以公共交通的枢纽站为中心，综合利用公共交通，进行高密度的城市综合开发。

（2）公共交通优先战略。以公共交通引导城市发展，引导人们合理的出行方式，通过设施保障、政策保障、服务保障等多种手段提升公共交通的综合服务水平，提升公共交通方式在城市交通结构中的竞争力，鼓励和引导人们使用公交出行。

（3）慢行交通提升战略。侧重于建立独立的、安全的慢行交通系统，减少慢行交通与机动车交通之间的冲突，从道路的断面设置、慢行交通设施的设置、慢行交通环境的营造等方面提升慢行交通的品质。

（4）交通投资适度超前战略。不追求脱离实际需求的大踏步超前投资，也不仅仅是根据目前需求实行投资，交通投资应着眼于未来，并结合近远期发展需求，在城市总体交通发展战略框架下，适度超前投资，既能满足每个时期交通需求，又能实现交通引导城市发展的目标。

4. 综合交通运输体系构建

（1）两大网络。重点构建城市道路网络与城市公共交通网络系统，完善道路的级配比例，提高道路的服务水平。增强公共交通的服务方式与服务范围，构建多层次的公共交通服务体系。

（2）三个核心。对应"三城同构"的城市规划布局，分别以三个城市核心构建相对应的综合交通服务网络，同时通过便捷的组团交通联系，串联三个城市核心。

（3）四类枢纽。着眼于城市的对外交通，构建航空、铁路、公路、水运四大类枢纽，结合既有的对外交通场站，完善综合对外枢纽的交通配套功能，形成内外衔接综合交通枢纽。

（4）五大通道。重点建设城市范围内的五大通道：一是打通越江通道，增强越江服务能力，促进城区向江东发展；二是构建环城快速通道，实现城区道路交通的外围保护环；三是提速城区南北通道，加强现有南北通道的通行能力，确保南北交通联系的高效率；四是连接对外高速通道，通过城区快速路网联系外围高速公路，实现内外交通的快速通行；五是布局慢行景观通道，通过城市绿道、步道的构建，提升慢行交通的舒适性和安全性，增强慢行交通品质。

（5）六大系统。综合交通落实于六大交通系统：完善的道路交通系统，优质的公共交通系统，独立的慢行交通系统，合理的静态交通系统，便捷的换乘交通系统，先进的交通管理系统。

## 四、综合交通规划布局方案

### 1. 道路交通系统

（1）道路系统规划指标体系。结合国内已有标准规范界定的道路网络规划指标体系，以及国外和国内部分城市的道路网络供应水平，南充市城市道路网络规划控制指标为：

南充城区的干道网密度宜为 $3\sim4\ km/km^2$，道路网密度宜为 $6\sim7\ km/km^2$，快速路：主干道：次干道：支路 = 1：4：5：8，城区的道路面积率宜为 15%～20%，略高于国家规范标准，与日本城市道路面积率指标相近。

（2）骨干路网规划布局。本规划提出"一环三联十射五横五纵"的骨干路体系，如图8所示，总规模达168.75千米。规划38条主干路，道路总

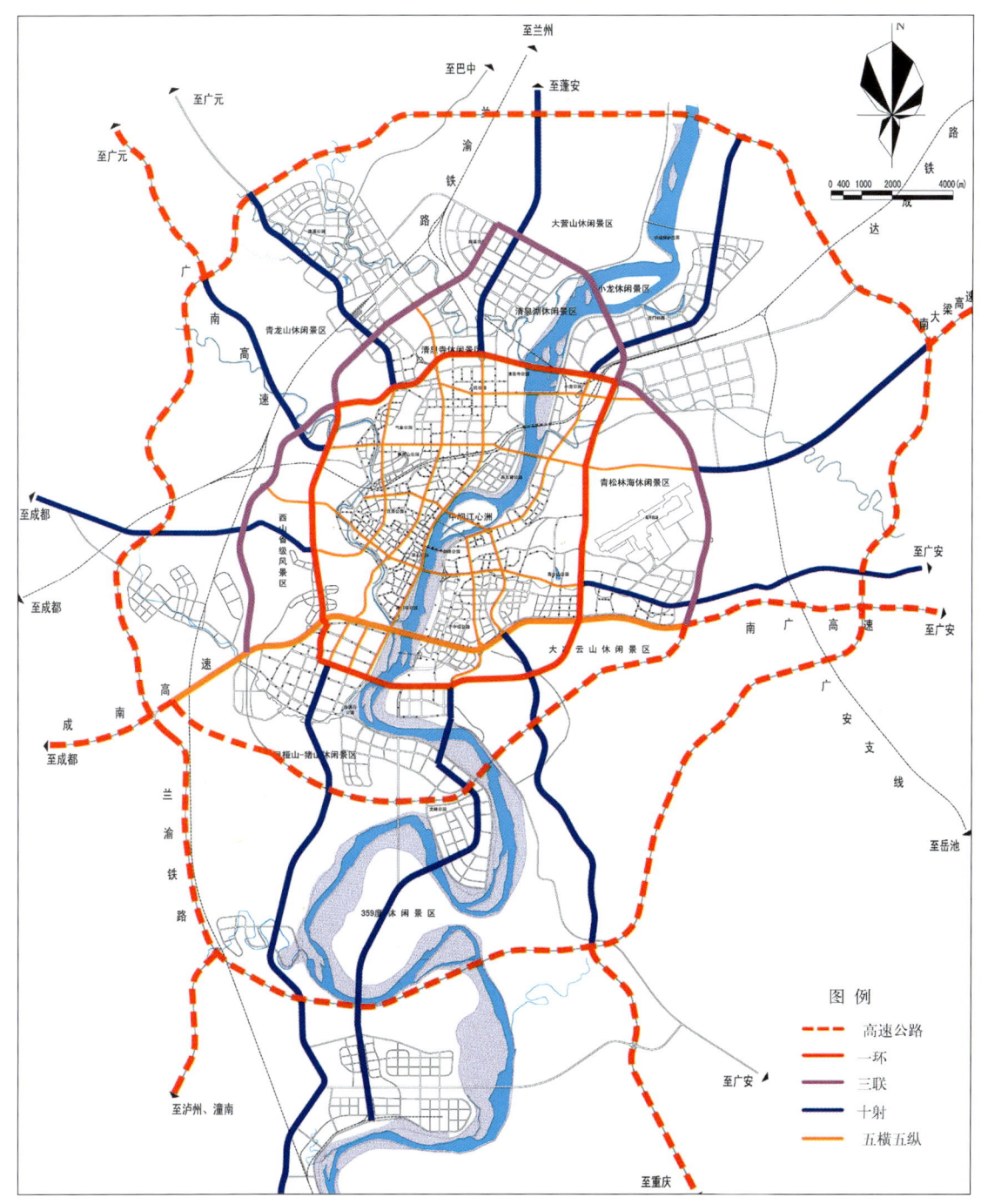

图8 骨干路网规划

长196.8千米,路网密度为1.23 km/km²。

（3）越江通道规划布局。南北绕城之间距离约33千米,规划形成17条越江通道,其中高速公路3个通道,城市道路14条通道,平均间距2.1千米。

（4）立交节点规划布局。规划南充中心城区设立交节点52个,其中全互通立交17个、一般互通立交35个。主要设置在快速路、主干路沿线交叉口。

2. 公共交通系统

（1）公共交通体系结构。未来南充将形成三级公交体系结构,如图9所示。

城市轨道交通、地面快速公交、地面骨干公交是公共交通供应的主体,主要承担中长距离出行、片区间的快速联系。社区巴士、旅游线路以及其他辅助公交形式作为公共交通的补充,承担公共交通的接驳服务。

（2）轨道交通规划方案。城区内沿南北走向规划两条轨道交通线路,全长约50千米,轨采用中运量的轻轨模式（见图10）。其中：

1号线从潆溪公园起,经南充北站、潆溪工业园、马市铺路、金鱼岭路、人民路、红光路过江、至航空港工业区,北面预留往外衔接城际轨道的可能,东南方向预留衔接机场的可能。全长20千米。

2号线从南充北站起,经荆溪片区、清泉湖景区、小龙片区、江东路、高都路、梨园街过江经紫府路、至都尉路。全长29.1千米。

滨江路南北向贯通性较强,道路路幅条件好,结合滨江的景观,可以布设高架独轨形式的轨道交通,作为城区两条轨道交通线路的补充。

（3）公交专用道规划。规划布局"九纵六横"公交专用道（见图11）。其中：

纵向道路（由西至东）：潆华大道—西河

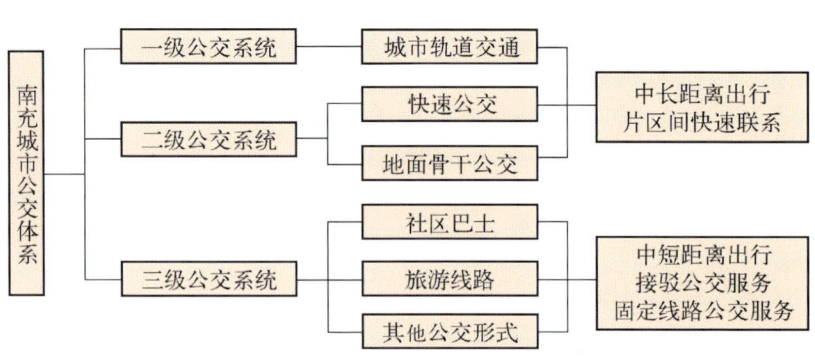

图9　三级公交体系结构

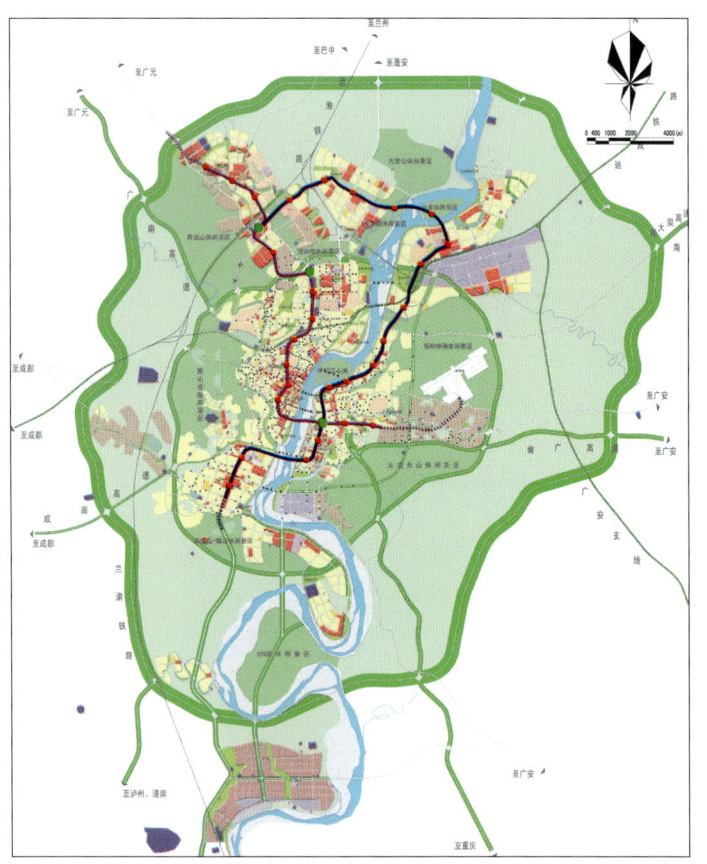

图10　轨道交通系统规划

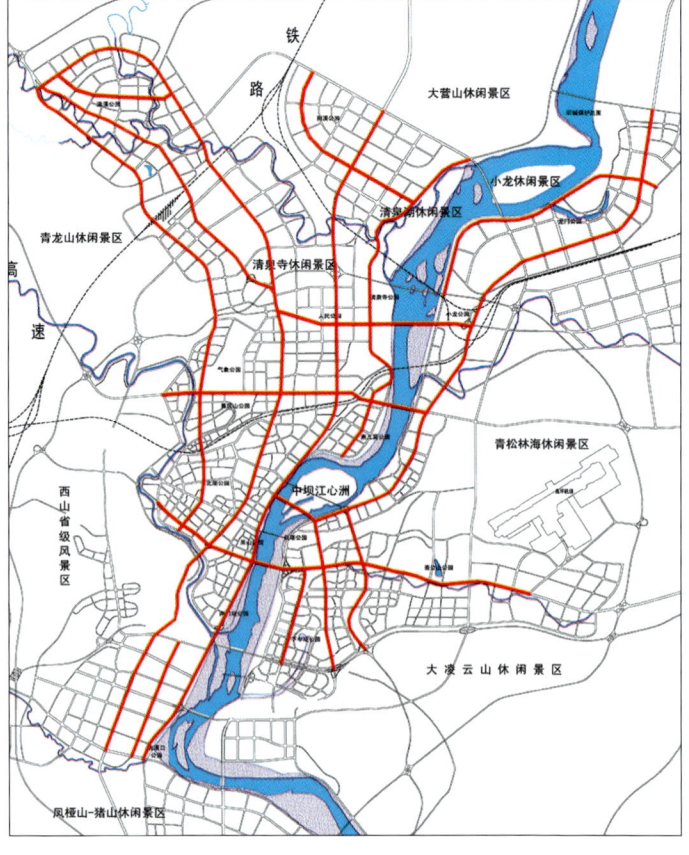

图11　公交专用道系统布局

路—长城路、212国道—马市铺路—人民路—陈寿路—都尉路、漾溪片区南北向干路、滨江路、荆溪片区东侧南北向干路—清泉寺景区东侧南北向干路、高都路、小龙片区南北向干路、江东大道—鹤鸣路、阳春路。

横向道路（由北至南）：漾溪片区东西向干道、荆溪片区东西向干道、环都大道—清泉寺大桥、西华路—石油路—电航桥复桥、果城路鹤鸣路大桥（规划六桥）、金泉路—大西街—下中坝大桥—清溪路—沁园路

（4）公交场站规划。城区范围规划布局9处公共交通停车保养场，其中现状的4处场站扩建1处，拆除后异地新建3处，另新建5处，总用地面积约37.5公顷。

3. 综合交通枢纽规划

依托城市航空、铁路、公路等主要对外交通设施，以及结合远期轨道交通实施方案，形成16个综合客运枢纽，其中A类枢纽一个，依托高铁站，建设南充北站综合交通枢纽，平面布局见图12，包括高铁站、长途客运站、轨道交通枢纽以及常规公交换乘枢纽。

B类枢纽7个，主要是结合公路客运站、水运码头，配套地面常规公交系统，形成内外衔接枢纽。C类枢纽8个，主要为区域中心，结合人流集散中心，形成轨道交通、地面常规公交枢纽。

4. 静态交通系统规划

结合总体规划中对南充市各区的土地利用情况以及各区的规划人口情况，将南充市分为四个不同层面的停车供应分区。

（1）顺庆老城区：属于交通保护区，执行严格的停车需求管理。

（2）嘉陵高坪：属于交通控制区通过停车需求管理优化交通出行结构。

（3）顺庆新城区：适度控制区，满足区域停车需求。

（4）外围新区：属于综合协调发展区，适当提高停车设施供给。

全市规划布局82个路外公共停车场。

5. 慢行交通系统规划

（1）慢行交通网络规划布局。

构造"慢行区域+慢行网络"所组成的点、线、面相结合，有机串联的分级慢行交通系统：将城区按照不同的用地功能和适宜的慢行出行尺度划分为多个分区，在分区之间及分区内部建立便捷且相对独立的步行网络和自行车网络，营造安全、舒适、宜人、充满活力的慢行出行空间。

① 自行车网络。规划"九横八纵"17条自行车廊道，规划80条自行车集散道，规划9条自行车休闲道。

② 步行系统。形成"三横三纵"的步行通廊，贯穿人口密集区（见图13），沿线串联主要商业中心和公共交通枢纽，全长约73 km；规划46条步行廊道，其中社区型廊道33条，商业型廊道10条，枢纽型廊道3条，全长约85 km；规划31条宁静步道，其中生活步道20条，休闲步道11条，全长约40 km。

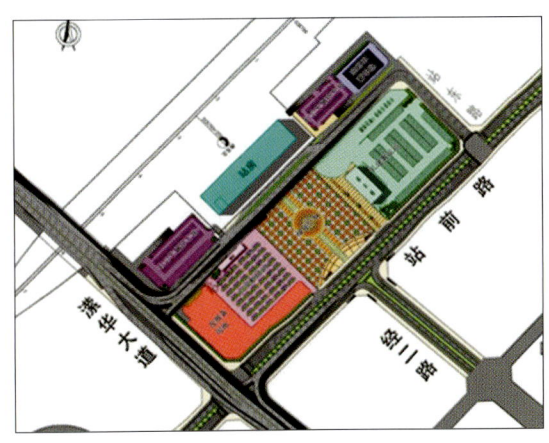

图12 南充北站枢纽平面布局

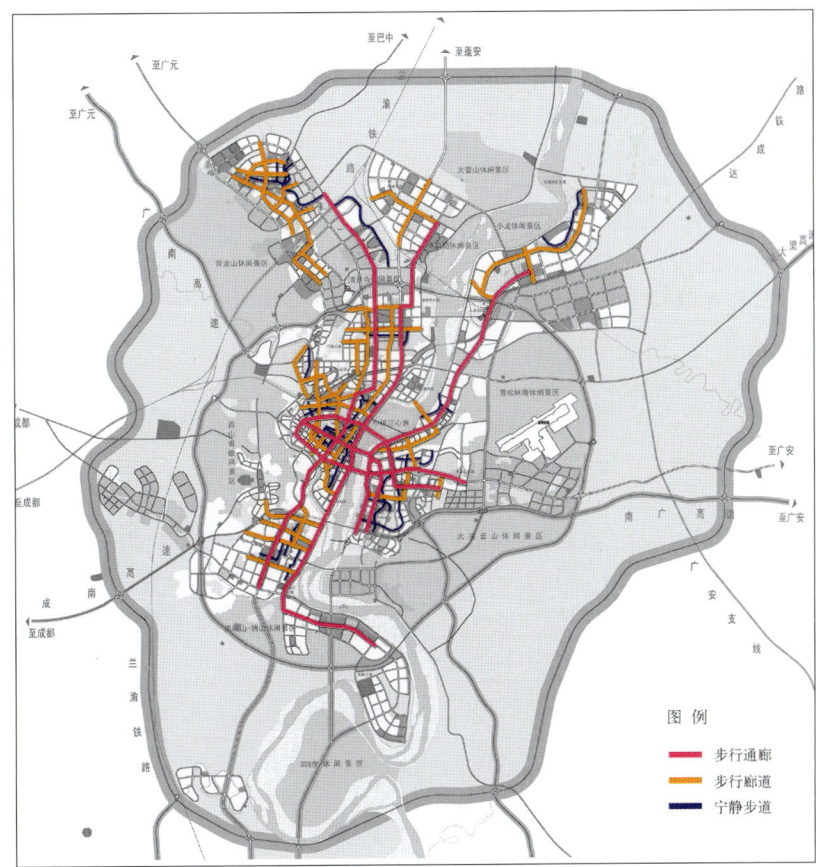

图13 步行通道规划布局

（2）宁静交通体系设计。通过系统的硬设施（如物理措施等）及软设施（如政策、立法、技术标准等）降低机动车对居民生活质量及环境的负效应。在城市人流密集区域，如城市中心等，划定机动车30千米限速慢行区。通过降低机动车的行车速度，减小对于行人的安全威胁，减少对于环境的影响，提高城市慢行空间的品质。道路宁静技术的实施如图14所示。

## 【工作过程】

本项目自2010年4月立项，2012年5月提交最终成果，历时约两年，大致可以分为三个阶段：

第一阶段（综合交通大调查阶段）：2010年4月至2010年11月，历时约半年时间，在全市范围开展了涉及14个调查项目的综合交通大调查，并编制完成了城市综合交通现状调查报告。

第二阶段（规划方案研究编制阶段）：2010年12月至2011年7月，根据南充市现状的城市交通特征，结合未来城市发展趋势以及城市发展定位，按照综合交通规划的要求，分别编制完成了城市交通发展战略与交通需求预测报告、城市综合交通系统规划方案报告。

第三阶段（方案论证与完善阶段）：2011年8月至2012年5月，征询各方面专家、南充本地各相关部门的意见，充分结合当地各类拟进行的工程建设项目，对规划方案进行优化、完善与细化，实现了规划方案的前瞻性与落地性。

图14　道路宁静技术设计示例

## 【咨询工作特点】

一、规划理念体现了当今城市交通规划的先进水平

本规划提出了建设低碳生态交通系统的规划理念，充分尊重南充城市布局特征，通过有效整合城市综合交通的各个系统，将城市交通作为一个整体考虑，实现了全市交通运行高效率、土地和环境资源的低消耗。

二、本规划实现了多方面的技术创新

（1）创新一：运用交互分析法处理现状调查数据。综合交通大调查是进行规划的基础，调查成果得到了海量的各类交通系统的现状数据，本规划运用了交互分析的方法，处理和校核各项调查，如将公交调查的数据作为居民调查中公交出行的校核依据，将居民调查的小汽车出行作为静态交通的校核依据，如此反复，最终使得现状调查数据体现出来的交通特征同城市实际反映的交通运行特征高度一致，现状数据的分析极好地支撑了未来战略的提出和规划方案的研究。

（2）创新二：提出多项量化的交通发展战略指标。交通发展战略是城市交通发展的指导纲领，通常只有纲领性的指导意见，没有具体的量化指标。本规划根据南充的城市发展需求，针对性地提出了包括路网时效性指标、路网容量指标、公交服务指标、环境与安全指标，将交通发展战略通过量化指标进行衡量，并在形成规划方案后，应用相应的发展指标进行评价，以验证规划方案对于交通发展战略的实现程度。

（3）创新三：提出了体现低碳生态规划理念的规划技术指标。本规划为实现节约土地资源与满足交通需求之间的合理平衡，创造性提出了"以宽度换长度"的理念，通过合理压缩道路红线宽度，增加城市道路供应总量，达到了道路总面积率控制在20%以内，但道路网密度提高到了8%以上，并且根据城市布局特征，布置了"一环三联八射"的城市快速路网，有条件地突破了现行规范的指标要求，但又极好地体现了低碳生态的理念，实现了城市交通发展与节约城市资源的双重目标。

三、规划的综合性、地形的复杂性和城区不平衡发展加大了规划的难度

（1）难点一：本规划综合性强，涉及城市交

通的各个不同系统，需要同城市十多个主管部门不断沟通与协调，最终规划方案既是不同交通系统发展的首要诉求，也是不同交通系统综合协调的最佳结果。

（2）难点二：南充的地形较为复杂，地貌以丘陵为主，规划范围内山水交错，交通系统布局需要同地形地貌紧密结合，加大了规划的难度。

（3）难点三：核心区和外围新区交通发展极端不平衡，核心区交通矛盾显著，外围新区交通设施供应明显不足，规划需要充分协调新老城区、新老设施之间的矛盾。

四、运用了符合实际又相对先进的研究方法

（1）本规划在进行现状分析、流量预测、方案研究等基础上，引入了交通发展趋势分析、同类型城市交通个性对比研究、交通政策研究等先进手段，更体现了规划的综合性与先进性。

（2）将工程方案的实施要素提前引入到规划阶段。规划方案的提出综合考虑了未来工程的可实施性，尤其对于道路、桥梁、城市立交的实施可行性进行了初步的设计，使得规划方案更具有落地性。

【咨询效果】

南充正处于城市化发展和城市建设的关键时期，市区范围现状交通矛盾突出，在此阶段编制《南充市城市综合交通规划》十分及时和必要。本项目开展所进行的全市性综合交通大调查对规划编制起到了十分重要的作用，现状交通问题的分析结论正确、观点鲜明，现状的交通运行数据为南充市缓解城市交通矛盾、抓准交通问题症结提供了可靠的依据。

本报告以南充市城市总体规划为依据，通过国内外同类型城市交通发展经验的借鉴，提出了适合南充市的城市交通发展战略，可以较好地指导未来南充城市交通的发展。

本报告以现状调查为支撑，对城市的对外交通、道路交通、公共交通、静态交通、货运交通、交通管理等多个方面进行了科学合理的规划，规划方案切实可行，具有较强的可操作性。

# 常州市城市快速轨道交通建设规划（2011—2018）咨询报告

The Consulting Report of Changzhou Urban Rapid Rail Transport Construction Plan (2011–2018)

编写单位：上海市隧道工程轨道交通设计研究院
Shanghai Tunnel Engineering & Rail Transit Design and Research Institute
联系方式：021-54519988　　网址：www.stedi.cn
主要完成人：张 苹　李 英　胡导云　吕正昱　张福林　朱振宇　吴继冈　朱 捷　周 勇　黄飞鹤

## 【点评】

本报告较好地解决了如何选择轨道交通近期建设项目在城市核心地区走向，以实现功能和可实施性的综合最优；如何协调轨道交通建设与城市生态环境、文物保护之间的关系，确保轨道交通的可持续发展；如何布局轨道交通网络换乘枢纽的节点方案，以实现"客运一体化、换乘方便性、管理有效性、经济和安全性、预留灵活性"；如何与在建铁路沪宁城际铁路常州站、京沪高铁新常州站紧密衔接；如何确定轨道交通与"快速公交系统"（BRT）之间的功能分工等一系列难题。

## 【项目背景】

常州位于江苏省南部、沪宁线中部，经过几十年的迅速发展，目前已成为长三角北翼重要的中心城市之一、现代制造业基地及文化旅游名城。2009年末，市区常住人口315.9万人，实现生产总值1 919.4亿元，一般预算收入178.64亿元。

近年来迅速增长的机动车拥有量与道路布局的缺陷之间的矛盾愈演愈烈，给常州市道路交通带来了严重问题，特别在进入旧城的南北方向主要道路和外围道路上，高峰时经常拥堵，而公交服务水平仍难以满足居民出行要求。随着城市的不断拓展和经济实力的迅速增长，这种交通矛盾日益突出。

自2003年起，常州市在新一轮城市总体规划中提出了建设轨道交通，城市综合交通规划也提出了"尽快开展轨道交通建设"的战略措施，发展以城市快速轨道交通为骨干、公共交通为主体的综合公交系统。2003年到2005年市规划组织编制了常州市轨道交通线网规划并经市政府批复。自2005年11月起，经公开招投标，受常州市人民政府委托，由常州市轨道交通建设办公室组织，以上海市隧道工程轨道交通设计研究院为主编制《常州市城市快速轨道交通建设规划》。

## 【项目内容】

（1）建设单位：常州市轨道交通发展有限公司；但项目起始时轨道公司尚未成立，由轨道办组织、城建集团作为实体委托单位。

（2）建设地点：常州市。

（3）建设规模及方案：2011—2018年间建设1号线一期工程（北海路至南夏墅段）和2号线一期工程（城西中心至颜家段）。线路总长53.88 km，其中地下线约50.07 km，高架线约2.81 km。共设车站41座，其中地下站39座，高架站2座（见图1）。

（4）技术可行性：建设规划的工程方案达到预可行性研究深度。在线网规划等前期研究的基础上，选择了适合常州市实际情况及客流特点的B型车系统；根据客流成果提出了各规划期各线的运营组织方案；充分考虑客流吸引、控制性因素、文物、环境保护敏感点等，经多方案比选、优化，确定了推荐的线站位平纵断面方案、车站建筑和主要换乘节点方案；根据地质资料、灾评、震评等资料提出合理的车站土建及区间结构方案；明确各车辆基地选址及布局方案；以成熟、可靠、国产化原则进行机电设备系统规划；在全网角度提出近期建设项目的资源共享方案；并合理安排建设时序与工程筹划。在基于轨道交通的交通一体化研究方面，以"客运一体化、换乘方便性、管理有效性、经济和安全性、预留灵活

一、规划咨询研究报告篇

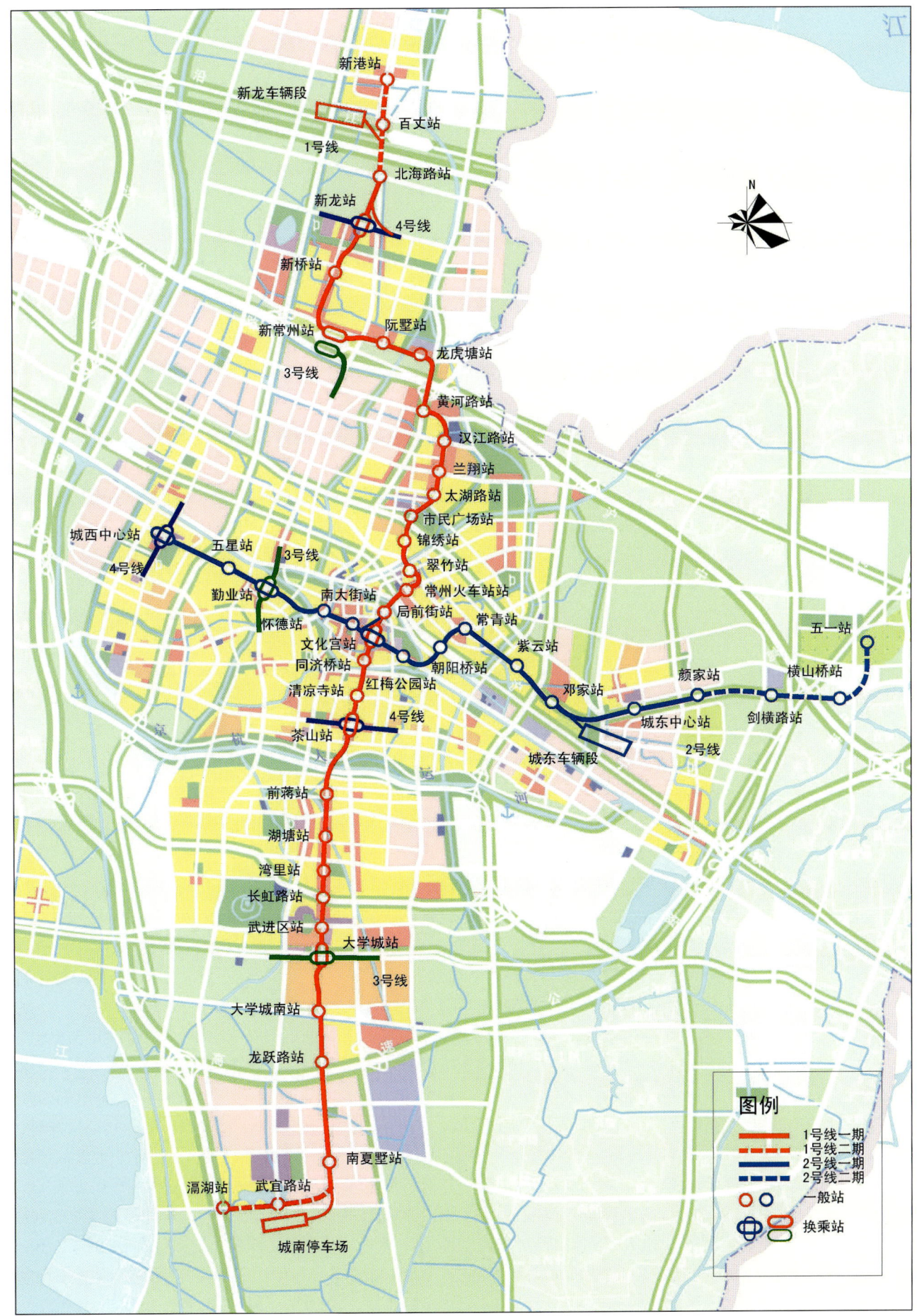

图1 常州市轨道交通建设规划（2011—2018）线路走向示意图

性"为目标指导,1号线常州火车站站方案与在建铁路沪宁城际铁路常州站、京沪高铁新常州站紧密衔接、提前预留;研究确定轨道交通与BRT之间的功能分工等一系列难题。

(5)投资估算:近期建设项目估算总投资***亿元。

(6)效益分析:轨道交通近期规划项目建成后,将在改善城市交通、支持城市规划方面取得显著的效益,并全面提升社会综合效益。

【工作过程】

本项目前后历时7年。其间项目组广泛搜集各类基础资料,仔细研读城市规划等上位规划,对各线进行详细踏勘;多轮次征询各委、办、局意见。于2009年12月完成送审稿,2010年1月通过了江苏省发改委和住建厅评审,2010年7月顺利通过了国家发改委委托中咨公司组织的专家评审,2010年9月完成报批稿,2011年9月通过住建部审查,并于2012年5月获国务院正式批复。

常州近期规划建设的1、2号线大部分线路位于常州核心区域,沿线建设条件复杂,而且涉及当时建设工期紧迫的沪宁城际铁路常州站及京沪高铁新常州站等外部控制因素。因此,如何保证近期建设线路方案的可实施性,是建设规划编制中的重点和难点问题。在编制建设规划工作过程中,对近期建设项目进行了十余次现场踏勘和资料调研,并与常州市相关职能部门及沿线各区进行了反复沟通、协调,对可能影响工程方案的重要控制点提前委托进行地下构建筑物和管线探查。从以下几方面对线、站位方案进行优化、稳定。

1. 对重要区段线路走向进行多方案比选

重点对1号线黄河路站—锦绣路站段线路方案、过京杭运河段线路方案、2号线勤业站—南大街站段线路方案、红梅公园站—紫云站段线路方案等城市核心段进行了多方案研究,尽可能做到线路客流效益和工程实施难度的综合最优。

2. 对重要换乘节点进行深化研究

做好换乘节点方案不仅有利于提高轨道交通的服务能力、方便乘客出行,而且也是稳定线网方案的重要前提。常州近期建设项目涉及线网中众多换乘节点,包轨道交通内部换乘和与其他交通方式综合换乘等多种形式。例如,1号线高铁新常州站、常州火车站站、文化宫站、新龙站、茶山站、2号线城西中心站等。建设规划研究期间根据换乘线路不同建设年限,对换乘枢纽的换乘形式进行了分类梳理。并提出客运一体化、换乘方便性、管理有效性、经济和安全性、预留灵活性等设计原则,对近期建设枢纽进行方案优化。尤其为确保1号线火车站站与沪宁城际铁路常州站同步实施,沪宁城际铁路常州站段线路设计达到施工图深度,并通过相关专家评审。目前,1号线火车站站已与沪宁城际铁路常州站同步实施完毕,实现了两者的无缝衔接,工程综合效益也最优。轨道交通车站位于城际铁北广场西侧道路下,东侧为北广场地下空间开发,西侧为开发建筑物及公交枢纽,形成城际铁、城市轨道交通、公交、出租等多交通方式换乘的大型综合交通枢纽,车站南端预留连接常州火车站站前地下空间的通道(见图2)。

3. 对常州主要市政工程及重要开发地块与线路关系进行全面协调

在建设规划编制期间,对常州市高架道路二期、中吴大道改造工程等重大市政工程,惠商地块、中天人防地下商业街工程、华润地块、月新家居地块等开发地块进行了全面的协调,使相关市政工程及开发地块能为近期建设线路区间、站点预留有关衔接接口,实现了"双赢",也确保了近期建设线路可实施性。

通过以上线路方案优化和与相关市政工程、开发地块的协调工作,确保了常州近期轨道交通建设项目的规划可实施性,为下阶段研究设计工作打下坚实基础。

【咨询工作特点】

一、规划文本内容与深度全面响应评审要求,重点突出

编制中认真分析总结了近年来国内各城市轨道交通建设规划编制与评估工作经验,使文本内容与研究深度全面覆盖和响应国家发展改革委及中国国际工程咨询公司对轨道交通建设规划项目批复、审查的相关要求,并根据常州市特点做到重点突出:从全面发展角度论证常州市发展轨道交通的必要性;根据轨道交通规划方案合理安排近远期建设任务;提出功能齐备、标准适中、多目标最优的近期项目建设方案;做好建设期及运营期的资金筹集和平衡方案;近期规划建设项目的建设条件及实施保障措施。研究成果

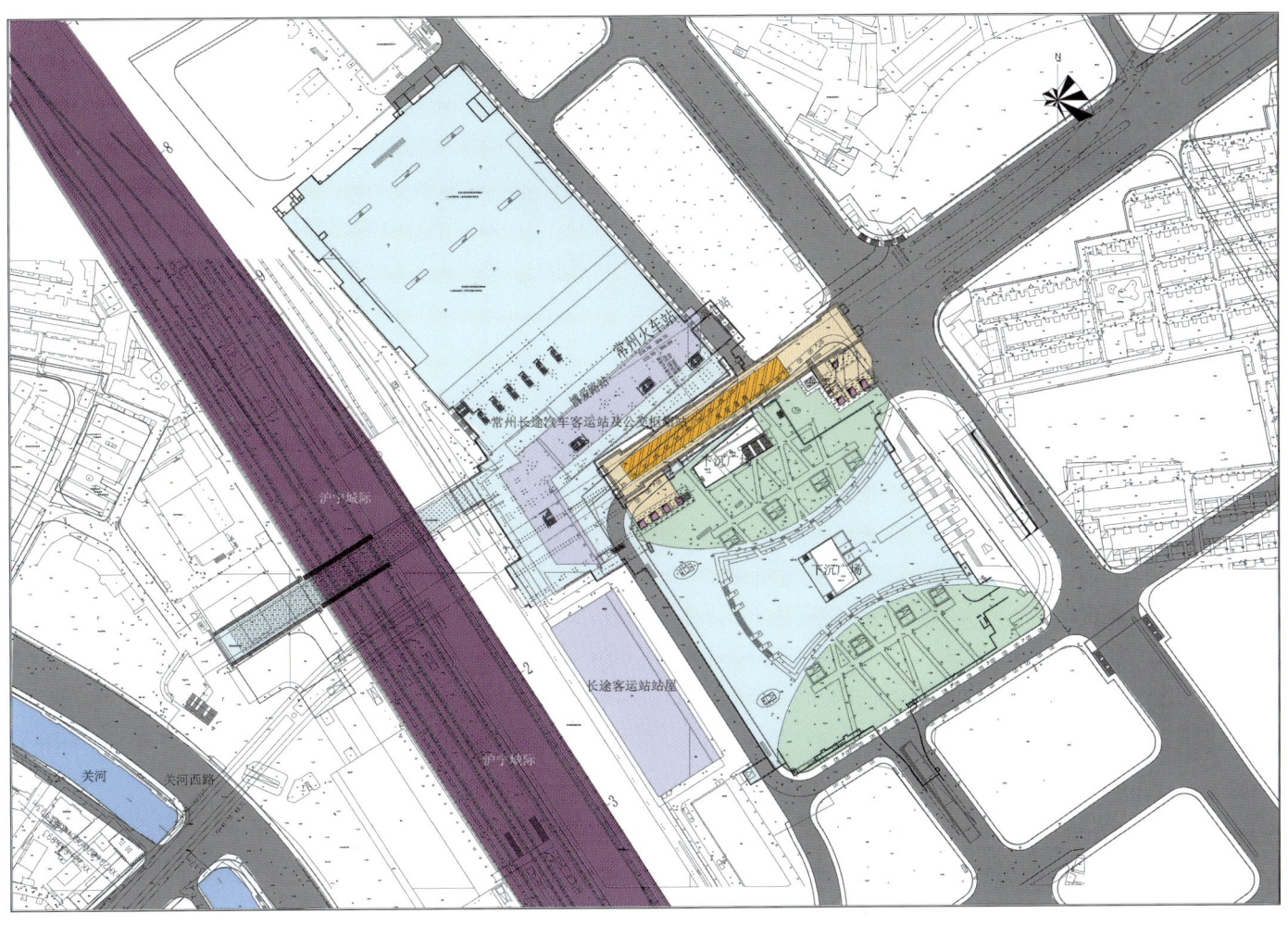

图2 常州火车站站总平面图

得到委托方常州市政府及相关部门的一致好评，并经中国国际工程咨询公司评审顺利通过，评价较高。

**二、选择的近期建设项目规模合理、效益显著**

1. 近期建设规模满足城市规划及交通需求，与城市财力和建设能力相匹配

根据常州市最新城市总体规划、城市综合交通规划、城市轨道交通线网规划，在对城市现状和规划、城市及区域交通整体把握的基础上，在对城市不同规划发展阶段轨道交通的目标、功能定位和发展模式全面研究的前提下，以及分析客流预测基础资料，经充分论证选择近期建设项目。

从交通需求来看，城市交通存在南北向交通主走廊和东西向交通副走廊；从城市规划目标来看，城市总体规划提出了"拓展南北、提升中心"的城市发展战略以及"一体两翼"、多组团的空间结构形态；从线网中各线功能定位及客流预测结果来看，1、2号线是线网中的骨干线路且各项客流指标均高于其他线路。因此，选择1号线一期工程、2号线一期工程共约53.88 km的线路作为轨道交通近期建设项目，并安排适合城市发展需求、城市经济承受能力以及城市开发进程的建设时序。

根据对常州市交通需求、财力、经济发展速度、建设力量等情况以及国内其他城市的建设经验分析，在规划期内（8年）建设53.88 km的线路，这一规模在城市经济条件能承受的范围内，与常州市的经济发展水平相适应，符合"量力而行、有序发展"的方针，平均每年建设6.74 km左右，建设速度符合实际，投资强度适中。

2. 选建的近期建设项目完全吻合常州市近期发展的需要，将有力支持城市规划的实施，加速促进区域协调发展，并极大地缓解中心城区交通压力

1、2号线与规划的城市近期发展方向一致，建成后对促进北部新区、南部大学城及高新产业基地的开发建设，加快东、西两翼的城市化进程，提升城市中心的功能都将发挥重要作用，从而有力支持常州"拓展南北、提升中心"的城市发展

战略,有力支持"一体两翼、多组团"城市布局结构的形成。

规划项目与常州市多处铁路枢纽站均有良好的衔接换乘条件:1号线经过京沪高铁新常州站、沪宁城际常州火车站、在大学城南站与沿江城际H3线衔接,2号线在戚墅堰站与沿江城际铁路H3线衔接。此外,1、2号线与各公路客运站均有衔接。通过市内轨道交通与城际轨道交通的衔接,以及与公路、铁路等对外交通方式的衔接,常州市将加速融入长三角一小时、二小时交通圈中,进一步加强与周边城市经济联系、促进区域协调发展。

近期项目建成后将形成贯通城市南北向、东西向快速客运通道,在城市公共交通体系中发挥骨干作用,有效降低地面交通量。1、2号线分别沿南北、东西向贯穿主城中心区,对应城市发展主轴及副轴,串连中心、城东、城西、高新、新龙、新港、湖塘、武南8个组团,深入城市规划期内拟重点发展的城市南北两翼,客流吸引范围覆盖城市最主要的两条客运走廊,两线均有较大的客流断面(最大断面分别为1.79万人次/小时和1.35万人次/小时),平均运距达到11.17 km。2020年轨道交通1、2号线共承担60.1万人次的日客运量,占公共交通总客运量的18.82%,可使公交出行比例提高到28.6%,使城市公共交通在城市交通体系中显现出主导地位和作用;可直接减少地面运行公交车925辆,减少地面运行交通量12 025车次,大大缓解常州的地面交通压力。

据测算,1、2号线一期工程建成后的运营初期,可实现节约乘客出行时间效益为11.12亿元;节省油耗1.13万吨;减少$CO_2$、$NO_x$排放分别为3.09万吨和379吨,在为社会带来经济效益的同时,也将为减轻由交通污染造成的生态环境恶化程度,为改善城市环境,节约燃油资源作出积极贡献。

近期建设项目还将在节约时间、减少疲劳、降低事故发生率、带来沿线土地升值、增加就业、稳定社会、保护常州市环境和历史文化古城等方面取得良好的社会综合效益。

### 三、主要工程方案可实施性强

**1. 稳定线站位方案,关键节点重点研究**

详见前述工作过程。

**2. 全面协调轨道交通与既有BRT的关系,对两者进行合理分工**

常州市2008年1月开通了第一条BRT线路及其3条支线,年客运量3 755.82万人,2009年5月BRT2号线也建成投入运营。规划2020年,形成由5条线组成,"两横三纵"的网络构架,总长度105 km。建设规划提出"BRT可视为建设轨道交通之前解决沿线交通问题过渡方案"的观点。同时,对既有BRT与轨道交通1、2号线的关系进行了梳理,提出BRT1号线与轨道交通1号线形成互补关系;BRT2号线东段与2号线部分重叠,在2号线建成前可运营9~10年左右,起到为轨道交通培育客流的作用,待2号线建成后可开行支线方案,向轨道交通站点输送客流的解决方案。对BRT与轨道交通进行了合理分工,使两者间形成互补的关系。

**3. 充分考虑资源共享,注重节能减排和环境保护**

在编制工作中认真贯彻落实科学发展观和建设"节约型、环保型社会"的政策,站在整个线网的高度,切实做好资源共享和综合利用。近期在茶山站附近设控制中心,考虑全网4线共享。1号线黄河路站附近设置主变电所主要考虑可以作为2号线文化宫站主变电所的备用电源;以实现1、2线主变电所资源共享。1号线新龙车辆段作为路网中第一处投入建设的车辆段,具有较好的用地规划条件,宜建设成为规模合理、功能齐全的路网性车辆基地,集中承担各条线路车辆厂、架修任务和教育培训任务,兼顾路网综合维修和物资供应任务。同时,在文化宫站、新常州站、新龙站规划设置联络线,从而2、3、4号线均可与1号线互联互通,实现车辆大架修资源共享。另外,车辆、通信信号系统等均考虑了资源共享方案。

常州作为历史文化名城,历史遗留下的文化遗产众多,常州近期规划建设项目涉及青果巷、前后北岸、天宁寺—舣舟亭等历史文化街区以及张太雷故居、瞿氏宗祠等国家级文物(见图3)。建设规划对近期规划建设项目与沿线历史风貌保护区的关系进行了专题研究,通过优化线路平纵断面设计和确定合理的施工方法,避免工程建设对历史文物造成不良影响。

**4. 制定轨道交通建设用地控制规划及沿线用地性质调整规划**

为确保常州市轨道交通建设顺利进行,在编制建设规划文本的同时,还制定了近期建设项目配套的轨道交通1、2号线一期工程建设用地控

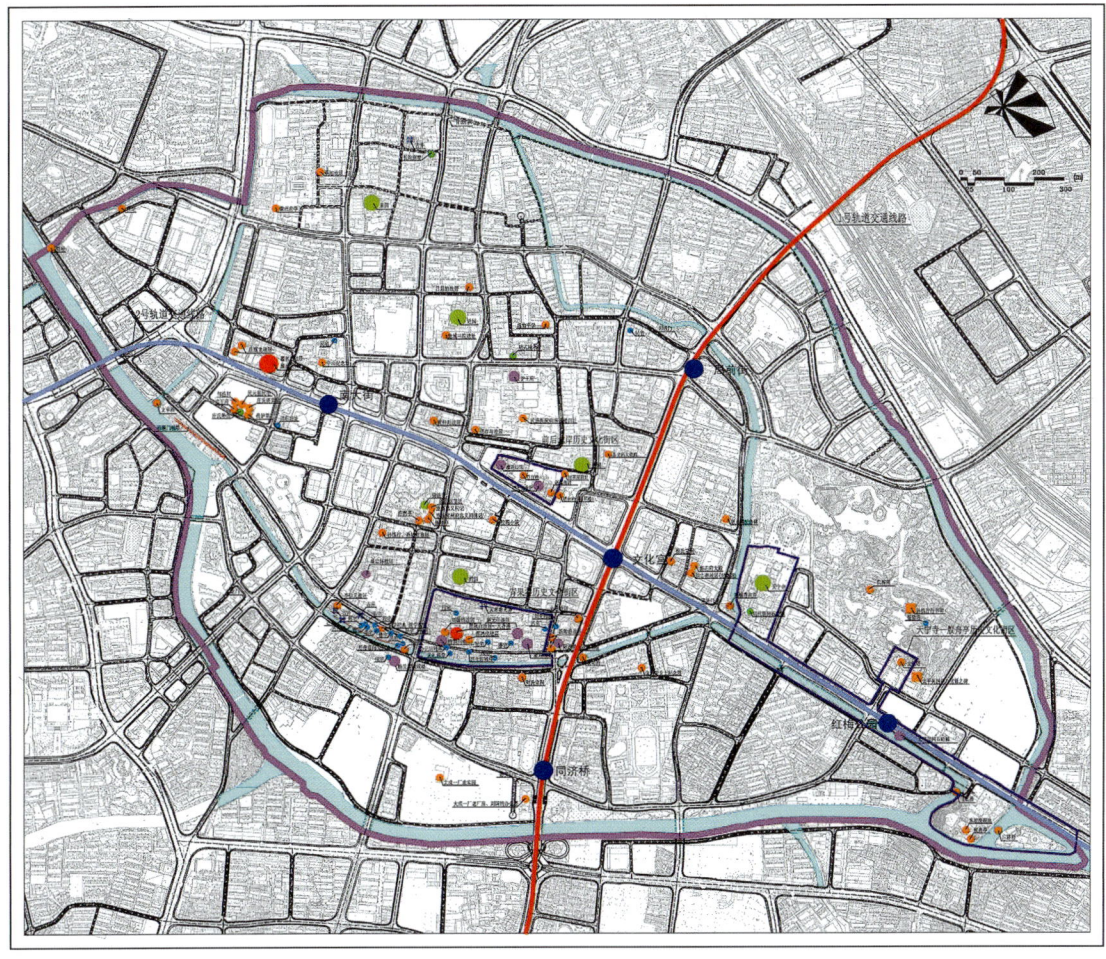

图3 轨道交通近期建设沿线古城保护规划图

制规划及沿线用地性质调整规划,对线路、车站、车辆段和停车场、主变电站、控制中心等设施划定了选址和用地控制范围,对站点周边半径分 0~500 m、500~1 000 m 两个范围设定了更高的容积率指标,提倡较高强度开发。用地控规、控详调整经市规划部门审批通过并参照执行。

### 四、专题研究建设期及运营期的资金筹集和平衡方案

专题编制《常州市城市快速轨道交通建设投融资方案》,根据建设规模(53.88 km,所需总投资 ***亿元)和标准提出建设期间的资金需求和筹资渠道,项目资本金40%由市财政出资。从全面发展的角度出发,结合城市财力统筹分析规划期内城市其他重大基础设施建设对资金的需求,以常州市轨道交通专项发展基金的方式确保筹资方案的合理性和可能性;从项目可持续发展的角度出发,分析项目建设后可能带来的债务或亏损负担,进行资金平衡的方案分析,对建设期间的资金筹集以及运营期间的弥补亏损和还本付息方案的合理性和可靠性进行分析。

近期项目建设期各年投资额占GDP比例平均为1.18%,建设期各年所需资本金占市本级地方财政收入的比例平均为3.30%,与其他待建轨道交通城市横向比较比例不高,在资金上应有保障。建设期内预计常州市本级财政预算收入累计可达4 427.1亿元以上,可见常州市财政资金完全有能力满足轨道交通近期项目建设资本金的需求。

### 【咨询效果】

1. 顺利获批、标志常州市轨道交通项目正式立项

《常州市城市快速轨道交通建设规划(2011—2018)》于2012年5月11日获得国家发展和改革委员会批复(文号:发改基础〔2012〕1322号)。这标志着常州市轨道交通项目正式立项,进入实质性建设启动阶段(见图4),成为全国第29个、江苏省第4个获批轨道交通近期建设规划

图4 常州1号线开工

的城市。

《常州市城市快速轨道交通建设规划（2011—2018）》获批标志着常州市城市建设站上了新的起点，城市格局将进一步优化，公共交通体系将进一步完善。轨道交通是常州市迄今为止最大的一项市政建设工程，它的建设是一个复杂的系统工程，影响着常州城市未来的各个方面：作为一种绿色的交通方式，轨道交通能够减少能耗和对城市的污染，改善城市环境，有效提升常州城市的综合竞争力；作为一种准点、安全的交通方式，轨道交通能够缓解城市交通拥堵，更好地为居民出行提供便捷服务；作为一项重大基础设施建设，轨道交通能够带动一大批相关产业的发展，促进常州市经济结构调整和产业发展，同时为社会提供大量的就业岗位。

2. 全面指导后续可研及设计工作

常州市已根据国家批复的《常州市城市快速轨道交通建设规划（2011—2018）》指导轨道交通的规划、设计及建设工作。

轨道交通1号线一期工程可行性研究于2013年12月初获得江苏省发展和改革委员会批复，初步设计于同月底获批。由于建设规划阶段工作扎实，1号线一期工程可研及初设阶段的主要方案与建设规划基本一致，稳健推进，并于2015年4月2日全面正式开工。

3. 主要工程方案可实施性强、确保工程按计划顺利实施

在建设规划阶段与常州市相关职能部门及沿线各区进行了多次沟通、协调，近期建设线路与沿线市政工程如高铁站、城际站、京沪高铁区间、沪宁城际区间、同济桥、怀德桥、中吴大道、历史文化街区、储运公司及木业公司地块、人防工程等工程相关的线站位方案，在研究过程中经提前探查、重点研究、多次协调基本稳定了边界关系，做好预留条件，有条件同步实施的尽可能同步实施。主要工程方案基本稳定，这为后续工可研究及初设、施工图设计等工作的顺利开展创造了良好的条件。

# 昆山市城市总体规划（2009—2030）咨询报告
## The Consulting Report of Kunshan City Urban Master Plan (2009–2030)

编写单位：上海市城市规划设计研究院
Shanghai Urban Planning & Design Research Institute
联系电话：021-62473288　　网址：www.supdri.com
主要完成人：俞斯佳　张式煜　韦　冬　张　逸　李　强　蔡　超　石　崧　忻　隽　徐　丹　李　静

【点评】

本报告以昆山全市域为研究对象，采用交通与用地一体化分析模型，运用"基于RS及GIS的降低热岛效应分析"手段，运用了"碳氧平衡分析技术"，加强城市中心与片区相适应的管理机制、考核机制、土地流转等相关政策的研究，将昆山市主体功能区划、土地利用总体规划统一整合纳入昆山市城市总体规划，做到了"三规合一"。

【项目内容】

一、总体思路

本规划重点加强了现状成绩与不足的分析，科学地建立了目标与战略的框架体系，有针对性地提出了八个方面的空间支撑和政策保障。

具体来说，规划针对"市域发展主体多、中心城区服务功能弱、交通引导弱和资源代价高"等主要问题，按照"高位发展、健康发展、全面发展"的总体要求，以问题和目标为导向，贯彻了"交通引导、资源约束、统筹发展"的规划理念，确立了"大城市、现代化、可持续"的总体目标，提出了"三个促进、三个引导"的发展策略，构建了"四个转变、四个拓展"的主体内容，进行了"交通、用地一体化分析、RS与GIS分析、碳氧平衡分析"等技术创新和实施政策创新、规划整合创新、组织方法创新。

二、理念落实

1. 交通引导

本规划提出"以轨道交通引导城镇空间集聚，以公共交通引导功能布局优化，以交通枢纽引导城市用地开发和服务业发展，以货运区位引导工业用地集聚，以特色交通引导旅游资源开发，以分区差别化政策调控交通需求。"

2. 资源约束

本规划提出："以土地约束促进产业结构升级，以地均产出控制产业用地规模，并作为项目

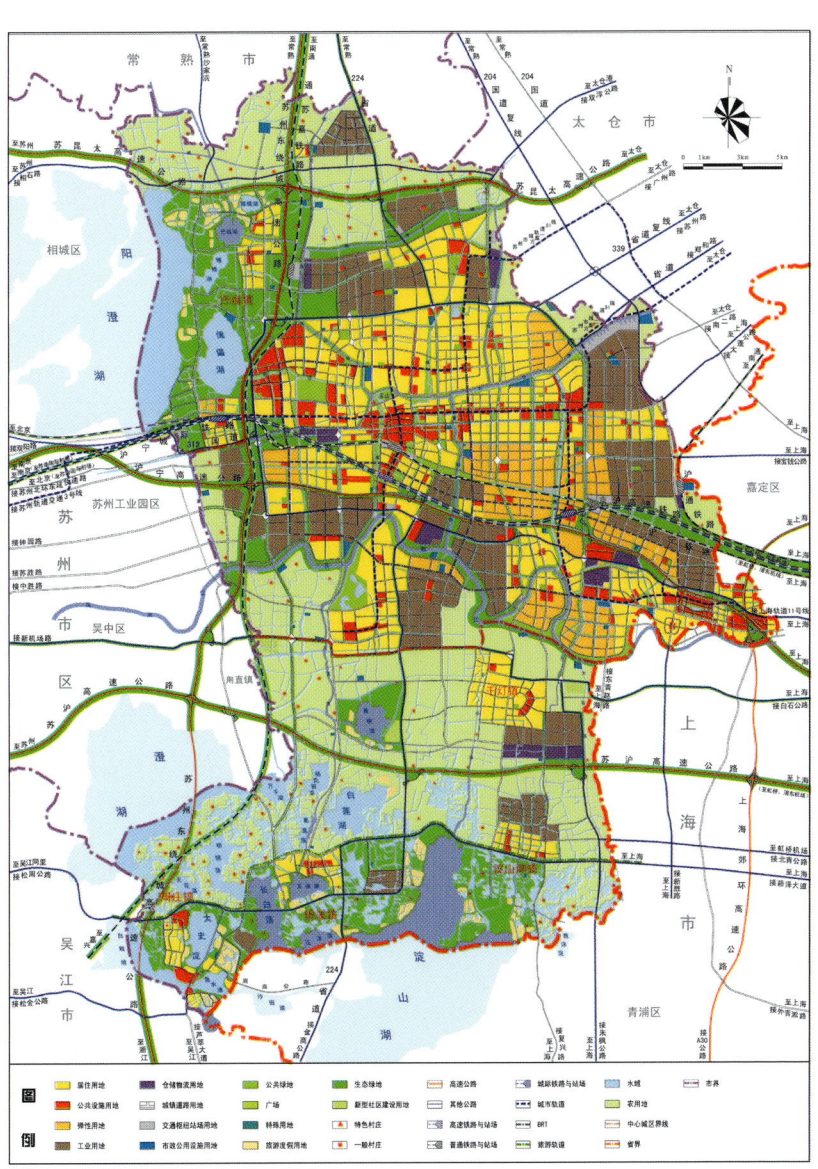

图1　市域用地规划

批准的条件；以环境约束保障宜居环境建设,通过排放目标约束,加快淘汰高污染企业；以能源约束推进节能减排进程,逐步淘汰化学制造等落后产能。"

3. 统筹发展

统筹发展包括"统筹区域发展、统筹城乡发展、统筹经济社会发展、统筹昆山发展和对外开放",并以城乡统筹为平台,整合八个方面内容具体落实。

（1）统筹城乡规划。本规划根据土地资源、生态保护、城市安全、城镇拓展的需要,将市域划分为三个片区,以城乡规划一体化统筹城乡空间布局,强化中心城市功能,加强了对特色镇和村庄的规划建设引导,强化了城乡特色空间的塑造。

（2）统筹产业发展。本规划提出："优化制造业发展、加快服务业发展、推进高效都市农业发展、鼓励乡村传统手工业发展、引导乡村旅游业发展,促进城乡产业互补与融合",并将产业在市域空间具体落实。

（3）统筹城乡资源配置。发挥市场在城乡资源配置中的决定性作用,提高资源的利用效率。合理发挥政府对资源配置的调节作用,保证公平的发展权利,积极促进城市化质量的提升,保护农民利益。

（4）统筹城乡基础设施。本规划提出以"统筹、安全、节约、引导、超前、和谐"为原则,实现给水、电力、通信等基础设施"服务质量均等化",为污水、燃气、供热等基础设施"提供方式因地制宜、差异化"。由"就地配套、无序扩大、各自为政"向"集约高效、系统优化、统筹建设"转变。加强城乡水环境综合整治,提出垃圾分类收运、分类处置,并制定推进时序计划,实现城乡基础设施服务体系一体化。

（5）统筹城乡公共服务。实现城乡社区公共服务水平均等化,按功能和需求配置市域公共服务设施,使城乡居民不出社区就能享受便民商业、文化体育、医疗保健等公共服务。实现

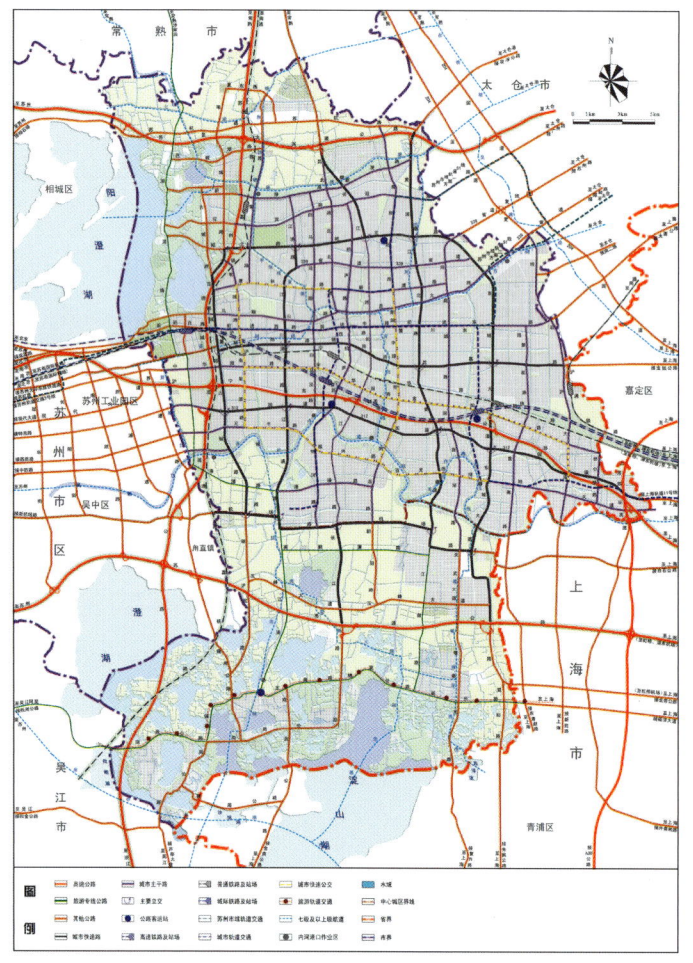

图2　市域综合交通规划

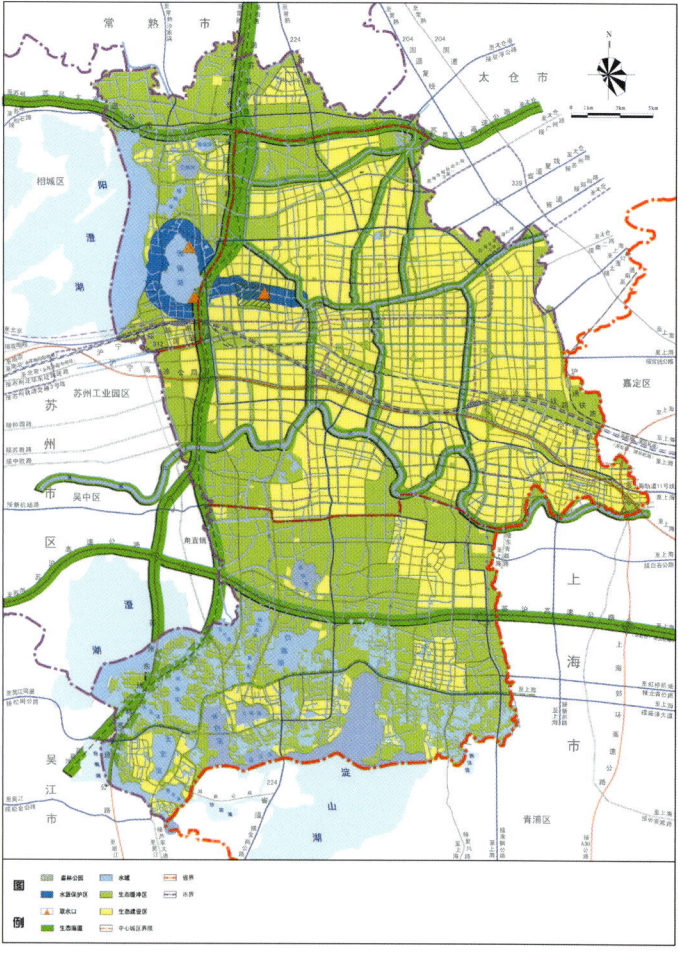

图3　市域生态保护规划

城乡教育资源均等化,建立确保城乡教育事业均衡发展的公共财政投入保障机制,全面提高人口素质。

(6)统筹城乡就业。加强农村劳动力职业素质教育和劳动技能培训,以城乡劳动力市场一体化推动城乡就业一体化,以城乡一体的失业率监控,保障城乡居民稳定充分的就业。

(7)统筹城乡社会保障。推进社会保障由"低水平广覆盖"向"高水平全覆盖"发展,消除城乡社会保障差别;与经济社会发展水平相适应,逐步完善外来人口社会保障体系。

(8)统筹城乡管理体制。完善现有目标考核机制和政策保障机制,整合城乡管理,加快建立有利于统筹城乡经济社会发展的行政管理体系。

【目标构建】

1. 大城市——提升功能

本报告提出:"以交通枢纽促进城市用地开发和服务业发展,以公共交通走廊引导居住用地开发,以货运交通引导工业用地布局,加强用地混合,优化中心城市布局。"

同时提出:建立与城市规模相适应的公共服务设施体系,建设"一主两副、一特两新"的城市中心,形成"一城三区"的总体布局。本规划协调与上海的关系,不断提高大众消费服务水平,特色消费服务上海、高端消费依托上海。通过水系、特色街道和广场体系的构建,凸显城市特色。

2. 现代化——提高水平

报告立足昆山当前实际,借鉴新加坡、日本、中国香港、中国台湾等发达国家和地区现代化经验,选取控制性指标,确定现代化指标值,并在产业、交通、生态建设、节能减排等各个方面细化落实。

3. 可持续——开创道路

本报告从"产业生态、能源生态、交通生态、生活生态、工程生态、规划生态"等方面提出了具体的要求和措施,实现城市低碳发展。

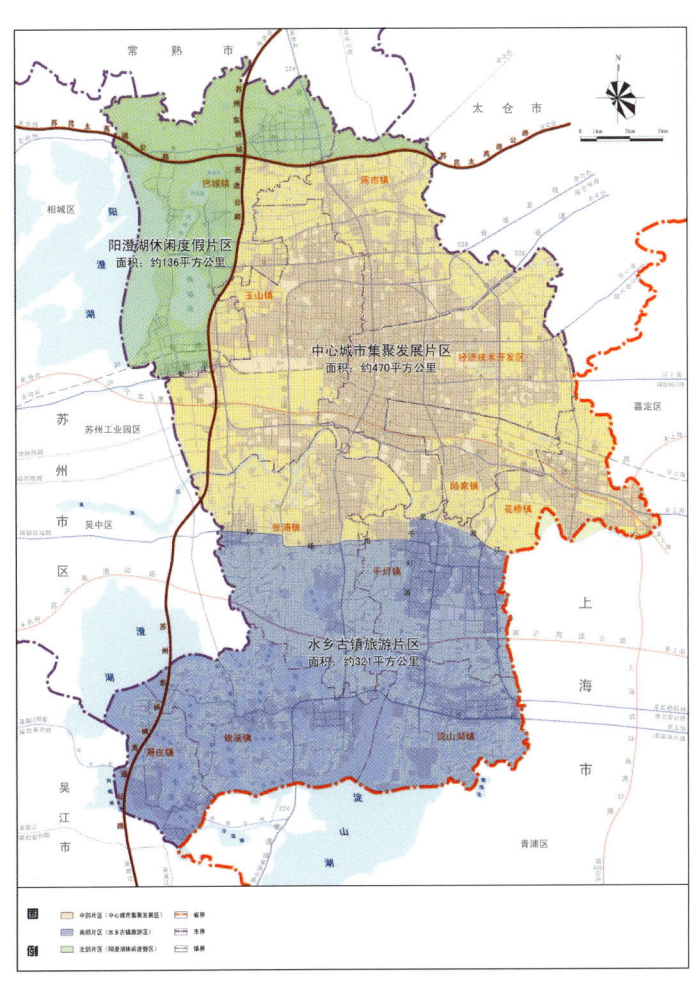

图4 市域片区划分

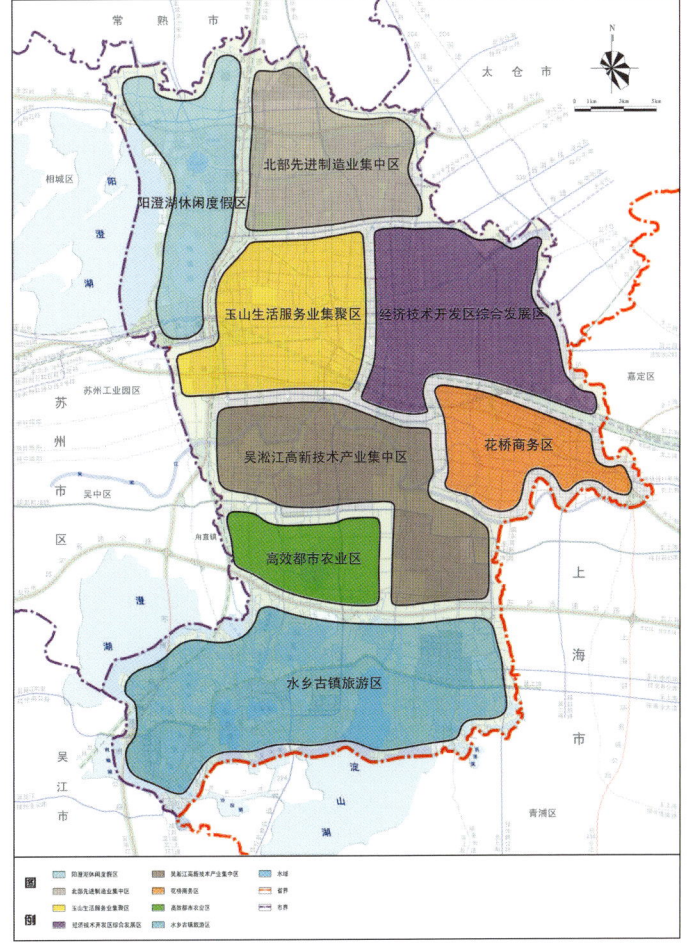

图5 市域产业布局规划

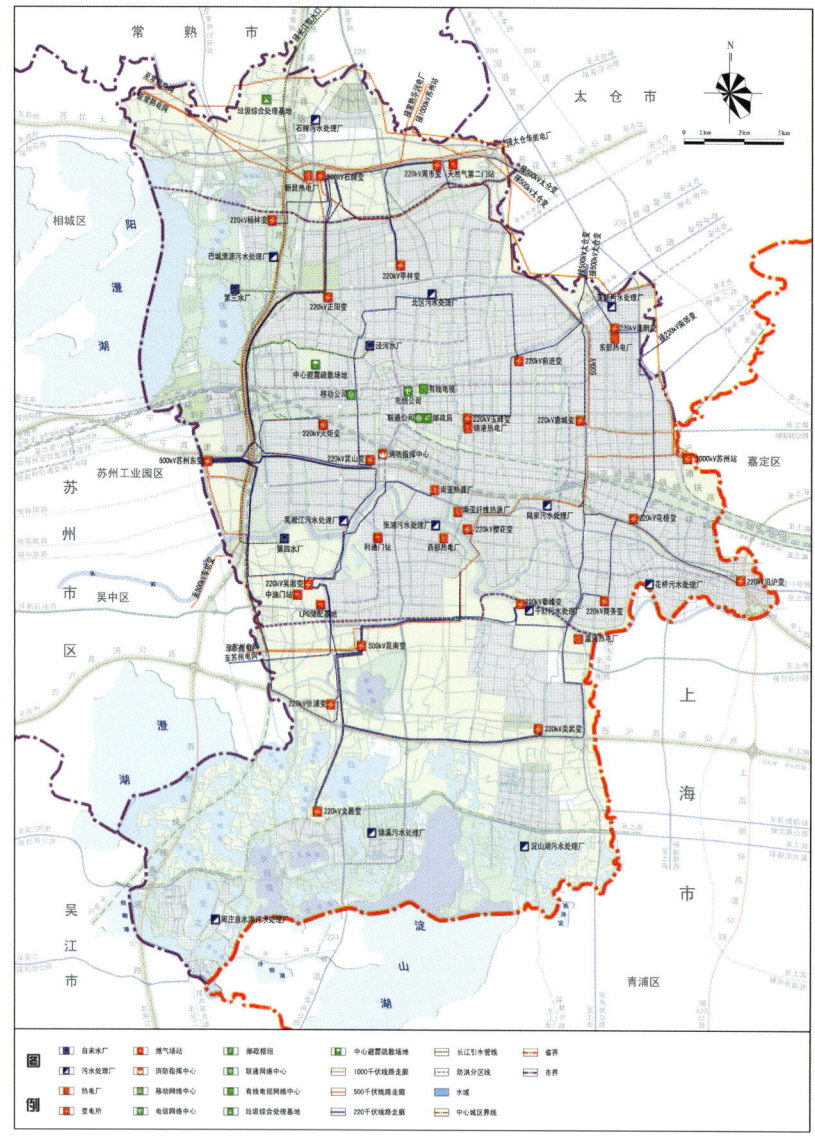

图6 市域基础设施规划

## 【咨询工作特点】

1. 交通与用地一体化分析技术应用

本规划在国内首次以全市域为研究对象,并重点针对整个中心城市,采用交通与用地一体化分析模型,按照模型建立—模型校核—模型应用的路径,对规划方案进行评价、优化。以高峰小时轨道交通客流强度要求,优化轨道交通线位及两侧用地性质,选择合适的公交型制。通过优化"瓶颈路段交通流"的源点、终点所在区域的用地性质,有效降低瓶颈断面饱和度。

2. 基于RS及GIS的降低热岛效应分析技术应用

本规划运用"基于RS及GIS的降低热岛效应分析"手段,分析地表亮温与建设密度、植被覆盖度之间的相关性,通过优化建设密度分区及绿地布局,使居民出门步行5分钟便可到达不小于0.2公顷的绿地,降低热岛效应。

3. 碳氧平衡分析技术应用

本规划运用了"碳氧平衡分析技术",通过优化调整"城市规模、产业结构、用地布局、交通方式、能源结构、能源效率"等要素,降低碳排放和氧消耗,提高碳固定和氧释放,实现低碳发展。即在实现同一经济总量的前提下,进行不同发展路径的方案比选,选择低碳富氧的方案。

4. 实施政策创新

本规划加强与片区相适应的管理机制、考核机制、土地流转等相关政策的研究,具体提出:根据统筹发展要求,实施分区域考核;根据创新发展要求,实施分行业考核;根据率先发展要求,实施分进度考核;根据转型发展要求,实施分约束性和引导性考核;根据群众满意要求,实施定量与定性相结合考核。

5. 规划整合创新

本规划将昆山市主体功能区划、土地利用总体规划统一整合纳入昆山市城市总体规划,做到了"三规合一"。

6. 组织方法创新

本规划开展了"前期概念方案征集、公众意愿调查、重点问题调研、市民企业代表座谈、外来农民工调查和规划草案公示"等工作,实现公众全过程参与。

## 【咨询效果】

本报告确定的策略、目标已在相关部门和行业分解落实,提出的相关政策已在执行或组织制定。近期建设规划、重点地区控制性详细规划、南部水乡统筹发展规划、环湖步行系统规划等正在按本规划意图编制,本报告确定的上海市轨道交通11号线北延昆山段已建成,中心体系用地已开始进行预控,规划明确的道路系统、绿化设施、住宅项目等已开始实施。

在本轮总体规划的指导下,昆山必将在率先发展、科学发展、和谐发展的道路上再创辉煌。

参与单位:江苏省城乡规划设计研究院

# 宁德企业总部用地城市设计咨询报告
## The Consulting Report of Urban Land Design for Ningde Corporate Headquarters

编写单位：中船第九设计研究院工程有限公司
China Shipbuilding NDRI Engineering C0.,Ltd
联系电话：021-62549700　　网址：www.ndri.sh.cn
主要完成人：刘凌雯　陈　岚　吕　晓　贾宇轩　陈　爽　李小海　姜敬莹　沈丽君　吴　伟

## 【点评】

本报告主要以各类企业的办事机构、培训基地、疗养中心等为功能定位，打造低密度花园式的总部办公区域，采用多层独栋或院落式的布局，既塑造了宁德企业总部的园区特色，也拓展了市场空间。在空间布局方面，充分考虑到现有山体和水系的特点，沿等高线布局建筑，并向水域展开，与山水形成和谐统一的生态空间环境。

## 【项目背景】

海峡西岸经济区是中国沿海经济带的重要组成部分，在全国区域经济发展布局中处于重要位置，具有对台交往的独特优势。2009年国务院出台了《关于支持福建省加快建设海峡西岸经济区的若干意见》，明确表示重点发展海峡西岸经济区，包括福建省为主要对象的21座城市，提出将环三都澳发展区建设成为"海峡西岸东北翼新的增长极"，宁德市为其中之一。伴随环三都澳区域的加快发展，必然带来宁德市产业升级和结构调整的飞跃，企业总部建设是迎接产业升级的最佳解决方案。

在此背景下，2012年6月，宁德市城乡规划局委托中船九院编制《宁德企业总部用地城市设计》。

## 【项目内容】

本项目位于宁德学院北侧，距市中心车行距离约5.5公里，距火车站车行距离约1公里，是宁德市由环湖向面海发展的重要一环。项目范围北起进海路、南至学院东路、西至连城路、东至南天路，总用地面积约184公顷（2 760亩）（见图1）。

依据地块依山沿路伴湖和静谧办公环境的特征，提出"创智之地、山海之间"的"商务花园"定位，即"创宁德高端办公集聚区之先河，智慧产业高新产业集聚之地、山林间天然氧吧居住生活之所、海之滨岛式休闲世外桃源之景"。计划将园区打造成为集办公、居住、研发于一体的重大项目配套服务园区。

园区规划道路绕山成环而行，采用将办公居中，商业、酒店、居住等外置的布局形态，形成"两大分区，八大功能"。经济技术指标为：总用地面积约184公顷（2 760亩）、建设用地面积约164公顷（2 460亩）、建筑密度13.5%、平均容积率0.71、绿地率43%（含小区绿化、宅间绿化等）、停车位约1.3万个。

本项目总建安费用约82.2亿元，其中建筑建设约55.8亿元，道路约1.6亿元，环境景观约3.2亿元，市政配套约4.2亿元，其他费用约17.4亿元，详见表1。

图1　项目规划区域及地理位置

表1 项目费用清单

| 编号 | 建设内容 | | 单位 | 数量 | 单价（元） | 小计（万元） |
|---|---|---|---|---|---|---|
| 1 | 建筑 | 住宅 | 平方米 | 395 500 | 1 800 | 71 190 |
| | | 办公 | 平方米 | 891 100 | 4 000 | 356 440 |
| | | 商业 | 平方米 | 33 600 | 3 000 | 10 080 |
| | | 地下 | 平方米 | 300 000 | 4 000 | 120 000 |
| | | | 小计（万元） | | | 557 710 |
| 2 | 道路 | | 平方米 | 226 800 | 700 | 15 876 |
| 3 | 景观 | 园区 | 平方米 | 600 000 | 500 | 30 000 |
| | | 山体 | 平方米 | 445 100 | 40 | 1 780.4 |
| 4 | 驳岸 | | 米 | 1 920 | 1 000 | 192 |
| 5 | 市政配套 | | 平方米 | 1 200 000 | 350 | 42 000 |
| 6 | 工程费用合计 | | | | | 647 558.4 |
| 7 | 其他费用（17%） | | | | | 110 084.93 |
| 8 | 不可预见费（10%） | | | | | 64 755.84 |
| 9 | 项目总投资 | | | | | 822 399.17 |

## 【工作过程】

本项目于2012年8月启动，8月底完成现场实地调研，2013年4月完成初稿并与当地规划局交流。此后经过多轮讨论与交流，2013年10月形成评审稿，并于10月23日召开征求意见会，会后根据与会意见对方案进行修改完善，形成评审稿；12月7日，宁德市城乡规划局组织召开规划评审会，一致通过该方案；12月25日，向市委领导汇报规划方案，其后根据市领导现场调研提出的道路等调整意见进行修改完善，形成最终报批稿。

设计之初，项目组首先对基地进行了翔实的调研，确定了以山水为主题的空间脉络，并考虑将南侧的书院路作为主要的出入口方向和形象界面。

为了合理确定项目的发展定位，项目组收集了国内外众多总部基地的案例资料，发现国内外的企业总部项目，其所在地大多为全国的一、二线城市，比如上海、北京、深圳等；而二、三线城市的总部基地因城市自身的产业支撑不足，需利用周边大城市的产业资源。因此，在宁德做企业总部也需要找到产业的支撑和合理的定位，宁德市发展传统的企业总部有一定风险。2014年，宁德市委、市政府提出打造"大产业"，多上"大项目"，提出"立龙头、铸链条、建集群"的要求。同时，加快推动实现经济社会发展的"绿色转型"，促进传统产业的提升改造、主导产业向先进高端发展。

基于以上分析，我们认为，宁德需要的是能推进宁德大型项目发展的配套服务产业，而非单纯的总部办公基地。因此，本规划提出：针对二、三线城市的重大项目配套模式，并以此为目标展开规划建设。最终我们希望在宁德打造一个低容积率、高绿地率，复合商务办公、会议、研发、培训、居住等功能于一体的新型总部办公区。

## 【咨询工作特点】

考虑到二、三线城市经济发展较一线城市缓慢，城市服务配套功能也相对欠缺，因此寻找适合二、三线城市的新型企业总部模式是项目成功的关键。通过对昆山、青岛、宁波等城市企业总部的案例分析，结合宁德所处区位、经济发展、交通等条件，建议本项目采用Business Park（商务花园）形式，打造富有宁德特色的企业总部形象。

一、保证产业定位与建筑功能的完美对接

产业选择是总部基地功能布局的基础。目前宁德市初步形成以电机电器、食品、电力、船舶修造、建材、汽摩配件、生物医药、化工、冶金、皮塑、新能源、新材料12个重点产业为主要支撑的工业产业体系。经过筛选，拟选定船舶修造业、电机电器产业、新能源、海洋产业作为企业总部主要服务产业，相应增加环境品质高端的办公场所，并配套研发会议会展、检验检疫、信息化平台、酒店等设施功能。

## 二、通过环境容量等分析保证项目的生态性和可持续开发

### 1. 宁德市域写字楼现状及发展潜力分析

宁德市域目前有写字楼约130处，主要分布于宁德老城区蕉城区、福安及福鼎市区。尚无成型的办公区域，更没有集中式办公建筑群，办公规模多为小型，环境不佳，与未来宁德高速的产业发展不匹配。

宁德市规模以上工业企业达到1 085家，全市规模以上产值超百亿元的产业集群达到5个，产业规模迅速扩大，产业结构不断优化升级，内部刚性需求大。同时根据《宁德市鼓励发展总部经济的若干意见》，今后五年内宁德市符合认定条件的总部企业，将在财税、用地、金融、人才等方面得到相应的优惠和扶持。

### 2. 环境容量分析

根据用地容量、生态容量、交通负荷、产业支撑分析，本次规划适合的开发用地面积约105公顷左右（不含山体、水体），总建设量约105万平方米，最多可容纳企业1 500家左右。

本次规划的总部办公产品，将填补宁德中高档办公的空白，并借助有利条件，吸引品牌企业入驻。

## 三、突破传统CBD理念，以低密度的山林总部办公区作为设计理念

本规划以"创智之地，山海之间"为规划理念，立足宁德，打造辐射闽东的花园式企业总部基地。

创宁德高端办公集聚区之先河；

智慧产业、高新产业集聚之地；

山林间天然氧吧生活办公之所；

海之滨岛式度假世外桃源之景。

主要从以下四个方面打造：

（1）空间布局上强调秩序性与自由性；

（2）建筑设计上讲究简洁时尚；

（3）产品构成上强调多样化的产品，减少市场风险；

（4）景观设计上强调中心湖景。

## 四、功能布局体现对场地的尊重和对产业需求的统筹

（1）尊重场地地形地貌，主要道路应绕山而行，减少对自然生态的破坏。

（2）企业总部办公需要安静、相对私密的工作环境，将其布置于地块内部，商业、酒店、研发等布置于地块外围。

（3）回迁居住区与企业总部应做到互不干扰，利用原村庄用地布局，并适当扩大规模，周围有山体遮挡，视觉和空间上与企业总部有间隔，起到很好的屏蔽作用。

根据上述功能分区原则，规划形成"两大分区、八大功能"。"两大分区"为企业总部功能区和社会设施及居住区；"八大功能小区"即在两大分

图2 规划总平面图

图3　两大分区及八大功能小区

区的基础上细化为企业总部核心区、山体公园区、研发中心区、休闲商业区、滨河景观区、商务办公区、滨河景观区、居住等八大功能小区,详见图3。

**五、多元化办公产品配置,降低市场风险**

本规划提倡"花园中办公"——以低容积率、高绿地率为原则,主要区域净容积率控制在1.5以下。建筑高度由外向内逐渐降低。外围商务酒店、商业服务、科研办公区建筑高度较高,一般控制在50米以下,最高达到20层(80米);内部总部办公整体以4～6层(24米)的多层为主,避免遮挡中心景观,同时也符合花园式办公模式的一般要求。局部滨水区域高度控制在1～3层(12米)以下。同时利用山体遮挡,居住区与企业总部办公区做到视觉和空间上互有间隔、互不干扰。

规划多元化的办公产品,提高市场灵活性和抗风险能力,包括商务办公楼模式、组团庭院模式、企业岛模式、独栋办公模式等。企业岛模式环境效果见图4。

**六、依据产业需求,分级设置配套设施**

针对周边配套设施缺乏的现状,完善配套设施设置,适当提高配套设施比例,其中商业服务设施用地占总建设用地比例约30.5%。除传统酒店、商业外,增设信息中心、检测中心、会展中心、一站服务大厅等企业服务设施。在园区中心,结合湖景设置精品商务酒店、商务中心、服务大厅等设施。沿规划城市道路,设置沿街配套及商业综合配套服务设施,服务园区,辐射周边。

**七、打造与城市风光一脉相承的山水景观特色**

整理现状山水空间,融入城市功能,创造真正的山水园区。根据地形条件,将东侧的水引入地块中心,创造更多的滨水、亲水空间,形成"内湖、外山"的空间生态景观格局,分别形成以中央湖心办公展览中心建筑群构成的景观中心和以东部滨水多层花园式办公形成的科研广场中心。内部以步行道路连通所有的办公建筑组团中心,加强景观互动,使不同的企业组团产生联系、促进交流。项目景观效果图见图5、图6。

**【咨询效果】**

本项目的建设,将成为宁德新型城镇化、"三

图4 环境效果图

图5 景观效果图(1)

图6 景观效果图(2)

边三节点"规划建设的重点,将对吸引重大企业入驻、聚集人气、树立形象起到积极的作用。建成后,将成为闽东地区最大的总部办公核心区,成为周边温州、台州、厦门、福州等城市产业转移的首选,也成为海西地区对接台湾企业的"桥头堡"。为大型中介服务机构、文化体育组织、民间社会团体等服务型单位提供合作交流的平台,并计划建成本地区知名企业的营运管理中心。其对主要作用表现在以下三个方面:

1. 自身经济贡献

有专家表示,一栋3万平方米左右的总部大楼可为城市带来每年5亿元左右的经济效益,按照规划规模预计建成后每年纳税约30亿元。

2. 品牌号召力

宁德企业总部的建设,将成为二、三线城市企业总部的标杆,其商务花园概念的成功塑造,将大大提升品牌知名度。

3. 土地价值的提升

通过相关案例研究发现,总部基地开发后,周边地价上涨较快,且供不应求。以宁德市目前的土地市场和项目所在区位来看,短期内也将实现土地价值的大幅提升。

# 绍兴市城市轨道交通线网规划咨询报告
## The Consulting Report of Shaoxing Urban Rail Transit Network Planning

编写单位：上海市隧道工程轨道交通设计研究院
Shanghai Tunnel Engineering & Rail Transit Design and Research Institute

联系方式：021-54519988　　网址：www.stedi.cn

主要完成人：李　英　金龙彪　吕正昱　高白越　周凤娟　况丽娟　顾志兵　沈云樟　李　磊　邵周赟

### 【点评】

本报告提出了符合绍兴市总体规划的轨道交通功能定位、发展模式、合理规模、线网结构；建立了绍兴市第一个基于轨道交通的交通需求预测模型，较为准确地预测了未来客运交通流量；较好地处理了轨道交通在城市核心地区的走向与城市生态环境、历史文化名城保护之间的关系；解决了轨道交通与其他交通方式之间的功能分工与衔接的问题。

### 【项目背景】

绍兴市地处长三角南翼，浙江省中北部杭甬之间，是全国十强市、十强县，也是越文化的发祥地，首批国家级历史文化名城、中国优秀旅游城市。2011年，全市生产总值3 291.23亿元，地方财政收入239.69亿元，年末户籍人口440.01万人，暂住人口182.28万人。

绍兴城市结构松散，水系发育充分，柯桥、袍滨各片区与中心城间联系通道不足，老城街巷密集、保护建筑众多，严重制约着道路交通设施的扩展。随着近几年来城市地位的提升，经济条件、人口和机动车的快速增长，交通供需矛盾日益突出，对城市交通特别是公共交通的发展提出了更高的要求。因此，适时规划和建设大运量、长距离的城市轨道交通以克服众多屏障，将松散的城市结构连为整体，支持强大中心城市规划的实现，具有非常重要的意义。

因此，2011年6月起，由绍兴市政府决策，经公开招投标，绍兴市住房和城乡建设局、绍兴市规划局委托上海市隧道工程轨道交通设计研究院为主编单位，上海市城市综合交通规划研究所（现已并入上海市城乡建设和交通发展研究院）、绍兴市城市规划设计研究院参编，在城市总体规划、综合交通规划及远景发展研究的基础上，编制绍兴市城市轨道交通线网规划，以指导今后轨道交通的建设。

### 【项目内容】

（1）委托单位：绍兴市住房和城乡建设局、绍兴市规划局。待项目正式立项后将成立建设主体。

（2）建设地点：绍兴市。

（3）规模及方案：线网规划最终推荐方案（见图1）远期由2线1支组成，构建Y型主骨架，长51.8 km，设站38座，线网密度0.33 km/km²。1号线、2号线为Y型主骨架，分别串联了越城—镜湖—柯桥及福漓兰—越城—镜湖—袍江，与主客流走廊相吻合；3号线、4号线均为辅助线，3号线从老城南部、东部串联越城与袍江，4号线串联高铁站，与1号线换乘（或作为支线运营），提供高铁站与柯桥、越城的快速联系，同时通过1、2号线换乘，实现高铁站与袍江的联系。

远景线网（见图2）由5线1支组成，总长约170.1 km，设站100座，线网密度0.36 km/km²。在远期网的基础上，中心城线网往外围适当拓展延伸，2号线北端过曹娥江延伸至滨海新城江滨区中心；3号线由解放路向西延伸至客运西站，东端预留向东延伸至上虞高铁站的通道；4号线由柯桥顺金柯桥大道、轻纺城大道向东南延伸至越城区，沿胜利路敷设，强化柯桥—越城的联系，同时增加老城区内东西向线路，提高越城区线网密度，并预留向东延伸至上虞城区的通道；上虞线串联上虞城区与滨海新城并与2号线换乘衔接。

（4）技术可行性：研究推荐的线网方案布局合理，结构稳定，各线分工明确，层次清晰，远

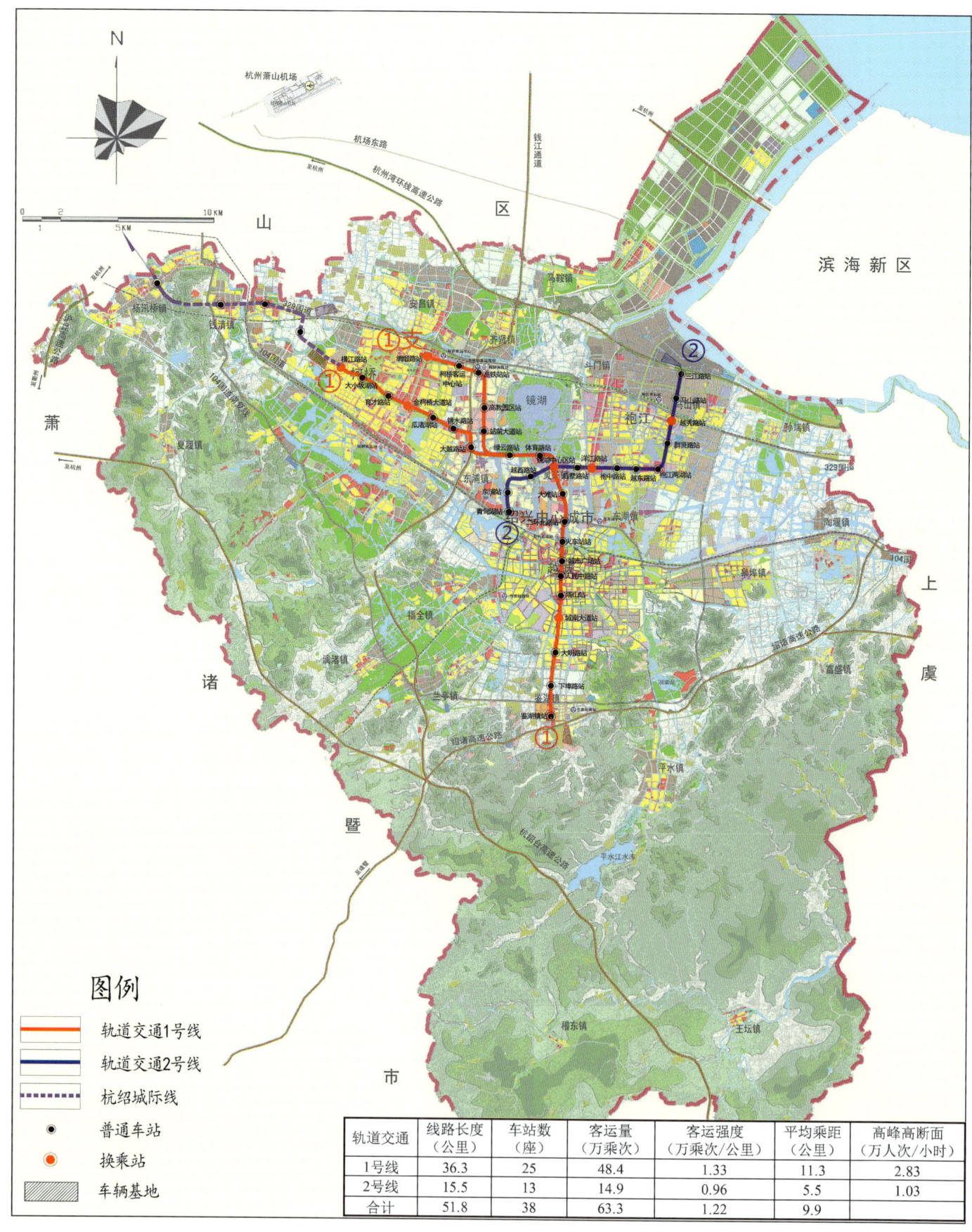

图1 绍兴市城市轨道交通线网规划

一、规 划 咨 询 研 究 报 告 篇

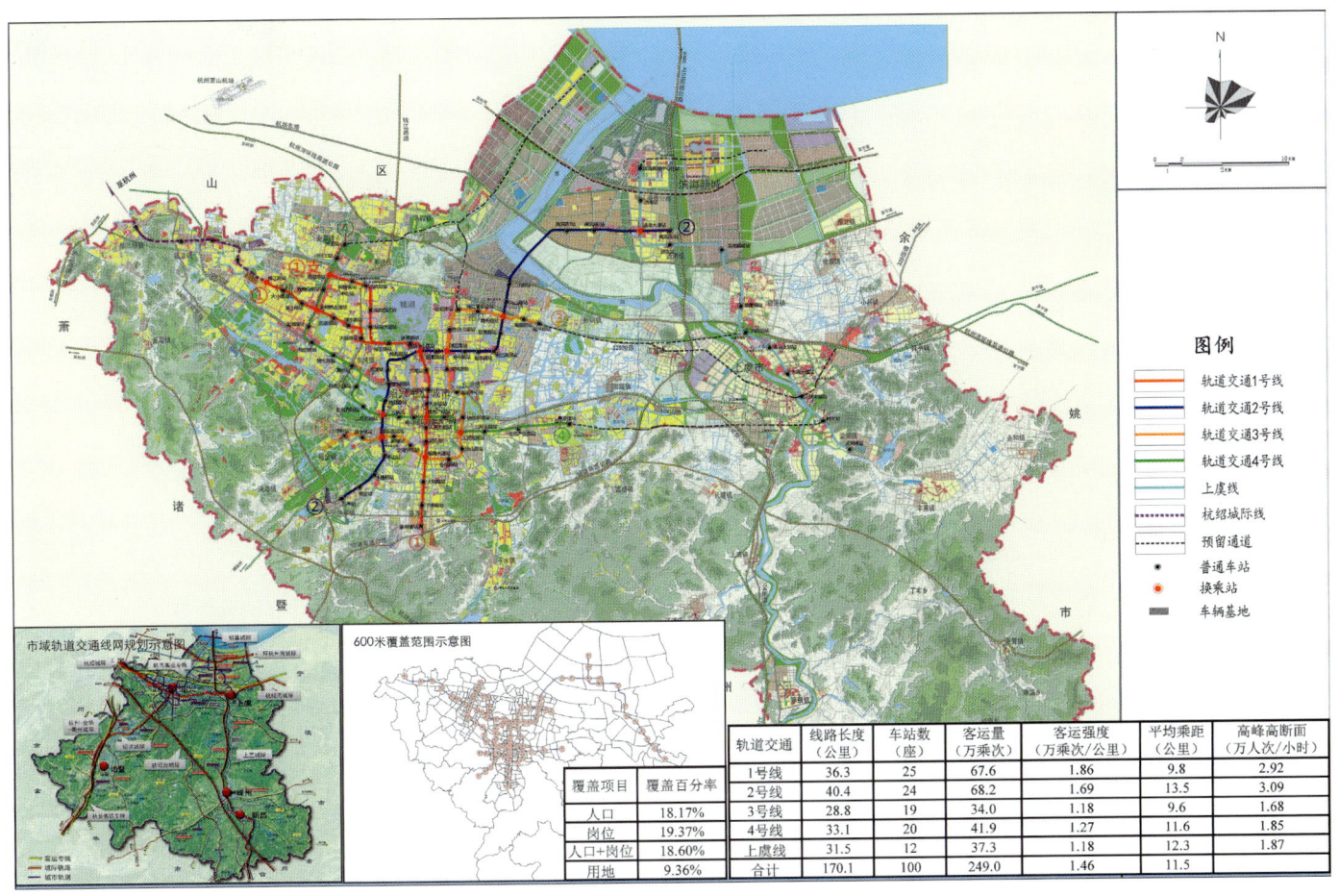

图2　绍兴市城市轨道交通远景规划线网

期、远景兼顾,可实施性强,体现了稳定性和灵活性统一的原则,既在时间上(远期)和空间上(城市核心层)方案稳定,同时在时间上(远景)和空间上(城市外围)线网灵活,符合城市结构形态和总体发展方向。

(5)投资估算:初步测算工程总投资约1100亿元。

(6)效益分析:经客流测试,远景年各线高峰小时高断面为1.68~3.09万人次,全网日客流量达249万乘次。

【工作过程】

整个规划工作分以下四个阶段:

1. 第一阶段,前期准备与规划背景研究

完成线网规划的工作计划和编制大纲,研究规划的基础条件(对绍兴市现状的调查研究、对各项规划的解读)、确定规划范围、年限、内容、原则、工作路线和方法,作为规划编制工作的依据。

2. 第二阶段,交通需求分析和线网构架方案

研究综合交通规划等上位规划资料,完善现状交通需求模型,建立并稳定远期和远景交通需求预测模型,对综合交通规划中的轨道交通线网方案进行了客流测试和分析。在上述工作基础上重点研究"线网构架规划",从城市总体规划与交通规划的需求,进行宏观的、控制性的规划,研究解决远景线网的规模、层次及其网架结构,提出各规划年的线网构架方案。

3. 第三阶段,中期成果。完成三轮方案优化及客流测试工作,形成三套备选方案

经项目咨询单位和专家咨询,肯定了线网规划采用的规划原则、技术路线和研究方法,并认为研究成果符合中期成果要求,同时提出了下阶段的深化方向。之后根据咨询意见进行了修改完善,形成"中期成果",经专家评审,认为总体上符合《绍兴市城市总体规划》和《绍兴市综合交通规划》,内容达到了中间报告的要求,可以在此基础上完善并形成最终报告。

4. 第四阶段,完善线网方案及实施规划,形成"最终报告"

以审定的"中期成果"为基础,并先后召开最终报告送审稿的专家评审会、规划管理委员会审查会,按照专家意见、规管会审查意见进行深

71

化、优化，形成最终推荐方案（重点稳定远期线网），并对可能实施的规模和修建顺序予以规划。进一步研究线网实施规划，对系统制式选择、线路敷设方式、车辆基地选址、修建顺序、换乘形式、运营模式、联络线布设等方面进行了分析与规划，并为后续规划提出明确的规划指引。

其间项目组广泛搜集各类基础资料，仔细研读总规、综规等上位规划，多次组织调研、实地踏勘，充分征询并吸纳省、市、区各部门意见，于2012年7月、10月形成中期报告及最终报告送审稿。经专家和咨询单位（住建部地铁与轻轨研究中心）多轮次的审查，不断完善规划成果，2012年12月形成最终报告并报绍兴市规管会审议通过，2013年1月获绍兴市政府正式批复，2月上报浙江省建设厅备案。

## 【咨询工作特点】

**一、规划成果全面响应国标要求，线网方案紧密贴合绍兴城市结构与特色**

在编制《绍兴市城市轨道交通线网规划》工作过程中，对研究范围内绍兴市区、柯桥（绍兴县）、袍江经济开发区、滨海新城、上虞进行了多次现场踏勘和调研，深入研读城市总体规划、综合交通规划等上位规划及绍兴市社会经济、交通现状、环境和文物保护要求、工程地质等基础资料，密切跟踪和掌握省内相关规划及周边城市的轨道交通规划进展，进一步明确了城市远景发展规划；在上述工作基础上建立绍兴市现状交通模型及各规划年交通需求预测模型，形成较为稳定的线网总体构架，从而提出了多套线网初始方案。通过客流测试、重要节点深化研究、利用综合评价指标体系评判和改进、广泛征求各方意见（其间与浙江省、绍兴市、各区县相关部门进行了深入沟通、协调）、专家咨询审查等定量、定性的方法，对线网方案进行多轮次的修改、优化，最终形成的推荐方案密切贴合绍兴城市实际情况。在报告内容的广度和深度上全面响应《城市轨道交通线网规划编制标准 GB/T 50546—2009》的要求，并针对绍兴城市和线网特点专门研究了对外衔接、各线系统制式、运营规划、资源共享等问题，成果得到了绍兴市、区相关部门和评审专家的一致认可。

经论证，绍兴市城市轨道交通线网采取以镜湖为中心的放射形格局，这与规划范围内绍北城镇密集区"一江、两岸、三城、七片、多廊道"，中心城市"一心、三片、三楔"的空间结构完全吻合。最终推荐方案较好地实现了近远期线网的结合，既充分考虑了线网自身的稳定性、灵活性与延续性，又完全符合绍兴市城市发展、交通需求、经济能力等实际情况：近期基本线网约50 km形成主骨架，大胆提出了1号线"主线+支线"的建设和运营模式，实现以最少的建设规模解决城市和交通发展最紧迫的需要；远景控制规模约170 km，在越城老城区、镜湖新中心、柯桥片区和袍江两湖地区都有两条以上的轨道交通服务，并明确了中心城市与滨海新城、上虞之间的联系通道数量及位置，为未来城市拓展留有充分余地。

**二、为绍兴市建立了首个基于轨道交通的交通需求预测模型**

编制了客流预测专题报告，运用国际上成熟的交通模型技术，为绍兴市建立了第一个基于轨道交通的交通需求预测模型，据此对各线网方案进行客流预测，从而为确定最终方案及优化其布局提供定量的分析手段。

交通模型基于绍兴市2010年人口普查、经济普查、综合交通调查以及各交通专业部门提供的统计数据和补充调查等资料建立，采用成熟的trip_base理论和"四步骤"方法，按交通出行、土地开发特征划分为365个交通小区，力图较为准确地反映绍兴城市用地与交通相关性，并根据城市不同规划年的发展目标，对远期及远景年的交通需求进行预测。在这一工作过程中，项目组依据绍兴市现行城市总体规划及其实施情况、发展战略等完成了绍北城镇密集区范围内城市的远景发展研究，特别是对远景年的人口、岗位、用地规模及变化情况进行了深入研究，以作为远景年模型的依据。模型采用了严谨的学科理论和数理算法，经与调查数据比较，在总量和主要客流走廊断面预测方面，误差分别为9%和12%，满足客流模拟分配精度要求，可反映绍兴市一定时间的交通特性，为线网规划方案的测试和优化奠定了扎实的基础。因此，数次咨询和专家评审均对客流预测专题予以肯定。

**三、线网推荐方案经多方比选，力争综合最优**

1. 深入研读城市规划及交通需求，构建支持绍兴空间布局的线网构架方案

绍兴市域和中心城区的结构形态为大"品"字形（中心城—滨海新城—上虞）套小"品"字

形（越城区—柯桥—袍江），另外镜湖作为城市绿心，又有曹娥江、既有铁路及规划高铁穿城而过，水网密布，对城市建设用地和道路交通造成一定程度的割裂，未来呈现组团式空间布局。针对于此，《绍兴市城市轨道交通线网规划》以交通模型为基础，分析绍兴市现状交通系统运行状况、客运交通走廊、重要交通枢纽和未来交通需求，提出了Y形主骨架+L形线路的放射状线网架构方案，与城市布局及主客流走廊一致，且在越城、柯桥、镜湖均有相互垂直走向的线路，使各片区之间形成较好的联系，从而有效支持城市规划空间布局和发展。

2. 建立符合绍兴实际、覆盖全面、可比性强的线网方案综合评价指标体系

《绍兴市城市轨道交通线网规划》以交通分析为主导建立方案综合评价指标体系，在指标选取和权重设定时，充分考虑绍兴的客观条件和实际需求。如在"支持城市规划"中，特别将"对滨海新城的引导作用"作为一项重要指标；又如，考虑到古城保护、自然水系分隔对工程实施的关键性影响，将"建设难易程度"设为评价指标体系中的另一个重点，且突出"近期可实施性"。最终建立的综合评价指标体系全面涵盖五大类12项指标，基本实现了定性分析和定量分析相结合、近期与远景规划相结合、微观分析和宏观分析相结合，在从初始方案到备选方案、优化方案，再到推荐方案及优化的过程中起到了重要的指引和评判作用。

3. 对重要节点进行多方案比选，提高方案可实施性

受城市历史和自然因素影响，绍兴老城街巷密布、水网密集，城中山体、城市湖泊众多，城市被分隔成独立小块发展，相互之间联系通道较少。规划方案在绍兴城区穿越众多繁华地段，与多个桥梁相交，涉及相关工程多，边界条件复杂。在《绍兴市城市轨道交通线网规划》编制的过程中，对绍兴城区、柯桥、袍江、滨海、上虞等规划范围内进行了十余次现场踏勘和资料调研，并与绍兴市、区、县的发改委、规划局、建设局、国土局、测绘院、公安局、财政局、环保局、文物局、统计局、交通局、铁路办、旅游局、公交公司等众多部门进行了反复沟通、协调，对线网方案进行不断优化。

为提高方案的可实施性，针对柯桥高铁站、迪荡CBD地区、袍江两湖地区、过江通道、客运中心等局部重点区域的重要节点进行了多方案比选，如对越城区与柯桥高铁站的连接，经反复优化后选择"主线+支线"的建设和运营模式，主线服务于越城—柯桥的主客流走廊并连接了绍兴市火车站，支线服务于柯桥高铁站，通过灵活的运营方案较好地解决了高铁站偏离越城区与柯桥联系主通道的难题。

4. 重视绍兴生态环境、水乡特色和历史文化名城保护

绍兴是首批国家历史文化名城，古城范围内有鲁迅故里、周恩来祖居、秋瑾故居、沈园等7处国家级、7处省级、31处市级文保单位及街区，市区内有大运河各类遗产共计22处（项）；尚有镜湖国家城市湿地公园位于城市中心区范围（见图3）。《绍兴市城市轨道交通线网规划》严格遵循"与历史文化名城保护相协调，保护和延续绍兴古城格局和风貌"的原则。例如，在城区内选线和设站时尽量沿解放路敷设，避开文物保护单位的核心保护区，对局部穿越文保单位建设控制地

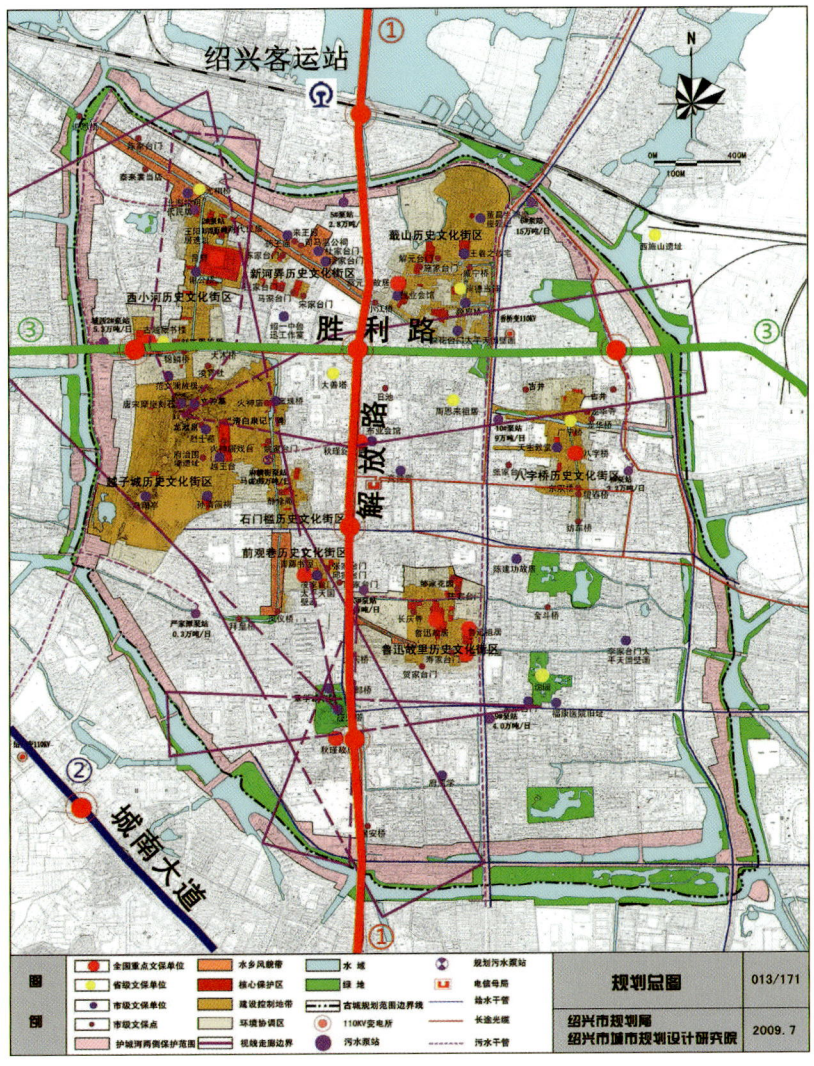

图3 线网方案与绍兴历史文化名城保护规划协调性示意图

带的线路设置为地下线，并提出采取必要工程措施以避免对文物建筑产生不良影响。

5. 以一体化交通为指导，明晰线网方案的功能层次和内外连接关系

绍兴市域范围内绍兴县（柯桥）的独立性较强，加上西边杭州特大城市强辐射力的作用，整个市域城镇体系有离散化趋势，《绍兴市城市轨道交通线网规划》敏锐地抓住这一点作为轨道交通线网需要解决的关键问题，认真研究周边杭州、宁波等城市的轨道交通规划成果和建设进度，在方案中充分考虑了绍兴城市轨道交通网与对外交通枢纽——绍兴、柯桥、上虞、滨海火车站、高铁绍兴站及各公路客运站的紧密衔接，并在线路走向和起终点的选择上为未来跨行政区域连接预留了条件。

在市域层面以上，提出依托既有及规划的国铁、城铁、客专等速度更快、运距更长的区域轨道交通，解决中心城市与诸暨、嵊州、新昌及市域与杭州、宁波的联系；在滨海新城内部、上虞市内，除设有骨干轨道交通线路与中心城区连接之外，提出建设下一层次的中低运量系统与骨干轨道交通接驳，以解决区域内交通问题。最终推荐的线网方案与上、下层面的交通系统均形成良好接驳，真正实现内外交通一体化，推动公共交通有序发展。

6. 重视网络资源共享，节约土地资源，提高网络整体效率

在线网实施规划中，以网络资源共享为核心对各线系统制式、车辆基地、站位设置、联络线、敷设方式等进行了深入研究。例如，提出骨干线路1、2号线采用普通轮轨B型车；全网设两处车辆基地承担五条线的大架修，并在各线及线网与国铁间设置联络线；设12座换乘站；建议在镜湖中心区站附近设路网控制中心实现多线共享；统筹考虑全网供电系统设置，共设5座主变电所。

【咨询效果】

1. 推荐方案经多轮优化，在支持城市规划和改善城市交通方面效益良好

推荐方案线网分布较为均衡，总体上呈现中心区对外放射式，线网形态与绍北城镇密集区"一江、两岸、三城、七片、多廊道"的城市形态布局相吻合，与"北进、东联、西合"的发展方向相适应，与绍兴市总体规划确定的"一城六片"空间框架结构相协调。在线网形态上保证了越城—柯桥间，越城—袍江间均通过两条轨道加以联系，同时在镜湖中心区实现两线相交的"十"字形换乘枢纽，对于城市总体规划确定的"一心三片"的城市空间结构具有较好的支撑作用。同时，方案对于衔接杭州轨道网、预留上虞方向轨道等方面均有所兼顾，并且展现了一定的灵活性，可保证在远期基本网的基础上轨道成长与城市远景用地可能的调整进行互动。

经客流测试，推荐方案远景年轨道客运周转量达到2 641万人/千米/日，轨道占公交出行比例约41%，可使公交平均出行时间缩减到13.2分钟。

2. 顺利获批，可全面指导绍兴市后续轨道交通研究工作

绍兴市轨道交通线网规划顺利通过多轮专家评审，2013年1月获绍兴市政府正式批复。绍兴市目前正在根据轨道交通线网规划成果顺利开展后续的轨道交通建设规划、1号线及2号线一期工程预可行性研究工作。

线网规划是一个城市建设轨道交通的重要纲领性规划，它的获批为绍兴市开展轨道交通建设规划和项目立项工作奠定了基础，可全面指导绍兴市后续轨道交通研究、设计。轨道交通的建设是一个复杂的系统工程，将影响绍兴城市未来的各个方面：作为一种绿色的交通方式，轨道交通能够减少能耗和对城市的污染，改善城市环境，有效提升绍兴城市的综合竞争力；作为一种准点、安全的交通方式，轨道交通能够缓解城市交通拥堵，更好地为居民出行提供便捷服务；作为一项重大基础设施建设，轨道交通能够带动一大批相关产业的发展，促进绍兴市经济结构调整和产业发展，同时为社会提供大量的就业岗位。

# 珠海智能交通系统规划咨询报告
## The Consulting Report of Zhuhai Intelligent Transportation System Planning

编写单位：上海市城市建设设计研究总院
Shanghai Urban Construction Design & Research Institute
联系电话：50891688　　网址：http://www.sucdri.com
主要完成人：保丽霞　戴孙放　陈　洪　张慧哲　林峥忆　沈宙彪　肖宾杰　王　恒　高　翔

## 【点评】

本报告研究了低碳交通发展战略，提出建设智能交通系统（ITS），提高出行效率，降低管理成本的目标；提出采用基于需求的逻辑框架法，搭建了"1个体系11个领域44项服务"的低碳宜居旅游城市的ITS框架。针对珠海ITS存在的问题，提出"最小碳足迹"的交通信息采集和发布、公共交通、交通控制、静态交通等工程，提出ITS的罗斯效益，建立了包含经济效益、社会经济影响、交通安全、环境能源效益四类指标的低碳ITS评价指标体系。

## 【项目背景】

本项目依托上海市国资委城建集团科研项目"基于低碳宜居的新城区智能交通规划与应用关键技术研究"与珠海市政府规划咨询项目"珠海市智能交通系统规划"，提出中等规模低碳宜居城市的智能交通规划及实施关键。

其立项背景主要有以下四个方面：

1. 中等规模城市智能交通系统规划缺乏规范的规划

智能交通系在中国发展近20年来，在科技攻关、大都市的ITS建设等方面取得明显的成效，但多数中等规模的城市ITS建设采用"自下而上"的方式，即由设备提供商、集成商直接进行子系统建设，缺乏站在全市域角度的上层规划与设计。

2. 国家对ITS规划缺乏约束指导

ITS的规划与设计，未正式明确的纳入建设部的城乡规划体系，对ITS规划的方法、内容、取费等均缺少一定的指导。

3. 低碳ITS技术尤为必要

智能交通系统表象看来是在用电、消耗钢铁等资源，但其根本效益是降低安全事故率，提高出行效益，本质上是降低碳排放，因此，在低碳的背景下，研究如何建设低碳宜居的智能交通系统、比选何种低能耗、低排放的ITS设备尤为必要。

4. 建设宜居城市的需要

珠海作为一个联合国低碳宜居城市，必须高度重视智能交通系统规划建设。珠海与港澳接壤，是广东省的桥头堡，城市规划建设的理念先进，为更好地开展城市ITS，公开招投标开展ITS规划工作，以指导后续的ITS建设。

## 【项目内容】

本项目为珠海市政府规划咨询项目"珠海市智能交通系统规划"，由珠海市交通运输局牵头，以珠海市中心城区为研究对象，确定了8个建设工程，总投资6.6亿元。

### 一、本项目方案

（1）在国际绿色交通的背景下，研究了智能交通在实现低碳效益方面的作用，提出中等规模低碳宜居城市的智能交通系统规划层面、内容。

（2）在比较基于市场包、基于需求、基于可追溯方法的ITS规划方法的基础上，提出采用基于需求的逻辑框架法进行ITS的框架搭建。以低碳、生态为目标，在国际ISO和国内ITS框架基础上，结合珠海实际交通，搭建了"1个体系11个领域44项服务"的低碳宜居旅游城市的ITS框架。

（3）研究了低碳ITS技术（新能源汽车共享、有轨电车信号优先、咪表及手机远程支付等）在中等规模宜居城市的实施关键，提出"基于时距均衡"和"基于准点"的双模式公交信号优先控制方法，提出珠海市静态交通信息化系统的整合,实现路内、路外车位信息共享,并提出泊位预定,手机远程支付等新技术。以珠海城市为应用。

(4)针对现状珠海ITS存在的信息共享机制、数据采集、ITS新技术、系统分散四大问题,提出"最小碳足迹"的交通信息采集和发布、公共交通、交通控制、静态交通等8个近期实施工程。

(5)针对智能交通系统各子系统在城市交通管理、出行效率、出行安全等方面的作用,提出城市交通的罗斯($ROS^2E^2$)效益,从经济效益、社会经济影响、交通安全、环境能效四个方面建立了17个指标体系。

二、本项目特点

面向中等规模低碳宜居城市的智能交通系统,研究了低碳交通发展战略,提出建设智能交通降低管理成本,提高出行效率引导低碳交通发展;在比较基于市场包、基于需求、基于可追溯方法的智能交通规划方法的基础上,提出采用基于需求的逻辑框架法,以珠海为应用对象,以低碳、生态为目标,在国际(ISO)和国内ITS框架基础上,搭建了"1个体系11个领域44项服务"的低碳宜居旅游城市的ITS框架。针对现状珠海ITS存在的信息共享机制、数据采集、ITS新技术、系统分散四大问题,提出"最小碳足迹"的交通信息采集和发布、公共交通、交通控制、静态交通等8个近期实施工程,提出ITS的罗斯($ROS^2E^2$)效益,建立了基于经济效益、社会经济影响、交通安全、环境能源效益四大指标组合的低碳智能交通评价指标体系。

本项目成果于2014年4月通过了珠海市人大常委会会议,正式成为指导珠海市智能交通系统建设的纲领性文件。目前,基于该项规划已经在落实珠海市现代有轨电车1号线交通信号控制优先系统设计、珠海市横琴新区智能交通系统研究、珠海市香洲老城区二环准快速路智能交通工程可行性研究等工程项目。

【工作过程】

2013年2月25日至3月11日,访谈了珠海市交通运输局、公交集团、科工贸信局、交警支队、城建集团、珠海市交通信息中心、珠海市公路局7家单位,采用全景摄像机进行实地踏勘,获取交通数据,采用问卷调查、跟车调查的方法获取交通出行者信息、公交客流量、停车延误等数据。

2013年3月12日至4月20日,研读相关报告、数据分析,完成调研专题报告。

2013年5月7日,向珠海市交通局汇报调研专题及战略、框架体系等设想。

2013年5月25日,汇报调研成果及初步规划成果。

2013年6月1日至7月10日,在调研深圳、北京等城市智能交通建设的基础上,研究珠海市智能交通系统分系统规划、拟建工程及资金筹措、保障措施。

2013年7月12日,在珠海市召开本规划初稿的评审会。

【咨询工作特点】

一、坚持绿色交通的要求

在国际绿色交通的背景下,研究了智能交通在实现低碳效益方面的作用,提出中等规模低碳宜居城市的智能交通系统规划层面、内容。

在国内外,绿色智能运输也是近几年研究的热点。其主要集中在:绿色生态公路建设,基于电动汽车的绿色智能交通,道路环境噪声监测与监控,绿色城市公交效能提升技术,基于运行时刻表快速公交信号优先,基于运行效率的公路设计理念,低碳、环保的太阳能电子标签在ETC中的应用,射频透视绿色通道快速检查系统技术研究与应用等。

二、坚持ITS规划方法

在比较基于市场包、基于需求、基于可追溯方法的ITS规划方法的基础上,提出采用基于需求的逻辑框架法进行ITS的框架搭建。

目前,国内外区域ITS规划方法主要包括:基于市场包的ITS规划方法、基于需求的ITS规划方法。以上两种ITS规划方法所涉及研究内容基本相同,其差别主要体现在规划切入点、规划思路、规划理念方面略有差异。在开展具体ITS战略规划时,在内容组织、规划深度、方法选择方面并无固定模型,应根据地区特点进行针对性分析。因为中国城市交通管理体制的特性,目前基于市场包的区域ITS战略规划方法在中国并不适用。就中国实际状况而言,采用基于需求逻辑框架的区域ITS战略规划方法更具有现实意义。

## 三、坚持以低碳、生态为目标

以低碳、生态为目标，在国际ISO和国内ITS框架基础上，结合珠海实际交通，搭建了"1个体系11个领域44项服务"的低碳宜居旅游城市的ITS框架。

国际标准化组织制定了智能交通框架体系，包括交通管理与运营领域、车辆领域、公共交通领域、应急管理领域等一共12个领域，共有交通管理和控制、交通相关的事件管理、车辆安全监控、数据字典、出行前信息等49项服务。

中国2001年编制了《中国智能交通系统体系框架》(第一版)，2004年修订后形成9个领域47项服务。本项目研究基于上述两种ITS框架体系，研究提出，在进行一个城市的智能交通系统规划时，应根据实际调研情况，选择这个城市需要且可行的智能交通领域和服务。同时，根据管属机制，可以对其中的领域进行合并。针对珠海城市的战略目标、需求分析及管理机制，定制了珠海ITS框架体系，共1个体系11个领域44项服务。(见图1)

## 四、倡导公共交通优先的原则

研究了低碳ITS技术在中等规模宜居城市的实施关键，以珠海城市为应用，重点规划了"基于车头均衡"、"基于准点"的双模式有轨电车信号优先控制方法，倡导公共交通优先。在城市静态交通管控系统中，提出并推广路内电子泊车的预订及手机远程支付，减少泊车的绕行时间。

（1）提出"基于时距均衡"和"基于准点"的双模式公交信号优先控制方法，依托珠海市有轨电车1号线的建设，开展了有轨电车公交信号优先系统设计与实施。

珠海市正在着手建设现代有轨电车一号线工程，为进一步凸显公共交通优先，依托珠海市公共交通信息平台，针对有轨电车的运营，实施有轨电车运营调度与信号控制的协同应用。

有轨电车的运营调度，交由公交集团或其他单位运营，而道路上的信号控制又属于交警管辖，因此，如何充分发挥二者的协同作用，保障有轨电车的高效运行，需要制定一定的机制，并在技术上实现。

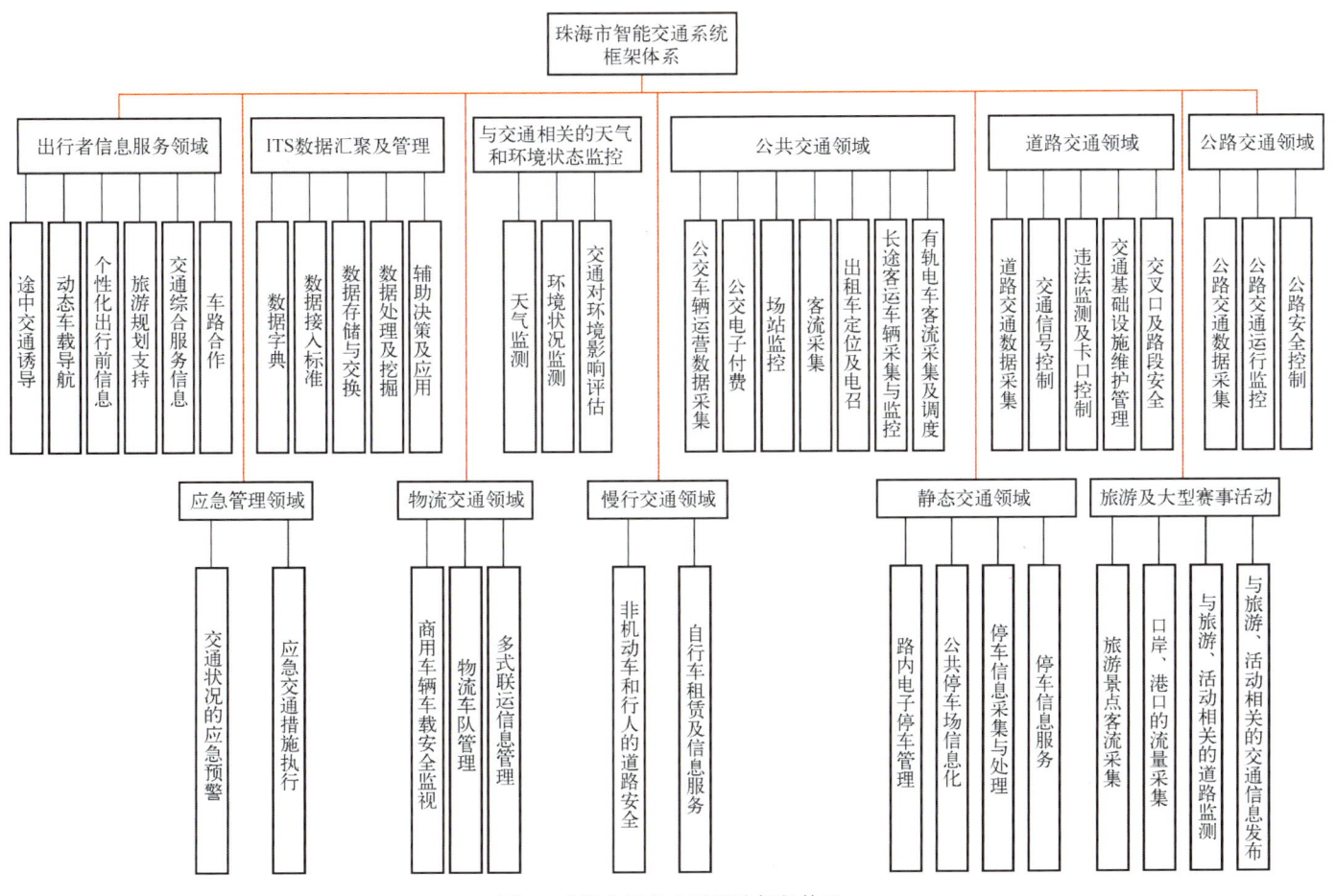

图1 珠海市智能交通系统框架体系

图2 有轨电车的运营调度与信号控制协同

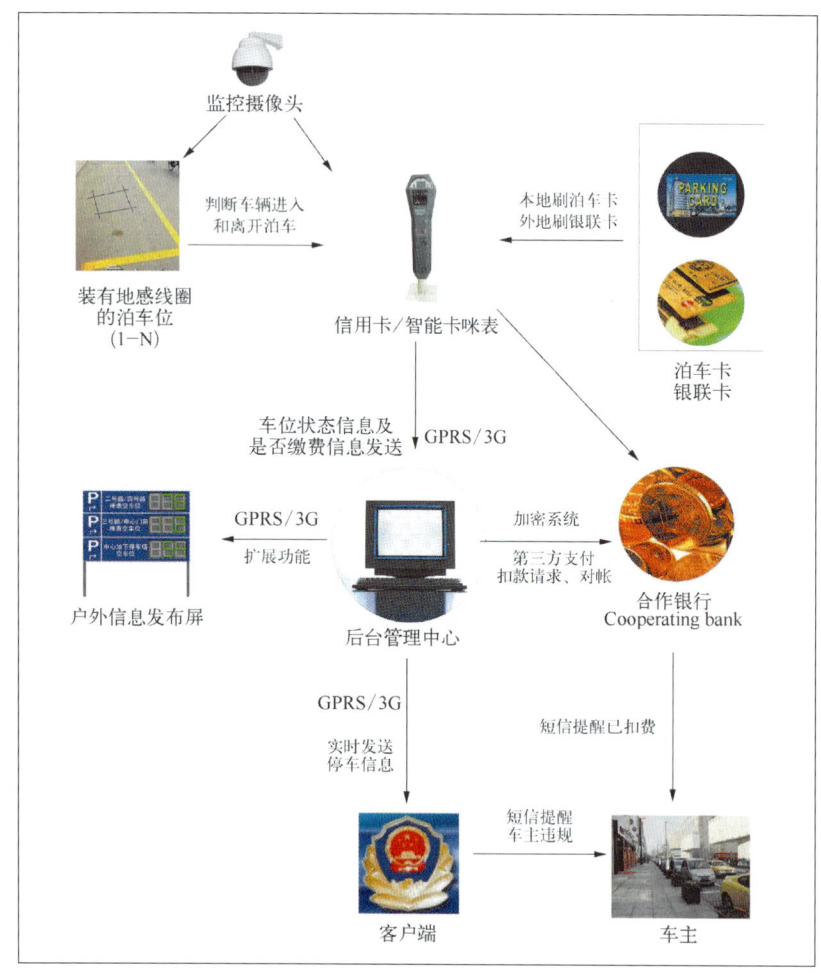

图3 珠海市咪表系统实施框架

第一,一个协同运营机构。要确定一个能同时调度有轨电车和所经过道路交通管理的机构,考虑到有轨电车运营除了道路交通协调,还有其他的场站管理、供电、检票等系统,因此,本规划建议由接管有轨电车运营的机构负责协同。

第二,确定有轨电车优先的原则。有轨电车有专用路权,对于一个中等饱和度的交叉口,如果无条件优先对其他社会车辆的平均延误影响将超过40%,甚至会造成交通混乱。珠海市有轨电车1号线经过梅华西路一线,整体交通饱和度在0.6左右,本规划建议采用基于准点率的有轨电车信号优先原则。

第三,有轨电车调度运营图数据与信号的协同反馈及实现。有轨电车的运营调度软件系统一般由有轨电车制造商或者第三方开发,道路信号系统又属于不同方,信号系统需要接受有轨电车是否有优先请求,即将到达交叉口的时间等数据,判断当前相位状态、周边交通情况等才能给予信号优先。因此,需要实施一整套的检测及控制方法才得以实现。图2为有轨电车运营调度与信号控制协调示意图。

(2)为了更好地在城市静态交通管控中体现ITS技术的低碳效益,在珠海已有的路内电子泊车建设基础上,提出珠海市静态交通信息化系

一、规划咨询研究报告篇

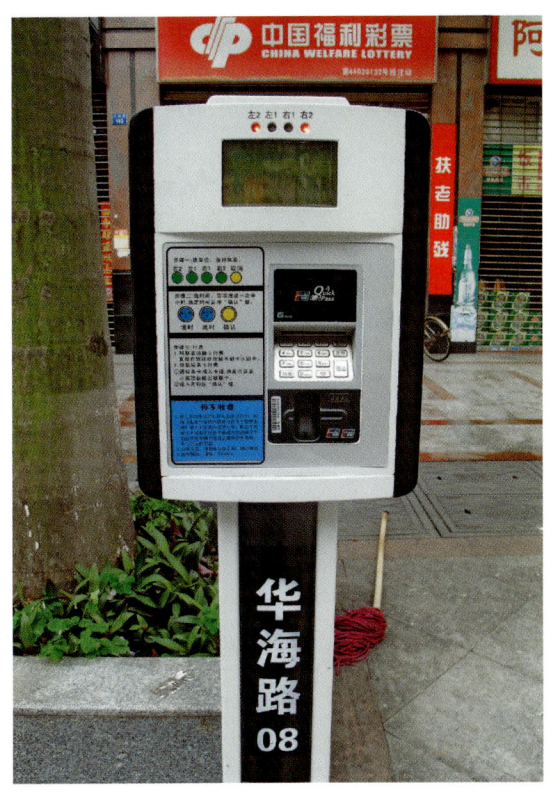

图4 珠海市咪表系统应用（缴费咪表）

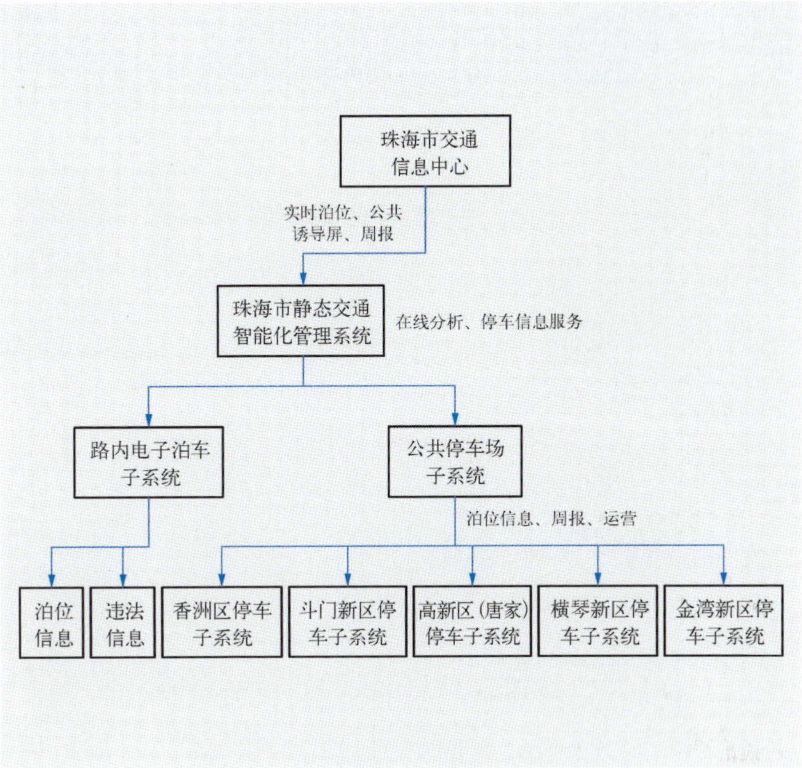

图5 珠海市静态交通智能化管理框架

统的整合，实现路内、路外车位信息共享，并提出泊位预定、手机远程支付等新技术。

珠海市城建集团将主城区朝阳路、先烈路、华海路、东风路、景园路、吉大路、园林路、华平路、粤华路、侨光路等11条道路1 117个停车位作为第一批试点路段，实施经营性路内停车服务。珠海市咪表系统实施框架见图3。运行情况表明，对于规范市中心道路停车秩序、缓解中心城交通拥堵、提升城市交通服务品质具有明显效用。缴费咪表见图4。

本规划提出珠海市静态交通管理智能化框架（见图5）。由城建集团建设智能停车管理子平台，属于珠海市交通信息中心的分系统，下设路内电子泊车（咪表）、市中心停车、横琴、唐家、斗门、金湾6个管辖子系统，日常收费管理运营属于子系统，实时提供泊位信息以及周报给停车管理子平台，由停车平台完成网站停车信息的发布、群体停车诱导以及其他个性化的预订等服务，并报送公众信息（泊位、停车诱导）等信息到珠海市综合交通信息平台。

五、做到近远目标相衔接

面向低碳宜居城市的交通发展要求，根据实际建设情况，制定近远期ITS发展目标，在规划中为珠海提出合理的工程实施计划、资金筹措手段、科研及标准编制计划。

近5年具体目标：建立健全珠海市智能交通系统建设、运营维护与管理的健康机制，保障系统建设的有序性，建立统一的交通数据接入标准，能够汇聚城市道路、公共交通、港航、停车、公路网的交通数据；市中心交通信息采集覆盖率90%以上，建设区域交通信号控制系统，实现市中心路口联网率90%以上，全面推进公共交通智能化服务，确保平均运行速度20 km/h，通过品质服务提升公交出行率、扩容中心平台，实现多源数据的实时汇聚，具有数据挖掘功能、推行多种方式的交通信息发布。

远期目标：2030年，珠海市智能交通系统建设建成1个中心——珠海市综合交通信息中心；4个分控平台；珠海市交通数据全覆盖；实现数字化交通、智能化交通，促进智慧城市的建设，为综合交通运输体系提供信息化、智能化服务，提升交通服务品质，提高交通安全系数，减少碳排放；提升公共交通智能化水平与服务能力，提高交通协调管理水平，提升交通系统整体运行效能。图6为基于交通大数据理念的ITS实施框架图。

规划近5年珠海市智能交通实施工程8项。（见表1）

近5年科研及标准编制计划。

79

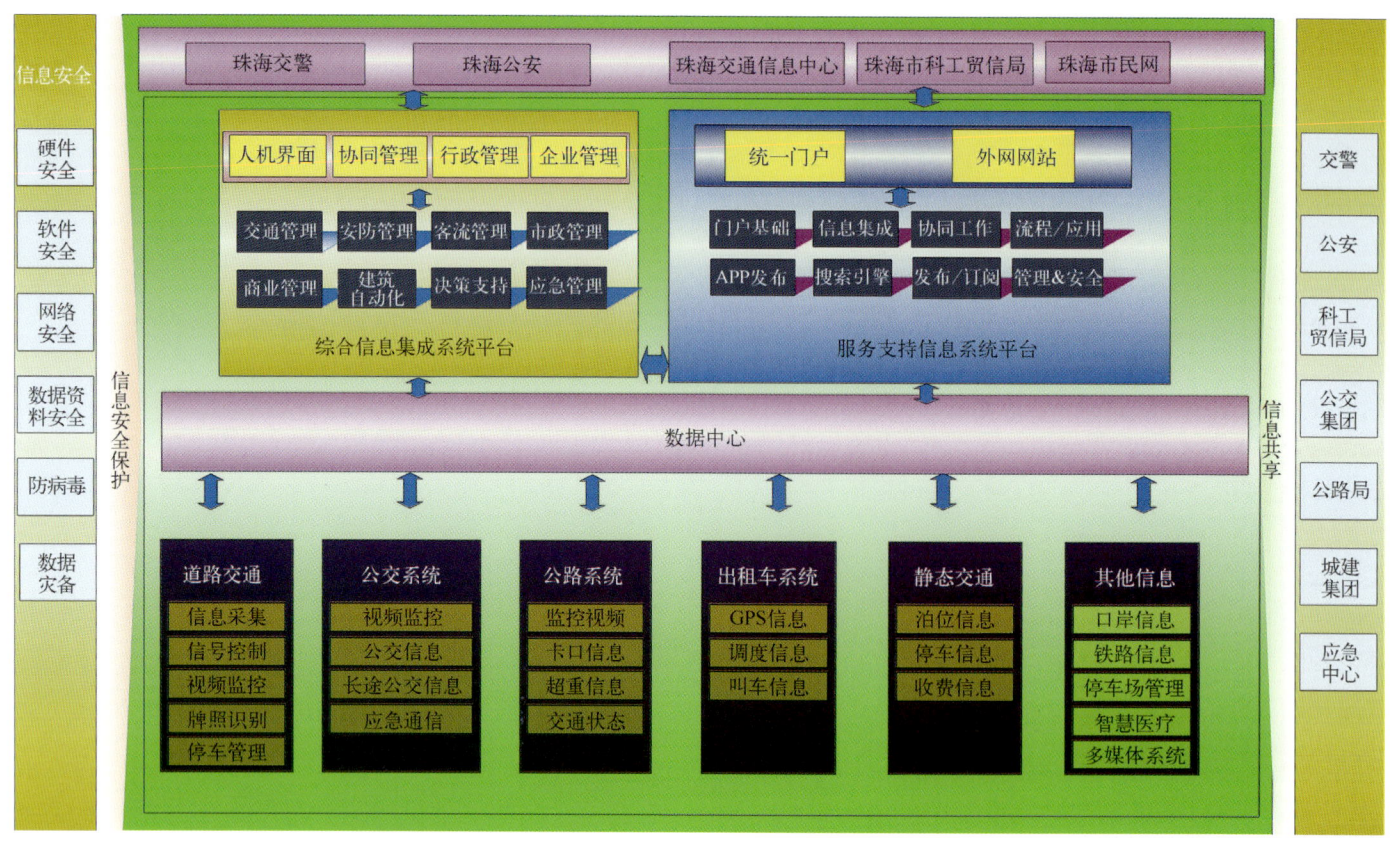

图6 基于交通大数据理念的ITS实施架构

为了推进珠海市智能交通系统（ITS）标准化可持续发展，促进新技术的成熟应用，本规划列出近5年科研及标准编制计划，共包括9项科技研究，如表2所示。

表1 近5年珠海市智能交通拟实施工程

| 序号 | 工程名称 | 拟实施年份 |
| --- | --- | --- |
| 1 | 珠海市综合交通信息平台建设工程（包括数据汇聚、挖掘、应用服务、硬件扩容、通信、香洲主城区智慧交通系统工程、横琴新区智慧交通系统工程） | 2013—2015年 |
| 2 | 珠海市先进的道路交通管理及控制工程 | 2013—2015年，市区 2014—2017年，金湾、横琴、斗门 |
| 3 | 珠海市先进的公共交通管理系统工程 | 2013—2014年 |
| 4 | 珠海市静态交通管理智能化系统工程 | 2013年 |
| 5 | 珠海市公路网监控系统 | 2014年 |
| 6 | 珠海市基础交通数据采集及汇聚传输系统 | 2013—2014年 2015—2018年 |
| 7 | 珠海市出行者信息服务系统工程 | 2014年 |
| 8 | 珠海市交通应急与决策支持系统工程 | 2015—2017年 |

表2 近5年智能交通科技研究

| 序号 | 科技研究名称 | 负责单位 |
| --- | --- | --- |
| 1 | 道路内电子泊车系统技术要求 | 珠海市交通运输局 城建集团资源管理中心 |
| 2 | 珠海市智能交通系统建设数据接口标准 | 珠海市交通信息中心 |
| 3 | 有轨电车信号优先与调度的协同管控技术研究 | 珠海市交通运输局 珠海市交警支队 |
| 4 | 多模式交通联网售票及信息服务技术研究 | 珠海市公交集团 珠海市港口局 |
| 5 | 公共交通数据挖掘及OD分析研究 | 珠海市公交集团 |
| 6 | 综合交通信息平台数据挖掘模型研究与开发 | 珠海市交通信息中心 |
| 7 | 交通应急自动监测报警及预案库研究 | 珠海市交通信息中心 |
| 8 | 面向交通规划的交通数据决策支持技术研究 | 珠海市交通运输局 |
| 9 | 智能交通系统实施后评估技术研究 | 珠海市交通运输局 |

**【咨询效果】**

本项目属于交通运输学科,其实施应用更多的效益体现在降低交通管理成本、减少出行碳排放、提高出行安全等产生的间接经济效益、社会效益方面。图7为珠海交通信息中心。

以智能交通手段辅助交通管理减少人均10%出行时间来计算,假设平均每人每天出行时间20分钟、平均工资120元/天,提高出行效率的间接经济效益 $120/8 \times 10\% \times 20/60 \times 1 \times 365 = 182.5$ 万元/年/万人,以中等规模城市市区60万人口计算,每年可间接创造经济效益 $182.5 \times 60 = 10\ 950$ 万元。

以中等规模城市汽车保有量人车比为6:1计算,60万人口的城市汽车保有量约为10万辆,假设智能交通可以使得每辆车平均每天少走1 km,以100千米油耗10升计算,则每日少用汽油 $1/100 \times 10 \times 10万 = 10\ 000$ 升。1升汽油燃烧所产生的 $CO_2$ 约为2.4 kg,因此,每日可减少的 $CO_2$ 约为 $10\ 000 \times 2.4$ kg=24吨。

本项目的实施效果:依托珠海智能交通系统规划项目,研究并实践了《基于低碳宜居的新城区智能交通规划与应用关键技术》等研究课题,首次将该规划方法应用于具体规划项目,并取得良好的效果,通过了专家组审查,通过了珠海市人大常委会会议,正式成为指导珠海市智能交通系统建设的纲领性文件。目前,基于该项规划已经在落实珠海市现代有轨电车1号线交通信号控制优先系统设计、珠海市横琴新区智能交通系统研究、珠海市香洲老城区二环准快速路智能交通工程可行性研究等工程项目。

此外,本项目的成果还正在推广至郑州、沈阳、萍乡、哈尔滨等城市的智能交通系统规划与设计中。

图7 珠海交通信息中心

# 上海中心大厦信息通信建设规划研究报告
## The Research Report on the Construction Planning of Information and Communication in Shanghai Tower

编写单位：上海邮电设计咨询研究院有限公司
Shanghai Posts & Telecommunications Designing Consulting Institute Co.,Ltd.（SPTDCIC）
联系电话：021-25068888　　网址：www.sptdi.com
主要完成人：顾　浩　钱　虹　孙凌燕　奚丽倩

【点评】

本报告将通信系统与智能化弱电系统有机结合，特点在于注重楼宇通信系统的安全性和可扩展性。针对上海中心大厦的高端用户设计了一整套的灾备方案，同时考虑通信技术的发展对基础设施的长远需求，在规划方案中为楼内预留了4G室内覆盖的桥架空间，为大楼内通信系统的平稳升级创造了条件。

【项目背景】

上海中心大厦位于浦东新区陆家嘴金融贸易中心，坐落于东泰路以西，银城南路以北，银城中路以东，花园石桥路以南的地块内。大厦的主楼为127层，总高为632米，结构高度为565.5米，这两个高度均超过了上海环球金融中心，成为"上海第一高楼"。同时，上海中心也跻身全球超高层建筑设计"三甲"行列。

上海中心大厦作为标志性超高层建筑，其业态以办公为主，其他业态还有包括会展、酒店、观光娱乐、商业等，可以说，上海中心大厦将是一座满足人们所追求的能够有效利用时间、生活与工作空间的垂直型综合城区。

通信是一个城市发展的重要基础设施，能充分体现城市现代化的水平。上海中心大厦的总体通信系统建设与上海市"信息港"工程的发展相协调，是整个上海陆家嘴地区中极为重要的基础通信节点，其通信系统建设具有举足轻重的重要地位，是必不可少的。

为将上海中心大厦打造成拥有舒适办公、生活环境、低碳节能的世界顶级商住办公楼，上海中心大厦项目以基础设施建设为切入点，通过信息通信服务提升大厦的服务能力和服务价值，集聚社会优质服务资源，降低入驻企业的运营成本，提高入住企业的运营效益。以信息通信发展提升上海中心的服务能力和服务价值、加快发展金融业要素资源的集聚能力，以信息通信发展加快上海中心金融生态化环境建设发展。

图1　上海中心大厦效果图

## 【项目内容】

本规划以上海中心大厦的功能定位为出发点，根据国际范围内信息通信服务发展的新趋势，同时兼顾与上海市现有的信息通信系统兼容和对接，对上海中心大厦进行信息通信网络规划和信息基础设施布局规划。本规划的主要研究对象是上海中心大厦红线范围内，由上海电信、移动和联通3家运营商为主要投资建设主体的通信基础配套设施，同时也包括需要由上海中心大厦业主方提供、配合的通信机房、主干桥架等方案的规划。

上海中心大厦通信信息系统建设主要包括固网建设和无线网建设及相关信息基础规划设施建设方案。

1. 固网建设

采用双机房双AG方案提供语音业务接入；宽带上网业务接入以FTTO为主，FTTN+DSL/LAN为辅；并为MSTP/SDH、IP、ATM、DDN等各种专线业务提供接入方案。

2. 无线网建设

本次室外宏站和室内覆盖规划方案采用集约化室内覆盖方案，多网合一、收发分缆的方式，在上海中心大厦新建集约化无线室外宏基站一处、无线室内分布系统一套，接入系统包括移动、联通、电信等共计10套系统，预留3家运营商未来的LTE系统安装空间。

3. 全业务信息通信基础设施

提供包括综合机房、基站机房、管道、布线等在内的信息基础规划设施建设方案。

4. 新建基础设施

（1）新增各通信运营商通局288芯光缆共12根，长度分别约为3千米。

（2）新增2根200芯电缆，1根长约3千米，1根长约1千米。

（3）新增50平方米室内覆盖机房5个。

（4）共需新增综合信息机房2处（面积均为100平方米）。

（5）新建室外宏基站1处，宏站设备放置在综合信息机房内。

（6）新建四向各17孔出建筑物通信管道（其中3孔为孔径150 mm、14孔为孔径50 mm），方向一为花园石桥路、方向二为东泰路、方向三为银城南路、方向四为银城中路。

根据规划方案，上海中心大厦通信基础设施建设项目上的投资约为4 062.6万元人民币。

## 【工作过程】

2010年5月，受上海中心大厦建设发展有限公司的委托，上海邮电设计咨询研究院承担了《上海中心大厦信息通信建设规划》的编制任务。经与业主单位的多次沟通，项目组起草了《上海中心大厦信息通信建设规划（大纲草案）》，明确了本次规划的目的、范围及内容，并拟定了从启动、调研到评审几个步骤的工作计划，详细说明了每个步骤的目标、主要任务和成果。经过一个月的资料收集和整理，设计院分别调研了上海电信、上海移动和新联通3家通信运营商，了解了3家运营商对上海中心通信系统的建设设想和基础设施需求。2010年6月，项目组在此基础上编制了《上海中心大厦信息通信建设规划》初稿。又经过近2个月的中期成果交流、修改，形成了规划送审稿。2010年8月24日，由业主方组织召开了规划专家评审会，规划方案总体上获得通过。会后，考虑到上海中心大厦垂直竖井桥架空间资源紧张的问题，设计院又与同济设计院、3家运营商进行了多次沟通、协调，调整、细化了上海中心大厦楼内光、电缆垂直布线方案，并整合进规划文本最终稿内。

在整个编制过程中，项目组遇到的主要难点有以下两个：

（1）楼宇内的信息通信系统规划必须结合楼宇建筑结构、弱电系统的统一布局，它与一般的大市政通信规划有着截然不同的规划思路。项目组通过每周参加业主设计、建设工程例会，不断地与业主方、建筑设计院、弱电咨询顾问公司进行交流，花费了几倍于普通地块通信规划的时间精力，在不影响通信系统的安全、完整的前提下，尽可能满足用户的需求，并根据有限的建筑条件进行了合理高效的规划设计。

（2）通信技术发展迅猛，特别是无线通信技术急速发展，并且高端商务办公楼宇的无线通信更成为必不可少的基础配置。而在2009—2010年，国内运营商3G网络刚刚开始商用，4G网络无论是制式、频段还是设备均无参照依据，所以是否要在上海中心大厦内设置4G网络、如何设置4G网络乃至未来更先进的无线通信技术，满足上海中心大厦50年的最低设计使用年限需求，成为本次规划的另一难点。经过研究讨论，项目组认为无线技术随着移动终端用户使用习惯的变化，其必然向着高速、泛在的方向发展。上海中心大厦内部必须考虑建设适合未来发展需求的无线网络基础设施资源。考虑到无论技术如何发展，无线信号的收发天线和用于上联信号的馈线系统仍是必不可少的。所以，通过与上海中心大厦投资建设方和弱电设计顾问的反复沟通，项目组成功说服了业主方追加投资建设一路弱电桥架，专门用于未来4G等新技术网络的建设预留。果不其然，还未等上海中心大厦投入使用，2014年初，运营商在上海中心大厦内补充建设了4G网络室内覆盖，使用到了规划预留的这一路桥架。

## 【咨询工作特点】

一、需求分析尽可能细致

上海中心大厦是一栋体量达到57万平方米的超高层建筑物，其内业态繁多，有着"垂直城市"的设计理念，所以通信系统规划必须依托在细致、合理的需求分析基础上。对于上海中心大厦信息通信需求的分析需要遵循以下原则：

（1）安全性。确保上海中心大厦的信息通信服务安全运营。

（2）可靠性。针对金融业特征，信息通信服务应具备高可靠性和高可用性，符合金融企业业务连续性要求。

（3）高效。针对不同的用户群，信息通信服务应提升使用者使用效率。

（4）便捷。信息通信服务应便于用户使用。

（5）整体化。信息通信服务针对用户群的典型用户行为所设计，并保证不同用户对服务体验的一致性。

（6）个性化。对不同的用户群，未来信息通信服务是积极主动的个性化服务。

（7）人性化。以人为本，舒适宜人，让用户体验到亲切、和蔼、人性化。

（8）创新。在设计中引入更多创新理念，成为信息时尚的表率。

（9）生态化。对绿色、节能和环保的概念的支持。

（10）特殊性。信息通信服务必须能够体现出上海中心大厦的特点，与其他地区的区别。

针对上海中心大厦个人和企业两大类用户群体，项目组罗列出了不同的通信业务需求。

表1 上海中心大厦个人公共信息通信服务

| 信息通信服务 | 服务内容 |
| --- | --- |
| 基础通信服务 | 包括互联网宽带接入、固定电话接入、移动语音、移动数据、无线宽带接入等，其中，全光网接入和高带宽移动数据通信业务已成为国际通信服务的发展趋势，常见的移动数据通信业务包括移动互联网服务、移动下载、手机电视、移动办公等 |
| 新闻与广告服务 | 建筑入口、大堂、电梯的不间断新闻播报与楼宇广告 |
| 智能门禁 | 自动识别身份，对人员或车辆进行非接触式准入控制服务，并通过智能化识别身份和定位，提供个性化的服务 |
| 安全监控 | 对区域内的远程视频监控，物业人员无论在监控中心或移动工作中，可以随时随地察看监控点视频 |
| 信息资讯服务 | 财经资讯、路况信息、天气预报、航班、酒店、旅游购物等资讯服务 |
| 金融信息速递 | 针对上海中心大厦内人员背景，与国内外知名的金融媒体合作，在公共区域内对时政信息、金融信息和金融产品信息进行第一时间发布，体现金融业密集办公楼特色 |
| 智能楼宇 | 环境感应，集中便捷的控制空调、灯光、窗帘、显示器以及绿地灌溉等，使周围环境更舒适 |
| 导游导览 | 为进入上海中心大厦的游客和访客提供信息化导航服务 |
| 虚拟接待 | 访客可通过虚拟接待接通入驻企业总机/服务热线、获取入驻企业简介等 |
| 电子支付 | 身份识别作为一卡通系统的一部分，可同时用作电子支付 |
| 物业报修系统 | 快速物业报修与报修事件的实时跟踪 |
| 报警提醒 | 为物业工作人员提供安全信息/物业维护/紧急事件提醒等 |
| 营养配餐/多媒体点餐 | 通过邮件/信息终端为就餐人员提供多媒体选餐服务，提供营养健康信息，为特殊需求人士提供点餐服务 |

表2　上海中心大厦企业信息通信服务

| 信息通信服务 | | 服　务　内　容 |
|---|---|---|
| 基础通信服务 | 语音业务 | 固定/移动语音作为基本沟通手段,并提供本地、国内和国际话音通信、电话服务、400/800、电话增值业务等服务 |
| | 宽带接入业务 | 有线/无线方式的高容量、高带宽的宽带接入互联网业务 |
| | 局域网互联服务 | 有线/无线方式的高容量、高带宽、高安全性局域网 |
| | 数据专线业务 | 根据金融系统的多样性、金融企业通达目的地的差异性,提供多种类型的专线接入网络,包括DDN、ATM/FR、SDH、IP、MPLS VPN等 |
| | 卫星通信业务 | 以卫星通信为保障手段,提供日常备份及应急通信服务 |
| 增值业务 | 移动数据业务 | 与企业办公系统或行业应用相结合的移动数据业务,如移动办公、移动邮箱、无线POS业务等 |
| | 多媒体会议 | 硬件一流和具备国际服务水准的多媒体会议,一方面快速启动临时性的、链接方向非固定的国内、国际高清视频会议,另一方面能提供大型多媒体会场,供召开企业年会、新闻发布会以及产品演示会等 |
| | 数字客房 | 提供宾馆综合服务:电视、视频点播、餐饮服务、酒店介绍等 |
| | 信息商厦 | 拥有综合信息平台的楼宇,该信息平台基于web技术,集成信息发布、物业管理系统、办公系统、web视频系统、楼宇周边商家信息平台、楼宇周边商家交易平台、楼内商业客户上下游信息平台、web交易平台,以及楼宇智能化系统等多个子模块,为楼宇提供从楼宇自动化到综合信息的多种应用服务 |
| | VoIP/视频通信 | IP通信会话、视频通信 |
| | 网络安全服务 | 建立物理安全和逻辑安全的信息网络信息服务 |
| | 统一通信 | 实现了各类通信的统一和简化,用户可按照喜好随时使用任意设备通过任何媒体进行彼此通信,促进通信与业务流程的集成,简化运行并提高生产率和利润 |
| | 数字大厦 | 提供一站式服务中心,通过一个门户网站、一张综合账单、一张智能卡,实现随时、随地、多种增值服务的按需实时提供 |
| 外包服务 | 数据中心 | 根据金融企业需求,以托管业务为主,提供安全增值服务、设备租赁代维服务以及容灾备份服务等 |
| | IT建设及外包 | IT建设外包、网络集成外包、IT维护外包、设备顶替、巡检等 |
| | 呼叫中心外包 | 根据入驻企业特点,提供呼叫中心一站式的交钥匙服务,包括咨询服务、集成服务、培训服务、运维管理服务等 |

二、通信配套基础设施充分考虑未来系统升级的冗余

上海中心大厦作为非标准形态的超高层建筑物,其建筑结构异常复杂,且一旦建成投入使用就很难有改动的余地。这对通信配套系统的建设、升级带来了巨大的困难。而通信技术的发展速度异常迅猛,通信系统的升级周期已缩减到3～5年,所以为了令使用年限50年的上海中心大厦能够保持通信系统的领先,项目组在上海中心大厦内部按区域划分,设置了大量的通信机房、配套弱电间,通信系统使用的垂直、水平桥架。

项目组根据上海中心大厦每7层就有1层设备层的建筑设计思路,在每层设备层也设置一处通信配套用房,用于收敛该设备层上下7层的通信网络用户,再通过垂直桥架,以双路由方式上联至上海中心大厦地下层的通信集中机房。采用这种模组化方式,主要是为了节省桥架资源,并预留充足的机房资源以备设备升级安装。

三、网络安全作为通信规划的首要考虑因素

1. 上海中心大厦内部企业的安全需求

(1)跨国公司总部。需要提供高带宽、高性能的宽带接入或者是专线接入,同时对于网络安全性有很高要求,需要保证语音和数据通信不中断。

(2)金融证券业。对网络带宽的需求量非常高,并且对数据传输的实时性、稳定性要求极其高,数据业务往往以专线接入为主。为了保证

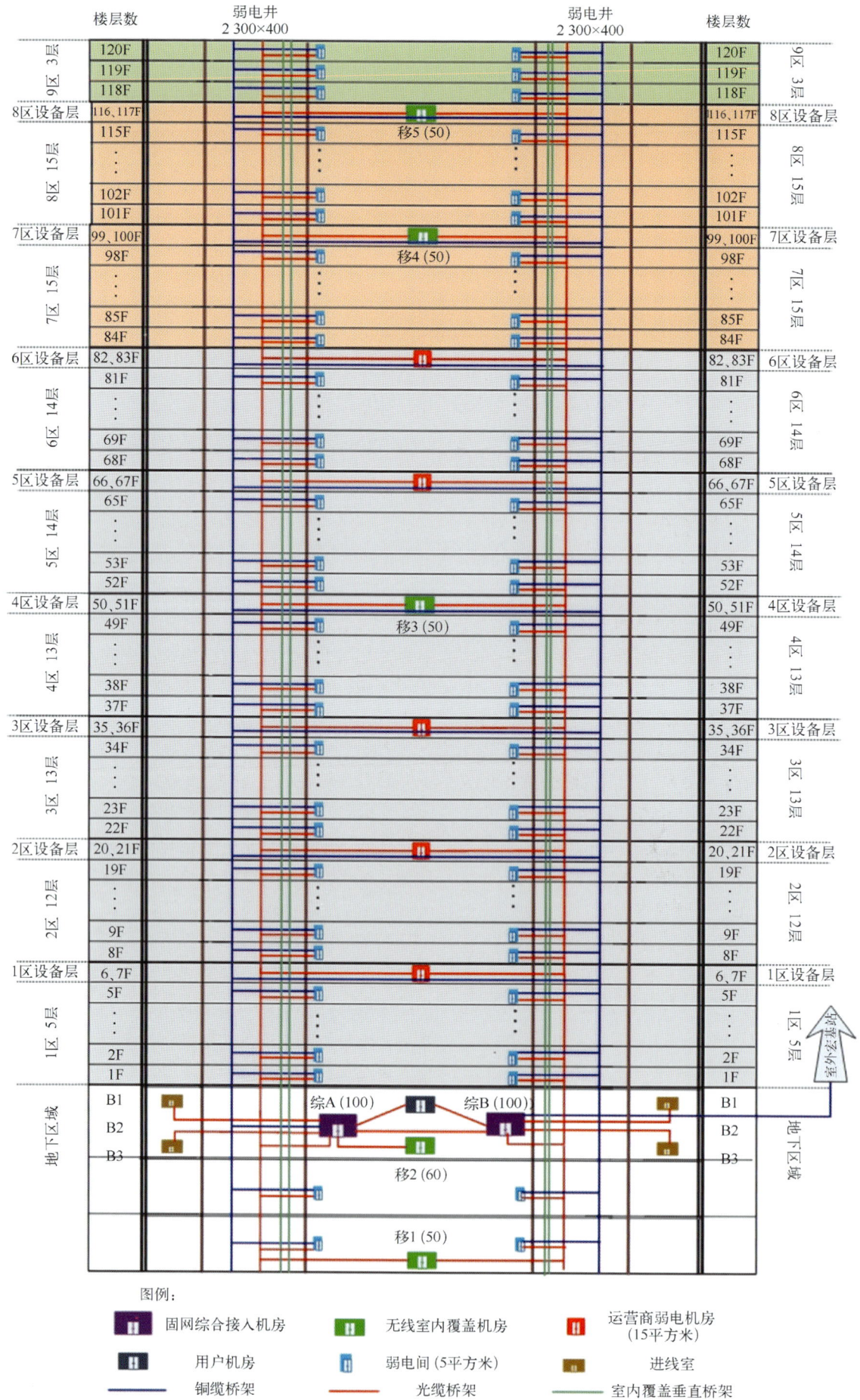

图2 上海中心大厦通信运营商机房及走线系统示意图

数据传输的安全性，一般物理上要求提供双物理光缆接入，并实现环保护，以确保其业务在接入层面的绝对安全，有时还需要提供专用卫星通信能力作为应急通信保障。

（3）商业区需求分析。涉及电子支付业务，安全性有一定要求。

2. 达到网络安全的主要手段

（1）至通信运营商承载网的上联链路采用双链路冗余备份，接入到不同的通信局点；

（2）在机房设置方面，在楼内设置双机房，2个机房间布放2根灾备电缆和光缆；

（3）采用2套出口设备互为安全备份，每套设备的关键板卡，如电源、处理器、接口板等采用1+1备份；

（4）设置2路出局管道，出口所用多条光缆、电缆采用完全不同的物理路由，并全程管道敷设；

（5）采用卫星通信作为冗余备份通信链路；

（6）用户同时租用2家运营商的通信服务，互为备份。

3. 针对不同业务特点的具体解决方案

（1）应急室内无线通信灾备。当上海中心大厦楼内无线室内覆盖系统发生故障时，由运营商提供或业主方自备ICS移动通信直放站设备，设置在楼内重要区域，如应急抢修指挥中心等区域，可实现楼内重要区域内应急无线公共通信和电信800 M集群通信的畅通。

（2）应急卫星通信灾备。上海电信机动局能够为上海中心大厦提供2套卫星应急通信方案：一是在上海中心大厦内设置一套卫星系统，作为上海中心大厦用户卫星系统的灾备系统；二是提供卫星应急通信车，在上海中心大厦卫星系统发生故障时，以现场停靠应急通信车辆的方式应急解决卫星通信。

**【咨询效果】**

本规划在兼具前瞻性、以用户需求为导向、

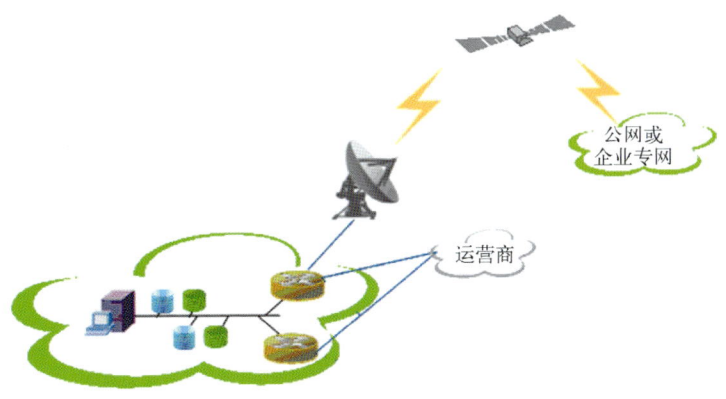

图3　冗余备份的信息基础设施和网络

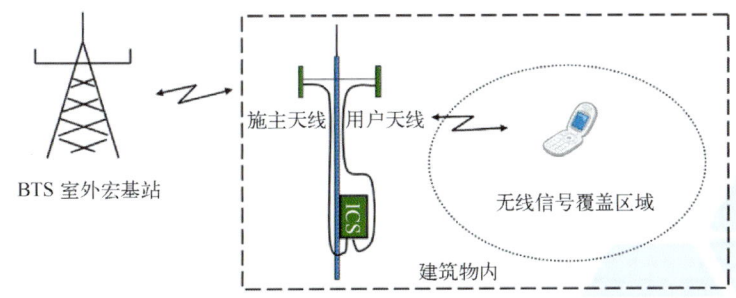

图4　ICS工作示意图

以人为本方便应用、共建共享集约化原则的指导下，为上海中心大厦提供架构清晰、覆盖全面、安全可靠的全方位通信建设方案。

上海中心大厦的信息基础设施规划已通过业主单位组织的专家评审，业主单位也多次称赞我院编制的规划确实是站在公平、公正、公开的立场上，很好地为业主单位起到了技术支撑和把关的作用，同时方案也获得的3家通信运营商的认可。随着上海中心大厦建成在即，其内部的通信系统也参照着本规划顺利地落实建设。2015年，上海中心大厦建设方决定在上海中心大厦一层大厅内设置上海中心大厦建设功勋墙，由于上海邮电设计咨询研究院在上海中心大厦通信配套系统规划、设计及建设过程中所起到的突出作用，所以业主方决定将我院纳入功勋墙名单内。

# 上海市公用移动通信基站站址布局专项规划（2010—2020）研究报告

## The Research Report on the Special Plan of Site Layout for Public Mobile Communication Base Station in Shanghai (2010-2020)

编写单位：上海市城市规划设计研究院
Shanghai Urban Planning & Design Research Institute
联系电话：021-62473288　　网址：www.supdri.com
主要完成人：俞斯佳　沈　阳　陈克生　姚　凯　顾　军　贾洪宝　蔡　颖　山栋明　王　征　徐国强

## 【点评】

本报告从阐述移动通信网络结构和基站设置形式出发，对三大运营商的现有基站进行了梳理，预测2010年到2020年的上海移动通信市场发展的总规模，并分析了系统单站和系统宏基站覆盖能力。本报告创新性地提出了"基站站址综合覆盖布局法"，并形成了指标体系，填补了上海市公用基础设施规划领域的空白，对上海市城市基础设施的规划方法加以完善补充。

## 【项目背景】

"国家信息化发展战略"的提出推动了信息化和工业化深度融合，促进了经济社会各领域信息化，为建设工业强国、构建信息社会打下坚实基础。"十二五"是上海加快推进"四个率先"、建设"四个中心"和现代化国际大都市的重要历史时期，更是上海实现经济建设转型、社会建设创新和深化的关键时期。上海将大力实施信息化领先发展和带动战略，推动信息技术与城市发展全面深入融合，建设以数字化、网络化、智能化为主要特征的"智慧城市"。随着智慧城市的深入发展，需要大量的移动通信基站建设作为基础设施的支撑。作为城市空间资源极为宝贵的上海，如何处理好激增的基站建设需求和有限的城市资源之间的矛盾，成为亟待解决的突出问题。

为了实现对各运营商基站建设需求进行全面统筹、合理规划布局、优化建设模式、提高网络效率、减少资源消耗、降低环境影响，体现城乡规划统筹空间布局，促进城乡经济社会全面协调可持续发展，按照上海市委、市政府的要求，上海市发改委、市经信委、市规土局等部门组织编制《上海市公用移动通信基站站址布局专项规划（2010—2020）》，上海市城市规划设计研究院承担规划编制工作。

## 【项目内容】

一、一个精确可信的数据库

对全市现状室外宏基站进行详细梳理，形成全国第一个基于城市建设管理坐标体系的省市级范围现状室外宏基站数据库，解决了以基于经纬度的基站数据库管理与城建坐标数据偏差较大的问题。对市域范围内已获颁无线电台执照的现状室外宏基站开展了共享共建分析等工作，形成了3个运营商各自现状室外宏基站站址子库和全市现状综合性站址总库，涵盖全市18个区县，共约5 600座宏基站，为规划编制打下扎实基础。

二、一种自主创新性的技术方法

基于上海市域空间体系结构对现状基站分布特点开展研究，在上海市域层面对宏基站设置密度进行了分区划分（超高密区、高密区、密集区、一般区、边缘区、限建区共6个大类）。在综合考虑站址共享、信号覆盖和容量解决等因素的基础上，以已编的总体规划、土地利用规划、分区规划及单元控制性详细规划的各种技术参数和控制要素为指导依据，国内首创提出了对于室外宏基站站址总体布局的"基站站址综合覆盖布局法"，并针对宏基站设置密度分区提出了相应的站址综合覆盖半径指标体系。

一、规划咨询研究报告篇

图1 基站站址设置密度分区示意图

图2 静安区基站分布示意图

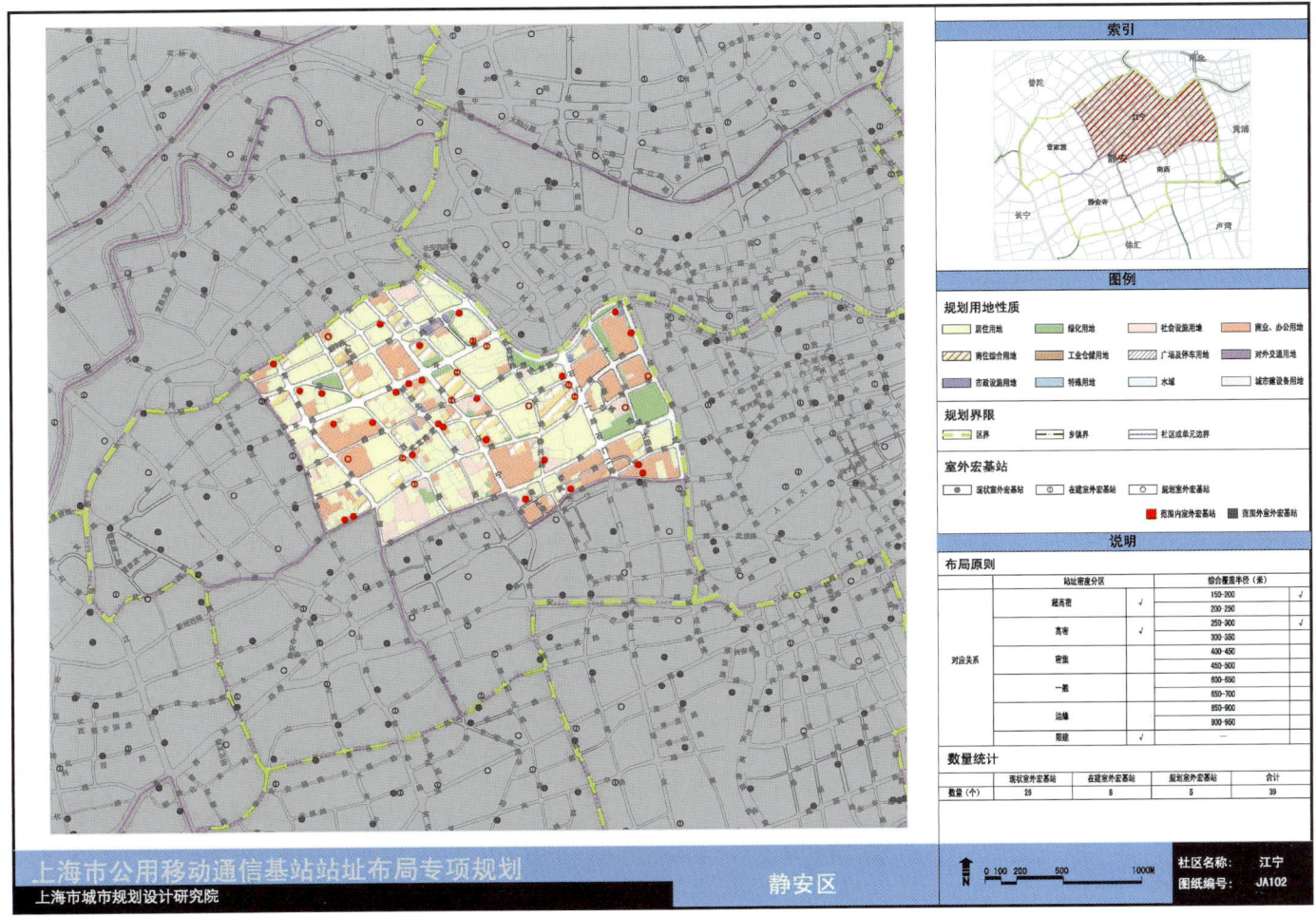

图3　江宁社区基站规划

### 三、一套覆盖全市的布局成果

完成了覆盖上海市域范围、涉及3家移动通信运营商、6种技术制式的室外宏基站站址布局专项规划。规划至2020年，全市室外宏基站站址总数约10 800个，其中规划新增约4 000个。以编制单元为载体，形成适用于上海"两级政府、三级管理"基本行政构架的387张站址规划布局图则，为集约化合理化统筹全市宏基站建设、协调公众环保利益、促进城市信息化发展打下了良好的基础。

### 四、一部切实可行的建设导则

专项规划针对站址落地、资源共享、景观设置、选址排序、高度引导、特殊区域、室内覆盖系统建设导向及原则、基站附属设施的安全维护要求、废弃基站及附属物拆除要求等基站建设过程中涉及的问题制定了相关导则建议。在基站选址上，确立了依托建筑物设置优先的原则，确需设置落地塔的，应以二次用地为主；在站址选址排序上，按照政府机构办公建筑、行政事业单位建筑、市政公用设施建筑、公共服务设施建筑、商业办公建筑、工业仓储建筑、居住建筑的优先顺序，强化与城市其他公共设施的集约共享。

## 【咨询工作特点】

### 一、体现了规划引领作用

长期以来各移动运营商都是被动于市场需求各自为政建设基站，缺乏统筹考虑，比较随意混乱，本规划充分体现城乡规划统筹城乡发展、改善人居环境、提升空间功能的作用，以城乡未来发展方向为线索，以站址布局规划为重要管理抓手，引领基站建设主动服从于城乡发展通信服务需求，推动移动通信事业发展与城乡社会经济发展的高度契合。

### 二、实现了技术自主创新

针对基站这一较为新颖且颇为复杂的城市基础设施，本规划改变了行业管理传统的经纬度数据

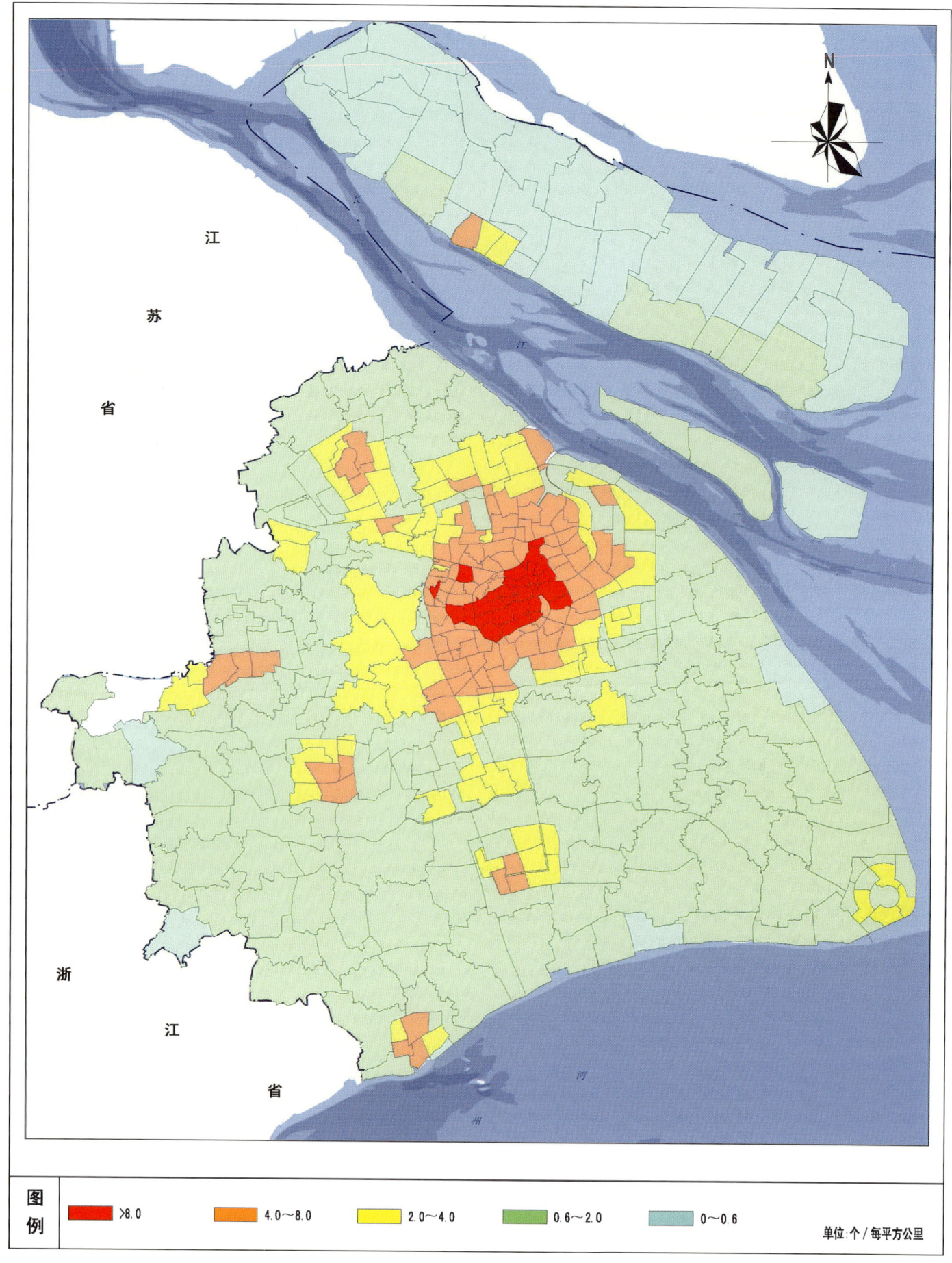

图4　规划远期基站密度分布情况

表1 站址综合覆盖半径及站址密度指标体系

| 站址综合覆盖半径 | 适用土地利用综合分区情况 | 超高密 | 高密 | 密集 | 一般 | 边缘 |
|---|---|---|---|---|---|---|
| 第1级综合覆盖半径（米） | 中心城及近郊区 | 200～250 | 250～300 | 400～450 | 600～650 | 850～900 |
| 第2级综合覆盖半径（米） | 市域远郊区 |  | 300～350 | 450～500 | 650～700 | 900～950 |
| 第1级站址密度（个/平方千米） | 中心城及近郊区 | ＞8.21 | 8.21～5.7 | 3.21～2.53 | 1.42～1.21 | 0.71～0.63 |
| 第2级站址密度（个/平方千米） | 市域远郊区 |  | 5.7～4.19 | 2.53～2.05 | 1.21～1.05 | ＜0.63 |

管理模式，建立了上海基于城建坐标精确可信的现状数据库。同时，首次对上海市域范围进行了基站站址设置密度的划分，创新性地提出了"基站站址综合覆盖布局法"，并形成了指标体系，填补了上海公用基础设施规划领域的空白，对上海城市基础设施的规划方法加以补充与完善。

### 三、贯彻了共享共建政策

根据《关于推进电信基础设施共建共享的紧急通知》（工信部联通〔2008〕235号）的要求，结合上海实际特点，本规划确定了存量及新增基站均必须实现共享共建的政策。一是确定新增基站必须共享共建，二是针对现状基站提出了结合城市建设进程进行技术改造、景观改造和站址归并，提高其共建共享率的要求。规划至2020年，全市室外宏基站站址总数为10 773个，全市基站共享共建比例达100%，相较于各运营商自行制定的建设计划总数（合计约18 000个基站站址），减少了约40%基站站址数，有效降低了站址的需求总量，节约了城市空间资源。

### 【咨询效果】

2010年9月，本规划通过由国务院参事、中规院原院长、资深规划专家王静霞教授领衔的专家组评审，并于2010年12月通过上海市城乡规划委员会专家委审核。

2011年4月，上海市委办公厅以沪委办〔2011〕35号文予以原则同意，肯定了项目对于上海建设"智慧城市"的重要意义。2011年5月11日，上海市政府以沪府〔2011〕43号文对本规划予以正式批复。

目前，本专项规划正成为建设"智慧城市"无线网络，落实基站建设的重要指导性文件，有力地推动了世博会后续利用、虹桥综合交通枢纽、迪士尼主题乐园及分布全市的各个大型居住社区等重点地区内移动通信基站的集约化、规范化、有序化建设。

参与单位：上海市无线电管理局、上海邮电设计咨询研究院有限公司

图5 多运营商多制式共享共建基站

# 钦州市滨海新城综合交通体系规划咨询报告
## The Consulting Report of the Comprehensive Urban Transportation System Planning of Qinzhou New Coastal City

**编写单位**：上海市政工程设计研究总院（集团）有限公司
Shanghai Municipal Engineering Design Institute (Group) Co., Ltd.
**联系电话**：021-55000000　　**网址**：www.smedi.com
**主要完成人**：徐 健　陈红缨　汪 洋　俞雪雷　黄 璇　张 亮　王重元　刘 莹　沈 静　艾伏平

## 【点评】

本报告重点研究了新城综合交通体系的构建，以及道路、交叉口、枢纽、公交场站、停车场等重要基础设施的规划，并注重与新城控制性详细规划衔接，促进了交通规划和城市规划的结合。本项目是广西第一个与控规同步编制的新城综合交通规划，创新提出了低碳交通系统规划技术指标，规划内容和深度达到城市综合交通体系规划的要求。另外，依托本规划项目，还开展了科研课题研究，实现科研与规划间的良好互动。

## 【项目背景】

钦州是山水交融之城、人文荟萃之地、蓬勃发展之都。钦州自然环境优越，依山傍海，三面环山，一面临海，钦江从城区中部穿城而过。《钦州市城市总体规划（2008—2030）》提出，钦州城市性质为区域性国际航运中心、物流中心、北部湾沿海生产性服务中心、港口工业城市。城市职能以港口和保税港区为依托，建成服务大西南、辐射东盟的区域性国际航运中心、物流中心，中国能源战略的重要保障基地，北部湾沿海生产性服务中心、科教、文化、体育等专业性服务中心，现代化港口工业城市，滨海休闲度假旅游目的地。

"东进南拓、向海发展"，成为城市重点发展方向。在"建大港、兴产业、造新城"的指导思想下，在主城区和港区之间，茅尾海东北沿岸，规划建设滨海新城，是钦州市未来城市发展的重要举措。

钦州滨海新城规划面积56.31平方千米，规划人口55万。北接钦州主城区，南应钦州港，东临扬帆大道南延长线，西环茅尾海，位于中国—东盟的滨海门户，是距离首府南宁最近的滨海地区，集"江、海、湖、山、岛"为一体，资源独特，环境优美，区位优势明显。根据规划，滨海新城功能定位为北部湾产业服务中心，滨海旅游休闲度假基地，高品位时尚居住区。

城市综合交通系统作为城市发展中的关键环节，其规划、建设、运行是否高效，直接关系到城市人居环境和创业环境。滨海新城的规划建设自启动以来，目前进入道路交通等基础设施大规模建设阶段。但指导新城交通设施建设的相应规划缺乏系统性，迫切需要开展相对深入的新城内部交通系统分析，系统地制定新城交通发展战略和综合交通规划方案，不仅指导近期交通设施建设，还为新城未来交通的发展提供清晰的战略思路。通过编制滨海新城的综合交通体系规划，可以从源头上解决可能存在的交通矛盾，实现城市土地利用和城市交通的互动、协调、可持续发展。

### 一、区域经济一体化发展要求区域交通一体化先行

区域一体化发展对城市和交通各个方面的影响越来越大，区域交通设施的一体化发展，将从很大程度上改变区域的发展格局。目前，钦州市正处于一个为构筑更高竞争平台而激烈重组的时期，这是包括城市功能定位、产业布局、空间架构、设施建设在内的全方位重组过程。钦州市要发展为区域性的国际航运中心，积极参与全球竞争，分享全球市场；同时，作为北部湾的服务中心，需要为区域提供各项服务。而这些都依赖于高度发达的、现代化的和一体化的区域及对外交通运输体系。滨海新城作为钦州市中心城区的重要组成部分，尤其在规划建设初期，更需要考

虑区域交通一体化的规划。

二、滨海新城处于高起点的规划前期，城市交通适合采取新的理念和发展模式

从众多城市发展的经验教训中看，在交通问题严重时再寻求解决之道，从改善难度和工程投资上都是巨大的挑战。滨海新城作为一个新规划建设的城市，具有一个良好的发展基础，适合用新的理念和发展模式引导城市发展，可以从源头上解决可能存在的交通矛盾，从而构建一个集约、效率的交通系统，促进城市的健康发展。

三、机动化进程加快呼唤前瞻性的城市交通发展战略和综合交通体系规划

从钦州市的发展可以看到，城市的机动化进程不断加速，推动了钦州市由中等规模城市向大城市的转变，从而也给新建设发展的滨海新城带来了更大的发展空间，但是同时也将面临机动化快速发展所引起的交通拥挤、环境恶化等一系列城市问题。因此，在规划建设前期，通过编制综合交通体系规划，认真审视和对待机动化快速发展进程，前瞻性地制定城市交通发展战略，规划构建可持续发展的现代化综合交通体系规划，意义重大。

四、城市品质和品位的提升要求交通运输提供高标准和高水平的运输服务

未来随着滨海新城的建成和完善，将形成一个高层次的城市静态形象和品位，由此也对与之相匹配的城市动态交通系统提出了更高的要求。城市动态品质和品位的核心就在于城市客运交通应不仅要满足"量"的需求，还要满足"质"的要求。因此，滨海新城必须建立和完善高标准和高水平的区域和城市客货运体系，努力营造安全、舒适、便捷的人性化交通出行环境。

【项目内容】

一、综合交通发展目标

构建"以推动城市交通与社会、经济、资源及环境的协调发展为目标，具有安全、高效、便捷、舒适、以人为本等服务特征，公共交通主导、多模式均衡发展的绿色、低碳"的一体化综合交通系统。

滨海新城2025年规划形成"102030"的机动车交通圈（新城任意一点机动车10 min上骨干道路网；新城任意两点机动车20 min互达，任意一点机动车20 min上高速公路；新城任意一点机动车30 min到达钦州市区重要节点）和"153045"的公共交通圈（新城5个片区内任意两点15 min公交互达，新城任意一点15 min进入快速公交网；新城任意两点30 min公交互达；新城任意一点45 min公交到达钦州市区重要节点）。

二、综合交通系统战略布局

滨海新城综合交通系统布局战略为构建三网络（道路交通网络、公共交通网络和慢行交通网络）、打造五通道（对外高速通道、环城快速通道、片区衔接通道、快速公交通道、慢行景观通道）、建设两枢纽（对外综合交通枢纽、内部换乘交通枢纽）、形成六系统（完善的道路交通系统、品质的公共交通系统、特色的慢行交通系统、便捷的换乘交通系统、可靠的静态交通系统、先进的交通管理系统）。

三、对外交通系统规划

充分利用区域交通现有及规划设施，打造复合交通走廊。对外联系南宁、灵山、北海等区域，在钦州市范围内通过干道网络联系新城与主城、港区和三娘湾，构成不同层面的区域融合交通对策，形成一体化的综合交通网络。

通过城市内部的火车站、客运站、码头和收费站等交通转换点，将铁路、公路、航运等外部交通与市内的轨道、道路、公交等衔接交通线联系，完善城市综合交通网络和枢纽体系，具体如图1所示。

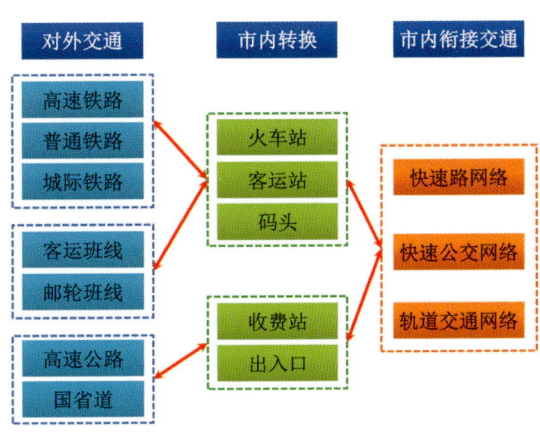

图1　滨海新城内外衔接结构

## 四、道路交通系统规划

在国家规范基础上,快速路与主干道之间增加一个准快速路等级,构建适合滨海新城自身特点的道路分类体系,具体见表1。

滨海新城规划快速路总规模约15.3 km,路网密度0.27 km/km²;准快速路总规模28.8 km,路网密度0.51 km/km²;主干路总规模52.4 km,路网密度为0.93 km/km²;次干路总规模77.9 km,路网密度为1.38 km/km²。滨海新城道路网规划具体见图2。

表1 滨海新城道路分类体系

| 分类因素 | 快速路 | 准快速路 | 主干道 | 次干道 | 支 路 |
|---|---|---|---|---|---|
| 道路功能 | 对外道路 | 对外干路 | 区间干路 | 片区干路 | 出入性道路 |
| 道路使用 | 机动车专用 | 机非合用 | 机非合用 | 机非合用 | 机非合用,非机动车行人优先 |
| 分隔形式 | 封闭 | 中央分隔带 | 中央分隔带 | 分隔带或划线 | 不分隔 |
| 红线(控制)宽度(m) | 60~70 | 60~70 | 46~50 | 30~42 | 12~30 |
| 机动车道数(双向) | 6、8 | 6、8 | 6、8 | 4、6 | 2 |
| 自行车道形式 | 无 | 独立 | 独立 | 人非共板或机非共板 | 机非共板 |
| 公交站形式 | 不设站 | 港湾站 | 港湾站 | 不限 | 路抛站 |
| 路边停车 | 禁止 | 禁止 | 禁止 | 短时停车 | 允许 |
| 出租车扬招 | 禁止 | 禁止 | | 允许 | 允许 |
| 信号灯交叉口间距(m) | — | 线控 | | 500 | 300 |

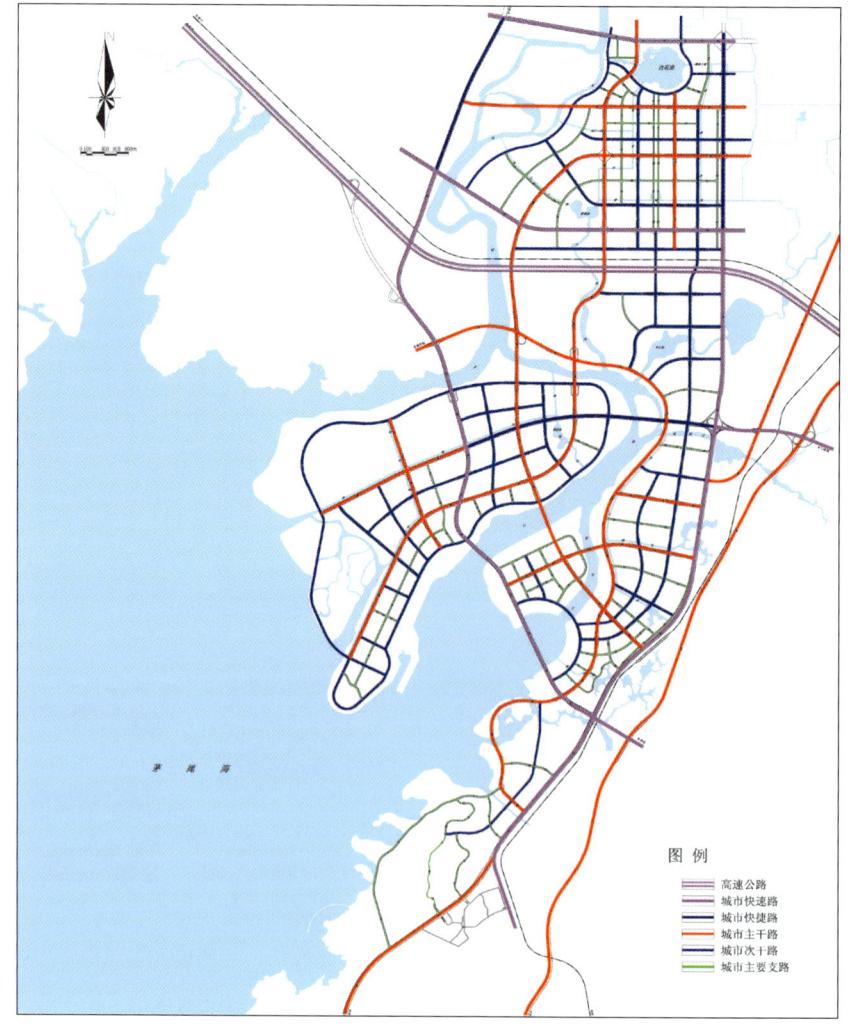

图2 道路网规划

## 五、公共交通系统规划

滨海新城公共交通系统要建成以快速公交为骨干,常规公交为主体,多种公共交通方式有机协调的综合客运体系(见图3)。

形成合理的新城公交体系结构(见表2),从乘客出行需求出发,依据服务对象的不同要求,构建级配合理、互相协调的新城公交体系结构。服务中长距离出行的应实现"快速、可靠"目标,服务短距离出行的应做到"易达、舒适"目标。结合新城道路网络的建设,适时推进新城快速公交系统的构建,通过公交专用道、BRT(见图4)等公交方式,形成新城快速公交系统,实现远期公交运营速度不低于20 km/h的目标。构建新城公交场站等基础设施(见表3),提供新城公交运营最基本的保障,依托主要内外换乘枢纽、快速公交站点、公交换乘站点等场站设施建设各类公交枢纽,通过枢纽形成新城便捷的公交换乘系统。深入完善社区巴士、旅游巴士、出租汽车等辅助公交系统,使之成为新城公交系统的一个有效补充。

## 六、慢行交通系统规划

新城慢行交通系统规划旨在围绕"以人为本"的核心理念,构建一个与新城发展相适应、与公共交通一体化无缝衔接的安全、公平、便捷、连续、高效、活力的慢行交通系统。在网络构建(构建完善的慢行网络系统,营造慢行友好的道路环境)、交通衔接(着力发展"步行+公交"的出行

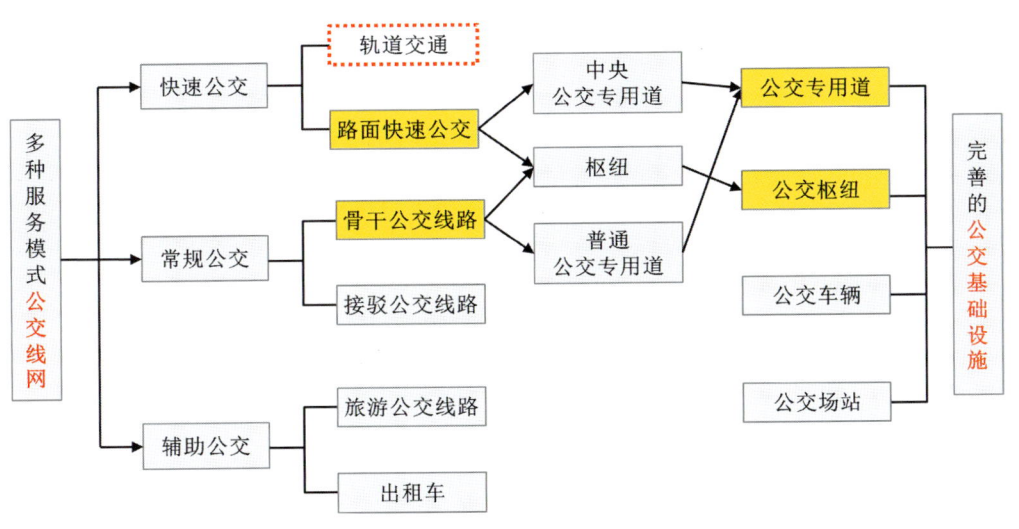

图3　公共交通系统组成示意图

**表2　各级公交运营指标**

| 线网结构 | 组成 | 功能 | 运营车速(km/h) | 高峰发车间隔 | 站间距 |
| --- | --- | --- | --- | --- | --- |
| 快速公交 | 轨道交通 | 串联钦州主城、新城、钦州港,将滨海新城融入钦州中心城区一体化公交体系 | 35左右 | — | 1.5～3.5 km |
| | BRT或有轨电车 | 构建新城内部快速公交体系,实现新城内部以及对外的快速出行目的 | 20～25 | 4～6 min | 1.0～1.5 km |
| 常规公交 | 骨干线 | 构建新城公交系统的主要网络,实现组团之间的便捷联系 | 15～22 | 4～6 min | 600～800 m |
| | 驳运线 | 形成加密型公交网络,实现公交对于地块的便捷服务要求 | 12～15 | 6～10 min | 300～500 m |
| 辅助公交 | 旅游公交 | 服务外来游客 | — | | |
| | 出租车 | 快速、常规公交的补充 | — | | |

表3 各级公交线网基础设施要求

| 线网结构 | | 组成 | 基础设施要求 | | | |
|---|---|---|---|---|---|---|
| | | | 公交专用道 | 公交枢纽 | 公交车辆 | 公交场站 |
| 公交线网 | 快速公交 | 轨道交通 | 专用道路 | 连接主要枢纽和P+R枢纽 | 专用车辆 | 专用的车辆段 |
| | | BRT或有轨电车 | 专用车道 | 连接主要枢纽 | 大容量车辆 | 夜间全部进场停车 |
| | 常规公交 | 骨干线 | 普通专用道（部分路段） | 首末站进枢纽 | 普通车辆 | |
| | | 驳运线 | — | 首末站进枢纽 | 小型车辆 | |
| | 辅助公交 | 旅游公交 | — | — | 高档巴士 | |
| | | 出租车 | 完善的营业站点设施 | | | |

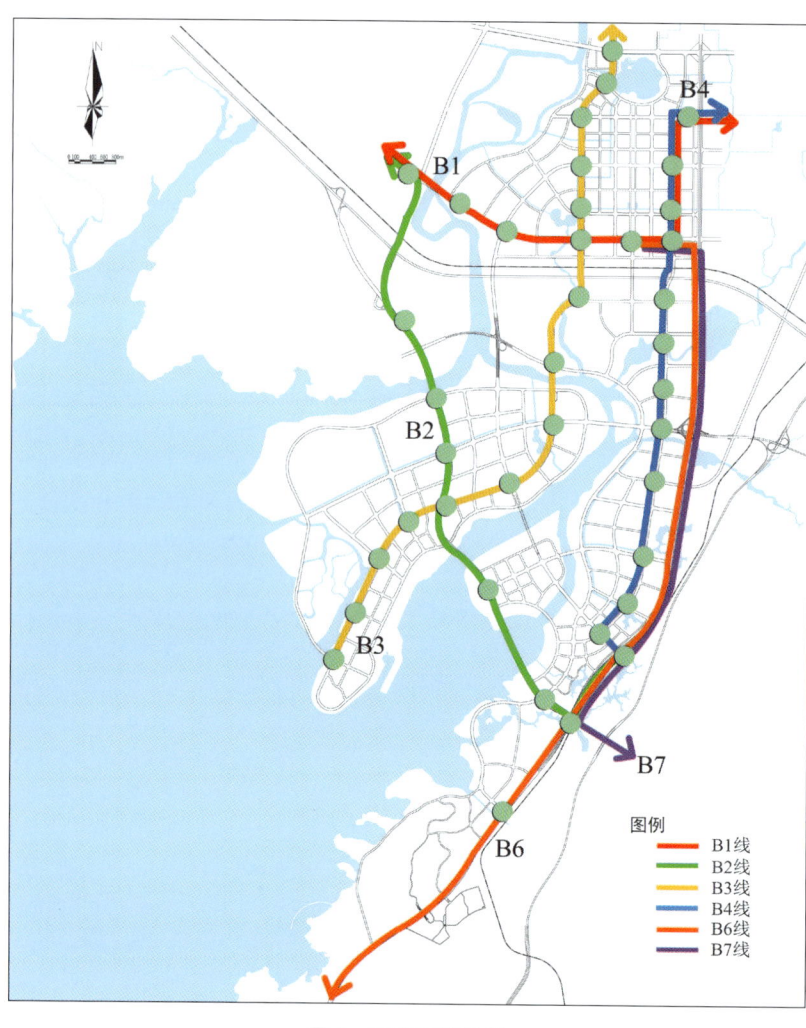

图4 BRT干线规划

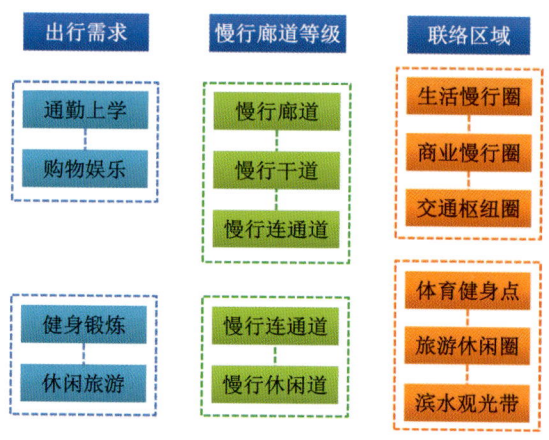

图5 慢行交通系统内容

人安全）四个方面重点突破。

构造"慢行区域+慢行廊道"所组成的点、线、面相结合、有机串联的分级慢行交通系统（见图5）。在各个规划片区内部，由步道网络衔接多个主要的步行节点形成慢行活动发生频率最高的慢行圈；片区之间及内部，慢行优先的慢行廊道连通多个重要的慢行圈，沟通多个慢行圈之间的联系；在整个滨海新城范畴内，构建以慢行为导向、纵贯全城的慢行景观廊道，串联核心的慢行圈层。滨海新城慢行网络规划具体见图6。

### 七、客运枢纽规划

依据客运枢纽规模及功能的不同，滨海新城的客运枢纽分为以下两类：

（1）对外综合交通枢纽。城际轨道、高速公路、一级公路和快速路构成了新城与外部区域的联系网络，形成了对外综合交通枢纽，为新城与周边区域的交通联系提供服务，实现人流、车流、

模式，与公共交通良好衔接，提高公共交通站点的慢行可达性，大型商业、居住社区通过步行道与站点相连）、设施协调（设置与土地利用相协调的慢行设施，满足各类人群不同的慢行出行需求）、安全保障（减少机非冲突，保障机动车及行

资源的相互沟通。

（2）内部换乘交通枢纽。新城内部布局合理的内部换乘枢纽，实现道路交通网络、公交网络、慢行网络之间的便捷换乘；同时保持与对外交通枢纽的合理衔接，实现内外交通的通畅运行、便捷换乘。

滨海新城客运枢纽规划具体见图7。

## 八、停车系统规划

停车需求可分为"居住停车需求"和"非居住类停车需求"，停车需求管理策略（见图8）如下：

（1）居住停车需求。"居住停车需求"是刚性需求，是由车辆保有量引起的停车需求。居民区是小汽车出行的起点和终点，居住区的停车需求属于"刚性需求"。对于这类刚性需求，在周边道路容量许可的基础上应尽量予以满足，实现"车位—车辆"平衡增长，远期应做到"一车一位"。

（2）非居住类停车需求。"非居住类停车需求"是"使用需求"，是由车辆使用（社会、经济活动）引起的停车需求。这类需求具有较大的弹性空间，在提供舒适快捷的公共交通的基础上，通过价格、交通管制等措施，可以削减这类弹性需求。对于不同出行目的的"弹性需求"，仍然采取不同的策略：适度保障有利于经济发展的停车需求，尽量转移通勤出行/工作出行的停车需求。

## 九、立交节点用地控制

根据交叉口相交道路类型确定的交叉口类型、功能、在道路网中的地位、相交道路横断面规划方案及保障行人与公交乘客安全、方便的行人过街、公交设站等交通组织方案，确定交叉口规划用地红线范围规划方案。图9为立体交叉规划红线示例图。

## 【工作过程】

本项目历时约一年半，分为以下四个阶段：

第一阶段（交通调查与规划指标体系研究阶段）：2011年11月至2012年12月，实施交通调查，回顾新城综合交通系统发展历程，现状分析与趋势判断；构建低碳、绿色交通规划指标体系。

第二阶段（交通发展战略研究与规划纲要编制阶段）：2012年1月至2012年2月，确定新城综合交通发展目标、制定发展战略、构建交通战略

图6 慢行网络规划

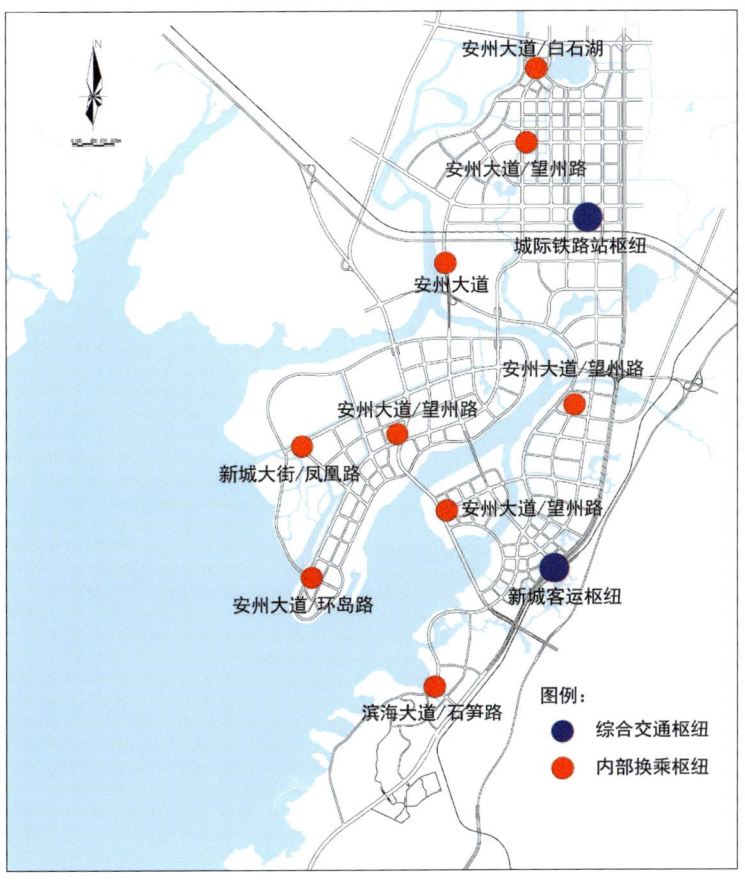

图7 客运枢纽布局规划

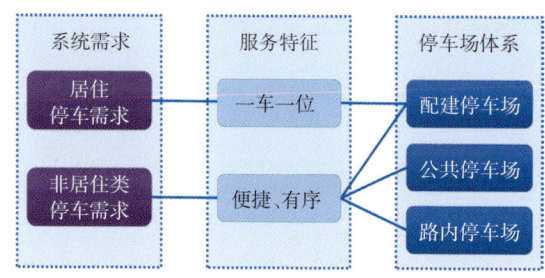

图8 停车需求管理策略

模型、测评发展战略及政策；编制规划纲要，规划快速路、快速公交等关键系统。

第三阶段（综合交通系统规划阶段）：2012年3月至2012年6月，在规划纲要成果框架下，深化各专题和专项规划成果，形成规划报告。制定近期建设计划，完成建设计划投资估算和效益分析，提出建设计划实施保障机制。

第四阶段（成果完善及报批阶段）：2012年7月至2013年4月，完善成果，并配合业主上报。

## 【咨询工作特点】

### 一、本规划是广西第一个与控规同步编制的新城综合交通规划

新城综合交通规划与新城控规、重点区域城市设计、重要道路设计等规划设计同步、互动，实现交通规划与城市规划一体化，保障城市布局和交通网络良好配合，确保规划方案科学、合理，并且实时性、可操作性强。

### 二、提出低碳交通系统规划技术指标

本规划为实现节约土地资源与满足交通需求之间的合理平衡，突破以前规划只注重满足交通需求为目标的局限，综合平衡满足交通需求、优化资源利用、保障环境质量三方面目标，在平均饱和度之外，创新地提出客运能耗上限比、$CO_2$排放上限比等指标，反映城市交通占用资源、环境影响水平，突显当今节约资源、环境保护等新趋势。

### 三、规划深度超过住房和城乡建设部《城市综合交通体系规划编制导则》的编制要求

在编制综合交通体系规划时，综合考虑未来工程的可实施性，开展道路网主要节点控制规划，提出33个主要节点规划方案，并对各节点用地红线控制，成果反馈新城控规。该项工作将工程方案的实施要素提前引入到规划阶段，使得规划方案更具有落地性。规划深度超过住房和城乡建设部相关编制要求。

### 四、依托本规划项目，开展科研课题研究，实现科研与规划间的良好互动

依托本项目的课题《城市骨干路网规划设计关键技术研究》，深入研究城市骨干路网形态、规模、布局方法，以及设计车速、单车道通行能力、典型断面等设计要素。该课题已通过验收。

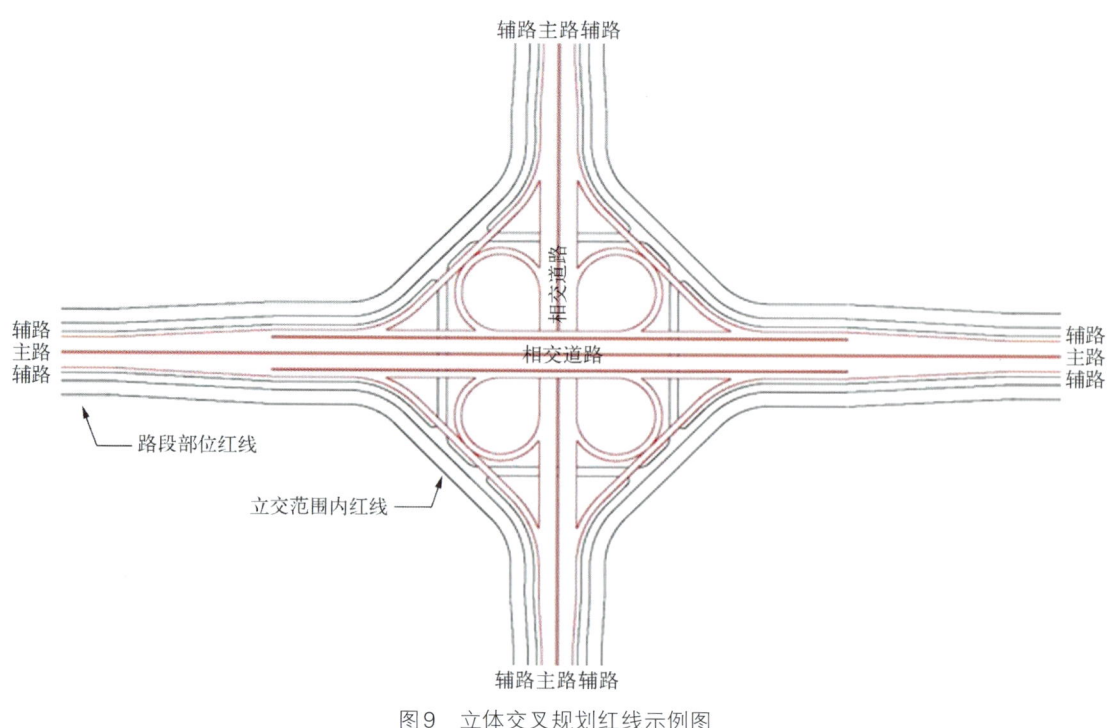

图9 立体交叉规划红线示例图

# 一、规划咨询研究报告篇

【咨询效果】

在工程回访时,业主非常认可项目组的工作,对项目组做出如下评价:"项目组工作踏实认真,规划理念先进,规划成果具有良好的前瞻性,以及很强的针对性和可操作性,体现了大院的综合实力。多次向市领导汇报规划成果,得到市领导高度评价。项目组服务意识强,积极配合管委相关工作,规划后续服务好,非常有利于规划成果的实施。项目组协调能力强,与新城控规、城市设计等规划编制单位对接主动、高效。"钦州市规委会审查时,给予了高度评价。图10、图11为本项目效果图。

图10 项目鸟瞰效果图

图11 项目效果图

# 上海市奉贤区四团镇拾村村村庄规划研究报告
## The Research Report on Shi Cun Village Planning in Si Tuan Town, Feng Xian District, Shanghai

编写单位：上海市城市规划设计研究院
Shanghai Urban Planning & Design Research Institute
联系电话：021-62473288　　网址：www.supdri.com
主要完成人：周晓娟　苏志远　何宽　秦战　张维　郑豪　陶楠　刘帅　沈海洲　金敏

【点评】

奉贤区四团镇拾村村是2013年全国村庄规划试点。本报告借鉴国内外农村建设经验，规土融合，城乡统筹，以农为本，产业协调，提炼江南水乡村落乡土要求，演绎"拾村拾美"的地方特色，提出了宅基地分类引导（保留整修、原地翻建、分户新建、村内归并、村村归并、近镇归并、宅基退出）；村庄空间结构（传统居住社区、新农村社区、特色街区、田园生活体验区、体验式养老社区、水乡生活体验区、休闲养老社区）的规划。

【项目背景】

村庄规划是落实国家城乡统筹战略和推进新型城镇化的重大战略部署，按照上海市对实施城乡总体规划和城乡统筹发展的要求，围绕美丽乡村建设试点，开展村庄规划编制创新，是集中体现上海特大城市聚焦"创新驱动、转型发展"战略的重大举措，是体现上海"强化城乡统筹、突出规划引领、破解发展瓶颈、构建和谐社会"的重要探索，是优化产业结构、强化生态优先，切实改善农民生活，凸显农村活力和生命力的重要任务。

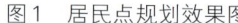
图1　居民点规划效果图

奉贤区四团镇拾村村是2013年全国村庄规划试点，旨在提出符合农村实际的规划理念，创新和改进村庄规划方法，形成有示范意义的村庄规划范例。拾村村是上海市远郊经济薄弱地区的普通村庄，它体现了在城镇化过程中各种典型的问题，包括人口老龄化和空心化，产业发展落后，村民增收缓慢，基础设施薄弱等等。以拾村村为规划研究对象，可以以点带面，形成可实施、可推广的大都市郊区村庄规划编制方法与实施路径。

## 【项目内容】

### 一、村庄定位与规模

1. 上位规划及相关规划衔接

以镇总体规划、镇土地利用总体规划为依据，与土地整治、郊野单元、道路市政等各类专项规划相衔接，并协调农田水利、农业布局等规划内容，统筹安排生产、生活、生态用地。

2. 目标与定位

拾村村将成为以现代农业和休闲养老为特色产业，社会和谐、生态宜居、环境优美、设施完备，上海郊区典型代表性的新时代示范村庄。

3. 发展规模

通过多因素分析，规划期末，人口规模约为2 200人。

### 二、村域规划

内容包括：

（1）建设空间紧凑、农地规模化的用地规划；

（2）一产增效、二产转型、三产拓展的产业发展；

（3）因地制宜、适宜村庄生活生产需求的道路交通；

（4）尊重传统、分类配置的市政设施；

（5）融生态保护、景观游憩、休闲娱乐等为一体的乡村休闲旅游系统。

### 三、农村居民点规划

内容包括：

（1）自然腾挪、有机更新的居民点布局规划；

（2）镇村统筹、匹配需求的公共服务设施规划；

（3）经济适用、凸显特色的居民点整治；

（4）就地取材、延续传统的建筑设计引导。

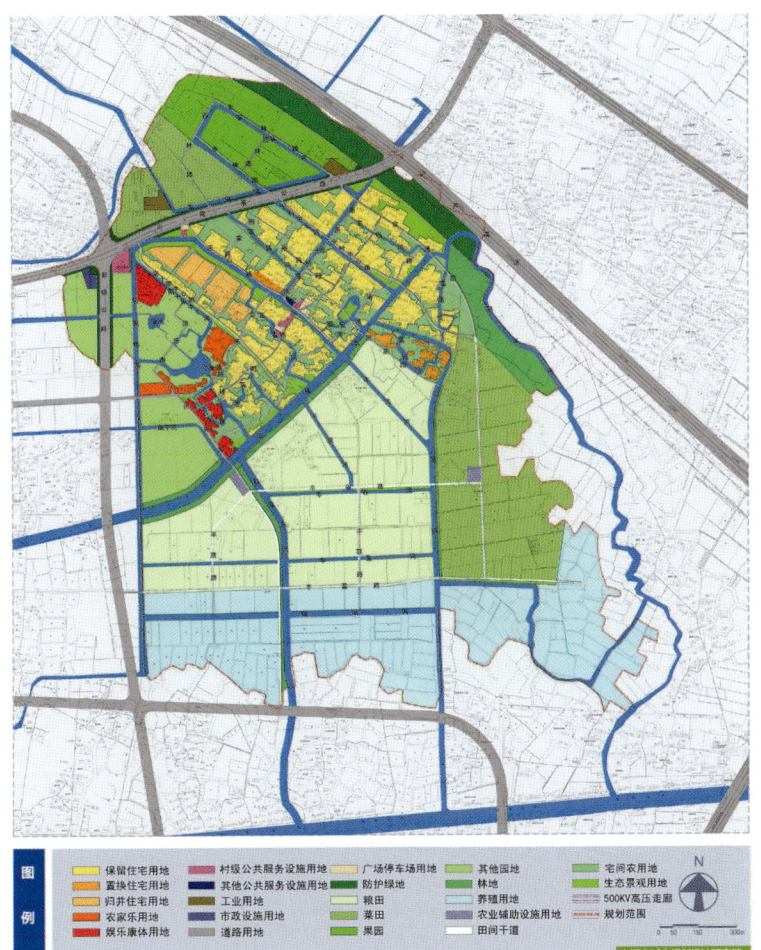

图2　村域土地使用规划

图3　总平面图

图4 乡村社区中心效果图

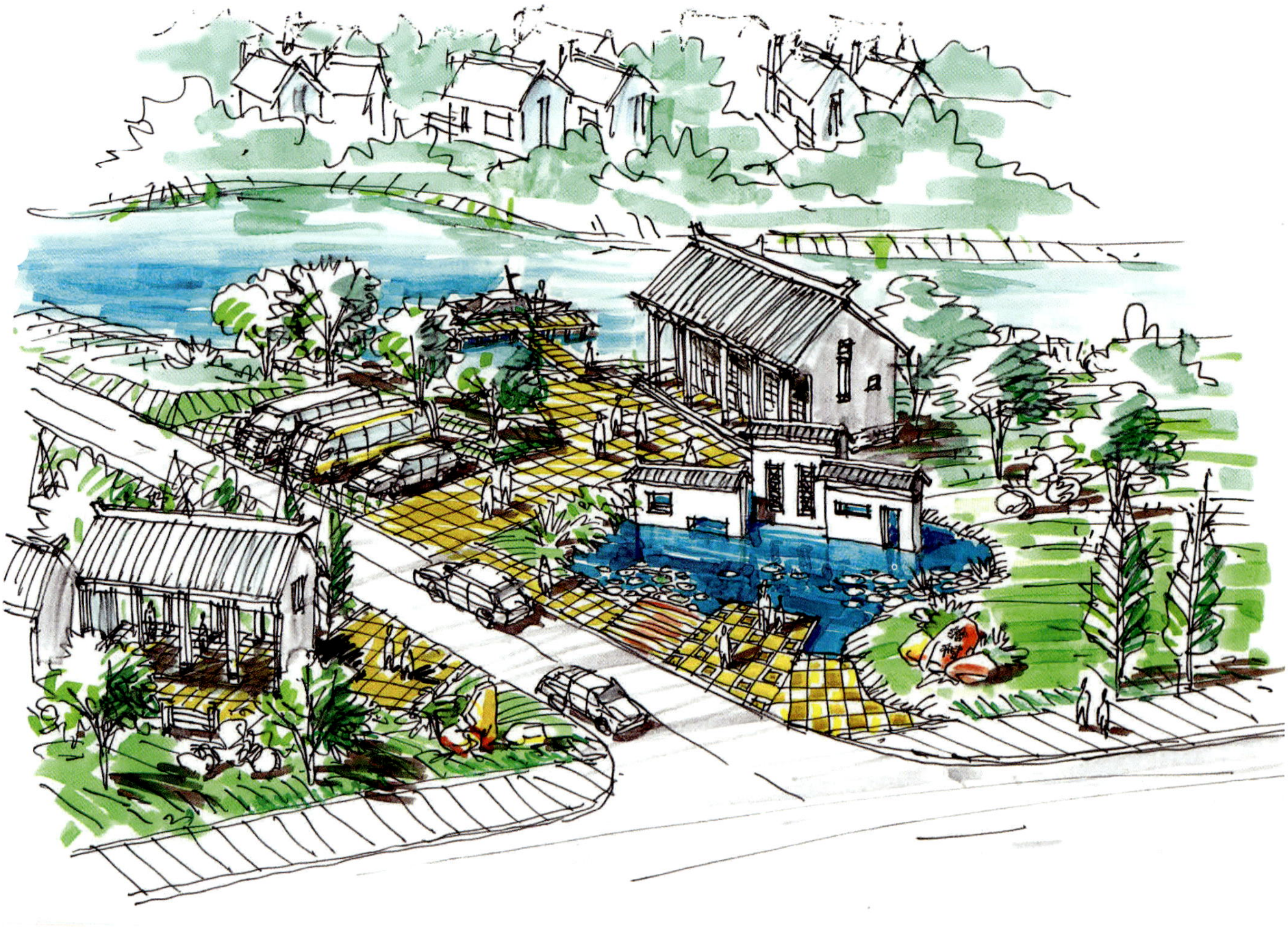

图5 村庄入口景观设计

联排A户型

联排A户型一层平面图

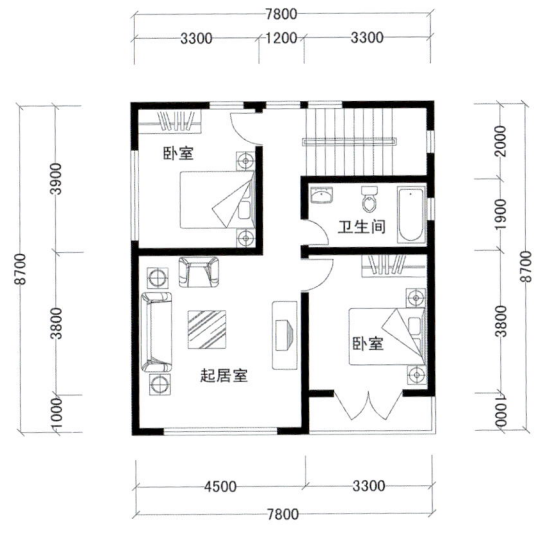

联排A户型二层平面图

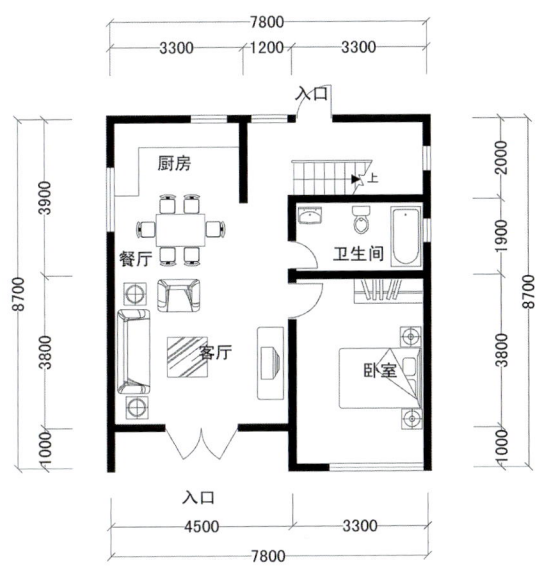

图6　新建住宅建筑设计

## 四、近期建设规划

确定近期发展目标，确定近期住宅、市政基础设施和公共服务设施等各项建设项目的选址、规模和年度计划，测算建设资金，明确实施保障机制；落实土地整治规划中明确的高标准基本农田规模、布局及建设要求。

## 五、相关专题研究

规划形成七个专题，分别是现状农宅综合评估、新型城镇化背景下上海村庄发展战略和定位研究、上海市远郊村庄产业发展研究、江南水乡村庄风貌景观研究、村庄市政设施研究、村庄农田水利工程研究、村庄发展实施策略和相关政策研究。这7个专题从不同方面对规划结论提供支撑，使规划编制更具科学性和实施性。

## 【咨询工作特点】

（1）规土融合，以镇域"减量化"为目标，集约发展。按照上海市"两规合一"要求，四团镇需实现镇域建设用地减量化，通过整体研究，按照区域统筹的方法明确了总体上减量，局部重点地区和重点村庄不减的目标。拾村村试点在规划中充分落实了规土合一的要求。

（2）城乡统筹，突破"就农村论农村"的传统做法，多层面研究。将农村发展置于区域城乡统筹的整体发展平台上进行定位。规划涵盖村庄建设发展的宏观、中观到微观的各个层面。

（3）以农为本，以翔实的现状调查为基础，需求导向。村庄规划并非面面俱到，而是问题与需求导向的规划，建立有针对性的规划目标，增强规划的实用性。针对村民近期关注的四个重点问题建立规划策略，即提升经济、分类发展、完善配套、优化环境。

（4）产业规划突破简单的对一、二、三产业进行分类，引入现代农业的经济运行模式。同时通过项目运作，提高农村经营和营销水平，如订单农业、家庭农场等。通过村集体统筹整理土地的方式发展农家乐、休闲养老产业。

（5）提炼江南水乡村落十大空间要素，演绎"拾村拾美"。针对村庄特征，提出十大乡村风貌构成要素，分别是田—水—路—林—场—宅—院—街—桥—社，分别提出规划策略、发展模式、具体保护措施。

（6）预算约束，对现状保留居民点进行选

择性改造。村庄整治改变传统的"城市美化运动",而采用"预算约束下的改造方案",体现可操作性和可持续性。将整治预算费用控制在每户2万元左右。

(7)建立项目清单,落实建设机制,体现实施型规划特征。村庄规划实施本着经济节约、逐步推进的原则,根据实际问题的轻重缓急和财务计划来有序推进,分期实施。拾村村近期重点是道路贯通、特色街巷改造、河道治理以及部分重点项目建设。

(8)图则控制引导,细化规范要求。以两张图则(村域图则、农村居民点图则)来规范农村建房、公共设施等各项建设行为,同时确保基本农田、生态用地等刚性要求,并对宅、院、街、桥等的整治进行引导。

【咨询效果】

一、形成规范,扩大试点

在完成试点村庄规划的同时,修订完成上海

整治前

整治后

图7 河道整治前后效果对比

整治前

整治后

图8 建筑整治前后效果对比

一、规划咨询研究报告篇

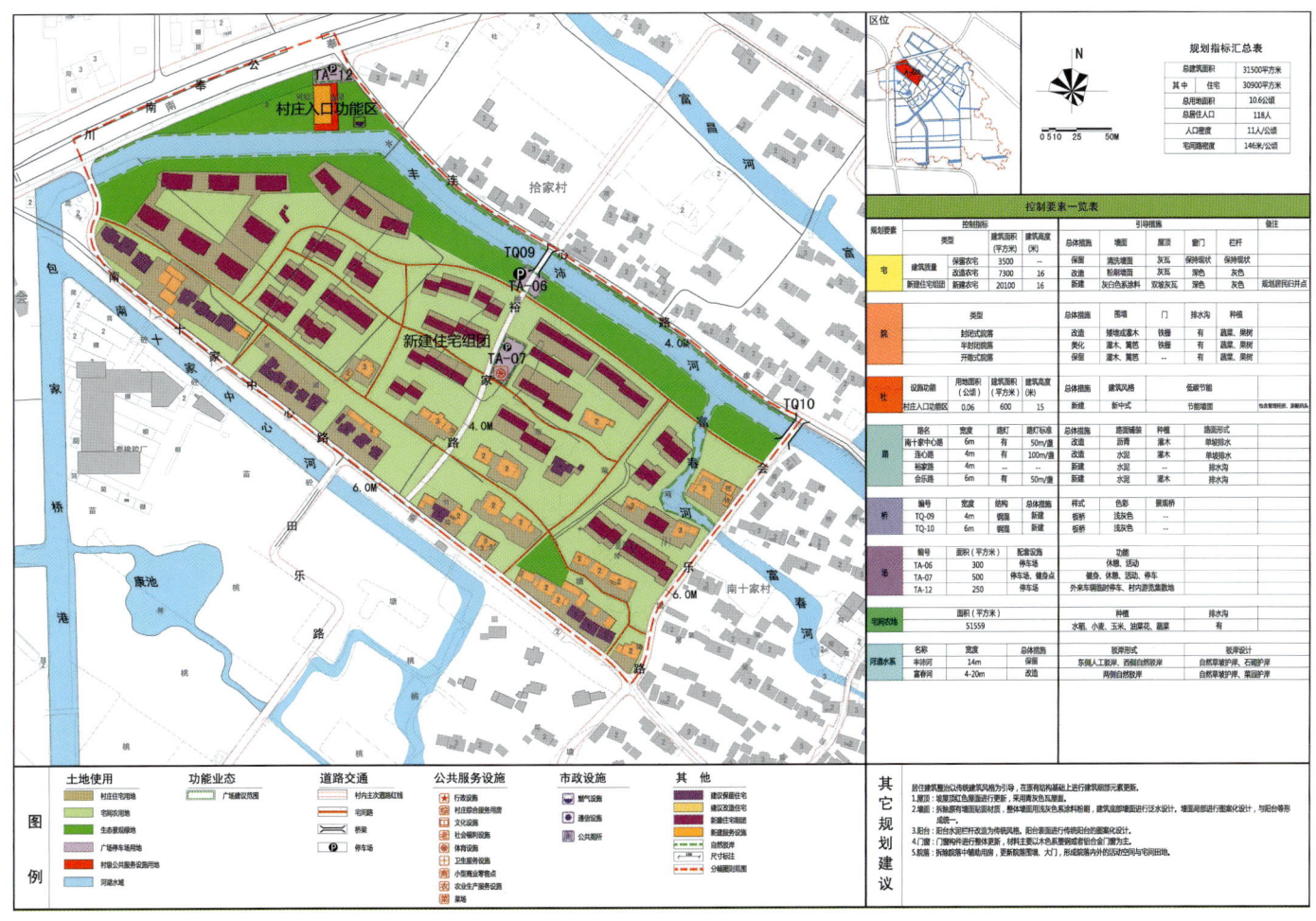

图9 居民点规划图则

市村庄规划编制技术导则,并研究制定上海市村庄建设管理导则。在2013年试点的基础上,2014年拟在各郊区县选取10个左右的村庄,以拾村村为蓝本,进行扩大试点。

二、政策聚焦,资金落实,凸显操作性

上海市发展改革委、市农委等部门对农村建设提出相关政策支持,积极筹措财政和专项补助资金,安排好资金投入和使用,建立规范化项目管理机制,涉及农田设施、道桥建设、水系整治、建筑改造和市政综合管线等项目,加强信息和程序公开。现初步落实配套资金约1亿元。

三、项目引导,产业发展,体现指引性

吸引社会力量参与,选择优秀企业合作开发休闲养老社区等重点项目的建设。

# 上海英雄（集团）有限公司三年行动规划咨询报告

The Consulting Report of the Three-Year Action Planning of Shanghai Hero Group Co., LTD

编写单位：上海上咨市场咨询有限公司
SICC Marketing Consulting Co.,Ltd.
联系电话：021-63903399　　网址：www.sicc-mc.com
主要完成人：卢以华　陶建明　王月祥　高书潜　邹　璠　冯　志　潘　宏　李鸿生　顾骏建

## 【点评】

本报告运用专业调研工具和系统分析方法，从国家、地区和企业层面，对集团内三家国有企业的内外环境作了充分分析，以振兴英雄品牌为主线，制定企业的三年行动规划目标，提出了企业发展使命、愿景和目标等方面定性定量目标，以及业务发展的策略建议，为国企改革提供了新的发展思路。

## 【项目背景】

2013年12月17日，上海市委、市政府《关于进一步深化上海国资改革促进企业发展的意见》正式颁布，整整20条意见，从多个层面明确了上海新一轮国资改革的指导思想、主要目标和实现路径。该意见的颁布也是上海市作为国内改革的先锋城市，同时作为地方国资最为集中、地方国企实力最强的城市，在深入贯彻党的十八届三中全会精神即市场起决定性作用，在全面深化改革、率先转型发展的关键时期，正吹响新的改革号角，承前启后。

上海英雄（集团）有限公司（以下简称英雄集团）、上海包装造纸集团（以下简称"包装集团"）和上海塑料制品公司（以下简称"塑料公司"）都曾为市属国有企业代表，但由于各方面因素，导致三家企业近年来经营业绩连续下滑，甚至亏损多年，有效地进行企业改革迫在眉睫。为此，国资委决定，由英雄集团托管包装集团和塑料公司，借此按照资源市场配置的原则，进行三家企业资产与业务的改革整合。同时，国资委党委决定，成立英雄集团托管工作领导小组及办公室，负责本次企业改革整合工作。

为了更好地实现三家企业改革整合，英雄集团托管工作领导提出制定企业未来三年行动规划，以便更好地指导未来具体工作。受英雄集团委托，经过公开招标比选，确定上海上咨市场咨询有限公司于2013年11月底开展英雄集团三年行动规划的编制工作。

## 【项目内容】

本项目的主要目的是为了三家公司更好地重组，在分析三家公司所处的内外环境的基础上，提出三家公司的业务战略定位，并制定行动规划实施方案。

1. 企业内部环境分析

主要从资产状况、经营范围、盈利能力、经营能力、偿债能力、人力资源和管控机制等角度，全面分析三家公司目前生产经营过程中的问题，以及各自的优势。就英雄集团而言，虽然整体经营状况尚可，但受行业发展趋势的影响，公司业务亟待优化和扩展，需引入新的经营思路改善公司经营状况。包装集团资产规模逾10亿元，但公司经营状况较差，公司业务利润率处于行业较低水平。塑料公司处于严重亏损阶段，制造业严重萎缩，大部分公司处于停产阶段，同时历史遗留问题严重，公司需要重新进行业务定位和资产整合。

2. 企业外部环境分析

主要是从国资国企改革的政策环境和三家企业面临的行业环境来论述这次整合所面对的机遇与挑战。从国资国企改革政策来看，综合国家和上海关于国企改革的指导方向，以及未来政策走向等多方面的分析，三家企业的整合应当按市场规律办事，以打造上市公司和大型企业集团为目标，充分发挥民资和外资的作用参与改革，简化组织架构，优化管理机制，健全管理体系，推进股东多元化。文化用品行业进入门槛低，产业集中度也低，市场竞争十分激烈，民营企业处于相对优势地位；中国包装印刷行业企业利润总额快速增长，但中小企业偏多，产能过剩；文化创意产业是朝阳行业，具有良好的发展前景；塑料制品行业增长放缓，产能过剩，利润率偏低。

3. 企业发展战略规划

主要从战略发展目标、业务发展组合和业务发展规划三个角度来对三家企业的整合提出规划思路和建议。三年目标是激发活力、重塑品牌、稳中有增、扭亏为盈，远期目标是业界领先、创新优势、盈利强劲、名声远播。将文化用品行业作为未来业务发展核心，并分别规划文化用品业务、包装印刷业务、塑料制品业务、房产置业业务的未来发展方向。

4. 战略规划实施建议

从管控体系建议、资产整合建议、人力资源建议和实施进度建议四个方面提出企业整合的规划。

## 【工作过程】

本项目2013年11月正式启动，至2014年4月结束，历时近半年，分为以下五个阶段：

1. 前期准备阶段

自接受项目委托以来，我公司迅速组建成立专题项目组，一方面做好基础研究资料的搜集与分析工作，另一方面与英雄集团反复沟通，并积极联络市、区国资委及其他相关专家，为项目后续研究做实基础准备工作。

2. 调查访谈阶段

2013年11月底至12月中旬，专题项目组在开展有关三家所涉及领域行业的二手资料购买和收集同时，深入与三家企业的主要负责人进行反复沟通，深入了解企业发展历史，目前的经营现状，以及未来的企业发展意愿，确保了解企业管理层的真实意愿。同时，有代表性地选择了三家企业下属分公司进行考察，并与分公司或子公司负责人进行沟通，了解三家企业不同层级员工的真实意愿，以确保数据分析的真实性和可靠性。上述访谈对象共计18人次以上，考察企业超过10家。

3. 专家咨询阶段

为进一步拓展专题项目组研究视野，听取和借鉴专家的专业意见与眼光，专题项目组还有针对性的拜访了市、区国资委、市优秀国企管理层、高校企业管理方面教授，积极听取国企改革经验和建议。众多专家为三家企业的三年规划提供了极为宝贵的意见和建议。

4. 研究策划阶段

在掌握三家企业全面地的基础数据后，包括资产状况、经营状况、人力资源状况、管理机制状况等，团队和英雄改革领导小组一起，进行多次多方案的讨论比较，最终拟定未来英雄集团三年行动规划的目标、改革方向、改革措施、改革步骤等，为下阶段英雄集团的具体工作开展提供了决策依据。该阶段，方案修改无数次，包括彻底性思路修改2次，期间包括政府的定位、企业的改革方向、具体的改革措施等都进行了反复的论证，以确保方案适合三家的经营现状，也符合国家及上海国企改革的方向，最大限度地确保方案的可操作性。

5. 汇报验收阶段

2014年4月9日，专题项目组组织了一次专家评审会，再次论证方案。专家组成员包括轻工行业管理与技术资深专家，国资运营管理研究专家和企业高层管理者等。与会专家在听取了项目咨询成果汇报后，各自发表了意见，并进行了充分的讨论，对三年行动规划报告给予高度评价，一致认为该项目的研究为三家企业的改制整合发展提供了科学的前瞻性的可操作性的咨询建议。

## 【咨询工作特点】

1. 坚持国企改革大方向

贯彻科学管理理念，研究思路清晰，理论和实践相结合。

1978年国企改革提出以来，经历多个阶段的发展，从计划经济到社会主义市场经济，从政府管理为导向到市场起决定性作用，国企改革一直成为社会关注焦点，有成功案例，也有失败案例。而深入分析近10年来的国企改革政策方向，总体上仍继续向纵深推进，同时非公经济发展壮大遇到了重新定位和判断的问题。

在这一社会背景前提下，如何做好英雄集团的规划报告，尤其要明确发扬英雄品牌，为企业指明发展方向尤为重要。为此，本报告提出了四阶段的研究思路，重基础分析，重改革创新，重实际操作。根据研究思路，在不同的阶段，可以实现与英雄改革领导小组的沟通，以确保每一阶段工作开展的有效性和针对性。

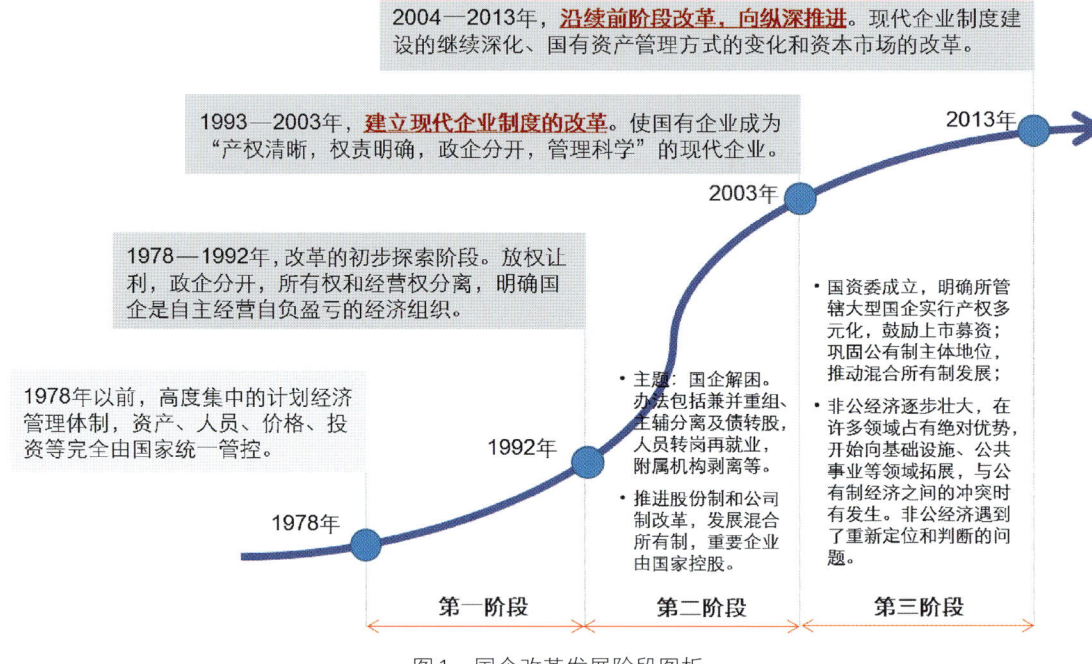

图1 国企改革发展阶段图析

2. 注重数据分析为后期策划打基础

本项目对三家企业的所有资产、经营和管理数据进行分类汇总,并应用专业的财务分析三家企业的经营现状,发现存在的问题和潜在的机会。同时,还对三家企业涉及的文化用品、包装印刷、塑料和文化创意产业进行深入的行业分析。通过内外对比的扎实数据分析,为后期策划打造良好的基础。

英雄集团和包装集团同成立于20世纪50年代,且曾都属于原上海市轻工局,发展已经快60年;塑料公司成立于70年底,也有近40年历史。三家企业在计划经济时代都曾有过辉煌的历史,无论企业规模和经营效益都在行业前列。但由于种种原因,目前三家在销售和利润都日趋下滑,甚至亏损。专题项目组仔细分析研究三家企业近10年的财务报名,包括下属近50家的分公司财务报表,针对性的指出了三家存在的资产、收入、成本、现金流等管理问题。同时,由于机制问题,三家企业在人员管理、品牌管理、决策机制等方面也存在问题,甚至完全不符合现代企业管理制度。尤其是英雄集团曾为上市公司,改革刻不容缓。

行业研究方面,主要通过专业数据报告的购买和行业内典型企业的访谈,以掌握最新的行业动态和发展趋势。对比之下,三家企业尽管在行业影响力方面仍有一定地位,但在企业规模和盈

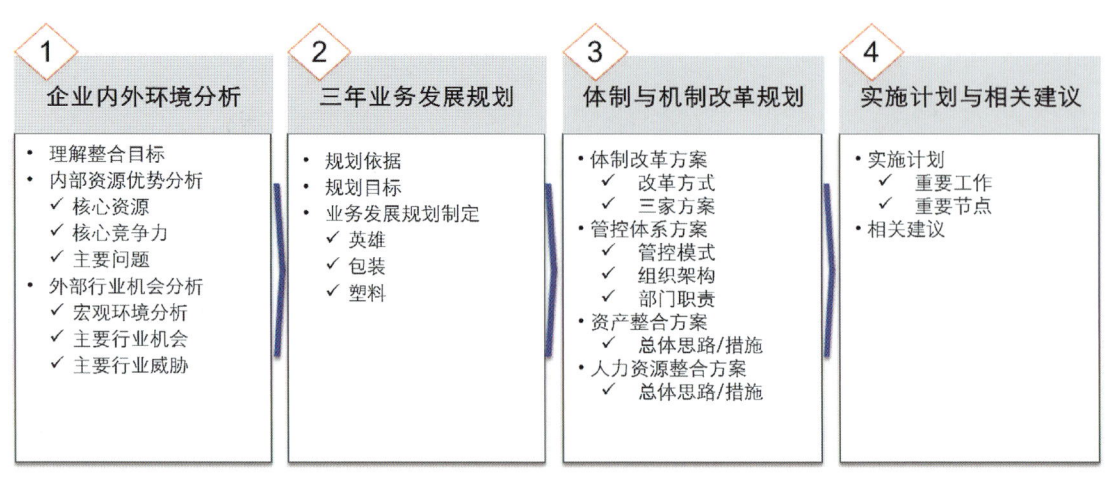

图2 报告研究思路

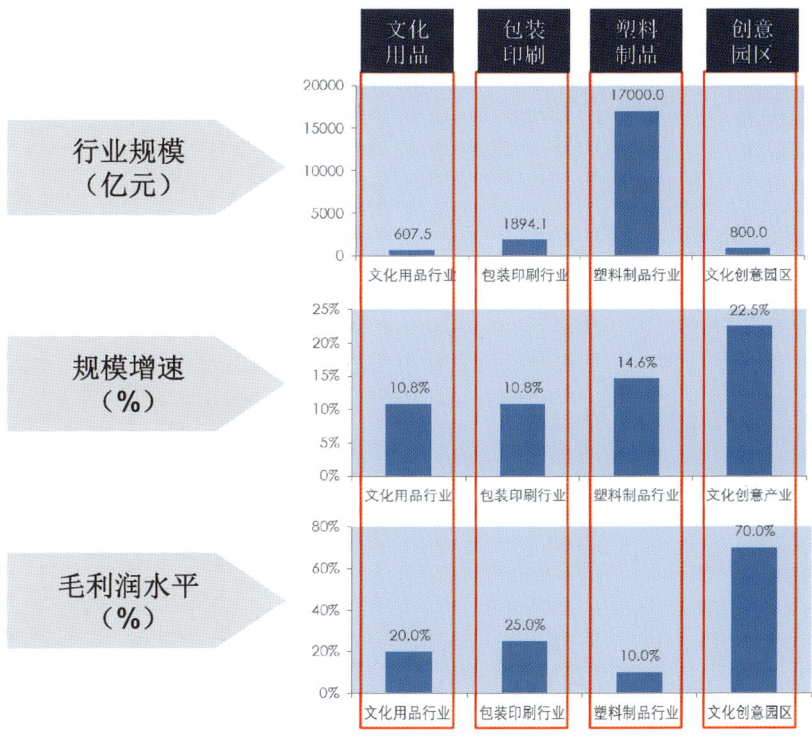

图3 典型企业内部和行业数据分析

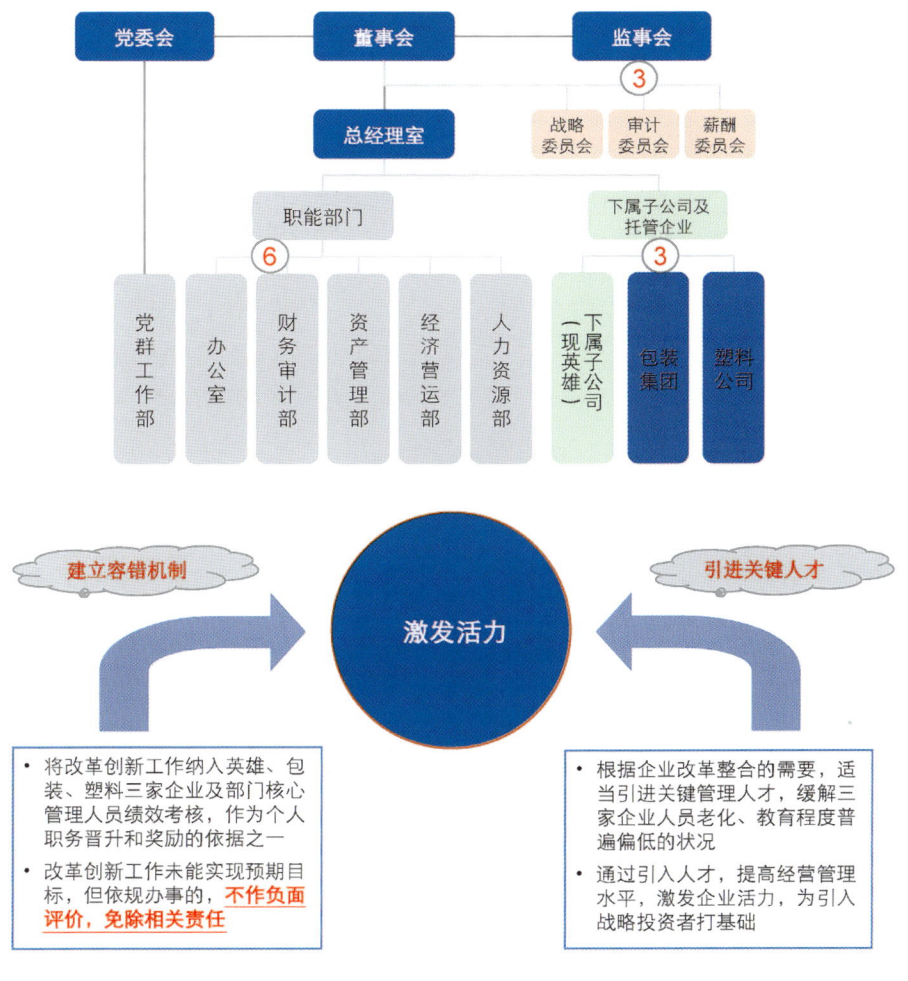

图4 方案部分策略建议

利能力方面都已经与市场上的竞争企业有较大的差距。尤其是塑料公司，与行业极为不匹配，导致企业发展必需的现金流远远不足。

3. 既提出发展目标，又给出实施举措

本项目立足实际，调查研究系统周密，改革思路创新，为英雄集团或其他同类的国企改革操作提供了很好的成功示范。

本项目从国家、上海、普陀区、企业四个层次要求出发来制定三年行动规划。本项目目标明确，定位清晰，以振兴英雄品牌为主线，来制定企业的三年行动规划目标，提出了包括企业发展使命、愿景和目标三个层次的定性定量目标，以及三家企业各自匹配的业务发展策略建议。

同时，本项目最为重要的是结合三家企业不同的内外部情况，以"一企一策、共同发展"为原则，提出了切实可行的二种不同的改革路径建议，包括混合经营和整体转制。混合经营：通过积极引进外部资本，逐步降低国资占比，形成国资控股或参股的股份制企业或公众公司。整体转制：通过产权市场、股票市场、引入股权或战略并购者实现国资一次性全部退出。

为了确保目标的实现和业务策略的执行，方案从组织架构、人员激励、资产组合、实施步骤等方面给出了实施举措。

本项目的实施，是区属国有企业首次真正意义上的完整方案规划实施，获得了普陀区委、区政府及国资委领导的一致认可，并可作为其他区其他国企改革的示范参考。

【咨询效果】

"英雄"品牌作为曾经上海乃至国家的民族品牌代表，其未来如何发展寄托了政府和大众的意愿。三家业务不相关企业的合并，更为国企改革提供了新的发展思路。本项目运用专业调研工具和系统分析方法，诠释方式简洁，措施可操作性强，成为同类项目研究的创新之作，兼具理论和实战价值，获得了专家的一致好评和客户的高度认可。

# 二、可行性研究报告、项目和资金申请报告篇

# 宁波梅山春晓大桥工程可行性研究报告
## The Feasibility Study Report of Ningbo Meishan-Chunxiao Bridge Project

编写单位：上海市政工程设计研究总院（集团）有限公司
Shanghai Municipal Engineering Design Institute ( Group ) Co., Ltd.
联系电话：021-55000000　　网址：www.smedi.com
主要完成人员：马矗　顾民杰　袁胜强　袁建兵　张俊杰　胡程　何武超　王青桥　孙晨　丁志强

## 【点评】

本报告根据梅山春晓大桥的工程特点，对建设必要性、桥位选择、接线方案、慢行系统过海方案、工程规模、技术标准、桥跨布置及桥型方案等进行了大量研究、比选与论证，并创造性地提出了人车上下分离、下层纵移开启的设计方式，属国际首创。该双层开启桥梁开启时不中断上层车行交通，圆满解决了纵坡受限情况下桥上交通与大型船舶同时通行的问题，克服了现有竖转开启、平转开启及垂直提升桥梁开启时交通中断，车辆及人群无法通行的弊端。

## 【项目背景】

本项目是为进一步优化梅山及北仑区域路网布局，加强滨海新城春晓—梅山岛两大组团的沟通联系，加快梅山岛开发建设、加强春晓与梅山岛的联动发展、推动梅山岛头核心区开发，而建设的重要交通工程项目。

## 【项目内容】

宁波梅山春晓大桥是连接宁波梅山岛与北仑区春晓镇的特大型跨海桥梁工程。工程起至春晓侧洋沙山东六路与春晓东八路交叉口，跨越梅山湾，终点位于梅山岛盐湖路与港湾路交叉口，工程全长1.971 km（见图1）。其中跨海段桥梁按双层桥布置，上层为双向六车道一级公路，设计车速60 km/h；下层为人非专用通道，接岸堤后与两侧辅道连接；路基段接线桥梁按

图1　项目地理位置示意图

单层桥布置,双向六车道一级公路。其中主桥为80 m+336 m+80 m特大型双层开启式钢桁拱桥,属国际首创;水中引桥为3×72 m双层钢桁梁桥。工程总投资约12亿元,其中建安费约9亿元。建设单位为宁波梅山岛开发投资有限公司。

工程可行性研究(简称"工可",下同)报告主要研究内容如下:

一、建设背景及建设必要性分析与论证

根据区域总体规划(见图2)及沿线用地规划(见图3),梅山湾两岸将建设成为宁波唯一具有滨海度假功能的东部滨海新城,含高档休闲滨海生活体验中心及游艇中心。梅山春晓大桥位于岛头核心区,春晓岸规划有商业步行街、滨水商业、海洋室内乐园等;梅山岸开发有意大利风情区、商业文化水廊等。因此,本项目是梅山湾新城中心区开发建设的重要基础设施工程,对进一步优化梅山及北仑区域路网布局,加快梅山岛开发建设、加强春晓与梅山岛的联动发展,推动梅山岛头核心区开发具有重要意义。

二、功能需求分析与规模论证

根据规划,梅山春晓大桥除承担春晓与梅山两组团沟通及梅山岛对外交通外,是环梅山水道

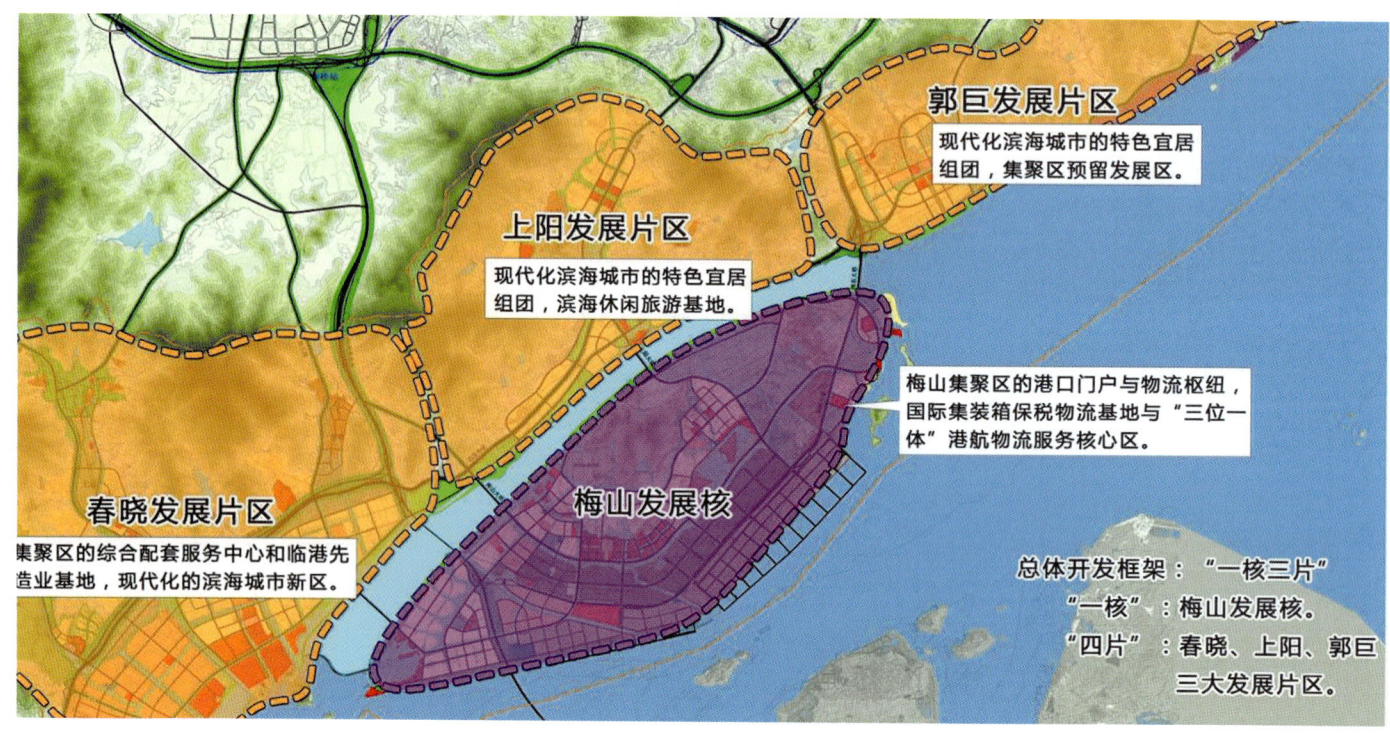

图2 区域总体规划

图3 两岸用地及慢行系统规划

慢行休闲系统及自行车赛道的重要组成部分（见图3），需满足慢行系统骑行过海要求。

根据交通规划、交通量预测及交通适应性分析，确定春晓大桥机动车按双向六车道布置，并考虑3.5 m宽非机动车道及2.5 m宽人行道。

### 三、总体方案论证

梅山湾两侧海岸规划为商业步行街及慢行休闲观光带，较好的布置方式是大桥机动车系统跨越两侧海岸路，与两侧大型交叉口平交，实现其快速交通功能；而慢行系统宜与两侧海岸路平交，最大程度方便两岸慢行系统的沟通。为此，大桥按双层桥方案布置，上层为双向六车道机动车道，跨过西海堤商业步行街及东海岸路（两岸均为自行车赛道）；下层布置人非慢行系统，与西海堤商业步行街及东海岸路（自行车赛道）连接，成为环梅山水道慢行休闲系统及自行车赛道的重要组成部分。双层桥横断面布置及下层人非系统景观示意如图4所示。

从通航条件看，梅山水道为船舶遇超强台风时的避风锚地，需满足500 t级杂货船遇超强台风时的通航要求，其通航净宽为105 m，净高为16 m；而日常作为游艇基地，需满足游艇全天候通航，其通航净高为9 m。

如按500 t级杂货船16 m通航净高控制，下层慢行系统纵坡达到4%以上，无法满足慢行系统骑行要求。为此，经深入研究，多方案比选论证后，提出了双层开启桥的创新设计思想。即通过下挂纵移桥架的方式实现下层纵移开启，满足500 t级船舶通航要求（下层桥架平时关闭

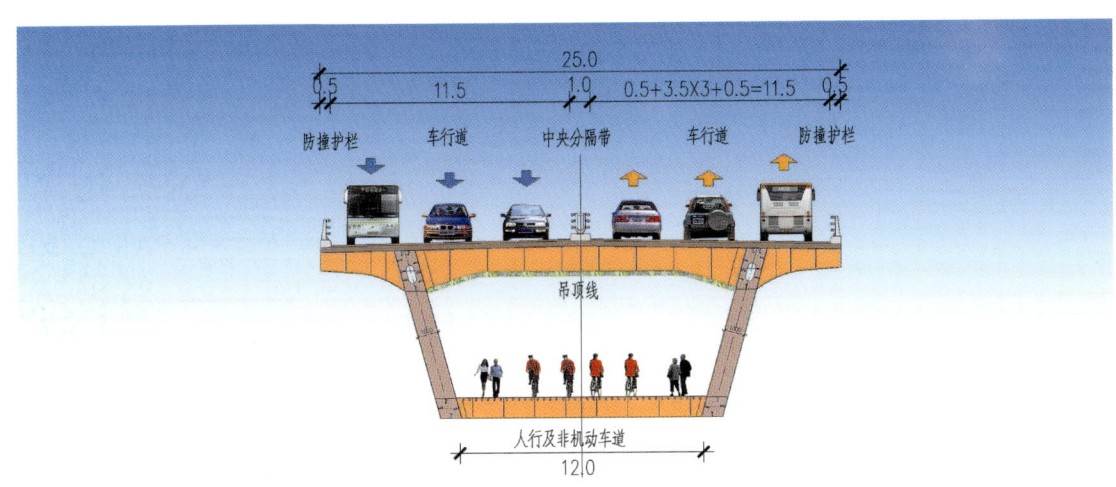

图4　桥梁横断面布置及下层人非系统景观示意

状态跨中300 m宽度范围可全天候满足游艇的通航要求），下层开启时不影响上层机动车通行，可使桥梁纵坡降低至2.5％以下，实现非机动车全骑行过江，图5为双层桥总体布置图。并在下层设置景观装饰，营造舒适人文环境。该双层开启式桥梁属国际首创，圆满解决了慢行系统过江问题，并在城市跨江桥梁中也具有广泛推广应用价值。

## 四、桥型方案论证

主桥采用桥型美观且竖向结构刚度较大的桁架拱桥（见图6），以满足下层桥架的变形适应性要求，跨径布置为80 m+336 m+80 m。其中跨中108 m范围下层桥面可通过悬挂在上层桥面梁底的纵移轨道向两侧移开（类似移门），以满足500 t级船舶通航要求，图7、图8分别为下层纵

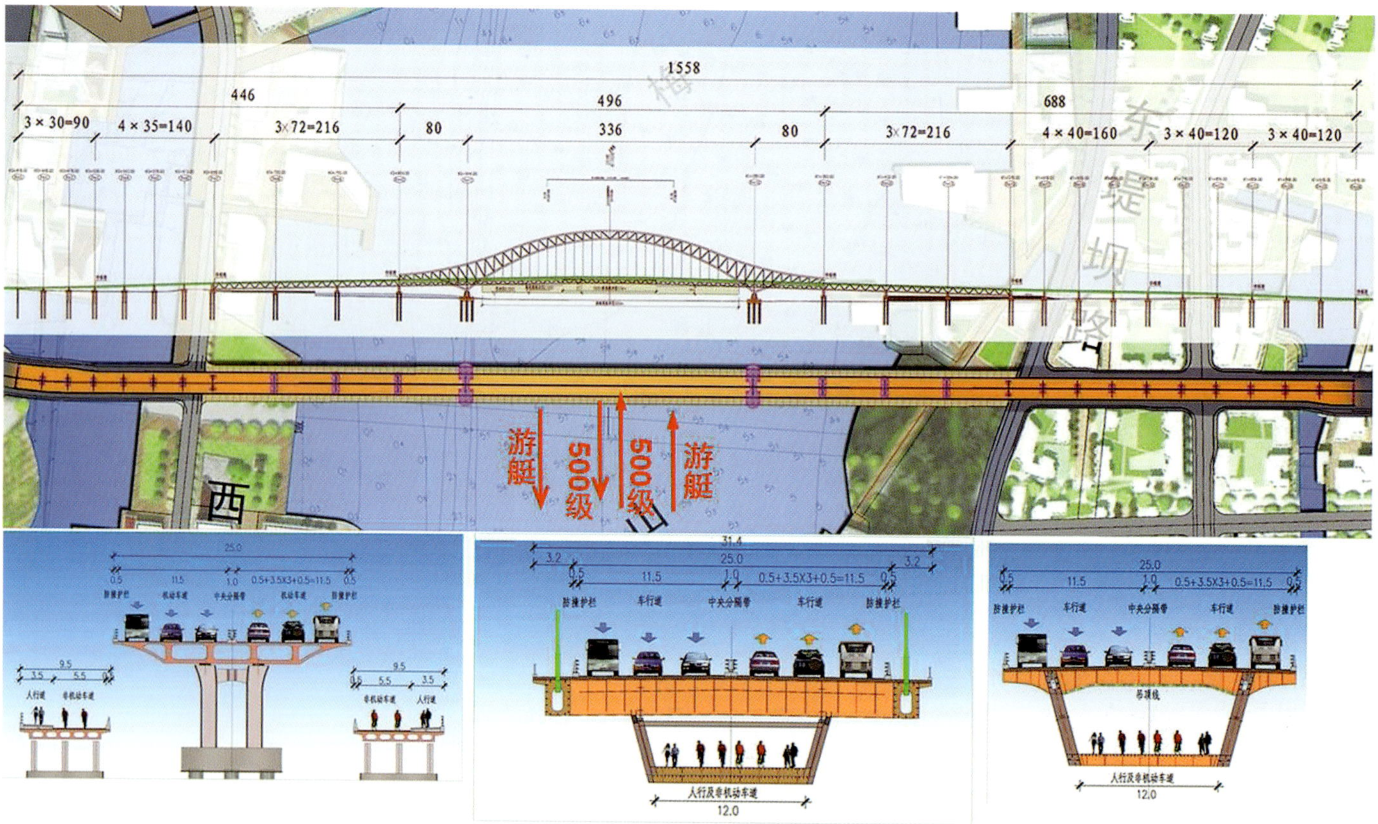

图5 双层桥总体布置图

图6 大桥透视效果图

移桥架悬挂导向机构及驱动机构布置图。由于下层仅布置慢行系统，重量轻，借助纵移轨道及滑轮组便可较轻松实现纵移，其纵移机理类似桥检车。水中引桥采用3×72 m双层桁梁桥。

### 五、投资估算及资金筹措

本工程推荐方案（双层桁架拱桥叠合梁方案）总投资为111 779.316 4万元，其中建筑安装工程费为83 924.525 1万元，设备及工器具购置费为1 430.774 0万元。

本项目考虑35%自有资金，65%银行贷款，建设期约34个月，年贷款利息按6.55%计取。分年度投资比例为40%、40%、20%。

### 六、国民经济评价

经济评价合理科学，工程具有较好的抗风险能力。经济技术指标先进合理，对社会经济评价、国民经济评价进行了全面充分分析与论证，其国民经济评价投资内部收益率为11.22%，说明本工程具有较好的抗风险能力。

### 七、关键技术及专题研究

跨海大桥关键技术及专题研究工作开展充分，除地质勘察、测量等基础性工作外，开展了桥址区管线物探、水下地形测量、水文观测、风环境观测、地质安评、海洋环境影响评估、通航安全评估等十几项专题研究工作，并开展了下层纵移开启关键技术研究，为工可研究及技术可行性分析提供了系统完整的基础资料。

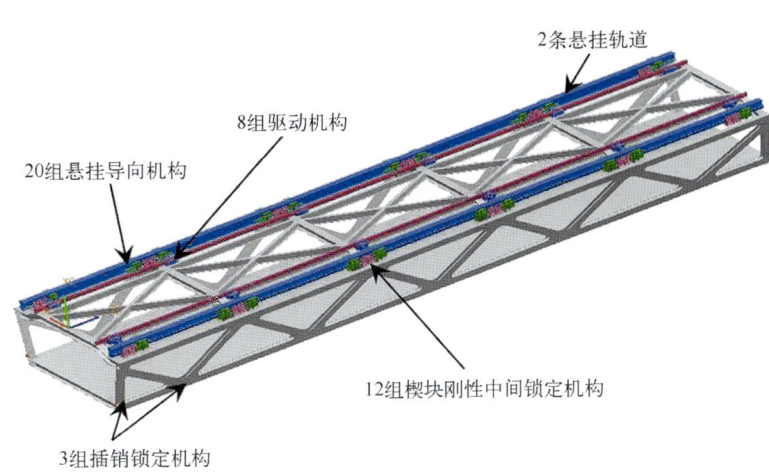

图7 下层纵移桥架总体布置图

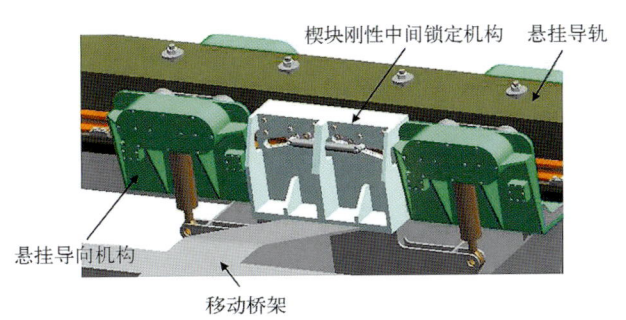

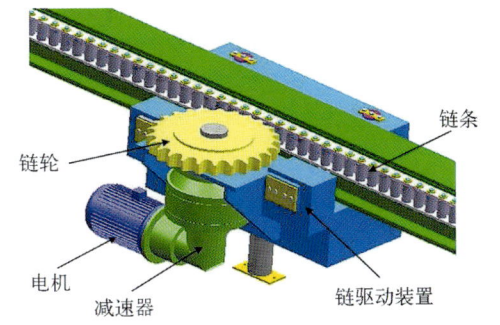

图8 下层纵移桥架悬挂导向机构及驱动机构布置图

## 【工作过程】

2013年3月上海市政工程设计研究总院通过投标获得了本项目的可行性研究及设计任务，并于2013年7月完成了工可研究。其间进行了大量资料收集及调研工作，对建设必要性、桥位选择、接线方案、慢行系统过海方案、工程规模、技术标准、桥跨布置及桥型方案等进行了大量研究，并开展了桥梁水文、风环境特性、通航尺度及通航安全评估等十几项专题研究工作。

工可咨询报告对建设项目必要性、建设规模等进行了充分论证，并经多方案比选，创造性地提出了人车上下分离、下层纵移开启的创新设计，有效解决了非机动车骑行过江及大型船舶的通行问题。该双层开启桥设计方案科学合理、圆满解决了慢行系统过江问题，属国际首创，并在城市跨江桥梁中具有广泛推广价值。

## 【咨询工作特点】

根据梅山春晓大桥的工程特点，我院对建设必要性、桥位选择、接线方案、慢行系统过海方案、工程规模、技术标准、桥跨布置及桥型方案等进行了大量研究，通过多方案比选，创造性地提出了人车上下分离、下层纵移开启的创新设计。咨询工作解决了一系列技术难题，体现了梅山春晓大桥咨询工作的独特性、创新性。

1. 对建设项目必要性、建设规模、技术标准等论证充分

本项目提出春晓大桥的建设为构建梅山岛联系北仑区、宁波市中心等对外交通联系的第二通道，加强了滨海新城春晓—梅山岛两大组团的

沟通联系,对于促进梅山岛的开发建设、加强春晓与梅山岛的联动发展等具有重要意义。

2. 基础资料调研收集全面翔实

收集了沿线区域的经济发展状况和土地使用规划;现状及规划道路资料;现状及规划管线资料;现状的自然条件资料;两岸现有海岸及堤坝规划布置资料;既有道路、相关衔接工程的情况。

3. 功能定位准确,总体设计方案科学合理

围绕非机动车过海问题,进行多方案分析比选,并最终创造性地提出了人车上下分离及下层纵移开启式双层桥梁的创新设计思想。由于受到500 t级大型船舶通航净空高度的限制,采用常规布置方案不能满足非机动车骑行过江的纵坡要求。为此,经深入研究,多方案比选论证后,桥梁按上下层布置,上层通行机动车,跨过两侧海岸路接主干路;下层通过下挂人行桥架通行人及非机动车,直接与两侧岸堤相连接,使两岸紧密连接成整体。并通过下层桥架纵移开启,满足500 t级船舶通航要求(下层桥架平时可全天候满足游艇的通航要求),开启时不影响上层机动车通行,可使桥梁纵坡降低至2.5%以下,实现非机动车全骑行过江。并在下层设置景观装饰,营造舒适人文环境。该双层开启式桥梁属国际首创,圆满解决了慢行系统过江问题。

4. 桥型方案新型独特,具有创新性

工程主桥采用主跨336 m中承式双层钢桁拱桥,下层设置纵移开启式装置,可实现不中断上层车行交通的同时,满足不同通航需求。为国内外首座双层纵移开启式桥梁,也是一座极具影响力的标志性景观建筑。

5. 交通流量预测和分析准确,交通评价方式先进

通过对梅山岛的交通分布研究,充分分析影响交通量的各种因素,采用科学的预测方法,得到了远期交通量预测结果,据此确定了本工程的建设规模,并通过先进的交通仿真软件对各主要节点和主要交叉口进行了交通评价,使设计方案能够充分满足远期的交通需求。

6. 跨海大桥关键技术及专题研究工作开展充分

本项目除地质勘察、测量等基础工作外,开展了桥址区管线物探、水下地形测量、水文观测、风环境观测、地质安评、海洋环境影响评估、通航安全评估等十几项专题研究工作,并开展了下层纵移开启关键技术研究,为工可研究提供了系统完整的基础资料。

7. 安全措施科学合理,大幅降低工程风险。

通过开展通航评估等工作,降低工程风险。

8. 生态环境影响论证全面深入、客观科学

开展了海洋环境影响评价、水土保持方案研究、海域使用论证等专题研究,对工程造成的生态环境的影响进行了全面深入、客观科学地论证,并将环保措施落实在工程中,使工程建设对环境的影响降低到最低限度。

9. 经济评价合理科学,工程具有较好的抗风险能力

本项目提出的经济技术指标先进合理,对社会经济评价、国民经济评价进行全面充分分析与论证,国民经济评价投资内部收益率为11.22%,说明本工程具有较好的抗风险能力。

【咨询效果】

宁波梅山春晓大桥为特大型跨海桥梁工程,其主桥为国内外首座双层纵移开启式桥梁。工可咨询报告严格贯彻国家宏观经济政策,在大量的市场调查分析预测基础上对建设项目必要性、建设规模等进行了充分论证,并经多方案比选,提出科学合理的双层开启桥设计方案,解决了一系列技术难题,属国际首创。工可咨询报告提出的经济技术指标先进合理,社会经济、国民经济及环境评价论证全面充分,研究成果达到国际领先水平。

目前本项目进入大规模施工阶段,列入浙江省重大工程,预计2015年底完成主体结构施工,2016年12月全面建成通车,将建设成为梅山开发区地标性景观建筑。

# 芜湖市利用世界银行贷款改善交通走廊及建设绿色公交系统项目可行性研究报告

The Feasibility Study Report of the Traffic Corridor Improving and Green Bus System Building Projects in Wuhu City by the Loan from the World Bank

编写单位：同济大学建筑设计研究院（集团）有限公司
Tongji Architectural Design (GROUP) Co.,Ltd. (TJAD)
联系电话：021-35377649　网址：http://www.tjadri.com
主要完成人：蒋相华　沈禹　周海容　吕天华　朱琨琨　郑明伟　王国富　汪洋　高旺生　孟庆楠

## 【点评】

本报告通过对现状及发展目标的差距分析，提出芜湖市公交改善的相关措施，包括增加保有量、拓展现有道路通行能力提升公共交通的运行效率、增设交通安全设施等。利用交通模型分析芜湖城市交通运行与规划的协调性，通过用新方案替代老方案认证，取得了世界银行认可，纳入世界银行项目。

## 【项目背景】

芜湖市地处中国东部与中部结合区，长三角西缘，是长江中下游地区重要的水陆综合交通枢纽，是安徽省为接轨长三角着力打造的皖江城市带核心城市。一方面，随着经济的发展，芜湖市城市空间结构、居民出行结构正处于快速的变革之中，中心城区交通拥堵现象日益频繁。另一方面，芜湖现有的公共交通设施已无法满足居民交通出行需求，公交出行比例停滞不前。因此，芜湖拟向世界银行申请贷款，同时借鉴世界银行先进的交通治堵理念和成熟的交通管理经验，提高居民出行效率。

本项目是安徽省政府统筹芜湖市、安庆市、淮北市和六安市向世界银行申请贷款的《安徽省四市城市道路建设项目》的芜湖子项目。2008年项目启动初期，选择中江大道、弋江路和九华路作为项目内容，但由于投融资、建设进度要求等原因而中断；2009—2012年间，芜湖市提出了综合交通枢纽、电动汽车、道路建设等一系列替代项目，但均被世界银行否定；2012年1月，由我院提出的一揽子公共交通提升计划被世界银行认可并确认为替代项目。

本项目一揽子公共交通提升计划涵盖建设信息化公交专用道走廊、挖掘交通走廊潜在的通行能力、提升交通走廊交通安全、购置公交车辆、完善公交场站设备和增设加油加气站等多个子项。项目包含了公共交通的各个方面，涉及道路、信息、燃气等多专业，据此，业主方委托同济大学建筑设计研究院（集团）有限公司进行项目的可行性研究工作，对项目的目标定位、交通分析、初步技术方案、投资估算等问题进行深入研究。

## 【项目内容】

根据世界银行要求，本项目建设目标不仅仅提升芜湖市公共交通水平，同时需分析芜湖交通症结及提供相应的交通治堵理念和交通管理经验。本项目内容如下：

一、提供交通系统现状资料及改善策略

通过交通模型对芜湖市交通系统进行综合梳理，为芜湖提供第一手的现状资料及交通改善的相关策略。

路网症结分析：第一，路网结构与用地结构并不匹配，中心城区由"带形"向"三叶形"转变，空间结构复杂，但路网结构却仍然维系着"带形"结构特征；第二，瓶颈依然明显，受自然障碍（江河、铁路、高速公路）的影响，组团间道路资源相对有限，瓶颈断面相对突出；第三，微循环系统不畅，"半城山、半城水"的特征导致芜湖市区断头路多。

根据路网症结，提出芜湖交通的改善策略：第一，结合"三叶形"城市特征，提出带状区"公共交通走中间，私家车走两侧"和新三叶区域"主动屏蔽"的出行战略；第二，结合中心城区"交通供需矛盾大"的特点，提出"公交优先"的出行方式诱导策略；第三，结合鲜明组团化城市特征，提出"职住平衡的邻里规划"策略。

根据本咨询项目的分析，并结合交通模型，列出了一揽子项目建设计划，为芜湖市政府所采纳。

## 二、提出提升公共交通服务水平的具体方案

建设公交专用道走廊：在长江路、银湖路、赭山路建设路侧式公交专用道，并分别根据其不同的交通状况，选择不同的交叉口公共交通组织方案，不同的公交优先信号控制系统。

提升交通走廊通行能力：对长江路、银湖路、赭山路交通标志标线重新施画，对瓶颈处交通进行局部优化。例如长江路育红小学高峰时段停车布置、银湖路过街行人过节信号与机动车信号的联动配置、赭山路沿线交叉口节点信号配置等。

购置公交车辆：共购置728标台公交车辆，其中电混合动力公交车136台。

建设LNG加气站：建设城东方特加油加气站。

完善公交场站：改善陶沟、公交总公司地坪及高保车间相应设备。

## 三、投资估算及经济效益分析

估算项目总投资为69 232.55万元，其中建安费4 110.44万元，设备购置费52 579.08万元，工程建设其他费4 457.55万元，预留费6 114.71万元，建设期贷款利息1 670.77万元，能力建设费300万元。其中，向世界银行贷款5 200万美元，其余由芜湖市政府承担。

通过对时间价值的分析，本项目投入后，经济效益成本比RBC2.34，经济净现值ENPV（万元）48 394万元，经济内部收益率EIRR24.98%。

## 【工作过程】

本项目可行性研究工作从2011年6月开始，于2013年10月正式批复。工作过程如下：

第一步，搜集资料，摸底交通现状。

接受委托后，我院即成立项目组，与项目业主进行深入访谈，了解项目提出的背景及研究重点，了解业主的需求和决策难点。通过多次对项目实地踏勘，了解内部现状情况及周边功能及交通情况，为项目的整体定位、功能定位等掌握第一手的现状资料。

第二步，建立交通模型，数字化交通状况。

首先，模拟机动车和非机动车流在主要交通走廊上乃至整个中心城区的运行情况，并反映交通出行及其分布的基本特征和发展趋势；其次，预测各规划年的交通需求情况和项目走廊上交通量和交叉口机动车转向交通量，测试并评价各方案的各分区中不同等级道路、不同出行模式的车千米数、车小时数、平均速度、交通量、饱和度等服务水平指标；最后，根据各种发展因素可能带来的交通影响，对交通模型进行灵敏性分析。通过交通模型的建立，强化定性认识。

第三步，提出交通策略，建立交通改善项目库。

与世界银行专家多次沟通讨论，提出芜湖交通改善的战略计划，并相应提出具体的交通改善项目库，为芜湖未来发展做支撑。同时根据公共交通的现状，确定本项目建设内容，尤其注重公共交通改善，并多次与业主、世界银行协调后，最终确定建设项目内容。

第四步，展开公共交通专项调查，剖析公共交通症结。

从公交保有量、舒适度、公交线网、公交场站与站点、公交票价系统等多方面展开分析芜湖现状公共交通的不足；同时，根据拟建设公交走廊的交通走廊，采用行驶车速分析、交叉口饱和度分析、运行分析等手段进行交通瓶颈的排查。此外，专程走访芜湖交警交通事故数据库，采取交通走廊相关黑点。

第五步，提出项目实施方案，展开工程相关设计。

提出一揽子公共交通的建设计划，包括建设公交专用道走廊、提升交通走廊通行能力、购置公交车辆、建设LNG加气站、完善公交场站设备等。由于项目专业多，利用我院强大的专业覆盖面，分派到多个小组进行专题研究。

第六步，项目评估，展开环境影响评估等相关评估。

项目建设内容复杂，体量大，投资大，程序繁复，对项目的功能策划、规模论证、交通设计、技术方案、投资估算等要求均非常高。针对工作中的重点和难点问题，我院采取以下新思路、新方法和新手段：

（1）理清思路。先采用交通模型手段重点

分析芜湖市交通现状,并建立相关项目库,从中选取世界银行较为中意的项目,站在地方高度,从多维视角论证项目建设的必要性,立足点高,论据可靠,说服力强。

(2)多专业协调操作。利用我院专业覆盖面广的特点,对推荐方案进行深化设计,提高技术方案的可行性和可操作性,为后续初步设计打下良好基础。

【咨询工作特点】

(1)交通分析特点。从历史的角度分析芜湖的发展特点,利用交通模型强化分析区芜湖城市交通设施与规划的协调性,提出芜湖市交通改善的方案,并将与公交相关内容纳入世行项目。

第一,从历史的角度分析芜湖交通。首先,芜湖交通结构经历了复杂的演变,从"带形"向"三叶形"城市演变,"三叶形"城市较之于"带形"城市交通结构更为复杂,局部交叉口的转向比重增加。其次,组团型城市特征依然明显,受高速公路、铁路、山水的阻隔,芜湖呈现典型的分割明显的"水系城市"特色,其交通微循环组织难度较大。经过分析,我院认为,芜湖交通仍应以南北向作为主轴向,但需设置一定的主动屏蔽系统,即原"带状区域"强调机动车走外围,"新三叶区域"强调主动屏蔽,同时,在中心城区内部,建议全方位公共交通优先。

第二,在定性交通分析的基础上,采用交通模型定量深化分析。交通模型是根据对现状交通模拟的基础上,验证未来规划合理性,并合理安排建设进度的平台。目前,国外城市应用较为广泛且效果良好,而国内三、四线城市尚处于起步阶段。交通模型通常分为四个阶段,分别为交通的发生与吸引、交通分布、方式划分和交通流分配。

芜湖交通模型一方面为芜湖市留下了第一手的现状信息,如现状年交通出行与交通吸引的强度布局、基于不同目的出行比重等等;另一方面也清楚地反映芜湖交通路网的症结与困境,为下一步改善交通提供帮助。

(2)交通改善特点。通过疏导瓶颈等交通组织策略结合通道通行能力平衡总设计理念,挖掘潜在通行能力,同时确保交通安全。

随着经济的发展,道路拥堵已经遍布于国内的许多城市,基于对国内外城市微观交通的分析,本咨询工程首次提出通道通行能力平衡的设计理念,在基本不进行土木建设的前提下,通过抓瓶颈提升管理的模式挖掘潜在通行能力,从而达到改善交通的目的。例如:

长江路:线路长且不同路段的交通设施和拥堵现象不同。经具体分析后,长江南路采用路侧

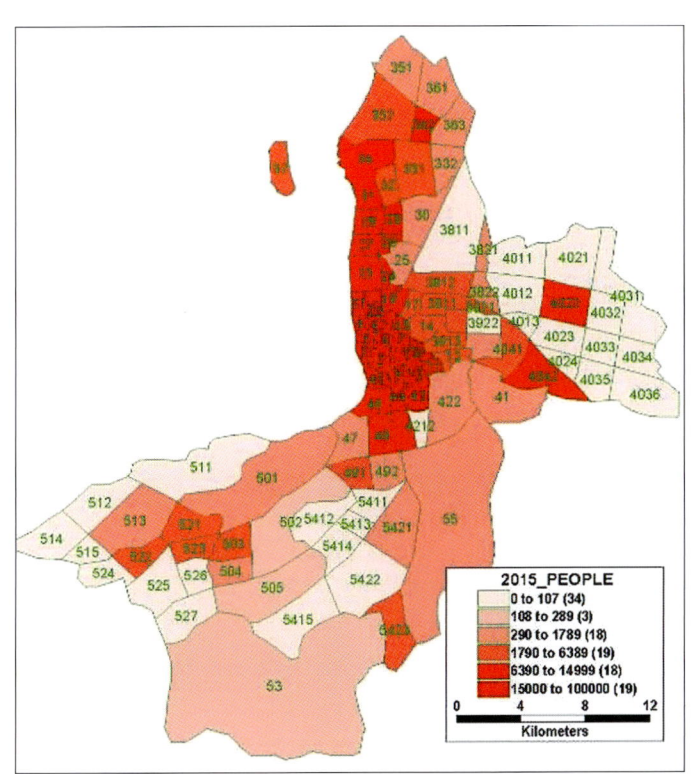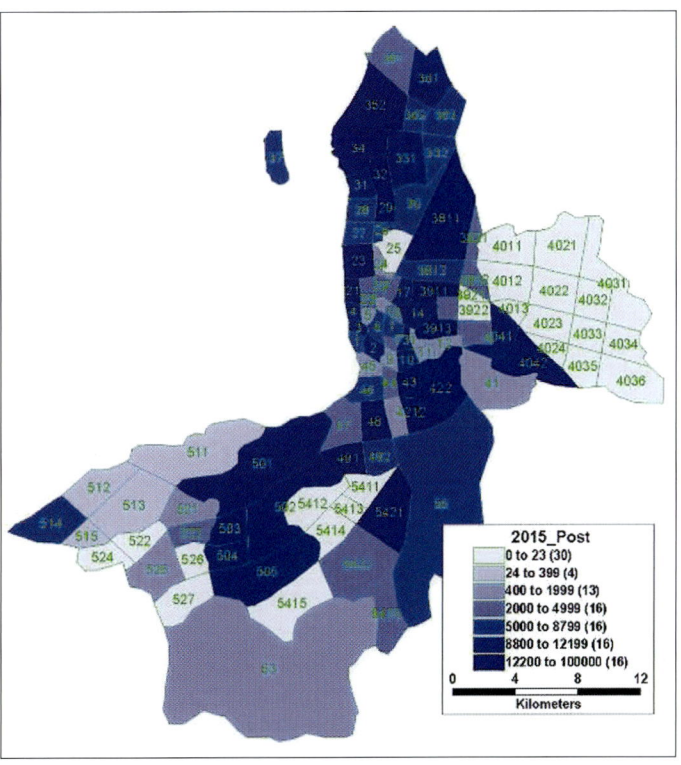

图1 项目交通分析

式公交专用道结合交织型进口道交叉口设计，同时配合被动型信号优先控制。长江北路采用路侧式公交专用道结合增设右转提前拉出型交叉口设计，同时配合实时型信号优先控制。

赭山路：线路交通瓶颈出现在交叉口，故本项目提出错位配时的方法，具体见图2。

| | 编号 | 信号灯组 | 信号序列 | | | | | | | | | | | |
|---|---|---|---|---|---|---|---|---|---|---|---|---|---|---|
| | 1 | k1东向直行 | 红- | 0 | | 20 | | | | | | 1 | 3 | |
| | 2 | k2西向直行 | 红- | 0 | | 26 | | | | | | 1 | 3 | |
| | 3 | k3东向左转 | 红- | 29 | | 48 | | | | | | 1 | 3 | |
| | 4 | k4西向左转 | 红- | 23 | | 48 | | | | | | 1 | 3 | |
| | 5 | k5南向直行 | 红- | 50 | | 83 | | | | | | 1 | 3 | |
| | 6 | k6北向直行 | 红- | 51 | | 90 | | | | | | 1 | 3 | |
| | 7 | k7南向左转 | 红- | 93 | | 117 | | | | | | 1 | 3 | |
| | 8 | k8北向左转 | 红- | 87 | | 117 | | | | | | 1 | 3 | |
| | 9 | f1a东西向-上 | 红-绿- | 1 | | 25 | | | | | | | | |
| | 10 | f1b东西向-下 | 红-绿- | 1 | | 23 | | | | | | | | |
| | 11 | f2a南北向-左侧上 | 红-绿- | 31 | | 85 | | | | | | | | |
| | 12 | f2b南北向-左侧下 | 红-绿- | 57 | | 110 | | | | | | | | |
| | 13 | f3a南北向-右侧上 | 红-绿- | 61 | | 110 | | | | | | | | |
| | 14 | f3b南北向-右侧下 | 红-绿- | 31 | | 76 | | | | | | | | |
| | 15 | k0a全红期间待行... | Permanent Off | | | | | | | | | | | |
| ▸ | 16 | k0b全红期间待行... | Permanent Off | | | | | | | | | | | |

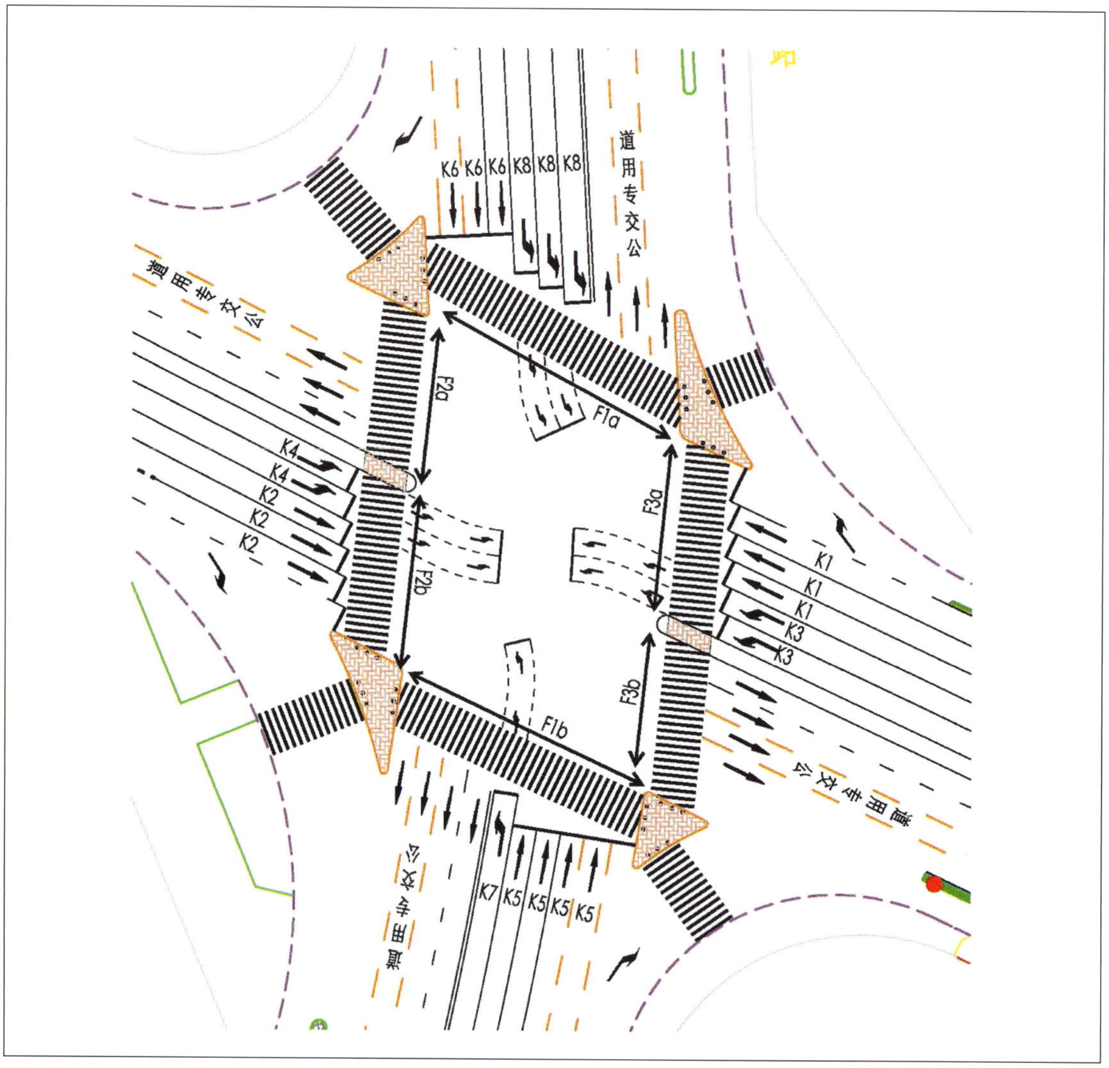

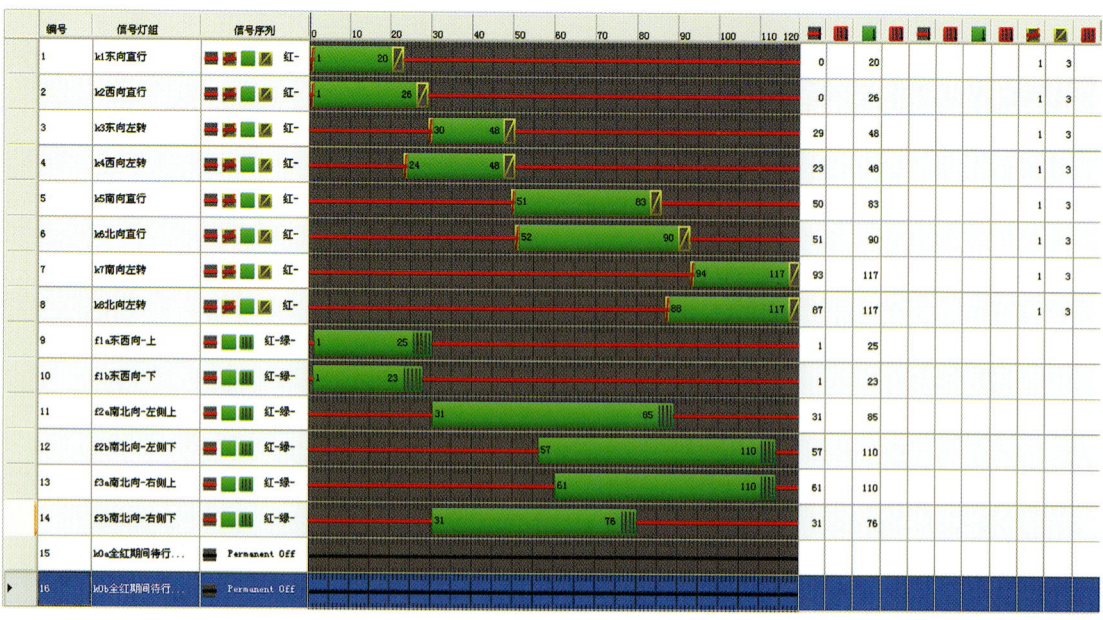

图2 局部节点配时效果图

(3)经济效益分析特点。投资估算精准,并采用时间价值经济评价计算项目社会效益。

项目经济评价是在预测、选址、技术方案等研究的基础上,对项目投入产出的各种经济因素进行调查研究,通过主体方案测算及敏感性分析比较,对项目的经济可行性及合理性作出全面的分析、论证和评价。本工程咨询的思路如下:

一是把将要建设的交通项目效益反映到交通预测模型上,即模型验证;

二是确定经济评价模型中的相关评价参数;

三是从交通模型的运算数据中获取必要的研究数据,作为经济评价的输入数据;

四是运用经济分析模型计算项目建设前后的交通经济成本,并分析经济评价模型的输出结果,采用效益——费用分析确定项目效果,并对交通改善方案提出一定的改进意见,并最终选取最优方案。

通过测算,本工程在交通事故减少、车辆运行成本和社会环境成本三项社会价值指标提升显著,有效推动了项目的推进;同时,本工程全面精细的投资估算分析,为有关政府部门对项目的审批提供了可靠参考和依据,使项目一举通过了安徽省发展与改革委员会的专家评审和世界银行专家的评审。

**【咨询效果】**

本咨询项目效果显著,主要体现在:

(1)通过先进的交通模型的定量分析,提出芜湖市交通改善的相关措施。

本咨询项目结合国内外城市交通发展的经验,提出芜湖交通发展的三大策略,并结合策略建立一系列交通改善项目库。相关内容均多次与芜湖市政府沟通,并在本项目及其他项目中得到采纳和推进。

(2)通过翔实的公交现状数据分析,提出芜湖市公共交通发展的策略。

现状芜湖市公交服务水平总体较差,无论是反映硬件指标的公交保有量、公交场站规模,还是反映服务水平指标的公交线网的服务范围、公交票价的优惠措施等,均无法达到国家响应标准。

本咨询项目通过对现状及发展目标的差距分析,提出芜湖市公交改善的相关措施,包括增加保有量、拓展现有道路通行能力提升公共交通的运行效率、增设交通安全设施等。项目组一方面说服世界银行同意贷款,另一方面也说服芜湖市政府增强对公共交通的投入,从而努力诱导居民出行选择公共交通。

(3)改善芜湖城市形象,提升芜湖文化品位。

项目定位:安徽省一流、全国前列,努力改善芜湖交通拥堵、提升芜湖公共交通品味。项目建成后,将大大提升芜湖市公共交通的规格和档次,为芜湖城市建设注入更加环保、后汽车时代的元素,大大提升芜湖的城市形象。

# 上海世博会地区B02、B03地块地下空间工程可行性研究报告

## The Feasibility Study Report of the Underground Space Project at Land Parcel B02 & B03 in Shanghai Expo Area

编制单位：上海市城市建设设计研究总院
Shanghai Urban Construction Design & Research Institute
联系电话：021-50891688　　网址：http://www.sucdri.com
主要完成人：朱邦范　祁燕阳　郑振鹏　黄昊　齐振峰　蔡连岳　徐壮涛　郑文健　周佳庆　黄晓莉

## 【点评】

本报告坚持近远结合，上下结合、平战结合的原则，将地下空间开发利用与城市建设、经济建设、市政交通设施、城市抗灾救灾和人防工程建设等有机结合，控制各地块地下空间设施规模、开发层数，提出了地下空间的布局建议，以及地下空间与轨道交通的对口衔接、预留通道、公共设施等要求，充分发挥地下空间的开发利用所带来的社会效益、经济效益及环境效益。

## 【项目背景】

上海世博会所在区域位于上海市黄浦江两岸，南浦大桥和卢浦大桥之间的滨江地区。目前，世博园区后续开发总体规划已初步形成。"十二五"期间，相关开发建设的基本框架将进一步明晰。世博园区将被打造成为功能多元、空间独特、环境宜人、交通便捷的世界顶级新地标，集博物博览、文化创意、总部商务、高端会展、旅游休闲及生态人居等功能于一体。特别是在"四个中心"建设的总体功能框架中，世博会地区将根据自身优势服务于上海国际化大都市的功能需求，最大程度的发挥世博效应，成为促进上海城市功能转型和中心城区功能深化提升的重要功能载体。图1为上海世博会区域位置图。上海世博会地区B02、B03地块地下空间工程区域见图2。

同时，上海市地下空间的开发利用随着城市化进程的不断深化，进入了快速发展的阶段，为适应城市空间的拓展要求，地下空间的建设要求十分迫切。世博会的成功举办及世博会区域的后续开发，是上海市全面开发利用城市地下空间的重要契机。本项目设计的世博会B片区央企总部区域周边地铁站点和配套设施的建设，将带

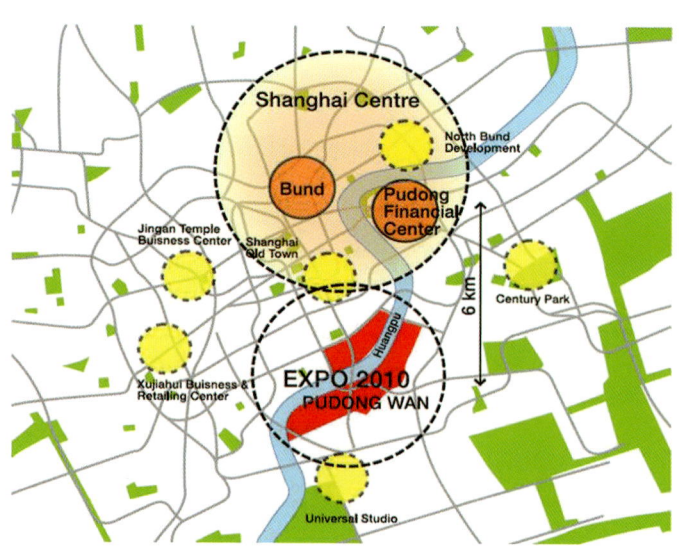

图1　上海世博会区域位置

图2　上海世博会地区B02、B03地块地下空间工程区域

来大量的资源，使其地下空间的使用价值不断增强。本项目地下空间的总体规划借鉴国内外的先进经验，将世博及周边地区的地下、地上资源充分整合，有效利用轨道交通，充分体现地下空间的价值。

【项目内容】

本工程建设单位为上海世博发展（集团）有限公司，项目位于世博园区一轴四馆西侧，建设范围东临世博馆路，西至长清北路，南临国展路，北至世博大道，规划用地面积约18.72公顷。内容包括：街坊内各产权地块下的地下空间工程；规划一路、规划二路道路及公共绿地地下空间工程两部分，总建筑面积为：44.57万 $m^2$。功能涉及地下人行通道、地下车行通道、地下停车库、110 kV 变电站（另外专项研究）、能源中心（另外专项研究）、配套设备用房、公共服务配套设施以及与周边区域地下空间连通等功能，工程总投资61.13亿元。图3为B02、B03地块总平面图。

本项目地下空间工程的规划贯彻前瞻性、可持续性、以人为本的方针，坚持近远结合、上下结合、平战结合的原则，将地下空间开发利用与城市建设、经济建设、市政交通设施、城市抗灾救灾和人防工程建设相结合，控制各地块地下空间设施规模、开发层数，提出地下空间的布局建议以及地下空间与轨道交通的对口衔接、预留通道、公共设施等要求，充分发挥地下空间的开发利用所带来的社会效益、经济效益及环境效益。开发管理贯彻"统一规划、统一设计、统一施工、统一管理"四个统一的基本原则。

本工程为后世博的首期开工工程之一，其建设将为挖掘后世博的特色，向外界展示上海文化底蕴，提升城市形象，建立省市间、国际间的交流平台作出贡献，因而政府、市民、开发商、建筑商等利益群体对本项目持积极态度。同时，本项目的建成运营对于改善所在地区的交通状况、促进城市化建设以及提高人民的生活水平和生活质量具有良好的社会效益。

【工作过程】

2012年1月，本项目的项目建议书通过上海市发展和改革委员会的审查并获得相关批复，受业主委托开始编写本项目工程可行性研究报告。

2012年8月，完成可行性研究报告的编制工作，并报送相关部门进行评审。

2012年11月，本项目的工程可行性研究报告通过评审，并获得上海市发展和改革委员会的批复文件。

本次专题研究工作以完善上海世博会地区B02、B03地块地下空间工程的规划方案为核心目标，在此基础上适当扩大研究范围，结合核心区详规方案及外围相关情况，拟定上海世博会地区B02、B03地块地下空间工程建设范围。

工程包括街坊内各产权地块下的地下空间工程和规划一路、规划二路道路及公共绿地地下空间工程两部分，其中街坊内各产权地块下的地下空间工程总建筑面积为39.10万 $m^2$；规划一路、规划二路道路及公共绿地地下空间工程总建筑面积为5.47万 $m^2$。

图3　B02、B03地块总平面图

为了确保"四个统一"的基本原则,在设计初期,团队积极地与区域内13家央企及2家上海本地知名国企沟通,了解业主的使用需求及预期目标。整合各产权地块的地下空间资源,充分利用各地块人行疏散口、车行出入口、消防设备、通风设备等资源。构筑立体化、网络化的地下综合系统,综合解决区域内地下空间的步行、轨道、车行、商业、管线系统的整合与衔接。系统之间的链接和组合既有竖向的分层,又有水平的排序。

设计团队对项目的功能定位要求、各地块开发业态因素、区域内交通需求分析及停车需求进行分析和论证,最终确认了整个地下空间,地下交通、商业、文化、休闲、停车、市政和防灾为主的功能定位。

根据"土地出让合同"及已批复的控规规定,B02、B03区域各地块地上建筑开发业态为总部办公及部分商业。本项目地下空间部分,主要承担其停车、设备机房、交通连接、人防需求及功能等方面的需求。因此,地下空间的建设规模,必须满足由上述地块开发业态所带来的配套功能需求。

根据央企总部的建设规模预测,区域共提供205 550个工作岗位,由此预测出地块日机动车出行量以及地块早晚高峰机动车出行量。考虑到周边公共交通设施的配置因素,以及低碳、环保的建设理念要求,停车配置标准可相应降低。明确商业以0.5个车位/100 m²建筑面积为下限指标进行配置。根据已批复控规面积指标统计,本区域共需停车约6 000辆。结合社会车辆停车需求,最终确定停车数量不少于6 700辆。依此推算,地下车库部分面积约30万平方米。

结合以上分析结果,建议6个街坊的地下空间整体开发,地下空间连为一体,便于资源的共享、均衡。总开发体量在45万平方米左右,地下空间层数二至四层。层数分布见图4。

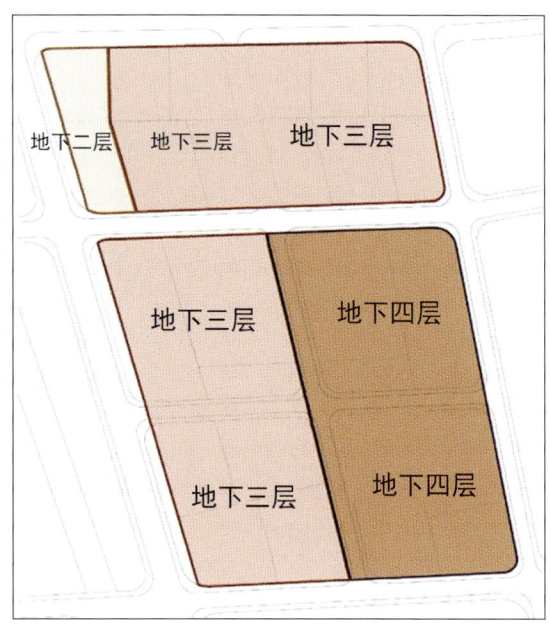

图4 地下空间二~四层分布图

## 【咨询工作特点】

### 一、四个统一设计原则

贯彻上海市政府"统一开发、统一建设、统一设计、统一管理"四个统一原则,在尊重周边各家央企设计方案的基础上,设置与公共区地下空间的连通口,做到车行整体环通,人行除世博B片区内部连通之外,还可与世博A片区连通。实现B02、B03地下空间工程统一规划、综合开发、合理利用、依法管理的战略目标。图5为地下空间整体连通示意图。

### 二、世博纽带

严格按照控规中关于B片区地下商业动线连通A、C两个片区的战略目标。B02、B03地块地下二层设置商业区。

人行动线,与地铁平层衔接,结合商业空间,通过垂直交通点,沿博城路向东与世博酒店的地下空间连通,直达中国馆;向西通过13号线地铁连接C片区,从而实现世博园区地下人行动线东西贯通的核心战略,形成上海市CBD中规模最大、最综合高效的地下空间体系(见图6)。

### 三、节能减排、绿色出行

1. 整体开发,集约化的地下交通系统

秉承后世博地区总体发展目标,构建一个出行便捷、通达性良好、舒适宜人的交通系统。合理引导鼓励公共交通出行,适当控制小汽车出行需求,创造整体平衡、集约高效的机动车与非机动车交通系统,构建城市与交通均衡、和谐发展。

本区域内共建设26栋50米至120米的高层建筑,按照独立设置地下车库,至少需设置52个地下车库出入口。整个地块地下空间的整体开

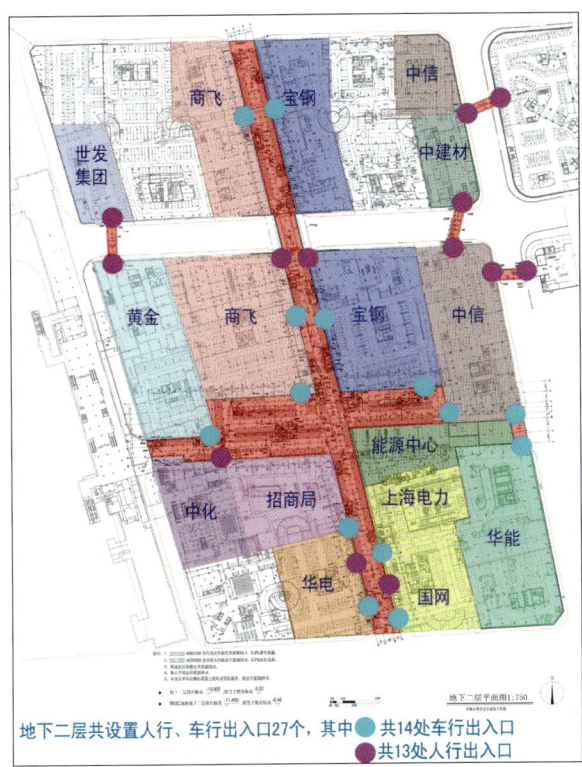

图5 地下空间整体连通示意图

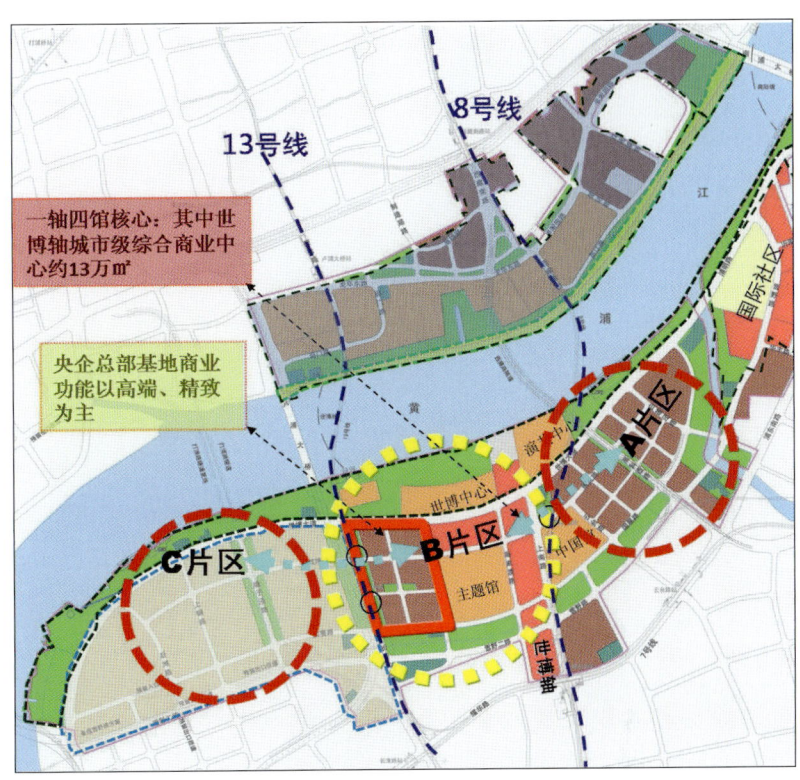

图6 地下空间体系

发，使车库出入口集约化设置成为可能。整个地下空间车库优化后，根据上海市城市综合交通规划研究所对该地区编制的交通影响分析确认仅需设置14个地下车库出入口，大大提高了整体区域内的空间品质和视觉效果。图7为基地内部交通流线示意图。

2. 采用区域供冷供热系统，可持续性发展

B02、B03片区设置集中能源中心提供B片区空调冷热源及生活热水。能源中心设置在地下公共空间内，通过地下空间内的公共管廊将冷热水送至各家央企。能源系统可加强能源梯级利用，提高一次能源的综合利用效率。合理预测各区域冷热负荷需求，优化区域能源中心的数量、位置和容量配置。采用能量回收与蓄能措施，采用全寿命周期分析方法进行方案优选，提高效率并平衡尖峰负荷。

在能源中心的设计中充分利用能源。本工程以"热（冷）电联供"、"并网上网"为主要设计原则，为减少对环境的污染，燃料采用洁净的天然气。机组配置具有综合能源利用率高、技术可靠等特点。冷热电联供系统提供基本冷热负荷，不足部分由蓄冷（热）装置、电空调、燃气锅炉提供。根据本项目冷（热）、电负荷的具体情况，所选的原动机组能够长期、稳定、经济运行。图8为区域供冷供热布置示意图。

图7 基地内部交通流线示意图

图8 区域供冷供热布置示意图

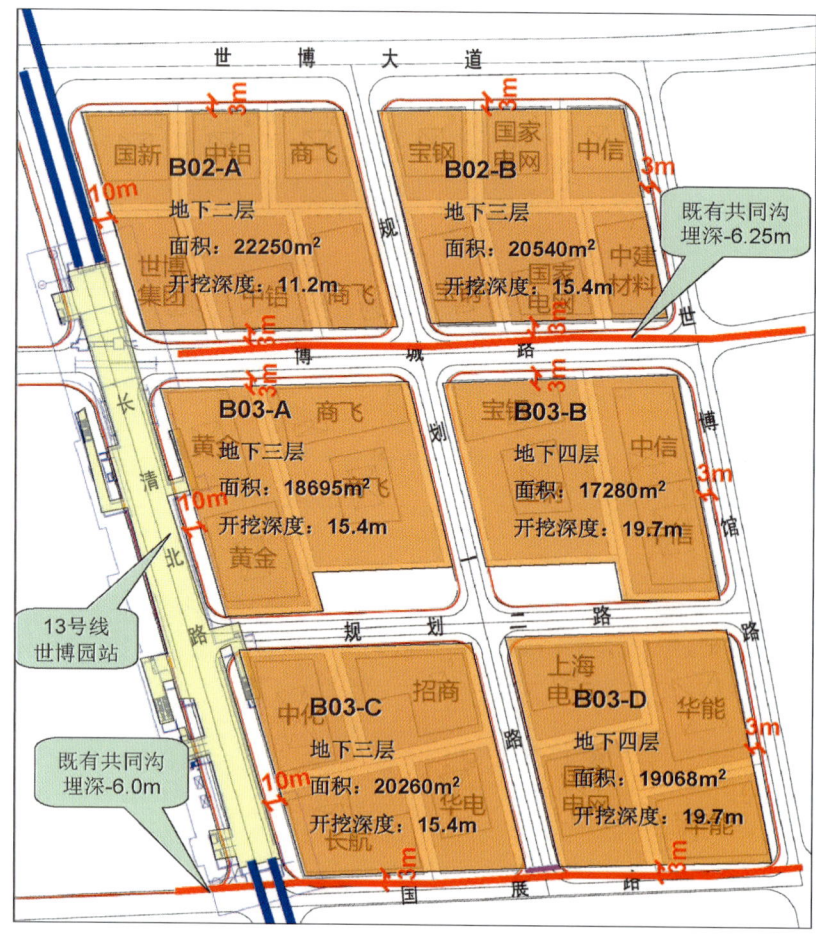

图9 各区域基坑开挖深度示意图

## 四、超大超深基坑施工研究

本工程基坑总面积13.9万$m^2$（含公共地下空间），单块基坑面积均在1.7万平方米以上，开挖深度为11.2～19.7 m，属超大深基坑工程。本工程地下部分工期紧，实施中需在安全可靠的前提下，合理安排实施步序，缩短施工工期。

本工程西侧紧临13号线世博园站及其区间隧道，基坑开挖期间可能引起车站侧向变形，危及结构安全；同时，本站主体及区间接头刚度差异较大，在土体变形作用下可能导致局部开裂。

由于受古河道切割，本场地内⑥、⑧层土均缺失，部分区域尚有⑤$_3$层、⑦$_2$层土缺失，导致微承压含水层与承压含水层直接沟通。基坑开挖期间，不仅土体开挖卸载将对相邻地铁等设施造成附加沉降，同时大体量抽取承压水也会对周边环境造成较大影响。

针对以上工程难点、设计时需综合考虑，并采取针对性措施，以确保基坑开挖稳定和周边环境影响。图9为各区域基坑开挖深度示意图。

## 五、合理避让既有道路共同沟

B02与B03地块之间的博城路是已建成城市道路，道路下方已有一条贯穿东西的共同沟。为了实现四个统一的原则，需设置地下连通道将B片区整体连通。由于共同沟的存在，围护桩及止水帷幕在平面上无法封闭。如何设置地下通道安全的穿越共同沟成为设计的难点和重点。整个项目组多方讨论，提出多个设计方案进行论证和研究，最终确认：通过支撑于基坑两侧围护桩的悬吊梁，吊挂钢缆并用螺丝固定，实现共同沟底与H型钢大梁之间的悬吊。在共同沟顶底板上开孔，进行MJS施工，实现基坑的封闭。共同沟下边开挖，边进行横列板的封闭施工，保证基坑安全。共同沟最终实测沉降为16 mm，符合保护要求。横断面布置图见图10。

## 【咨询效果】

### 一、对当地基础设施和城市化进程的影响

本项目的修建，有利于发挥轨道交通高速、高量、准点等特点，最大限度地吸引客流，最迅速地疏解客流，极大改善目前地面交通存在的各种问题。因此，必然会促进上海旅游、观光、购物经商等出行的增多，提高国际化城市形象。

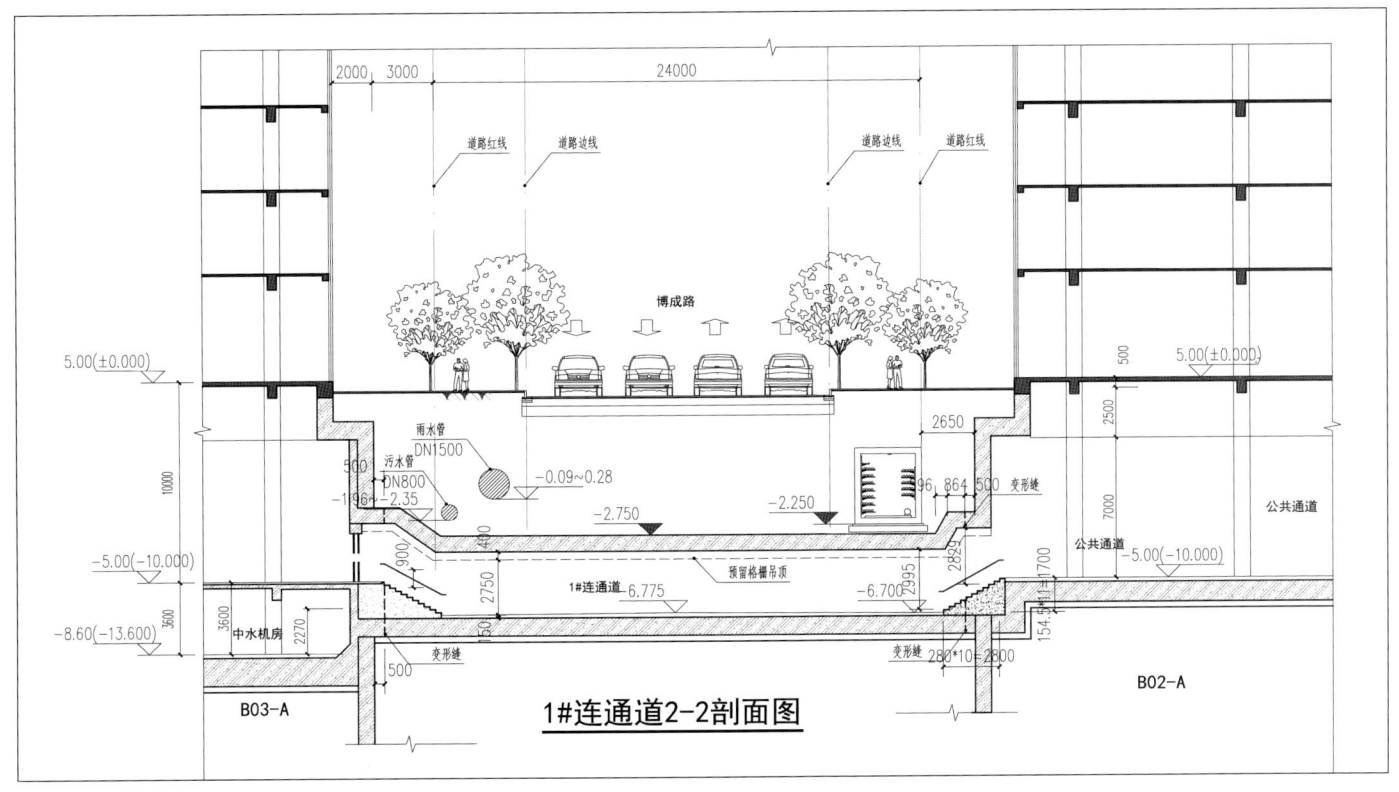

图10 连通道横断面布置图

## 二、对促进国民经济发展的影响

本项目建设一方面将为挖掘世博的特色,向外界展示上海文化底蕴,提升城市形象,建立省市间、国际间的交流平台作出贡献;另一方面也将促进和带动上海快速发展,这方面的重要作用和深远意义不容忽视。

世博B片区作为央企总部的聚集地,在新一轮城市改造中,在用地周边范围内聚集了行政、文化、接待三大城市中心,它的建设给地区经济快速发展提供了重要条件。同时,快捷的交通条件为商贸活动、人员交往提供了方便,还能促进旅游资源的开发和旅游事业发展,对于适应和促进21世纪上海市经济发展,必然具有十分重要的意义。

## 三、对自然资源利用的影响

目前,节能与环保已成为人们生活的突出问题。节约能源与环境质量保护是中国国民经济发展的一项长期战略。随着人们生活水平的提高,人们越来越重视环保给人们生活带来的影响,保护环境、节约能源、减少污染,已成为人们关心的中心。

利用世博B片区地下空间开发,整合规划以形成亲切、自然、生态的城市环境。

## 四、就业效果影响

本工程建设期间,设计、监理、施工等单位为了顺利、按时完成本工程的建设,必将扩大职工队伍,建成运营后,开发的生产、服务等项目也需要专门人员经营管理,以上都属于本工程创造的就业机会。

完善世博B片区的整体功能,合理组织区域内的交通,可大大提高效率,完全符合市场经济时间效应的需要。本工程提倡公交优先,对环境保护、节能减排、美化城市环境起到了积极的促进作用。

综合以上分析,本项目的建设将会对所在地区的社会经济发展带来巨大的积极影响,同时对实现城市总体规划的目标起到重要作用。

# 上海市周家嘴路越江隧道新建工程可行性研究报告
## The Feasibility Study Report of the New Construction of Zhoujiazui Road Cross-river Tunnel, Shanghai

编写单位：上海市政工程设计研究总院（集团）有限公司
Shanghai Municipal Engineering Design Institute (Group) Co., Ltd.
联系电话：021-55000000　　网址：www.smedi.com
主要完成人：王作杰　赵建新　张　瑜　周质炎　温竹茵　韩　旭　冯励凡　由广明　刘发前　孙　晨

## 【点评】

周家嘴路隧道不仅能优化上海市越江通道布局、均衡北部区域过江压力，而且能形成北部地区切线方向的公共交通走廊，完善上海中心城区路网。本项目针对本工程技术复杂、规模大、综合性强等难题，创造性开展一系列有针对性的专题研究，包括超深大直径盾构隧道设计关键技术研究、长大纵坡隧道沥青铺装关键技术研究及应用、BIM三维系统在隧道设备监控管理中的应用等。目前，该项目已顺利进入实施阶段。

## 【项目背景】

2010年上海世博会后，随着城市规划转型、加快推进重点区域基础设施体系建设的需要，为城市空间布局和产业结构调整提供服务保障，形成城市"多心、多核、一轴两链"规划新格局，进一步完善城市交通"枢纽型、功能性、网络化、集约化、一体化"的发展要求。

周家嘴路隧道作为上海北部区域越江通道的重要组成部分，西连浦西的周家嘴路，与规划的北横通道相接，东接浦东的东靖路（地理位置见图1），作为连接浦江两岸的区域型越江通道，具有优化越江通道布局、均衡北部区域过江交通流量，服务两岸区域客运交通，并兼顾城市中长距离客运交通的重要功能。工程的建设对于缓解上海北部区域越江交通压力，带动北部片区土地开发和建设将发挥积极作用。周家嘴路隧道建设的必要性和迫切性可以从下面几个方面得到体现：

1. 实施上海市综合交通发展战略的需要

从上海市综合交通发展战略及骨干路网深化规划方案来看，"保障大浦东发展，完善区域路网"是新一轮骨干路网深化规划的重要发展策略之一，规划明确指出进一步完善主干路网，支撑浦东新区发展战略，强化功能区联动发展，完善东西向与中心城的联系。从这一层面来看，作为"十二五"重点建设项目，周家嘴路隧道的建设在一定程度上是实施上海市综合交通发展战略的需要。

2. 促进区域发展和均衡越江设施的需要

从北部越江设施交通分布来看，周家嘴路—东靖路越江隧道作为翔殷路隧道南侧的区域型越江通道，一方面将极大地缓解翔殷路隧道的交通拥堵，另一方面通过加密越江设施，将形成交通服务功能互补、服务水平提升的区域越江通道规划布局。

两条隧道的功能分工进一步细化，翔殷路隧道将主要承担长距离过境交通，而周家嘴路隧道主要承担两岸的到发交通以及分担部分翔殷路隧道转移而来的中长距离交通，可有效均衡越江设施的交通负荷，也进一步增强两岸跨越黄浦江的可达性。

3. 完善上海中心城区路网，形成北部切线交通走廊通道的需要

从规划路网来看，隧道的实施将完善中心城干道网结构和形态，促使路网格局一体化、浦东浦西一体化，同时也打通了东西向的一条重要通道，直接联系浦西与浦东。因此，隧道的建设，连接了浦西、浦东两条重要的交通性干道，完善了路网结构形态，可进一步提高黄浦江两岸的通达性。

4. 保障城市可持续协调发展，实现对土地资源合理有效规划控制的需要

周家嘴路越江隧道建设将有利于合理引导沿线区域的土地使用规划，并与沿线地块的现状与开发动态相衔接，从而为城市长远发展预留更

图1 周家嘴路越江隧道地理位置

好的交通系统条件,同时保障土地资源的合理而有效的利用。

5. 服务曹路大型居住社区,构建基地主要对外交通联系的需要

曹路社区是上海正在建设的大型居住社区之一,现有规划占地面积4.1 km²,规划建筑面积255~395万m²,规划总人口16~20万;未来基地还有可能向东拓展。周家嘴路越江浦东接线道路东靖路位于曹路社区北侧,是基地主要的对外联系通道之一。越江通道建成后可以加强社区与浦西中心城的联系,满足社区居民的交通出行需求。

【项目内容】

一、功能定位

周家嘴路隧道作为上海北部区域越江通道的重要组成部分,西连周家嘴路,东接东靖路,定位为连接浦江两岸的区域型越江通道,具有优化越江通道布局、均衡北部区域过江压力的重要功能。

二、服务对象

以服务两岸区域客运交通为主,兼顾市域中长距离客运交通。

三、交通量预测分析

根据上海市交研所提供的《周家嘴路越江隧道流量预测与分析》,隧道主线远期交通量预测及分析如表1和表2所示。

四、建设规模

周家嘴路越江隧道工程全长4.45千米。其中,盾构段长2.63千米,采用单管双层4车道,

表1  周家嘴路隧道中远期预测流量

| 方向 | 12小时PCU | | | 高峰小时PCU | | |
|---|---|---|---|---|---|---|
| | 2015年 | 2020年 | 2030年 | 2015年 | 2020年 | 2030年 |
| 东向西 | 17 200 | 19 100 | 21 000 | 1 700 | 1 800 | 1 900 |
| 西向东 | 17 600 | 19 500 | 22 500 | 1 800 | 1 900 | 2 000 |
| 小计 | 34 800 | 38 600 | 43 500 | 3 500 | 3 700 | 3 900 |

表2  周家嘴路隧道中远期饱和度和服务水平评价

| 方向 | 饱和度 | | | 服务水平 | | |
|---|---|---|---|---|---|---|
| | 2015年 | 2020年 | 2030年 | 2015年 | 2020年 | 2030年 |
| 东向西 | 0.65 | 0.69 | 0.73 | C | C | C |
| 西向东 | 0.69 | 0.73 | 0.74 | C | C | C |
| 小计 | 0.67 | 0.71 | 0.73 | C | C | C |

隧道外径14.5 m；浦西箱体明挖段及地面段长820 m，浦东明挖及地面段长995 m。工程总投资21.1亿元，其中建安费16.92亿元。

地面道路：浦西周家嘴路自内江路至军工路，全长1.18千米，标准断面采用机动车道双向6车道及两侧非机动车道与人行道，规划红线50～52.5 m，道路实施宽度45～52.5 m。

浦东东靖路自浦东北路—张杨北路，全长1.07千米，标准断面机动车道双向4～6车道，包括两侧非机动车道与人行道，规划红线45～52.5 m，道路实施宽度45～52.5 m（见图2）。

五、主要技术标准

（1）道路等级：周家嘴路隧道：城市主干路；

（2）荷载等级：城-A级；

（3）路面结构设计轴载：BZZ-100型标准车；

（4）隧道结构设计使用年限：100年，安全等级为一级；

（5）设计速度：

周家嘴路隧道：V = 60 km/h；

隧道两侧地面道路：V = 50 km/h；

（6）车道宽度：

隧道车道宽度为：2×3.5 m；

地面道路（周家嘴、东靖路）车道宽度：3.5 m/车道，交叉口进口道≥3.25 m/车道；

（7）通行净空高度：越江隧道≥4.5 m，两侧地面道路≥5.0 m；

（8）抗震标准：结构按7度抗震设防，按8度采取抗震构造措施；

（9）人防设防标准：结构设计按6级人防

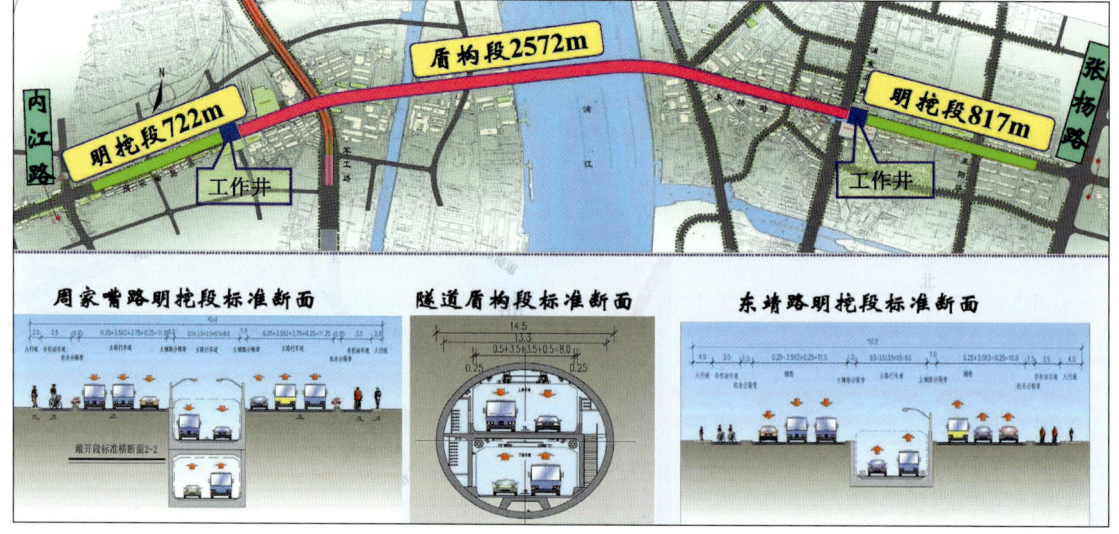

图2  周家嘴路越江隧道主体建设规模示意图

验算；

（10）盾构隧道施工抗浮（结构自重+有效压重）分项系数≥1.1，运营期抗浮（结构自重+有效压重）分项系数≥1.2；

（11）隧道排水设计暴雨重现期采用30年一遇，地面排水暴雨重现期1年一遇；

（12）航道等级：黄浦江：Ⅰ级（结构埋深控制值为18.1 m）；定海港：内河Ⅶ级（不通货轮）。

## 【工作过程】

周家嘴路越江隧道新建工程于2009年开展方案研究工作，在详细的现场踏勘和资料调研工作基础上，多次组织现场踏勘、调研、收集基础资料，与规划、土地、环境、路政、水务、水利、航道、驳岸、交通管理、建设单位等部门进行意见征询和方案审核，工程方案经过多轮优化与深化，经多方案技术经济比较，推荐采用效益好、造价低、影响小、可实施性强的"单管双层盾构"布置方案。

（1）2010年4月28日，上海市投资咨询公司组织召开本工程预可的专家评审会，形成了预可评审意见；2011年7月11日，市发改委做出了关于周家嘴路越江隧道新建工程项目建议书的批复。

（2）2011年6月、8月，杨浦区建交委、浦东新区建交委、上海市建交委分别召开"周家嘴路越江隧道前期动迁调查协调会"、"周家嘴路越江隧道规划、环境影响评估审批推进工作会"，就隧道工可阶段需开展工作进行深入分析与审查。

（3）2011年9月，上海市规划和国土资源管理局组织召开"周家嘴路越江工程专项规划设计任务书及专题研究报告"，要求市规划院开展本工程的规划选址及专项研究工作。

（4）2011年11月，上海市建委科技委组织相关专家对我院编制的《周家嘴路越江隧道新建工程可行性研究报告（审查稿）》进行了前期咨询，并形成咨询报告。

（5）2012年6月15日，上海投资咨询有限公司组织相关专家对本工程进行工可评审。2012年11月，"周家嘴路越江隧道新建工程工可评估报告及工可批复"相继下达，环境影响评估及社稳等工作相继落地和批复，本工程可行性研究阶段顺利完成，为下阶段初步设计及施工图设计工作打下了坚实的基础。

## 【咨询工作特点】

一、沿线情况复杂、制约条件多、协调工作大

以骨干路网规划及本工程的专项规划为依托，紧紧围绕本工程的功能定位及服务对象展开工作，调研工程范围内的规划、管线资料及沿线现状用地、航运、驳岸、航道等相关资料，在预可性研究基础上提炼、优化工程总体方案，与工程主管部门沟通汇报，同步开展专项规划、环境影响评估、社稳、航道咨询及前期费用测算等必需工作，具体如下：

（1）结合骨干路网总体规划及周家嘴路专项研究规划、交通流量需求预测分析，在预可性研究报告基础上进一步论证周家嘴路隧道的功能定位及建设规模。

（2）从两岸现状和规划用地、航运（定海港、黄浦江、炼钢浜）、河道水工建筑物（码头、驳岸）等多方面对工程的建设条件进行比较分析，提炼工程实施边界条件及影响范围，分析道路沿线土地资源使用情况及将来开发情况，论证隧道修建的可行性及必要性。

（3）提出工程总体方案，包括建设规模和技术标准论证、线路走向、总体布置、重要节点方案、接线道路交通组织等，结合预可评审及项建书批复意见。就工程总体布置方案，与工程主管部门及相关行业部门、杨浦区及浦东新区主管部门沟通汇报。

（4）在初步确定工程总体方案基础上，进一步深化和完善工程设计方案，与多方沟通、协调，妥善处理好越江隧道与周家嘴路北侧铁路货场、南侧建筑物、上海理工大学、定海港与黄浦江、浦东炼钢浜、驳岸桩基等相关单位和工程的关系。

（5）与环境影响评估、社稳研究单位密切配合，对隧道出入口尤其是风塔布置充分考虑环境影响评估意见，结合周边用地条件多方案对比分析，加强环境、社会影响分析工作，落实相关对策措施。

（6）提出合理的工程经济技术指标，对推荐、比较方案进行投资估算比较及国民经济评价分析。

二、项目综合性强、关注度高、社会影响大、设计难度大

周家嘴路隧道作为上海北部区域越江通道的重要组成部分，西连浦西的周家嘴路，东接浦东的东靖路，作为连接浦江两岸的区域型越江通道，从上海市综合交通发展战略及骨干路网深化

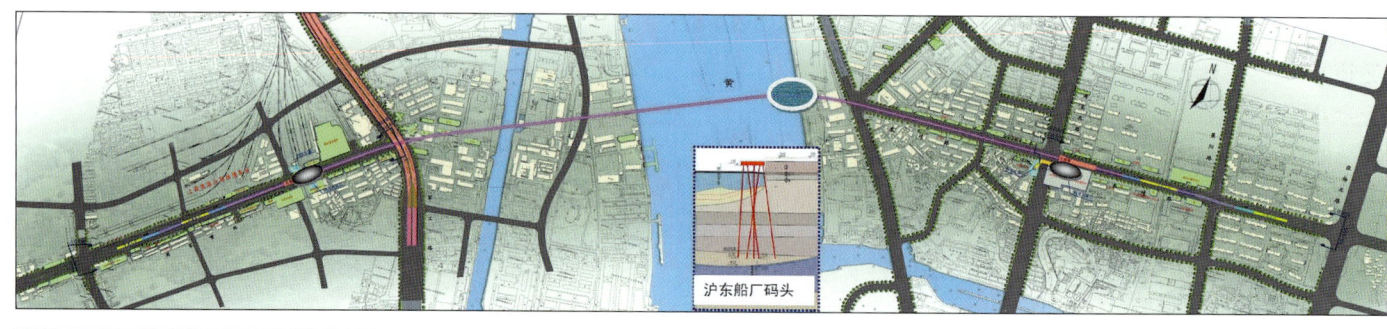

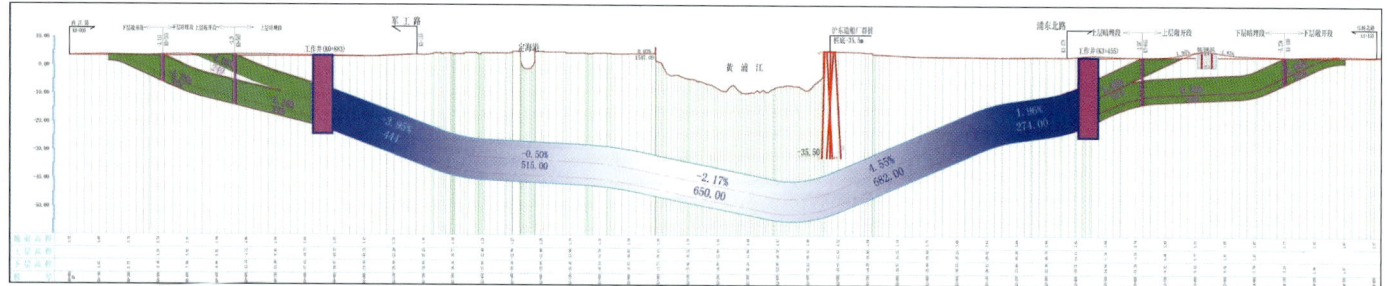

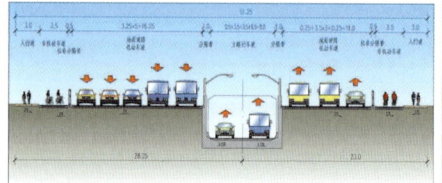
内江路东侧入口标准断面

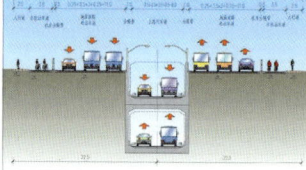
浦西上层敞开下层暗埋段

盾构江中段断面

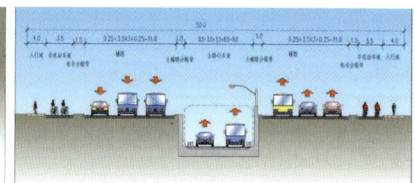
浦东莱阳路-张杨北路标准断面

周家嘴路隧道洞口效果图

周家嘴路隧道洞内效果图

浦西风塔方案1效果图

图3 周家嘴路隧道平立面及典型效果图

规划方案来看,本工程是"保障大浦东发展,完善区域路网"的重要发展策略之一。

作为上海市近期重点推进的建设项目,工程前期研究方方面面关注度高,社会影响大,尤其是工程位于中心城区范围内,实施难度大,影响面广,环境影响评估与社会稳定风险分析都显得极为重要。前期研究综合考虑了各方面控制因素,经过充分调研、评价预测、综合比选与研究论证,推出了技术可行、经济合理、可实施性的最佳方案。

### 三、完善上海中心城区路网,形成北部地区切线方向的公共交通走廊

上海中心城内环线以内区域规划形成"三横三纵"主干路网格局,其中"长宁路—长寿路—天目路—海宁路—周家嘴"是贯穿浦西东西的"北横通道"。隧道的建设将浦东东靖路与浦西"北横通道"相连,构筑一条北部区域贯通性良好的交通性通道,客观上形成了北部地区切线方向的公共交通走廊,工程建设符合城市总体规划和综合交通规划。

### 四、深入分析工程建设必要性及工程实施可行性

黄浦江滨江地区的开发建设由中段向北段逐步推进,杨浦区、浦东外高桥地区均在不断加强旧区改造、城市功能更新的建设工作,为促进

浦江两岸地区的融合发展,加强联系两岸的越江通道规划建设是非常有必要的。工程建设有利于合理引导沿线区域的土地利用规划,并与沿线地块的现状与开发动态相衔接,项目的建设时机是恰当的,能为城市长远发展预留更好的交通系统条件,同时保障土地资源的合理、有序利用。

### 五、积极采用新技术、新材料,注重科技创新

本工程作为城市隧道,线路较长,标准要求高,沿线制约条件复杂,采取盾构尺寸为目前国内较大盾构,其中盾构段在浦西沿周家嘴路连续下穿军工路中环线、上海理工大学、复兴岛、定海港、黄浦江及东运船舶有限公司,尤其是东运船舶有限公司的深基础码头,设计与施工都具有较大挑战性,另外隧道受深基础码头及两岸接线条件的限制,较长距离的连续上、下坡对隧道后期的运营、管理都面临考验,因此在前期设计研究阶段,就充分运用目前国内外隧道研究新技术、新材料,从多方面、多角度深入开展关键技术研究,开展多个专题研究。

1. 超深大直径盾构隧道设计关键技术研究

通过水密性实验,研究管片沟槽的形式与尺寸、防水材料的性质与厚度与隧道防水性能的关系。提出高水压条件下,大直径盾构隧道的经济合理安全的防水设计方案;通过对目前盾构隧道土压力计算理论的总结与分析,在深埋、软弱坚硬互层条件下对周家嘴路盾构隧道所受土压力及结构进行优化。通过现场土压力测试,揭示深埋大直径盾构隧道的所受水土压力的特点;考虑超深大直径盾构隧道的施工特点,对超大直径盾构隧道的管片结构构造研究,提出构造要求,并对计算理论进行分析和研究,提出计算方法。

2. 长大纵坡隧道沥青铺装关键技术研究及应用

针对隧道路面的高性能要求、火灾隐患、噪声、施工及其他安全性问题,采用高性能改性沥青技术,提高沥青铺装性能,满足长大纵坡性能要求;采用阻燃沥青技术,降低沥青的氧指数,大大降低路面产生燃烧的可能性;采用骨架密实或者骨架空隙混合料,提高路面抗滑性,降低行车噪声;采用温拌技术,降低混合料温度30～50℃,大大减小隧道中的烟雾,保证施工效率与质量。采用一系列安全保障措施,减少交通事故。

3. BIM三维系统在隧道设备监控管理中的应用

拟建隧道为单管双层,隧道全长约4 km,隧道内设备众多,且设备安装位置不一,设备的日常监控管理和维护等是非常烦琐的工作,给运营管理人员制造了很大的工作强度。为智能化监控隧道设备的运营和管理,开展BIM三维系统在隧道设备监控管理中的专题研究。

### 六、在满足合理的建设规模和技术标准前提下体现资源集约化

以交通需求预测及适应性为依据,从隧道基本规模(四、六车道)、接线道路容量、环境影响控制容量、社会影响可接受程度等多角度进行充分评估、论证,尤其是沿线重要的控制条件(浦江东岸深基础码头、浦西杨浦铁路货站、沿线民宅及学校等敏感建筑)可能对工程实施及后期交通效益发挥带来影响的因素进行论证,从更加广泛意义上论证隧道建设规模,确定采用单管双层四车道的建设规模,合理、巧妙解决长隧道通风、防灾及逃生难题。

### 七、注重以人为本、环境保护、节能减排、可持续发展

咨询报告对建设地区的环境现状进行了论述,对施工期、营运期对社会、城市生态、噪声及大气、施工废水和固废等环境影响进行了评价,提出保护对策和措施,提出在节能减排的必要性和措施,提出劳动安全措施,方案全面、经济、可行。

尤其是浦西、浦东两处工作井及风塔的选择充分考虑现状周边用地情况及远期规划控制条件,提出合理的布置方案,并对其可能带来的环境影响进行深入的专题论证。达到"人—环境—社会"的和谐统一。

另外,工程方案研究注重区域路网的沟通方便,布置适当的人行设施,方便沿线出行,强调交通平衡,遵循"适当超前"原则,使周家嘴路隧道与总体路网更加协调,为今后留有发展余地。

### 八、投资估算详细、准确,经济评价客观、合理

工程项目涵盖了道路、隧道、管线等城市道路所有内容,在估算编制过程中,认真收集和了解各种主要材料及类似项目的技术经济指标,正确计算工程量,各项定额指标和费率选用合理,各项费用估算正确,营运成本测算依据全面合理,财务效益分析全面可靠。客观全面的论证项

目给社会和国民经济发展、地区经济发展带来的效益和贡献。通过国民经济评价敏感性分析，在全面、客观的分析论证基础上来预测项目可能的风险。通过分析论证，本工程具有较强的抗风险能力。

周家嘴路越江隧道是上海城市道路网主骨架的重要组成部分，起着连接放射线的作用，承担连接浦东与浦西过境的客货交通，工程全长约4.45 km，总投资约21.1亿元，涉及专业多，综合性强，难度大，社会关注度高，工程建设对于引领上海市北部区域发展以及缓解浦西、浦东两岸过江交通压力将会起到重要作用，社会效益明显。

**【咨询效果】**

一、咨询成果取得了良好的经济、社会效益

本项目从前期规划入手，在综合上海市骨干路网总体规划修编成果、上海黄浦江越江通道规划、工程沿线实施条件的基础上，通过合理预测近中远期越江交通需求，通过多方案比选、多次部门及专家评审，提出了本工程的合适的基本建设规模及两岸接线方案，从国民经济各项评价指标来看，该项目国民经济投资内部收益率为11.299%，大于社会折现率；由项目经济敏感性分析表可见，当成本增加10%、效益减少10%时，内部收益率大于8%，说明本工程具有较好的抗风险能力。工可咨询成果取得了良好的技术、经济及社会效果。

二、对本项目实施的推动作用

通过对本项目详细周密的前期咨询工作，深入分析项目实施的必要性与可行性，提出的实施方案充分考虑实施空间与作业条件、合理控制施工周期与投资成本，对项目辅助配套及相关公用工程设计、消防等均进行了深入的研究，为项目的实施奠定了坚实的基础，对下阶段工程的开展具有很好的指导作用，目前项目已顺利进入实施阶段。

三、客户评价

本项目成果经过上海市建委科技委及上海市发改委委托相关部门审查顺利通过，咨询成果受到业主好评，为建设单位下阶段工作打下了坚实基础。

# 上海市轨道交通11号线北段工程、南段工程可行性研究报告

## The Feasibility Study Report of the North Section & South Section Projects of Shanghai Rail Transit Line 11

编写单位：上海市城市建设设计研究总院
Shanghai Urban Construction Design & Research Institute
联系电话：021-50891688　　网址：http://www.sucdri.com
主要完成人：徐正良　刘伟杰　顾伟华　饶雪平　杨立新　刘加华　戴孙放　沈国红　王卓瑛　蔡连岳

## 【点评】

本报告依据当时客流预测和全线在网络中的功能定位，首次在国内城市轨道交通中采用快慢车组合运营的模式，合理选择了列车车型和编组，并结合沿线城市现状和发展规划，对不同的地区采用不同的线路敷设方式，有效降低了综合成本。

## 【项目背景】

上海市轨道交通11号线工程是上海轨道网络中构成线网主要骨架的4条市域线之一，全线从嘉定至临港新城，途经普陀、长宁、徐汇、浦东新区，规划长度120 km，是上海市西北地区及东南地区连接市中心的骨干线路。

11号线（规划为R3线）的建设对促进上海建设"一个龙头、四个中心"发展目标，增强上海市对长三角的辐射力，提高国际竞争力；引导城市的发展方向，促进沿线旧区及城镇的改造建设，推动市级真如副中心、徐家汇副中心的发展及进一步的升级，带动嘉定新城及临港新城的建设和发展，进而完善上海"多心开敞式"的总体布局结构；促进上海城市建设、经济的持续发展，完善、锚固轨道交通线网，优化城市交通结构等方面具有重要的现实意义。

规划11号线沿线城市发展水平差异大，两端至市中心的客流存在着明显的量级上的区段不均衡性；线路南北段的站间距、乘客平均乘距有明显差异，乘客对服务有不同的需求；同时线路南北两端新城之间的直达客流极少，以与市中心之间的交换为主。为了适应不同区域的客流需求，提高运营的服务水平和经济效益，11号线全线分为南、北两段组织运营。

## 【项目内容】

上海市轨道交通11号线全长126.2 km，按北段工程和南段工程进行建设运营，投资估算为448亿元，建设单位为上海申通地铁集团有限公司，计划于2012年建成。

上海市轨道交通11号线北段工程（嘉定新城—安亭汽车城—三林—罗山路）线路全长66.9 km，包括主线（城北路站—罗山路站）54.09 km，支线（墨玉路站—嘉定新城站）12.81 km。图1为11号线北段工程走向图。其中地下线40.41 km，地上线26.49 km。设34座车站，其中地下站23座，高架站10座，地面站1座。最大站间距5.38 km，最小站间距0.87 km，平均站间距2.03 km。设赛车场车辆段、嘉定辅助停车场、川杨河停车场各1座；设控制中心1座、主变电所3座；车辆选用六节编组的A型车，最高运营速度为100 km/h；采用DC1500V架空接触网供电；采用列车自动控制信号系统和自动售检票系统，设防灾报警系统及通风空调、给排水、消防等配套设施。项目总投资301.82亿元，全线计划于2012年建成。其中，嘉定新城（安亭汽车城）—江苏路站于2009年底建成通车。

上海市轨道交通11号线南段工程（龙阳路—临港新城）线路全长59.3 km，其中地下线6.7 km，高架线52.6 km。设车站12座，其中地下车站1座，高架车站11座。图2为11号线南段工程走向图。设川杨河停车场和治北停车场各1座。设主变电所3座，控制中心1座。车辆选用舒适型A型车，初期为3节编组，远期为6节编

图1　11号线北段工程走向图

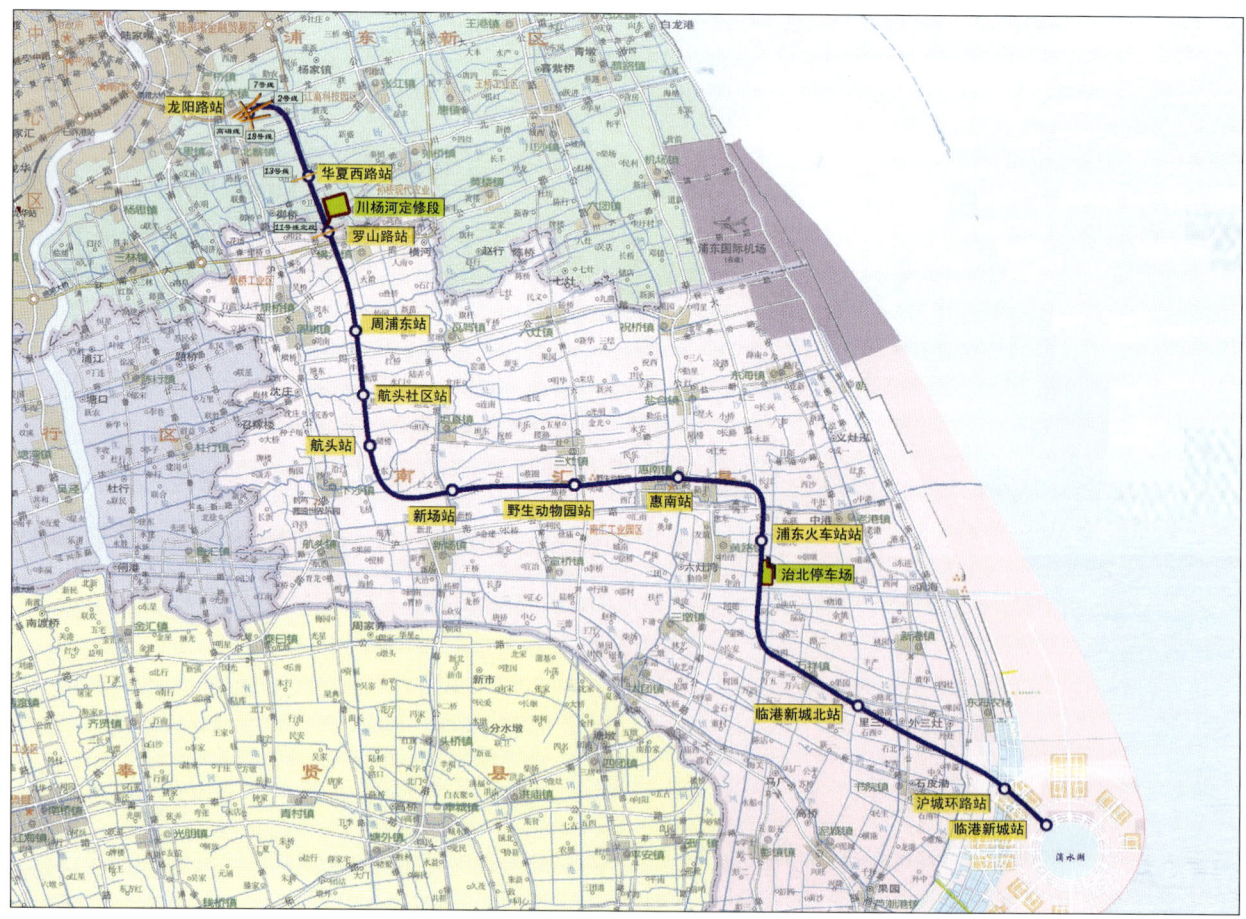

图2　11号线南段工程走向图

组,最高运营速度为120 km/h;采用DC1500V架空接触网供电;采用列车自动控制信号系统和自动售检票系统,设防灾报警系统及通风空调、给排水、消防等配套设施。项目总投资146.2亿元,计划于2012年建成。图3为11号线(R3线)规划走向图。

【工作过程】

2002年底,上海市城市建设设计研究院与铁道第三勘察设计院共同受托开展上海市轨道交通11号线工程可行性研究工作。2005年8月完成了《上海市轨道交通11号线北段工程(嘉定新城—安亭汽车城—三林)可行性研究报告》;根据城市规划和轨道交通网络的优化调整,2008年上海市城市建设设计研究院和上海申通轨道交通研究咨询有限公司在对11号线全线运营方案进行了进一步的深化研究,南北段分段点调整为罗山路站,南段线路延伸按接入龙阳路枢纽,在此基础上,编制了《上海市轨道交通11号线南段工程(龙阳路—临港新城)可行性研究报告》,同时上海市城市建设设计研究院与铁道第三勘察设计院(现更名为铁道第三勘察设计院集团有限公司)在原11号线北段工可的基础上编制了《上海市轨道交通11号线北段工程(嘉定新城—安亭汽车城—罗山路)可行性研究调整报告》。这三个工程可行研究报告为整个11号线工程建设项目的立项和之后的设计建设工作奠定了坚实的基础。

本报告编制本着"以人为本、安全便捷、环境友好、科技创新、资源节约、可持续发展"的原则,通过深入的调查研究,充分考虑上海市城市建设经济发展的需要,结合轨道交通网络的规划和本工程的具体情况,以预测客流为依据,从技术上、经济上进行方案全面分析、比较和论证,对项目建成后的财务效益、社会效益和社会影响进行预测和评价,以选择技术先进实用、经济上合理的建设及投资方案;从网络和全线的高度着手研究,合理选择车型、车速和列车编组,从节约资源角度考虑与网络其他线路共享合建车辆基地、控制中心、运用模块化理念优化车站布置合理控制车站规

图3 11号线(R3线)规划走向图

模;从节能减排角度考虑节能措施,减少碳排放;从环境友好角度考虑工程与人文自然社会环境的协调融合。通过这些创新的理论、技术和方法,使研究成果为工程建设项目的决策提供了可靠的依据,也为工程项目后续工作奠定了坚实的基础。

项目研究的重点难点在于如何针对长大线路沿线城市发展水平、客流规模、出行距离呈现明显的区域不均衡特点确定长大线路的运营模式;如何结合线路条件、客流出行特点等因素加强线路与网络的联系;如何选择列车编组和最高运营速度,为乘客提供了快捷舒适的服务;如何推进技术创新和新技术的应用,提高轨道交通的科技含量和建设水平,减少能耗,降低运营成本,提高运营效率。

## 【咨询工作特点】

1. 首次在国内从网络的角度和线路功能定位着手对轨道交通市域线的运营模式进行了系统研究。针对长大线路沿线城市发展水平、客流规模、出行距离呈现明显的区域不均衡特点提出了分段运营模式,很好地解决了沿线不同区域客流规模和出行需求的差异问题,提高了运营服务水平和经济效益。并结合线路条件、客流出行特点、车辆基地选址等因素选择了合适的分段衔接点,通过将南段线路延伸接入网络中的龙阳路大型综合枢纽,实现多点、多线换乘,较好地解决了分段运营衔接点换乘过于集中的问题,强化了南段线路与网络的联系。

规划11号线全线线路长约120 km,线路两端分别位于西北部和东南部的市域边界,沿线地区城市规划和城市建设水平的差异较大,客流规模、乘客出行距离呈现明显的区域不均衡性。为适应不同区域的客流需求,提高运营的服务水平和经济效益,研究报告通过对全线客流特点和出行需求的详细分析和深入研究,提出了全线分为南、北两段组织运营的分段运营模式,根据客流的分布和出行特征及车辆基地的分布情况,分段点选在东南城郊接合部的罗山路站。分段运营方案有效地解决了不同区域客流差异问题,提高了车辆的满载率,减少了车辆空跑距离,提高了线路的运营服务水平和经济效益。同时为了缓解分段衔接点的换乘压力,并加强南段线路与网络间的联系,南段线路沿罗山路向北延伸至龙阳路枢纽,南段线路与网络形成了三个换乘点,可与5条轨道线实现换乘,加强和完善了轨道交通线网的锚固。

2. 针对线路和客流的特点,合理选择了列车编组和最高运营速度,北段工程选用最高时速度为100 km/h的六节编组A型车,南段工程选用最高时速120 km/h的3+3灵活编组的舒适型A型车,为乘客提供了快捷舒适的服务,体现了以人为本的理念和节能高效的理念。

根据北段线路平均站间距较大(2.03 km)、平均乘距较长的特点,经技术、经济等方面综合比较,北段工程选用最高速度100 km/h的六节编组A型车;针对南段线路平均站间距大(5.39 km),平均乘距长的特点,并考虑城市发展对临港新城至市中心的时空距离的要求,南段工程选用最高运行速度为120 km/h的舒适型A型车,为提高乘客长距离出行的舒适性,站立标准适当提高,车厢内座位改为横排布置,增加座位数量,车辆选型在初、近、远期分别按3节和3+3节的灵活编组,远期高峰时开行6节编组,平峰时开行3节编组车辆,提高了运营服务水平和运营效益。

11号线北段工程最高时速100 km/h的A型车和南段工程最高时速120 km/h的A型车在全国为首次采用。

3. 首次在国内城市轨道交通中采用快慢车组合运营的模式,既兼顾了沿线客流的需求,又有效地缩短临港新城和中心城的时空距离,把临港新城与中心城间的直达客流旅行时间控制在约半小时,有效地降低了社会综合成本。

11号线南段工程的客流主要以组团客流交换为主,直达客流占全线客流的比例达到30%,具有开行快慢车的条件,结合南段工程的实际情况并吸收国外长大线路快慢车组合运营的经验,详细地分析了南段工程快慢车组合运营方案,提出了南段工程开行直达车、大站车和普通车的快慢车组合运营的模式,有效地节省了乘客总的出行时间,也可减少车辆的配置数量,达到了降低综合成本的效果。

4. 根据本工程市域线的特点,线路走向、敷设方式,车站布设与城市发展布局紧密结合,充分体现了交通引导城市发展的理念,实现轨道交通与城市建设的双赢、互赢。

11号线北段工程线路嘉定区段线路结合嘉定新城"一核三片区"的"人"字形城市发展布局,首次在上海轨道交通中采用主、支线方式的Y形线,线路将嘉定中心城、安亭汽车城、嘉定老城区和南翔中心镇有机地联系起来,将有力地促进嘉定新城的建设和发展,充分体现了交通引导城市发展的理念。龙华段线路根据最新的城市规划,线位由原绕避龙华机场的龙吴路走向调整为穿越龙华机场走向,对引导促进南部滨江地区的开发建设具有重要的作用。11号线南段线路结合地区规划及龙阳路综合交通枢纽、惠南新城、临港新城的区域规划,以大站距布设站点的骨干线理念,支撑城市组团发展,对于促进新城的建设和发展十分有利,体现交通引导城市发展和以人为本的理念。在北段工程的嘉定区段和南段工程中结合城市现状和规划条件,因地制宜地大量采用了高架线,北段工程高架线约占39.6%,南段高架线约占88.7%,有效地降低了工程投资,北段经济指标为4.51亿元/千米,南段为2.47亿元/千米。

5. 充分重视轨道交通间的换乘及与地面交通的衔接,换乘尽可能便捷;车站公共区内设置垂直电梯、公共厕所、服务中心,为旅客创造人性化的交通环境。

11号线与轨道路网中的17条轨道线进行换乘,换乘车站13座,换乘枢纽5座,其中中山北路站与14号线、济阳路站与6号线实现了两条线路的同站台换乘。北段工程与南段工程实现同站上下换乘,换乘便捷。基本网络线路的换乘车站同步实施,远景规划线路预留节点或实施条件。通过地面公交与轨道交通的换乘形成了上海西站、嘉定新城、曹杨路、徐家汇、龙阳路、临港新城、惠南镇、浦东火车站等综合交通枢纽。车站公共区内设置电梯、公共厕所、服务中心,方便乘客使用。徐家汇站、上海西站、临港新城站、龙华站等车站建设与周边地下空间有机结合,形成以轨道交通为中心的一体化的地下空间,充分利用城市地下空间资源,提高地下空间的系统性和整体性。

6. 车辆检修设施、控制中心、主变电所与路网其他线路实现共享,换乘车站按统一管理的思想进行设计,体现了网络建设资源共享的理念,降低了工程投资。

赛车场车辆段预留了网络中其他线路的厂架修条件,川杨河停车场南、北段车辆基地与13号线停车场同址并资源共享,北段控制中心与13号线合建,隆德路主变电所与13号线共享,上南路主变电所利用已建长清路主变电所,实现了土地资源的集约化使用。换乘车站按资源共享的理念进行设计,实现出入口等土建工程、车控室等设备管理用房、自动售检票、通风空调等系统的共享,达到减少工程规模、方便运营管理、节约资源、降低运营成本的目的,体现了"网络化"的设计理念。

7. 积极推进技术创新和新技术的应用,提高轨道交通的科技含量和建设水平,减少了能耗,降低了运营成本。

首次在国内轨道交通中采用了最高时速100 km/h和120 km/h的A型车;南段工程根据客流的特点采用了快慢车组合的运营模式。

在交通繁忙的愚园路站、中山北路站、华山路站采用了盖挖法的施工技术,解决了重要交通干道的交通问题,减少了动拆迁。

在车站设计中引入了敞开式地下车站、自然采光、中庭、地下空间一体化的新理念。隆德路站采用了中庭、换乘节点区自然采光设计;上海国际赛车场站在国内首次采用下沉敞开式车站形式,车站与周边水景广场融为一体,使轨道交通与国际赛车场景观要求相协调的同时兼顾了环境保护和节能。图4为上海国际赛车场站实景。图5为隆德路站采光中庭。

在高架线路中采用U形梁和小箱梁,经济合理,外形美观,有利于降低对周边环境的影响(见图6)。

采用基于通信技术的CBTC信号系统和综合监控系统等新技术,有利于提高轨道交通的科技含量和建设水平。在综合监控系统中提出了界面集成的概念,简化系统架构,提高运营管理效率,降低运营成本。

8. 重视环境保护和节约能源,体现环境和谐、全寿命周期成本的理念。

11号线沿线有多处保护建筑、城市风貌保护区和敏感建筑物,选线、布站注意避开环境敏感地段,充分重视对沿线历史风貌文化的保护,未因工程的建设需要拆除一处保护建筑、保留建筑

图4　上海国际赛车场站

图5 隆德路站采光中庭

图6 "U"形梁高架区间

或搬迁一棵古树,并按环境评价的要求对敏感点采取了相应的减振降噪等环境保护措施。

对线路穿越的高义桥等上海市级保护建筑,以及江苏路、华山路风貌区,穿越铁路南何支线、中环线、内环线等桥梁,采取线路避让、盾构穿越等技术措施予以严格保护,充分体现了环境保护的思想,降低了实施风险。

设计中根据客流特点提出合理的运营组织方案,提高运营效率,并在线路设计中采用了节能坡;站型尽可能地采用高架车站、敞开式车站;地下车站采用屏蔽门通风空调系统;采用变频设备、节能灯、再生制动等节能措施。

**【咨询效果】**

中国国际工程咨询公司与北京城建设计研究院有限责任公司于2006年3月和2008年6月,分别对11号线北段和南段工程提出了评估报告,摘要如下:

11号线北段工程建设符合上海市轨道交通建设规划和城市总体规划,从支持城市总体规划、缓解城市南北向交通拥堵状况及市郊间客流集散压力,发展轨道交通网络效益等方面分析,项目建设是必要的。本项目建设规模合理,主要工程方案可行,机电设备及其国产化方案达到国家有关规定。11号线北段工程调整方案以罗山路为换乘点的分段运营方案,枫桥路站设站方案,龙华机场段修改线路走向以支持地区开发所确定的线路调整方案总体是合理的,技术是可行的。

11号线南段的主要功能是担负主城与临港城区、沿线重要组团间以及他们与临港新城和主城间的快速交通联系。11号线南段是一条区别于一般城市内部轨道交通,连接主城与新城的区域快线。报告对该线的功能定位正确,交通模式合理,主要建设内容和工程方案基本可行,车辆和机电设备国产化率均符合国家有关规定。

11号线北段工程(嘉定新城—安亭汽车城—三林)于2006年11月17日获国家发改委批复,同年12月28日正式开工建设;11号线北段工程调整方案于2008年12月19日获国家发改委批复,于2012年12月全线建成通车。11号线南段工程于2009年4月获国家发改委批复,2010年3月22日正式开工建设,于2012年12月建成通车,2014年底龙阳路站通车。

参与编写单位:铁道第三勘察设计院集团有限公司、上海申通轨道交通研究咨询有限公司

# 上海市中山南路地下通道工程可行性研究报告
## The Feasibility Study Report of South Zhongshan Rd. Subway Project, Shanghai

编写单位：上海市政工程设计研究总院（集团）有限公司
Shanghai Municipal Engineering Design Institute (Group) Co., Ltd.
联系电话：021-55000000　　网址：www.smedi.com
主要完成人：俞明健　罗建晖　王　曦　谢　明　郑　岐　袁　燕　李　斌　朱　焱　卢薇苓　王雪东

## 【点评】

本报告基于交通预测分析成果，对地下道路、地下空间建设规模进行论证，论证表明项目符合区域总体规划及分区控制性详细规划要求；开展了总体方案比选论证，对开发建设模式、层位布局、总体设计、断面布置、地块衔接方案布置、综合管线方案、实施方案等分别作了充分的比选论证；对工程实施和运营的风险以及环保节能都做了系统的分析，对通道建设的社会效益和经济效益都做了系统的评价和分析。通过本项目的实施，实现对地下空间的综合开发利用，解决了交通与区域开发的矛盾，提升了滨江区域景观品质。

## 【项目背景】

上海金融发展布局围绕着"一城一带"展开，其中"一带"即指外滩金融集聚带。南外滩滨水区邻近世博园区，承担着金融商务功能拓展和滨水公共空间塑造的双重要求，将形成以金融商务为主，多种功能复合的滨水综合功能区，是外滩地区最后的待开发地块。

中山南路向南连接南浦大桥，向北接外滩并通过外滩通道连接苏州河虹口杨浦地区，是中心城三纵三横骨干路网的三纵东线的重要组成部分，也是区域出行的重要通道。南外滩地区的发展对中山南路三纵东线交通的稳定性造成影响；中山南路东侧沿江地块较薄，受繁重交通的阻隔，使其缺乏腹地支持弱点日益凸显。为实现区域交通、环境和功能的协调发展，上海外滩滨江综合开发有限公司（以下简称滨江公司）作为建设方委托我院开展了上海市中山南路地下空间开发项目前期研究工作。

本工程位于"外滩金融集聚带"南端，南邻世博园区，肩负着金融商务功能拓展和滨水公共空间塑造的双重要求。通过地下综合开发利用，解决交通与区域开发、滨江景观改造的矛盾，保障了三纵东线的可靠性、发挥了南外滩地区地下开发的规模效应、提升了滨江区域景观品质。

项目改造效果见图1、图2。

图1　中山南路地下通道工程鸟瞰效果图

图2 中山南路地下通道横断面图

## 【项目内容】

工程综合了地下通道、地下空间、地面道路与市政管线改善三部分建设内容。地下道路分离区域过境交通,保障三纵东线交通的可靠性;释放地面空间,改善地面景观和环境,缝合道路东西两侧被割裂的城市空间,改善地面公交的服务,改善地面步行条件;结合地下道路的建设,同时开发地下空间,改善区域配套服务设施的不足,改善区域的服务功能;结合地下道路的建设,对区域管线进行改造和升级,提升干线道路的管线配套水平为地区后续发展创造条件,并结合管线的改线对沿江道路进行改造。

本报告充分论证与工程周边设施的关系,研究了向北与外滩隧道、向南接内环的可行性;上跨4号线修复段的可行性;与9号线换乘通道的联系方案以及截污管改迁对三大污水系统的影响等。对地下空间开发与地下道路的层位关系都做了系统的研究和分析。

### 一、建设必要性与迫切性

（1）缝合滨江腹地空间,提升金融集聚带品质;

（2）地下分离过境,保障三纵东线可靠性;

（3）地面服务到发和公交,提高区域可达性;

（4）释放地面空间,还路于民、还绿于民、还景于民;

（5）促进地下空间网络化,发挥规模效益;

（6）提高土地利用效率,提升地区配套服务。

### 二、预测流量和建设规模

1. 预测流量

（1）至2025年中山南路实施小客车专用地下过境通道后,断面总流量为7.5～7.8万pcu/12 h,中山南路交通作为东纵主干路充分发挥了联系南北、为核心区交通服务的功能。

（2）南外滩逐步从现状通过型空间过渡为吸引型空间。

（3）2025年中山南路断面到发与过境交通之比约为35∶65。

（4）中山南路车种构成以小客车为主,占断面流量90%。

（5）董家渡地区高峰时段步行出行量约为0.5万/小时。

2. 建设规模

中山南路地下通道实施范围为白渡路—会馆码头街长约950 m,小客车专用,双向4车道规模。地面道路范围为复兴东路—会馆码头街,按双向6车道建设。中山南路地下空间开发南起公义码头街北到新码头路,连接东侧复兴地块与西侧董家渡地块的核心区域。

### 三、总体方案

1. 设计思想

南外滩地下空间的建设应与城市总体发展需求相一致,以改善城市和区域交通为重点,以改善南外滩地区环境、支持南外滩地区城市功能发展为目的,注重工程和环境的协调,坚持可持续发展战略。

总体设计原则如下:

（1）以城市的总体规划为指导,中山南路的功能定位为基础,确定总体方案;

（2）统筹考虑地下空间与轨道交通及其他地下构建筑物的关系,集约化利用地下空间;

（3）与周边地块地下空间功能协调,处理好空间的平缓过渡;

（4）注重工程与环境的协调,减小施工期间对环境和交通的影响;

（5）坚持科学态度,积极创新,采用新工艺、新技术、新材料;

（6）符合安全、环保的要求,注意对工程沿线保护建筑的保护；

（7）坚持需要与可能相结合的原则，充分考虑工程实施的可能性、尽可能采用减少投资的措施，以求最佳的投资效果。

2. 开发策略

为适应南外滩地区交通的发展，协调过境到发交通矛盾，从地下分离三纵东线过境交通，保证城市干线交通的交通稳定性。缩减地面道路规模，缝合被干线道路割裂的滨水城市空间和腹地空间，加强滨水地区和腹地、周边地区的联系，改善地面空间品质；同时，释放地面空间，优化到发交通组织、缩减地面道路断面，为人行、休憩提供更多的优质空间。

结合地下道路的建设开发地下空间，改善区域公共配套服务设施的不足，形成以中山南路地下空间为轴线，连通各地区地下开发空间，东起黄浦江边西至9号线地铁车站的公共活动、服务和步行网络，发挥系统效益。

结合地下通道和地下空间的开发改造市政管线系统，为区域开发创造条件。

3. 总体布置

中山南路地下通道工程包含地下通道、地下空间、地面道路三部分建设内容，总体平面布置见图3。

（1）地下道路。

中山南路地下通道承担分离南外滩地区过境交通的功能，服务中小型客车，双向4车道规模。中山南路地面道路服务到发交通和公交，双向4+2车道规模。

地下通道北起白渡路，向南延伸过董家渡路口后爬出，全长950 m，暗埋段705 m，布置于地下二层，地下一层结合开发地下空间开发（见图4）。

图3 南外滩地下空间总体平面布置图

（2）地面道路。

中山南路地面道路标准段红线50 m，按双向6车道布置。外马路规划红线18 m，管线翻挖后按4 m人行道+10 m机动车道+4 m人行道恢复。

地面道路和地下空间断面布置见图5。

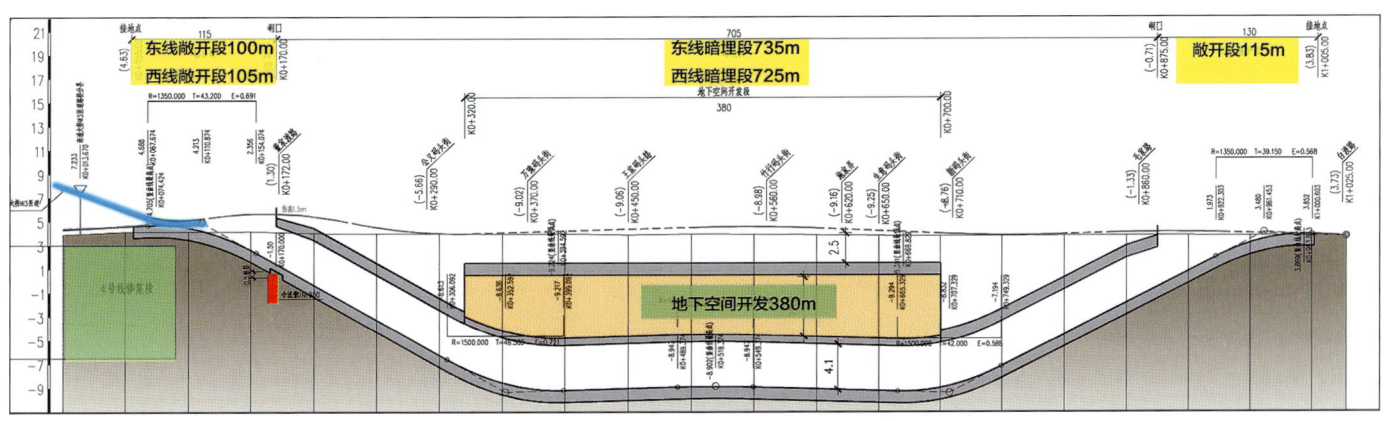

图4 地下道路纵向断面布置图

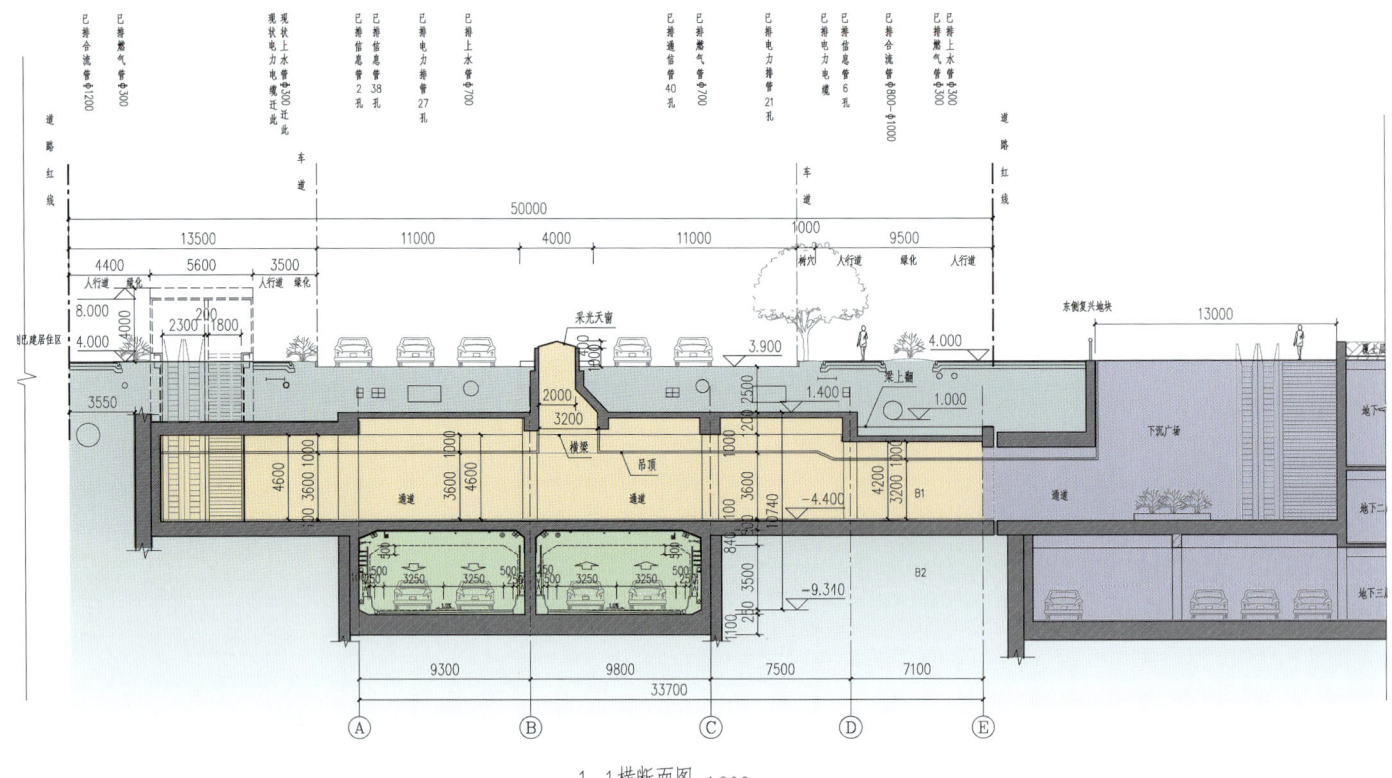

图5 南外滩地面道路及地下空间出入口处断面图

（3）地下公共空间方案。

地下一层空间开发北起新码头街、南至公义码头街，全长380 m，净宽约33.7 m，结构净高5 m。地下一层面积约14 300 $m^2$；出入口及风亭面积约950 $m^2$，合计15 250 $m^2$。

地下空间总体形态为"一纵六横六节点"。地下空间向西与13～15地块采用点接，在9号线通道轴线预留12 m宽人行通道；与东侧复兴地块预留5条8 m宽人行通道，在9号线通道相应位置预留一条12 m宽人行通道（见图6）。

东西向共4个柱跨，自西侧起第二跨布置为主通道。主通道两侧为配套用房，西侧1跨净深约9.2 m，东侧2跨净深约14.6 m。道路东侧人行道设置7处地面出入口及两组无障碍电梯，西侧人行道设置5处地面出入口及两组无障碍电梯（共12处地面出入口，4处无障碍电梯）。地下空

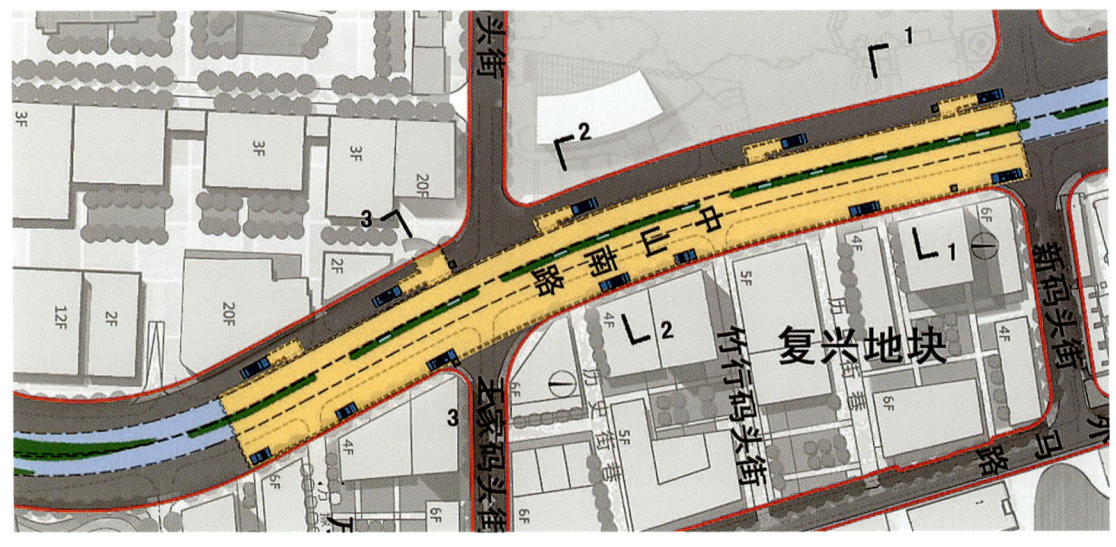

图6 地下空间平面布置图

间开发指标见表1。

表1 南外滩地下空间开发指标

| | 名 称 | 单 位 | 数 量 |
|---|---|---|---|
| 1 | 总建筑面积 | 平方米 | 34 750 |
| 2 | 地下一层建筑面积（含出入口风亭） | 平方米 | 15 250 |
| 3 | 地下二层建筑面积（隧道及设备用房等） | 平方米 | 19 500 |

（4）与南浦大桥匝道关系。

南浦大桥在中山南路设置一对上下匝道，位于董家渡路南侧。地下通道南出口过董家渡路口出地面后，其敞开段与南浦大桥匝道各错开一车道布置，以满足地面—高架—地道间各向交通组织（见图7），使得中山南路—董家渡路地面交叉口得以释放。

（5）与轨道交通4号线平面重叠、竖向分离。

4号线线位沿中山南路至董家渡路口向南越江，其修复段位于中山南路东侧、董家渡路南侧。本工程地下通道敞开段与4号线地铁修复段在平面位置部分重叠，竖向上隧道底板与修复段结构完全脱离。

四、结构方案

南外滩地下通道及空间采用明挖顺做法施工。在地下开发包含B1层地下公共空间段，基坑沿横向分两期实施，一期施工中间通道结构及上方地下空间（地下二层），二期实施与西侧地块间连通道、B1层地下空间西侧楼扶梯出入口及东侧地下空间（地下一层）。

本工程基坑围护结构选型主要有放坡开挖、重力式挡墙、SMW工法桩以及地墙。结合地下空间狭长的布局特点，路中幅、东幅地下结构顶板均采取纵梁+板方案。路中幅与路东幅地下结构接口处采用刚性连接，路中幅地下结构与西侧出入口接口处设置变形缝。

五、管线方案

根据中山南路现状排水系统及周边道路新建排水管道服务范围，本工程沿线中山南路两侧各设置一根合流管，收集相应道路和地块内的雨、污水及拟建地下空间的污废水后分别纳入相应的排水系统。

中山南路DN2000 mm现状合流二期中线西段外排污水管管位由中山南路改迁至外马路。

六、设备系统

1. 通风系统

本工程隧道采用射流风机诱导型的纵向通风方式。地下一层公共配套用房空调采用变频多联机形式。

2. 给排水消防系统

本工程地下通道及地下空间水源由市政给水管网上直接供给。隧道消防选用消火栓、固定式泡沫消火栓和灭火器；地下公共空间消防系统包括消火栓系统、自动喷淋灭火系统及灭火器。隧道废水收集后排至地面合流管；地下空间各类污废水通过泵房提升后，统一纳入市政合流管道。隧道洞口雨水由雨水泵打到地面合流系统；地下空间设置雨水井，通过泵房提升后，排至地

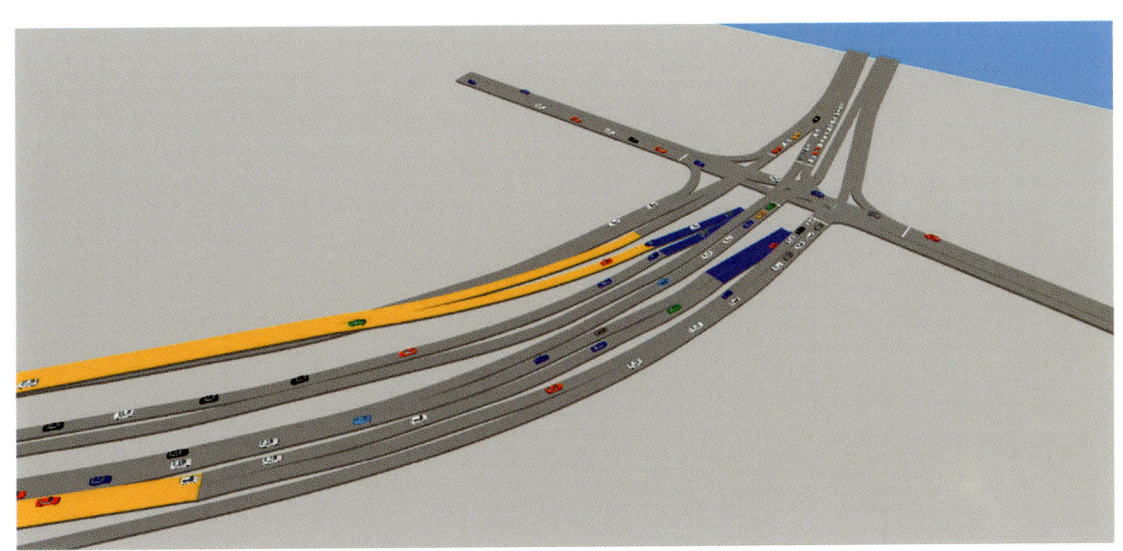

图7 地下道路与南浦大桥衔接交通组织图

面合流系统。

3. 供电照明系统

在地下公共空间中的设备用房区中部设置一座10 kV/0.4 kV的降压变配电所,对地下公共空间和地下道路部分的设备进行供电。

4. 监控系统

地下公共配套弱电系统内容包括火灾自动报警及消防联动系统、建筑设备监控系统、安全技术防范系统、广播系统、通信网络系统、有线电视系统、信息导引及发布系统、机房工程及智能化集成平台。

隧道监控各子系统具体包括:机电设备监控、交通监控、闭路电视监视、火灾报警及消防联动、紧急电话及有线广播、程控业务电话、无线通信、监控供电与接地等子系统。

### 七、建设周期

本工程中山南路下方路中幅地下结构(一期)土建工期约10个月,路东幅地下结构及西侧出入口(二期)土建工期约7个月,建筑装修及设备安装调试工期约6个月。

综合考虑交通疏解、管线迁改、外部协调等因素(不考虑前期动拆迁条件下),本工程建设总工期约30个月。

### 八、投资估算

总投资为119 542万元,其中第一部分工程费用为73 065万元。

## 【工作过程】

中山南路地下道路工程可行性研究过程中,我院对区域和开发现状、交通状况、管线情况都进行了系统的调研,得到了交警总队、市环保局、市申通集团、市电力公司、燃气公司、市排水公司、浦江隧桥公司、隧道公司、黄浦区市政工程管理署等有关各方的大力支持和帮助。

结合上海城市综合交通研究所对南外滩地区的交通预测分析,进一步论证了项目建设必要性、建设规模、交通影响等。

结合区域最新规划成果,并对设计方案进一步优化。研究地下空间与地块开发的衔接方案;深化南浦大桥、4号线等节点方案;通过管线协调会各方意见征询,梳理项目与沿线管线的关系。在此基础上完成了工程可行性研究报告。

## 【咨询工作特点】

1. 项目的建设模式实现了交通、城市功能和环境保护的和谐发展,具有较高社会、经济、环境效益

本研究着眼于解决区域开发与交通增长以及城市环境关系的改善。通过地下空间综合利用,保障了三纵东线的可靠性、发挥了南外滩地区地下开发的规模效应、提升了滨江区域景观品质。解决了地区开发与社会交通、景观保护的矛盾,具有较高社会、经济、环境效益。

2. 具有创新性和广泛的应用价值

本研究所提出的建设模式具有独创性。利用地下通道建设契机,建立道路两侧地块开发的地下直接联系,是地下空间综合开发利用的一种尝试,具有一定的创新性。

同时,该模式对于解决发达城市核心区土地资源矛盾具有良好的应用价值,对城市核心区地下道路系统的规划与建设具有示范意义。

3. 从合理性、可行性、经济性、安全性等方面开展多维度研究

本研究方法综合,论证充分,对规模布局的合理性、方案的可行性、配套管线综合的可实施性、交通影响、实施风险、环保节能、技术经济指标等多方面做了比选或评价,从而最终确定了合理的规模,可行的建设方案,保证了工程可实施性和技术经济的合理性。

4. 工程界面复杂综合,研究系统全面、涵盖专业多

项目涉及地下公共空间、地块商业开发、地下车行系统、人行系统、公共景观、市政管线等多系统的界面对接。通过本研究,整合了不同系统的功能,并协调了各部分内容的土建、设备、附属设施建设方案。

5. 工程难度大,但可行性论证充分,可操作性强

沿线建设条件复杂,研究着重处理了DN2000截流污水管改迁、两侧地块开发衔接、上跨4号线修复段、改造南浦大桥上引桥等实施难点,方案落地可行。

6. 多方案比选,科学地拟定线路和总体方案

本报告对开发建设方案进行了平面分离、高架分离及地下分离三方案比选。在总体设计上,分别就地下空间层位分布、开发断面两种视角进行比选分析,总体断面的比选方案多达四种。实施方案上,就沿线DN2000截污管改排方案、改排

管位作了三种不同的考虑。

7. 估算编制及经济分析到位

估算编制依据充分，各项经济指标合理，投资估算结果准确，经概算复核，误差小于5%。营运成本测算、财务效益分析可靠，国民经济评价客观全面。资金筹措方案落地可行。

8. 风险分析内容全面

考虑施工期、营运期等不同阶段风险，并通过敏感性分析，论证项目财务抗风险能力。

9. 综合考虑环保节能

响应环境影响评估要求，方案上充分考虑控制废气、噪音等主要污染物对环境的影响，进行全面评价并提出措施。各专业均就节能、节水、节电等要求提出了环保的技术方案和措施，技术方案经济、可行。

10. 充分协调采纳各主管部门的意见

本项目充分考虑了市政、水务、人防等部门要求，根据主管部门的意见进行充分优化。

【咨询效果】

上海中山南路地下通道工程位于"外滩金融集聚带"南端，南邻世博园区，肩负着金融商务功能拓展和滨水公共空间塑造的双重要求。工程综合了地下通道、地下空间、地面道路和市政管线改善等建设内容。

中山南路地下通道的实施，分离了断面总量65%的过境交通，使被割裂滨水地区和西侧街区重新融合在一起，恢复了地区历史风貌，改善了区域环境，赋予南外滩新的生命，为区域打造办公、商业、会展、文化、休闲、游憩等复合功能创造了条件，实现地区社会、经济、文化和环境的和谐发展。

中山南路地下通道的实施缩减了地面道路规模，释放了约5 800 m²地面空间共作为绿化和公共活动场所，改善了环境，为市民及游客休闲、观光游憩提供有利条件，使南外滩地面由一个以车为主的空间重新回归于市民，成为一个以人为主的空间，体现了以人为本的精神。

中山南路地下通道的实施，使东侧狭窄的腹地以及西侧地下空间联为一体，提供两侧地块地下商业开发之间的直接联系。引导地下空间网络化、整体开发，发挥规模经济效益，促进地区的功能更新和健康发展。

中山南路地下通道的实施，通过地下空间开发补充社区级配套服务设施的空缺，既有利于土地资源的充分利用，又可增加缺失的业态功能，并在短期内扩大规模，与地块地下空间形成整体，提升地块氛围。

通过本项目的实施，实现对地下空间的综合开发利用，解决了交通与区域开发、滨江景观改造的矛盾，保障了三纵东线的可靠性，发挥了南外滩地区地下开发的规模效应，提升了滨江区域景观品质。

# 上海市沿江通道越江隧道工程（越江段）可行性研究报告

The Feasibility Study Report of Shanghai Riverside Passage and Cross-river Tunnel Project (River-crossing Section)

编写单位：上海市隧道工程轨道交通设计研究院
Shanghai Tunnel Engineering & Rail Transit Design and Research Institute
联系电话：021-54519988　　网址：www.stedi.cn
主要完成人：杨志豪　贺春宁　童　毅　虞振清　张　毅　林咏梅　史艳华　徐一峰　黄　巍　彭子晖

## 【点评】

本报告对越江段工程总体方案、越江隧道和接线道路工程方案设计、隧道防灾救援体系研究作了充分的比选论证。本报告提出的隧道选线方案符合规划要求，与沿线的规划、航道、岸线开发等协调一致，具有工程实施的可行性和良好的经济性。推荐方案与比选方案相比较，其盾构段长度可减少760 m，节约工程建安费约4.7亿元；推荐的"不设工作井"方案，在环境影响评估、通风和疏散救援满足标准的情况下，工程更具实施的可行性，且更为经济，相比设置中间井方案建安费节省3.4亿元。

## 【项目背景】

在结合上海市空间发展战略调整的基础上，《上海市骨干道路网深化规划（2009）》提出，上海高速公路网将形成"一环、十二射"加"一纵、一横、多联"的布局形态。为了更好地服务上海市乃至长三角的滨江沿海发展链，完善高速公路服务网络，新增了郊环越江隧道及其接线，并提升蕴川路—沪太路为高速公路（S16），接江苏沿江高速二期，构建上海沿江高速。

上海沿江高速将形成上海市尤其是大浦东地区与长三角联系的多通道布局，大大强化大浦东地区的对外联系，将为上海"四个中心"的建设，构建一体化集疏运体系，以及服务长三角、服务全国发挥重要作用。

沿江通道越江隧道工程是上海沿江高速的重要组成部分，其实施将直接影响上海沿江高速的形成及周边路网交通的改善。

2011年6月，上海市发展改革委批复了沿江通道越江隧道工程项目建议书。2011年10月，上海市隧道工程轨道交通设计研究院会同城建院、市政规划院编制了《上海市沿江通道越江隧道工程（越江段）可行性研究报告》。

## 【项目内容】

由上海沪申高速公路建设发展有限公司建设的沿江通道越江隧道工程（越江段）工程范围西起浦西牡丹江路东至浦东S20，全长约8.7 km。工程主要由牡丹江路高架、匝道、越江隧道和浦东S20立交等工程组成，其中越江隧道长约6.15 km。

工程主线接浦西接线道路高架，跨过牡丹江路后转入漠河路东侧绿地接地，此处设置一对匝道及匝道收费站进出隧道。隧道在下穿友谊支路进入暗埋段以后，沿绿地向东在小沙背处以R-1 000 m平曲线避让恺源景江苑和圈围转入江中，浦西工作井设置在绿地内。盾构段线位走在圈围地块和码头前沿，先后避让军用码头和宝杨码头，并巧妙利用已建的国际邮轮码头引桥A0~A1和A1~A2桩间空档处直线穿越（前期阶段已经协调预留穿越空间），之后继续下穿炮台湾湿地公园（竖向避让钢渣，净距17 m）、吴淞导堤和黄浦江，浦东侧避让公安专科学校后在浦东滨江森林公园处登陆，工作井设置在滨江森林公园一期绿化地内。隧道在浦东随塘公路以南接地，之后顺接浦东接线道路高架上跨S20，设置部分定向立交一座。

隧道为双向六车道，设计车速80 km/h，不设硬路肩。圆隧道外径15.5 m，内径14.2 m。

隧道主要设备用房分别设置于浦西、浦东邻近工作井的暗埋段地下一层，部分设备用房设置于地面一层。设备用房内设有隧道通风机房、变电所、消防泵房、照明配电室、弱电设备室、小通风机房等。浦西、浦东设备用房的地面处各设有一座高排风塔。隧道管理中心设置于浦西设备用房的地面上,风塔与之合建。隧道浦西、浦东暗埋段洞口均设置一座雨水泵房。圆隧道段内左、右线线路最低点各设置一座废水泵房。隧道浦西、浦东敞开段设有80 m长光过渡段。圆隧道段共设置6条横向人行通道,间距约700～800 m。

此外,隧道除了土建工程之外,还设有保障隧道运营的通风、给排水、消防、照明、供电、监控等机电设备系统和收费管理系统。

本工程估算总额为909 809.01万元,技术经济指标为104 611.82万元/公路千米。经分析经济内部收益率为10.42%,大于社会折现率;经济净现值为208 891万元,大于0;经济效益费用比为1.92,大于1。其表明项目对国民经济的净贡献达到或超过了要求的水平,社会效益较好,项目是可以接受的。

【工作过程】

本工程可行性研究集中了3家设计院的精兵强将组成项目组开展工作。

在工可研究前期,3家设计单位积极与市发展改革委、规土局、交港局、水务局、环保局、绿化局、宝山区、浦东新区、宝钢、公安专科学校等政府、行业和大型企事业单位进行协调沟通和意见征询,并根据每次会议精神对方案进行了持续地优化完善。同时,还开展了初勘、初测、障碍物和管线物探、交通量预测、水运和航道咨询、河势稳定分析和最大冲深专题研究、防洪影响评价、环境影响评估、地质灾害评估、场地地震安全性评估、社会稳定风险分析和评估、工程质量安全分析、前期费用调查、盾构机选型、通风和吴淞导堤等大量的专题、课题研究和专家咨询,为工可报告的编制工作打下了扎实的基础。

工可研究中主要针对如下工程特点和难点,进行了多方案的比选和论证,最终推荐的方案具有良好的技术、经济、社会效益。

(1)隧道总体线位方案比选及推荐。

根据前期研究和工可方案的比选,越江隧道线位推荐沿码头前沿穿越的方案。

(2)隧道两岸洞口、匝道和风塔方案比选与推荐。

针对隧道浦西侧洞口、匝道和风塔的三个比选方案,从功能、用地、与接线道路衔接、工程经济性、环境影响评估和沿线单位协调沟通意见等作综合比选,推荐隧道浦西洞口、匝道于牡丹江路东侧接地,风塔设置在工作井前与管理中心合建。

对隧道浦东侧洞口、接线和风塔方案,经与市绿化局、浦东新区多次协调沟通,通过对工程

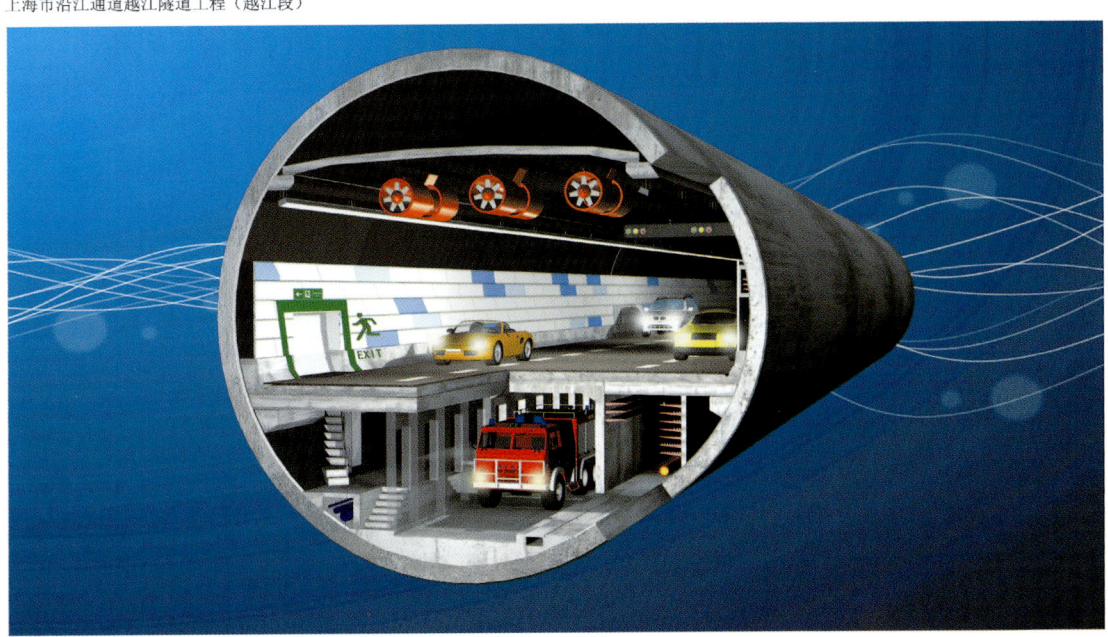

上海市沿江通道越江隧道工程(越江段)

圆隧道剖切断面效果图
上海市隧道工程轨道交通设计研究院

图1　隧道剖切面效果图

周边主要控制要素的分析和方案比选，推荐浦东洞口和接地点设置在随塘公路以南的滨江森林公园二期地块内，以最大限度地减少隧道运营期对滨江森林公园和公安专科学校的影响。浦东工作井和风塔设置在随塘公路以北的滨江森林公园一期地块内。

（3）圆隧道横断面设计的综合比较。

沿江通道越江段隧道横断面通过设计取用参数与规范标准的比较，结合工程施工技术、机械制造技术的发展，国际邮轮码头引桥节点和河势最大冲深等控制要求，工程经济性、适用性和后续利用分析等综合比较，推荐沿江通道越江段隧道采用外径15.5 m、内径14.2 m的圆隧道断面。

（4）中间井设置的比选论证。

对设置中间井和不设中间井的方案进行了同深度的比选。主要对设置中间井的必要性和可行性、对不设中间井的通风计算及疏散救援以及两个方案的工程经济性作综合比较分析。

虽然中间井的设置对隧道运营的内部环境和两岸洞口环境有改善，但中间井井位的工程建设条件较差，中间井骑跨防汛墙设置及破堤施工风险高，工程经济性较差，施工中不可预见的因素较多。而不设中间井在环境影响评估、通风和疏散救援满足标准的情况下，工程更具实施的可行性，因此本项目推荐不设中间井的方案。

### 【咨询工作特点】

（1）开展了支撑工程方案可行性的大量专题、课题的研究，进行工程多方案的比选论证和优化完善，细化和深化了越江隧道总体方案和工程方案的设计。

工可研究开展了《沿江通道工程水运与河势咨询研究》、《沿江通道越江隧道工程河床最大冲深专题研究》、《沿江通道越江隧道工程物探成果》、《沿江通道越江隧道工程（越江段）防洪评价研究》、《沿江通道越江隧道盾构选型及工程通风设计方案研究》以及《沿江通道岩土工程初勘》等多项专题的研究，推荐采用盾构法实施越江隧道，隧道线位主要在长江口码头前沿、炮台湾公园、吴淞导堤、黄浦江及滨江森林公园内穿越，有效避让了水域中的码头及水工构筑物，确保了工程方案的可实施性。

（2）越江段隧道与两岸接线道路的系统一致，功能完善，标准匹配，近远期"无缝"衔接，无废弃工程。

工可研究严格遵循规划的要求，根据全线"一次规划，分期实施"的原则，在重点研究越江隧道方案的基础上，对浦西和浦东的接线道路方案也进行了同等深度的研究。

通过对越江段隧道与两岸接线道路从系统功能、接口的近远期衔接等综合比较分析，推荐的越江段隧道方案具有与浦西接线道路各方案衔接灵活、线形指标好、交通功能佳、工程动拆迁少，工程投资低，符合环境影响评估的特点。浦东推荐的S20部分定向互通立交占地紧凑、功能完善，较好地做到了近远期"无缝"衔接的目标，方案不仅能满足近期的交通功能和为外环隧道

图2　越江隧道工程总图

创造大修的条件,也能灵活适应远期浦东接线道路各个方案的衔接需要。

越江段隧道与接线道路的总体布置与接口衔接符合城市总体规划,符合沿江通道整体布局、系统功能和技术标准相匹配的要求。以满足规划要求和交通功能合理为主要出发点,统筹兼顾,合理布局。隧道根据沿线规划和项目系统的功能要求,结合工程建设控制条件,以功能节点和关键节点"锚固"总体线位和方案,实现交通功能与实施可行性的统一。

(3)采用合理的总体布置方案尽可能规避、化解与沿线工程建设条件的矛盾。

工程沿江主要的控制因素有沿线的码头、吴淞导堤、障碍物和炮台湾湿地公园内的钢渣。工可研究中对两个可行的方案——均能避让沿线码头、水工障碍物和地块的情况下进行了比选。经过对技术、工程经济性和隧道长度增加之后的通风、消防救援等方面的因素权衡,越江隧道线位最终推荐沿码头前沿穿越的方案。

盾构段线位走在圈围地块和码头前沿,先后避让军用码头和宝杨码头,并巧妙利用已建的国际邮轮码头引桥A0~A1和A1~A2桩间空档处直线穿越,之后继续下穿炮台湾湿地公园、吴淞导堤和黄浦江,在浦东侧避让公安专科学校后在浦东滨江森林公园处登陆。

经推荐的隧道路线方案短捷,避让了沿线所有陆域、水工建构筑物和地块开发,竖向避让宝杨路码头撑杆墩斜桩、长航码头斜桩和炮台湾湿地公园内的厚钢渣,与沿线的规划、航道、岸线开发等协调一致,工程实施的可行性和经济性好。

(4)结合地区规划和集疏运体系规划,加强交通流量流向分析,论证确定主要技术指标。

结合地区与集疏运体系和路网建设规划的最新成果,结合浦西接线道路系统分离和合并的不同组合方案进行了测试分析;对S16、同济路高架和S20等关键转换节点的交通流量和流向作了定性与定量分析;对采用的主要技术指标结合项目服务对象为货运车辆的特点予以了方案优化和完善,确保货运车辆的运营安全、舒适。

(5)在盾构选型的基础上,越江段圆隧道的断面研究以功能需求为先导,在确保安全、经济适用基础上,兼顾盾构机后续推广利用的可能性。

在前期《沿江通道盾构选型研究专题报告》及专家咨询意见的基础上,根据通过对取用参数与规范标准的比较,对圆隧道横断面设计作了综合比较。鉴于本项目国际邮轮码头引桥节点、河势最大冲深和两岸接线道路衔接条件等制约,经综合比选论证,推荐本项目采用外径15.5 m、内径14.2 m的双管单层双向六车道,不设硬路肩的断面布置形式。

(6)对中间井的设置作全面客观的比选,在项目功能、风险、造价间寻求平衡点,推荐合理、经济、可行的方案。

首先,工可研究中结合隧道通风、环境影响评估论证了中间井设置的必要性。从通风角度而言,虽然设置中间井对极端恶劣工况下的通风具有一定的保障,但是采用纵向通风+重点排烟

图3 越江隧道工程鸟瞰图

的通风方式已经能够满足通风设计标准和需求，并具有一定的冗余度，且符合环境影响评估要求，隧道通风也考虑了通过设备缓装的抗风险方案，所以中间井不是非设不可。

其次，结合工程建设条件、工程实施风险对工程实施可行性及风险进行了论证。中间井施工不仅需要破防汛墙施工和拔除2个运营码头的10根斜桩，还必须对中间井所在位置的钢渣层进行处理，以进行中间井围护、基底和两侧地基加固处理、井点降水、立柱桩等施工。中间井考虑的两种围护方案在施工过程中的风险大、工程代价高和不可预见因素较多。且设置中间井比不设中间井方案的隧道左右线各多了1次进出洞，风险概率增加1倍。因此，中间井实施的可行性较差，工程风险大。

第三，对不设中间井情况进行了结构计算，并根据上海市道路隧道设计规范及上海市长江隧道的设计经验，对不设中间井时的疏散救援进行了研究。

最后，对设置中间井和不设中间井的同深度方案设计进行经济比较得出，不设中间井方案更为经济，比设置中间井方案建安费节省约3.4亿元。

综上分析，不设中间井在环境影响评估、通风和疏散救援满足标准的情况下，工程更具实施的可行性，因此推荐不设中间井的方案。

（7）推荐的盾构法方案设计内容齐全，各专业工种的设计均达到国内领先水平，保证了工程具有较好的可实施性。

隧道建筑横断面设计合理，既满足车辆通行限界要求，又满足各种运营设备布置的需要。同时从"以人为本"的设计理念出发，车道板下设紧急疏散安全通道，两条隧道之间分设6条连接通道。

借鉴上海长江隧道的实施经验，圆隧道衬砌采用通用环形式，并设置斜螺栓、定位棒、剪力销等连接，确保衬砌的拼装质量和整圆度，提高施工的效率。

全线设有完善、新颖的消防设施和功效齐全的排水设施。优化的、先进的监控设计，使隧道更具"人性化"、"智能化"，并满足确保隧道正常运营；提高车辆通过能力；节约运营成本和能源；防灾、救灾的要求。

隧道内采用纵向通风加重点排烟方式，浦东、浦西分设风塔集中排风。根据洞口CO和$NO_2$排放量、风塔设计参数、风塔设置条件等综合分析后，在E类稳定条件下，洞口周围环境敏感目标均能满足国家环境空气质量二级标准要求。

（8）注重项目风险分析，提出全寿命周期项目风险管理思路。

可研报告根据建设部颁发的《地铁及地下工程建设风险管理指南》，以及上海特定的地质条件资料，通过辨识、分析和评估工程建设风险，优化可行性方案，规避和降低各类风险，为工程设计、施工及保险做好前期准备，初步制定工程风险控制措施和对策。从项目前期阶段提出系统考虑越江隧道整个寿命周期（包括设计、施工、设备采购与安装、验收开通）内的安全问题，将系统安全保障管理工作贯穿于项目的整个寿命周期，使各阶段的系统安全保障工作具有连续性管理思路。

（9）精心设计、控制投资，投资估算适度。

通过风险分析和技术经济比较等多种手段，优化设计方案和施工工艺，为工程可实施性和工程造价的控制起到积极作用；估算编制中充分利用积累资料，对单项工程拆分细化，采用类比分析法校核，有效控制投资，本工程投资估算总额为909 809.01万元，技术经济指标为104 611.82万元/公路千米，指标适中。

【咨询效果】

可研报告内容全面，对项目的技术、经济、工程、环保、节能、工程质量安全及工程技术风险等进行了论证和分析，提出的方案技术标准恰当、合理，为项目决策、审查提供了全面的依据。

可研报告进一步论证了上海市沿江通道越江隧道工程（越江段）工程建设的必要性。该工程的建设有利于市域高速公路网的完善，对于改善集疏运系统，优化黄浦江下游越江交通布局、缓解S20公路越江隧道拥堵等方面都能起到积极作用，同时也能为S20公路越江隧道封闭大修创造条件。

可研报告论述了越江段与浦西接线道路（江杨北路—牡丹江路）段、浦东接线道路（S20立交—五洲大道立交）段各种可能实施方案衔接的合理性、统一性和可实施性，为越江段工可研究顺利推进及今后浦西接线道路、浦东接线道路工可的报批创造条件。

可研报告提出的沿圈围用地前沿穿越的隧

图4 沿江通道浦东光过渡鸟瞰图

道选线方案合理,符合规划要求,与沿线的规划、航道、岸线开发等协调一致,不仅具有工程实施的可行性,而且良好的工程经济性。推荐方案与比选方案相比较,其盾构段长度可减少760 m,节约工程建安费约4.7亿元。

可研报告对圆隧道横断面设计进行了细致研究,不仅考虑隧道功能,还对盾构机的来源、工期保障、工程经济性和工程实施风险等进行了全面的论证。还从可持续发展的角度,对新购置盾构机的后续利用进行了前景分析。保证了可研推荐方案,不仅满足功能需求,断面布置经济适用和关键节点的控制要求,也具备后续利用良好的标准适应性和应用前景。

可研报告对推荐的越江隧道沿码头前沿线位是否设置中间井,从隧道通风、两岸洞口环境影响、工程实施可行性以及工程经济等各方面进行了研究。推荐的不设工作井方案,在环境影响评估、通风和疏散救援满足标准的情况下,工程更具实施的可行性,且更为经济,相比设置中间井方案建安费节省3.4亿元。

可研报告已于2012年11月22日获得上海市发展改革委的沪发改投〔2012〕245号文批复。按可研报告推荐的方案完成初步设计以及施工图,工程已于2014年12月开工。

参与单位:上海市城市建设设计研究总院
上海市市政规划设计研究院

# 北翟路（外环线—中环线）快速路工程可行性研究报告

## The Feasibility Study Report of Beidi Rd. Expressway Project (from Out-ring to Mid-ring)

编制单位：上海市城市建设设计研究总院
Shanghai Urban Construction Design & Research Institute
联系电话：021-50891688　　网址：http://www.sucdri.com
主要完成人：周　挺　王树华　庄子帆　冯　奇　张银屏　季洪金　赵飞鹏　吴　勇　黄丽君　徐卫东

## 【点评】

本报告对建设现状、规划条件均进行了深入的论证分析，不仅对主线形式、匝道设置、断面布置等总体方案进行了全面的方案比选，也在不同方案的基础上对工程重要节点进行了多方案比选。推荐方案既能避免重复建设、废弃工程，又能满足使用功能，同时与远期规划设施有良好的衔接。

## 【项目背景】

北翟路（嘉闵高架—中环线）作为虹桥枢纽的快速疏解通道，全线规划为城市快速路。由于建设条件等因素，仅北翟路高架外环线以西实施。快速路高架北翟路（外环线—中环线）现状仍为地面道路。

随着虹桥枢纽的运行发展，交通需求日益突出，作为快速疏解通道的北翟路由于外环线—中环路段仍为地面道路，功能难以完全发挥。北翟路（外环线—中环路）地面段的常态拥堵同时也严重影响了长宁区地区交通的出行。

同时，北横通道的规划、建设已提上日程，北横通道与北翟路、S26将形成一条东西向的交通大通道。

为了完善该地区快速路网，为虹桥商务开发建设创造良好的交通环境，为实施中的中国博览会会展中心可能产生的大流量交通提供快速通道，同时为规划中的北横通道提供与西部已建快速路网的接口，北翟路（外环线—中环线）的快速化要求日益突出，迫在眉睫。

2011年8月，根据周边建设条件的改变，我院重新对北翟路（外环线—中环线）改建工程进行了多方案同深度研究和比选，并多次向市建委进行了汇报，征求各相关部门意见，最终形成《北翟路（外环线—中环线）快速路工程工程可行性研究报告》。

## 【项目内容】

本工程建设单位为上海公路投资建设发展有限公司。本工程位于上海市长宁区，西起现状北翟路外环线立交，东至北翟路中环线立交，桩号范围为K8+609.944～K10+913.779，道路全长约2 303.835 m。该段北翟路道路红线为50～70 m，除平塘路—剑河路段，现状道路已基本按规划红线建成。

北翟路主线为快速路，设计速度为60 km/h，根据预测流量，车道规模为双向6车道。地面道路规划为城市主干路，设计速度采用50 km/h。路面计算荷载BZZ-100型标准车。快速路主线净空（地道）≥4.5 m，地面道路≥5.0 m。

北翟快速路主线推荐采用浅埋地道方案。地面道路设置中央分隔带，地道主线在分隔带中设置通风口。地道主线横断面按照双向6车道布置，具体宽度为：0.5 m（路缘带）+10.25 m（3.5 m×2+3.25 m机动车道）+0.5 m（路缘带）+1.6 m（分隔墩、隔墙）+0.5 m（路缘带）+10.25 m（3.25 m+3.5 m×2机动车道）+0.5 m（路缘带）=24.1 m。地面道路按双向6车道布置，具体宽度为6 m（人行道）+15 m（1慢+3快）+8 m（中央分隔带）+15 m（1慢+3快）+6 m（人行道）=50 m。

为了尽量减少对地面道路横向交通的影响，地道方案以5%的纵坡西接现状北翟路高架主线落地段，在协和路西进入地道暗埋段。地道在剑河路东出地道暗埋段，接现状中环落地段主线。地道全长1 780 m（K8+960～K10+740），暗埋段长1 480 m（K9+080～K10+560），敞开段长

300 m。地道在外环线东侧、中环线西侧各设置一对上下匝道，满足地道主线与地面道路的沟通需要。

## 【工作过程】

2007年7月，完成北翟路（辅助快速路—中环线）改建工程工可报告，并在2007年8月进行了工可评审。2007年8月，设计根据其评审意见同步开展北翟路（辅助快速路—外环线）初步设计工作，同时对北翟路（外环线—中环线）进行方案深化研究。2007年9月15日，形成北翟路（辅助快速路—外环线）改建工程初步设计初稿，提交总体院进行初稿评审。2007年10月，设计对北翟路（辅助快速路—外环线）改建工程作了工可补充报告，并于11月进行了工可补充报告评审。2008年2月，收到工可补充报告批复及评估报告。2008年12月，北翟路（辅助快速路—外环线）开始施工，并于2010年4月世博会前期完工贯通。

在完成北翟路（辅助快速路—外环线）段设计期间，对北翟路（外环线—中环线）段改建工程进行了深化设计，作了多方案比选，多次向各级部门汇报。主要过程如下：2008年6月，完成了北翟路（外环线—中环线）改建工程方案设计，并在上海市建设和交通委员会科学技术委员会进行了方案咨询。2008年7月，收到方案设计的咨询报告。2008年7月，完成本段北翟路（外环线—中环线）改建工程可行性研究补充报告。随后向区、市相关部门进行了多次汇报，并形成一致意见，于2008年10月，完成本段北翟路（外环线—中环线）改建工程可行性研究调整补充报告。该工程近期实施主要内容为北翟路中环线立交，外环线—中环线路段则预留远期快速化可能。中环线立交于2010年4月世博会前期完工贯通。

2011年8月，由于虹桥商务区、中国博览会会展综合体项目的形成以及北横快速路建设提上日程，北翟路（外环线—中环线）的快速化要求日益突出。根据周边建设条件的改变，我院重新对北翟路（外环线—中环线）改建工程进行了多方案同深度研究和比选，并多次向市建委进行了汇报，最终形成本报告。

## 【咨询工作特点】

本工程研究长度仅为2.9 km，但其位于长宁区已建成区，周边主要为作为地区商业会议会展中心、文化体育休闲中心的长宁临空园区，以及密集的居民住宅区，不仅工程建设空间十分有限，而且对建设环境敏感度极高。同时，方案设计需充分考虑与两侧已建外环、中环节点的衔接，避免废弃工程，与远期规划良好衔接。还应对现状侵入红线泵站的迁建方案进行充分研究，在尽可能节约投资的情况下，避免主线工程与泵站的迁建互相干扰。根据以上工程特点，本工可报告对现状、规划建设条件充分分析的基础上进行了全面深入的方案研究和比选，主要在总体方案、外环、中环立交以及泵站节点的方案上进行了全方位、多层次、同深度比选，最终综合工程、环境、社会等方面确定推荐方案。同时，为了保证方案的可实施性，对施工组织筹划、地下管线综合也进行了深入的研究。

1. 快速路主线敷设形式在高架、地道、地面快速路多方案同深度比选的基础上，分析方案工程实施难度、工程造价、环境景观影响、社会影响等因素严重程度和所占权重后，主线推荐采用浅埋地道方案

由于本工程总体方案的选择涉及面广，影响大，工程复杂，就快速路主线敷设形式的选择进行了高架、地道、地面快速路多方案同深度比选。

其中地面快速路方案对周边地块沟通、交通需求影响较大，也无法避免对北新泾泵站改建，设计不建议采用该方案。

对于高架方案和地道方案，交通功能基本一致，技术方案均可行，主要从工程实施难度、工程造价、环境景观影响、社会影响等不同方面来权衡比较。

高架方案工程实施难度较小，工程造价相对较低，工程难度小，但是景观效果差、环境影响大，对社会影响较大。地道方案工程造价较高，工程涉及面广，前期涉及管线改排可能会对工程费用及周期造成较大的影响。但是地道方案无景观影响，对周边居民的环境影响也较小，社会影响小。

由于该段北翟路位于外环以内，穿越长宁区临空经济园区，景观要求较高；同时，沿线居民住宅区较为密集，对环境要求高。由于历史和现实原因，北翟路沿线居民对于北翟路快速路的建设和主线形式的选择十分敏感。所以，在总体方案比选过程中增加了环境、社会这两项影响因素的权重。

在综合分析了各影响因素的严重程度和所占权重以后，主线推荐采用浅埋地道方案。地面道路设置中央分隔带，地道主线在分隔带中设置通风口。图1为道路标准横断面布置图。图2为道路平面布置图。

2. 通过对外环线立交节点在快速路网重功能分析，为更好地保证北翟路—北横通道一线的有效运行，明确并保证北翟路射线方向的服务功能，节点推荐近期设置菱形匝道，实现主线与外环线的软连接（有限互通），同时对全互通立交规划预留

由于外环立交快速路连接的方案选择，对于北翟路本身及其所连接的规划北横通道均有较大的影响。根据现有预测流量，若北翟路主线与外环线间采用全互通立交形式（快速连接），将增加北翟路—北横通道对外环线至市中心区域的交通吸引。由于北横通道交通服务能力有限，可能产生的吸引流量将使北横通道产生严重的拥堵，影响其快速通道功能的发挥。适当的抑制环线至市中心的快速连接，可使环线更好地发挥市中心区域交通保护环的作用。

基于以上分析，在有限制的满足交通需求的情况下减少交通风险，更好地保证北翟路—北横通道一线的有效运行，保证、明确北翟路射线方向的服务功能，暂缓考虑该节点设置全互通立交（环内与外环连接），设计建议对外环线进行全互通立交规划控制。近期则在北翟路主线高架—地面过渡段设置菱形匝道，实现北翟路主线与外环线的有限互通，主要满足主线方向的服务功能。图3为外环线立交软连接方案。图4为外环线立交全互通方案。

3. 中环线立交节点通过对连续盾构方案、明挖的比选分析，推荐采用匝道连接方案实现与北横通道连接

根据规划，在中北翟快速路向东延伸接规划中的"北横"。中环线节点的方案设计主要是考虑北翟路与规划北横通道的连接形式。设计考虑了匝道连接、连续盾构、明挖方案。其中，盾构方案北翟路主线与中环的连将影响地方道路的通行，需设置工作井，集中通风井，并占用普陀区的非道路红线绿化用地，协调落实较为困难。明挖方案线型差，都不予以推荐。

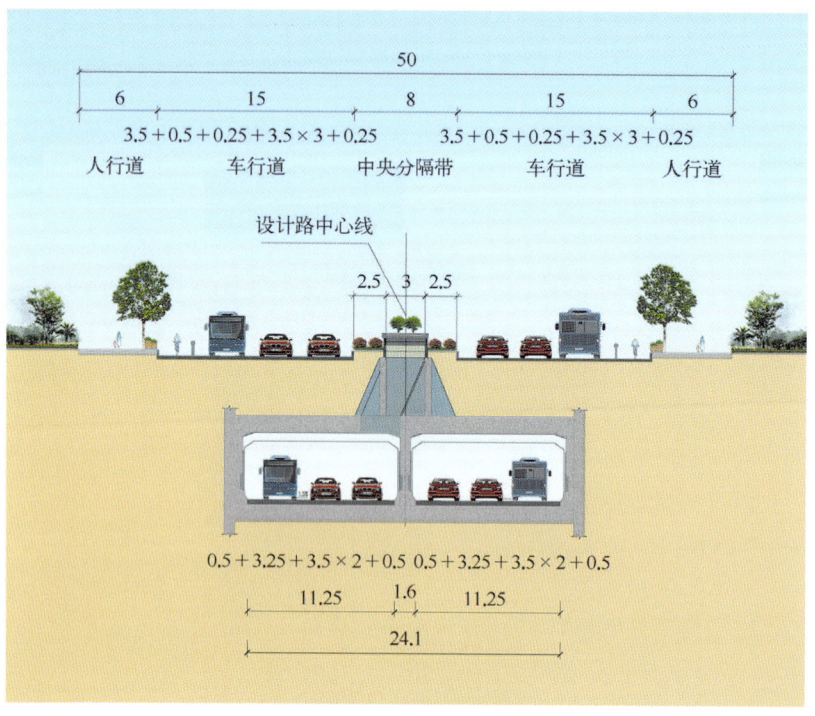

图1　道路标准横断面布置图

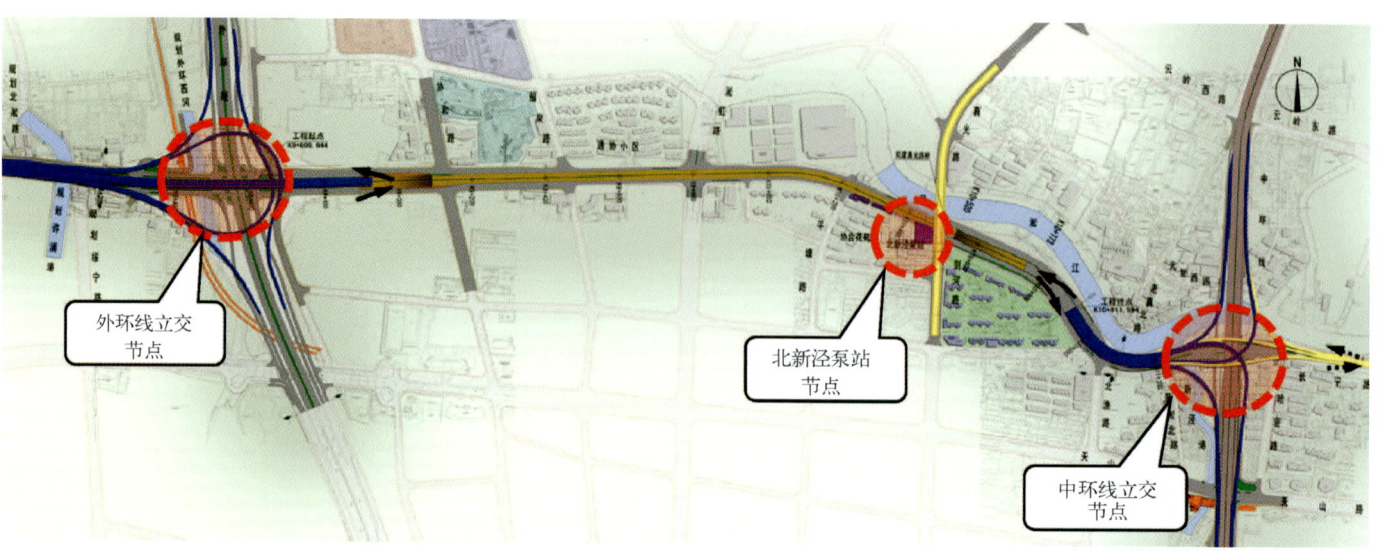

图2　道路平面布置图

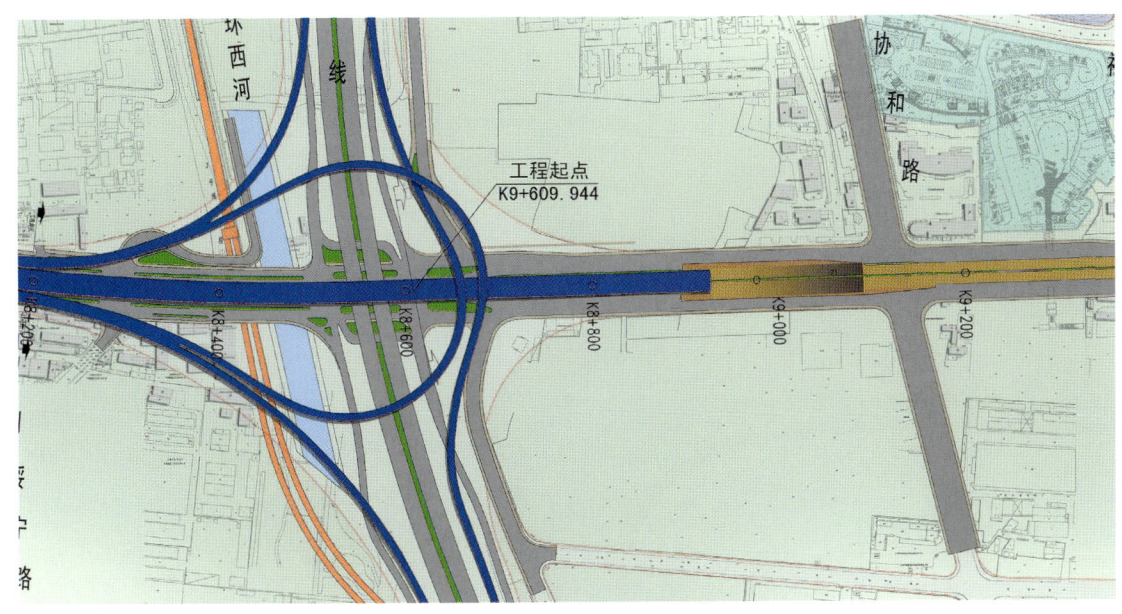

图3　外环线立交软连接方案

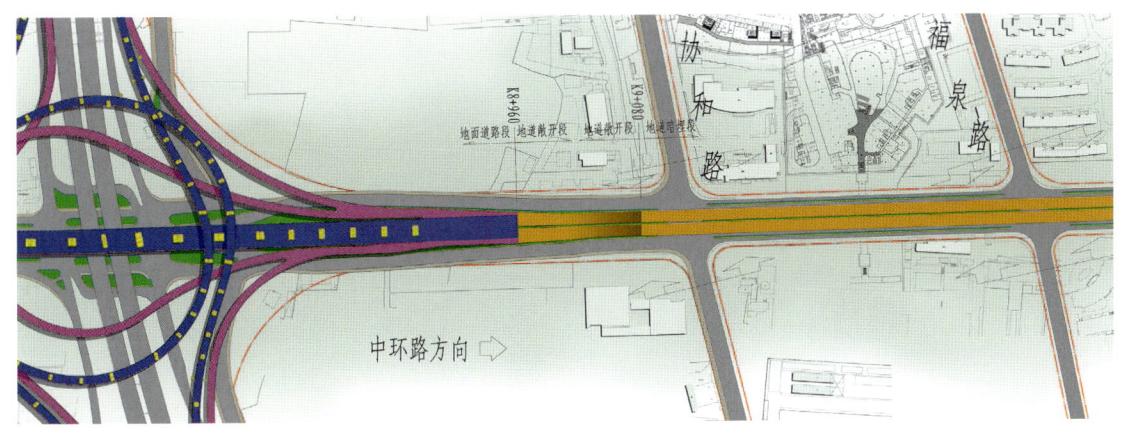

图4　外环线立交全互通方案

匝道连接方案北翟路与北横通道在工程实施上界面明确，无须预留。这一方案存在的交通运行上存在左进左交通组织问题可以通过明确的标志标线设计也进行弥补。综合分析，北翟路主线与北横的连接推荐采用匝道连接方案。远期与规划中的北横通道连接则通过现有SW匝道和WN匝道外延匝道实现联通。图5为中环线平面推荐布置图。

4. 北新泾泵站节点根据泵站的改建形进行了深入的多方案，综合交通功能、建设周期、建设灵活性等情况，设计推荐泵站出水箱涵与主体分析建设方案，既避免了泵站迁建对地道主体工程建设进度的牵制，又可以在不产生废弃工程的情况下满足远期地面道路扩建、泵站改建

北翟路（平塘路—剑河路）受吴淞江驳岸和北新泾泵站影响，现状道路总宽仅31.5 m。北新泾泵站主体入侵50 m红线范围15 m，泵站出水箱涵与地道方案主线结构段在纵向空间上冲突。对于泵站是否完全不改建，是否同期迁建，本设计进行了多方案设计比选。其中，同期建设方案，对整个地道建设工期制约较大；完全不改建方案，则切断了北翟路地面辅道的通行。故综合交通功能、建设周期、建设灵活性等情况，设计推荐以下方案，见图6、图7。

近期地面仍维持现有道路宽度，泵站主体不改建。地道主线中心线北偏移约4.2 m，使地道结构在驳岸与泵站主体结构间穿越，纵断面上仍考虑采用下穿新建箱涵。原出水箱涵在新建箱涵建成通水后废除。

远期在地面道路双向5车道规模不能满足需求，或老泵站需改扩建时，可对现有红线范围内既有泵站进行改建。在南侧规划用地范围内布置迁建泵站，泵站出水箱涵则利用在地道实施时新建的出水箱涵。在泵站迁建完成后，地面道路

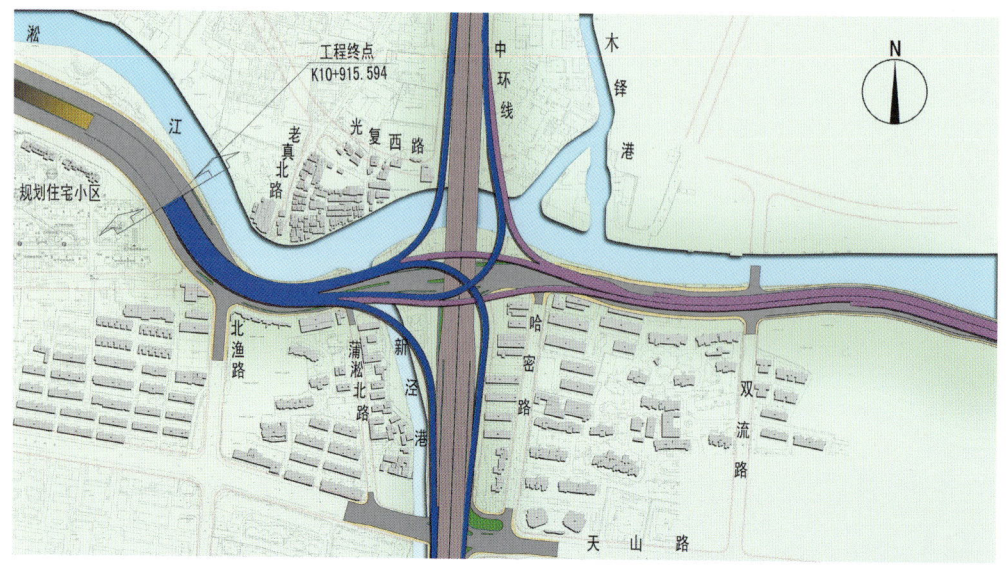

图5 中环线平面推荐布置图

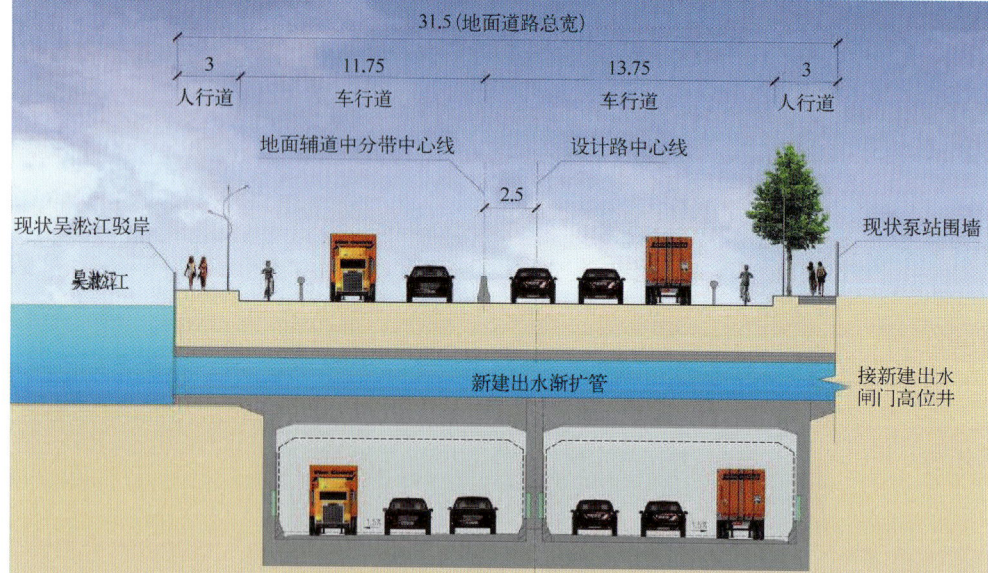

图6 出水箱涵（渐扩管）处横断面示意图

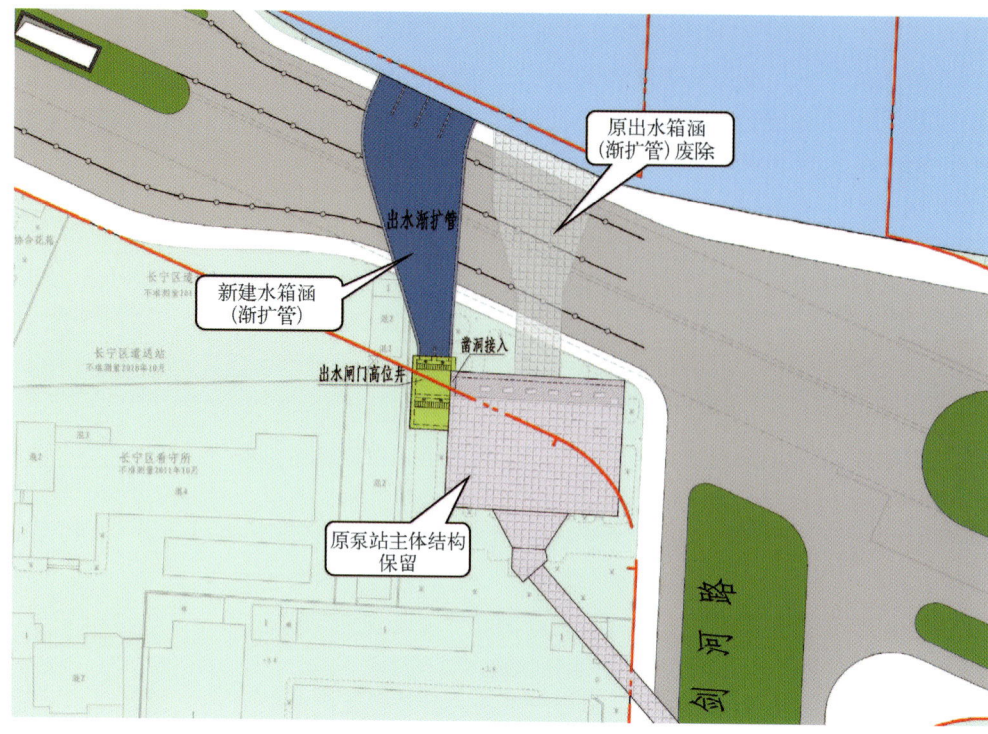

图7 近期泵站出水箱涵改建

可按50 m重新进行扩建。图8为远期泵站改建平面示意图。

5. 北翟路两侧基本为已建成建筑，施工面狭小，且现状流量较大。本报告就施工组织筹划及施工期间交通组织进行了详尽的研究

针对北翟路交通繁忙、车流量大、施工作业面窄这一特点，施工期间北翟路及横向道路不封交；施工期间交通组织保证北翟路双向4条机动车道和2条人通道通行，保留与周边横向道路的沟通。不进行周边建、构筑物拆迁。施工组织时间和空间安排结合管线翻排，不中断各类管线正常使用。为了在有限的可利用施工空间满足施工和交通需要，工程采用半盖挖结合局部盖挖法施工。在用地紧张区域，基坑范围内搭设施工栈桥。整个施工组织分阶段进行，分区域围挡。多工作面平行施工，节约施工工期。

6. 由于地下管线对于地道施工有较大的影响，为保证工程的可实施性，本研究报告就管线综合方案进行了深入研究

北翟路作为长宁区重要的管线走廊，地道施工沿线管线类型齐全、数量繁多，重要管线多。为了降低管线翻排次数及费用，地道埋深主要受横向管线埋深控制，将超过横向管线埋深的纵向重力流管线均敷设于地道两侧；局部路段地下空间不足以敷设众多地下管线时，在地道施工栈桥下方布置临时管廊，地道施工完毕后再进行恢复；在北新泾雨水泵房局部道路宽度变窄段，采取将地下管线沿北新泾泵站以南绕行的方案。

【咨询效果】

本报告编制依据明确，搜集资料完整，内容翔实，条例清晰，方案论述充分。对建设现状、规划条件均有深入的论证分析，对工程建设必要性

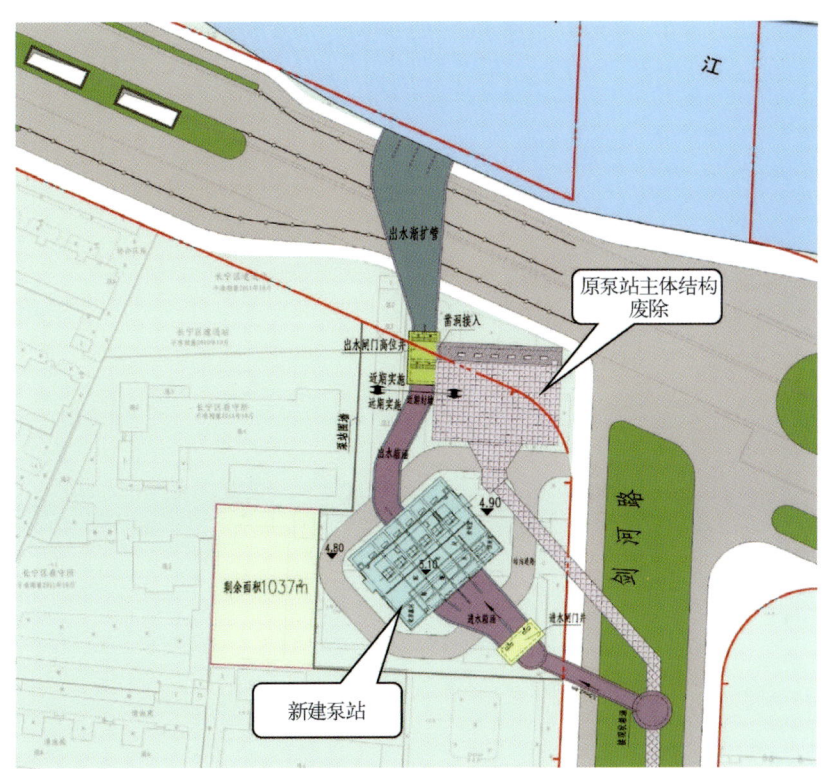

图8　远期泵站改建平面示意图

阐述充分有力。北翟路快速化需求迫切的同时，快速化形式社会敏感度高，不同方案工程实施难度、造价、影响差异较大。本报告真正达到了多方案同深度比选的要求，不仅在主线形式、匝道设置、断面布置等总体方案上进行了全面的方案比选，在不同快速方案的基础上对于工程重要节点也进行了多方案比选，各方案优缺点阐述充分，最终通过方案功能、造价、实施、社会环境等因素比选，推荐最为合理的实施方案。

在工程重要节点的设计中很好地解决了已有设施、规划道路与工程方案地结合，既能避免重复建设、废弃工程，又能满足使用功能，同时与远期规划设施有良好的衔接。

# 虹梅南路—金海路通道工程（越江段）工程可行性研究报告

The Feasibility Study Report of the Passageway Project (Cross-river Tunnel) between South Hongmei Rd. and Jinhai Rd.

编写单位：上海市城市建设设计研究总院
Shanghai Urban Construction Design & Research Institute
联系电话：021-50891688　　网址：http://www.sucdri.com
主要完成人：王树华　庄子帆　刘艺　赵红坡　张震山　周鸣　胡伟　潘国庆　王晟　蔡镛

## 【点评】

本报告着眼于越江方案和对大学园区的影响进行多方案比选和经济分析，科学预测交通流量，合理确定隧道工程规模，在结构耐久性和安全性方面，进行了风险评估和控制，提高了工程实施保障度。

## 【项目背景】

根据上海市"十一五"规划纲要的要求，落实"1966"城镇体系规划目标，建设一批与上海国际大都市发展水平相适应的新城、新市镇，促进中心城区人口疏解。本规划初步完成了上海市骨干道路网的规划修编工作，提出建设与规划目标相适应的骨干道路网络。

闵行区紧邻中心城，成为经济和城市化发展最为迅速的地区之一，区域内产生的大量客货运交通与上海市市域西南部地区至中心城的过境交通叠加，导致区域内路网交通负荷增大，A4高速公路入城段、莘庄立交和莘庄地区长时间的交通拥堵日益成为阻碍闵行区经济持续发展的影响因素之一。随着闵行区大学城和紫竹科学园区各企业的入驻，闵行区至中心城的交通拥堵问题也日益成为民众关注的热点问题。

奉贤区具有独特的区位优势和滨海、生态的资源优势，但由于距中心城较远且受黄浦江阻隔，接受中心城辐射有限，经济发展受到制约。在外围郊区中经济发展处于落后位置。奉贤区的开发与发展亟须增加与中心城的联系通道，加强与中心城的联系。

虹梅南路—金海路通道工程为该骨干道路网络中的重要组成部分，北起中环线立交，南至大叶公路，全长约19.45 km。连接徐汇区中环线、闵行区和奉贤区。项目的建设有利于缓解闵行区域内路网交通负荷，增强与中心城的联系；有利于加强奉贤区与中心城的联系，为奉贤区的开发与发展创造了良好的条件；有利于加强南部郊区新城与中心城的联系，缓解A4公路、莘庄立交及沪闵高架的交通压力。

## 【项目内容】

本工程根据工程的特点，全线分为3段，分别为虹梅南路段、越江段和金海路段。本可报告研究范围为越江段部分，起点位于永德路北侧接地点，终点过西闸公路后接金海路，全长5 260 m。包括地道段和跨越黄浦江的隧道段，图1为本工程的平纵布置图。隧道采用双管单层盾构法施工，双向6车道，图2为标准横断面布置图。工程总投资53.93亿元，建安费（不计前期费）31.99亿元。越江段设计内容：本工程包括道路、桥梁、建筑、结构、给排水、电气、暖通、概算、绿化及监控等专业。工程内容有5.26 km的主线和约2 km辅道，地道1处，越江工程1处，匝道3对，以及排水设计、越江工程控制中心等。

无论是从分流A4交通，缓解莘庄立交及莘庄地区交通压力角度，还是从促进郊区经济发展角度，虹梅南路—金海路通道的建设都具有十分重要的意义。

虹梅南路—金海路通道工程是南部地区增加客运越江通道、支持城市跨越式发展的需要。受黄浦江阻隔，越江通道的缺乏，上海南部地区与中心城联系困难，奉贤、金山等南部地区发展缓慢。上海市城市发展也集中在中心城及其周

二、可行性研究报告、项目和资金申请报告篇

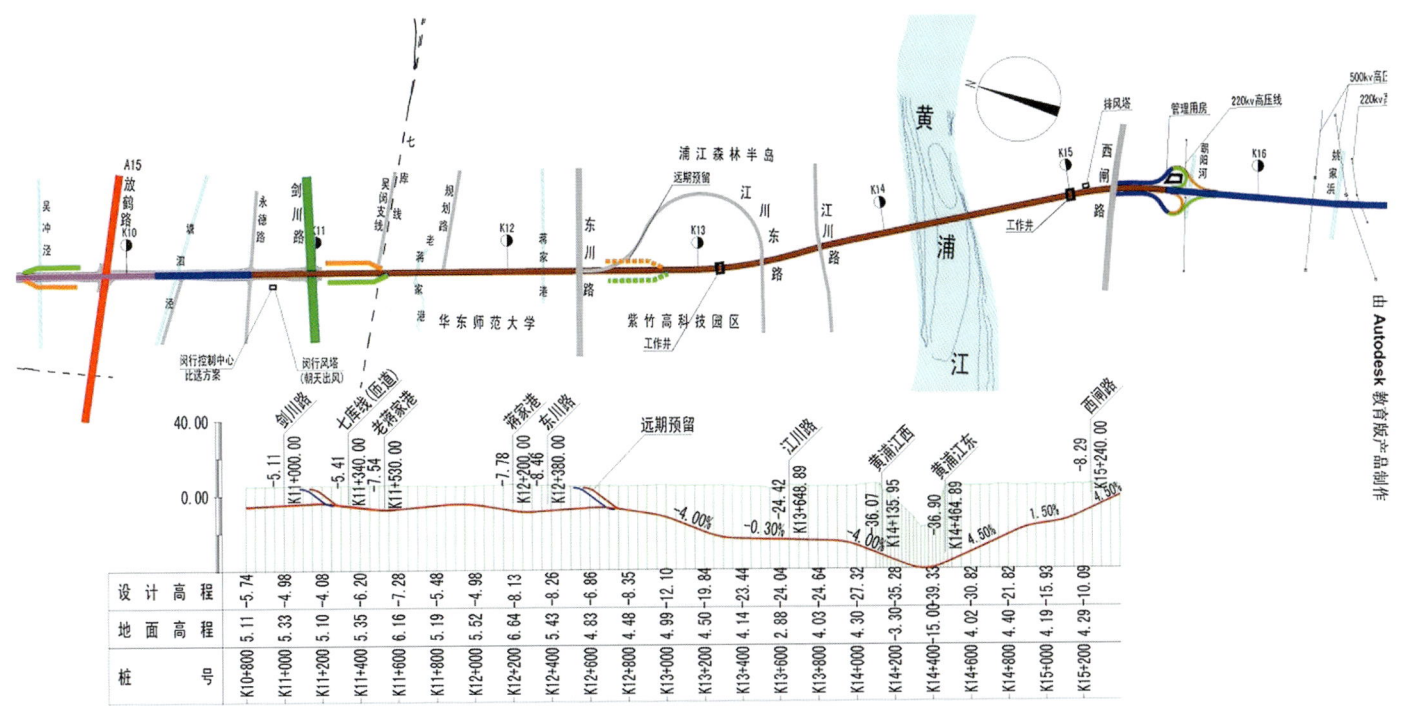

图1 越江段平纵布置图

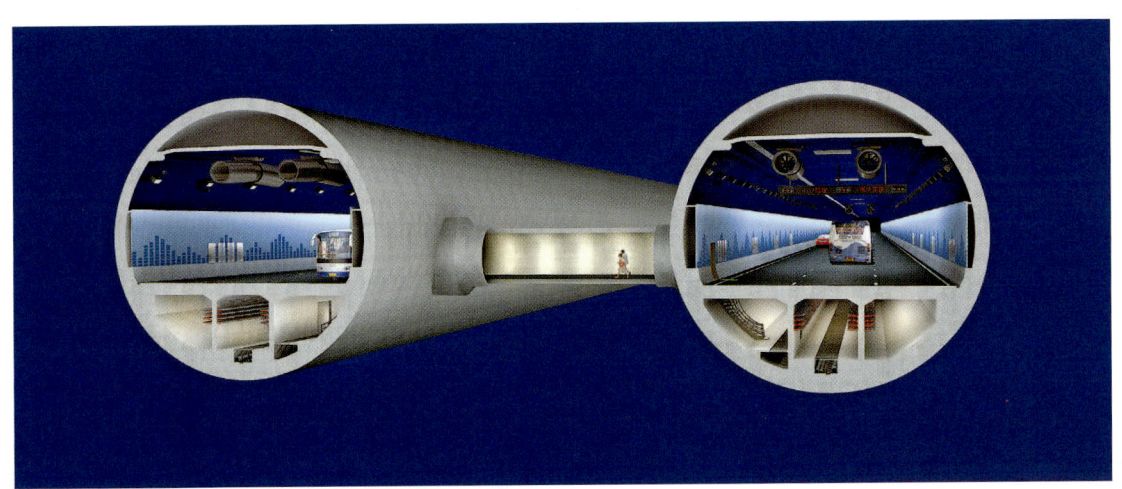

图2 越江隧道标准横断面布置图

边,总体呈现"北重南轻"的格局,而上海市的持续发展,要求城市摆脱摊大饼式发展模式,在与中心城有一定距离的市域范围内构筑新的发展区域,实现城市形态演变上的跨越式发展。南部地区拥有得天独厚的滨海、土地资源及与浙江联系的有利区位,有条件作为上海新的战略发展点。新城的发展,必须依赖上海中心城已有的金融、信息等丰富资源,新城与中心城的联系需求强大。

现状奉浦大桥—徐浦大桥之间15 km范围内没有越江通道,大大制约了奉贤等南部地区的发展。本通道在为南部地区增加越江通道的同时,借助与中环线联系的有利线位,可以使客运交通实现较为便捷的与中心城联系,有力地促进南部地区城市发展,从而支持上海城市布局实现跨越式发展。

【工作过程】

2006年,《奉贤区道路专项规划》提出"虹梅南路向南延伸至大叶公路,与金海公路相接"。

2009年1月,完成虹梅南路通道及越江工程项目建议书和预可行性研究报告。

2009年8月,完成虹梅南路—金海路通道工程的工程可行性研究(初稿)。

2009年11月,完成虹梅南路—金海路通道工程(越江段)工程可行性研究及预评审。

2009年12月，完成虹梅南路—金海路通道工程（越江段）初步设计及预评审。

就道路等级与规划部门沟通联系，尽快完善规划依据。对建设规模、工程方案、越江方式等方面做同深度、多角度的比选研究。根据工程方案进一步深化投资估算。

根据方案调整交通流量预测。结合道路功能单位确定技术指标，横断面布置考虑管线综合要求。图3为设置在车道板下的逃生空间图。加强与城市规划、土地、环保等部门协调，与规划、土地、环保等部门进行协调。

对各区对接工作如下：考虑永德路东西向贯通，推荐地道向北延伸过永德路后接高架；放鹤路、东川路匝道位置及形式紫竹高科技园区有不同意见并深化研究。于剑川路设置匝道，考虑东川路匝道近期实施困难，推荐近期增加剑川路南侧匝道，远期保留实施东川路南侧匝道的可能性。图4为管理中心效果图。

图3　车道板下逃生空间

图4　管理中心效果图

## 【咨询工作特点】

本工程隧道包括地道段（永德路—东川路）和跨越黄浦江的隧道段（东川路—西闸路）。地道段和隧道段连接在一起，按照隧道标准作为一个整体设计，全长约5 030 m。其中，跨越黄浦江的隧道段（东川路—西闸路）长度约3 150 m。

隧道设两座工作井，闵行工作井位于紫星路紫月路路口以南的紫星路路下，奉贤工作井位于西闸公路金海路路口以北的。工作井长度为21 m，工作井之间采用圆隧道连接，圆隧道段长1 879 m。

闵行工作井以北和奉贤工作井以南采用浅埋明挖矩形断面。闵行主线暗埋段长2 340 m，引道段160 m（包括光过渡段）。奉贤暗埋段长265 m，引道段长255 m（含光过渡段）。图5为光过滤段效果图。在东川路以南、闵行工作井以北预留一对上下匝道，匝道接主线点以南至奉贤接地点采用双向6车道，限界高度为4.5 m；在剑川路以南布置一对上下匝道，匝道接主线点以南采用双向6车道，匝道接主线点以北至闵行主线接地点采用双向4车道，限界高度为4.5 m。其中，闵行接地点至东川路路中分界点段属于紫竹园区地道段，东川路路中分界点至奉贤接地点为越江隧道段。

隧道纵断面最大纵坡一般为4.5%。虹梅南路—金海路通道工程（越江段）可行性研究报告主要内容有项目背景、流量预测、建设必要性、工程总体方案、环境与节能评价、新技术应用、投资估算等。咨询工作有如下特点：

1. 项目的实施可缓解沿线尤其是奉贤区与中心城区联系的交通压力，符合上海市"十一五"规划纲要的要求

上海市的"十一五"规划纲要提出，按照"1966"城镇体系规划目标，分步实施，整体推进，建设一批与上海国际大都市发展水平相适应的新城、新市镇，促进中心城区人口疏解的目标。

图5　光过渡段效果图

虹梅南路—金海路通道工程作为上海市骨干道路网的重要组成部分,是这一目标的具体体现。

(1) 有利于缓解闵行区域内路网交通负荷,增强与中心城的联系。闵行区紧邻中心城,随着经济和城市化的快速发展,区域内产生的大量客货运交通与上海市市域西南部地区至中心城的过境交通叠加,导致区域内路网交通负荷大;同时,随着大学城和紫竹科学园区各企业的入驻,交通问题急待解决。

(2) 有利于加强奉贤区与中心城的联系,为奉贤区的开发与发展创造了良好的条件。奉贤区具有独特的区位优势和滨海、生态的资源优势,但由于距中心城较远且受黄浦江阻隔,接受中心城辐射有限,经济发展受到制约,在外围郊区中经济发展处于落后位置。奉贤区的开发与发展亟须增加与中心城的联系通道,加强与中心城的联系。

(3) 有利于加强南部郊区新城与中心城的联系,缓解A4公路、莘庄立交及沪闵高架的交通压力。虹梅南路是中环线的切向线,越江后与奉贤区金海路相接,虹梅南路—金海路通道与A4公路平行,建成后服务于沿线奉贤滨海、南桥新城、紫竹科学园区、闵行新城等地区入城交通,将大大加强南部郊区新城与中心城的联系,缓解A4公路、莘庄立交及沪闵高架的交通压力。其中越江段是虹梅南路—金海路通道工程的重要组成部分,是奉贤区越江的关咽喉要道。结合国家加大基础建设投入、拉动内需的宏观调控政策,虹梅南路—金海路通道工程(越江段)的建设具有十分重要的意义。

2. 通过充分调查、科学分析和预测,确定合理的工程规模

通过对城市与区域规划、周边路网、奉贤区越江通道等情况的调查分析,进行了合理的交通流量预测,结合道路红线、周边建筑等建设控制条件,确定工程的建设规模。其中,越江段规模为:主线(永德路—剑川路匝道)为双向4车道,主线(剑川路匝道—西闸公路)为双向6车道。地面辅道(永德路—东川路)为双向4车道,其余路段不设辅道。

3. 工程方案注重区域规划的协调和谐,提高土地的利用效率

隧道选线方面,在保证隧道整体线形舒展优美的同时,降低隧道对周边规划地块尤其是已建成紫竹科技园区、大学校区的影响程度,以节约土地资源;江中段线位避让黄浦江深槽区,降低施工风险,体现了整个工程技术、经济的合理性以及与周边环境的协调性。

4. 提高运营安全性,体现以人为本

(1) 采用合理的结构形式,加长合流段长度和通视性,提高隧道内安全性;

(2) 除工作井外,在闵行2.4 km暗埋段也设置调头车道,提高紧急事件时车辆疏散能力;

(3) 隧道明挖段全线设横向逃生通道,盾构施工段除横向逃生通道外,利用车道下部空间设置纵向逃生通道,增加人员逃生能力;

(4) 隧道正常运营工况采用纵向通风,火灾工况闵行明挖段地道顶部设置排烟天窗,圆隧道设专用排烟道横向排烟,确保隧道排烟系统的安全性。

5. 节能减排,提高环境效益

(1) 本工程采用射流风机诱导纵向通风方式,能充分利用活塞风。根据VICO监测仪、风速仪及监视器等采集的车流量,CO气体浓度的变化信息,灵活控制射流风机和轴流送、排风机开启台数,使通风系统的能耗降到最小。

(2) 变电所数量及间距设置合理,且每座降压变电所或工作井设置,提高利用率。

(3) 变电所内变压器容量经过严格计算,每台变压器负荷率在60%左右,达到最大节能运行状态,节约平时的用电损耗,减少日常运行费用,达到节能目的。

(4) 采用高压钠灯、T5型荧光灯等节能气体放电灯,配电子整流器,节能约10%。

6. 完成环境影响分析评价,确保重大工程利民不扰民

对全线施工、建设及运营阶段分别进行环境影响评价,通过对工程沿线环境敏感目标的调查及梳理,针对不同敏感区域分别提出相应环保措施。其中峒口选址避开沿线敏感点,进一步优化隧道峒口方案设计,并通过峒口内壁设置吸声型材料,降低隧道峒口噪声影响范围。风塔风机选型要求选用低噪声设备,并安装消声装置。

【咨询效果】

1. 为南部地区增加客运越江通道,并与中心城联系,支持城市跨越式发展的需要

上海中心城位置总体偏北,受黄浦江阻隔,越江通道的缺乏,上海南部地区与中心城联系困

难,奉贤、金山等南部地区发展缓慢。现状为奉浦大桥—徐浦大桥之间15 km范围内没有越江通道,大大制约了奉贤等南部地区的发展。本通道在为南部地区增加越江通道的同时,借助与中环线联系的有利线位,可以使客运交通实现较为便捷的与中心城联系,有力地促进南部地区城市发展,从而支持上海城市布局实现跨越式发展。

2. 为闵行紫竹等沿线地区道路扩容,提高交通出行效率的需要

紫竹地区是上海市重点建设的产学研一体化科技园区,地区定位高、发展快,目前已有微软、欧姆龙、英特尔、克莱斯勒汽车、可口可乐等世界著名企业先后入驻;上海交通大学、华东师范大学2所重点大学大量师生在此居住学习;园区东侧的滨江森林半岛别墅区也已启动建设。园区产生了大量向中心城方向的客运交通,而入城通道中,A4高速客货混行、交通流量大、交通拥堵严重;虹梅南路现状为4快2慢、沿线交叉口多,不能提供快速出行条件。本通道的实施,可以在莘庄立交的外围形成与中心城联系的第二通道,为紫竹、奉贤等地区客运交通提供较为便捷的进城通道,有效支持地区发展。

3. 完善西南地区路网,缓解A4及莘庄立交及周边地区交通拥堵,均衡中心城环线快速路交通流量的需要

目前,西南地区路网的主要矛盾是:进城道路汇集在莘庄立交一个点,并且环线快速路系统不能有效地相互调节交通。本通道的实施,利用虹梅南路—中环线有利线位,提供莘庄立交、沪闵高架之外的第2条功能较为强大的入城通道,有效缓解莘庄立交及周边地区的交通拥堵;通过与中环线、外环线联系,发挥环线快速路层层截流功能,有效均衡环线快速路交通流量。

4. 分流A4部分中短距离交通,使A4主要为中长距离省际交通服务的需要

A4高速公路原为莘奉金公路,种种原因导致改造为高速公路时,没有同步增加地方道路,奉浦大桥没有同步实施东半幅,随着地区的发展,A4高速公路全线拓宽的困难越来越大,仅仅依靠A4一条高速公路无法满足日益增长的多种交通出行的要求。分析A4高速公路现状交通组成,有62%为郊区进中心城交通,省际交通仅占38%,郊区内部借助A4高速短距离转换的交通占22%(其中奉贤与闵行交通占10%)。这说明由于市域路网的不完善,A4高速目前承担了大量的中短距离交通。

本通道的建设,可以在A4高速公路东侧新增一条功能较强的辅助性道路,有效剥离奉贤、闵行等地区与中心城之间的中距离交通,从而释放A4高速省际长距离交通功能。

参与编写单位:上海市政工程设计研究总院、上海市政规划设计研究院

# 辰塔公路跨黄浦江大桥（暂名）新建工程可行性研究报告

## The Feasibility Study Report of ChenTa Highway Bridge (working title) New Project on the Huangpu River

编写单位：同济大学建筑设计研究院（集团）有限公司
Tongji Architectural Design (GROUP) Co.,Ltd.(TJAD)
联系电话：021-35377649　　网址：http://www.tjadri.com
主要完成人：李来龙　张哲元　李　欣　蒋相华　王国富　张晨南　徐海军　吴　叶　陈庆伟　郑　涛

## 【点评】

本工程是上海唯一同时通行机动车、非机动车和行人的越江通道。本报告对桥位、选线、建设规模、附属工程等作了详细比选和论证，对施工和运营期的环境保护都作了分析和对策措施研究，提出了合理的建设方案。

## 【项目背景】

辰塔公路跨黄浦江大桥是上海市干线公路网确定的G1501高速公路辅道——D30公路上的重要组成部分；桥位附近越江通道缺乏，只有上游1.2 km的G1501高速公路越黄浦江大桥，但该桥为收费通道，且没有人非通行，部分非机动车和行人冒险从该桥上通行，非常危险，既给通行的车辆和人非带来危险，也给高速公路的管理带来不便。距离桥位最近的免费越江通道已是远在7.5 km之外的松卫公路越黄浦江大桥。长期以来，由于受黄浦江航运阻隔，黄浦江两岸沟通困难，造成了松江区浦南地区各乡镇经济发展水平相对于主城区比较落后。因此，辰塔公路跨黄浦江大桥新建工程的尽快实施，将有利于满足益增加的越江交通需求；促进D30公路的尽快贯通、完善全市干线公路网；为用户过江提供多通道选择，提升G1501高速系统的稳定性、可靠性；进一步加强和完善松江、金山间的联系，促进松江南北地区经济协调发展，达到构建和谐社会的目的。

## 【项目内容】

本工程的建设单位为上海公路投资建设发展有限公司。工程位于松江区的西南部。工程可行性研究报告内容包括路网和交通分析、道路工程、桥梁工程、排水工程、照明配电及监控通信、绿化工程、桥梁健康监测系统、水上导航护航设施、防汛墙、管理用房及其他附属设施等。

### 一、功能定位

根据对本工程在整体路网中的位置及上海市干线公路网规划的分析，确定辰塔公路功能定位如下：

（1）是上海市郊区黄浦江上规划12处通道之一；
（2）是A30高速公路的辅道；
（3）是D30公路连通的关键节点；
（4）是市级南北货运通道D25公路的平行干道；
（5）是松江区的外环重要组成部分，是浦南地区及金山北部地区进入松江新城的主要道路。

### 二、建设规模

工程起点桩号K2+139.00，终点桩号K3+787.00，全长1 648 m。工程规模见下表：

| 分项 | 宽度 | 长度或面积 |
| --- | --- | --- |
| 主桥 | 34.6 m | 546 m |
| 引桥 | 27.5 m | 623 m |
| 引道（接坡） | 40～50 m | 479 m |
| 北岸（机非混行）辅道 | 7 m | 10 526 m² |
| 南岸人非混行道 | 3.5 | 2 184 m² |
| 南岸人非混行道北野圩桥 | 3.5 | 295.2 m² |
| 非机动车推行上桥坡道 | 3.0 m | 2 100 m² |
| 行人上桥梯道 | 2.0 m | 180 m² |

### 三、主要技术标准

（1）道路等级：二级公路（集散型）；

（2）红线宽度：40.0 m；
（3）设计速度：主线80 km/h，辅道30 km/h；
（4）桥梁设计荷载：公路-Ⅰ级，人群荷载，2.5 kN/m²。

## 四、道路推荐方案

### 1. 平面设计

工程范围内设平曲线2处，平曲线半径分别为12 000 m、1 000 m、1 400 m。

本工程引道总长479.94 m。其中，黄浦江北岸长度263.44 m；黄浦江南岸长度216.5 m。

### 2. 纵断面设计

道路最低控制标高：路基按中湿状态考虑，最低按4.6 m控制。

纵坡、竖曲线：最大纵坡4%，凸型竖曲线最小半径4 500 m，凹型竖曲线最小半径4 000 m，竖曲线最小长度160 m，最小坡长202.19 m，竖曲线要素满足规范要求。

### 3. 横断面布置

黄浦江大桥北侧引道：主线断面与大桥引桥一致，主线两侧设置辅道。横断面布置为：

3.25 m（人行道）+7.0 m（辅道）+2.5 m（分隔带）+12.25 m（机动车道）+2 m（中央分隔带）+12.25 m（机动车道）+2.5 m（分隔带）+7.0 m（辅道）+3.25 m（人行道）=52 m（红线宽度）

黄浦江大桥南侧引道：大桥南侧为涵养林，主线两侧不设辅道，而且行人较少，不单独设置人行道，少量行人与非机动车道共板，横断面布置为：

1.2～1.4 m（绿化带）+3.5 m（行人、非机动车道）+2.5 m（分隔带）+12.25 m（机动车道）+0.7～1.1 m（中央分隔带）+12.25 m（机动车道）+2.5 m（分隔带）+3.5 m（行人、非机动车道）+1.2～1.4 m（绿化带）=40 m（红线宽度）

## 五、桥梁推荐方案

### 1. 主桥

主桥推荐方案为双塔双索面混凝土斜拉桥，主桥全长546 m，跨径组合为125 m+296 m+125 m，边、主跨比为1/2.37。

结构体系：主桥基本结构体系为半漂浮体系。

主梁：截面采用预应力混凝土双主肋断面，为双向预应力混凝土结构。

索塔：纵向为单柱式，横向为H形，索塔桥面以上高71.5 m，塔高/主跨=1/4.14。

斜拉索：采用扇形密索体系，索塔两侧各有18对斜拉索，索距7～8 m，在边跨桥墩附近设三根背索，索距4.5 m。

主墩：采用承台+群桩基础，桩基采用φ90 cm钢管桩，桩基持力层为9层。

施工方案：索塔采用爬模施工法，主梁岸上

图1 主桥推荐方案效果图

段移动支架现浇,水上段采用悬臂浇筑法施工。

2. 引桥

标准跨推荐采用20～22 m预应力混凝土空心板梁,采用新版的《先张法预应力混凝土空心板(桥梁)》(DBJT08101—2005)。跨规划路口采用35 m预应力混凝土T梁。北引桥长460 m,跨径组合为:$7 \times 22$ m + 22.72 m + 36.44 m + $10 \times 21.44$ m + $2 \times 15.92$ m,南引桥长163 m,跨径组合为22.72 + $7 \times 20$ m。

桥墩采用桩柱式桥墩,分别为六柱式的钢筋混凝土盖梁和三柱式预应力混凝土倒T盖梁。

3. 总体效果

见图2。

## 六、工程投资估算

工程可行性阶段投资估算:工程估算建安费73 806万元。

## 七、国民经济评价

项目的ENPV = 18 569万元,内部收益率EIRR = 12.03%,回收期Pt = 9.85年。在费用上升10%、效益下降10%的情况下,EIRR = 12.03% > 8%,说明项目具有较好的经济效益。

## 【工作过程】

2008年6月受松江区委托,我院编制完成了辰塔公路松江段(塔闵公路—金山区界)预可行性研究报告,跨越黄浦江的大桥采用81 m+135 m+81 m=297 m变截面预应力混凝土连续梁桥。在后续的工可研究中主要集中于以下重点。

一、桥型及桥跨确定

2009年3月,受上海市公路管理处的委托,我院对辰塔路黄浦江大桥进行工程可行性研究。工作展开后,在资料核实和调查过程中,发现一个边界条件有重大变化,即在本工程规划桥位的下游约350 m处,出现了沪杭客运专线的铁路大桥线位,且其已完成"工可"并已获国家相关部门批准;沪杭客运专线(上海段)的控规,由上海市规划和国土资源管理局已于2008年12月2日批复(沪规土资划〔2008〕119号);根据按上海市航务管理处复函(沪港航道〔2008〕63号)复函,铁路黄浦江大桥在水中设一个墩,两个通航孔为105 m×2。

该情况对本工程规模影响很大,使本工程预可行性研究阶段确定的水中设两个墩主桥方案(81 m + 135 m + 81 m = 297 m变截面预应力混凝土连续梁桥)不可能实现。

鉴于该情况,为减小本工程投资规模增加,公路处汇同我院请中交上海航道勘察设计研究院有限公司重新对本工程通航尺度进行研究,争

图2 推荐方案效果图

取本工程跨黄浦江大桥在水中设一个墩（使主桥还能采用变截面预应力混凝土连续梁方案，仅跨径调整为 90 m + 145 m × 2 + 90 m = 470 m），但研究结果是：如采用原（规划）桥位，桥梁水中不能设墩；若水中设一个墩，桥位需向沪杭客专铁路桥线位靠近，边到边距离控制在50米内。

根据航道部门的论证结果，我院进行两种桥位的论证，从道路线型、工程建设费、工程拆迁费和对航道的影响等方面综合比较，原桥位方案总投资最低、通行条件最好、对地方影响最小，因此工程可行性研究报告选择将主桥的桥墩设置在黄浦江两侧的岸上，主跨一跨过河。

确定一跨过河后，工可报告对主桥跨径进行初步确定，根据跨径对斜拉桥、悬索桥和大跨度拱桥进行比选，同时考虑桥位处为水源保护区，最后推荐越江方案为 125 m + 296 m + 125 m 双塔双索面预应力混凝土斜拉桥。

二、行人、非机动车过桥

1. 必要性论证

由于多年来的严格控制，浦南的环境没有遭到破坏，甚至变得更好了，但是经济发展却一直滞后。浦南很多人到二、三产业发展较快的浦北打工。这些人出行主要是依靠非机动车（包括轻便摩托、助动车、自行车），过江需要从本工程桥位附近的范家村渡口和下游近5 km外的米市渡摆渡，还有部分人违章从A30公路黄浦江桥或者绕道松浦大桥过江，但范家村渡口在本工程实施后将拆除。

通过对现状情况的调查、分析，本工程黄浦江大桥行人、非机动车过江的需求是客观存在的。本工程黄浦江大桥建成以后，即使桥上不考虑设置非机动车道和人行道，大多数村民为了省钱、省事，也肯定会从桥上过（就和A30公路黄浦江桥和松浦大桥现实的情况一样），反而存在严重的交通安全隐患，与其被动适应，不如主动引导，在设计中就把非机动车和行人过江的需要考虑进去。

因此，本工程辰塔路黄浦江大桥考虑行人、非机动车上桥是十分必要的。

2. 非机动车、行人上桥的方式论证

行人上桥的方式比较简单，一般按规范要求设置梯道就可以解决，关键是解决非机动车上桥的问题，主要有以下几种方式：

方案一（预可方案）：近期利用一根机动车道作为非机动车道使用，机非之间采用活动分隔墩隔离，非机动车骑行上桥；远期，随着公交的完善，利用公共交通的方式过江，桥上取消非机动车骑行。

方案二：建设专门的非机动车骑行道，非机动车骑行上桥，坡道的坡度控制不大于2.5%。

方案三：非机动车利用坡道推行上桥，考虑到助动车较多，坡道的坡度尽量缓，参照残疾人坡道的标准进行设计（1：12的坡度，每升高或降低75 cm设置一不小于2米长的平台）。

通过比较，方案三（推行上桥）近远期都能保留非机动车道，安全性较好，投资省。因此，本工程非机动车上桥推荐采用推行的方案。

三、规划红线的调整

红线调整的理由：

（1）原规划红线部分路段缓和曲线长度、小偏角平曲线长度不满足80 km/h设计速度的要求；

（2）桥梁斜拉桥方案需要主桥546 m范围内平面为一直线；

（3）规划路以北引道两侧由于需要设置辅道，该段红线需要拓宽至52 m。

根据上述要求，并征询松江区规划部门意见，对本工程规划红线进行局部调整。

## 【咨询工作特点】

### 一、充分调研、科学分析确定最优线位

松江区对规划确定的路线走廊带（贵南路—中强路）没有疑义，但金山区线路位于金山北部工业区范围内，由于原先的道路红线按照18米控制，规划路线两侧有较多的厂房需要拆迁，所以研究单位对D30公路在金山区走仙业路、金石路、仙安路的方案分别进行了研究，拟定了五种可能的路线走向，逐个方案进行全程调查，从交通功能、与规划用地的关系、道路线形、绕行距离、工程造价等方面进行了综合比较，并征询金山区规划局、金山区建交委、金山区道路建设指挥部、朱泾镇等相关部门的意见，最终选择交通功能最好、对周边用地的影响最小、路线线形最顺的线路方案。

### 二、根据边界条件的变化进行研究、合理确定桥位

在预可行性研究阶段，本工程推荐的桥位位

置为规划桥位,水中设两个墩,采用三跨连续梁跨过黄浦江。在工程可行性研究阶段,工程的边界条件发生了较大的变化,原先位于大涨泾以东的沪杭客运专线松江南站的位置西移到大涨泾以西,导致其跨黄浦江大桥的桥位由本工程下游约2.5 km的位置,往上游移到距离本工程规划桥位只有约350 m的位置,其铁路桥在黄浦江水中设一个墩,已得到相关部门的批复。经过向航道管理部门征询,如果采用规划桥位,为保证通航的要求,本工程需一跨过黄浦江;如果希望和铁路桥一样,在水中设一个墩,应将大桥桥位东移与铁路桥靠在一起(西面1.25 km是A30公路黄浦江桥,西移不可行),桥梁间的净距控制在50 m以内。研究报告提出三种桥位方案,从道路线形、线路长度、实施的难易程度等(地方支持度、铁路的配合)、动拆迁量和工程总投资估算等几个方面对桥位方案进行了比较,最后选择规划桥位。

### 三、充分调查交通需求、近远期结合确定建设规模

(1)近远期结合确定车行道规模:根据对交通量预测成果的分析,若辰塔路黄浦江大桥按双向四车道规模建设,到2021年,大桥就不能满足三级服务水平的设计要求;若按双向六车道规模建设,则到2031年,大桥仍具有较高的服务水平。结合对黄浦江大桥在规划路网中的作用及相关过江设施规划情况的分析,同时考虑特大桥梁建设的前瞻性和资源稀缺性,确定车行道规模双向六车道。

(2)以人为本设置人非混行道:本工程是上海唯一一个同时通行机动车、非机动车和行人的越江通道,是本工程的一大特色。工程所在地浦南地区许多人需通过本工程到浦北上班,非机动车和行人越江需求较大,农民出行主要是依靠非机动车(包括轻便摩托、助动车、自行车),人非过江需要从本工程桥位附近的范家渡口(铁路桥修建后将拆除)和下游近5 km外的米市渡摆渡,甚至违章从G1501公路黄浦江桥过江。除了进行交通预测外,设计人员还多次到两个渡口和G1501黄浦江大桥调查,综合各方面的情况确定越江工程设置人、非混行道满足相应需求;同时从安全方面考虑非机动车采用推行方案,并设置比较缓的纵坡方便电动车等较重非机动车推行上桥;在跨过黄浦江后设置梯道供行人上下桥,最大化减少行人的绕行距离,达到以人为本的目的。

### 四、多层次论证、优选越江桥梁方案

对于越江桥梁方案,本研究进行了三个层次的分析:

(1)先确定主跨跨径。在满足航道部门的要求的前提下,研究水中设墩的可能性。桥位与沪杭客运专线越江桥梁距离不能满足规范要求,又无法通过线位调整解决问题,只能加大桥梁跨径或一孔跨越通航水域。加大跨径的目的是增大通航净宽,增加后通航孔尺寸在2×135 m左右,再包括承台和防撞设施宽度,要求河面总宽度在295 m以上,比现状250 m的河面宽度宽出太多,所以只能选择一跨过河。考虑承台宽度及防汛墙管理部门要求的承台与防汛墙间净距,主桥跨径定为296 m。

(2)然后进行桥型选择。确定了主孔跨径为296 m后,一般的梁式桥已经不太适合该跨径了,研究报告对斜拉桥、悬索桥和大跨度拱桥三种桥型进行分析。考虑以下三个因素:上海地区浅层(0~40 m)土质很差,抗水平位移能力很差;桥位处该段航道船只航运非常繁忙,尽可能选用施工时不影响或少影响航道的结构;桥位处为上海市黄浦江上游饮用水源保护区,结构选材应有利于保护水源。通过技术经济比较,选择斜拉桥作为本工程的主推桥型。

(3)最后提出最合适的桥梁方案。明确了主桥296 m的主跨和斜拉桥桥型后,研究报告提出单、双塔和单、双索面四个桥梁方案,进行较为详细的设计和控制性计算。从技术可靠性、结构合理性、施工方案的成熟性和安全性、施工周期、对航道影响的大小、工程总体费用等方面比较,推荐双塔双索面斜拉桥方案。考虑到桥位处为上海市黄浦江上游饮用水源保护区,加劲梁采用混凝土梁。

### 五、理念先进、节能环保

(1)桥位处为上海市黄浦江上游饮用水源保护区,上海市民80%的饮用水均来自该区域。考虑到钢结构后期需定期养护,其油漆施工会对黄浦江产生污染,设计将环保放在第一位,主梁材料选择混凝土。通过精心设计和科研,配置高性能混凝土改善主桥的受力。

(2)除主梁外,跨河主桥所有外露部分如果需要采用钢结构,一律选择不锈钢,避免将来钢

结构养护对水源的污染。

（3）两岸均设置蓄毒沉砂池，大桥上创造性设置排水沟，所有雨水均经排水沟进入地面排水系统，经蓄毒沉砂池后再排入河道，对水源绝无影响。

（4）桥梁设置健康监测系统，对大桥的运营状态进行全寿命监控。

（5）采用低噪声路面，降低交通噪声。

（6）敏感目标侧设置声屏障。

## 【咨询效果】

辰塔公路跨黄浦江大桥工程的咨询研究成果是具有代表性的优秀咨询成果，其研究方法先进、研究的难度很大，研究成果可操作性强，具有很高的咨询水平，咨询效果明显。

### 一、技术方面

（1）确定了后期项目实施的线位和桥位：咨询研究组通过长久的调研、充分的论证，结合边界条件的变化，选择了合理的线位和桥位。

（2）确定了项目的建设规模，得到了当地人民的好评。对于建设的规模，特别是对人非过桥的需求进行了翔实的实地调查和多方论证，最终的结论也体现了以人为本的先进理念。

（3）确定了设计桥型方案。对于具体桥梁的设计方案，咨询研究组采用多层次分析的方法，选择了适合上海地区的结构型式和操作性很强的越江桥梁方案，真正体现了"技术先进、安全可靠、适用耐久、经济合理"的设计理念。同时，在结构选材上和具体细节上充分考虑桥位处为上海市水源保护区的重要特点，体现节能环保的理念。

### 二、促进了松江区南北协调发展

随着沪杭客运综合枢纽站的落户松江，该站作为上海西南部的客运中心站，必将大大带动松江黄浦江两岸地区的快速发展，本工程黄浦江大桥的建设将为松江浦南地区及金山西部地区车辆越江提供一条新的便捷通道，将有力地促进南部地区的快速发展，从而带动整个松江区的协调发展。

### 三、完善市域干线公路网，促进郊区与中心城的协调发展

本工程辰塔公路跨黄浦江关键节点的打通，促进D30公路的尽快贯通、完善全市干线公路网；进一步加强和完善松江、金山间的联系，促进郊区与中心城的协调发展。

### 四、改善地区交通条件，提升高速系统的稳定性、可靠性

上海经济的快速发展，不仅需要四通八达的高速公路网，而且需要其他各等级的干线公路与其共同构成交通系统的骨架结构。通过公路网规划布局，使上海陆域内高速干线、快速干线与一般干线并存，形成多通道、多层次的路网布局形态，从而将大大提高交通出行的可靠性以及可达性。本工程辰塔路作为A30公路的平行道路，提供了高速公路以外的其他交通方式，对于提升高速公路系统的稳定性、可靠性具有十分重要的意义。

# 上海临港新城东港区公用码头一期项目资金申请报告

The Fund Application Report of the First Stage Project of the Public Dock in Donggang District, Lingang New City, Shanghai

编写单位：上海东方投资经理有限公司
Shanghai Oriental Investment Supervision Co., Ltd
联系电话：021-62667333　　网站：www.sois.sh.cn
主要完成人员：印保兴　夏敏　印捷欧　石旅军　许建峰　张建根　张建荣　周乐　黄彤　朱懿橙

## 【点评】

本项目属于临港河海码头建设项目。本资金申请报告重点关注与原可行性研究的成果进行衔接，并结合现状，重点对原设计方案、概算指标、工程方案、设备材料等进行匹配性分析，并做了合理调整，为今后上海市的河海码头项目建设提供了借鉴。

## 【项目背景】

2009年4月，国务院发布了《国务院关于推进上海加快发展现代服务业和先进制造业 建设国际金融中心和国际航运中心的意见》，提出"到2020年，将上海基本建成具有全球航运资源配置能力的国际航运中心"。

国家"十二五"规划纲要提出："提升沿海地区港口群现代化水平"，"深化深圳等经济特区、上海浦东新区、天津滨海新区开发开放，加快上海国际经济、金融、航运、贸易中心建设"。

上海市第十二个五年规划强调"加快发展北外滩、陆家嘴、临港等航运服务集聚区"，"加快临港产业区发展"。

上海临港新城东港区公用码头一期项目，2009年立项并开工建设，是直接为上海市的临港物流产业及重装备制造业提供服务的重要货运物流平台和航运物流配套的建设项目。

2011年初，项目引桥、岸基工程等已基本完工，后续施工已陆续展开，但资金供应也出现短缺，急需申请上级主管部门帮助解决，特委托上海东方投资监理有限公司编制项目资金申请报告。

## 【项目内容】

项目建设地点：上海临港新城东港区（见图1、图2、图3）。

主要建设内容及规模：仓库、堆场、口岸查验、候工楼等配套生产及生活辅助设施，总建筑面积32 744平方米；3个20 000吨级杂货船泊位和1个20 000吨级汽车滚装船泊位（水工结构按靠泊30 000吨级船舶设计），5个5 000吨级杂货船泊位，设计年通过能力250万吨、汽车16万辆。

工程总投资：112 380万元，35%企业自有资金，65%贷款。

一、项目定位

临港新城的产业发展定位为：以国家级现代装备制造业园区为核心，集中发展现代装备制造业、高附加值先进制造业、高科技产业和都市工业。其中，重装备产业区和物流园区总面积78.7平方千米，建设用地面积将达36平方千米，包括重装备产业、仓储、港口、码头、海关等。

本项目在东港区，主要规划为电器类重装备业、运输类重装备业、汽车类滚装设备、航空产业设备及其他重装备产业等的原材料运输和部分具有公共运输特征的滚装和重、长大件产品运输的公共性航运物流码头，直接作为中国商用飞机有限责任公司、西门子风电叶片有限公司、中集集团、上汽集团、卡尔玛、上海电气、中船三井7家的公用货运码头，承接7家装备制造企业的海运任务外，另将承担上海市、浦东新区暨临港新区、沿海其他第三方物流业务。

二、项目建设现状

根据港区控制性详细规划，已完成前期研究。长968米、宽25米、高7.4（8.23）米的引桥已完成60%的施工任务，桥桩、桥台、横梁等骨架已

二、可行性研究报告、项目和资金申请报告篇

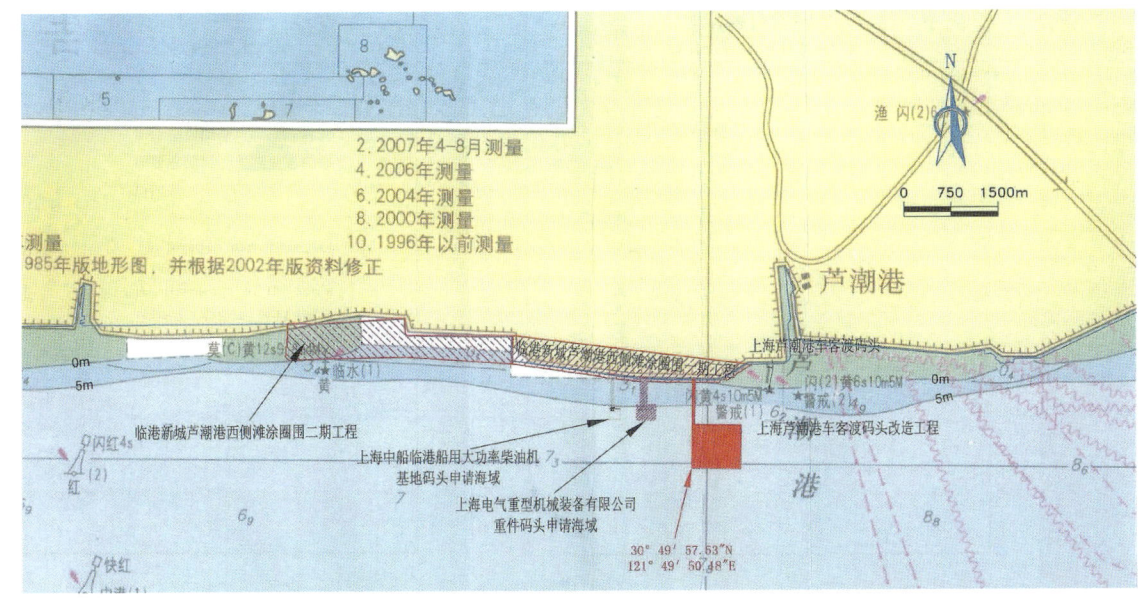

图1　项目区域位置图

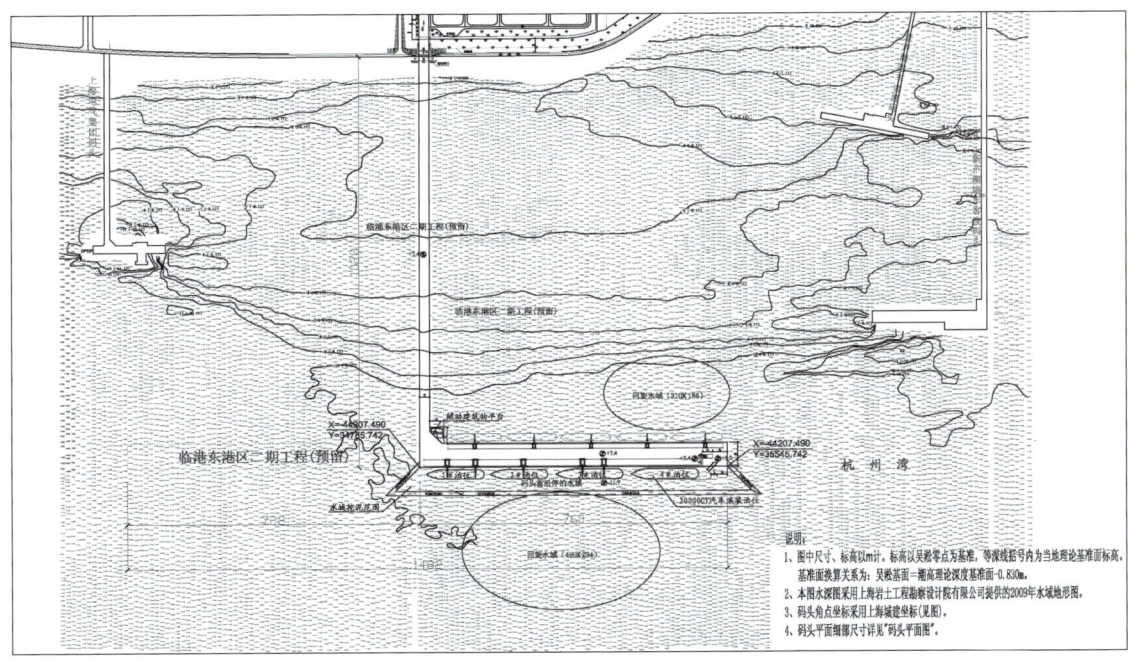

图2　水域平面布置图

图3　水域工程全景图

注：远方为正在作业的挖泥船；右方为正在施工的引桥。

基本完成,桥面铺装、港池工程正在施工。

## 【工作过程】

2011年3月,根据上海临港产业区港口发展有限公司委托,开始项目资金申请报告编制,于2011年7月完成成果申报。

一、编制原则

(1)原工程设计目标基本不变:年货运量212.54万吨、20 000吨级和5 000吨级船型设计不变;

(2)原项目建设内容和规模基本不变:2万吨级码头泊位4个、5千吨级泊位5个,占地面积23万平方米,总建筑面积32 744平方米。

二、具体做法

(1)上海东方投资经理有限公司聘请专家,组成项目团队,多次踏勘现场,深入了解项目情况,将项目实施中发生的材料价格变化等纳入研究范围,与原设计方案进行统筹研究。

(2)就项目的工程设计参数、工艺设备选型、总投资和效益分析等,与原可行性研究报告编制方和建设方,进行反复论证研究和对接,保持项目目标、方案、投资三个基本不变。

(3)在报告成稿过程中,多次向主管审批部门汇报,征询意见,不断修改完善项目报告内容。

## 【咨询工作特点】

(1)项目立项已经三年,施工期间设计方案、概算指标已经有所调整,为了满足项目审批前后一致性,必须将原设计方案、概算指标和已经调整变化的工程方案、设备材料价格变化、人工价格相吻合。

项目属于临港河海码头建设项目。项目实施与否,直接关系到上海自贸区的前期硬件建设和实现上海"四个中心"建设,难度很大。

(2)委托方要求必须满足在2011年第三季度投入建设的工期需要,时间紧,工程方案和投资等要根据原设计和概算、施工实际等重新进行衔接和再论证,专家团队的稳定和与立项阶段的基本吻合,是项目的关键。

(3)项目组为兼顾市场、工期、方案变化的实际,深入现场,了解项目建设实际,与委托方、设计方和可研报告编制方反复沟通,对一些重大工程方案和结论等进行实地了解,与图纸对应,与现场施工方相协调,反复磋商、研究、确认。

(4)初稿完成后,多次征求委托方意见,向上海市发展改革委主管处进行汇报,反复修改,几易其稿,最终圆满完成了项目资金申请报告并获得了主管部门的审批。

## 【咨询效果】

2011年8月5日,本项目申请报告获得了上海市发展和改革委员会沪发改经贸(2011)019号文件的正式批复:

原则同意建设临港新城东港区公用码头一期项目;用地面积23万平方米,使用岸线760米;建设内容及规模为:3个2万吨级杂货船泊位和1个2万吨级汽车滚装船泊位,5个5千吨级通用杂货船泊位,以及堆场、仓库、口岸查验等配套生产及生活辅助设施,总建筑面积32 744平方米。

项目按照建设工期计划,目前已经建成运营,并已开始二期工程建设。

# 天津市文化中心地下交通枢纽工程可行性研究报告

The Feasibility Study Report of the Underground Traffic Hub Project at Tianjin Culture Center

编写单位：上海市城市建设设计研究总院
Shanghai Urban Construction Design & Research Institute
联系电话：021-50891688　　网址：http://www.sucdri.com
主要完成人：刘伟杰　黄昊　资利军　张中杰　尹明明　廖景　黄丽君　柴昕一　唐贾言　蔡连岳

## 【点评】

本报告首次提出将预留地铁车站近期改造为地下车库的新思路，避免了远期车站二次开挖施工对周边环境和地面交通造成影响。主枢纽工程包括特大地下商业和地铁换乘枢纽。通过交通性能化分析辅助设计使大客流集散有充分的空间和设施，保证集散安全；引入下沉式广场解决地下大空间的消防、采光、排烟等难题；运用该院专利技术"以单柱实现地下空间刚性连接的施工方法"，实现了地下商业、车库与地铁车站之间的面式连接，极大地提升了地下空间使用价值。

## 【项目背景】

为适应天津经济、社会的快速发展，体现城市发展定位，完善城市文化服务功能，全面提升天津城市形象，满足人民群众日益增长的文化需要，天津市委、市政府决定在河西区规划建设天津市文化中心，要求以"文化、人文、生态"为主题，坚持一流水平，运用先进理念，博采众家之长，将其建设成为天津的标志区域。

## 【项目内容】

作为文化中心总体规划功能的一部分，天津市文化中心地下交通枢纽工程的范围为东至解放南路，南至黑牛城道，西至友谊路，北至围堤道、大沽南路，占地面积约330公顷。本工程是天津市首个为大众文化设施服务的交通枢纽，工程主要包括地下交通主枢纽、副枢纽及枢纽间连接通道三部分工程，功能包含公交枢纽、社会停车场、轨道交通、地下空间综合开发，总建筑面积18.24万平方米，项目总投资为人民币69.85亿元。

工程的建设有利于实现地上地下一体化规划，形成多层次的公共交通出行体系，提升区域客流集疏散能力，加快文化中心整体规划建设进程，合理引导地下空间开发利用。项目的实施具有显著的社会效益。图1为天津文化中心

图1　文化中心总体鸟瞰图

鸟瞰图。

## 【工作过程】

2010年2月，上海市城市建设设计研究总院受天津市地下铁道集团有限公司委托，开展天津市文化中心地下交通枢纽工程可行性研究工作。通过深入的调查研究，充分考虑天津市城市建设和经济发展的需要，结合轨道交通网络的规划和本工程的具体情况，从技术上、经济上进行全面分析、比较和论证，于2011年5月完成了《天津市文化中心地下交通枢纽工程可行性研究报告》，为文化中心地下交通枢纽工程立项和后续的设计、建设工作奠定了坚实的基础。

## 【咨询工作特点】

1. 内容完整，重点突出，层次清晰，数据翔实，确定的标准和规模适当，总体方案合理可行，投资规模得到有效控制，为工程项目的决策提供了可靠的依据和深化设计奠定了基础。

根据城市发展、地区规划和轨道交通网络的需要，该研究报告满足国家对市政公用工程项目可行性研究报告编制深度的要求，从天津城市建设和文化中心地区发展需要的战略角度，以规模化、网络化、立体化的方式组织交通换乘和人流疏散，从功能、交通、视觉、环境上加强了地下和地上空间的联系与沟通，满足了文化中心多种交通模式的"无缝衔接"，解决商业广场—轨道交通—公交换乘—地下过街—出租换乘的各方向人流的互通，形成了一个功能综合的地下交通空间体系。天津文化中心区域规划布局图见图2。通过对项目相关的工程技术、经济等情况进行调查、研究、分析，建设方案比选论证充分，并对项目建成后的财务效益、社会效益和社会影响进行了预测和评价，选择了技术先进实用、经济合理的建设及投资方案，为项目的投资建设提供了可靠的依据。

2. 根据线网规划，报告中合理布置了轨道交通站点和线路走向，处理好线网系统与枢纽节点、近期实施与远期预留、到发客流与换乘客流的关系，实现轨道交通建设与城市建设的双赢。轨道交通5、6、10、Z1线在文化中心交汇形成4线换乘枢纽，4条线路将西北副中心、中央CBD、东南副中心和滨海新区有机地联系起来，有力地促进天津城市副中心和新区的建设与发展，充分体现了利用交通引导城市发展的理念。

研究报告深刻领悟了天津轨道交通线网构架与功能，研究文化中心枢纽站对网络锚固的作用，提出各线适合的换乘方式。远期规划线站位尽可能环绕文化中心设置，土建与基本网络线路同步实施，既增加了线路走向的灵活性，也减少了后期施工对文化中心造成的影响。车站布局秉承以人为本的理念，面对现

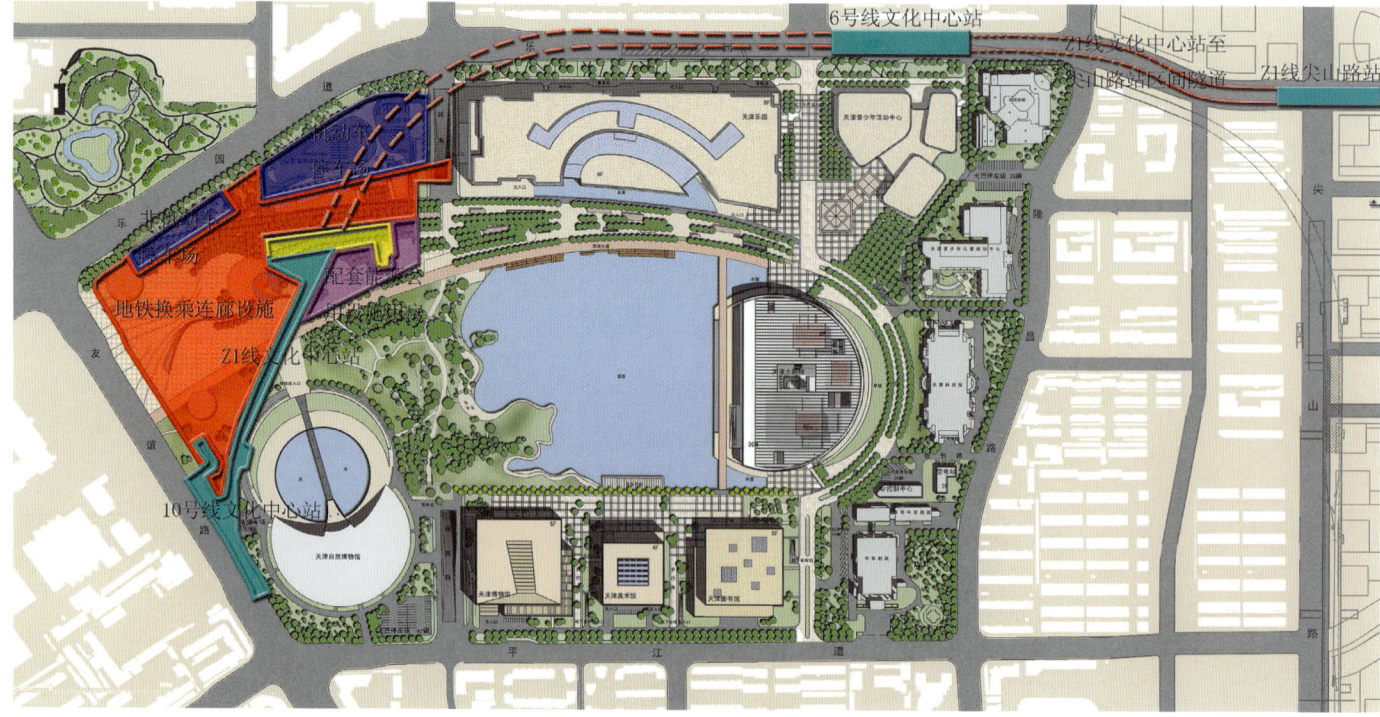

图2　文化中心区域规划布局

实,面向未来,体现一体化综合交通的换乘便捷性、大客流集散的安全性。

3. 积极推进技术创新和新技术的应用,提高地下交通枢纽的科技含量和建设水平,减少了能耗,降低了实施和运营成本。

首次提出将预留地铁车站近期改造为地下车库新理念,避免了远期车站二次开挖施工对周边环境和地面交通造成影响,也提高了地下工程的使用效率。

主枢纽工程包含国内罕见的特大地下商业和地铁换乘枢纽,其中地下商业面积达6.6万平方米。通过交通性能化分析辅助设计使大客流集散有充分的空间和设施,保证集散安全。巧妙地引入下沉式广场,解决地下大空间的消防、采光、排烟等难题。注重细节处理,主次通道净高都达到4.5米,消防车可从货运坡道直接进入大部分的商业区域,为消防扑救提供方便。

依托我院专利技术"以单柱实现地下空间刚性连接的施工方法",实现了地下商业、车库与地铁车站之间的面式连接,车站与地下空间无缝连接使地下空间有机地联为一体,极大地提升了地下空间的使用价值。

建设地下能源中心实现为文化中心所有既有建筑及新建建筑供冷、供热。地下能源中心采用地源热泵+冰蓄冷辅助市政热网技术,充分利用闲置的电力资源,减少高峰用电量,降低运营费用,节能环保。

4. 周边环境与地质条件复杂,实施方案因地制宜,安全可靠

主枢纽工程毗邻天津市市政府和友谊路,基坑面积达11万平方米,最大深度达24米,是国内最大的基坑工程之一。报告根据地下空间与轨道交通同步实施的特点,充分分析水文地质条件,辅以有限手段预测了开挖过程对周边环境的影响,提出了以地下墙作为围护结构的全盖挖法设计方案,从基坑分区、开挖方式、环境模拟、实施顺序等层面全面控制基坑工程风险,按照"先深后浅、先大后小、先传力后连接"的原则处理了各类组合基坑接口,使整个工程超大基坑的组织简洁有序、浑然一体,是盖挖法新工艺在天津市的一次全新实践。

在交通繁忙的副枢纽工程中采用了明挖+局部盖挖法的施工技术,提高了施工速度,解决了重要交通干道的交通问题,减少了动拆迁。

5. 研究报告重视环境保护和节约能源,体现环境和谐、全寿命周期成本的理念;贯彻绿色可持续发展目标,落实环保节能措施于整个咨询工作。将远期地下车站的土建工程先期预留,使后期轨道交通实施对周边环境几乎无影响。以"低碳"和可再生能源理念指导设计,设置地下能源中心有效减少该区域的碳排放量。采用冰蓄冷技术,充分利用闲置的电力资源,降低运行费用,根据峰谷电价政策创造节能效益。

考虑到超大地下空间的视觉感受,报告提出自然采光、中庭、地下空间一体化的新理念,使地下空间与地面景观要求相协调的同时兼顾了环境保护和节能。通过地源热泵系统、变频设备、太阳能灯具等节能手段,多方位、多层次地落实环保绿色理念。

枢纽间连接通道采用盾构法施工,无须拆迁,充分体现了环境保护的理念,降低了实施风险。

6. 项目的建设将促进地区经济发展,具有明显的社会和经济效益

便捷高效的地下交通枢纽的建设,方便市民进出享用文化中心,保证大客流的快速集散,完善区域轨道交通,有效缓解目前车辆停放困难问题,为文化中心吸引庞大的人流提供有力的交通支撑。

本项目未来能够带动更大规模的城市经济发展,引导并促进周边地区商业经济、房地产市场、商务往来、旅游开发的发展,为天津城市交通与对外大交通体系的有机衔接提供良好的基础,加快了天津建设成为国际化大都市的步伐。

【咨询效果】

随着社会的不断发展和进步,不仅要满足人们的物质需求,同时要满足人们的精神需求,要实现社会发展与人们自身同步发展的一致性。为此,我们需要营造满足人们自身进化需求的城市空间,文化中心作为具有文化维度的城市空间,项目建设将为挖掘天津的地域特色,向外界展示天津文化底蕴,提升天津城市形象,建立省市间、国际间的交流平台作出巨大贡献。

1. 规划设计方法的实用、应用性广

本项目在片区总体规划完成后,控制性详细规划尚未开始之前介入,在与规划建设部门的反复沟通设计的基础上,与相关工程确定工作界面,明确约束条件,通过调查—分析—预测—交通风险分析—多方案比较,最终提出较为合理的方案,为领导决策以及下一阶段的工程设计实施

打下了良好的基础。项目提出的交通组织图见图3。

本项目总结的这一套规划设计方法,对于中国一般性城市交通枢纽的规划设计具有一定的参考价值,同时具有一定的代表性。

2. 本项目设计成果社会影响大,具有明显的社会和经济效益

本报告通过深入分析交通枢纽内各个交通功能间的需求关系,强调公交优先,鼓励绿色出行,从而提出了交通设施集中、立体布置的工程方案,使枢纽的功能得到了充分发挥,大大提升了枢纽的吸引力,节约了城市用地,保护了周边环境,对当地产生了良好的社会影响。

本项目的建设,不仅改善了周边居民的出行条件,而且改善了城市景观以及居民的居住、购物、休闲环境。同时,文化中心区域还是该地区重要的公共活动中心,该项目的建成,将提高天津城市精神文明建设的水平,具有明显的社会效益和经济效益。

参与编写单位:广州地铁设计研究院有限公司

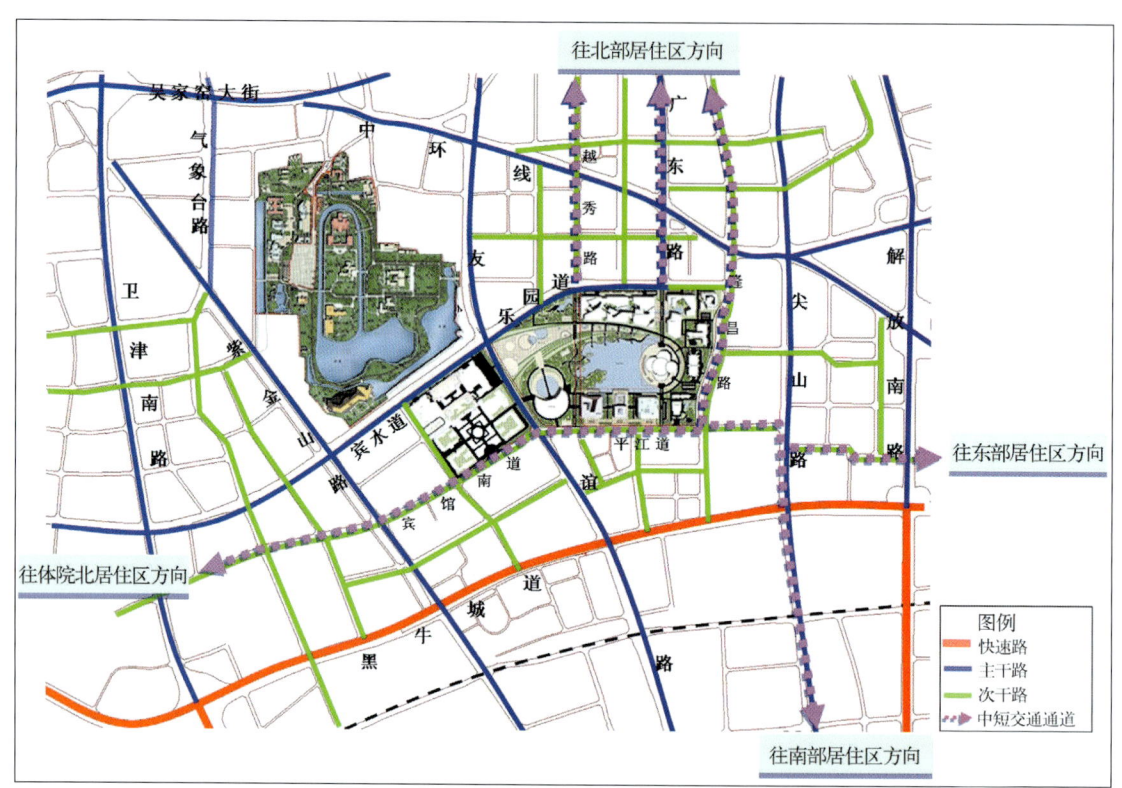

图3　中短距离对外交通组织图

# 南京南站综合枢纽快速环线工程可行性研究报告

## The Feasibility Study Report of the Express Ring Road Project for Comprehensive Transportation Hub of Nanjing South Railway Station

编写单位：上海市政工程设计研究总院（集团）有限公司
Shanghai Municipal Engineering Design Institute (Group) Co., Ltd.
联系电话：021-55000000　　网址：www.smedi.com
主要完成人：赵建新　张　亮　王士林　袁慧玉　张剑英　王爱华　秘志辉　顾　民　吴东升　俞宏峰

【点评】

本报告提出综合枢纽道路集疏运系统需要具备外围快速集散、内部专用联络和核心区地面配套道路等三层次功能；提出高/快速路的集散车道概念，将立交设置在集散车道系统上，实现过境和到发交通分离；地道结构施工采用鱼腹梁式预应力支撑体系，形成超大开挖空间，极大缩短了工期。以本项目为载体，提出了多项科研课题和发明专利，项目建成后的交通运行效果良好。

【项目背景】

南京南站是铁道部规划的京沪高铁五大始发站之一，汇集京沪高铁、宁杭高铁、沪汉蓉城际铁路、宁安城际铁路4条国家、区域铁路干线，形成3场15台28条客运线的特大型铁路枢纽，规模位居亚洲铁路枢纽站的前列。南京南站是以铁路客运为核心的城市客运综合交通枢纽，集铁路、城市轨道交通、公路客运、城市地面公交、出租车、社会车等多种交通方式为一体，并统筹布局邮政、海事、人防、民政、市政公用等各项城市配套设施。该综合枢纽位于南京市主城区南部，地处江宁区与雨花区交汇处，是城市南扩的重要节点，是构筑南京城区"金三角"多中心发展格局中的重要一环，地区规划总面积为603.14公顷（见图1）。南京南站的建设对于提升南京都市圈功能与辐射力、带动周边地区发展、优化城市空间结构具有重要意义。

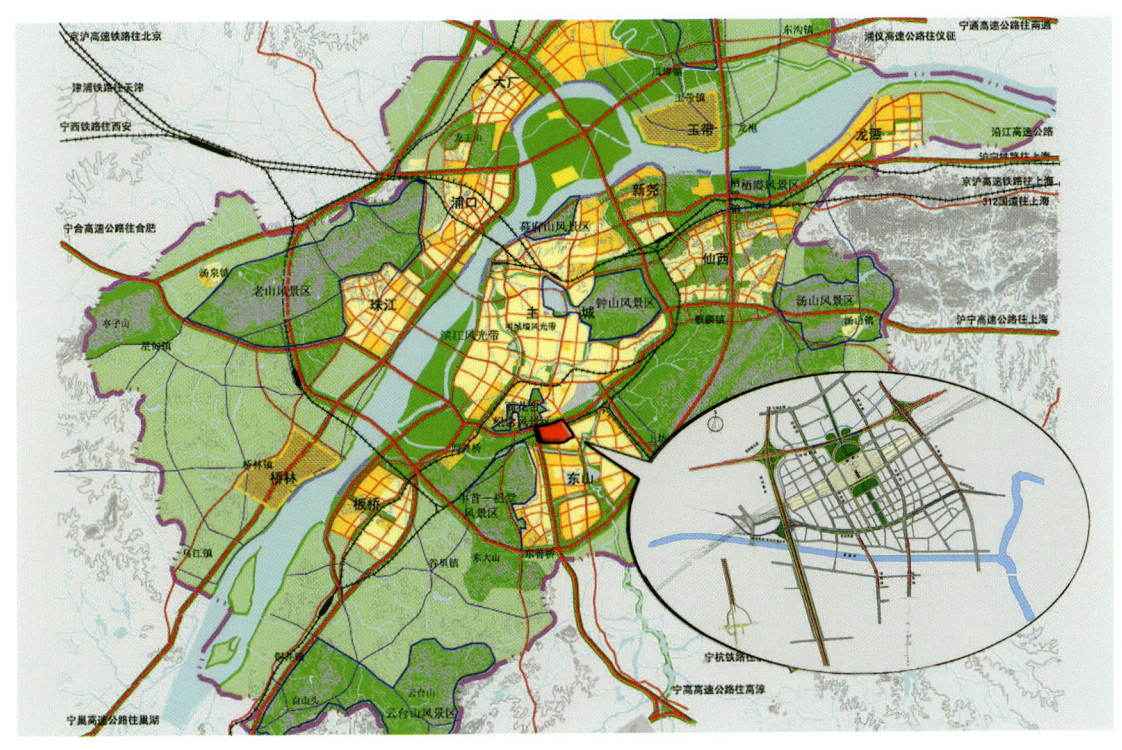

图1　南京南站综合枢纽工程地理位置

南京南站综合枢纽具有建设规模大、设施形式多、交通流复杂、工期紧和协调量大的特点。其中，道路集疏运系统道路是南京南站综合枢纽的重要配套项目之一，由快速环线工程、高架联络道工程和站东路、站西路等主要地面道路工程组成，是综合枢纽规划和设计的重点，是构筑地区交通网架、满足地区客运疏解和换乘、促进地区开发的需要和前提。本快速环线工程是道路集疏运系统中的一个重要子项，主要承担周边道路过境交通和南站地区集散交通功能，对于快速疏解站区的到发交通极为重要。本工程列入江苏省"十二五"期间的重点项目之一，作为京沪高铁的配套项目，要求三年内与高铁同步竣工。目前，与南京南站北广场联系的道路已于2011年6月先期开通，整个工程于2014年1月全面建成通车。

南京南站综合枢纽快速环线工程建设的必要性显而易见：一是满足铁路南京南站客运体系交通疏散及换乘的需要；二是完善综合交通体系，构筑地区路网的需要；三是促进南站地区开发的需要；四是土地集约可持续发展的需要；五是服务长三角和环渤海区域经济的需要。

【项目内容】

快速环线工程由绕城公路、机场高速、宏运大道、宁溧路四条高速/快速道路以及花神庙、双龙街、龙西、岔路口四座互通立交组成（见图2）。四条道路路线总长17.69 km，分别为绕城公路4.24 km、机场高速公路6.39 km、宏运大道4.35 km、宁溧路2.71 km。绕城公路和机场高速公路均为现状高速公路，为了保证原有的过境车流不受影响，推荐采用"主线+集散车道"的断面布置形式；主线为高速公路标准，集散车道为一级公路兼城市快速路标准；主线均采用双向六车道加硬路肩的建设规模，集散车道均采用单侧各三车道的建设规模。机场高速公路主线

图2 推荐方案总体布置

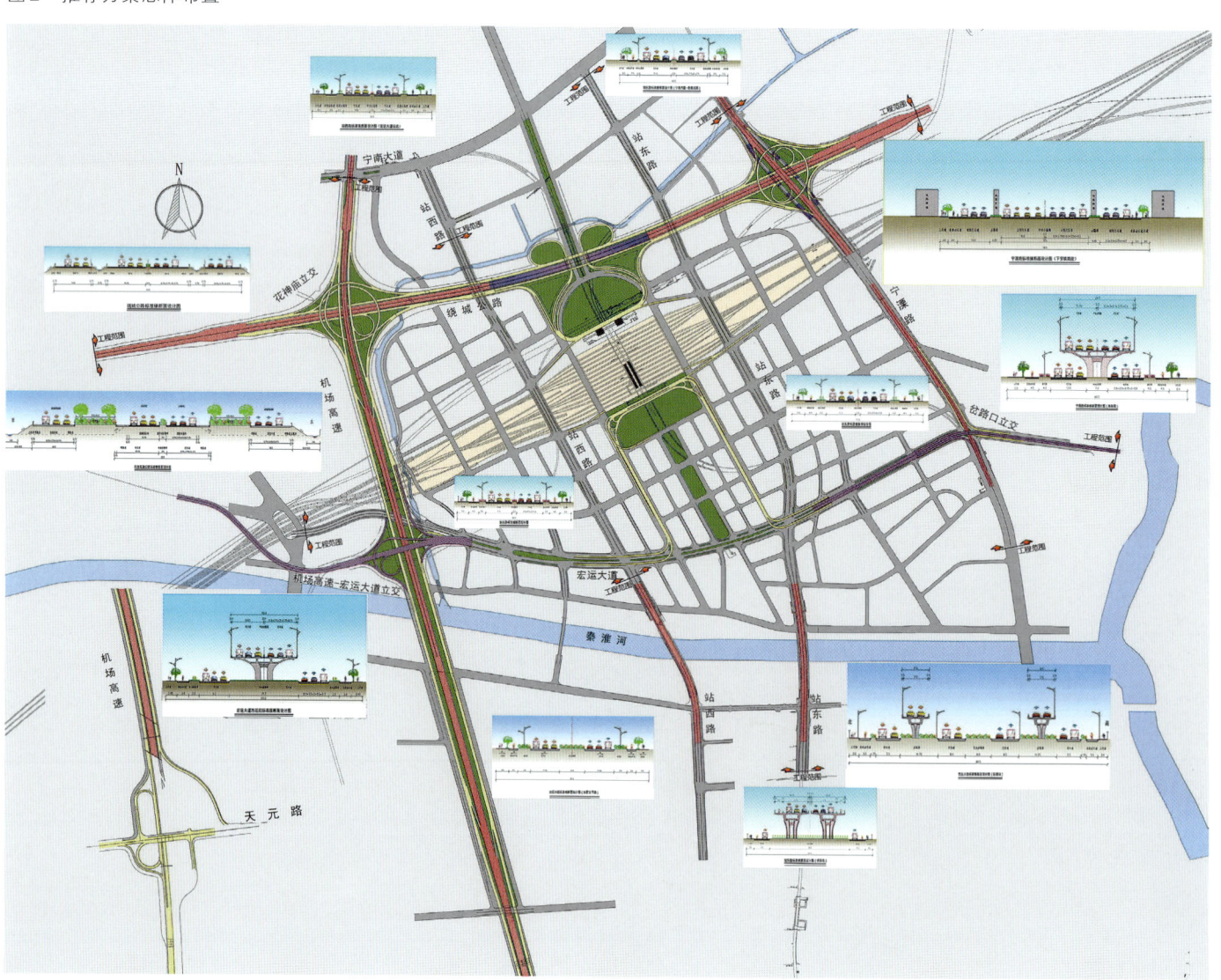

的设计速度为120 km/h，绕城公路主线的设计速度为100 km/h，集散车道的设计速度均为80 km/h。宁溧路采用"主路+辅路"断面形式，主路采用一级公路兼城市快速路标准，双向六车道建设规模，设计速度80 km/h；辅路采用城市主干路标准，双向六车道建设规模，设计速度60 km/h。宏运大道规划预留为城市快速路，近期按照地面双向六车道的城市主干路标准布置，设计速度60 km/h。花神庙立交推荐采用"三条迂回定向匝道+一条环形匝道"的全互通立交形式；双龙街立交推荐采用"两条迂回定向+两条环形匝道"的全互通立交形式；龙西立交推荐采用"单喇叭+定向匝道"的部分互通立交形式，分近远期建设；岔路口立交推荐采用"定向匝道+直行分离+地面信号控制"的互通立交形式；快速环线子项工程总投资为43亿元。

【工作过程】

2008年初，我院会同当时铁道部、江苏省交通厅、南京市发改委、南京市交通局等相关部门对南京南站综合枢纽的工程范围及研究内容进行了商讨，确定先期开展南京南站道路集疏运系统规划方案研究和南站地区各专项规划研究。同年10月，江苏省交通厅和南京市人民政府联合召开了《南京南站地区道路集疏运系统规划方案》审查会，多方专家对我院编制的《铁路南京南站地区道路集疏运系统规划方案》进行了评估，确定了南站地区的总体规划方案。在此背景下，我院受南京市交通局的委托，开展南京南站综合枢纽快速环线工程的可行性研究工作。在研究过程中，项目组广泛收集规划、土地、航道、水务、交通、管线、铁路、轨道等基础资料，对接邻近和相关工程设计，掌握测量、水文与地质勘查等建设条件，履行相关手续，在充分调查研究、交通量预测与分析、环境影响评估与社会稳定影响等支撑性评估文件的基础上，经过多方案比选与论证，提出了技术可行、经济合理、便于实施的建设方案；并与江苏省发改委、省交通厅、省国土厅、省环保厅、省水利厅、省建设厅，江苏交通控股有限公司、省高速公路经营管理中心、机场高速公路管理处，以及南京市发改委、交通局、规划局、国土局、环保局、水利局、南京铁投公司、雨花台、江宁区人民政府等部门和单位就工程方案进行了沟通与协调，综合、吸纳各方面征询意见，于2009年5月完成了本项目的工程可行性研究报告。

2009年6月3日，江苏省发改委与省交通厅在南京联合主持召开了本工程可行性研究报告审查会，邀请相关专家进行方案的技术论证，会议一致认为我院完成的工可报告收集资料齐全、编制内容完整，技术方案合理、可行，达到了工可文件编制深度的规定。同年9月，江苏省发改委下发了关于本工程可行性研究报告的批复。

【咨询工作特点】

1. 组建一支涵盖各专业的高水平咨询队伍，统筹协调系统复杂、综合性强、建设标准高的综合枢纽项目

本项目具有"超前性、高起点、高标准"的建设要求，综合枢纽融合多种交通换乘方式，涵盖的交通设施类型多，包括道路网、轨道网和场站设施，总体布局和交通组织系统复杂、综合性强；同时，项目涉及的专业多，涵盖道路、桥梁、地道、雨污水管道、雨水泵房、电气照明、监控、交通管理、景观绿化、技经等专业，需要统筹各专业系统规划和配套设计。另外，与站区内的高铁、地铁等基础设施项目关联性强，相互影响较大，需要协调铁路站房、规划宁芜货线、地铁1号线、3号线、6号线、机场线等项目和同步建设问题。

快速环线作为南京南站综合枢纽的重要配套工程，其快速集散系统与交通建筑设施紧密结合。项目组亲临现场调研，运用综合枢纽的设计理念，统筹安排南站枢纽的内部循环系统、外部疏散系统和内外联络系统；各施所长，分工明确，充分发挥各专业的特长，对外协调各行政主管部门，对内协调上下游专业设计，平行协调兄弟咨询设计单位；采用创新设计，以人文本，将新思维、新模式、新技术、新材料运用到咨询项目中，满足了交通设施"枢纽型、功能性、网络化、一体化发展"和"便利、安全、舒适、协调"的要求，并兼顾城市环境和景观功能，使建成后的南京南站首次实现了多种换乘方式在同一立体空间内的无缝衔接，成为亚洲规模最大的铁路客运交通枢纽车站。

2. 收集资料翔实，论证内容全面，设计原则把控合理

工可报告对南京南站地区的规划、长三角和南京市的经济现状和发展规划、交通运输的现状作了翔实的调研，取得了第一手资料；通过对南京宁南地区、东山新市区、红花机场片区现状交通的调查和未来发展的预测，叠加高铁对南站带来的新增交通量，对汇总的交通量进行了重新预

测和再次分配；对项目建设的必要性和迫切性进行了论证，针对项目所处地理位置的自然条件和建设条件，提出了项目建设的技术标准；对环线工程的断面规模进行了比较和论证，对工程总体方案和立交节点进行了比较和论证，从对现状道路设施利用情况、对相关工程影响、对管线影响、施工期间交通组织、占地面积、视觉景观、造价等方面进行了综合评价；对工程量进行计量并进行经济分析和投资估算；对环境影响、节能减排给予了评价；对推荐的方案进行了工程设计，并提出了新技术、新材料的应用和科研项目。

咨询工作的原则对于整个咨询项目的把控尤为重要，环线工程的咨询工作主要遵循以下几点开展：

（1）体现规划意图。道路线路应符合城市发展总体规划、城市路网规划以及铁路南京南站前期规划的要求；设计方案应有利于疏散地区的交通，有较强的交通功能，能够有效承担南站枢纽及其周边地区的交通出行压力；本次研究重点是外围四条道路和四个立交工程，对于枢纽立体交通集散系统则基本遵循原规划方案，进一步补充完善，提出合理优化建议。

（2）节约投资。在满足交通功能的前提下，道路要合理布置道路线形、断面、交叉口和立交形式，少征地、少拆迁、节约工程投资；以文明施工、快速施工、减少对现状交通的影响为前提，尽可能体现技术经济指标先进、施工方便及工程造价合理等特点。

（3）保护环境。尊重历史文化，保护文物建筑，保护地区特有的景观；新建结构物的布局，应尽可能与周围景观相结合，采用和谐、柔和的结构线条，以达到悄然融入周围风景的效果。结合道路周围规划，创造有特色的道路景观。

（4）近远期结合。方案设计考虑城市规划、建设和发展对道路设施的需求，为规划道路余留建设余地，使道路在城市建设发展中满足不同阶段的交通需求；工程建设既满足近期城市经济发展和交通发展需求以及地区开发需要，又符合远期规划发展要求，近远期结合，减少废弃工程量。

**3. 从点到面，充分论证建设项目的必要性和迫切性**

随着京沪高铁的开通，预计2020年旅客发送量将达4413万人/年，2030年旅客发送量将达5822万人/年，南京南站作为枢纽站承担着非常大的客流转换，南站的周边配套路网作用发挥显得尤为重要，快速有效的交通疏解可以大大提升南站的服务水平，满足铁路客运疏散及换乘需求。

根据规划，南站地区将同步进行高强度开发，形成未来南京南部新中心，与新街口市中心、河西新中心组成"金三角"中心体系。现在周边地区的主要道路交通时常处于拥挤状态，铁路南京南站和南站周边地区开发将会产生大量的个体机动化交通，这对本已略显不足的周边道路基础设施带来了巨大的压力，研究表明必须对周边的基础设施进行升级和改造，从而促进南京南站周边地区开发。

随着经济增长、人口发展，城市土地的供求矛盾日益突出，一般来说，任何单体的交通设施都必须配备相应的辅助设施，对建设用地存在各自的需求；综合性交通枢纽利用区位优势，将各种交通模式有机整合，统一规划、统一设计、统一建设，实现设施用地的最优化布置，达到土地资源集约化使用的目的，缓解交通设施建设与土地资源供应之间的矛盾。铁路南京南站交通枢纽的建设集中了各类先进的交通模式，也集中了与之相关的配套服务设施，不仅节约了土地资源，更大大提高了运营效率；通过土地资源、配套资源以及环保资源的集约化，成为南京市可持续发展过程中的必然需要。

根据南京市交通发展白皮书，要求形成发达通畅的对外交通系统以及结构合理、功能完善的道路交通设施与运行系统。都市发展区形成公路与城市道路有机衔接的"三环十六连十二射"高、快速道路系统，布局和结构基本合理的城市干道网系统。快速环线工程的建设将帮助完善区域路网，促进城市总体规划的实施。

枢纽的建设将加速推进长三角地区现代化综合运输体系的形成和完善，使长三角地区间拥有快捷的、多元化的联系途径，从而缩短长三角经济圈的空间距离，促进地区经济联系更加紧密，达到"区域交通一体化，区域经济一体化"的目的，为长三角的经济繁荣和结构优化提供有力支撑。

**4. 交通需求预测分析可信，建设规模和技术标准运用合理**

结合本项目的特点，根据南京南站地区的规划，对建设区域内的各种铁路、公路、市政设施现状进行了详尽的调查和分析。在现状分析的基础上，以《铁路南京南站地区综合规划——综合交通规划》为基础，采用国际上通用的"四阶段"交通预测方法建立需求预测模型。按照出行特征的不同分别建立居民出行、货运出行、出入境和过境出行四类交通模型,预测共建立交通小区770个,其中对枢纽体及周边交通需求作细化研究,最后采用叠加车辆OD进行机动车交通分配,预测结果客观可信。从高速公路系统、快速路系统和主干路系统进行分配。经过预测,南京南站北广场承担70%左右的交通流量,南广场承担30%左右的交通流量,为确定合理的建设规模、交通组织方式和技术标准提供了依据。

5. 总体方案符合南站综合交通规划,合理进行工程设计

根据南站枢纽的功能定位,从技术、经济、环境、景观和风险等多个方面,对南站地区内部路网、周边路网和外围路网进行了系统论证,合理协调公路功能和城市道路功能,对绕城公路、机场高速公路的断面布置和改建方式、四个转换节点立交形式进行了综合比选,提出了绕城公路、机场高速公路采用"高速+集散"的改造方案,宁溧路采用"高架主线+地面辅路"的改造方案,宏运大道在站东路至站西路采用"地道主线+地面辅路"方案,以及四个立交的改造和新建方案,合理各出入口布置与衔接,符合南京南站地区道路集散运系统规划,能有效承担南站枢纽及其周边的交通出行,各条道路分工明确,内外衔接合理,功能完善,做好有序、畅通、安全、便捷,使工程方案具有可实施性。

6. 注重绿色交通、低碳交通的设施配置和环境保护、资源综合利用与节能减排措施

设计方案从道路交通规划、实施建设和运营管理等方面体现"以人为本、环境友好"的设计原则,注重公交优先理念,合理布局与配置公共设施,方便换乘。

对建设地区的环境现状进行了论述,对项目实施后对区域水环境、声环境等的生态环境影响进行了评价,提出了环境保护对策和措施,方案全面、经济、可行,符合国家环境政策。

从发展循环经济、促进资源节约利用的角度,论述了工程范围内现有资源的利用等方面的内容,提出了节能、节水、节地、节材措施。

7. 积极采用新技术,注重科技创新

南京南站综合枢纽快速环线工程作为南京的重大工程项目,在新技术、新思路方面有所突破。

(1)基于大型铁路综合交通枢纽的集疏运系统研究。高铁的优势是城际之间的快速到达,为了能够延续高铁的快速、高效的优势,必须有一种快速的集疏运道路系统与之对接。通过对南站周边道路的研究,创新提出了大型综合交通枢纽的集疏运系统应包括快速集散系统、联络道系统和地面道路保障系统,确保集疏运系统的快速、高效、安全。

(2)基于集散车道系统的立交布置研究。南京南站周边道路有两条是高速公路,且交叉节点众多,为了不影响原有高速公路的过境交通,首次创新提出了设置集散车道系统概念,并将其定位为城市快速路,赋予了快速的使命,集散车道与主线之间设置出入口,既避免大的干扰,又互相联系;其次,创新提出了在集散车道系统上布置立交的思路,打破了主线立交的传统思维,立交节点设置在快速路之间,花神庙立交和双龙街立交都是集散车道立交,主线分离后仍然承担过境交通,让集散车道承担转向交通,定位明确,功能一致,很好地分离了过境交通和集散交通,保障了两大系统互不干扰。

(3)基于超大基坑的支护系统研究。绕城公路位于南京南站的北大门,为下穿地道结构,由于绕城公路的主线和集散车道同时下穿,基坑达到80 m左右,工程中创新使用了鱼腹式预应力梁支撑体系,产生超大开挖面,大大缩短了工期,并申请了专利发明。

(4)基于小半径大跨径的桥梁设计研究。城市立交工程中存在许多小半径大跨径的匝道桥梁结构,攻坚小组在结构设计上认真研究,最终采用钢结构,针对钢结构的铺装,又专项研究,最终采用双层环氧沥青铺装,并与高校共同研发,尝试将国内生产的高模量基质沥青和增粘剂运用到实际工程之中,为后期推广高粘沥青国产化做好技术储备。

(5)基于结构交叉的地道、地铁共建研究。绕城公路地道与南京地铁运营中的1号线和在建的3号线都有交叉。通过多次研讨攻关,形成了1号线上方的加固方案,避免了1号线的上浮风险;形成了3号线的顶板和绕城公路玉兰路立交匝道的地道底板共建方案,解决了标高冲突问题,保障了项目的可行性。

(6)基于低碳经济原则下的路面材料研究。积极响应国家绿色低碳建设要求,研究机场高速公路的现状沥青路面铣刨后,经"热再生"和"冷再生"技术,全部用于地面道路的机动车道中下面层和非机动车道的下面层,以节省原材料。

(7)基于以人为本原则下的低环境影响综合技术研究。机场高速公路距离居民区较近,环

境影响评估能否达标是项目可行性的重要控制因素。项目组研究组和降噪模式,即采用"PAC多空隙排水降噪路面+圆筒吸声型声屏障+乔灌搭配降噪林"综合技术,大大降低了轮噪对居民的影响,顺利通过了环境影响评价。

8. 投资估算准确,经济评价合理,为工程决策提供了依据

工程量计算正确,各项定额指标和费率选用合理,各项费用估算正确,无漏项。经评审,投资估算误差小于5%。营运成本的测算依据全面合理,财务效益分析全面可靠,客观论证了项目给国民经济和地区经济带来的效益。通过国民经济评价敏感性分析,在对产品价格、通货膨胀等因素分析论证的基础上来预测项目可能的风险。

经分析论证,本工程具有一定的抗风险能力。

【咨询效果】

南京南站综合枢纽快速环线工程是南站枢纽的重要配套工程,其建设对有效集散南站枢纽道路交通流量、充分发挥南站枢纽功能具有极其重要的意义。快速环线工程的四条边共同构成铁路南京南站及其周边开发区的机动车交通保护壳,是连接站前高架和外围高等级道路的主要通道,具有截流外围过境流量、减轻区域内部交通压力、均衡路网流量的重要功能。按咨询设计方案实施,取得了良好的交通效益、社会效益,为类似工程建设提供了成功的典范。南京南站地区效果图和实景图见图3、图4、图5、图6、图7、图8。

图3 南京南站地区鸟瞰效果图

图4 南京南站综合枢纽北广场夜景

图 5　南京南站综合枢纽快速环线工程——花神庙全互通立交

图 6　南京南站综合枢纽快速环线工程——双龙街全互通立交

通过咨询工作,很好地处理了复杂的交通系统,合理统筹了众多的设计专业,因地制宜地设置了合理的立交节点和出入口布置。提出了高速公路与快速路相结合的断面形式,创新性提出了集散车道作为快速系统和立交转换线的概念,即保留了既有高速公路的快速过境功能,又增加了南站交通的快速集散功能,是一种新型的交通组合方式,可为类似的枢纽工程作借鉴之用。

以本项目为载体,同步开展了"大型铁路客运枢纽交通设施布局研究"、"南京南站综合枢纽道路集疏运系统规划设计"、"大跨度预应力装配式钢结构基坑支护系统研究"等研究课题,研究成果达到国内领先水平。并成功申报了专利四项,即"一种预应力鱼腹梁支撑支杆端头"、"一种装配式预应力鱼腹梁内支撑系统的施工方法"、"一种预应力钢索或钢绞线与支杆端头的链接结构"、"一种生态型新泽西护栏"。

2011年6月30日,铁路南京南站北广场和京沪高铁同步开通,快速环线工程的北侧工程全部交工使用,为高铁的客运交通提供了保障基础;2014年1月,随着南广场投入使用,环线工程全部交工运行,为南京南站的客运系统提供了更加有力的保障。

图7　南京南站综合枢纽快速环线工程——站北立交航拍

图8　南京南站综合枢纽快速环线工程——绕城公路

# 武汉王家墩商务区核心区地下车行环廊工程可行性研究报告

## The Feasibility Study Report of the Underground Garage Ring Corridor Project in Wangjiadun CBD Central Business District), Wuhan

编写单位：上海市政工程设计研究总院（集团）有限公司
Shanghai Municipal Engineering Design Institute ( Group ) Co., Ltd.
联系电话：021-55000000　　网址：www.smedi.com
主要完成人：俞明健　刘艺　孙巍　罗建晖　郑岐　谢明　王建　王曦　叶剑亮　张杰

## 【点评】

地下车行通道是一种新的交通组织模式，本报告在研究过程中，统筹考虑工程方案与建成后的产权管理、运营管理、规划控制等因素，综合布置总体方案，确保研究方案合理，运营养护方便，地块衔接灵活，为地下环廊模式推广带来了便利。

## 【项目背景】

王家墩中央商务区位于城市总体规划确定的中央活动区内，其东临常青路、青年路，南至建设大道，西临汉西路，北至发展大道，总用地面积为7.41公顷。按照《武汉市城市总体规划（2010—2020年）》，王家墩中央商务区定位为"立足华中、面向世界、服务全国"现代服务业中心，形成汇聚会展、零售、酒店、居住等功能的综合性城市中心区。其核心地块占地面积约91.8公顷，规划地上建筑面积约413.9万平方米，地下建筑面积34.2万平方米，平均建筑容积率达4.5（见图1）。

为了支撑区域高强度开发，打造一个舒适、健康、高效和可持续发展的城市CBD，在核心区规划了本地下车行环廊系统。

本地下车行环廊工程是王家墩商务区核心区"一桥一隧、一环三轨"交通网络体系中重要的"一环"。建成后区域到发交通可直接利用外围出入口进入地下车行通道，直接进入地块车库，便捷到发交通，减少地面车流，提升区域环境品质，因而受到各界高度关注。

武汉王家墩商务区核心区地下交通系统分层效果见图2。

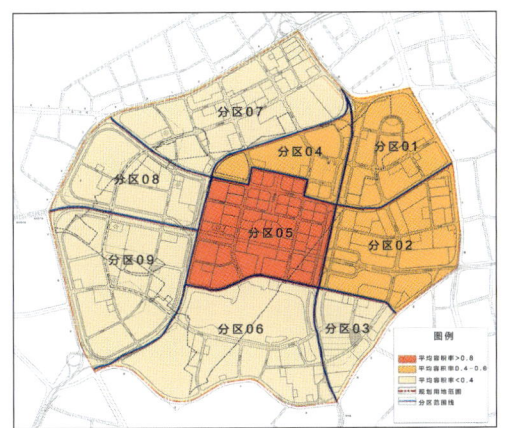

中央商务区

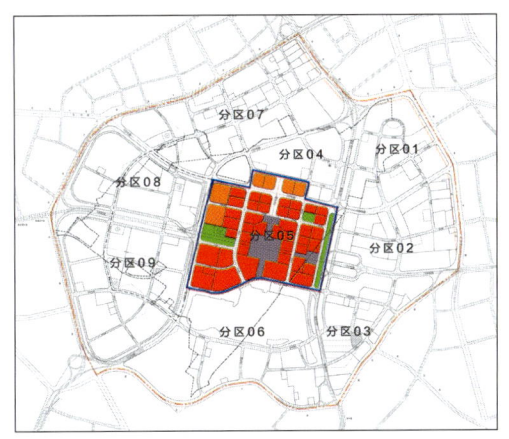

05分区

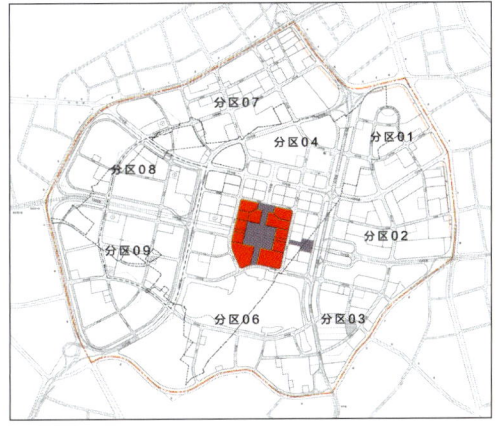

核心区

图1　中央商务区地下空间开发规划

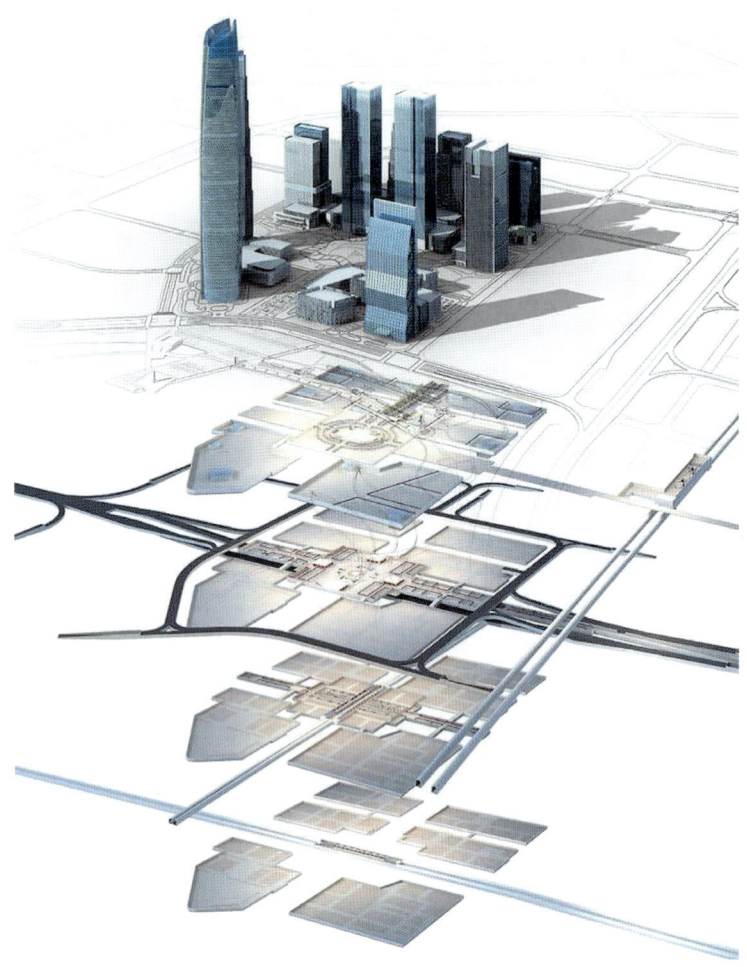

图2 武汉王家墩商务区核心区地下交通系统分层效果图

## 【项目内容】

工程综合了地下车行环廊、综合管沟、地面道路三部分建设内容。

地下车行环廊为连接地面道路与地下车库的地下机动车集散道路,服务区域小客车到发交通。

综合管沟系区域管线集约化市政设施,因与环廊共线,故在总体布局上进一步与本环廊工程进行了整合。

地面道路主要服务区域公交、慢行交通,为景观提供展示介质,提升区域环境品质。

1. 建设规模

单向三车道规模。其中,中间车道作为连续车道,服务快速通过性交通;两侧车道为集散车道,服务沿线地块到发。

2. 技术标准

(1) 道路等级:城市支路;

(2) 设计车速:20 km/h;

(3) 设计净空:3.2 m。

3. 总体方案

地下车行环廊围绕05分区核心区沿珠江路、商务西路、泛海路、商务东路布置,全长1.9 km,三车道规模,采用单向逆时针组织。主要服务对象为小客车,以服务核心区内地块停车为主,兼顾核心区外部分地块停车。环廊总体布置见图3。

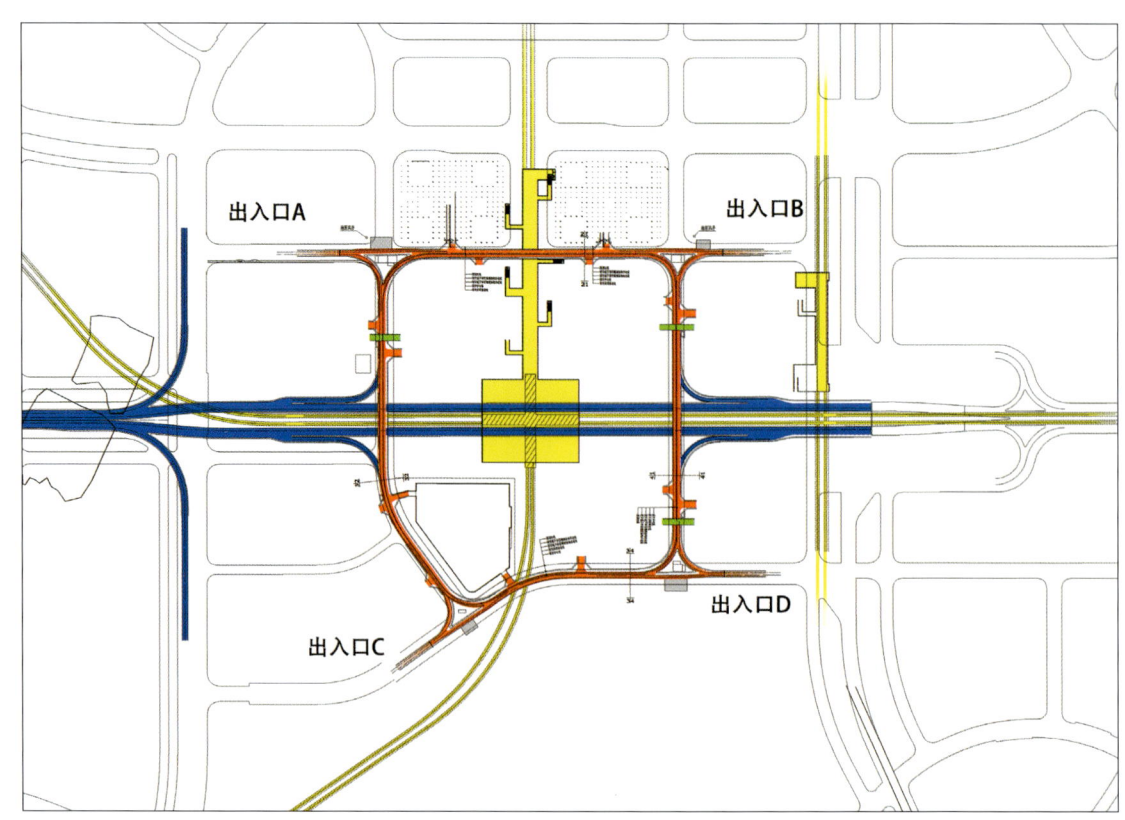

图3 环廊总体布置图

环廊共设有6进6出共12处进出匝道。其中，2对地面匝道位于北侧珠江路，2对地面匝道位于南侧泛海路；东、西各2对定向匝道联系黄海路隧道。环廊内部还设有独立出入口，联系地下核心区内地块的停车空间。

环廊共采用两种通风方式。在商务东路、商务西路、泛海路通过设置地面敞口，采用自然通风辅以半横向机械通风方式。北侧珠江路道路断面较窄，没有条件设置连续敞口，环廊通过设置风道，采用横向通风。

4. 与综合管沟关系

因综合管沟B1层布置，环廊接地块车库位于B2层，故考虑环廊与管沟上下叠合布置，综合管沟利用环廊上方结构空腔进行一体化。

空腔剩余部分用作环廊风道。地面道路有条件处，在环廊顶部另设置通风采光敞口。环廊断面形式如图4所示。

5. 与轨道交通节点关系

本工程相关轨道交通线路为3号线和7号线，在核心区与环廊十字相交，平面见图5。根据标高关系，环廊在与轴线相交节点均采用上跨穿越。

以北节点为例。节点处采用压缩净空处理，需结合轨道交通建设进行一体化开挖实施，见图6。

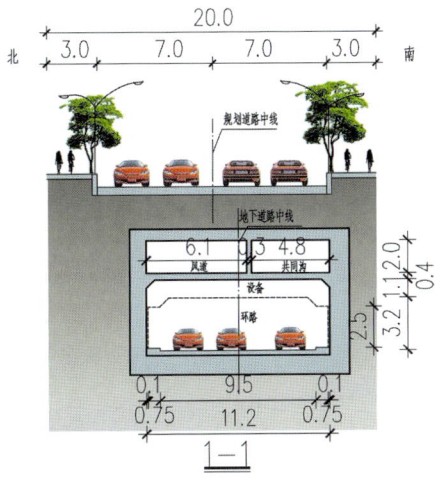

图4　一体化断面

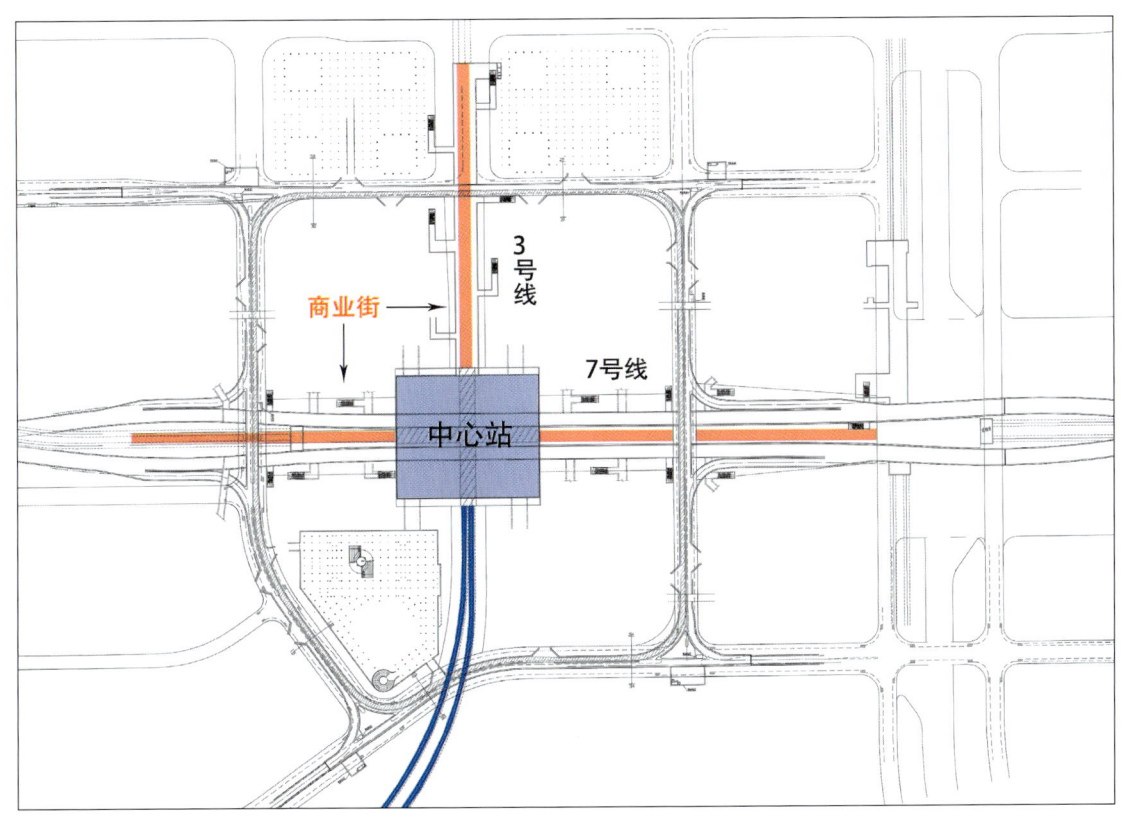

图5　轨道交通节点

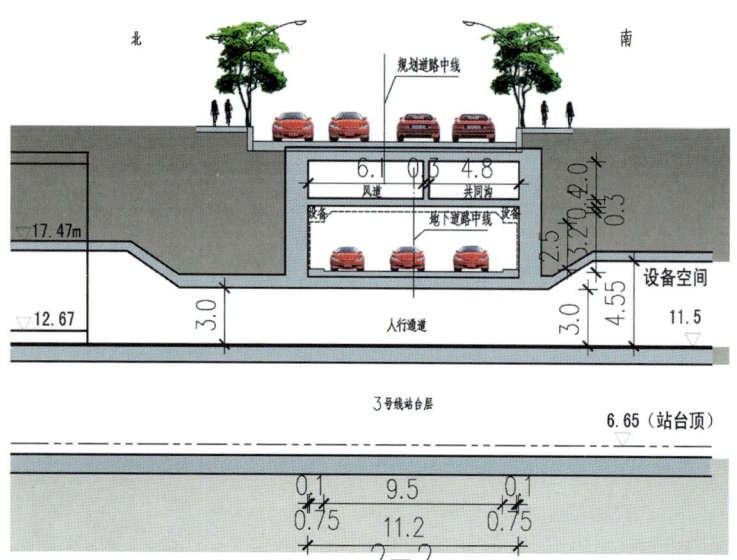

图6 北节点横断面布置图

由于环廊上方为零覆土,原环廊上方管线偏至环廊一侧敷设。

6. 投资估算

估算总投资为139 083万元。其中,建筑安装工程费用为103 457万元。

【工作过程】

1. 前期研究阶段

2009年开始,由武汉市城市规划设计研究院、日建设计、武汉市交通规划设计研究院共同展开了"武汉王家墩中央商务区核心区地下空间修详规划"编制工作。

2. 方案优化阶段

2010年4月,武汉王家墩中央商务区建设投资股份有限公司委托我院就其区域地下空间修详规划进行咨询。

我院对环廊出入口匝道布置、内部交通组织模式、环廊通风方式以及关键节点方案布置进行了优化,并提出了环廊与综合管沟一体化布置的建议,得到了管委会领导、规划以及王家墩公司等的大力支持。

3. 工可研究阶段

2010年9月,王家墩公司委托我院开展工程可行性研究,并于2010年11月组织了工可专家咨询会。2010年11月,王家墩公司组织了工可专家咨询会,我院结合咨询意见对原工可开展了进一步优化。2011年2月15日,《武汉王家墩商务区核心区地下车行环廊工程可行性研究报告》通过专家评审。

【咨询工作特点】

1. 工程注重对地下空间的集约化利用,充分考虑与相交工程的相互关系,与综合管沟采用一体化布置形式,节点处与地铁、黄海路隧道采用合建方案,有效减少投资、便利施工并大大提高地下空间利用效率

工程设计中注重统筹考虑地下车行通道与综合管沟、黄海路隧道、轨道交通、人行过街通道、市政管线和其他地下构筑物的关系,集约化利用地下空间。整个工程包含地面道路、隧道等多种工程类型,在设计中对工程各重要节点均进行了平面布置、施工方法与工程措施等多种方案比选,力求做到技术先进,投资合理。

地下环廊位于地下二层空间,综合管沟沿环廊全线布置,位于地下一层。通过方案比选采用一体化布置的形式,管沟利用环廊地下一层的结构空腔布置在环廊空腔内侧。同时,在环廊空腔外侧根据通风形式设置了排烟风道。一体化的布置可大大降低了工程费用,缩短施工工期,降低施工风险,极大地节约地下空间资源,并有效地协调了各工种之间的相互关系,解决了与地面管线、道路红线宽度等矛盾。

对与全线的相交地铁、黄海路隧道、人行通道等关键节点,通过平面及竖向关系上的梳理,合理地确定了上下层关系,并对标高控制、净空高度进行了节点处理,全线除北节点外均采用进行一体化开挖实施。车行环廊与相交工程合建方案均可有效减少投资、便利施工,并大大提高地下空间利用效率。

不仅如此,考虑土地集约化,管理高效化,本报告还提出了相邻工程(黄海路隧道、地下车行环廊、综合管沟)管理用房集中选址,统一建设的模式。

2. 以现场调查与已有规划为依据,通过先进的交通预测与仿真分析软件,对地上地下交通系统进行综合模型分析与仿真评估,分析本工程的建设必要性,确定总体布局的合理性以及交通功能最优化

根据对王家墩商务核心区现状开发情况的调查以及对商务区控详规划、综合交通规划、地下空间规划、城市设计等规划条件的解读,构建中央商务区未来年区域宏观路网模型,通过定性与定量分析有效结合,在地面道路条件不足以支撑该地区大规模的开发的情况下,采用地下环廊的立体化交通模式。本工程约承担核心区地下车库70%的车辆进出、05分区非核心区范围内50%车辆进出,对缓解地面道路交通压力、提升

地区整体交通品质等方面的作用巨大。

通过采用宏观流量预测与微观交通仿真评估相结合的手段,对本工程采用三车道规模即"主线1车道+两侧集散车道"的布置方式进行了充分的论证和评价。同时,总体方案研究中充分考虑以服务核心区内地块停车为主,兼顾核心区外部分地块停车的需求,合理地确定了选线方案及布局,地下环廊主线长度为1.9 km。

此外,针对环廊内部出入口和外部出入不同的功能特点,分别进行了方案的论证及分析。外部出入口结合区域路网规划及交通组织方案,对出入口匝道布置进行充分的分析,以明确服务功能,优化断面尺寸,确保疏解能力,减少对主要衔接道路交通影响为原则,并对主要衔接路口进行了服务水平评价,最终确定"6进6出"12条匝道的布置方案。通过环廊匝道与王家墩对外快速路、骨架干路联系,可形成快捷的到达交通系统;通过与区域地面道路连通,可满足区域内多方位车辆便捷的进出。环廊地块出入口的设置通过核心区内外的停车分析和对比,采用近远期结合的方式,近期交通量增长较慢,为吸引车流提高环廊利用率,环廊与核心区外侧地块按可进可出组织,地块接口按进出口预留;远期为减轻环路负荷,核心区外地块联系采取仅承担到达地块功能,离开地块通过地面的模式。

3. 工程可行性方案研究综合考虑工程方案与建成后的产权管理、运营管理、规划控制等因素,综合布置总体方案

地下车行通道是一种新的交通组织模式,国内缺少成功的建成案例,因此在工可研究过程中,对建成后的产权管理、运营管理模式,今后地块与环路的接口控制等都进行了深入研究,确保研究方案合理,运营养护方便,地块衔接灵活。

4. 环廊地面开敞口的设置,不仅降低了运营能耗,也保证了的安全性和可靠性,相应设备和材料积极采用新技术、新工艺、新材料

在通风方式上力求功能完美与节能环保相结合,利用设置在地面中央分隔带设置环廊敞开口,采用"顶部开口自然通风+半横向集中式机械通风系统"相结合的组合型通风方式。也就是说,平时利用地下环路顶部自然敞口进行通风换气;当自然通风无法满足需求时,启动轴流风机进行机械排风;发生火灾时,利用半横向通风系统进行排烟。对于平时与火灾两种机械通风工况下,都可通过自然敞口补入新风。这种组合方式在降低运营成本的同时,也大大提高了运营期间的可靠性和安全性。并且将自然光通过敞开口引入地下,增加行车人的舒适性,真正体现"以人为本"的原则。

此外,本工程在道路路面材料、标志标线涂料、照明灯具及监控设施等方面积极采用新技术、新工艺与新材料,并注重道路、监控、照明与供配电等设施及工程施工期间的相关节能措施,尽可能减少对生态环境的影响。

【咨询效果】

1. 准确进行功能定位,技术标准论证充分,优化断面尺寸,集约化布置地下车行通道,便于管理,具有较好经济性

武汉王家墩商务区核心区地下车行环廊为连接地面道路与地下车库的地下机动车集散道路,考虑其服务对象主要为通勤、公务用的乘用车和小型货车,方案设计在满足国内相关道路规范中小型车辆的使用要求的前提下,通过详细分析,选用设计车速20 km/h,通行限高3.0 m,设计通行净空由通常4.5 m压缩至3.2 m,车道宽度由3.5 m压缩至3.0 m/车道的设计标准,有效地减少地下车行通道开挖深度和断面宽度,较大幅度地减少工程投资,积极响应国家打造集约型社会的宏观调控政策。

2. 通过分析地下车行通道工程建成后,由行驶效率提高和行驶里程缩短而获得车辆运输成本节约效益和时间节约效益,具有较好经济效益和社会效益

通过国民经济评价分析,本工程的建成可以较大程度地提高道路的通行条件,提高道路服务水平,在一定程度上吸引附近路网的交通量,减轻附近路网的压力,大大节约车辆通行时间,从而获得车辆运输成本节约效益和时间节约效益;同时,良好的通行条件可以减少交通事故的发生,取得一定的社会效益。总的来说,本工程从国民经济评价可行,对国家和地区的经济有利。

3. 工程设计中结合地下车行通道自身特点,充分考虑工程风险,并提出有效的规避措施,充分保障工程的安全性

在工程设计过程中,通过分析地下车行通道单向环形组织、地块接口较多、地下构筑物之间关系复杂等工程特点,详细列举工程在施工期间与运营期间所将面临的各类工程风险,并针对施工期间三角形交叉口建设、地块出入口预留、与轨道交通、黄海路隧道及人行通道合建的处理,运营期间工程结构耐久性、结构纵横向稳定性及防水可靠性等风险问题,提出了相应的规避措施。

# 长沙市万家丽路（福元路—湘府路）快速化改造工程可行性研究报告

The Feasibility Study Report of the Rapidity Reconstruction Project on Wanjiali RD (between Fu-yuan Road and Xiangfu Road), Changsha City

编写单位：上海市政工程设计研究总院（集团）有限公司
Shanghai Municipan Engineering Design Institute ( Group ) Co., Ltd
联系电话：021-55000000　　网址：www.smedi.com
主要完成人：温学钧　邓青儿　刘艺　韩明　胡欣　吴忠　史啸　郭俊伟　陈剑锋　阎常鑫

## 【点评】

本项目与长沙市地铁5号线全线共线，为尽量减少这两大工程之间的影响和干扰，高架与地铁采用上下分离、线位分建方案，高架居中布置，地铁靠东布置，在这一廊道上形成了高架快速路、地面辅道、快速公交道、慢行交通以及地下轨交为一体的复合型立体交通走廊，综合考虑了近远期效益，优化交通网络，提升交通效率，满足了不同交通出行需求。

## 【项目背景】

目前，长沙市东部城区特别是中心城区的交通流量增长十分迅猛，随着几条过江通道的打通，长沙市东西向交通拥堵状况有所缓解，但南北向交通仍然面临困境。随着城市的扩张，人口和车辆的增长，建设南北快速大通道迫在眉睫。在项目前期研究过程中发现，若仍旧对长沙市现状东二环线进行改造，已拥堵节点自身和分流道路的交通负重会成倍增加，进而波及整个长沙市东部城区，可能导致长时期大范围的交通拥堵。通过对中心城区路网整体分析，对万家丽路进行快速化改造后（福元路至湘府路段16.5 km），新形成的整体路网骨架将实现道路交通量的重新分配，满足中心城区南北交通的通畅，缓解中心城区交通压力。

## 【项目内容】

万家丽路快速化改造工程北起福元路，南至湘府路，全长约16.6 km，项目建设单位为长沙市市政建设管理局。主路全线高架双向六车道，按城市快速路标准；地面辅路八车道，按城市主干路标准，其中中央二车道为BRT车道。全线共设置了9对平行式上下匝道，分别是福元路匝道、鸭子铺路匝道、晚报大道匝道、何晏路匝道、人民路匝道、劳动路南北匝道、香樟路匝道和湘府路匝道，联系横向主要道路，服务沿线到发交通，设置三一大道和长沙大道两处立交实现快速对外转换。总投资约51.2亿元，其中工程费38.5亿元。于2014年开工建设，2015年完工通车。

## 【工作过程】

作为长沙中心城区南北向快速通道，万家丽路快速化改造工程可行性研究从2012年底开始历时近1年时间，我院根据专家和职能部门现场踏勘的研究建议，以及市领导现场调研的指导意见，对可研报告进行了反复修改、调整和优化。在此过程中，由业主方市市政局组织召开了十一次协调会、三次专家咨询会和一次工可预评审会，长沙市发改委组织了一次工可专家评审会，长沙市委、市政府组织召开了一次市委常委会、一次市委书记调研会和三次市长办公会，每次会议均对该项目进行了认真的讨论和研究，对方案细节均进行了充分论证，形成了最终建设方案，形成了可研报告。

## 【咨询工作特点】

通过上海市政总院的创新设计及研究，整个万家丽路的工程建设体现了先进的建设理念以及鲜明的特点。

一、构建效益最优的城市高架快速路，满足不同交通出行需求

1. 构建复合型立体化交通提升效率

项目与地铁5号线全线共线，为尽量减少

这两大工程之间的影响和干扰,高架与地铁采用上下分离、线位分建方案。万家丽路主线采用高架,双向六车道,设计车速为80 km/h,线位居中布置,满足南北向客货运车流快速集散;地面层为辅道层,满足周边地块出行、汇集疏散高架上下匝道车流以及慢行交通出行的需求,双向八车道,设计车速为50 km/h,并利用紧靠中央分隔带处车道为快速公交专用道,全线共设快速公交车站19处;地下层为轨道交通5号线,线位靠东布置,全线设轨道交通车站15处(含7处换乘站)。最后在万家丽路这狭长的廊道上形成了高架快速路、地面辅路、BRT、地铁以及慢行交通为一体的复合型立体交通走廊,最高效地满足了各种交通方式的集约化出行。

2. 优化交通网络提升效率,形成中心城区外围辅环,保护中心城区交通

万家丽路快速化改造后构建城东片区南北向快速通道。承载中长距离交通,特别是长距离过境交通的功能,并与星沙联络线和湘府路对接后,形成新的快速环道。通过优化交通路网,合理确定了上下匝道位置和立交形式,加强与横向重要道路的紧密联系。有选择地设置立交及出入口,对高速公路、快速路及连续流主干路设置互通或半互通立交相连,对重要主次干道在综合考虑交叉路口疏解能力以及出入口间距的前提下,通过平行匝道和辅道相连接。

三一大道立交可实现东与南、东与北、西与南的定向联系,与长永高速快快衔接,强化中心城区向外辐射,也方便中心城区向南接入万家丽路快速路;长沙大道立交可实现东与北和东与南的定向联系,截留机场高速入城交通,保护东二环和中心城区交通,满进快出,构建中心城区交通保护壳。

3. 一体化设计,近远期结合提高效益

在方案研究过程中,考虑与本项目相关的各种建设条件,进行近远期建设综合统筹,通过一体化设计和合理预留,避免重复建设,实现投资效益最大化。研究从全市快速路网系统出发,预留了高架与星沙联络线和湘府路衔接的实施条件;预留了远期三一大道全互通立交、福元路南向西左转匝道、鸭子铺路立交、劳动路立交和湘府路立交(见图1、图2、图3);在道路东侧预留了地铁5号线区间和15座车站,含7处换乘站;在既有高压线下方还预留了远期雨水管扩容的空间,确保后续工程实施可行。

二、项目建设坚持以人为本的理念,建设绿色生态高架

1. 方案贯彻方便群众原则,减少高架桥结构的修建对周边环境的影响

在方案研究中利用地面中央分隔带设置了20座BRT车站,可与轨道交通车站和常规公交方便换乘。全线保留改建了既有的1座天桥和3

图1　福元路立交节点效果图

图2　三一大道立交节点效果图

图3　长沙大道立交节点效果图

座人行地道，其他过街设施可结合今后的轨道交通车站综合布置，方便道路两侧市民出行和商业联系。高架布置最大限度地增大了主线桥与两厢建筑的间距，减少空间的"压抑感"。高架建设实施中常规路段混凝土梁采用满堂支架施工，局部可设置支架门洞，确保施工期间双向4~6车道的便道通行；遇重要横向路口采用大跨度钢混组合梁结构，减少施工期间对地面交通影响并加快施工进度。

通过优化施工组织和施工期间交通组织方案，全线胸径15 cm以上的乔木共2 770株，直接保留1 930株，项目内就近移植701株，外移仅139株，保留率达95%。通过在中央隔离带设置绿化和墩柱上设置垂直绿化，整体效果可显得更加统一，生态和环境友好。

在高架穿越敏感点都采用隔音屏，并采用SMA降噪路面结构和梳齿型伸缩缝，还通过两侧道路绿化带消纳部分噪音。通过防噪、降噪和

图4 高架标准段效果图

图5 高架上下匝道段效果图

吸噪的综合措施,最大限度地减少对周边的噪声影响。

精确控制工程红线,在满足交通功能的基础上,将动拆迁范围控制在最低程度。

2. 构建城市空间新景观

采用高架快速路,立体效果较强,可给人明显的层次感,选用的飞燕型梁板设计线型优美、型式轻巧,能塑造出空间结构的美感,可将其打造成一条清新、明快、轻巧、时代感强的建筑物。特别是设置了精美亮化设施的桥梁,在夜间将像一条美丽的彩虹纵贯南北(见图4)。

在主线设置高架分离后,释放了地面空间,有足够空间布置更多的地面绿化。在墩柱上设置垂直绿化,整体效果通透、简洁,展示城市立体之美。主线高架桥总宽仅25 m,布置在66～86 m路幅中央,桥下净空适当提高,距离两厢建筑较远,路侧行人、非机动车等慢行系统布置在结构外侧,有效避免压抑感(见图5)。

**3. 科学研究现状建设条件，节约资源，尽量保留现有构筑物**

本项目受限条件较多，沿线有"一电、一涵、两河"等大量制约因素，方案尽可能减少对现状条件影响。"一电"即紧邻该项目西侧的全线已建成的11万伏电力高压走廊。为减少投资，降低造价，采用将高架桥中心线东移50 cm方案，避让电力高压走廊。"一涵"即全线已建成的路基中心线下主排水管涵。为减少迁改，避免浪费，原则上采用适当加大主线桥墩间距方案，保护主排水管涵，局部设置门架墩避让路中箱涵。"两河"即浏阳河与圭塘河。为充分利用现有老桥，跨越浏阳河方案采用将主线桥东偏上跨浏阳河，现有浏阳河老桥作为地面辅道桥；跨越圭塘河方案采用在现有圭塘河老桥的翼缘板上穿孔做下部结构，主线桥上跨，现有老桥作为地面辅道桥。

### 三、项目精准定位、服务对象恰当、技术标准合理

咨询成果通过仔细解读万家丽路在长沙城市规划中的地位，对工程的功能定位、服务对象和技术标准进行了科学合理的分析。

万家丽路实现快速化后，将成为城市快速骨架路网中的重要组成部分，可进一步完善长沙市总体规划中的快速路系统。近期可与福元路、湘府路和西二环线形成一个快速通道圈，为中心城区内日益严重的南北交通分流。远期可继续向北延伸，与星沙联络线相连，构建东南二环外的一个辅环，成为长沙市中心城区的交通走廊。

该通道建成后，预期作用将十分明显：

（1）构建城东片区南北向快速通道。承载中长距离交通，特别是长距离过境交通的功能，并与星沙联络线和湘府路对接后，形成新的快速环道。大幅提升河东南北向道路通行能力，湘江与京珠高速之间的主要南北向道路总通行能力将提升约20%，相当于新增3条万家丽路。

（2）缓解东二环线交通压力。通过节点和匝道收集南北向车流，大大缓解中心城区南北向交通压力，东二环交通量将减少约20%，车站路将减少约10%，韶山路和芙蓉路也会相应减少。

（3）释放东西向交通。大量需通过节点进行交通转换的东西向道路上的车辆，可快速进入主线，为东西向交通"松绑"。

（4）促进经济社会发展。可将沿线相对独立的、发展势头迅猛的片区快速串联，特别是将安沙、茅塘铺、星沙、开福区、芙蓉区、雨花区、暮云和南托紧密联成一体，成为拉动经济和区域同步发展的重要纽带。

### 【咨询效果】

长沙市万家丽路（福元路—湘府路）快速化改造工程是长沙市内第一条真正意义上的城市快速路，为搭建长沙市快速路系统写下了浓重的一笔。咨询工作从长沙市城市和交通规划入手，采取近远期结合的思路，提出了构建复合型交通廊道的想法，充分论证了改建项目的建设必要性和建设意义，并提出了合理、经济、可行的方案，为项目决策提供了科学依据。

参与编写单位：长沙市规划勘测设计研究院

# 南昌市朝阳大桥工程可行性研究报告
## The Feasibility Study Report of the Chaoyang Bridge Project in Nanchang

编写单位：上海市城市建设设计研究总院
Shanghai Urban Construction Design & Research Institute
联系电话：021-50891688　　网址：http://www.sucdri.com
主要完成人：周 良　陆元春　欧阳锦　张晓松　周细辉　何 飞　杨友仉　唐德文　邓安泰　孔 健

## 【点评】

本报告从"以人为本"、"低碳出行"的工程建设理念出发，充分考虑了江西南昌的地理及人文，突破传统建桥概念，以景观为抓手，通过多方案比选，推荐新颖、实用、经济、耐久的波形钢腹板PC组合梁多塔斜拉桥方案，取得了综合的经济及社会效益。

## 【项目背景】

南昌市朝阳大桥工程是九洲大道东西向干线道路工程跨越赣江的关键节点。建设朝阳大桥是南昌市交通功能发展和环境质量提高的客观要求，也是南昌市政府高瞻远瞩、根据实际情况和发展远景做出的一个正确决策。

随着改革开放的深入及国家经济发展战略的调整，长江经济带开放开发与沿海发展有了同等重要的地位，这为南昌市的经济社会发展创造了良好的外部环境，南昌正在为建设成为现代化区域经济中心城市的战略而努力。2010年，鄱阳湖生态经济区规划获国务院批复，南昌市作为江西省省会，全省政治、经济、文教、科技信息中心，全国历史文化名城，理应成为鄱阳湖生态经济区的主战场，应充分发挥引领作用，率先发展。

"十二五"期间，南昌市将紧紧抓住鄱阳湖生态经济区建设的机遇，把南昌建设成为国际元素快速增长、泛长三角和泛珠三角区域有战略影响力的现代经济中心城市和低碳生态发展示范城市。南昌市工业化、城镇化进程继续加速，城市稳定地朝"现代化制造业重要基地和区域商贸、物流、职教中心"的目标发展。

南昌市规划总体结构以鄱阳湖生态经济区规划为统领，在"一江两岸、南北两城、双核拥江、组团发展"的城市发展总体思路下，打造"双核三圈五组团"的全新发展新格局，形成簇群式、多层次、网络化、生态型的现代化城市框架。

## 【项目内容】

拟建朝阳大桥工程为"十横十纵"干线性道路九洲大道快速路跨越赣江的交通联系通道，桥位位于现有跨江大桥南昌大桥、生米大桥之间（距南昌大桥约2.1千米，距生米大桥约3.3千米），连接南昌市朝阳新城和红角洲地区，东与朝阳新城的朝阳洲大道相接，西与红角洲地区的前湖大道相接。朝阳大桥的建设对推进南昌市"一江两岸"规划总体的实施，进一步加快朝阳新城、红角洲地区的发展，改善南昌市的投资环境，拓展城市发展空间，优化城市布局，推进鄱阳湖生态经济区建设，实施山江湖综合开发战略均有重大意义。同时，朝阳大桥的建成将极大地缓解跨江通道的交通瓶颈，减轻南昌大桥、生米大桥、八一大桥的交通压力。

南昌市朝阳大桥工程桥位处赣江江面宽度1.6 km，项目全长3.118 km，包含跨江段主桥工程（江面范围）、东侧接线工程、西侧接线工程、桥头堡工程和管理用房工程等内容，总体建安费约15亿元，总投资约24亿元。图1为工程位置图。

## 【工作过程】

朝阳大桥工程是南昌市2012年推进大投入、大建设、大发展的重大、重点工程，是一项重大民生工程、便民工程和重大基础设施工程。本项目开始于2012年3月，完成于2012年8月，项目可行性研究工作时间长、研究范围广、涉及面多。上海市城市建设设计研究总院和南昌市城市规划设计研究总院在有关部门的支持下，通力合

图 1　工程位置

作、踏勘现场、收集资料、征集桥型方案、征询多方面意见和建议等,对规划、水利、通航、水土保持、环境景观、技术经济等方面反复分析论证,推荐的最优桥型方案为六塔波形刚腹板 PC 组合梁斜拉桥(跨径布置 79 m+5×150 m + 79 m,在波形刚腹板应用规模上达到国内之最。桥塔采用"合"字造型,造型独特、优美,建成后将会成为南昌市又一地标性建筑。咨询工作为项目的顺利实施奠定了坚实的基础。图 2 为拟建桥位赣江水面。

## 【咨询工作特点】

1. 着眼于建设南昌"现代区域经济中心城市"、推进城市总体规划实施、满足城市可持续发展完善合理的城市交通网络体系的需要,为项目决策提供科学依据

朝阳大桥位于现有跨江大桥南昌大桥、生米大桥之间,上游距生米大桥约 3.5 千米,下游距南昌大桥约 2.5 千米。东侧南昌市朝阳新城,西侧红角洲地区正在开发建设,桥址赣江江面宽度达 1.6 km,大桥工程艰巨、投资大,虽然近期直接经济效益差,是否迫切修建该项目决策难度大。

咨询工作从建设南昌"现代区域经济中心城市",促进环鄱阳湖经济圈联动发展,推进南昌市"山江湖"综合开发,满足城市可持续发展的战略高度,重点分析了南昌的城市总体规划和相关规划,调查分析现状交通等,认为本项目对加快城市快速路建设进程,完善合理的城市交通网络体系,改善投资环境、招商引资、加快开发朝阳洲、红角洲,增强经济辐射力等十分必要和迫切,为项目决策提供了科学的依据。图 3 为项目区位图。

2. 突破传统建桥概念,在满足功能的前提下,以景观为抓手,提出新颖的桥型方案

在城市宽达 1.6 km 江面建设桥梁,常规做法是建设大跨度的桥型,如 2 塔斜拉桥、悬索桥等,以突出城市形象。本项目可行性研究分析了本河段的通航要求、地质条件、水利要求等,认为本

图 2　拟建桥位赣江水面

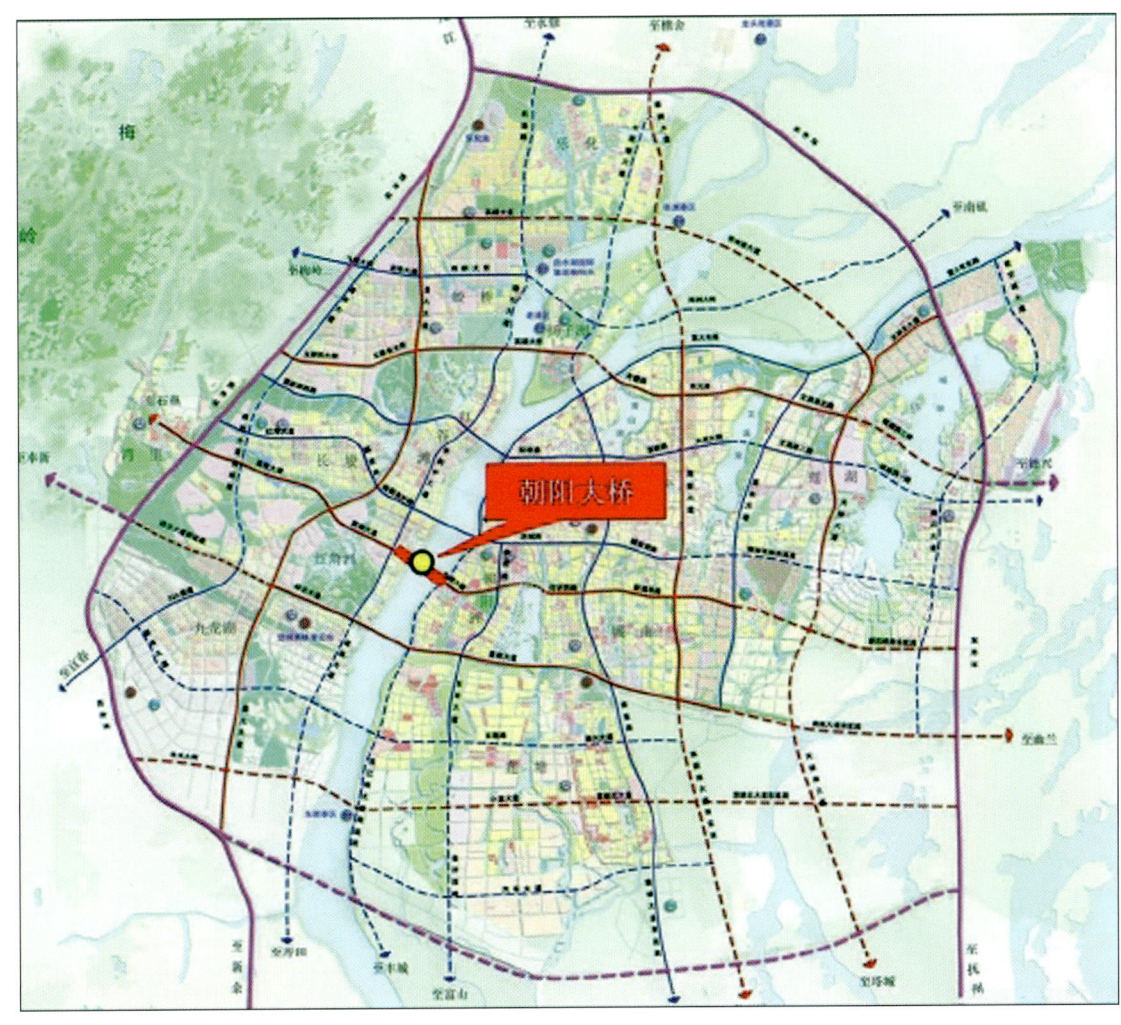

图3　项目区位

河段的通航要求较低[Ⅱ—（3）级，不少于2个双向通航孔或不少于4个单向通航孔]，地质条件较好（粉砂质泥岩、地质稳定、无大断裂带、埋深浅），认为跨度不宜太大，满足功能需求，同时经济合理，是确定桥型方案的主要原则。

朝阳大桥是九洲大道快速路上的一个标志性工程，同时也是南昌新一轮发展的象征，因此朝阳大桥的建设在满足交通功能的前提下，应从大桥的建筑与景观出发，设计处具有独特景观特征的桥型，使大桥与周边环境协调，同时成为南昌市又一新人文景观。在方案的选择上尽量不要与赣江上既有桥梁雷同，造型上要有突破，技术上要有创新，总体上要有亮点。本咨询进行多方案比选，最终推荐波形钢腹板PC组合梁多塔斜拉桥方案。

朝阳大桥主桥通航孔桥跨径布置为（79 m + 5×150 m+79 m），六塔斜拉桥，总体上为塔梁固结、梁墩分离斜拉桥结构形式，主梁采用波形钢腹板PC组合梁；这样的多塔连续布置，形成了生动的序列，富于韵律感，同时主桥范围较超过900米，从建筑上比较好地实现了对1.6千米宽阔江面的有效掌控，桥梁与环境实现了较好的融合；从通航角度讲，提供了5个150米的通航孔，也比较适合赣江相对多变的河势和航道条件。

主塔造型"合"，寓意"帆合连进"。多塔和单面拉索多样组合，如同排列有序的一面面旗帜，纪念革命的胜利，也像大小船只纵横在赣江江面，扬帆远航，象征南昌人民齐头并进谋发展，体现"齐心合力的激情、天人合一的境界、两岸城区珠联璧合的盛景"。图4为桥型方案演变图。

在桥塔高度选择、桥塔造型、桥墩造型、夜景照明、人非通道装饰、桥头堡等诸多方面，都与建筑景观专业人员及时沟通并充分听取意见，在可以实施的前提下做到尽量美观、协调，力争为南昌人民建设一座美丽的桥梁。图5、图6为桥梁效果图。

3. 倡导"低碳出行"、"以人为本"

朝阳大桥为九洲大道快速路上的一座桥梁，

图4　桥型方案演变

图5　朝阳大桥效果图

图6　朝阳大桥效果图

主要服务机动车辆。本咨询认为在全球低碳经济发展和国家节能减排的新形势下，特别是面对城市交通拥堵的严峻形势，绿色出行和低碳交通日益受到全社会的强烈关注。营造良好的步行和自行车交通空间与环境，对引导居民选择绿色交通出行，减少对小汽车交通的依赖，构建与城市经济社会发展相适应的综合交通体系具有重要意义。朝阳大桥不仅是汽车过江通道，还是市民绿色出行、户外观光旅游、联系城市公共空间的绿色网络。

为此，在造价增加不多的基础上，在实现城市快速路双向八车道通行的同时，充分利用空间，在主梁悬挑结构下方，设置了独立的人非慢行系统通道。与机动车各行其道，互不干扰。人非通道单侧布置净宽4米的非机动车道及2.5米宽人行道，提供了非常方便的江岸到江岸的慢行通路，同时在中央两座主塔两侧还设置了观景平台，为市民在赣江中央欣赏两岸美景提供了宽敞惬意的立足点，达到节能、环保、低碳的目的。图7为通航孔桥人非通道效果图。图8为通航孔桥观景平台效果图。

4. 充分汲取先进经验，采用新材料、新技术

（1）波形钢腹板PC组合梁的广泛应用。朝阳大桥主桥通航孔桥以及非通航孔连续梁桥均采用波形钢腹板PC组合梁的结构形式，波形钢腹板PC组合梁具有自重轻、施工速度快、受力合理、耐久性好等特点，近年来在国内也开始普遍采用，但朝阳大桥主桥通航孔桥是中国真正意义上第一座波形钢腹板PC组合梁斜拉桥，非通航孔50米跨连续梁桥也采用了波形钢腹板PC组合梁，在此种结构形式的应用种类、范围、规模上，朝阳大桥都堪称国内之最。图9为波形钢腹板构造图。

（2）钢绞线斜拉索及塔上索鞍锚固方式的应用。对于斜拉桥，斜拉索是整个结构体系的重要组成部分，与平行钢丝斜拉索相比，钢绞线斜拉索具有运输安装方便、操作设备简单、防腐性能更佳、后期养护换索方便等优点，但由于先入为主以及习惯的原因，中国的斜拉索结构普遍采用平行钢丝斜拉索，出于防腐以及后期养护方便的角度，朝阳大桥最终采用钢绞线斜拉索方式。图10为索鞍构造图。

5. 项目建设促进南昌大发展，获得明显的社会和经济效益

本咨询结合交通量预测和工程技术研究资料，分析了对比有无本工程的情况下道路效益情况，认为项目的建设节约车辆运输成本、运输时间以及减少拥挤，提高交通安全，提高运输质量。

对本项目的功能定位、交通预测、技术标准、建设条件、工程方案、环境影响、资金来源、进度

图7　通航孔桥人非通道效果图

图8　通航孔桥观景平台效果图

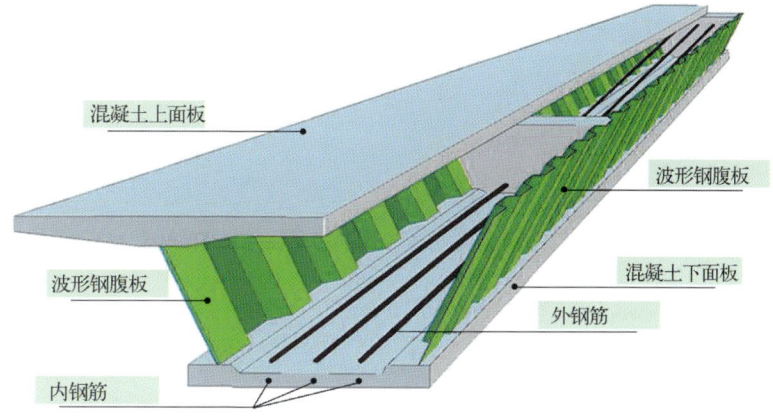

图9　波形钢腹板构造

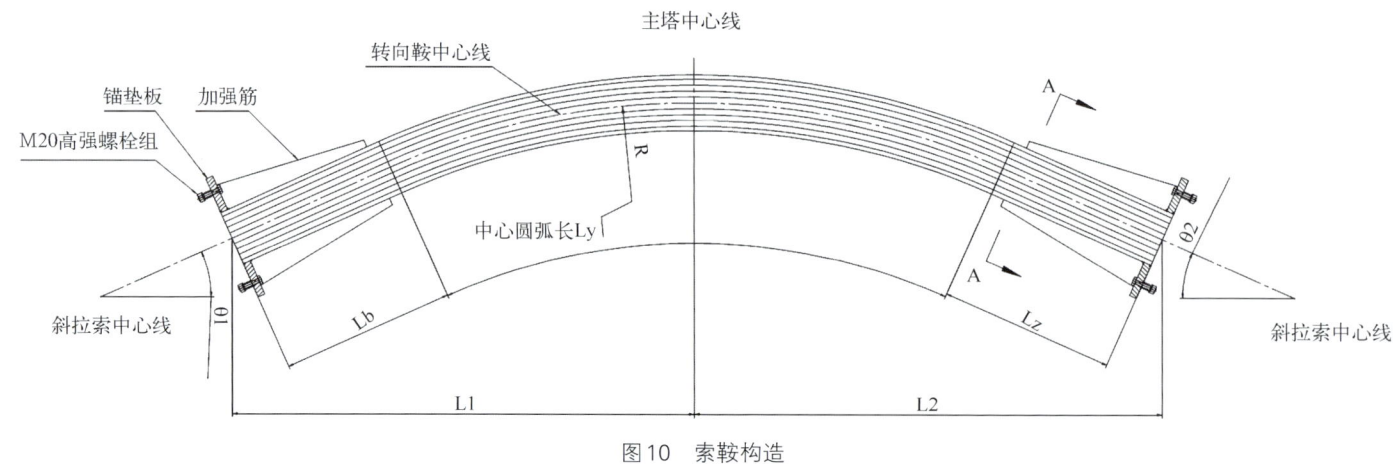

图10 索鞍构造

图11 建成通车全桥实景

图12 建成通车桥面实景

安排等多方面研究论证后,认为项目的实施是可行的,能够达到预期目标。

本工程的建设符合南昌市社会经济发展状况,满足城市规划要求,是对城市交通网体系的完善以及为城市创造良好的交通运输环境,同时可减轻南昌大桥、八一大桥的交通压力。本项目的建设有着极其重要的意义。

【咨询效果】

从"低碳出行"、"以人为本"的工程建设理念出发,充分考虑了江西南昌的地理及人文,突破传统建桥概念,以景观为抓手,提出了新颖、实用、经济、耐久的桥型方案。

本项目的建设,将改善交通现状、加快城市快速路建设进程、完善城市交通网络体系,增强经济辐射力,满足城市可持续发展的需要,从而带动社会经济的迅速发展,使得朝阳洲、红角洲地区的土地得到进一步的升值,将大大改善朝阳洲、红角洲地区乃至整个南昌市的投资环境,对于南昌市的整体形象和招商引资的硬环境具有至关重要的影响。

同时,本项目注重城市桥梁的景观设计,塑造了一条既美观、现代,又独具人性化设计的城市快速路过江通道,大大提升了南昌的城市形象,具有明显的社会效益和经济效益。

图11、图12为朝阳大桥通车全桥实景图。

参与编写单位:南昌市城市规划设计研究总院

# 乌鲁木齐市高铁综合交通枢纽工程可行性研究报告
## The Feasibility Study Report of the Comprehensive Transportation Hub Project of High Speed Railway in Urumqi

编写单位：上海市政工程设计研究总院（集团）有限公司
Shanghai Municipal Engineering Design Institute (Group) Co., Ltd.
联系电话：021-55000000　　网址：www.smedi.com
主要完成人：张　胜　孙瑞华　黄　岩　俞　佳　林秀桂　黄　竹　徐则灵　靳长青　韦　展　李志刚

## 【点评】

乌鲁木齐市高铁综合交通枢纽，是以新建兰新铁路复线终点站——乌鲁木齐高铁站为核心的市域级综合性交通枢纽。本报告充分把握项目特点、重点和难点，从交通枢纽核心区空间布局、枢纽内外交通组织、换乘流线、枢纽核心区地下空间综合开发及商业布局、广场景观等关键环节入手，体现"以人为本"的核心理念。报告妥善处理了本项目与铁路、地铁、长途客运站等项目的界面和关系，实现枢纽换乘便捷、交通组织内达外畅、用地集约、商业有机融合等目标；做到将交通功能、城市功能及生态环境等高度有机融合，有效指导项目后期深化设计和实施等工作开展。咨询成果得到枢纽各参建方和设计单位高度认可，体现出较高的咨询水平。

## 【项目背景】

乌鲁木齐市高铁综合交通枢纽（以下简称乌市高铁枢纽）是以新建兰新铁路第二双线终点站乌鲁木齐高铁站为核心的城市级综合性交通枢纽。2009年开工建设的兰新铁路第二双线是一条横贯东西的现代"钢铁丝绸之路"，线路东起兰州西至乌鲁木齐，横跨甘肃、青海、新疆3省区，全长1 776千米，是目前世界上一次性建设里程最长的高速铁路，远期规划将西延连接中西亚国家和地区。兰新铁路二线的贯通将大幅度地缩短新疆与内地省市间的时空距离，对于提高出行质量，加强新疆与内地的联系，扩大国际交流合作，把乌鲁木齐市建设成为面向中西亚的现代化国际商贸中心，拓展"一带一路"，具有十分重要的意义。

乌市高铁枢纽集高速铁路、长途客运、城市轨道交通（2、4号线）、BRT、公共汽车、出租车、社会车辆、旅游巴士等于一体（见图1）。2030年枢纽规划年旅客吞吐量5 514万人，日均客流量

图1　乌鲁木齐高铁枢纽核心区鸟瞰图

31.58万人次，日均机动车流量约5.5万pcu。

结合高铁枢纽带来的人流、物流和信息流，乌鲁木齐市在高铁片区大力推动现代服务业集聚，力求将乌市高铁枢纽及片区建设成为乌鲁木齐的城市副中心以及"面向中西亚的现代化国际商贸中心"的重要节点和载体。

工可报告的编制，全面统一了枢纽核心区总体布局、枢纽换乘流线及区域内外交通组织，妥善处理了本项目与铁路、地铁、长途客运站等项目间的关系和界面，有效推动了乌市高铁枢纽2012年的开工建设，为提高乌鲁木齐城市出行效率及品质，塑造城市形象，加强区域间交流与合作，促进中国西部地区的稳定、发展创造了良好的条件。

## 【项目内容】

乌市高铁枢纽地处乌市核心城区的西北侧，紧贴核心城区。高铁枢纽开发片区约4.0 km²，由四条快速或骨干路网合围而成，其中枢纽本体占地约0.3 km²（除铁路占地），高铁站房建筑面积约10万m²。高铁线路按照既有铁路走向为东南至西北，斜插地块，将核心区分隔为南、北两大片区。除去高铁站房及轨道交通，其余市政配套总投资近100亿元，整个咨询成果共由八个独立专项、分册组成。

高铁核心区主要包括：高铁站房、长途客运站、旅游集散中心、地铁车站、枢纽综合服务中心、南北广场及地下空间、片区公共地下街、交通集散匝道、落客平台、公交场站、出租车蓄车场、枢纽及广场集散道路、高铁片区的市政道路和综合管廊等项目。

工可报告以高铁站房、长途客运站的交通及市政基础设施建设为研究框架，系统梳理高铁枢纽广场道路和场站的交通组织，结合高铁枢纽快速集散匝道的设计，构建高铁枢纽内畅外达的交通系统；合理布局高铁枢纽的旅客换乘系统、快速集散系统、交通场站设施、枢纽商业设施及地下空间等内容。通过构筑零距离的商业配套和城市服务功能，让乘客真正体会到综合枢纽的集约和便利，同时也满足枢纽综合发展的需求，为实现真正意义上的现代化综合交通枢纽，以及以枢纽为核心的高铁开发区的建设奠定基础。枢纽周边地块的开发则有机地结合枢纽核心体配套设施，实现区域对外交通便捷、市政配套设施完善、考虑规划前瞻性，以交通枢纽带动片区发展，进而促进乌鲁木齐城市发展。铁路站房前南、北广场景观设计则关乎乌鲁木齐市的门户形象，对提升乌鲁木齐的城市形象具有举足轻重的作用。

## 【工作过程】

依托我院在虹桥综合交通枢纽积累的设计经验及科研成果，本项目充分发挥我院在综合交通枢纽总体设计、交通市政基础设施设计方面的优势。作为总体设计单位，由总院领导牵头，虹桥综合交通枢纽总体技术负责人把关，集各院各个专业优秀设计师组成项目设计团队，承担整个枢纽核心区各项目的研究咨询、设计及整个高铁枢纽片区的交通、市政基础设施项目的总体设计、协调工作。除与高铁站房、地铁车站、长途客运站进行总体设计协调，其余均为后续项目的设计单位。项目团队全力以赴，认真研究深化每个节点、每个细节，形成优秀的、获得各方认可的总体方案是他们最大的梦想和成就。

三年多的规划咨询设计工作，项目团队凭借积累的丰富经验，在前期咨询期间就从全局、整个项目周期出发，通盘考虑枢纽各类工程项目间的整合和实施可行性以及项目的特点、难点。从项目前期策划、方案比选、详细设计、标段划分、施工配合、运营管理等项目各个阶段提前介入、主动介入、积极参与，为建设方提供系统性、全过程的优秀咨询成果。

综合枢纽设计是个复杂的系统工程，我院作为总体院不仅在方案设计中主导各设计院，协调各部门、各专业，实现枢纽以人为本，换乘便捷，集约用地的目标；在与铁路、地铁、长途、公交等各业主单位协调的过程中，几乎每次沟通均做多方案比选，充分论证了技术方案的可行性、合理性，表明设计功能，展现设计效果，最终得到参与枢纽建设的各家业主的充分肯定与信任，通过与各家业主的及时高效沟通，选出了投资节约、空间布局合理的方案，顺利推进项目的实施。设计院凭借责任心和技术实力，不仅承担了主体设计任务，而且不遗余力地对超出自己设计范围的方案进行优化。凭借高超的技术和严谨的工作作风，赢得了铁道部和交通部专家和领导的高度认可。

## 【咨询工作特点】

本项咨询工作的特点主要集中在枢纽核心区空间布局、枢纽车行交通组织、枢纽核心区旅客换乘、商业设施布局及广场景观五个方面。

一、核心区空间布局

乌高铁枢纽核心区交通市政基础设施按南、北两场设计（见图2）。南、北站前广场是综合枢纽的重要组成部分，有两条城市轨道交通线路经过并设站（见图3），与高铁站房、长途客运站、旅游集散中心形成有效衔接。南、北站前广场还将集中常规公交、出租车、BRT和社会车辆、邮政业务等多样化的交通方式，共同构成大型综合交通枢纽。

乌市高铁枢纽的规划设计将以人为本作为核心理念，空间布局按照以下原则进行落实。（1）需求为先，功能完善。首先保证交通枢纽核心体内各种交通设施的换乘空间和交通组织功能要求，并有机融合商业空间。（2）高效集约，换乘便捷。空间布局应综合考虑各种设施安排，尽可能立体集约化设置。满足交通方式之间换乘时间最小化、换乘质量最优化。（3）统筹考虑，系统最优。综合考虑解决配套设施共用问题及商业设施融合问题，用可持续发展的眼光，为枢纽后续发展进行弹性预留。

高铁站房与长途客运站紧邻，场站设施充分利用边角地块紧贴站房设置，使得平均换乘距离小于一般枢纽设置的300 m换乘距离。

高铁线路呈45度角斜穿地块，布置正南正北向路网，利用近似三角形广场与铁路圆弧形站屋对接。其中，高架匝道围合区域为枢纽的核心区。枢纽核心体的布局方式属于站房功能空间中心式布局，以站房功能空间为中心，换乘和其他功能空间平面上围绕此中心布设，采用平面和竖向相结合的模式进行组织。

南北广场各自完整的承担交通组织，配套完善的轨道、公交、出租、社会停车库系统，并利用铁路站房下设置的公共大通道便捷沟通。铁路站房与长途客运站主体对外设施贴临布置，长途客运站布置在北广场的东南侧，紧贴高铁站房。长途蓄车场布置在东南角由快速集散的高架桥梁围合的边角地块，集约整合。

预留站房门前广场具有紧急安全疏散以及满足部分景观广场的功能。其余配套设施布局利用边角地块，北广场的西侧由东到西分别布置出租车蓄车场、保养中心、公交首末站。南广场的西侧由南至北分别为BRT总站、公交首末站、大巴停车场。南广场的东侧高架匝道下方三角形地块布置出租车蓄车场。

轨道交通规划2、4号线两条线路服务枢纽本体。并在南广场紧邻高铁站房的地下2～4层设置换乘站，站厅位于地下2层与整个高铁出站层水平连接。4号线在北侧紧邻枢纽核心体设置一

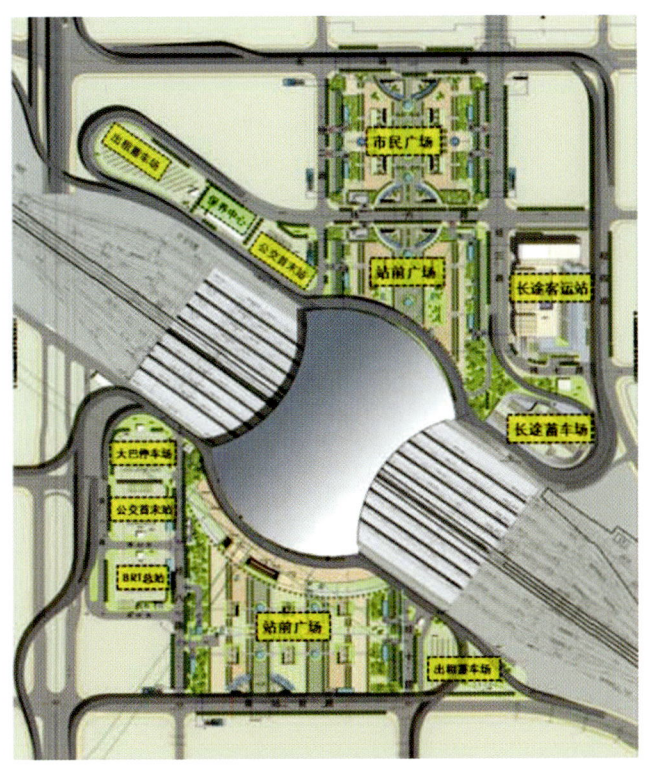

图2 枢纽核心区的空间布局

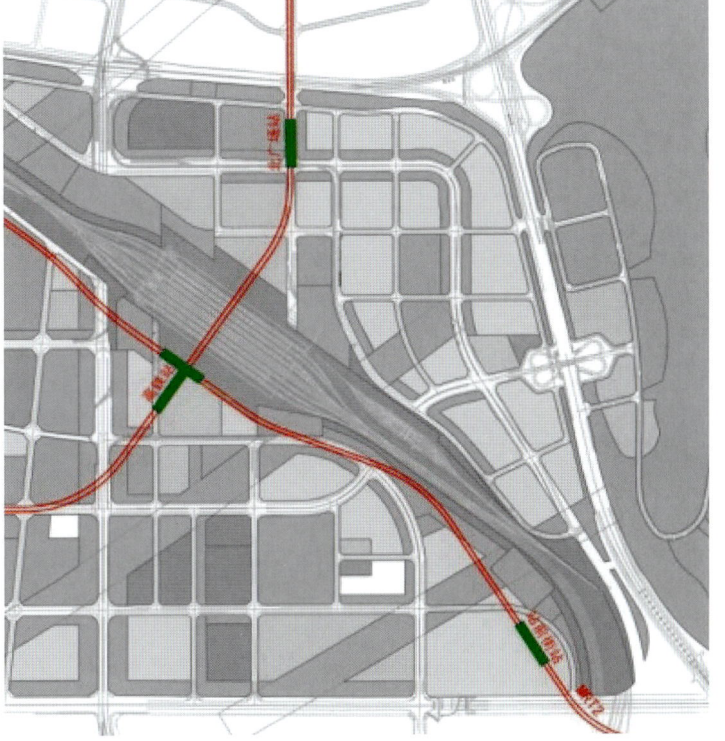

图3 枢纽轨道交通布局

站,主要服务长途客运站,并服务片区开发,其站厅层与地下空间一层的换乘层直接相连。

北广场下方为地下空间。地下一层为交通换乘大通道与整个高铁北片区地下空间及轨道交通连通,通道两侧布置商业空间。地下二层布置社会停车库。

枢纽核心区设施空间布局实现了出发客流直接利用高架出发车道边的送客功能,贴临主体站房,实现旅客换乘高铁零距离(见图4)。到达客流疏散采用站房贴临或叠合的立体化形式,优先保证大容量公共交通的零距离换乘,尤其保证了大容量轨道交通以及时效性高的出租车系统的零距离,在贴临高铁站房的地下空间设置轨道交通双线换乘站,并利用出站层地下空间高大净空,设置出租车候车上客夹层,为铁路到达旅客提供零距离服务。长途客运站贴临高铁站房布局,换乘距离小,界面清晰。其余城市交通配套设施则体现对各大对外交通主体的共享,根据主次关系,达到系统最优布局。以上设施间的换乘全部利用地下空间作为换乘空间,人车分离、便捷、安全。依托于地下空间的衔接换乘通道两侧近距离布置商业空间,不影响旅客换乘,并与换乘通道和谐共生,有机融合。采用场站分离原则设置枢纽交通场站设施,减少人行换乘距离。按照多点分设、对应服务、减少车辆绕行的原则,合理有效地利用边角地块进行集约布置,设置专用通道进出。

二、车行交通组织

枢纽核心区在较小的南、北两场范围内解决了枢纽所有进出交通,并实现了快速集散,人车分流,集约用地,立体布局。

在枢纽核心体交通组织设计时,遵从原则为:进出站分流的简洁化交通流线,人车分流的人性化交通环境,服从各交通方式运营功能要求的功能明确的枢纽内部换乘系统。交通组织设计范围根据交通衔接空间位置的不同,划分为三个层次:外部交通组织、内外交通组织和内部交通组织。

1. 外部交通组织

这是指外围集疏运路网,大范围大区域的从全市路网布局角度考虑枢纽集疏运。本工程在站房两侧各新建下穿铁路的地道,与城市快速路直接连接,保证分工明确的平衡性道路系统,南北广场分别多点接入该道路系统,分区域多通道保证枢纽的运营安全及交通畅通,满足城市不同区域交通需求,平衡枢纽进出交通压力,多通道、稳定、快速。

2. 内外交通组织

这是指枢纽在集疏运路网上的衔接节点以及内外交通流衔接转化的集散路网和集散匝道(见图5),乌市高铁枢纽利用卫星路苏州路立交,

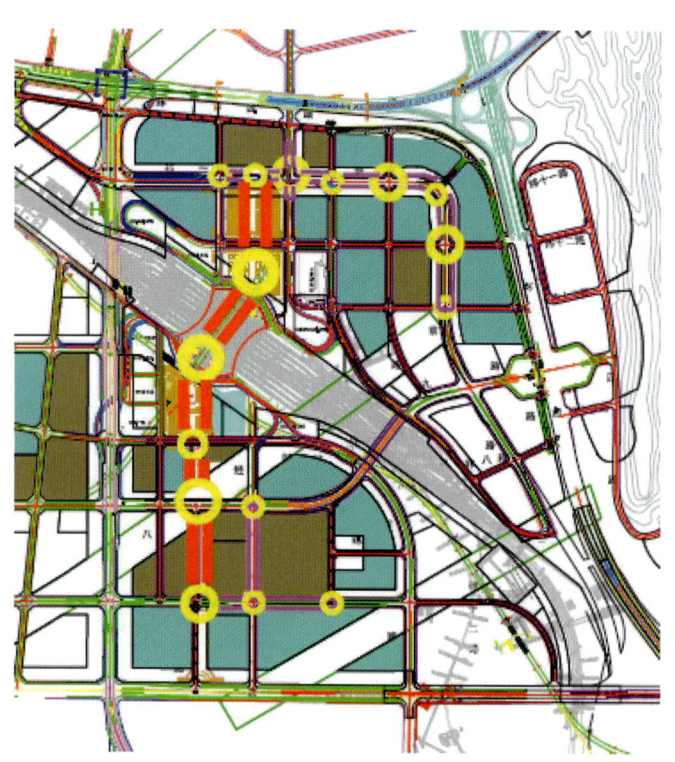

图4 高铁枢纽片区地下空间布局图

图5 高铁枢纽片区路网布局

以及连接卫星路的集散匝道,多点多路径衔接枢纽核心体,专用快速集散匝道进出。保证城市各方向车流可以顺利进出;利用出发、到达车道边实现枢纽旅客零距离换乘。

3. 内部交通组织

这是指各场站与综合枢纽主体站房之间的连接通道。将公交、出租、社会车辆依据自身运营特点,做到分块循环,均衡流量。公交出租优先保证零换乘,做到直接到发,立体整合。分级布设各配套设施出入口、减少交织,采用局部设置小循环、单向环通的方法,避免冲突。同时,内部道路适度连通,具备一定容错性。

交通组织加强高铁枢纽南北两场之间的联系。铁路1 km距离范围内,设置3处人行通道过铁路,2处车行地道穿越铁路(见图6),满足了铁路南北核心体及片区地块的沟通需要。

### 三、旅客换乘系统

北广场地下空间设置两层(见图7),地下一层主要为换乘通道及配套商业设施,地下二层为社会停车库。铁路进出站客流通过地面广场的自动扶梯与地下一层相连接,将换乘客流导入地下一层。在紧贴站房位置处,落客平台下方的地下一层与地面广场之间设置出租车候车夹层,提供与出租车的无缝衔接。通过地下空间四通八达的换乘通道,实现旅客换乘。

南广场地下空间设置两层(见图8),由于铁路出站层净空较高,直接连接至地下空间地下二层。地下二层设置地铁站厅、交通通道及商业设施,旅客出站后即可到达地铁站厅。由于广场高差的关系,出站人流在广场中部由地下二层上至地下一层。同样,南广场在紧贴铁路站房处,落客平台下方,地下二层上方设置出租车候车夹层,提供与出租车的无缝衔接,并通过地下二层的换乘通道至各交通配套设施空间。地下一层

图6 南北广场交通联系组织

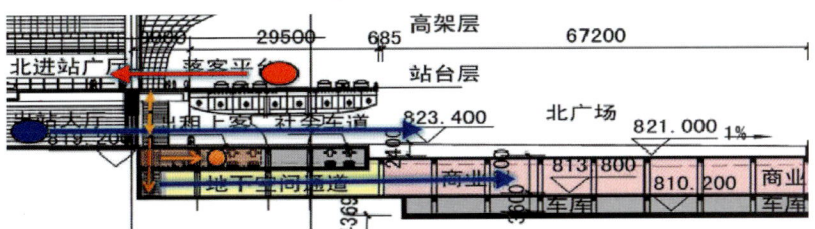

图7 北广场竖向交通组织

为交通及商业设施的结合空间,并利用商业净空较高,车库净空较低的特点,在东侧设置双层地下车库与地下一层商业空间对接。

所有人行换乘通过核心区地下空间四通八达的各类人行通道以及竖向的楼扶梯、垂直电梯完成。地面广场上的商业及集散人流不仅可以直接通过广场进出高铁站房,而且可以通过下沉式广场自由进出地下空间换乘通道。人行换乘整体体现主次分明、线路便捷、逐级分流、空间方向感强的特点。

### 四、商业设施布局

枢纽核心体的商业设施布局的目标为集中、

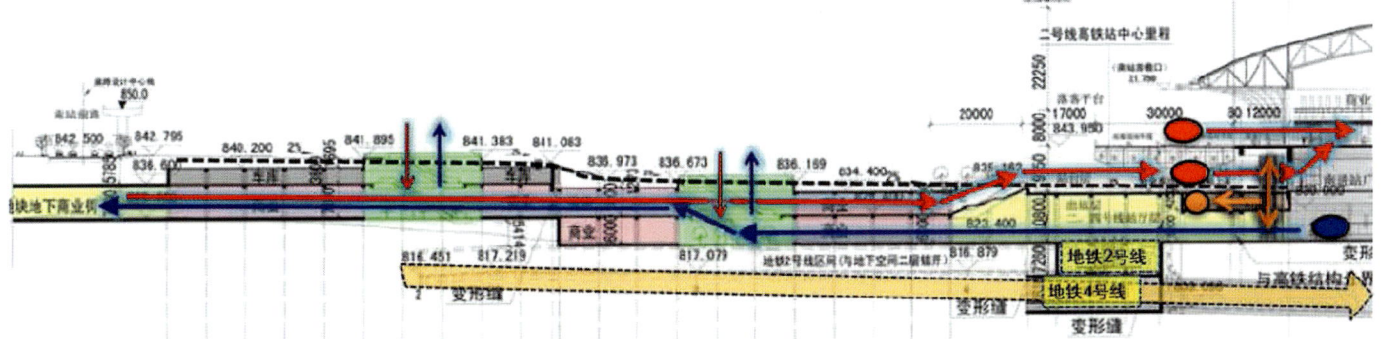

图8 南广场竖向交通组织

用地集约和产业集聚,并与枢纽设置界面清晰、有机融合,有利于促进区域相关产业的集中布局发展和产业集聚效应的发挥。为拓展用地价值,利用"枢纽辐射",引入新概念业态(高效生态办公、体验式商业中心、高端精品酒店)升华用地价值,体现高效益。树立标杆,完美的空间布局与独具特点的新颖造型,实现一体化设计,展现出高水平,为片区成熟健康发展树立新标杆。

枢纽北广场核心区内,广场前方布置枢纽综合服务中心,右侧是商务办公一体化物业,左侧是旅游集散中心。以上所有周边商业设施均与广场核心区地下空间实现多通道的贯通,保证行走的便捷、安全。

五、地面广场景观

广场是乌鲁木齐市的城市客厅,代表乌市新形象、新名片。作为新时期的高铁广场,城市的休闲、商业功能需与广场集散功能相结合。广场景观设计注重整合地面、地下空间的多层次功能需求,结合周边道路和建筑及北方冬季特色,创造一个复合式全天候的立体景观(见图9、图10、图11)。顺应广场的场地内高差变化和周边建筑形态,创造错落有致、别具一格的精致景观。与广场周边的建筑共同繁荣,带动高铁核心区的经济发

图9 北广场景观鸟瞰图

图10 北广场夜景鸟瞰图

图11 南广场雪景鸟瞰图

展,创造一个商业繁荣的景观广场。高铁广场与片区内的绿地广场相衔接,增加休闲功能,与城市良好衔接,创造一个兼具休憩的活力城市广场。

乌市高铁枢纽具有以下六大特点和创新性:

### 1. 高差的灵活处理及合理利用

乌市高铁枢纽规划地块南北最大高差近100 m,经深入研究,统筹考虑道路纵断面设计和地块土方平衡,优化调整规划控制竖向标高,取消原规划中的雨、污水泵站。合理解读规范,在地道暗埋段采用不受积雪冰冻地区纵坡限制的较大纵坡坡度,过铁路由上跨铁路桥梁改为下穿铁路地道。通过总体协调,铁路机务段建筑避开地道暗埋段,优化交通功能,抬升地道标高,实现快速路之间互通和节点转换,减少横穿已开发地块以及对周边用地的环境影响;节约地道工程造价约2亿元。核心区铁路站房南北自然高差20 m,其中利用高架系统与铁路站房一体化衔接消化了10 m高差;利用南北广场分层设置并设置合理的纵坡平稳过渡剩余10 m高差,避免广场出现下凹的视觉感受。北广场地面与铁路出站层结合、向北形成2%纵坡;南广场则利用台阶+纵坡的方式消化高差,充分利用高差建设地下空间,便捷人行换乘,美化广场景观,最大限度地实现了集约用地、减少土建投资。

### 2. 铁路站前三角形广场的应用及路网布局优化

铁路线路45度角斜穿地块,将周边已建正南正北的方格路网布局破坏,为此,突破铁路总公司传统设计理念,采用了圆形站屋+三角形站前广场的总体布局方案,扭转铁路线路对于地块整体性的破坏,确保区域路网的布局正齐、便于识别,三角形广场设计方案在全国属于首次。

### 3. 地下街与综合管沟上下叠合设计

北站前路地下空间结构局部下凹,综合管沟压扁加宽嵌入,综合管沟与地下空间顶底板共建,在满足净空要求下和保证地下空间商业品质的前提下,减少开挖深度,尽可能节约造价,降低整个地下空间造价,并基于地块顺坡向的优势,不仅满足横向管线冻土埋置深度要求,而且降低管沟标高,接口部分全部进行精细化设计。

### 4. 长途客运站与铁路客站共享配套交通站场

在工可阶段进行长途客运站多方案比选设计。方案构思巧妙,与高铁站房遥相呼应,有力地推动后续工作的开展。长途客运站占地面积较规划用地减小30%。突破传统设计理念,采用场站分离,与铁路配套的场站设施实现充分共享。其真正体现了枢纽的设施共建、共用、共享,占地省、布局集约、进出流线高效、无冲突,得到交通部专家的赞赏。

### 5. 出租车夹层合理设置

利用铁路出站通道净空高的特点,出站通道外设置出租车上客夹层,实现旅客便捷的无缝换乘。优化管线方案,将管线巧妙绕行,保证出租车夹层设置的可行性,同时也保证了出站层的净空。

6. 市政管线铁路地道内分仓、共沟集成设计

在下穿铁路地道中，采用市政管线空间与人行地道空间上下叠合，与机动车净高等同的设计方案，合理规划了管线布局，预留远期管线，人行地道内设置检修口保证下方管线的方便检修。这种分仓共沟的集成设计，通过与各市政管线单位的沟通，以及专题论证，保证了运营安全。

## 【咨询效果】

乌市高铁枢纽可研报告有效地支撑了区域内铁路站房和线路项目、地铁项目、枢纽道路及场站项目，枢纽区域地下空间、南北地面广场及市政配套等项目的实施；成果得到了铁道部、自治区交通厅、乌鲁木齐市等各参建方和设计单位的高度认可及广泛共识。目前乌市高铁枢纽各类项目的建设已经全面展开（见图12、图13），高铁站及北广场、长途客运站计划于2015年底建成使用，届时可有效地满足乌鲁木齐市日益增长的城市对外旅客运输需求。

随着城市范围的扩大，人口的集聚和增长，城市综合交通枢纽作为综合交通系统的重要组成部分，对提高城市交通效率将发挥日益重要的作用，也是今后交通改善和交通建设的重点。乌鲁木齐高铁综合交通枢纽工可编制体现出枢纽规划设计中以人为本的核心理念，实现换乘便捷、用地集约、商业有机融合等目标。综合枢纽作为多种运输方式间的换乘中心，在后续设计建设过程中还需要落实五个一体化的原则：规划设计组织一体化、交通运营组织一体化、基础设施建设一体化、信息导向系统一体化、安全应急处理一体化，实现真正的整合，发挥枢纽的效益和效率。因此，本项目在工程咨询期间，同步开展枢纽交通组织设计方法，枢纽地下空间布局、枢纽导向标识、透水人行道砖应用、钢桥面铺装、城市地下综合管沟设计技术等专项课题和新技术的研究及应用，为后续综合枢纽设计提供参考借鉴，也为枢纽设计人员的培养提供条件和载体。

图12　乌鲁木齐高铁枢纽北广场各类建设工程全景图

图13　乌鲁木齐高铁枢纽南广场各类建设工程全景图

# 贵阳市东站路道路工程可行性研究报告
## The Feasibility Study Report of Dongzhan Road Project in Guiyang City

编写单位：上海市政工程设计研究总院（集团）有限公司
Shanghai Municipal Engineering Design Institute ( Group ) Co., Ltd.
联系电话：021-55000000　　网址：www.smedi.com
主要完成人：赵建新　戴海君　李永君　钱文斐　陈雍春　齐 新　董 猛　毕遇舟　张 晖　刘 运

## 【点评】

本项目在山区高等级道路设计中创新运用"灵活性"设计理念，在满足交通功能的前提下，充分考虑环境因素，因地制宜设计了隧道、高架桥、地面道路等不同形式。创新运用"广义"设计咨询理念，对本区域内涉及的多个重大工程综合协调，提出咨询建议，得到了利益相关方的好评，促成共赢。本项目目前已基本竣工，取得了很好的社会反响，是山区高等级道路建设的成功案例。

## 【项目背景】

在未来的5年至15年，贵阳市全面实施"大贵阳"战略和"工业强市"等一系列战略目标，经济社会将实现跨越式的飞速发展，随着卫星城市的建设，城市城镇人口不断增加，城乡人民生活水平不断提高，这些都给贵阳市的交通运输体系提出了更高要求。

根据综合交通运输体系规划，贵阳市在"十二五"期间将着力于合理利用各种运输资源，充分发挥综合交通运输能力，使其满足国民经济和社会发展的需求，满足区域经济和外向型经济发展的需要，使综合交通运输体系中各组成部分、各要素之间协调发展，最终形成各种交通方式优势互补、低成本、安全高效的综合交通运输体系。

市内交通以实施市域"三环十六射"道路网体系建设为支撑，以打造城区半小时、市域1小时交通网络为重点，实现新老城区间的便捷交通，力争到2020年形成"大交通"网络。为建设"大贵阳"战略提供顺畅的交通保障。

贵阳市东站路位于贵阳市中心城区东南部（见图1），是城区"三环十六射"骨干路网系统中的一条重要射线道路，将形成贵黄公路—朝阳洞高架—东站路—厦蓉高速的快速通道。

东站路的建设将在贵阳市南部区域开辟一条便捷的东西向快速通道，分流过境交通、缓解

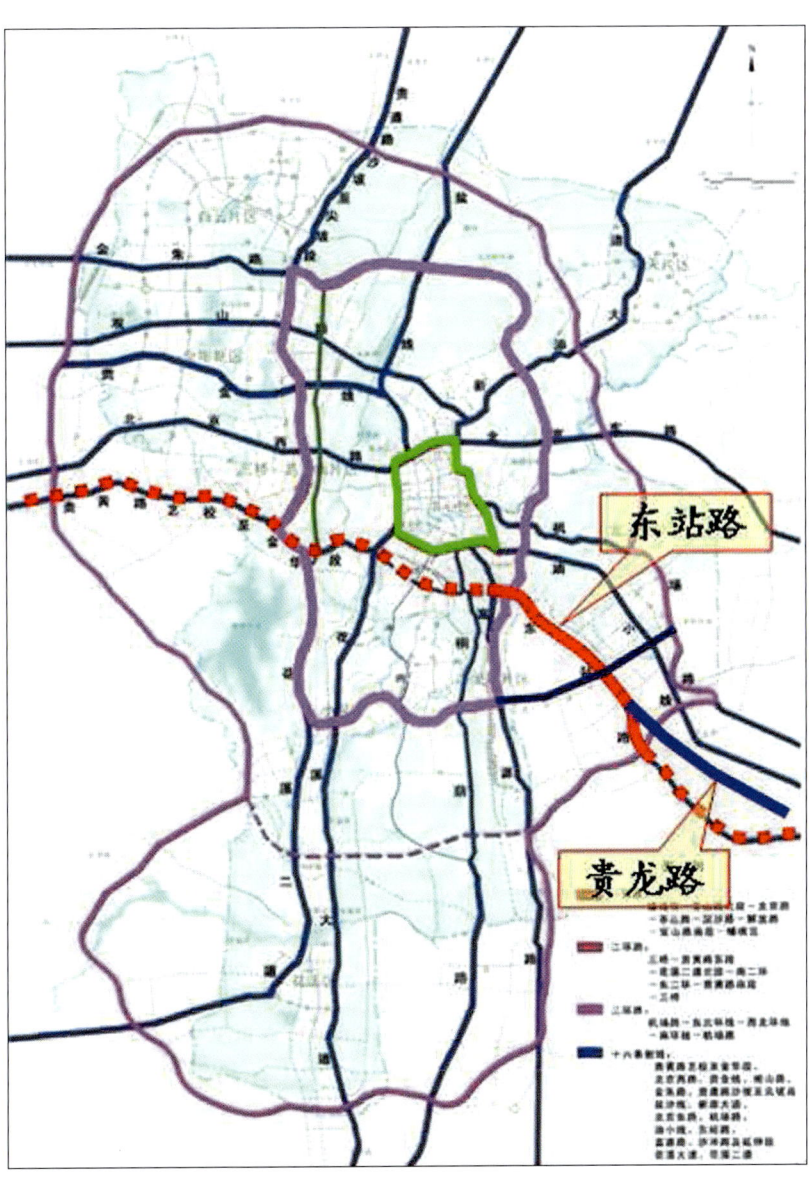

图1　贵阳市东站路地理位置

中心城区交通压力；可促进贵阳市形成完善的城市道路交通网络，是2020年贵阳市形成"大交通"网络的一个组成部分，是建设"大贵阳"的先行条件；将城市空间拓展到中心区外围的东部，有效地带动沿线土地的开发和建设，为片区直接沟通提供最直接、便捷的快速通道；可为沿线设置配套的市政设施，改善交通环境的同时，也改善了区域的生态环境，实现生态文明城市建设；还将打破行政区划限制，突破交通瓶颈，有效发挥中心城市辐射带动作用，有效加强贵阳和龙里的经济联系，拓展两地城市发展空间，对实施总体规划的"东扩"空间发展战略具有极其重要的意义。

【项目内容】

工程起于龙洞堡片区南岳山脉隧道，西接朝阳洞路延伸段东二环立交，向东以隧道穿越南岳山脉环城林带后，经黑坡、白坟、水坝、沙猫井、上跨西南环线，避开现状高压铁塔及武警总队司训队，上跨现状贵广铁路及规划铁路至小碧，终点与在建的环城高速公路秦棋立交衔接，再往东接厦蓉高速公路。主线及地面道路总长12.1 km，分隧道、高架桥、地面道路三种形式。

东站路主线道路等级为城市快速路，设计速度为60 km/h。龙洞堡地区的地面道路等级为城市主干道，设计速度为50 km/h。道路规划红线40 m～80 m。东站路主线全长约8.15 km，其中4座桥梁长3.985 km（包括1座主线高架桥3 915 m），1座分离式独立双洞隧道长1.875 km，道路长2.29 km，桥隧比71.9%；东站路地面道路全长约3.95 km，其中桥梁长0.25 km，道路长3.7 km，桥隧比6.3%。沿线实施互通立交4座：龙水路立交、西南环线立交、贵龙路立交、秦棋立交；上下匝道3处：龙水路两侧上下匝道，中兴西路两侧上下匝道，贵龙路两侧上下匝道；龙客路专用双车道左转地道650 m；人行地道2处；高速公路收费站1处；加油站1处（收费站南、北侧）；服务区1处（收费站北侧）；监控中心1处。

东站路起点为双向六车道隧道断面；龙洞堡地区采用双向四车道主线高架+双向六车道地面道路的断面，两侧布置各4 m的人行道；终点秦棋立交主线段为双向四车道+硬路肩断面。

工程内容具体包括道路路线、路基、路面、边坡防护与支挡、立交、桥梁、隧道、出入口以及相配套的雨污水管道、综合管线、交通安全与管理设施、监控、照明及供配电、景观及绿化、收费站及加油站房建与机电工程等附属工程，总投资39.97亿元。

【工作过程】

2010年7月，贵阳市交通发展投资（集团）有限公司委托我院展开贵阳市东站路道路工程可行性研究工作。东站路是贵阳市按城市快速路标准进行建设的重点项目，列入《2011年贵州省重点建设项目名单》。

接受任务后，我院多次组织了现场踏勘并走访市规划局、市交通局、高开司、高铁指挥部、市规划院、龙洞堡开发办、西南院、西北院、轻轨设计院等相关部门，收集贵阳市及龙洞堡区域总体规划及路网规划、设计基础资料，了解东站路、横向道路、铁路、轻轨的规划情况，以及沿线重大基础设施的建设及规划情况，并就工程方案向市政

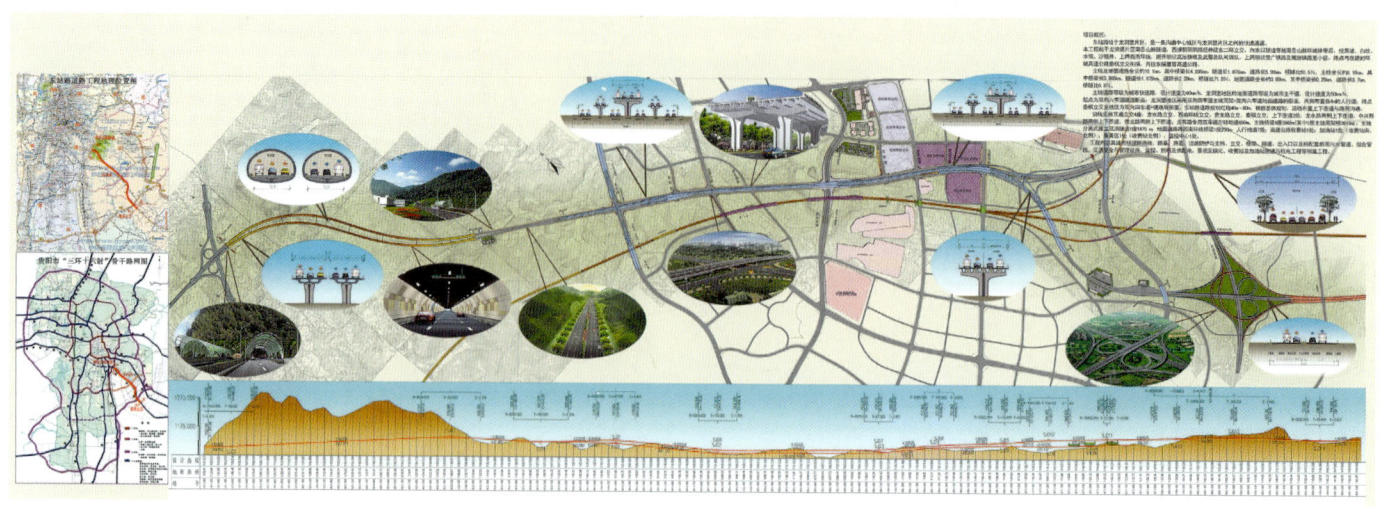

图2　东站路道路工程总体布置图

府、规划局进行了多次汇报。2010年12月，贵阳市规划局组织专家对贵阳市东站路道路工程方案进行评审，确定了全线总体规划方案。

在确定总体工程方案的基础上，2011年1月，我院完成了《东站路道路工程可行性研究报告》。3月18日，贵阳市交通发展投资（集团）有限公司组织相关专家对本项目进行了工可专家评估论证。同期，贵阳市发展和改革委员会下发了关于本工程可行性研究报告的批复。

## 【咨询工作特点】

一、本项目交通功能强、协调难度大、综合性高，山区高等级道路设计难度大

1. 东站路承担着多重交通功能，交通功能与道路形式相结合

交通功能是道路的最基本功能，通过对城区"三环十六射"骨干路网系统、龙洞堡片区路网，客、货运系统以及东站路服务对象分析研究，对东站路各项交通功能逐一梳理。道路主线采用隧道+高架桥形式，将贵黄高速、朝阳洞路延伸段、贵都高速连成一线，在贵阳市南部区域开辟一条便捷的东西向快速通道，为分流过境交通、缓解中心城区交通压力提供强有力的设施保障。主线既承担部分市内交通，也承担公路的出入境和过境交通，以客货运车辆的中长距离交通为主。地面道路贯穿龙洞堡区域，向东与贵龙路相接，延伸至龙里。地面道路既承担龙洞堡区域内部的地面交通，也承担龙里至龙洞堡片区的区域交通，主要以客货运车辆的短距离交通为主。

2. 东站路协调部门多且难度大

起点处与朝阳洞路高架，终点处与厦蓉高速公路秦棋立交、贵龙路衔接。沿线控制建筑有：武警总队一支队、武警总队司训队、版纳风情园、沿线高压铁塔等。道路穿越现状贵广铁路以及规划的小碧至贵阳客端联络左线与小碧至贵阳客端联络右线。同时，区域规划有轻轨2号线龙洞堡站场、贵阳客运东站、龙洞堡货运站。项目涉及对外与市发改委、规划局、交通局、国土局、高开司、高铁指挥部、轻轨指挥部等主管部门的协调；对内与上下游专业；平行与西南院、西北院、铁二院、国电院等兄弟设计部门的协调。

3. 项目综合性强

涵盖道路、桥梁、隧道、地道、雨污水、综合管线、监控、照明及供配电、景观及绿化、收费站及加油站房建与机电等专业。通过协调，系统性确定总体方案。

4. 山区高等级道路设计难度大，存在一定风险

相比平原区的高等级道路，山区高等级道路地质条件复杂，地形变化大，选线难度大，平纵横线型组合复杂，土石方平衡及景观、边坡防护要求高，隧道设计、高桥台、高边坡、高挡墙等设计风险性大。通过安全评估，提出相应防范措施。

二、创新运用"灵活性"的设计理念

道路设计中一个重要概念就是每一个道路建设项目都具有特殊性（道路个性），包括项目所在地区的地理位置、地形地貌、地质条件、气候气象、社会环境、不同的文化传统、风俗习惯、审美观特点以及道路使用者的需求、面临的挑战与机遇等，这些都构成不同地区特有的道路景观环境，道路设计者所面临的任务就是在运输功能和安全与周围自然和社会环境之间寻求协调和平衡。因此，为适应道路的"个性"，设计中需要实事求是，需要"灵活性"。

本项目建立在充分掌握和理解现有标准、规范本质的基础之上，在不降低安全性的前提下，综合考虑地形条件、土石方平衡、驾驶员实际操作等，通过平、纵、横组合设计，对高路堤、高架桥、深路堑进行研究，合理选择标准，灵活运用设计指标，寻求达到更符合道路沿线可持续发展的需要和利益的目标，从而体现"灵活性"的设计理念，以适应山区复杂的自然环境。

1. 在满足交通功能的前提下，充分考虑环境因素，结构形式灵活多样

东站路主线全长约8.15 km，包含了高架、隧道、地面各种结构形式。其中1座高架桥长3.915 km，1座分离式独立双洞隧道长1.875 km，道路长2.29 km，桥隧比71.9%。对结构形式的选取，充分考虑到道路与自然环境之间的协调平衡。

2. 在交通分析的基础上，因地制宜的分五段确定建设标准及规模

起点处与朝阳洞路高架，终点处与厦蓉高速公路秦棋立交、贵龙路衔接。在对交通定性以及定量的分析的基础上，结合规划路网、服务对象、与高速公路衔接以及相关部门的意见，充分地进行比较后，因地制宜地分五段确定了道路建设标准、规模以及相应的横断面形式（前四段为快速路标准，最后一段为高速公路标准），在满足交通

功能的前提下，控制规模，节约投资。五段规模及断面形式分别为：（1）起点为双向六车道隧道；（2）龙洞堡区域为上层双向四车道主线高架、下层双向六车道地面道路；（3）龙洞堡区域上、下匝道段为上层双向四车道主线高架加双车道上下匝道、下层双向八车道地面道路；（4）龙洞堡区域主线分离段为双向四车道主线高架；（5）秦棋立交段为双向四车道+两侧硬路肩高速公路断面。

### 三、合理选择工程方案，将东站路打造为"生态景观环保路"

从城市规划、路网布局、控制建筑、地质选线等角度对线路走向进行了多方案详细论证。东站路与现状南边的贵广铁路平行且距离近。东站路总体方案的布置涉及东站路与12条横向道路以及三条铁路线的穿越关系、贵广及规划铁路与横向道路的穿越关系。对东站路的总体方案布置同时也是对龙洞堡地区的总体路网、总体市政设施的综合布置。

1. 总体布置经多方案比较后确定

（1）路线总体走向经多方案比选后推荐为中线线位。东站路起点接东站路东二环立交，终点接施工中的秦棋立交，起终点均已确定。此次主要对北线、中线、南线三个路线走向从规划路网影响，对现状白坟、水坝村影响，对客运东站、龙洞堡货运站影响，对武警总队一支队影响，占地及投资等方面进行比选并最终得出中线的推荐方案。

（2）对穿越贵广铁路段节点进行了跨线桥及隧道穿越线位的比选，最终确定跨线桥的穿越方式。

（3）对与终点处接秦棋立交节点做了多线位方案比较，最后确定推荐线位。

（4）结合总体布置，确定监控中心、主线收费站、服务区、加油站位置。

（5）对取、弃土场位置进行了综合比较。

（6）梳理了东站路与12条横向道路、3条现状及规划铁路关系。

（7）对沿线的四座全互通立交、三处上下匝道布置从技术、经济、景观和风险等多个方面，各进行了三个以上方案的比较，提出了合理的推荐方案。

2. 桥梁结构对小箱梁结构与预应力砼连续大箱梁进行多角度综合比较

东站路桥梁结构规模大，采用小箱梁方案可显著的节省投资。小箱梁在预制场地内预制完成后采用架桥机或吊机架设，工期大大加快，同时有效降低了施工风险。工程进度、质量、造价、安全均可严格控制。连续大箱梁跨越能力大，整体性好，但因施工周期较小箱梁长，造价高，因此在无法采用小箱梁处采用大箱梁结构。通过比选，确定主线高架桥标准跨采用预应力砼小箱梁。标准跨径采用25 m或30 m，3~4跨一联。根据变宽需要，灵活采用简支变连续或简支形式。跨越路口处，采用预应力砼连续大箱梁。小箱梁采用预应力砼盖梁门式桥墩。大箱梁采用花瓶形桥墩。基础采用挖孔灌注桩。

3. 隧道结构根据地质状况进行多方案比较

隧道洞口分别进行了端墙式、明洞式、削竹式等形式的比较，根据隧道洞口地形地貌选择了隧道进口端采用端墙式洞门，出口端采用削竹式洞门的设计方案；隧道施工缝的防水方案进行了中埋式遇水膨胀止水条和带注浆管的背贴式止水带+中埋式遇水膨胀止水条的两种方案的比较，考虑运营中避免地下水的"窜流"，达到"分区防水"的目的，设计中采用了后者方案；隧道洞身段路面采用了混凝土路面和（上面层加入阻燃材料）沥青混凝土+混凝土复合式路面的比较，综合考虑运营后行车舒适度及安全的因素，设计中采用了后者方案。

4. 景观方案在考虑保护山区独特的自然景观的前提下，再考虑道路景观设计如何与自然景观的配合问题

平原区高等级道路对原有景观的影响不大，道路景观设计主要考虑与区域景观的配合问题，完全是一种人为景观设计。而本工程作为山区高等级道路，设计首先要考虑如何保护山区独特的自然景观，在此前提下，再考虑道路景观设计如何与自然景观的配合问题，而且这种配合设计必须与工程总体方案紧密结合，其难度较大。

5. 路基防护设计贯彻安全、经济、实用、生态、美观、因地制宜和施工方便原则

在岩土结构稳定、满足安全要求的前提下，选择刚性防护与柔性防护相结合，多层防护与生态植被防护相结合的方法进行边坡防护。路基边坡坡率"灵活自然、因地制宜、顺势而为"，不宜采用单一坡度，以减少人工痕迹，低填路段尽量将边坡放缓，与原地貌融为一体，以美化环境，

贴近自然,力争经过几年的生态恢复,边坡外形与周围自然环境融为一体,看不出明显的开挖或填筑痕迹。

### 四、系统创新运用广义咨询理念,促成各方共赢

东站路协调部门多且难度大。沿线主要控制建筑有:武警总队一支队、武警总队司训队、版纳风情园、沿线高压铁塔等。道路穿越现状贵广铁路以及规划的小碧至贵阳客端联络左线与小碧至贵阳客端联络右线。同时,区域规划有轻轨2号线龙洞堡站场、贵阳客运东站、龙洞堡货运站。

鉴于本工程的复杂性以及与沿线多项重大市政设施衔接紧密,本项目提出以"系统"模式研究问题,以东站路项目为主要载体,另外对相关重大市政设施提出合理的方案,并作详细比较,为贵阳市政府、发改委、规划局、交通局、国土局、高开司、高铁指挥部、轻轨指挥部等各主管部门做好"广义"的咨询、参谋工作,协调好西南院、西北院、铁二院、国电院等各兄弟设计单位,促成各方满意的共赢局面。

1. 对龙洞堡地区路网进行梳理,做好近远期建设的结合工作

受贵阳市规划局委托,对龙洞堡地区路网进行梳理,重点研究龙洞堡地区现状与规划的横向道路与现状及规划铁路关系,并提出路网实施建议。远期规划的中兴西路、龙腾西路、贵龙路、建设东路按方案深度多方面进行比较。

2. 对规划铁路提出线位及竖向设计建议

结合高铁指挥部的诉求,对现状的贵广铁路及规划的小碧至贵阳客端联络左线、小碧至贵阳客端联络右线铁路与区域内市政道路关系进行梳理,结合现状贵广铁路位置,提出远期规划铁路线位及竖向设计方案建议。

3. 提出对轻轨2号线龙洞堡站场选址的局部北移建议

与轻轨指挥部对接,根据贵阳市城市快速轨道交通总体规划,其中轻轨2号线龙洞堡站场即位于本区域。总体布置后,建议规划轻轨2号线以及站场适当向东北地块偏移,在满足技术标准的前提下,避免对东站路、铁路产生影响。

4. 提出贵阳客运东站、龙洞堡货运站近远期方案

贵阳客运东站位于南明区龙洞堡中部,北接西南环线,西临东站路,东侧以兴龙南路为界,南侧以规划城市道路龙客路为界,规划范围总面积14.0公顷。龙洞堡货运站规划选址于龙洞堡片区东站路与规划兴东路交叉口处,紧邻西南环线与规划的龙洞堡客运站,规划用地面积19公顷。

对近期东站路尚未实施时,贵阳客运东站、龙洞堡货运站的进出交通组织进行了分析,给出合理路径。然后在远期东站路及周边配套路网实施完毕后,对贵阳客运东站、龙洞堡货运站的进出交通组织进行了研究,提出东站路与中兴西路两侧布置一处上下匝道,并在龙客路上设置专用左转地道,得到了贵阳市交通局的充分认可。

5. 提出拆迁安置用地的选址方案

根据东站路全线的拆迁量统计,并结合地块开发考虑,在东站路中兴西路南侧预留一块动拆迁安置用地,考虑容积率2左右,用地面积8~9万平方米,满足市国土局就地安置的要求。

【咨询效果】

### 一、采用先进设计理念,积极应用科技创新

(1)总结以往山区城市道路建设经验,采用先进设计理念,积极应用科技创新。

(2)结合"三环十六射"道路网规划,充分论证东站路的功能定位、建设规模和交叉节点。

(3)结合东站路沿线规划和现状条件,选择各路段最佳道路形式,兼顾交通工程和景观效果。

(4)黑垭口隧道是目前贵阳地区最长的一条隧道,洞身采用"新奥法"设计理念设计的城市道路隧道,隧道设计科技含量高。

(5)精心设计高架桥下地面道路,合理利用桥下空间进行交通设计,注重路段与交叉口的整合考虑。

(6)桥梁布置强调环境和景观结合,根据不同区域,采用不同的结构形式,确保了东站路高架段总体经济、美观的效果。

(7)结合各路段情况提出了多种边坡防护方案,在确保边坡稳定的同时,注重道路沿线生态景观要求。

(8)积极采用新技术、新材料,达到节能环保、节约资源、节省造价、加快工期的效果。

## 二、本咨询成果可实施性强，为后续山区高等级道路的设计提供了有价值的咨询和指导意见

本项目咨询成果和理念已经落实到后续工程设计中，东站路项目被列为《贵州省重点建设项目名单》。目前基本竣工通车，取得了很好的社会反响。咨询阶段提出的"灵活性"理念始终贯穿整个阶段。一条道路因地制宜采用不同的结构形式以及不同规模，在满足交通功能的前提下，减少对自然环境的影响，节约了造价，缩短了工期。

## 三、系统创新运用广义咨询理念，获得各方好评

除本工程外，本区域内的小碧至贵阳铁路工程、贵龙路道路工程、轻轨2号线工程、贵阳客运东站工程、龙洞堡货运站工程、东站路拆迁安置房工程等均为市属重大工程。本项目团队的"系统思维"的咨询理念，协调多方的咨询方式得到了贵阳市政府、发改委、规划局、交通局、国土局、高开司、高铁指挥部、轻轨指挥部等各主管部门以及西南院、西北院、铁二院、国电院各兄弟设计单位的广泛好评，促成各方满意的共赢局面。

图3　东站路道路工程实景图

# 无锡锡东新城高铁商务区地下车行通道工程可行性研究报告

## The Feasibility Study Report of the Underpass Project of Xidong High-speed Rail Business District, Wuxi

编写单位：上海市政工程设计研究总院（集团）有限公司
Shanghai Municipal Engineering Design Institute ( Group ) Co., Ltd.
联系电话：021-55000000　　网址：www.smedi.com
主要完成人：刘　艺　余朝玮　罗建晖　谢　明　叶剑亮　何奇伟　卢薇苓　张　杰　王雪东　郑丽晶

【点评】

本项目以无锡锡东新城高铁枢纽与商务核心区的开发建设为切入点，结合相关规划与城市设计，对地下车行通道工程开展了深入研究，提出了"一环+一弧"的总体布置方案。项目的建设有效分流了无锡核心区约50%的到发交通，并服务高铁到发车辆客流快速集散，大大减少了区域内部地面道路交通流量。

【项目背景】

京沪高铁无锡站位于无锡市东部，锡山区中部，安镇—羊尖新市镇西部，距常州站57千米、苏州站28千米（见图1）。市区、常熟、江阴东、张家港将处于其强辐射区域；江阴、宜兴处于其较强辐射区域。无锡高铁站的建设将成为推动地区发展和城市空间转型的重要机会与动力，将有助于无锡确立长三角区域枢纽城市地位。另外，无锡高铁站落址新城商务区，其交通功能发挥直接带动商务区内各产业发展。

2009年2月，无锡锡东新城高铁商务区管委会成立，商务区坚持"面向世界、着眼未来、接轨上海、服务周边"的发展思路，依托京沪高铁站的建设，重点发展总部经济、服务外包、现代物流、金融服务、商务居住、国际社区等现代服务业，着力

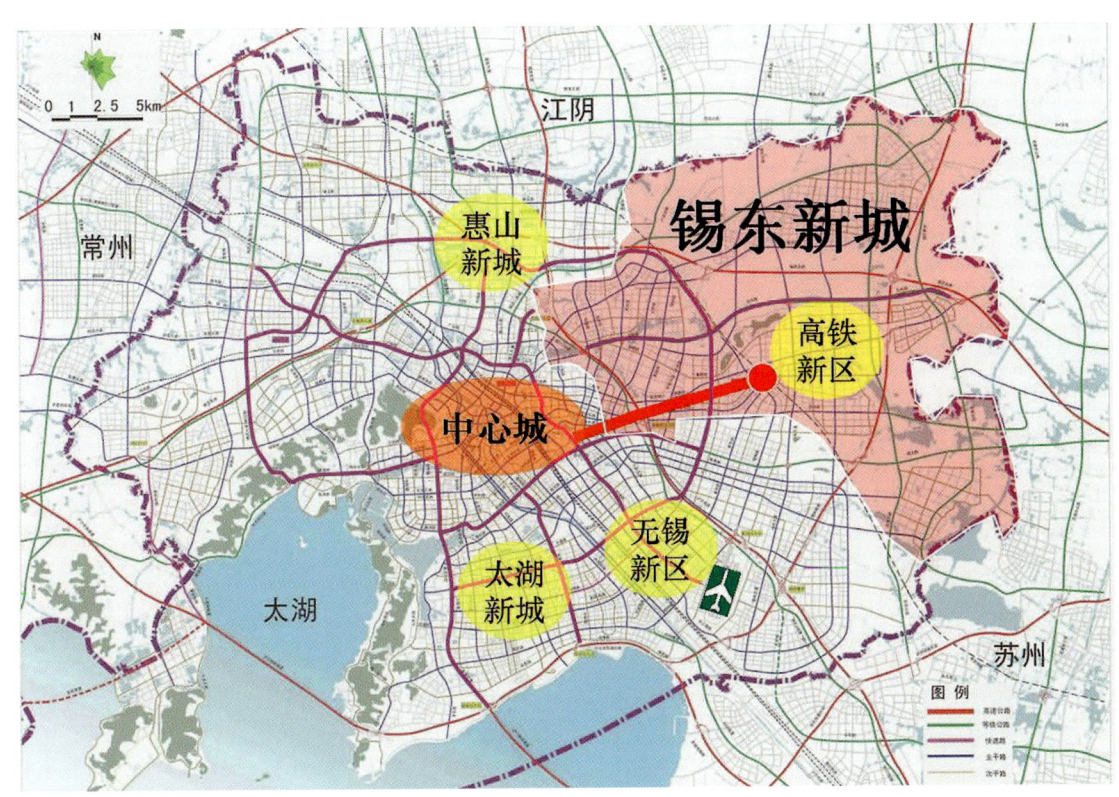

图1　高铁商务区区位图

图2 高铁商务区总体设计

打造一座"四高联动"的现代化新城(见图2)。

为了更好推进高铁商务区的开发建设,在商务区地下空间概念规划中明确提出建设地下车行通道工程,主要服务高铁商务核心区到发交通,减少地面车流,提升区域环境品质。作为地区市政基础设施的重要组成部分,地下车行通道需在区域开发建设前期实施。在此背景情况下,2010年9月,高铁商务区管委会委托我院对高铁商务区地下车行通道及地面市政基础设施开展工程可行性研究。

【项目内容】

建设单位:无锡市锡东新城建设发展有限公司

建设地点:无锡锡东新城高铁商务区

一、建设规模与总体方案

地下车行通道工程布置于高铁商务区兴吴路、文景路、翠山路、丹山路四条规划道路下方,全长约2.1 km,共布置5进4出9处出入口,服务商务核心区与高铁车站配套工程的交通集散。地下车行通道全线采取逆时针单向组织。

地面道路工程包括:文景路、丹山路、兴吴路、翠山路、新韵路、站五路,全长约3.3 km,其中,新韵路为城市主干道,文景路、翠山路、丹山路为城市次干道,其余均为城市支路。具体布置如图3所示。

二、技术可行性

(1)项目结合区域小尺度高密度街区开发的设计理念,推荐采用地下通道形式分流核心区地面交通,改善区域整体交通环境,符合高铁商

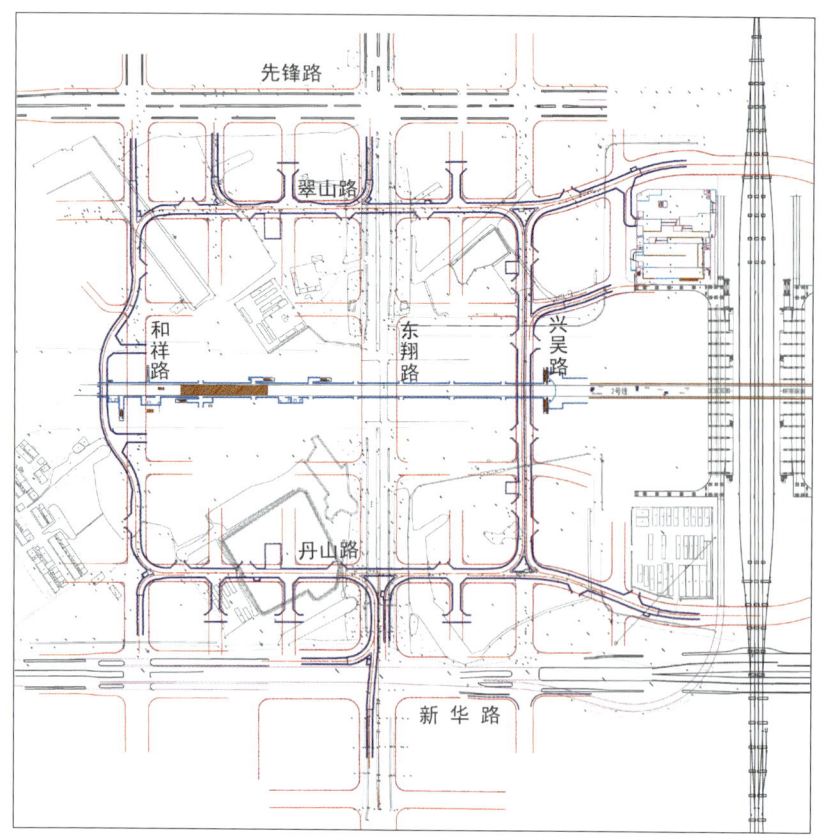

图3 工程总体方案

务区的总体开发特点。

（2）设计方案中通过地下车行通道服务核心区到发交通，此类处理方式在日本品川、汐留、北京中关村等地区均已投入运营，并取得较好的效果。本工程串联核心区32个地块超过7 000个车位，根据交通分析，未来年可适应区域整体交通发展需求。

（3）地下车行通道采用明挖法施工，工艺技术成熟、可靠、稳定且适合项目特点。

具体如图4所示。

### 三、投资估算与经济评价

（1）本工程概算投资总费用为63 480.31万元，其中建安工程费用为50 188.67万元。

（2）经济分析全部投资经济内部收益率为11.662%，大于社会折现率；全部投资经济净现值为31 477万元。本项目的国民经济评价为可行。

### 四、效益分析

本项目作为城市市政基础设施建设项目，直接为社会大众服务，具有明显的社会效益、环境效益与经济效益，具体体现在以下几个方面：

（1）高铁商务区地下车行通道工程是为提高高铁商务核心区地下车库利用效率、方便到发交通、减少地面交通、提升地面环境景观等因素而设置，对提升高铁商务区环境品质意义重大。

（2）地下车行通道工程可有效服务高铁到发车辆快速集散，为高铁车辆的高效疏解提供可靠保障。在提升区域交通可达性的同时，也可进一步降低因车辆排队产生的尾气污染。

（3）高铁商务区的地面配套道路将为区域地块开发提供必要的基础设施保障，为区域的地块开发与整体建设提供了良好的支撑。

### 【工作过程】

（1）2010年7月，受高铁商务区管委会委托，我院作为规划咨询单位对由日本设计公司进行的无锡锡东新城商务区核心区地下空间概念规划提供相应的规划咨询意见，经过多轮的专家意见咨询会，最终形成较为稳定的高铁商务核心区地下空间概念方案。

（2）2010年8月14日，召开地下空间概念规划专家评审会，完成概念规划方案最终成果。其中，地下车行通道工程作为地下空间概念方案的一大重要环节，是高铁商务区市政基础设施的一个重要组成部分，关系到区域市政道路、管线等多项市政配套工程的建设时序，需在区域开发建设前期实施。

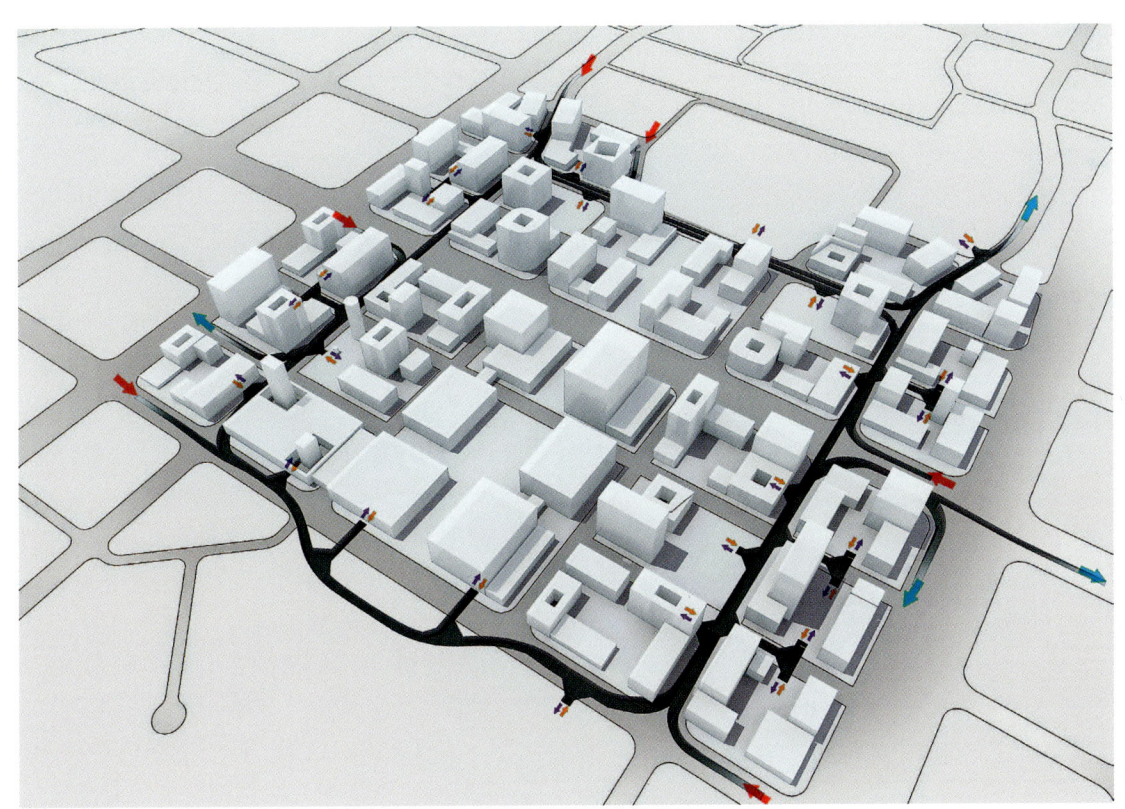

图4 地下道路工程总体布置图

（3）2010年8月，我院接受高铁商务区管委会委托，开展高铁商务区地下车行通道工程的可行性研究。

（4）2010年8月至9月，与高铁商务区管委会各相关领导围绕地下车行通道的建设标准、建设规模、出入口布置、内部衔接、地面地下交通组织等关键问题展开汇报及专题讨论，明确地下车行通道的总体方案。

（5）2010年8月中旬至9月下旬，高铁商务区领导多次召开工程推进协调会，对地下车行通道建设过程中与轨道交通2号线、地块开发等外部控制因素的相互关系进行梳理与协调，确保工程的顺利推进。

（6）2010年9月3日，无锡市领导及市相关主管部门共同听取地下车行通道深化方案汇报，协调各部门工作，并为地下车行通道工程推进提出宝贵意见与建议。

（7）2010年9月26日，根据相关意见深化设计方案，完成项目工程可行性研究报告，并通过相关评审。

## 【咨询工作特点】

1. 准确进行功能定位，优化断面尺寸，集约化布置地下车行通道，便于管理，节约投资

高铁商务区地下车行通道为连接地面道路与地下车库的地下机动车集散道路，考虑其服务对象主要为通勤、公务用的乘用车和小型货车，方案设计在满足国内相关道路规范中小型车辆的使用要求的前提下，通过详细分析，选用设计车速20 km/h，通行限高3 m，设计通行净空由通常4.5 m压缩至3.2 m，车道宽度由3.5 m压缩至3 m/车道的设计标准（见图5），有效地减少地下车行通道开挖深度和断面宽度，较大幅度地减少工程投资，积极响应国家打造集约型社会的宏观调控政策。

2. 以现场调查与已有规划为依据，通过先进的交通预测与仿真分析软件，对地上地下交通系统进行综合模型分析与仿真评估，分析本工程的建设必要性，确定总体布局的合理性以及交通功能最优化

根据对高铁商务区现状开发情况的调查以及对商务区控详规划、综合交通规划、地下空间规划、城市设计等规划条件的解读，构建高铁商务区远期区域宏观路网模型，通过定性与定量分析的有效结合，支撑本工程在缓解地面道路交通压力，提升地区整体交通品质等方面的建设必要性。

通过采用宏观流量预测与微观交通仿真评估（见图6）相结合的手段，对本工程采用"主线1车道+集散车道"、"主线2车道+出入口展宽"、"主线1车道+内侧集散车道+外侧出口展宽"三种不同的建设形式进行了详细的对比，最终选择经济性与交通功能综合最优的"主线1车道+集散车道"的布置形式。同时，在方案研究中充分考虑与周边未来开发情况的协调，通过对"单环"、"双环"、"一环+一弧"三组总体方案综合比较，确定同时兼顾高铁车辆的快速集散与服务核心商务区内部大规模到发交通功能且建设规模最小的"一环+一弧"总体方案。此外，对地下车行通道出入口布置进行多方面的优化，以明确服务功能，优化断面尺寸，确保疏解能力，减少对主要道路交通影响为原则，对三组出入口布置方案进行比较，最终选择5进4出9处出入口的布置方案，服务商务核心区与高铁车站配套工程的交通集散，地下车行通道全线采取逆时针单向组织。

3. 工程可行性方案研究综合考虑工程方案与建成后的产权管理、运营管理、规划控制等因素，综合布置总体方案

地下车行通道是一种新的交通组织模式，国内缺少成功的建成案例，因此在工可研究过程中，对建成后的产权管理、运营管理模式，今后地块与环路的接口控制等都进行了深入研究，确保研究方案合理，运营养护方便，地块衔接灵活。

4. 工程注重对地下空间的集约化利用，对文景路、兴吴路两处与地铁相交关键节点通过多方案比选，推荐采用通道与地铁合建方案，有

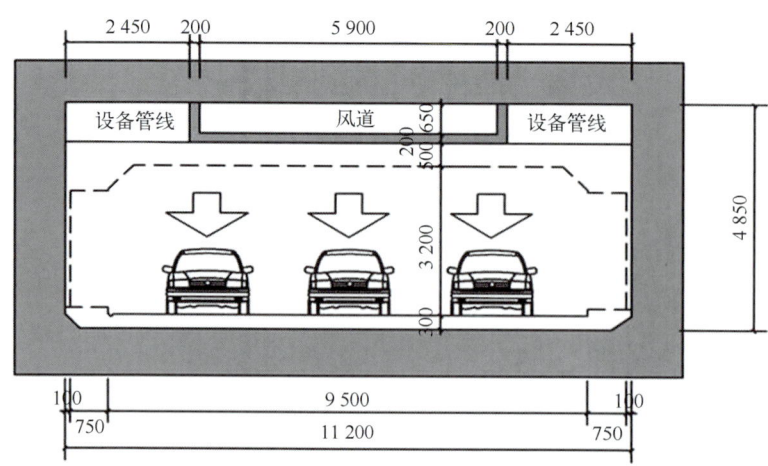

图5 标准三车道断面布置断面

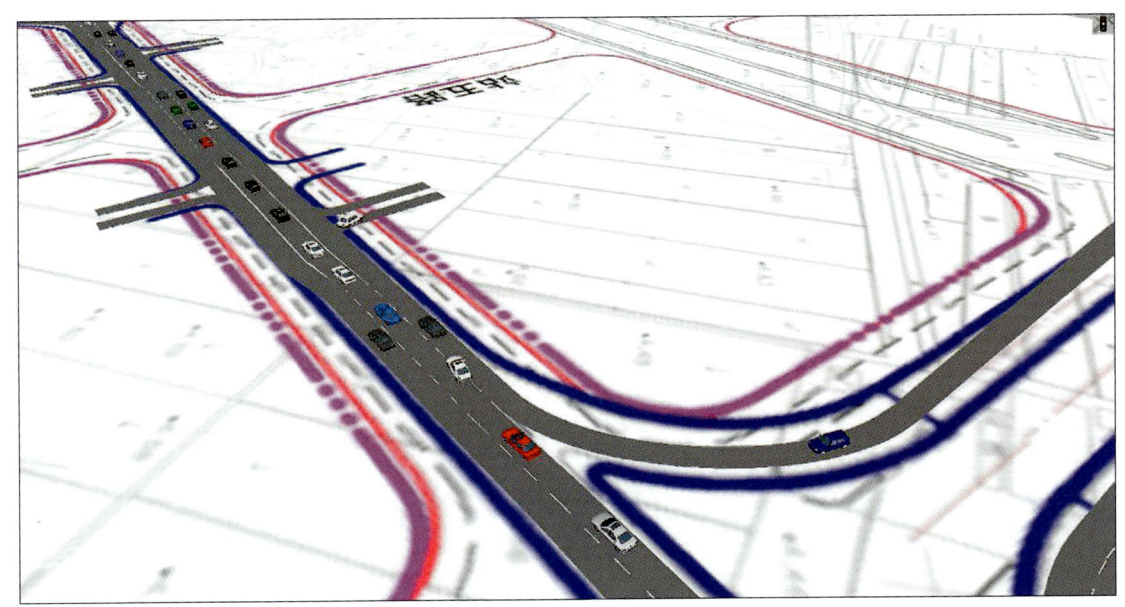

图6 地下车行通道交通仿真分析

效减少投资、便利施工并大大提高地下空间利用效率

工程设计中注重统筹考虑地下车行通道与轨道交通、市政管线和其他地下构筑物的关系，集约化利用地下空间。整个工程包含地面道路、隧道等多种工程类型，在设计中对工程各重要节点均进行了平面布置、施工方法与工程措施等多种方案比选，力求做到技术先进，投资合理。针对文景路、兴吴路（见图7、图8）两处与地铁相交关键节点进行特殊设计，在文景路节点，地下车行通道从地铁二号线地下一层站厅层穿越，与地铁站厅层进行合建，同时将把地铁的设备空间与站厅分隔开。在兴吴路节点，通过取消过节点的人行空间，地下车行通道在轨道区间上方穿越。车行通道结构顶板与底板与地上商业层持平，两处合建方案均可有效减少投资、便利施工并大大提高地下空间利用效率。

5. 通过分析地下车行通道工程建成后，由行驶效率提高和行驶里程缩短而获得的车辆运输成本节约效益和时间节约效益，综合论证本工程的国民经济评价为可行

通过国民经济评价分析，本工程的建成可以较大程度地提高道路的通行条件，提高道路服务水平在一定程度上吸引附近路网的交通量，减轻附近路网的压力，大大节约了车辆通行时间，从而获得车辆运输成本节约效益和时间节约效益；同时，良好的通行条件可以减少交通事故的发生，取得一定的社会效益。总的来说，本工程从国民经济评价可行，对国家和地区的经济有利。

6. 工程设计中结合地下车行通道自身特点，充分考虑工程风险，并提出有效的规避措施

在工程设计过程中，通过分析地下车行通道单向环形组织、与地块接口较多、地下构筑物之间关系复杂等工程特点，详细列举工程在施工期

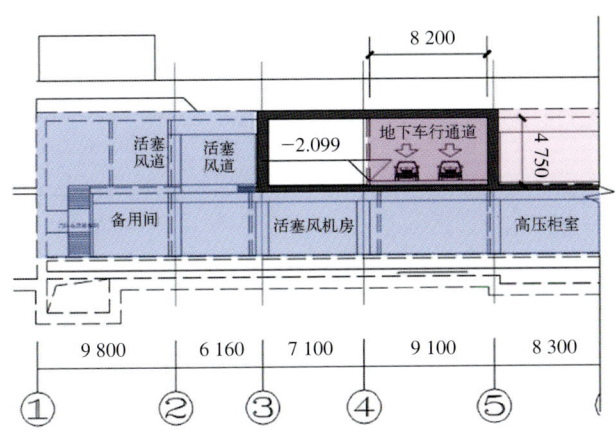

图7 文景路跨轨道交通节点断面布置图

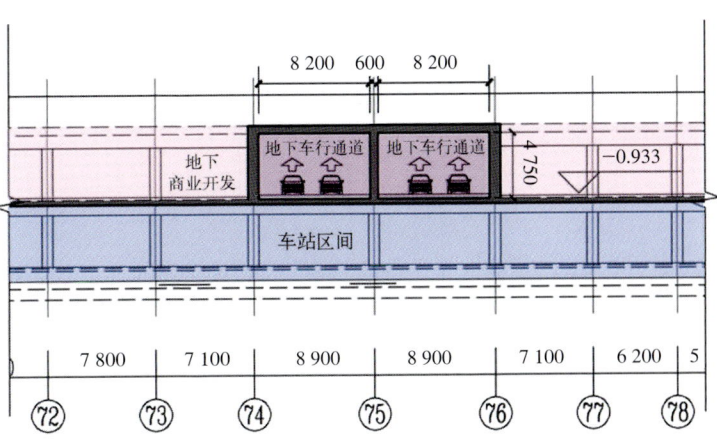

图8 兴吴路跨轨道交通节点断面布置图

间与运营期间所将面临的各类工程风险，并针对施工期间三角形交叉口建设、地块出入口预留、与地铁二号线合建段的处理，运营期间工程结构耐久性，结构纵、横向稳定性及防水可靠性等风险问题提出了相应的规避措施。

7. 积极采用新技术、新工艺、新材料，注重工程相关节能措施

本工程在道路路面材料、标志标线涂料、照明灯具及监控设施等方面积极采用新技术、新工艺与新材料，并注重道路、通风、监控、照明与供配电等设施及工程施工期间的相关节能措施，尽可能地减少对生态环境的影响。

8. 根据沿线地块持续、渐进开发特性，制定合理的分期建设计划，分期投入资金并满足各阶段交通出行需求

根据目前地区开发建设统筹安排，高铁无锡东站与地铁二号线率先实施，并于2011年完工，商务核心区内部地块则将待城市设计稳定后开始分片出让，逐步形成规模。因此，地下车行通道的实施应与相关建设项目相统一，首先完成高铁联络通道（即一弧）的工程建设，服务高铁车辆的集散需求，然后完成商务核心区地下环路（即一环）的土建工程，待周边地块开发建设基本形成规模后，再对商务核心区地下车行通道进行内部设备安装。

**【咨询效果】**

无锡锡东新城高铁商务区地下车行通道工程是锡东高铁商务区最重要的一项市政基础项目，也是华东地区第一条联系地下停车库、服务到发交通的地下车行通道。

本工程由"一环+一弧"组成，总长3 km，主要服务对象为小型客车，串联32个地块超过7 000个停车泊位。其中，"一环"为商务核心区车行环路，主要功能定位为联系商务核心地下二层车库，服务区域到发交通，提高区域静态交通出行效率，缓解商务核心区地面人车矛盾，改善商务区地面环境品质，实现低碳交通理念；"一弧"为高铁枢纽连接通道，以服务高铁车辆快速集散为主，同时联系高铁周边地块的地下车库，服务地块部分到发交通，两端出入口兼顾作为商务核心区环路的进出通道，减少高铁集散交通对商务核心区内部道路的影响。

地下车行通道的建设可分流核心区约50%的到发交通，大大减少了区域内部地面道路交通流，一方面，交通量的减少直接降低了废气、噪声等污染，改善了区域的地面环境品质；另一方面，交通量的减少可以释放更多地面资源，实现"小尺度、人性化"街区的先进规划设计理念。在兼具高效的交通可达性和优质的地面环境品质的两方面优势下，高铁商务区的土地价值得到了明显提升，对高铁商务核心区商业、办公、金融等功能的发挥具有积极意义。

本可研报告坚持技术与经济的多方案比较优选，注重设计理念创新和技术创新，注重设计方案与现状地形、周边地块开发情况的协调，避免对已建与在建设施造成大的不利影响，在设计层面上采取有效技术措施，为实现地下车行通道功能定位、全面提高工程建设质量奠定基础。

参与编写单位：上海市工程设计研究总院（集团）有限公司

# 苏州高新区有轨电车 1 号线工程可行性研究报告
## The Feasibility Study Report of the Tram Line 1 Project in Suzhou High-tech District

编写单位：上海市城市建设设计研究总院
Shanghai Urban Construction Design & Research Institute
联系电话：021-50891688　　网址：http://www.sucdri.com
主要完成人：徐一峰　徐正良　何利英　黎冬平　毛伟　沈继强　苗彩霞　蒋丽华　杜燕　韩建良

## 【点评】

本项目进行了多方案技术经济比较，深入研究了各方案的技术特点，推荐采用新型绿色的现代低地板钢轮钢轨有轨电车系统，为国内首例钢轮钢轨现代有轨电车的研究实例。较其他中运量的公共交通系统相比，本推荐方案具有节能环保、舒适安全、运营灵活、成本适宜的特征。

## 【项目背景】

苏州是国家历史文化名城和风景旅游城市，国家高新技术产业基地，长江三角洲重要的中心城市之一。

国家高新技术产业基地职能的提升标志着苏州已从工商业和旅游城市转变为中国乃至全球重要的高新技术产业基地。根据分区规划，至2030年，苏州高新区将建设成为先进产业的聚集区、体制创新和科技创新的先导区、生态环保的示范区、现代化的新城区。

根据苏州高新区发展规划，公共交通规划的战略目标是：全面落实公交优先政策和措施，以快速大、中运量公交系统建设为核心，以普通地面公交系统建设为基础，以建立与运量相匹配的多层次多系统公交网络为重点，适应和引导城市建设与发展，支持和支撑城市社会与经济活动，满足城市居民中、长距离出行的公共要求。

苏州有轨电车网络包括6条线路，线路总长为80 km。有轨电车网络是高新区内部公交次骨干系统，是轨道交通的延伸、过渡和补充，满足客流需求，适应并引导城市发展，展示高新区特色风貌的生态公交系统。苏州高新区有轨电车线网规划见图1。

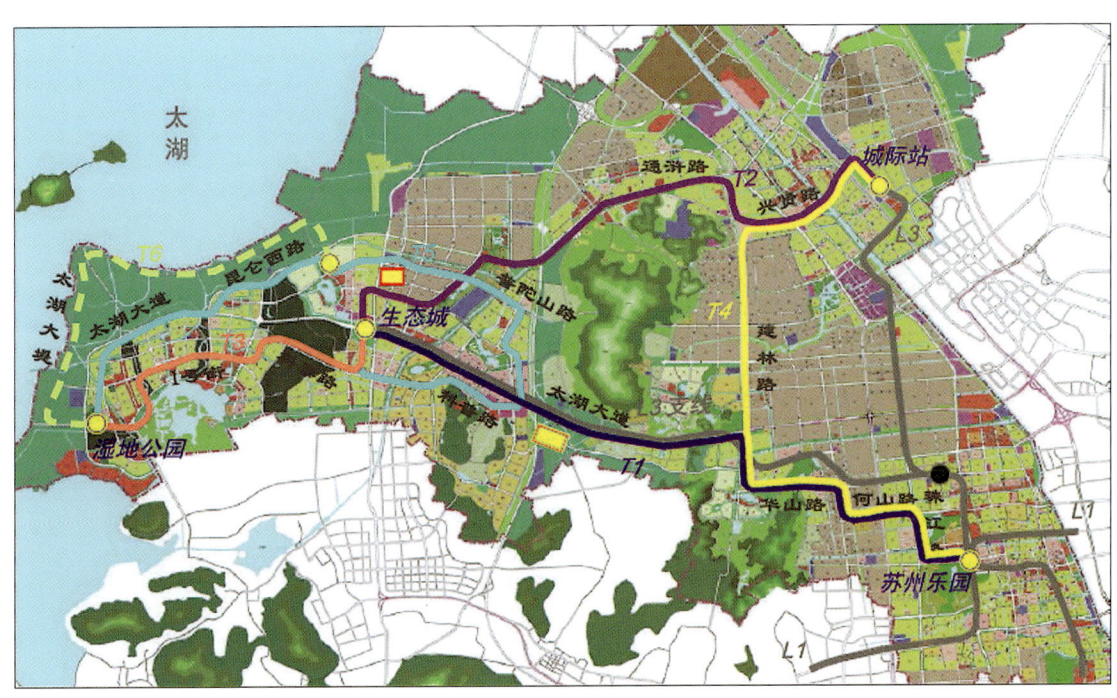

图1　苏州高新区有轨电车线网规划

苏州高新区有轨电车1号线是有轨电车网络中的骨干线路，初、近期承担中心城区至高新区西部湖滨片区的生态城、科技城的快速公共交通联系功能，远期承担轨道交通3号线支线的补充功能，在网络中具有重要地位。有轨电车1号线线路东西向贯穿高新区，连接滨湖片区的生态城和科技城、阳山片区的浒墅关经济开发区、中心城片区的枫桥街道和狮山街道，在终点站苏州乐园站与在建的轨道交通1号线和规划中的轨道交通3号线相互换乘。

受业主委托，由上海市城市建设设计研究总院开展本工项目的工程可行性研究。

## 【项目内容】

苏州高新区有轨电车1号线工程起点为龙安路站，终点为苏州乐园站，线路走向为龙安路站—太湖大道—建林路—华山路—湘江路—何山路—珠江路—金山路—至终点苏州乐园站，途经西部生态城、科技城、浒墅关经济开发区、枫桥街道、狮山街道。

线路全长17.8 km，其中地上线约17.5 km，地下线约0.3 km，路段为专用路权，交叉口与道路混和路权。初期设7座车站，近期设11座车站，远期设22座车站，全部为地面车站。设车辆段一座，占地约9公顷。设运营调度控制中心一处，位于车辆段内。车辆选用100%低地板现代钢轮钢轨有轨电车，架空接触网授电。图2为苏州高新区有轨电车1号线工程线路图。

本项目可行性研究的内容包括：线路选线、车辆选型、运营组织、车站、站场、轨道、供电等方面的研究，并且包括车辆选型、设备资料供应与采购、节约能源、环境保护、劳动安全及卫生、组织机构与定员、投资估算、资金筹措、财务评价与经济评价等方面的分析，根据工程建设计划，考虑客流预测、沿线城市发展状况和近期规划重点，以线网全局角度，从运营组织、工程条件和工程筹划等方面进行综合论证，提出了合理可行方案。

策略：遵循公交优先的原则，采取信号优先策略提高运营速度。

客流：按上述年限预测客流，并考虑路网中其他有轨电车及轨道交通线路的换乘客流。

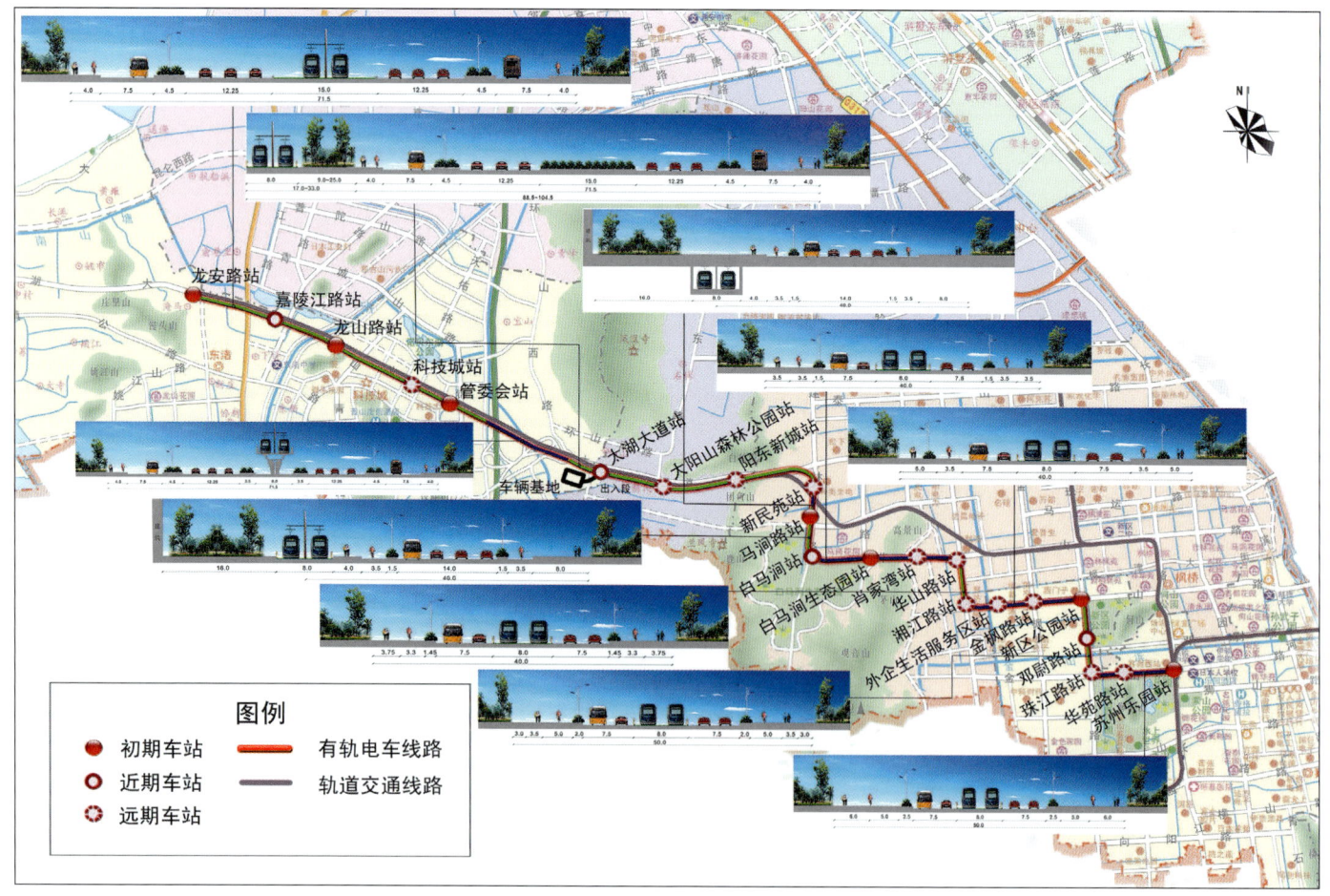

图2　苏州高新区有轨电车1号线工程线路图

车辆选型：根据客流、车辆来源、资源共享等因素进行综合分析，应满足技术先进可靠，管理维修方便的原则。

设计运能：按远期预测客流，满足高峰小时单向最大断面客流的需要，并有一定的运能储备。

行车组织：应为本工程建成运营提供良好条件，设双线线路，右侧行车。

票务管理模式：采用车上售检票模式。

路权管理模式：在有条件的路段均采用半封闭型专用路权模式，在紧急情况下，社会道路车辆或特种车辆可驶入有轨电车车道。

限界：根据车辆尺寸、设备安装、线路横断面等因素分析计算确定。

线路：应符合苏州高新区有轨电车网络规划，并结合沿线具体情况进行局部选线设站方案优化，对线路走向、车站设置及配线、线路敷设形式等进行重点研究和论证，以地面线为主。

车站：体现"以人为本"的精神，以地面站为主，敞开、通透，满足乘客进出功能。

轨道结构：应坚固稳定、结构简单、施工维修方便。

供电：根据路网规划和城市供电网络设计，采用分散式供电方式。

道岔信号控制系统：必须以安全、成熟、可靠、技术先进和经济合理为基本宗旨，必须满足行车安全、提高运输效率和改善服务质量的要求，同时应适合高新区有轨电车的使用环境。

车辆基地：选址合理，布局紧凑，满足车辆停放及检修要求，综合全线确定规模，结合路网规划实现资源共享。

本工程总投资约29.01亿元，平均造价1.63亿元/km。

本项目工程可行性研究报告通过对高新区实施有轨电车项目后，关于技术上的可行性、经济上的可行性、组织管理上的可行性、社会政策的可行性以及其他相关方面可行性的研究，为后期建设提供坚实的基础。

【工作过程】

2010年12月完成《苏州高新区有轨电车线网规划》编制工作，并于2011年1月通过专家评审。2011年6月，苏州市人民政府正式批复线网规划。2011年3月，完成《苏州高新区有轨电车1号线工程预可行性研究报告》（项目建议书）编制工作。2011年6月，苏州市发改委批复了项目建议书。

苏州高新区有轨电车1号线工程为国内首条采用100%低地板现代钢轮钢轨有轨电车的中运量公共交通线路，需要解决的重点难点多且突出。

1. 工程需近、远期有机结合，实现线路功能的合理转换。近期作为大运量轨道交通的延伸线，主要承担高新区的对外交通，有效扩大轨道交通的服务范围，远期需通过逐步加密站点，成为高新区内的骨干公共交通线路，与轨道交通相互补充，形成有机分工、级配合理的公共交通体系。

2. 本项目需有效降低了工程建设成本和运营成本。

3. 根据有轨电车线路运营灵活的特点，应考虑网络规划线路间的互通运营预留必要的条件，车辆检修设施、运营调度中心等考虑后建线路的资源共享，体现网络建设的理念。

4. 与轨道交通苏州乐园站的高效换乘衔接，对沿线经过的各道路交叉口考虑有轨电车建设后的交通组织方案，提高有轨电车的运行速度，同时协调交叉口的交通组织，实现一体化交通。

5. 在研究过程中，攻克无设计标准、无设备国内生产厂家等一系列难点及关键点，开展有轨电车选型和国产化及现代有轨电车的建设标准研究，促进中国现代有轨电车系统技术的发展。

本项目可行性研究工作结合高新区内的客流需求，对高新区有轨电车规划线路进行详细的实地调查、交通量调查、收集有关资料，并按调查资料对规划线路走向进行了局部调整；针对项目为国内首条采用100%低地板现代钢轮钢轨有轨电车的中运量公共交通线路，国内现代有轨电车只有天津泰达和上海张江两条胶轮导轨有轨电车线路，尚无钢轮钢轨现代有轨电车的运营实例，项目组多次到国内外实地考察，借鉴成功经验，解决乘客的出行交通方便问题，提高运营效率和经济效益；并且对项目进行了多方案技术经济比较，与国际、国内车辆供应商进行多次技术交流，深入研究了各供应商的技术特点，为高质量完成车辆造型研究打下了坚实的基础；对周边环境影响、项目建设必要性与可行性分析研究，详细的经济效益分析评价，在此基础上推荐采用抗风险能力强、经济效益高的方案。2011年8月，完成《苏州高新区有轨电车1号线工程可行性研究报告》的编制工作。2011年9月，工可报告通过专家评估；同月，苏州市发改委对工可报告进行了批复。其中，国家发改委于2012年8月正式批准本项目的车辆招标工作。工程于2012年9月11日正式开工，2014年10月正式通车运营。

### 【咨询工作特点】

1. 本可研报告内容全面，重点突出，层次清晰，数据翔实，总体方案合理可行，经济评价客观合理，为工程项目的立项审批、深化设计奠定了基础，为项目决策提供了可靠的依据。

本可研报告提出工程的总体方案，与城市总体规划及综合交通规划有机结合，合理地解决了高新区公共交通层次不足的问题，实现与轨道交通1号线"无缝衔接"，形成分工合理、多种模式衔接的一体化交通体系。统筹考虑了其他市政设施的建设及地区交通，合理地确定了线位和线路敷设方式，提出的设计标准和工程方案符合有轨电车交通系统的特点，可有效控制建设投资和建成后的运营成本。本可研报告还对项目建成运营后的国民经济效益、环境效益、社会效益及风险等进行了较为详细的评估，为项目的立项审批和深化设计奠定了基础。

2. 根据城市规划和建设发展水平，合理分析、确定有轨电车线路在不同时期的功能定位，近期作为大运量轨道交通的延伸线，远期作为轨道交通的补充，与其他公共交通方式形成有机分工、级配合理的公共交通体系，提高公共交通网络的整体效益。根据不同时期的功能定位合理确定了逐步加密车站的方案，将近远期的速度要求和初期的直达要求有机结合起来。

有轨电车1号线的功能定位是联系高新区西部生态城、科技城与东部中心区之间的交通需求，通过与轨道交通1号线和未来轨道交通3号线支线的换乘功能，将有轨电车1号线沿线的客流需求衔接至苏州市轨道交通网络中，以提供长距离的交通服务。

设计中根据客流规模，初、近期有轨电车以骨干公交方式定位为主，作为轨道交通的延伸线，共同形成高新区骨干公交网络。远期随着西部地区的开发，客流快速增长，轨道交通3号线支线建成并承担骨干快速公交功能，有轨电车1号线的客流有所降低，作为轨道交通的补充线，完善高新区的骨干公共交通系统。

有轨电车1号线以其初、近、远不同的功能定位，实现和轨道交通之间的有效衔接，提高公共交通网络的整体性，在功能转换与衔接中起关键作用。

3. 积极推进技术创新和新技术的应用，首次在国内选用钢轮钢轨现代有轨电车，开展有轨电车选型和国产化及现代有轨电车的设计建设标准研究，将有力地促进中国现代有轨电车系统技术的发展。

国内现代有轨电车除天津泰达、上海张江两条胶轮导轨有轨电车线路在运营外，尚无钢轮钢轨现代有轨电车的运营实例。在设计过程中，遇到无设计标准、无车辆采购经验、无钢轨/道岔国内生产厂家等一系列难点及关键点。

对埋入式轨道结构与路基结构考虑轮轨动态接触、钢筋混凝土道床层与路基层间的弹塑性接触，建立行车荷载、道床层以及路基工作状态三相耦合整体结构模型，对一体化结构的受力机理、特性及设计方法开展了研究，为后续设计提供了技术支撑。图3为苏州高新区有轨电车1号线建成后的车辆图片。

根据有轨电车运营管理的特点，简化了机电设备系统，将通信、道岔控制及智能交通系统集成综合控制管理系统。供电系统采用分散供电模式，有效地降低了工程投资。

为了解决供电系统采用接触网特别是路口小曲线地段通常出现的景观问题，在大量考察调研的基础上对接触网的立柱、下锚、悬挂等设计开展了研究，大大降低接触网对城市景观的不利影响，加强项目建设与环境的融合。图4为建成后的曲线段轻型接触网图片。

图3　苏州高新区有轨电车1号线车辆

4. 根据客流需求，合理选择近、远期的车辆模块数，把解决客运需求与提高服务水平及降低运营成本相结合；线路主要利用路中或路侧的绿化带敷设，基本为地面线，车辆检修设施、运营调度中心等设施按照网络建设的理念，考虑了后建线路的资源共享，有效地降低了工程建设成本和运营成本。

有轨电车1号线根据客流预测和在网络中的功能定位，采用灵活编组方案，即初期5模块，近、远期高峰期间5模块和7模块混跑，平峰期间5模块，合理地解决了不同时期车辆使用的延续性，以及对不同时期、不同时段客流变化的适应性，提高运营服务水平和运营效益。

线路除一个节点因地区交通需要而采用下穿外，其余均为地面线，车站为地面敞开式车站，售检票采取车上售检票模式，大阳山车辆段为规划有轨电车3、4号线共享厂、架修预留条件，有效地降低了工程建设成本和运营成本。图5为建成后的龙安路站及天桥图片。

5. 重视环境保护和节约能源，贯彻环境和谐、可持续发展的方针，落实全寿命周期成本的设计理念，使有轨电车项目成为绿色公共交通系统和城市的一道风景线。

本项目所在地苏州高新区是国家级高新技术开发区，是以城乡一体化为先导，以山水人文为特色，以科技、人文、生态、高效为主题，集创新科技生产、高端现代服务、人文生态居住、旅游休闲度假四大功能于一体的现代化城区。为了充分契合高新区生态主题，提供与区域内居民高品质生活及生产要求相协调的交通服务模式，本项目在启动之处即着手进行交通噪声、尾气排放、振动等环境评价以及节约能源评估，根据评估结

图4　曲线段轻型接触网

图5　龙安路站及天桥

果优化了方案,落实了环保和节能措施。

本项目采用的低地板钢轮钢轨有轨电车系统制式,与其他同等运量交通系统相比具有低排放、低噪音、景观好的优点。埋入式轨道辅以柔性减振材料,有效地降低了车辆运行产生的噪音;车辆采用模块化制造,外形时尚,利用绿化带或者中央分隔带敷设线路,辅以轨道间的草坪铺装,可以实现交通与景观双重功能的融合,提升城市形象,成为城市的一道风景线。

**【咨询效果】**

1.《苏州高新区有轨电车1号线工程可行性研究报告》编制依据清晰,章节内容齐全,基础资料翔实,项目功能定位恰当。其提出的运营模式合理,采用的技术标准适当,总体建设规模和运能设计均满足客流预测的需求。可行性研究可为后续的项目建设提供指导意见。

本项目的可行性研究成果及理念已经落实到后续的建设与经营,目前苏州高新区有轨电车1号线工程已经建成通车,运营效果良好,社会效益明显。

2. 本可研报告根据客流,合理选择近、远期的车辆模块数,把解决客运需求与提高服务水平及降低运营成本相结合;线路主要利用路中或路侧敷设的铺装形式,基本为地面线,车辆检修设施、运营调度中心等设施按照网络建设的理念,考虑了后建线路的资源共享,有效地降低了工程建设成本和运营成本,经济效益显著。

3. 本可研报告推荐采用的100%低地板钢轮钢轨现代有轨电车系统制式,重视环境保护和节约能源,贯彻环境和谐、可持续发展方针,落实全寿命周期成本的设计理念,使本工程成为高新区绿色公共交通系统和城市的一道亮丽风景线。

4. 社会影响巨大,不仅为本项目决策提供依据,同时为现代有轨电车的规划、建设及应用提供了新思路,起到了很好的示范效应。苏州高新区有轨电车1号线工程是第一个经国家层面审查的线网规划,也是第一个国家发改委对车辆、信号系统进行审查的项目,其功能定位、设计标准在国内具有关键的示范意义。

由于国内尚没有现代有轨电车工程的设计、建设标准或规范,严重制约了其应用和发展,通过对本项目的可行性研究,形成一系列的标准、规程与专利技术,指导现代有轨电车工程的规划设计及建设运营。

本可行性研究的编制,为项目决策提供可靠依据。业主根据可研报告的可行结论,作出了高新区现代有轨电车网络及1号线工程的决策。本次可行性研究工作具有较高的技术性和创新性,是一个既复杂又系统的过程,为其他现代有轨电车项目起到很好的示范效应,成了国内有轨电车工程的典范。

# 宁波市轨道交通2号线一期工程可行性研究报告
## The Feasibility Study Report of the First-stage Project of Ningbo Rail Transit Line 2

编写单位：上海市隧道工程轨道交通设计研究院
Shanghai Tunnel Engineering & Rail Transit Design and Research Institute
联系方式：021-54519988　　　网址：www.stedi.cn
主要完成人：李英　张蓓　王晨　宋贤林　单宁　杨昊　吴祖峰　韩小勇　陈望桂　董晓艳

【点评】

宁波市轨道交通2号线在该市轨道线网中为西南—东北方向的基本骨干线，串联了多个大型客流集散点及城市对外交通枢纽。本报告准确把握项目在线网规划中的功能定位，在线、站位方案，敷设方式，换乘枢纽特别是宁波火车站一体化研究，列车编组方案，机电设备系统方案，资源共享、交通衔接、风险分析、车辆及机电设备国产化、节能环保、投资估算等方面进行了全面、深入的分析研究，提出的设计理念、思路和方案合理可行，为项目的科学决策、顺利实施和工程造价的控制起到了积极的作用。

【项目背景】

宁波市当前处在城市化与机动化快速发展期，亟须加快出行结构优化调整。宁波市轨道交通2号线在规划线网中为西南—东北方向的基本骨干线，其一期工程由栎社机场至东外环，是近期建设规划中的重要线路之一，线路串联了栎社机场、段塘客运中心、城南商贸商务区、铁路宁波站、月湖街区、鼓楼街区、三江片商业中心、宁波大学等多个大型居民区、商业、文化中心和交通枢纽，与线网中5条线形成6座换乘车站。一期工程的建设对缓解城市核心区交通矛盾，加快形成城市轨道交通线网骨架，发挥网络整体功效，构筑便捷、高标准的内部交通和对外交通体系，强化中心城核心区对外辐射功能，提升宁波区域经济中心城市地位和综合竞争力具有重要意义。

【项目内容】

2号线一期工程线路全长28.5 km，其中地下线21.66 km，高架线6.41 km，过渡段0.43 km；共设21座车站，其中地下车站17座，高架车站4座，一期工程设黄隘车辆段和东外环停车场，设控制中心1座（与1号线合建），设主变2座；客流预测初、近、远期高峰小时单向最大断面流量分别为1.18、1.89、3.13万人次/小时，全日客运量分别为26.98万、43.93万、73.13万人次。车辆采用B型车，初、近期4辆，远期6辆编组。项目总投资171.3亿元。

本可研报告重点从提高投资效益、规避投资风险的角度出发，通过技术经济比较论证2号线一期工程总体方案的合理性、可行性；从满足高效安全运营角度出发，论证2号线系统规模和系统设备选择的合理性、适应性；从以人为本的角度出发，论证分析项目建设对城市、人与自然和谐发展等方面的影响；从全面发展的角度出发，论证分析2号线建设对促进宁波城市社会经济可持续发展所产生的影响；从可持续发展的角度出发，统筹考虑项目建设的环境生态影响、土地合理利用、能源节约、项目运营效益等，确保2号线一期工程项目符合建设资源节约型和环境友好型社会的要求。

【工作过程】

2008年7月，上海市隧道工程轨道交通设计研究院中标2号线一期工程可行性研究及相关专题研究。随后组成可研项目组，自2008年8月进驻宁波至2009年9月间，结合以往工作的基础，开展了大量的基础资料调研，组织了各种层面的、多轮次的工程方案汇报和现场踏勘，进行了初步地质勘察、地下管线调查、物探等，充分征求了宁波市发展改革委、规划、国土、交通、供电、人防、沿线各区以及轨道指挥部等政府各部门意见，并针对宁波特殊的地质条件对铁路站等相关工程节点进行了专题研究和充分的协调，对穿越城市核心区段和过江段线路进行了多方案综合比选研究，确保工程方案实施的可行性。其间，先后编制完成了《宁波市轨道交通2号线一期工程可行性研究报告》征求意见稿、送审稿、报批稿，并分别于2009年5月底、9月顺利通过了宁波市发展改革委组织的专家预评审和北京城建设计研究总院有限责任公司受国家发展改革委托组织的评估。2010年3月18日，获得国家发展改革委发改基础〔2010〕502号文批复。

## 【咨询工作特点】

### 一、项目特点

1. 时间紧

根据国务院批准的宁波市城市快速轨道交通建设规划（2008—2015），宁波市为确保在2010年开工，2015年按规划建成2号线一期工程，需要在一年内完成线站位稳定、各部门意见征询、可研报告及配套专题报告编制、审查及上报工作，时间紧迫。

2. 任务重

为了确保项目编制质量和进度，根据业主要求，可研报告编制单位除可研报告编制任务外，还承担了包括客流预测、勘察、环境影响评估、震评、灾评等各项专题报告的总包管理和总体协调工作，范围广、门类多、任务重。

3. 难度高

本项目线路穿过市中心繁华地段，线型曲折，沿线重点、难点工程众多，如机场改扩建工程、铁路宁波客站改建工程、规划34省道立交桥、在建1号线、规划解放桥改造工程、已建庆丰桥、规划世纪大道立交桥、规划院士路高架道路、在建东外环立交桥、多处在建地块等，穿越难度大，工程地质条件复杂。

### 二、成果特点

1. 工作方法科学、工作安排细致周密，按时保质完成项目上报

项目组对可研报告编制综合采取了多种咨询方法，确保2号线一期工程可研报告及相关专题研究结论的客观、准确和技术方案的经济合理、可行。① 现场调查、踏勘与资料分析研究相结合；② 理论分析与专家经验相结合；③ 可行性研究与专题研究相结合；④ 方案论证与外部协调相结合；⑤ 定性分析与定量分析相结合；⑥ 静态分析与动态分析相结合；⑦ 多方案技术经济比较与优化等。

同时，项目组根据项目要求制定细致周密的工作策划，明确可行性研究及相关专题报告的进度与质量、管理工作目标和保障措施，按计划、分阶段完成了基础资料收集与分析、线站位方案深化与各部门意见征询、总体方案审查与优化、重要节点和技术难点专题论证、相关专题研究，可行性研究报告初稿、送审稿、报批稿的编制工作等。在项目组总体控制下，各单位、专业之间衔接紧密各主要工作阶段有序开展，研究工作和成果全面达到预定的质量、进度、投资控制目标。完成后的可研报告及相关专题报告为项目决策、评估、审查提供了全面的依据，项目顺利通过国家发展改革委组织的审查并获批。

2. 准确把握和体现规划功能定位，使项目与城市发展需求紧密结合

从城市规划、线网规划的角度对项目功能进行分析，认为本项目联系三江片主城区及西南、东北各城市组团，沿甬江、奉化江城市水岸生活轴布置的快速客运通道，串联宁波最重要的对外交通枢纽（机场、铁路、段塘客运中心等），与在建1号线形成"十"字形城市综合交通体系的骨架线路，强化中心区向外围的交通辐射功能，发挥轨道网络整体效益和服务水平，引导和促进城市发展。

通过研究使项目功能定位进一步明确和清晰，并以此指导系统规模与主要技术标准，使项目符合城市发展状况与发展规划。

（1）遵循"建设为运营服务、设计以运营需求为目的"的设计理念。

围绕"建设为运营服务、设计以运营需求为目的"的设计理念，在整个项目设计中，寻求最佳的运营及管理模式，合理确定系统规模，使设计的系统技术水平与功能符合运营的需要，从各专业设计上保证工程项目达到预期的服务水平。

由于本项目初、近期高峰高断面客流分别为1.18万人/h、1.89万人/h，与远期客流相比较小，因此，根据2号线的客流规模和远期编组方案，对初、近期采用4辆编组与6辆编组两个方案，从配属车辆、行车间隔、牵引能耗、满载率与拥挤度及应对初期客流风险等多个方面进行详细比选。提出4-4-6的编组方案，在满足运能需求的前提

下，节省工程费用。经计算分析，4-4-6编组方案较6-6-6编组方案初期在配属车辆上可节省投资约2.34亿元，初、近期可节省牵引能耗用约6150万元，且4辆编组方案初、近期高峰行车间隔较小，服务水平较好，满载率亦较6辆编组方案高，具有较好的运营效益，并能够较好地应对初期的客流风险。

（2）从网络层面综合分析，提出局部网络调整优化方案。

本可研报告结合2号线一期工程西段新选址的黄陇车辆段已得到规划认可的契机，提出了2号线终点至机场站，由5号线替代2号线向西沿鄞县大道延伸至古林镇中心，沿线建成区较多，开发力度较大，客流条件较好，同时可利用原2号线的后港停车场的局部网络调整优化方案，避免了金房停车场的大量拆迁；避免了2号线延伸时需增加2个车站及长约4.5 km的地下线路，且未能很好地服务古林镇中心区，克服了客流条件和运营效益较差的弊端，得到规划部门以及评审专家的一致认可。

（3）贯彻交通一体化发展原则，促进轨道2号线与其他交通方式的有机衔接，实现城市交通一体化发展。

2号线一期工程连接了栎社机场、段塘客运中心、铁路宁波站等宁波市主要对外交通枢纽，在本可研报告中对这些枢纽站的内外交通换乘进行了全方位的深入研究。

以铁路宁波站为例，铁路宁波站将实施改扩建。建成后，铁路宁波站地区将形成一个集国铁、城市轨道交通、市域短途、市内公交、公路公交、出租车和社会车辆等多种交通方式为一体的综合型客运枢纽。而轨道交通2、4号线分别引入铁路宁波站，如何结合铁路宁波站改扩建工程同步实施轨道交通换乘车站，以尽可能发挥轨道交通功能、强化内外交通有机衔接、实现枢纽换乘整体最优，是非常重要的问题。

本可研报告根据铁路宁波站枢纽布局规划、南站地区用地规划以及2、4号线线路沿线情况，对2、4号线铁路南站站前后三站两区间线路走向及换乘布局方案进行了多方案深化研究，先后提出了平行双岛同台换乘、平行双岛不同台换乘、上下重叠同台换乘、上下重叠不同台换乘、2号线垂直居中（拆富邦裙房）方案、垂直居中2号线东偏40 m（绕避富邦裙房）方案等

图1　2号线走向图

宁波市轨道交通2号线线路走向示意图

多个方案。经多轮专题研究比选、多次、多方汇报、征求意见,最终推荐2、4号线垂直居中换乘方案。该方案从枢纽的功能分区、流线组织、各种交通方式间相互换乘及资源共享等方面进行了重点研究,体现了"高屋建瓴规划、现代理念设计、一流水平建设、创造宁波特色"的总体思想和"以人为本、高效便捷"的设计理念。

本可研报告高度重视轨道交通与其他交通方式的一体化衔接研究,专门编制交通衔接专题和相关章节,调整优化轨道沿线交通资源配置,通过对常规公交实施"横向加密、纵向抽梳"的调整模式,强化接驳、弱化竞争,建立与城市交通发展结构相适应的轨道交通衔接体系,促进交通一体化建设,充分发挥轨道交通为骨干,常规公交为主体,多重交通方式相结合的城市公共客运体系的系统效能。

3. 全面提升研究广度、深度、深化多方案比选,重大问题专题论证、科学决策

本可研报告在全面分析梳理项目特点的基础上,根据有关政策、规定和技术标准、规范要求,全面提出可研报告主要任务和基本内容,编制大纲及研究深度、范围,涵盖了目前可行性研究报告相关的全部内容,并全面梳理了研究重点、难点,开展专题研究工作,将主要成果落实在可行性研究报告中。

(1)认真开展多方案研究与比选工作,力求推荐方案综合最优。

本项目线路穿过市中心繁华地段,线型曲折,沿线历史保护建筑多、相关工程多,穿越条件复杂。在编制可研报告工作过程中,对全线进行了数十次现场踏勘和资料调研,其中重点对机场快速路段线路方案、段塘客运站至铁路南站站段线路方案、环城北路段线路方案、敞开段位置设置方案等前期规划方案中存在争议的问题进行了多方案研究,本可研报告最终推荐的线站位方案选址获宁波市规划局批复以及市轨道工程建设指挥部及市、区相关部门和评审专家的一致好评。

以机场快速路段线路方案为例,项目组经反复现场踏勘并与市、区规划部门多次沟通,结合新选址的车辆基地提出了沿雅戈尔大道、石泉路敷设的多个比选方案,经深入研究论证和技术经比选,最终推荐沿雅戈尔大道方案。该方案客流效益很好,能有效带动与促进周边区域的改造发展,且避开机场快速高架路诸多矛盾,实施条件较好;同时新选址的黄隘车辆段用地获规划部门批准,与出入段线接轨方便,段址较原规划场址使用条件好,拆迁量小。

(2)开展多项专题研究工作,主要成果落实在可行性研究报告中。

先后开展并完成了沿线土层分类及命名专题研究、交通衔接专题研究、车辆基地资源共享专题研究、高架车站的建筑造型设计专题研究、轨道交通物业开发专题研究、车站出入口建筑设计专题研究、车站建筑模块化设计专题研究等。

4. 因地制宜优化方案,积极探索注重创新,提升项目技术水平

本项目研究中重视科技创新,对车站布置、资源共享、节能降耗、风险控制、提高国产化率等进行了研究和探索。

(1)基于多专业协同与功能价值整合的模块化、集约化、人性化车站布置理念。

收集上海地铁多年运营、设计经验形成的设备管理用房面积控制规模表,结合管理与设备系统功能的集成整合,对车站进行功能价值分析,以功能需求为导向,提出车站设计模块化、集约化布置理念。同时,充分考虑宁波市精致的城市特点,从以人为本的角度出发,中心城区在有条件的前提下出入口以及站台至站厅的扶梯设置双向扶梯,车站在道路两侧各设置一台垂直电梯。

(2)以网络资源共享为核心,实现资源效益最大化。

2号线一期工程22座车站中有6座车站与其他5条轨道交通线路进行换乘,其中铁路南站站(2、4号线换乘站)、鼓楼站(1、2号线换乘站)、甬江北站(2、3号线换乘站)同步建成。本可研报告贯彻"网络化、人性化、资源共享、效率成本"理念,主要就车辆、车辆基地、控制中心、机电设备系统、换乘站等提出针对性的网络化建设与资源共享方案,体现网络运营的整体效率和效益最大化,实现单线局部最优和网络整体最优的有机结合,使轨道交通建设又好又快地向前发展。同时,启运路站、柳汀街站、汽车市场站—甬江北站及东外环停车场等均实现了上盖或与周边地块的开发结合,综合高效利用城市空间,集约化利用土地。

(3)贯彻"节能增效、注重环境"的原则,系统地提出节能、环保方案。

本可研项目组从可持续发展的角度出发,统筹考虑项目建设的环境生态影响、土地合理利用、能源节约等,提出有效的方案和措施,以安全、舒适、环保、经济为设计目标,编写了节约能源专题

图2　2号线车站实景图

研究报告,从线路、行车组织、建筑、车辆、供电、通风空调、给排水、车辆基地等专业系统地提出了节能思路和详细的可实施性方案。经测算,综合节能效果较过去传统的地铁系统可节能8%~10%。同时,结合宁波地区地质条件、沿线工程特点、环境影响评估要求以及国内外城市轨道交通的建设和运营经验,强化了风亭、冷却塔避让既有住宅及消声等措施,对于沿线环境振动和噪声敏感点,合理划分振动超标等级,采取分级减振降噪优化措施,以经济合理地减少列车运营对沿线环境的干扰,使振动和噪声符合国家环保的要求,实现了环境保护和资源节约的双赢,确保项目符合建设资源节约型和环境友好型社会的要求。

（4）注重项目风险分析,提出全寿命周期项目风险管理思路。

本可研报告根据住房和城乡建设部颁发的《地铁及地下工程建设风险管理指南》以及宁波特定的地质条件资料,通过辨识、分析和评估工程建设风险,优化可行性方案,规避和降低由于线位、纵断面设计和施工方法等规划方案不合理所带来的风险,为工程设计、施工及保险做好前期准备,初步制定工程风险控制措施和对策。从项目前期阶段提出系统考虑轨道交通整个寿命周期（包括:设计、施工、设备采购与安装、验收开通、试运营、正式运营）内的安全问题,将系统安全保障管理工作贯穿于项目的整个寿命周期,使各阶段的系统安全保障工作具有连续性管理思路。

（5）完善的国产化专题方案。

积极响应国务院办公厅颁布的国办发［1999］20号文件及国家发改委颁布的发改办工业［2005］2084号文精神,为降低工程造价、运营及维护成本,推动城市轨道交通和相关产业的发展,本可研项目组编写了车辆及机电设备国产化专题报告,经综合研究,本项目车辆及机电设备综合国产化率为73.5%,顺利实现国家要求70%的目标。

（6）注重投资效益、规避投资风险。

通过风险分析和技术经济比较等多种手段,优化设计方案和施工工艺,为工程可实施性和工程造价的控制起到积极的作用；估算编制中充分利用积累资料,对单项工程拆分细化,采用类比分析法校核,有效控制投资,本工程投资估算总额为171.31亿元,技术经济指标为6.01亿元/正线千米,指标适中。

**【咨询效果】**

一、全面指导项目工程建设

《宁波市轨道交通2号线一期工程可行性研究报告》分别于2009年5月底、9月顺利通过了宁波市发展改革委组织的专家预评审和北京城建设计研究总院有限责任公司受国家发改委委托组织的评估。2010年3月18日,获得国家发展改革委发改基础〔2010〕502号文批复。

工程初步设计于2010年11月18日获宁波市发展改革委批复,2010年12月23日开工建设。目前全线土建已基本完成并实现轨通、电通,正在开展机电安装和车站装修工作,车辆正在按计划接受调试,同步开展试运营准备工作,计划2015年10月进行通车试运营。

二、主要工程方案可实施性强、确保工程按计划顺利实施

在项目研究过程中与宁波市相关职能部门及沿线相关单位进行了反复沟通、协调。沿线市政工程有机场改扩建工程、规划34省道立交桥、在建外事学校、铁路宁波站改建工程、在建1号线、规划解放桥改造工程、在建凯德置地、已建庆丰桥、规划世纪大道立交桥、规划院士路高架道路、在建东外环立交桥等,在工可研究过程中经多次协调,基本稳定了2号线与这些工程之间的相互关系,做好预留条件,有条件同步实施的尽可能同步实施,尽量在工期上与之配合,遵循"先地下,后地上"原则,避免道路的二次开挖。

由于在可行性研究阶段较好地解决了重点、难点方案,且主要方案与相关部门、沿线单位即相关工程协调一致,因此,以可行性研究报告为基础,初设、施工图设计工作顺利开展,主要方案一直保持稳定,为项目顺利开工及按期建设打下良好基础。

图3　2号线实景图

# 温州机场交通枢纽综合体及公用配套工程可行性研究报告
## The Feasibility Study Report of Wenzhou Airport Transportation Hub Complex and Public Supporting Projects

编写单位：同济大学建筑设计研究院（集团）有限公司
Tongji Architectural Design ( GROUP ) Co.,Ltd. ( TJAD )
联系电话：021-35377649　　网址：http://www.tjadri.com
主要完成人：丁洁民　翁晓红　周茂刚　王玉萍　刘　霞　陈佳妮　陈笑月　郦　恒　王建强　丰　雷

## 【点评】

本报告结合城市发展规划、机场规划，参考国内外机场配套设施与商业设施的建设案例，对交通枢纽综合体的定位进行了研究。基于一体化集成的设计理念，提出建设一个集航空、轨道、长途客运等多种方式于一体的高效运行的综合交通枢纽，突破了传统的单一交通机场建设模式，实现机场与城区、城际之间的快速有效换乘。

## 【项目背景】

温州市是长三角城市群中最具经济活力的城市，是中国东部沿海重要的金融、商贸、工业、港口和旅游城市，物流、人流、商品流、资金流快速流动。温州机场作为中国同类机场中发展速度较快的机场之一，目前已升级为国内一级机场，近期规划为中国国内重要的干线机场，远期规划为大型国际机场。随着机场航空业务量的上升，新跑道、T2航站楼、停机坪、货运区等机场扩建工程有序推进。本项目作为机场的重要配套设施，是保障温州机场快速发展的核心基础工程，是温州市重大建设工程之一。

本项目建设内容包括交通枢纽综合体和机场航站区公用配套工程。其中，交通枢纽综合体占地面积155 611平方米，总建筑面积282 867平方米；公用配套工程规划总用地面积约为121.03公顷。项目总投资约369 976万元。

本项目建设内容复杂，体量大，投资巨大，且涉及航空、轨道交通、长途客运等多种交通方式，对项目的功能策划、规模论证、交通一体化设计、技术方案、投资估算等要求均非常高。为此，业主方委托我院进行此项目的可研报告研究工作，为业主方的投资决策和温州市有关部门审批提供参考和依据。

## 【项目内容】

（1）建设单位：温州机场集团有限公司。

（2）建设地点：交通枢纽综合体位于在建的温州龙湾国际机场T2航站楼西侧，与T2航站楼直接连接，地下温州市域铁路S1、S2线横穿而过。公用配套工程建设范围为现状T1航站楼（包含）和未来规划的T2航站楼（包含）西侧站前区用地，西至滨海大道，规划总面积约为121.03公顷。项目周边市政设施齐全、交通便利、环境整洁，建设条件良好。

（3）建设内容及规模：项目建设内容包括交通枢纽综合体和机场航站区公用配套工程。交通枢纽综合体占地面积155 611平方米，总建筑面积282 867平方米，其中地上建筑面积201 185平方米，地下建筑面积81 682平方米；地上8层，地下2层。项目将建设成为融合一站式交通换乘功能与现代商业服务功能于一体的新型城市综合体，建设内容主要包括商业及公共交通空间、酒店、办公、长途汽车站、停车库、室外停车场、交通枢纽与T2航站楼地上地下连廊以及轨道站厅、站台等。

公用配套工程主要是温州机场航站区的公用配套工程，规划总用地面积约为121.03公顷，包括航站区道路桥梁工程、河道工程、景观绿化工程、电力工程、给排水工程、燃气工程、电信工程、能源中心、S1、S2线过龙湾国际机场段区间隧道地下空间开发、变电站、开闭所、水泵房、垃圾中转站、公共厕所等配套设施。

（4）技术可行性：温州市域铁路S1、S2线将从本项目地下横穿而过，并在交通枢纽综合体

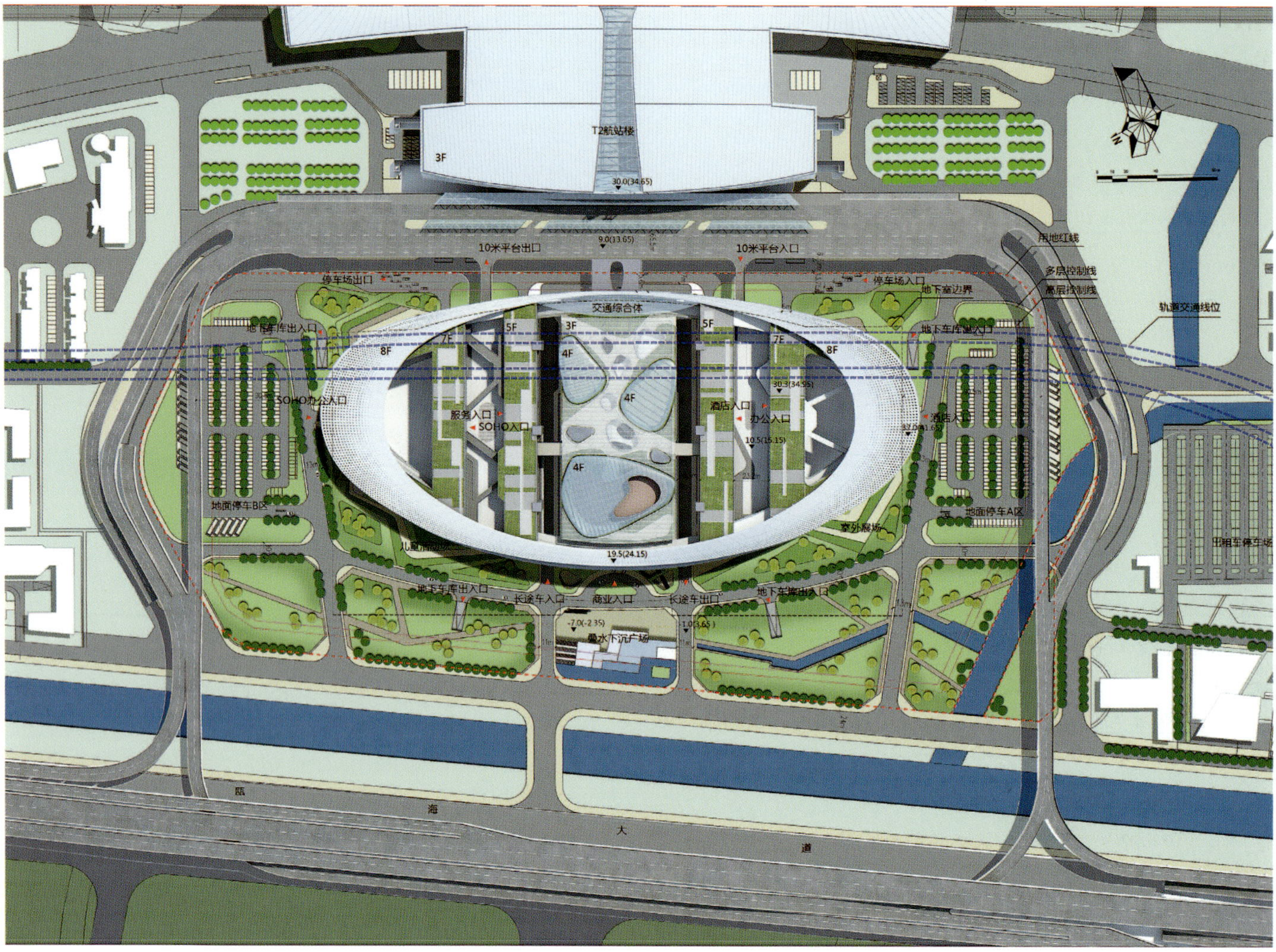

图1 总平面图

图2 交通界面示意图

内设站。此综合体不仅有商业、办公、酒店、停车库、交通换乘空间等设施,还增加了轨交站厅和站台的开发。而且,本项目开发内容还包括S1、S2线机场段区间隧道地下空间开发。本报告在方案中对这些开发内容的设计主体进行了清晰的划分,设计界面清晰,并能够与轨交S1、S2线等建设内容进行有效衔接。项目的设计方案内容全面,开发工程明确,设计界面和范围清晰,技术方案合理、可行。

(5)投资估算:项目总投资约369 976万元,包括建筑安装工程费用290 924万元,工程建设其他费用30 133元,预备费用19 263万元,土地费用7 875万元(为综合体及T2航站楼的土地费),建设期贷款利息21 781万元。项目投资不包括地铁隧道深基坑围护费用,不包含T2航站楼前的高架平台桥梁投资费用。

项目建设资金由资本金、销售回款和银行贷款解决。

(6)效益分析:财务效益良好。项目建成后,通过部分商业设施的销售和酒店、停车等设施的经营,能够平衡整个工程的建设投资,并且还具有一定的盈利能力。项目在计算期内全部投资的内部收益率为6.81%,自有资金的内部收益率为6.83%。因此,项目建设的财务效益良好。

社会经济效益显著。项目的建设能够完善机场的配套服务设施,实现机场交通的零换乘;提升温州企业的品牌价值,促进温州产业转型发展;打造温州城市新形象,提高温州城市地位;并带动当时社会人员的就业,增加区域政府财政收入。项目建成后的社会经济效益显著。

【工作过程】

咨询工作从2013年3月开始,至2013年12月完成。其具体研究工作过程如下:

接受委托后,我院即成立项目组,与项目业主进行深入访谈,了解项目提出的背景及研究重点,了解业主的需求和决策难点。通过多次对项目地块及周边进行实地踏勘,了解地块内部现状情况及周边功能及交通情况,为项目的整体定位、功能定位等掌握第一手的现状资料。同时,通过专业书刊、文献及网上资料的查阅,了解相关产业的发展状况、可比案例情况,为项目的定位提供理论及数据支撑。

项目建设内容复杂,体量大,投资巨大,且涉及航空、轨道交通、长途客运等多种交通方式,对项目的功能策划、规模论证、交通一体化设计、技术方案、投资估算等要求均非常高。针对工作中的重点和难点问题,我院采取以下新思路、新方法和新手段:

(1)针对项目建设内容复杂、工程类别多、投资主体多、整合难度大的特点,项目团队理清了工程之间的相互关系和投资主体的工作界面,

图3 项目日景鸟瞰图(1)

图4　项目日景鸟瞰图（2）

图5　项目夜景鸟瞰图

图6　项目夜景透视图

并进行有效沟通协调，推动了项目的顺利进展。

项目建设内容包括交通枢纽综合体和机场航站区公用配套工程。其中，交通枢纽综合体总建筑面积282 867平方米，包括商业及公共交通空间、酒店、办公、长途汽车站、停车库、室外停车场以及轨道站厅、站台等内容；公用配套工程规划总用地面积约为121.03公顷，包括航站区道路桥梁工程、河道工程、景观绿化工程、电力工程、给排水工程、燃气工程、电信工程、能源中心、S1/S2线机场段隧道地下空间开发、变电站等配套设施。因此，此项目是一个规模庞大、工程类别繁多、建设内容复杂的综合性工程。

项目建设有一系列的问题需要解决，如不同投资主体的工作界面、投资分摊，不同工程的相互衔接，运营期各部门的运营管理职责等，协调沟通工作难度较大。我院在工作过程中多次牵头组织各部门协调会议，梳理各类复杂问题，理清部门关系，明确各部门职责，有效推动了项目的工作进展。

（2）对方案进行多轮优化和比选，有效控制规模和投资，降低运营风险。

本项目原方案总建筑面积约31.3万平方米，总投资约39.8亿元。考虑到较大的投资规模和商业设施规模，可能导致商业运营面临一定的招商和市场培育风险，进而导致项目的资金回笼风险。为此，我院咨询部门与设计部门密切合作，对原方案进行了多轮优化和比选，通过运用市场需求法、现状类推法、建设标准法、人均面积法等科学合理的方法，对项目建设的停车设施、长途汽车站、酒店、办公等各类设施进行了严谨的规模测算，并将收益率低、回收期长的机场配套设施通过降低级别和标准的方式进行了规模和投资优化，最终将项目总建设面积降低到28.3万平方米，总投资降低到37亿元。此外，本报告还对商业设施的功能定位重新进行了策划和优化，将原来单一的商业设施优化为品牌商贸、展览展示、SOHO办公、餐饮配套等相结合的功能方案，在降低项目投资的同时，能够加速项目建成后商业设施的去化速度，加快资金回笼速度，从而大大降低了项目的市场运营风险和财务风险。

（3）项目定位紧密结合案例研究，分析全面深入，思路清晰，定位明确。

本报告结合城市发展规划、机场规划、案例研究等对交通枢纽综合体的定位进行了专篇研究,包括定位思路、整体定位、功能定位、规模定位、客户定位、运营模式、价格定位等。特别是借鉴国内外机场配套设施与商业设施相结合的经验,对项目的功能进行定位,主要功能设施包括机场相关配套设施和一定规模的商业设施,包括停车设施、商业及公共交通空间、长途汽车站、酒店、办公等。其中,停车设施、交通换乘空间既是机场的配套设施,也为商业设施提供配套服务。功能定位为设计的后续深化提供了科学依据。

定位研究紧密结合同类案例、城市规划、发展目标,分析全面,思路清晰。整个定位章节的分析翔实深入,定位明确。

本报告编制期间,听取了温州市发改委等多方面的意见,经过多轮报告修改优化,得到了市发改委的认可。

## 【咨询工作特点】

(1)根据本项目特点,提出一体化集成的理念,突破传统模式,建设集航空、轨道、长途客运等多种方式于一体的综合交通枢纽,并通过合理有效的交通一体化设计,实现各种交通方式之间的无缝衔接。

本项目除机场航空外,还建有轨道交通、长途客运等交通方式。本报告基于一体化集成的设计理念,提出建设一个集航空、轨道、长途客运等多种方式于一体的高效运行的综合交通枢纽目标,突破了传统的单一交通机场建设模式,实现机场与城区、城际之间的快速有效换乘。

本项目的综合交通枢纽建设,涉及各类人流、车流的换乘组织问题,人流、车流复杂,对交通组织和流线设计的要求高。本报告对针对各种交通方式之间的换乘问题,以及机场、轨道交通、长途客运、出租车、社会车辆等各类人流、车流进行了一体化设计,使交通枢纽内外部流线分明,流线组织快速有效,实现了各类交通方式之间的无缝对接,大大提高了客流的换乘效率。

(2)提出创新性的投资模式,建设一站式交通换乘融合商业服务功能的交通枢纽城市综合体,实现机场建设自身"造血"功能。

机场作为城市交通基础设施,建设资金投入

图7 综合体入口夜景透视图

大,投资回收困难,资金紧缺问题严重,运营期"造血、补血"能力不足。为了缓解机场的建设资金和营运资金压力,根据国家发改委《促进综合交通枢纽发展的指导意见》中"鼓励综合交通枢纽土地的综合开发,收益应用于补贴枢纽设施建设运营"的要求,并借鉴国内外大型机场综合开发商业设施的建设趋势,本报告提出了创新性的投资模式,即建设融合一站式交通换乘功能与现代商业服务功能于一体的新型城市综合体,实现交通枢纽的单一建设模式向多元化复合型建设模式转变,用商业设施产生的收益弥补机场建设投资,实现机场自身的部分"造血"功能,推动机场的可持续发展。

（3）对项目难点即商业设施定位进行了专题策划,提高了项目的可实施性。

本项目商业设施作为交通枢纽城市综合体的主要功能设施之一,建设体量较大、业态多,对提升项目整体的盈利能力关系重大。对于本项目的重点难点——商业设施,本报告对其功能组成、业态定位、产业定位、运营管理、市场竞争等进行了专题策划,使其能够与市场需求相吻合,大大提高了项目的可实施性。

（4）定量分析与定性分析相结合预测航空业务量,预测结果科学合理,为停车设施、长途汽车站、酒店设施、办公设施等规模测算提供有力支撑。

航空业务量预测是一项综合性、系统性的工作,涉及社会经济生活的各个方面,影响因素较多。航空业务量预测主要是依据机场航空运输量的历史统计数据,并结合当地经济发展、旅游等状况,本报告中采取定量分析法（趋势推断法、计量经济法、专家预测法、几何平均值）和定性分析法,对机场的航空业务量进行预测分析。预测结果科学合理,为项目停车设施、长途汽车站、酒店设施、办公设施等规模测算提供翔实的基础数据。

（5）采取绿色生态节能技术、新材料与新工艺,将本项目打造成当地大型公共建筑绿色生态示范工程。

本项目建成后将成为温州机场航站区的标志性建筑。除遵守国家各项节能标准之外,本报告建议正确处理好节能、节地、节水、节材、保护环境和满足项目功能之间的辩证关系,采用适度超前、技术成熟的新产品、新材料与新工艺,将其打造成当地大型公共建筑绿色生态示范工程。本报告对交通枢纽综合体的能耗情况从用水、电、气和节能技术进行分析。在建筑空间和功能方面采取双层幕墙及自然通风、双层表皮、自然采光、开放式停车库。在建筑技术方面采取太阳能热水、建筑一体化太阳能发电、屋顶花园兼雨水收集、集中供能、热水系统及蓄热（冷）技术、建筑探测点信息智能反馈系统,为项目打造大型公共建筑绿色生态示范工程提供技术支撑。

（6）风险分析全面客观,并提出了针对性的有效防范措施,为业主方项目风险管理提供依据。

本项目建设规模较大,建设内容复杂,其开发建设面临一定的风险。本报告对其可能存在的风险和问题进行了梳理和分析,尤其是商业设施建成初期的招商风险,以及未来运营过程中可能面临的客流支撑风险、运营管理风险等。本报告的风险分析全面客观,并针对性地提出了相关风险防范措施,如设立免税店、减免税费、政府贴息等相关政府支持政策,电视、报纸、地铁广告等媒体宣传手段,等等,有效地控制和降低了项目的建设风险,为业主方项目风险管理提供依据。

**【咨询效果】**

本报告咨询效果显著,其主要体现在:

（1）完善机场配套服务设施,实现机场交通零换乘。

温州国际大都市的建设及温州机场的升级扩建均需要同步提升机场的各项配套服务设施。温州机场目前正在建设全新的T2航站楼,建筑面积10万平方米,设计容量约1 300万人次。此外,停机坪及飞行区等区域也正在进行改扩建。温州机场未来吞吐量将大幅上升,机场规模、等级和地位将大大提高。机场的升级扩建对周边的交通、停车、住宿、商贸、办公等配套设施也提出了新的要求。本项目在新建T2航站楼南侧建设交通枢纽城市综合体,为机场提供相应的交通换乘、停车、商业、酒店、办公等配套服务设施,满足机场扩建带来的配套需求,完善机场的配套服务设施,提升机场的服务水平。本项目中的市政配套工程也能够为机场的建设和正常运营提供交通道路和市政配套等保障设施。

此外,本项目建设的交通换乘中心将集合航空、市域铁路、长途汽车、城市公交、城市出租等各项交通方式于一体,打造机场综合交通枢纽,为机场客流提供便捷的换乘方式,实现机场交通零换乘和无缝化衔接,缩短交通换乘距离。

（2）提升温州企业品牌价值，促进温州产业转型发展。

温州市民营经济发达，企业品牌众多，但是产业链低端，品牌价值不高。本项目借助温州机场的窗口展示优势及庞大的商务客流优势，在航站楼旁边建设集合温州企业品牌的展贸中心，使其成为温州企业品牌对外展示的重要窗口，联系海内外温州企业及商人的重要纽带，从而成为提升温州企业品牌价值的重要平台。本项目建设的温州品牌展贸中心在提升温州企业品牌价值的同时，也提升了温州品牌在全球的地位和认知度，提升了温州企业的品牌形象。本项目的建设将大大提升温州企业的品牌价值和形象，促使温州企业由传统低端制造业向高端品牌化发展转型，促进温州产业的升级。

交通枢纽城市综合体的建设将带动温州空港经济快速发展，促进温州现代服务业等第三产业的迅速发展，成为温州经济增长和转型发展的重要拉动力量之一，促进温州经济结构的转型。

（3）打造温州城市新形象，提高温州城市地位。

交通枢纽城市综合体和市政配套工程的建设是为机场升级提供必要配套设施的需要。本项目的建设能够促进温州机场建设成为现代化的国际机场，强化浙南闽北航空主枢纽地位，促使温州打造成为国际性的大都市和浙江省南部地区的交通枢纽，提升温州的城市地位。本项目将建设成为温州城市的地标性建筑，并成为温州面向国际的展示窗口，能够大大提升温州的城市形象。因此，本项目的建设能够打造温州城市的新形象，提高温州的城市地位。

（4）带动当地社会人员就业，增加区域政府财政收入。

本项目建设工程量大，需要大量人力资源的支撑，需要各种类型的就业人员。在建设期间，需要大量的工程技术人员、项目管理人员和规划管理人员，将极大地带动社会就业。本项目建成后，各类商业设施、酒店等也将需要大量的商业经营、酒店服务、酒店管理等人员，能够大大增加当地的就业率。

另外，本项目的建设及后续运营将产生大量的税收，包括土地增值税、营业税、企业所得税等，能够大大增加当地政府的财政收入。本项目的建设将成为温州城市发展的新引擎，能够拉动温州区域经济的快速发展，产生明显的经济效益，并进一步增加当地政府的相关财政收入。

（5）项目建议书和可行性研究报告的编制得到业主及相关专家团队的充分肯定。本报告切实结合项目特点及当地发展规划，针对性强，同时借鉴国内外大量案例经验，为本项目提供借鉴，分析论证有理有据，深入、翔实，为业主方投资决策提供了切实可行的参考依据，并为本项目的成功运营提出了操作性较强的合理建议，体现了较高的工程咨询水平。

本项目建议书和可行性研究报告已于2013年顺利通过温州市发改委审批，推动了项目的实质性进展。目前本项目已完成立项、规划设计等工作，各项前期工作进展顺利。

# 海南省旅游公路万宁石梅湾至大花角段示范工程可行性研究报告

The Feasibility Study Report of the Demonstration Project of Tourist Highway (Shinmei Bay to Dahuajiao Cape) in Wanning City of Hainan Province

**编写单位**：同济大学建筑设计研究院（集团）有限公司
Tongji Architectural Design（GROUP）Co.,Ltd.（TJAD）
**联系电话**：021-35377649　　**网址**：http://www.tjadri.com
**主要完成人**：于平　袁胜峰　鲍燕妮　吴美发　乔静宇　张哲元　王国富　陆嘉珉　纪廷婷　江建军

## 【点评】

本报告从旅行者需求的角度研究提出，路线应充分考虑旅游公路特征，结合游客观光游览的需求进行布线，尽可能串联滨海地区旅游景点，与环境融为一体，服务滨海地区旅游产业的发展，提出了"ON THE ROAD"设计主题，体现了人与自然的和谐。

## 【项目背景】

万宁旅游公路示范工程，南起石梅湾，北至大花角，是万宁市滨海区域重要的贯通性道路，是海南省确立国际旅游岛定位后首批开展的省级示范工程。

2010年，海南省推出了《海南国际旅游岛建设发展规划纲要》，正式将建设国际性旅游岛作为全省发展的总体目标。建设国际旅游岛，就是要把海南建成旅游国际化程度高、生态环境优美、文化魅力独特、社会文明祥和的世界一流的海岛型国际旅游目的地。但是，海南省目前社会经济发展水平及交通基础设施与国际旅游岛的

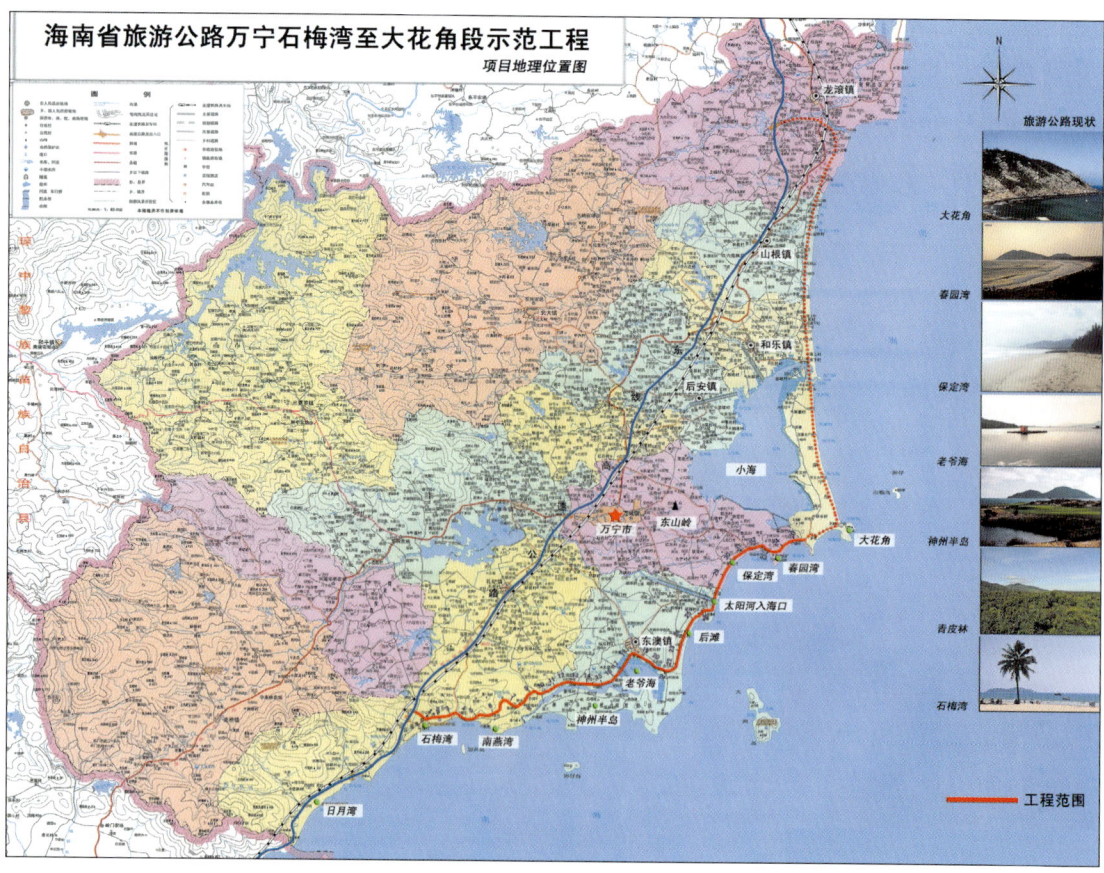

图1　工程地理位置图

定位还存在一定差距。为确保以高水准、快速推进全省公路网建设，海南省交通运输厅在全岛选取了具有代表性的四条公路作为示范工程，其中之一选取在万宁市。

2010年9月，海南省交通运输厅组织专家对万宁市旅游资源与公路网条件进行实地踏勘与综合分析论证，万宁市旅游公路示范工程选取在日月湾至大花角段的滨海区域。

2011年4月，受海南省交通运输厅的委托，由同济大学建筑设计研究院（集团）有限公司承担万宁旅游公路的工程可行性研究任务。

【项目内容】

本项目组对万宁市滨海地区日月湾至大花角段的旅游资源与公路网条件进行了综合考察与分析，确定本项目研究范围南起东线高速石梅湾出口，向北经石梅湾、南燕湾、神州半岛、老爷海、后滩、保定湾、乌场港，终点至春园湾，路线全长约35.63 km，其中新建公路约20.3 km，改建公路约15.07 km。

本工程采用二级公路技术标准，设计速度40 km/h，局部困难路段灵活采用技术指标；沥青路面设计年限15年；桥涵荷载等级为公路—Ⅱ级，桥涵设计基准期为100年；全线采用"双车道+慢车道"模式；一般路段整体式路基宽度14.0 m；局部路段结合景观需求采用分离式路基。

全线共设置1座大桥、8座中小桥，126座涵洞，桥涵比重为3.35%。全线设置18处观景平台，1处交通管理信息中心，2处道班房。

本项目投资估算总金额为111 239.67万元，

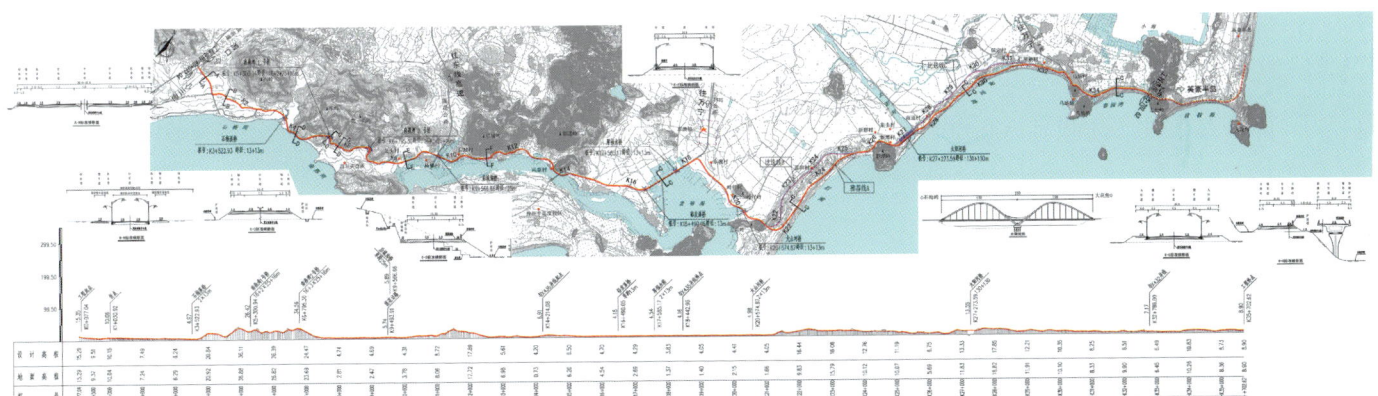

图2　路线平纵缩图

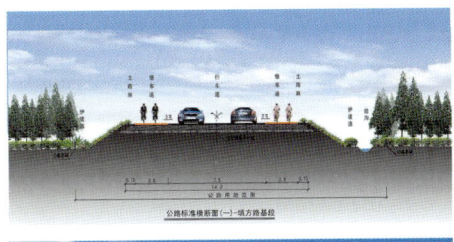

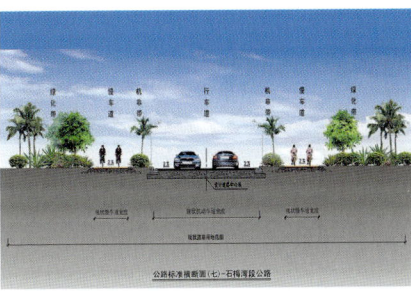
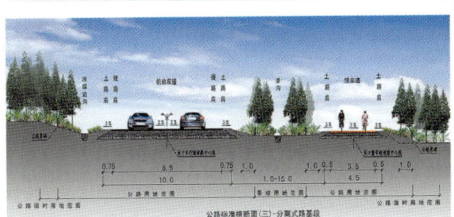
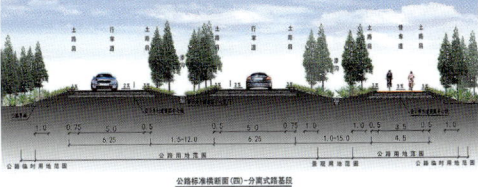

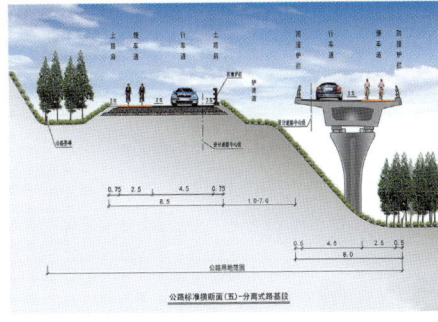

图3　道路断面效果图

其中建筑安装工程费为70 772.55万元，设备及工具、器具购置费为4 675.32万元，工程建设其他费用为26 863.39万元，预备费8 928.41万元；平均每千米建筑安装工程费为2 000.64万元，平均每千米造价为3 144.58万元。

## 【工作过程】

2010年10月，受海南省交通运输厅的委托，我院承担了海南省万宁旅游公路示范工程的方案研究任务，就旅游公路定义、海南省旅游公路发展模式及万宁市旅游公路网络规划等进行了深入研究，并通过了专家评审。2011年1月，我院完成了万宁旅游公路示范工程的预可行性研究，并取得海南省发改委立项批复。2011年4月，我院启动本的工程可行性研究工作。

本项目组在成立后的第一时间，组织各专业核心力量，收集社会经济、城镇规划、交通运输、筑路材料、水文、气象、投资估算等有关资料，对预可路线方案进行优化调整。

5月上旬，我院组织各专业核心力量，再次对沿线主要控制点进行全面踏勘；外业勘察期间广泛听取了万宁市政府、交通、水利、规划、电力电讯等部门的意见，并与石梅湾、南燕湾及神州半岛度假区负责人员就路线方案等进行了沟通，加深了对项目建设的必要性、迫切性、可行性、路线方案比选、起终点及建设规模等重点难点问题的研究。

5月中旬，就太阳河等关键节点，测量与勘察单位进行修测；同时，我院对现状区域交通进行了调查，并结合规划及万宁市历年经济发展情况，对本项目进行了流量预测，为工程建设规模提供了翔实的流量依据。

通过对规划的解读及现状的调查，结合测量及初勘资料，5月下旬，我院以路线初步方案为蓝图，走访了省交通厅综合规划处，就路线走向、太阳河桥型、景观、监控等与业主进一步沟通。

2011年6月初，我院完成了工程可行性研究报告（初稿）。6月8日，省交通厅组织专家、相关职能部门及万宁市政府，对工程可行性研究报告（初稿）进行了内部审查。在吸取了与会专家和领导的意见和建议后，我院于2011年7月完成了工程可行性报告（送审稿）。

2011年9月9日，海南省发展和改革委员会委托海南省建设项目规划设计研究院对工程可行性报告（送审稿）进行了正式审查，与会专家与领导对工程可行性研究报告给予了高度评价，同时就工程方案提出建设性意见和建议。我院根据专家评审意见对报告进行了修改，于2011年9月中旬最终完成了工程可行性报告。

## 【咨询工作特点】

旅游公路在国内尚属新鲜事物，其设计理念和建设模式均处于探索阶段。根据工程建设条件，本项目定义的旅游公路是以公路为载体，以旅游资源为纽带，用于满足观光、休憩、度假等旅游需求及傍生需求的交通设施综合体。根据相关背景研究及工程推进进展情况，本工程咨询工作具有如下特点：

1. 旅游公路建设模式的全新尝试

本工程立足于海南省国际旅游岛的发展定位，以省交通厅建设旅游公路示范工程为契机，尝试以一般公路建设模式为基础，从旅行者需求的角度出发，集合国内外先进技术与设计理念，利用省、市两级政府的建设、资金力量，调动社会各方的积极参与，共同构筑滨海旅游经济发展蓝图，推动沿线景区开发和地方经济发展。本项目根据区域规划与现状建设条件，从交通、景观、建筑、文化、美食等多角度重新梳理设计滨海旅游公路的规划方案，路域内工程由公路主管部门一步实施到位，路域外景观、房建等工程由地方政府分布、分期实施。

2. 环境保护与工程建设的科学平衡

本工程紧邻茄新保护区，同时沿线串联多处风光秀美、生态自然的观光景点。路线应充分考虑旅游公路特征，结合游客观光游览的需求进行布线，尽可能串联滨海地区旅游景点，服务滨海地区旅游产业的发展。同时，路线通过风景区时，应与周围环境、景观相协调，路基、桥梁及沿线设施应与该地区自然景观相适应，尽量不破坏原有自然生态，与环境融为一体。

3. 项目复杂、协调涉及面广

作为海南省旅游公路的示范工程，本工程的实施较一般公路建设项目复杂，需多专业、多部门共同协调推动。首先，就内部设计而言，本工程包括规划、路线、路基、路面、桥梁、景观、排水、交通信息、房建、电气、技经等多个专业，各专业需在统一的设计思想、设计理念指导下进行专项工作，相互间不断沟通、调整、衔接，以实现旅游公路的总体设计目标。就外部协调而言，本项目建设方为海南省交通运输厅，项目位于万宁市，工程建设用地涉及万宁市及相关乡镇、石梅湾、南燕湾、神州半岛景区运营公司，项目实施过程需征询省、市、乡镇三级政府，及交通、林业、国土、电力、水务、旅游委、发改委等省、市两级职能主管部门的意见和建议。

### 4. 提出"ON THE ROAD"设计主题

基于对旅游公路及项目所在区域建设条件的认识，本项目组提出"ON THE ROAD"设计主题，以打造"自然之路、体验之旅"为目标，依靠"生态、科技、人本"三大技术手段，使游客于路上随处感受海南最本色的自然风光和地方文化，打造如著名诗人卞之琳老先生所描述的，"你站在桥上看风景，看风景的人在楼上看你，明月装饰了你的窗子，你装饰了别人的梦"的意境。另外，拟打造：自然之路——还原真实、本色、自然、生态的海南景观；体验之旅——展现安全、舒适、温馨、多样的热带旅行。

### 5. 运用多种设计理念

结合建设条件与功能定位，本可研成果综合运用多种设计理念：运用最小破坏与最大保护理念，确保项目与现状生态环境的和谐共生；运用灵活性设计理念，合理制定技术标准，确保线形的均衡性、连续性；运用宽容设计理念，提高交通运行安全保障度；运用适应性设计理念，制定适合于滨海环境特征的建设方案，选择地方富裕的建筑材料；运用全周期设计理念，强化滨海砂土路基处理与路面结构设计，确保旅游公路建设的长效性。

### 6. 路线基于功能、景观、规划、地质、生态等原则布线

根据上述布线原则，路线串联旅游资源与城镇，满足游客的观光需求，兼顾地方发展利益；既有规划路段，尽可能利用规划路位，降低对规划地块的影响；环境敏感路段，尽可能利用既有道路，避让不良地质路段，并与村庄、景区保持适当距离；路线设计保证线形指标连续、均衡，又富于变化，重视线形安全性检验，同时与周边海岛、林地、山岭等相结合，形成优美线形。

### 7. 大桥设计作多方案技术经济比选

结合滨海河口环境特征与设计主题，可研成果对太阳河桥进行简支变连续小箱梁（风雨桥）、中承式系杆拱（飞鸟掠海）、不对称独塔斜拉桥等方案技术经济比选，桥梁在满足交通功能基础上，自身成为全线重要的景观节点。

### 8. 景观与智能交通多角度设置

项目景观围绕"风景走廊"主题，全线设置

图4 太阳河桥效果图

活力森林、体验度假、风情半岛、生态田园、碧海银滩五大景观带，结合现状景观与用地条件，布设观景平台与栈道。本项目从旅游者、管理者等多角度设置智能交通信息系统。

### 9. 路基路面根据客观地质条件设计

本项目结合滨海地质条件，进行路基路面方案设计，同时结合钛矿坑、山体滑坡等不利地质条件，提出针对性处理措施。

## 【咨询效果】

本报告咨询效果显著，其主要体现在：

### 1. 有助于为海南省快速、大规模旅游公路建设积累经验

2010年，海南省已正式将建设国际旅游岛写入海南省总体发展规划纲要。根据规划纲要，"十一五"期间海南省将建设约350 km旅游公路，远期共建设约600 km旅游公路。考虑旅游公路在国内尚处于理论研究阶段，已建公路网络中尚未有建设实例；并且，国内学术界对于旅游公路的构成要素、功能定位、规划设计建设模式等均存在一定的分歧。为科学、快速推进旅游公路的建设，海南省在开展全省旅游公路网规划的同时，进行了一系列的关于旅游公路的专家研讨会，在具有一定理论研究的基础上，海南省在全岛选择了四条公路作为旅游示范工程，本项目即为其中之一。本工程的建设，将积累一系列旅游公路规划、设计及建设的经验；同时，通过跟踪记录旅游公路建设前后旅游资源、城市社会经济的发展状况，探索出一条适合海南省滨海地区旅游公路与周边旅游资源、城镇开发之间合理开发模式。

### 2. 有助于促进万宁市旅游经济发展

万宁市产业结构呈三、一、二格局，以旅游经

图5 景观节点效果图

济为主体的第三产业是万宁市的支柱产业,旅游经济在万宁市社会经济发展中具有举足轻重的地位。万宁市滨海地区旅游资源极其丰富,仅本工程沿线就拥有石梅湾、南燕湾、神州半岛、老爷海、后滩、保定湾、春园湾、大花角共八处旅游景点,景点类型集海湾、岛屿、山岭、内海、港口、河流、珍惜植被及田园风光等多种类型于一体,天然景色多样,特色分明。但是,由于滨海地区缺乏南北向贯通性道路,各景点之间联通性较差,处于一种孤立、封闭式发展的状态,滨海地区旅游经济尚未形成积聚效应。本项目的建设,将全面梳理、整合万宁市滨海地区的旅游资源,促进滨海地区旅游资源的集约化、规模化开发,进而带动万宁市总体社会经济的发展。

3. 有助于万宁市打造特色滨海旅游品牌

万宁市拥有海南省最长的海岸线,且目前仅石梅湾、南燕湾、神州半岛进行了较完整的开发,老爷海、后滩、保定湾、春园湾等海滩目前尚未开发。本项目定位为旅游公路,串联了石梅湾至大花角多处旅游资源。本项目本身即具有可欣赏性,而项目与周边多处旅游资源的融合设计与开发将全面整合滨海地区的旅游资源,显著增强万宁市旅游资源的吸引力。万宁市可借鉴现状海南东线海岸开发类型与模式,吸取其经验与教训,实行错位旅游资源开发,打造品牌旅游经济。同时,万宁市可结合本项目建设开展自行车康体旅游项目;自行车康体旅游是目前普及度较广的一项大众休闲养生类旅游产品,经与万宁市旅游局的多次磋商,万宁市旅游局决定将在滨海地区率先推动自行车康体旅游,建议本项目全线将设置慢行车道。

4. 有助于万宁市完善区域公路网

本项目位于万宁市滨海地区,项目沿线虽风景秀丽、景色宜人,但目前仅石梅湾、南燕湾及春园湾段有现状道路,并且局部路况较差。本项目的建设,将填补万宁市滨海地区缺乏贯通性公路的空白,促进万宁市市域公路网布局与结构的调整。

# 海口市快速路网骨干工程海秀快速路工程可行性研究报告

The Feasibility Study Report of the Project of Haixiu Expressway, the Key Project of Haikou Urban Expressway Network

编写单位：上海市政工程设计研究总院（集团）有限公司
Shanghai Municipan Engineering Design Institute (Group) Co., Ltd
联系电话：021-55000000　　网址：www.smedi.com
主要完成人：徐 健　邵长宇　李 宏　金 德　韩 明　汤岳飞　朱 晶　徐云雷　周 磊　周师凯

## 【点评】

本项目对海口市交通流量进行了详细分析预测，通过对四条可选规划线位详细分析，遴选出区域服务能力良好、路网衔接顺畅、实施难度及周边影响较小的海盛路—海秀路总体线位方案。通过对五源河、国兴大道节点深入分析，从路线线形指标、前期征地拆迁等方面比较，选择了合理的路段线位。推荐的总体布置方案技术先进、功能完善、可操作性强，所提出的线位方案和节点布置具有科学性、合理性和经济性。研究确定的功能定位、服务对象和技术标准科学合理，建设规模既能满足现状需求，又能兼顾未来发展。

## 【项目背景】

海口市为海南省省会城市，地处热带滨海，热带资源呈现多样性，富于海滨自然特色风光景观；自北宋开埠以来，已有近千年的历史。2002年10月，国务院批复同意海口市行政区划调整，新海口市土地面积2 304.8平方千米，海域面积530平方千米，海岸线131千米，设琼山、秀英、龙华、美兰4个区，人口160多万人。

海口城市的发展，作为带状组团发展的城市，应保证东西向至少有两条（或以上）的快速通道，保证通行的可靠度；结合海口市快速路专项规划，确定海秀路为东西向快速通道之一。在海口市总体路网中，海秀快速路是连接海口市长流组团、中心组团及江东组团的快速干道，也是海口城市发展的东西向主轴，为连接火车站、城际铁路、机场和大型公共设施的城市快速通道。

海秀快速路建设的提出正逢其时，它利用现有的海秀路线位，向东延伸至国兴大道，通过建设高标准的快速通道，满足中心组团、长流组团和江东组团之间快速沟通，并与沿线经过的区域内主要干路合理衔接。这对于改善城市组团间区域交通，加强对外联系，增强海口市主城区的辐射能力，完善城市骨架网格局，具有极其重要的意义。

## 【项目内容】

海秀快速路项目为海南省、海口市重点项目工程，全长18.42千米，东起海口市国兴大道西段，西至海口火车站，项目业主方为海口市城建集团有限公司。本项目一期总长14.3千米，东起国兴大道西段，向西上跨南大桥、龙昆南路和南沙路至海秀路，西至长滨路；道路等级为城市快速路，主线设计车速为80千米/小时，双向六车道，桥宽25.5米，设置四处立交，5对平行匝道，全线采用预应力砼连续箱梁。现浇连续梁桥型、美观，行车舒适，耐久性好。同时，完善南大立交、丘海立交等互通设施，拆迁房屋约22万平方米。地面保留双向六车道，路面及地下管网同步改造，新建4座天桥，且安排大型公交专用道（BRT），路面及地下管网同步改造。本项目一期建设期24个月，工程建安费约46.4亿元。

海秀快速路项目的建设将改善区域经济发展环境、强化省会城市的交通枢纽功能，提升居民生活质量。本项目建成后，还将明显改善海口市内的交通环境，缓解中心组团的交通压力。另外，将大大带动海口市江东组团和长流组团的发展。

## 【工作过程】

海秀快速路建设的不仅是一条高架道路建设的问题，也是完善海口市城市路网、改善城市交通条件、促进海口经济社会发展的综合问题。工程总体方案的确定是社会经济、城市发展、投资成本等各方面综合比选的结果。针对海口市复杂的城市交通情况和高烈度地震设防地区高架桥梁建设的特点，咨询工作通过走访相关部门，收集第一手基础资料；通过现场踏勘，全面了解沿线路网、地形地貌情况，实地统计交通流量；通过进行多方案交通量预测、多线位同深度比选、重点路段详细比选、区域交通组织优化分析，最终确定经济合理的线位方案；通过结合高烈度抗震设防地区桥梁结构选型研究，提出了高架桥梁结构抗震设计方法及措施；通过国民经济评价和风险分析，确定了合理的建设时序及风险防范对策。

历经方案初稿、方案报批稿、工程可行性研究初稿、工程可行性研究报批稿、工程可行性研究调整稿等十余稿，最终形成了经得起各方推敲的研究成果。

## 【咨询工作特点】

一、积极贯彻国家宏观经济政策，推进海南国际旅游岛建设发展

随着城市化水平的不断提高，海口市在努力形成一个能促进经济繁荣的良好城市格局和空间发展态势的同时，城市经济发展对加强人居环境的开发建设提出了更高的要求。

良好的居住环境离不开道路等基础设施的建设。城市基础设施的建设将直接服务于经济建设。随着经济持续发展，环境在经济发展中的地位越来越突出和重要，经济竞争一定程度上即是发展环境的竞争，良好的城市氛围、便捷快速的城市交通，将为海口市提供最基本的经济建设平台。不断加快基础设施建设，改善投资环境，改善生活人居环境，营造良好的、更富吸引力、更具竞争力的发展环境，是加快经济社会发展的重要工作。

为了适应新的社会经济形势要求，经海南省报国务院批准，2009年12月31日，《国务院关于推进海南国际旅游岛建设发展的若干意见》正式印发，标志着海南国际旅游岛建设上升为国家战略，海南发展面临新的历史机遇，将推动海口市经济社会发展。海口市城市经济发展的各项工作正在有序有效开展。国兴大道西延线与海秀西路高架桥工程的建设，将有效沟通长流组团、市中心区和江东组团之间的联系，为海口市各片区的经济发展、交通物流和相互沟通，提供良好的交通基础服务条件。本工程的建设，是海口市城市化快速发展的必然需求。

二、统揽全局、着眼未来，促进海口交通大发展

海秀快速路工程的建设是海口市快速路网骨干工程开山之作，将结束海口市现状无快速路

图1　长滨路立交节点效果图

图2 丘海大道立交节点效果图

图3 龙昆路立交节点效果图

图4 标准段效果图

的历史。本咨询成果从全面改善海口市道路交通的全局出发,着眼于海口市未来发展,通过快速路网骨干工程建设,改善路网结构,使网密度趋于合理;将使骨干路网结构与城市空间的契合更密切,同时逐步形成系统。本项目的建设可以改善现状,充分发挥快速路的功能,减轻现状主干路的交通压力,构建层次完善、功能明确的网络骨架。通过本项目的实施,将可以从根本上解决长流组团及中心组团路网功能层次不清、过境交通与货运交通对城市交通干扰较大、道路常年超负荷运行、早晚高峰时段大量拥堵、路面破损等问题,并为建设和完善城市客运公交体系创造条件,解除城市路网综合运力的瓶颈,贯通城市快速交通体系,使城市路网的整体交通压力得到缓解。

### 三、调查分析预测翔实准确,统筹考虑现状需求与未来发展

城市快速路是城市道路路网构成的骨架,对整个城市的社会经济发展有十分重要的影响。城市快速路的建设既要解决当前需求,又要满足未来发展,但又不能浪费资源,其建设规模决策的关键在于交通量分析预测。本咨询成果以海口市城市总体规划中对于城市的发展定位和交通发展趋势为依据,参照现有调查数据,利用宏观交通仿真软件,进行了科学细致的分析预测。分析成果显示,主线高架桥和地面辅道分别采用双向六车道,既能满足远期交通量发展的需求,又不过于富余造成浪费,很好地解决了现状需求与未来发展之间的关系。

### 四、功能定位准确、服务对象恰当、技术标准合理

本咨询成果通过仔细解读海秀快速路在海口城市规划中的地位,对工程的功能定位、服务对象和技术标准进行了科学合理的分析。

从海口市城市总体规划的解读来看,海秀路高架工程在海口市城区组团结构发展起到了至关重要的作用,其道路的功能服务面广,不仅承担了海口中心城区内部组团之间的沟通,同时还承担了市域中不同区域组团之间的联系。结合海秀路所处规划需求,应满足大容量、长距离、高速的汽车交通的需求,应为城市组团间快速化通道。因此,将海秀路高架功能定位为海口中心区城市发展东西发展主轴,城市东西向双快通道(快速客运通道、快速公交通道),连接长流组团、中心组团、江东组团之间的快速通道,粤海通道与主城区沟通主要客运通道和中心城区与海口火车站、美兰机场之间的快速通道。

本工可研究通过分析海口市用地规划和现状交通调查,将海秀路主线服务对象定为客货兼顾,以客车为主,兼顾生活性中小型货车,满足主城区长流组团、中心组团及江东组团之间的快速沟通;辅道服务对象,即客、货兼用及慢行交通、公交系统等。

本工可研究确定的技术标准科学合理,尤其是结合最新规范,对高地震烈度设防条件下,高架桥梁抗震设防标准选取恰当。

### 五、线位比选充分,节点研究细致,总体方案先进、经济

本咨询成果以海口市城市经济发展、总体规划为前提,以城市交通规划为依据,提出适应城市交通发展需要又切实可行的工程设计方案。通过对四条可选规划线位详细分析,遴选出区域服务能力良好、路网衔接顺畅、实施难度及周边影响较小的海盛路—海秀路总体线位方案。通过对五源河、国兴大道节点深入分析,从路线线形指标、前期征地拆迁等方面比较,选择了合理的路段线位。

总体方案推荐主线快速路分两期实施,并预留远期向东继续延伸的可能性;推荐快速路主线采用高架桥梁的形式,主线标准车道为双向六车道,现有地面道路进行改建作为辅路;合理布置了十对匝道出入口和两座近期实施立交,并预留多处远期实施立交。总体方案集经济性、可行性与前瞻性于一体。

### 六、以人为本、环境友好的设计理念

本咨询成果充分吸收国内外快速路建设的经验和教训,以人为本,交通功能优先,妥善处理好快速路建设与城市环境、轨道交通、居民日常出行的关系;在符合海口市城市路网布局、交通和经济协调发展的前提下,重点研究路网衔接、交通适应性、出入口布置,使本工程的建设方案有利于城市交通的集散和疏解,有利于均衡路网流量,有利于发挥路网整体运行效率,有利于地区规划的开发和协调,注重环境与交通的协调,坚持可持续发展战略方针,为社会经济发展提供有力保障。

通过本工程设计，创建一条"人—交通—环境"和谐发展的城市快速通道，在设计中强调"人—交通—环境"三者间的和谐统一，实现以人为本、功能完善、环境友好、节能环保四大发展目标。通过立体叠合的交通组织、主次分明的功能定位、层次丰富的景观空间、生态宜人的环境品质的综合整合设计，实现与海口市总规、海口市城市路网、人文地理的有机融合，它将成为促进海口市飞跃发展的希望之路、景观之路、和谐之路，满足海南建设国际旅游岛的国家战略需求。

方案设计中尽量减小征地拆迁、尽量避免破坏周边环境，注重人性化的人行过街设施设计，体现以人为本的根本理念。

七、桥梁结构科学选型，重视结构耐久性设计，创新减隔震设计技术

高架桥梁结构是海秀快速路工程的主体，桥梁结构选型、耐久性设计和高地震烈度地区结构设计是本工程的重点和难点。按"技术先进、安全可靠、耐久适用、经济合理"的总体设计原则，本咨询成果详细对比了预制小箱梁、现浇预应力连续梁和钢—混凝土组合梁等可行的桥梁结构，从技术难易、施工速度、环境影响、结构性能、行车条件、景观效果、经济效益等多方面深入分析，尤其是针对海口市特定的城市发展、道路交通现状、施工技术能力、城市景观要求，对小箱梁方案的预制场地、运输条件、吊装能力和现浇连续梁的交通组织、工期筹划以及组合结构的耐久性等方面深入细致分析，科学合理地确定了不同路段、不同运输施工条件选择相应的桥梁结构。

本咨询成果重视桥梁结构耐久性设计，将结构构件分为永久性构件和非永久性构件分别采取相应的耐久性设计方案。对永久性构件，严格执行规范要求，从严控制计算指标，细化和优化结构细节设计；对非永久构件，尽量采用优质材料，适当提高设计标准，通过优化细节设计，保证使用期内易于检查、维护和更换。

海口市抗震设防烈度达到8度、峰值加速度0.3 g，甚至高于因地震造成重大人员伤亡和财产损失的汶川，海秀快速路桥梁结构的抗震设计显得尤为重要。为了保证桥梁在强震后满足应急交通的需求，本工程拟采用减隔震设计方法，部分桥墩较高的桥梁采用延性设计方法。推荐采用双曲面减隔震支座和铅芯橡胶支座进行抗震设计，并采取有效的三向抗震限位装置，保证抗震设防目标的实现。结合工可研究，开展"高烈度地震区城市高架桥梁结构选型及减隔震设计技术研究"，针对高烈度地震区高架桥梁的特点，提炼出具有一定共性的关键技术问题，采用理论结合实验的研究方法，系统研究桥梁结构形式、减隔震装置（支座）的优化布置与合理设计参数、减隔震装置的滞回耗能特性以及减隔震高架桥梁的地震反应规律和减隔震效果，在此基础上提出海秀快速路高架桥梁的合理防震设计方法、措施及相关建议，并为类似工程设计提供参考。

**【咨询效果】**

（1）本咨询工作从海口市城市和交通规划入手，采取近远期结合的思路，充分论证了改建项目的建设必要性和建设意义，并提出了合理、经济、可行的方案，为项目决策提供了科学依据。

（2）由于本项目社会影响较大，通过项目前期咨询、策划，对海秀快速路的实施提供了重要支撑作用，同时也为搭建海口市快速路系统提供了重要保证。本工程是建设在烈度地震区域及中心城区超长高架桥项目，项目约束条件较多，实施条件较为复杂，本次项目咨询为整个工程的实施提供了良好的基础。

参与编写单位：海口市市政工程设计研究院

# 鄂尔多斯市康巴什新区伊克昭大桥新建工程可行性研究报告

## The Feasibility Study Report of the New Construction of Yi Kezhao Bridge in the Kangbashi New District, Erdos City

编写单位：上海林同炎李国豪土建工程咨询有限公司
Lin Tung-Yen & Li Guo-Hao Consultants Ltd. Shanghai
联系方式：021-65976600-8646　　　网址：http://www.shlinli.com/
主要完成人：潘　龙　涂　雪　钱耀辉　周宝龙　富利飞　何永龙　王思安　章烽锋　居玲妹

### 【点评】

本项目根据鄂尔多斯市城市总体规划，针对桥梁所处路段和区域未来交通量的预测进行了综合分析，经过三轮桥型方案比较，提出五跨连续中承式提篮中孔拱桥，拱肋固接于V形墩斜腿顶面，桥型景观效果好，具有较强的创新性和先进性。

### 【项目背景】

康巴什新区地处鄂尔多斯高原腹地，与东胜、阿镇共同组成鄂尔多斯市城市核心区，是鄂尔多斯新的政治文化中心、金融中心、科研教育中心和汽车制造业基地。新区规划控制面积155平方千米，规划建设面积32平方千米，北起109国道，东至210高速公路，距鄂尔多斯机场仅15千米，距世界旅游文化名胜成吉思汗陵28千米，包西和东乌铁路从城市外围通过。城市北靠青春山，南临东红海子，三面被乌兰木伦河环绕，地势开阔平坦。优越的地理位置，舒适的自然环境，便捷的交通、通讯条件，使新区具有了得天独厚的综合发展优势和强劲的吸引力。新区城市建设坚持舒展、生态、宜居的理念，充分体现地域特色、民族风貌、草原文化和人与自然的和谐，结合透迤起伏、依山傍水的地形，突出了城市唯一性。

作为康巴什新区路网规划格局中的城市主干道伊克昭大街，其建设意义非同寻常。伊克昭大桥是伊克昭大街的重要交通节点，跨吉劳庆川段。吉劳庆川为季节性河谷，现状陡坡河岸高差近30米，大桥除要忠诚地履行交通职能外，更应根据城市规划的环境特征和功能，反映新区的文化内涵和特质，并要与自然景观融为一体，成为现代化城市的景观亮点。大桥的建设将对缓解康巴什新区交通压力，完善城市路网建设，促进社会经济发展，提升城市形象起到积极作用。

### 【项目内容】

伊克昭大桥位于康巴什新区东南部，是新区主干道伊克昭大街跨吉劳庆川的重要景观大桥，大桥由巴什新区国有资产投资经营有限责任公司投资建设。

根据桥梁建设规模，综合考虑工程实施费用、施工难易程度以及桥梁适用性与地标性建筑的美观功能要求，主桥推荐方案采用造型流畅、气势恢宏的五跨中承式提篮拱桥（见图1、图2）。经多轮方案优化，最终确定全桥长1000米，其中主桥跨径组合为50 m + 120 m + 160 m + 100 m + 50 m = 480 m，西引桥跨径组合为4×40 m + 4×40 m = 320 m，东引桥跨径组合为3×40 m + 2×40 = 200 m。主桥全宽29米，引桥全宽26米。桥梁横断面按双向四车道，外侧设置人行道。主桥横断面布置：1.5 m（锚索区）+ 4.5 m（人行道+栏杆）+ 17 m（行车道）+ 4.5 m（人行道+栏杆）+ 1.5 m（锚索区）= 29 m；引桥横断面布置：4.5 m（人行道+栏杆）+ 17 m（行车道）+ 4.5 m（人行道+栏杆）= 26 m。

主桥按整幅设置，主梁为预应力混凝土结构，双边箱断面。拱肋为矩形钢箱结构，吊杆采用平行钢丝成品索。引桥上部结构采用40米预应力混凝土小箱梁，下部结构采用花瓶式双柱接预应力盖梁的结构形式。

大桥主桥采用先梁后拱的施工方法，主梁采用满堂钢管支架，逐段现浇施工，施工工艺较成

图1 桥梁日景效果图

图2 桥梁夜景效果图

熟；钢拱肋可工厂预制不受季节限制，采用少支架法施工。

本项目估算总投资41 467.09万元，其中建筑工程32 805.92万元，工程建设其他费3 899.40万元，预备费2 936.43万元，建设期贷款利息1 825.35万元。工程所需资金30%为自有资金，70%为银行贷款。

伊克昭大桥的建设对康巴什新区路网通行能力和交通安全性以及缓解城市主干道的交通压力产生积极影响。该工程的建设有效节约运输成本、时间以及减少交通事故的发生，同时对促进康巴什新区中心城区与金港湾国际汽车城经济共同发展，带动整个鄂尔多斯经济全面发展，转资源优势为经济优势起到重要作用。

## 【工作过程】

2011年3月，受康巴什新区国有资产投资经营有限责任公司的委托，我公司承担了伊克昭大桥工程可行性研究报告的编制任务。

接到任务委托书后，我公司组织专门工作组，认真学习了鄂尔多斯市城市总体规划（2008—2020），实地调查了拟建桥梁沿线地形、地貌、地质、筑路条件、金港湾国际赛车城等情况，收集了大量的资料。针对拟建桥梁所处的路段和区域以及未来交通流量的预测情况，对本项目进行了综合分析。在此基础上，明确了编制的依据、项目研究范围、主要研究内容等。在进行编制过程中，我公司反复征求了康巴什新区国有资产投资经营有限责任公司、当地政府有关领导对技术标准、建设规模、建设方案等方面的意见，并就桥型方案向领导及相关部门进行多轮汇报，在有关部门的大力协助下，我公司于4月完成该工程可行性研究报告的编制工作。

伊克昭大桥是伊克昭大街的重要的交通节

点,位于康巴什新区东南部,承接"三横、七纵、一环"路网规划格局中的城市主干道,大桥定位为康巴什新区地标性景观桥。在第一轮桥型方案设计中(见图3),我公司提出了三跨双塔双索面斜拉桥、两跨单塔双索面斜拉桥、连续钢桁架拱桥等造型单一、实用的桥型方案。上述桥型方案造型常规,景观标识性欠佳,创新性体现欠佳,与邻近赛车城现代、新颖的设计特质呼应较少。设计者通过对国内外成功建筑案例深入思考、解读,把握与汽车工业有关的建筑景观的精神内核,提出了第二轮方案。设计者运用灵动、富有力度的线条,分别以"穿梭"、"轮迹"、"奔腾"、"跃动"、"腾飞"、"超越"为主题进行设计,有机地契合了赛车城特有的工业化性格。对应具体桥型分别是五跨拱梁组合桥、三跨自锚式悬索桥、三跨上承式连续拱桥、三跨中承式拱梁组合桥、四跨"飞鹰"型桁架拱、赛车式系杆拱桥,并将上述方案向领导及相关部门做汇报,会议确定了五跨拱梁组合桥为意向方案,并提出了对跨径、桥墩造型等优化方向。在第三轮方案设计中,继承将赛道抽象为拱肋造型的元素,对桥梁跨径及结构进行优化,减少主桥跨度至480米(原跨径为570米)以节省造价,将笨重的V形拱座进行优化,使得拱肋的线形更加流畅,并将此方案向主管领导及相关部门做汇报,确定为最终实施方案。

第一轮方案:提出了三跨双塔双索面斜拉桥、两跨单塔双索面斜拉桥、连续钢桁架拱桥等造型单一、实用的桥型方案。上述桥型方案造型常规,景观标识性欠佳,创新性体现欠佳。

第二轮方案:设计者运用灵动、富有力度的线条,分别以"穿梭"、"轮迹"、"奔腾"、"跃动"、"腾飞"、"超越"为主题进行设计,有机地契合了赛车城特有的工业化性格(见图4)。对应具体桥型分别是五跨拱梁组合桥、三跨自锚式悬索桥、三跨上承式连续拱桥、三跨中承式拱梁组合桥、四跨"飞鹰"型桁架拱、赛车式系杆拱桥。

第三轮方案:会议确定五跨拱梁组合桥为意向方案,并提出了对跨径、桥墩造型等优化方向(见图5)。在第三轮方案设计中,继承将赛道抽象为拱肋造型的元素,对桥梁跨径及结构进行优化,减少主桥跨度至480米(原跨径为570米)以节省造价,将笨重的V形拱座进行优化,使得拱肋的线形更加流畅。新增自锚式悬索桥方案、优化中承式单跨拱桥方案、优化赛车式系杆拱方案。

最终确定五跨中承式提篮拱桥为施工图意向方案。该方案结合康巴什城市风貌,注重外观细节修饰,主桥拱肋采用简洁大方,线条流畅,气势恢宏的"赛道"造型,配合风格相近的钢栏杆,使整个桥梁呈现出一种简洁现代恢宏大气的风

图3 第一轮方案

图4 第二轮方案

图5 第三轮方案

貌。除此之外，该方案受力合理，施工周期合理，工程造价及后期维护费用均较经济。

**【咨询工作特点】**

一、推荐方案桥型具有创新性和先进性

推荐方案主桥桥型采用整幅布置的五跨连续中承式提篮拱桥，主桥跨径组合为50 m + 120 m + 160 m + 100 m + 50 m =480 m，西引桥跨径组合为4×40 m + 4×40 m = 320 m，东引桥跨径组合为3×40 m + 2×40 = 200 m。主桥全宽29米，引桥全宽26米。主梁为预应力混凝土结构，双边箱断面，梁高3米，两个箱之间设横隔梁联系，横隔梁与吊杆位置对应。拱肋为矩形钢箱结构，吊杆采用平行钢丝成品索。中孔拱肋最高点距离桥面高为64.653米，次边跨拱肋分别高约48.276米、37.259米。拱肋固接于V形墩斜腿顶面，V形墩墩底固接于承台顶面；主梁通过竖向盆式橡胶支座支承于V形墩横梁上，其中一个采用固定型支座，主梁在墩顶设置横向防震挡块，挡块与桥墩之间嵌设橡胶支座，以达到抗风防震的作用。吊杆通过耳板锚固于钢拱上，通过锚块在主梁端张拉。桥型景观效果好，具有较强的创新性和先进性，国内尚无建成的同类桥型。

二、交通预测具有前瞻性

本可行性研究报告重点分析了桥位处的远景交通量，在进行交通量分配计算时选择四个特征年为远景目标年，即2013年、2018年、2023年、2033年。按照前述的交通量分配方法和分配方案，得到本项目未来年预测交通量。伊克昭大桥若采用双向四车道建设规模，在2033年前，道路服务水平保持在D级以上，能满足基本交通发展需求。从饱和度角度看，到2033年伊克昭大桥交通流量饱和度已达到0.85，行车延误有所增加，考虑到伊克昭大桥周边赛车城的建设投入使用，建议远期将其建设规模改造成双向六车道。由于桥梁设计使用年限为100年，本着适当超前的思想，建议本道路按双向六车道标准建设。交通预测具有一定的前瞻性。

三、推荐方案桥型对设计难点的解决方法合理

1. 大跨度、小矢跨比拱肋的实现方式

伊克昭大桥中孔拱肋最高点距离桥面高为64.653米，次边跨拱肋分别高约48.276米、37.259米，矢跨比最小为1.872，具有大跨度、小矢跨比的特点，采用何种材料和截面形式来设计拱肋，是本桥的关键技术之一。设计中对多方案进行比选，混凝土拱肋由于过高，施工难度大而未被采用，最终确定拱肋采用全焊型钢结构、箱型截面。吊杆的锚固耳板直接通过与钢拱的横隔板连接，构造简单、传力路径明确。

常规的提篮式拱肋风撑均采用"一"字形风撑或K形风撑。而该桥利用钢箱拱肋可焊性强的特点，采用了弧形风撑的构造，仅在拱肋顶部设置，同时增强了该桥的景观效果。

2. 拱墩节点设计

拱肋与墩、梁的支撑形式以及V形墩的预应力设计也是该桥设计的关键性技术问题。经过结构验算结果的对比，由于温度内力的影响巨大，拱梁固结的方式被否定，而拱墩固结、并使V形墩轻型框架化，利用高墩的柔度解决了上述问题。

拱肋固接于V形墩斜腿顶面，V形墩墩底固接于承台顶面；主梁通过竖向盆式橡胶支座支承于V形墩横梁上。

通过空间模型整体计算分析，V形墩斜腿承受巨大的横桥向、顺桥向水平力和弯矩，因此斜腿内侧设置预应力。V形墩横梁上支撑主墩支座，因此也是预应力构件。

以上处理方式在国内具有较强的创新性和先进性，对设计难点的解决方法较为合理。

3. 钢混结合段设计

主墩V形墩与拱肋相接的斜腿顶部5米范围内为钢混结合段，确保拱肋钢结构与斜腿混凝土结构可靠连接，其下设置型钢劲性骨架，用于支撑拱肋预埋节段，兼作斜腿模板支撑骨架。

为保证钢拱与V形墩的牢固连接，设置钢一混结合段，采用钢筋混凝土柱剪力键（PBL剪力键）和底座作为传递荷载的主要构件，剪力钉作为辅助传力元件，承压板作为强度储备。钢一混结合段中的钢结构，分为锚固箱、底座、底座定位件三个部分。

4. 主要施工方案

主桥基础施工时基本处于无水或浅水区，桩基础、承台按常规方法施工。V形桥墩斜腿部分按满堂脚手架、翻模工艺施工，横梁采用少支架现浇法分段施工，部分预应力钢束在未形成固结节点之前张拉。

主梁采用少支架逐段现浇施工方法,由主墩向两侧顺序推进,按先边跨,后中跨顺序浇筑主梁合拢段箱梁混凝土。

钢拱肋按分节段工厂预制、现场逐段安装的方法施工,桥面上搭设拱肋节段支架,调整拱段标高、焊接各节段接缝。整孔拱肋安装成形后拆除拱肋支架,其后安装吊杆,吊杆采用两次张拉工艺,在桥面附属设施施工完毕后调整吊杆张拉力至设计值。

### 四、环境保护措施完备

本可行性研究报告中对项目规划、设计阶段、工程施工期间、工程运营期间均提出切实可行的环境保护对策。总体来讲,本项目的建设,不会对沿线的社会环境、生物环境、土地利用等诸方面构成大的不利影响,反而对沿线资源的开发、脱贫致富、人民生活水平的提高、社会经济的发展、国家西部大开发战略的实施等方面具有重大的促进作用。

### 五、投资估算精确,风险分析切合实际

我公司根据同类工程设计经验,做出本工程估算总投资41 467.09万元,其中建筑工程32 805.92万元,工程建设其他费3 899.40万元,预备费2 936.43万元,建设期贷款利息1 825.35万元。本工程所需资金30%为自有资金,70%为银行贷款。本项目于2011年9月完成施工图设计,推荐方案预算为35 040.69万元,与可行性研究报告中的建筑安装费32 805.92万元相差2 234.77万元,控制在10%以内。本可行性研究报告详细进行了国民经济评价、风险评价、财务评价,客观预测了项目可能存在的风险,为业主和国家相关部门的决策提供了客观的判断基础。

### 【咨询效果】

受鄂尔多斯市发改委投资科的委托,由鄂尔多斯市建设项目评审中心组织,2011年8月24日,在鄂尔多斯市召开了《康巴什新区伊克昭大桥新建工程可行性研究报告》专家咨询评估会议。专家组认为本项目可行性研究报告中的现状评价及建设条件论证充分,工程方案基本可行,总体编制深度基本满足有关编制深度的规定,专家评审予以通过。

伊克昭大桥是伊克昭大街重要的景观桥梁节点,承接康巴什新区"三横、七纵、一环"路网规划格局中的城市主干道。该桥的建设对提升城市形象,缓解康巴什新区交通压力,完善城市路网,加强城市各区联系,促进社会经济平衡发展具有举足轻重的作用。其主要表现如下:

(1) 促进区域经济发展,为鄂尔多斯市康巴什新区扩大城市规模提供必需的基础设施

(2) 完善城市路网,促进城市交通顺畅,实现发达、便捷、及时、安全、高效的现代化交通网络。

(3) 促进"十一五"期间康巴什新区城市建设总体规划目标的实现,推进国家西部大开发的战略步伐,有利于加快实现鄂尔多斯市变资源优势转换为经济优势的战略目标。

(4) 成为代表城市历史发展的经典之作和经济繁荣的标志工程,展现内蒙古浑厚的民族特色和生态的草原气息,加强东胜城市核心区域地位,提升城市品质。

本工程项目咨询工作推荐结构新颖、造价合理,为城市桥梁设计、施工提供了指导与借鉴的方法和经验。

# 临沂市三河口祊河隧道工程可行性研究报告
## The Feasibility Study Report of the Fang River Tunneling in San He Kou, Linyi City

编写单位：上海林同炎李国豪土建工程咨询有限公司
Lin Tung-Yen & Li Guo-Hao Consultants Ltd. Shanghai
联系方式：021-65976600-8646　　网址：http：//www.shlinli.com/
主要完成人：潘　龙　涂　雪　钱耀辉　严国香　周宝龙　富利飞　何永龙　王思安　章烽锋　居玲妹

【点评】

本报告总结已建和在建城市主干路的建设经验，从城市交通的系统性、网络性和功能性出发，提出切实可行、合理的建设规模和标准，综合考虑区域地块发展的可持续性和科学性。采用新技术、新材料、新工艺，遵循工程"一次规划设计到位、重要节点分期实施"的策划设计原则，不仅满足近期交通需求、经济可行，并为远期发展留有余地。

【项目背景】

临沂市地处山东、江苏两省的结合部，位于新亚欧大陆桥东桥头堡区域，濒临沿海。随着京沪、日东两条高速公路相继建成，兖石铁路复线和陆海大通道的建设，加上临沂机场航运能力的不断扩大，临沂市在沿海地区的交通枢纽地位逐步确立。目前，临沂已经成为鲁南、苏北地区重要的交通枢纽之一和货物集散地。

近年来随着临沂的快速发展，现在有的城市空间已经不能满足经济发展的需求，为顺应城市发展的客观规律，未来城市用地形态将改变目前的"一城三区"的格局，形成"一河五片"多城区组团式的空间建设模式。一河即沂河，五片即兰山片、罗庄片、河东片、北城新区和省级经济技术开发区所在的经济技术开发区（见图1）。

新一轮的《临沂城市总体规划》确定临沂城市性质为：鲁东南地区的中心城市；全国性商贸中心之一；历史文化名城；具有滨水特色的现代工贸城市。对临沂市的发展定位是：中心城市具有一定的辐射带动作用，成长为鲁南、苏北地区的新兴经济增长极，形成批发市场与现代物流业辐射国内并逐步国际化，资源型产业和新型产业占有重要地位的产业体系。

临沂市兰山主城区定位为市级商业中心，该区域东西6.4千米、南北7.9千米，面积50.6平方千米，常住人口92万。兰山区2003年机动车保有量10.28万辆，2010年为22.71万辆，是临沂所有区县中车辆保有量和人口数量最多的区。

由于兰山主城区东部路网结构不合理，断头路、瓶颈路多，道路不畅通，缺少跨河通道，导致大量车流涌向沂蒙路和滨河大道，造成老城区交通拥堵，城市交通压力日益突现。对此，临沂市委、市政府高度重视，多次研究解决中心城区交通拥堵和南北通道问题。通过反复论证及方案

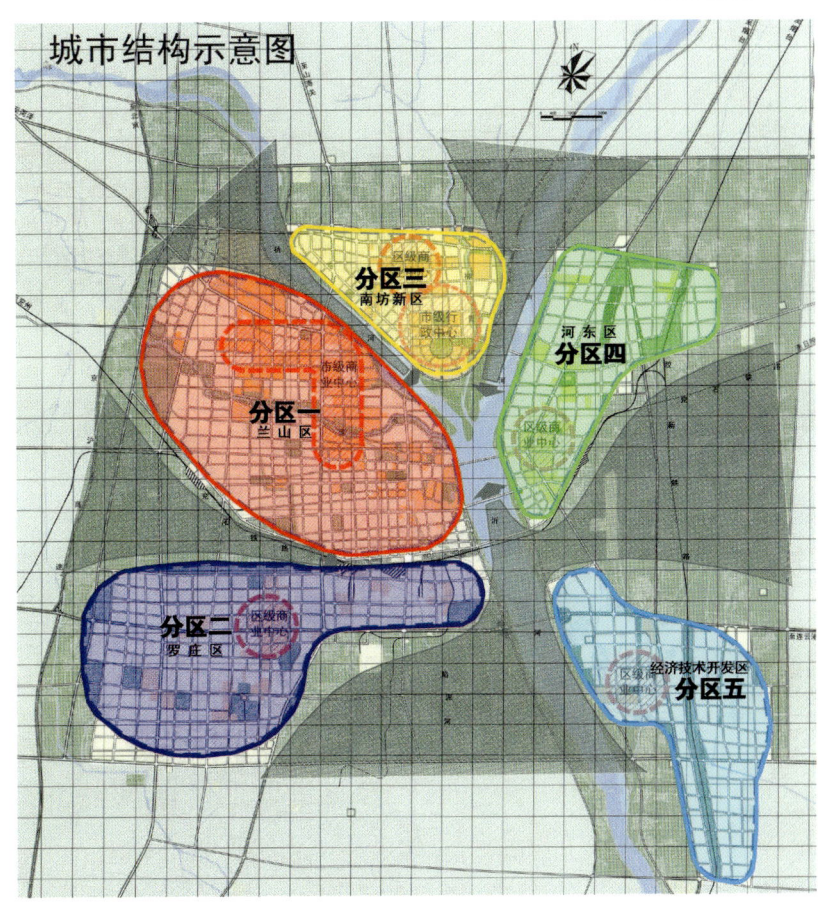

图1　临沂市城市结构示意图

研究,在三河口处新建祊河隧道,作为新增南北大通道的一部分,已是势在必行。

临沂市三河口祊河隧道工程起于滨河路涑河桥南侧,线路呈东北走向,以隧道方式穿越祊河,向北连接电视塔以东的滨河大道。本工程和已建成的蒙山大道祊河大桥、通达路祊河桥以及沂蒙路祊河桥一起是连接临沂市老城区与北城新区的重要基础设施,将成为第四条南北大通道。其建设是推进临沂市"沿河发展,北上东进"战略的需要,是推进重点建设区域北城新区快速发展的需要,也是解决城区内南北干道交通拥挤状况的需要。

## 【项目内容】

建设单位:临沂市规划局。

建设地点:山东省临沂市。

临沂市三河口祊河隧道工程起于山东省临沂市滨河路涑河桥南侧,线路呈东北走向,以隧道方式穿越祊河,向北连接电视塔以东的滨河大道。隧道主线全长1.92千米,双向6车道布置。其中主线隧道全长1 680米,隧道暗埋段长1 460米,隧道敞开段长220米,主线道路部分全长241.169米。隧道主体为两孔(双向六车道)折板拱式箱型断面,全宽28米,高9.2米(设风机断面);匝道暗埋段隧道全宽10.0米,高8.7米(设风机断面)。计算行车速度:隧道主线为60千米每小时,匝道为40千米每小时,I匝道为30千米每小时。

隧道主线与南侧滨河路相交的节点采用部分互通式立交,设置A、B、C、D四条转向匝道,实现隧道与滨河路的转向交通流。A匝道为北向西的右转匝道,B匝道为东向北的右转匝道,C匝道为苜蓿叶型匝道,实现南向西的左转交通,D匝道为半定向左转匝道。主线与北侧滨河大道相交的节点采用部分互通立交,设置E、F、G、H、I、K六条转向匝道,隧道至滨河大道的左转采用环形匝道的方式围绕电视塔设置,直行通过G匝道左转向北接滨河大道,并利用现状三和大桥向西接滨河大道(见图2)。

图2 三河口祊河隧道工程方案平面图

本可行性研究报告在现场调查、资料分析的基础上,经深入讨论,确定本工程的设计内容:

(1)现状调查与规划条件分析。
(2)交通量预测与分析。
(3)技术标准及建设规模。
(4)工程总体方案。
(5)工程各相关专业设计,包括道路、隧道、管线及相关附属工程等专业。
(6)工程投资估算。
(7)存在问题与建议。

本工程估算总投资 79 625.26 万元,其中建安费 65 717.92 万元,其他工程费 5 022.21 万元,预备费 7 074.01 万元。

从国民经济评价的角度分析,拟建项目所带来的国民经济效益大于国家和社会为此项目付出的代价。本项目在国民经济上是可行的,宜尽快实施建设,以发挥其较好的社会效益和经济效益。

目前,项目已经建设完成,其实景照片见图3。

图3 三河口祊河隧道实景图

【工作过程】

(1)2011年1月7日,受临沂市市政管理处的委托,我公司派出专业技术骨干赴临沂了解"临沂市东部老城区接北城新区新建南北通道工程"的建设规模以及方案设计内容,同时踏勘察现场,收集设计所需的相关基础资料。

(2)接到本工程委托任务后,成立项目组,进行项目方案设计。与2011年1月28日完成了下穿祊河隧道工程的概念性方案设计工作,派出4名专业技术骨干及2名专家至临沂市进行方案设计汇报和评审。评审会上提议将方案定为跨越祊河桥梁方案。

(3)2011年2月12日,我公司共完成了南北通道工程6个线位方案以及跨越祊河6种桥型方案的设计工作,同时提交了区域交通影响分析报告。

(4)2011年3月28日,至临沂进一步踏勘现场,进行现场交流修改,完成线路方案优化设计。

(5)2011年4月至6月,我公司进一步对跨越祊河桥梁方案进行优化设计,共提出约19个桥梁方案。

(6)2011年7月底,我公司成功中标"临沂市三河口祊河隧道工程",随即成立新的项目组,制定了方案设计大纲,进行项目方案设计。

(7)2011年8月,根据业主意见深化方案,调整隧道线位,进一步细化了研究成果。

(8)2011年8月,经业主组织专家评审及临沂市住房及城乡建设委员会批复,完成整个可行性研究报告研究工作。该报告根据临沂市规划路网布局,区域内交通量分析和现状道路情况,提出项目建设的技术标准和工程规模。历经几月之久,通过多轮线路方案比选和论证,依据规划路线走向,从路网规划、用地性质、征地拆迁、区域交通影响、两端工程衔接、工程可实施性、线形技术标准等方面入手,选择最佳路线走向。根据线路平、纵剖面布置及建筑横断面的总体布置要求,对比多种结构断面形式,通过结构强度计算和抗浮稳定验算明确推荐方案。结合本隧道工程特点及周边环境条件和相关技术要求,确定了隧道防排水、围堰和基坑的结构形式;明确了隧道通风、监控、消防、附属等功能和措施。2011年8月,提交工程可行性研究报告及成果。

【咨询工作特点】

1. 交通预测具有科学性、前瞻性

工程建设规模和技术标准的确定,主要依据项目所在区域的路网规划和交通需求。本工程交通量预测是在城市路网交通规划的基础上,对道路网格整体进行模拟,采用了"四阶段"交通量预测方法进行了设计年限内的交通流量预测。根据预测结果,对道路通行能力进行分析,结合规划资金状况、材料来源等情况,在需要和可能性两方面进行了综合考虑,本着适当超前的思想,建议本道路按双向六车道规模建设。交通预测具有一定的前瞻性。

2. 本工程项目设计接口及协调工作复杂,方案设计需要妥善处理好与各方面的协调衔接

线路方案设计需充分考虑新老城区的实际情况,并结合本区域内旧城改造方案,处理好新建与改建、拆迁等各方面的关系。本可行性研究报告本着建设"腾飞发展之路"、"绿色环保之路"和"可持续发展之路"的理念,经过几个月的现场勘查、桥隧方案比选、专家讨论和多轮线路方案优化设计,可行性研究报告提出了5条工程线路方案,从路网规划、用地性质、征地拆迁、区域交通影响、两端工程衔接、工程可实施性、线形技术标准等方面入手,对每一条线路走向进行了详细的分析和对比,最终确定了线路方案(见图4)。

本可行性研究报告在设计前期阶段,就与相关建设单位、管理部门进行了专题协调,在工程方案中充分考虑各方面的要求和建议,为工程的顺利实施创造条件。

3. 在保证功能的前提下,力求营造优美的城市景观,合理确定重要节点方案

三河口祊河隧道主线南立交节点的功能定位为交通性主干路与城市次干路相交的节点,三河口祊河隧道主线北立交节点的功能定位为交通性主干路与城市次干路相交的节点,这两个节点是本工程的重点内容,也是本工程的难点。在保证功能的前提下,结合地形地貌、重大建设项目,选择合理规模、少占土地、节约工程投资的立交方案,力求营造优美的城市景观,最终确定了节点方案(见图5、图6)

4. 通过多方案比选,合理确定隧道结构的断面形式

该隧道为穿越祊河的河底隧道,线位邻近祊河、沂河、柳青河三河交汇口处,河面较宽,隧道河中段长约1 050米。设计时,该隧道为山东省第一条内河隧道,采用何种类型的断面形式对确

图4　三河口祊河隧工程方案平面图

定隧道规模和造价具有举足轻重的作用,且隧道为双向六车道布置,全宽28米,高度9.2米,由于隧道结构为钢筋混凝土结构,加之隧道顶至设计水位距离约9米,隧道顶荷载很大,导致结构设计难度很大,这也要求采用合理的结构断面形式来解决以上问题。

本可行性研究报告对折板拱式箱型断面、矩形箱室断面和中墙连拱断面这三种方案进行了比选。考虑到结构受力问题,同时满足使用功能,又满足经济性要求,确定隧道主线结构采用两孔折板拱式箱型断面。此断面形式可充分利用侧向土压力的有利作用,改善整体结构的受力状况;中间上凸部分既减少了顶板覆土荷载,也提供了纵向射流风机的安装空间,可使风道畅通;两侧及中部下陷,可增加覆土厚度,有利于结构计算和隧道的抗浮稳定验算。

5. 隧道施工方案的确定充分考虑了工期、风险、河道特点等因素

由于此隧道位于三河交汇处,地质结构复杂,水域流量大,给工程的施工带来了不小的困难。并且由于当地气候特点,在每年的汛期河道内有较大的流量通过,为避开汛期对隧道施工的影响,降低风险,就需要尽量缩短工期、在汛期之前完成主体建设。

本可行性研究报告在对现行三种施工方法(水中明挖施工法、盾构法隧道、沉管法隧道)比选的基础上,考虑降低施工风险、缩短施工工期的因素,确定整条隧道均采用围堰大开挖施工;提出在施工时采取必要的施工措施,合理安排工期,避开汛期;同水利部门协调,发挥上下游拦河堤岸的调水功能,为工程建设创造有利条件。

6. 结构抗浮难度大,计算理念、解决办法具有先进性

隧道规模较大,双向六车道布置,在主线与匝道相交处,最宽箱室达28米,给底板设计和结构抗浮带来新的问题。

结构计算模型为支承在弹性地基上对称的平面框架结构,底板下用土弹簧模拟土体抗力,隧道结构考虑水平及竖向荷载。按荷载情况、施工方法,模拟开挖、回筑和使用阶段不同的受力状况,按最不利受力进行内力计算。

设计采用"荷载—结构"模型,按平面杆系有限元法进行计算。

隧道结构各构件除满足强度要求外,还应满足构件裂缝宽度控制要求及抗剪、抗渗要求。

图5 隧道南立交节点方案

图6 隧道北立交节点方案

为了减少两侧隧道的工程量,隧道线位较高,河底覆盖土层仅为1米左右,结构抗浮计算表明,要取得较大的抗浮安全储备,需要增加较大的工程量。为此,在确定抗浮系数的基本原则时,我公司充分考虑了场地水文特点、地质特点、回填土对隧道的侧摩阻力等因素,结合相关规范和类比工程设计原则,最终确定本次计算原则为:抗浮安全系数当仅采用自重抗浮时不小于1.05,考虑侧摩阻力不小于1.1。

在敞开段设计中,我公司充分考虑堤岸内外的抗浮水位有所不同,在堤岸内侧,抗浮水位为百年一遇水位70.33;在堤岸外侧,抗浮水位为地面以下0.5米。该原则的确定,既保证了结构的安全,又能节约投资。

根据当地水利部门的经验，本工程河道内水流将对隧道顶部存在较大的冲刷作用，不利于隧道的抗浮和防水。本可行性研究报告提出在隧道顶部设置混凝土覆盖层，一并解决以上问题。

7. 防水保护措施完备

对于如此大体积的隧道，防水非常关键，设计经过多方面的比选以及工程实例的考察，最终考虑采用喷涂聚氨酯防水涂料外加自黏性防水卷材的方式。

施工缝及伸缩缝是隧道最容易出现渗漏水的地方，为减少隧道出现渗漏水的可能性，因此在施工缝、伸缩缝处设置了中埋式钢边止水带和外贴式橡胶止水带；在隧道底板施工缝及伸缩缝处加铺水泥渗透结晶材料，以保证该处的防水效果。

8. 隧道结构分缝突破传统

为了减少施工工期，降低伸缩缝的渗水隐患，结合施工单位经验，突破了传统的20米以下设置一道伸缩缝的设计，在温度变形、干缩等引起的各种轴向位移满足要求的前提下，将隧道结构伸缩缝间距增加到60米。该60米伸缩节段设3条施工缝，即施工缝的间距为15米。以施工缝（及变形缝）为分隔，采用"跳仓"浇筑混凝土。

## 【咨询效果】

本工程作为连接临沂市老城区与北城新区的重要基础设施，其建设意义非同寻常，是推进临沂市"沿河发展，北上东进"战略的需要，是推进重点建设区域北城新区快速发展的需要，也是解决城区内南北干道交通拥挤状况的需要，同时为完善城市路网建设、促进社会经济发展、提升城市形象起到积极作用。

本可行性研究报告结合本项目的特点，对工程方案的可行性进行深入细致的分析；研究成果对项目的立项决策提供科学依据，对后续工程的实施提供了有力的支持。

本可行性研究咨询工作在认真学习临沂市城市总体规划，实地调查拟建隧道沿线地形、地貌、地质等情况的基础上进行开展，针对项目在区域的自然环境、社会环境和建设条件、沿线自然条件、交通量、经济社会发展情况等多种因素进行了综合分析预测和论证；分析了项目建设的必要性，并对项目建设的可行性从宏观到微观都进行深入的分析和阐述，为项目的决策提供了科学的依据。

本可行性研究总结已建和在建城市主干路的建设经验，从城市交通的系统性、网络性和功能性出发，提出切实可行、合理的建设规模和标准，综合考虑区域地块发展的可持续性、科学性和完善性。采用新技术、新材料、新工艺，遵循工程"一次规划设计到位、重要节点分期实施"的设计原则，不仅满足近期交通需求、经济可行，并为远期发展留有余地。

该隧道为穿越祊河的河底隧道，附近流域复杂，隧道结构宽度大、隧道埋设深度深、隧道顶部荷载大，结构计算困难，本可行性研究报告中给出的隧道断面形式在满足使用功能和经济性要求的前提下，有利于结构计算和隧道的抗浮稳定验算，为工程的开展创造了有利条件，并且节省了工程费用。

本可行性研究报告中根据当地水利部门的经验，提出的施工方法切实可行，并且解决了水域流量大、地质结构复杂，汛期不能主河道内施工的困难，为工程建设降低了施工风险、缩短了施工工期。

突破了传统的20 m以下设置一道伸缩缝的设计，在温度变形、干缩等引起的各种轴向位移满足要求的前提下，将隧道结构伸缩缝间距离增加到60米，降低了施工风险、缩短了施工工期，同时降低了伸缩缝的渗水隐患。

本项目咨询工作推荐结构新颖、造价合理，在方案优化上，积极采用新技术、新工艺，经济评价合理客观，方案切实可行。本项目咨询工作为公路隧道设计、施工提供了指导与借鉴的方法和经验。

# 扬州文昌阁中环疏解工程可行性研究报告

## The Feasibility Study Report of the Traffic Relief Project of Wenchang Pavilion Middle Ring Road in Yangzhou City

编写单位：上海林同炎李国豪土建工程咨询有限公司
Lin Tung-Yen & Li Guo-Hao Consultants Ltd. Shanghai
联系方式：021-65976600-8646　　网址：http://www.shlinli.com/
主要完成人：陆峥嵘　闫昆仑　岳 光　杨东星　白红兰　陈惠萍　武学军　严存明　吴建强　李康宁

## 【点评】

本项目属于扬州文昌阁交通综合整治工程组成部分之一，研究重点是文昌阁交通的疏解，特别是四大交通堵点的改造。本报告所提出的基于不大拆大建地、系统性地解决拥堵的方案，尤其是水下停车场及跃进桥下穿通道等措施具有创新性和独特性，技术方案合理，项目实施后交通改善效果明显。

## 【项目背景】

近年来，随着城市经济的迅猛发展，机动车保有量急速增长，交通拥堵成为各个城市都要面临的一个问题。对于一些大型城市来说，可以通过修建快速路等措施缓解交通拥堵，但是对于一些中小城市以及大型城市的核心区域，修建任何形式的快速路均存在动拆迁工作量大、工程投资高、对沿线环境有较大影响等问题。

扬州是首批国家级历史文化名城，中环范围内老城区城池格局、传统风貌、空间尺度及其相互依存的外围环境、历史文化街区、历史地段、风貌街巷、古运河、护城河、小秦淮河等历史风貌保存完好程度在全国罕见，而保留历史和交通发展之间的矛盾一直是城市建设者考虑的重点。

本次扬州市中环疏解工程通过对核心区道路拥堵点的梳理与研究，并未对沿线道路进行大拆大建，而是通过对不同拥堵原因的分析，因地制宜地提出节点处理方案，通过局部道路拓宽、建设简易结构工程、增设停车设施、优化交通组织形式等措施，简单高效地解决局部节点的拥堵问题，从而带动沿线道路的畅通，进而缓解一个区域的交通矛盾。其具有造价经济合理、工程规模适中、社会影响及环境影响不大等特点，对于类似城市和地区处理交通拥堵问题具有良好的示范效应。

## 【项目内容】

本项目属于文昌阁交通综合整治工程组成部分之一。中环疏解工程主要研究范围为由南通路、泰州路、盐阜路、大虹桥路、念四路、大学北路、文汇东路围成的扬州文昌阁中环，研究范围道路全长约10千米。

本项目研究重点是扬州文昌阁中环交通的疏解，特别是四大交通堵点的改造，主要包括改造中环线上4个主要交通节点，分别是大虹桥路、便益门大桥、苏北医院周边道路和跃进桥交通节点改造（见表1、图1）。通过局部路段和交叉口的优化改造，优化交通组织，提升中环路通行效率。为此，提出22个分项工程性的改善措施。

图1　节点位置

表1 分项节点工程

| 节点位置 | 分项内容 | | |
|---|---|---|---|
| 大虹桥节点 | 大虹桥路交通疏解工程 | 第一阶段 | 大虹桥路（念四路—大虹桥）改建工程 |
| | | | 大虹桥路（友谊路—北门外街）断头路辟通工程 |
| | | | 淮海路新北门桥改建工程 |
| | | | 瘦西湖南门广场景观整治工程 |
| | | 第二阶段 | 大虹桥路下穿地道工程 |
| | 四望亭路整治工程 | 第一阶段 | 念四路/四望亭路/大学路交叉口机动车停车场建设工程 |
| | | | 四望亭路（大学路—汶河北路）交通整治工程 |
| | | | 大虹桥路（念四路—大虹桥）单向交通组织 |
| | | 第二阶段 | 四望亭地区文化广场及停车场建设工程 |
| | | | 念四路/四望亭路/大学路交叉口非机动车停车场改建工程 |
| | | | 四望亭路（大学路—汶河北路）非机动车道改建工程 |
| | 念四路（扬子江北路—四望亭路）整治工程 | | |
| 苏北医院节点 | 文汇东路东段改造工程 | | |
| | 苏北医院停车综合整治工程 | 荷花池地下停车场（含联络通道）及公园景观整治 | |
| | | 荷花池支路辟建工程 | |
| | | 苏北医院进口广场改造及地下停车场建设工程（苏北医院实施） | |
| | | 南通西路荷花池路交叉口渠化整治工程 | |
| 跃进桥节点 | 泰州路（跃进桥）改建工程 | | |
| 便益门节点 | 便益门大街改造工程 | | |
| | 盐阜东支路（泰州路—盐阜东路）道路改建工程 | | |
| | 泰州路（便益门大街—文昌中路）道路整治工程 | | |
| | 便益门桥下匝道改造工程 | | |

## 【工作过程】

本项目可行性研究工作于2013年1月开始，于2013年5月完成。本可行性研究报告以扬州核心区文昌阁改造规划及现状为基础，深入调查了整个文昌阁地区的相关影响因素，组织团队常驻扬州，对现状交通进行调查，并与取得交警实测数据与之复核，最终确定路段和交叉口准确流量。通过交通分析，确定主要拥堵路段；通过现场走访，与交警部门沟通，发放调查问卷等方式，分析和发掘拥堵原因；梳理拥堵因素，不局限于工程措施，逐个提出解决对策。并制定可行的技术方案，通过多方案比选，提出可行的推荐实施方案。本可行性研究报告编制过程中多次向市政府、规划、建设、交警以及园林等部门汇报，进行方案沟通及优化，最终推荐了经济适用、切实可行的设计方案，为后续设计阶段提供重要依据。

## 【咨询工作特点】

1. 以文昌阁地区交通拥堵改善为目标，制定了合理的交通调查计划和基础资料收集方案，在建设单位的支持下，收集了较为全面的基础资料

本项目组制定了合理的交通调查计划和全面基础资料收集方案。

本项目组驻现场进行流量调查；共组织30余人次，对全线12.7千米长道路，面积约900公顷范围内与本工程相关的主要道路流量均进行了调查，并进行了交通分析，计算了饱和度（见图2），从交通方面分析了整个区域的交通现状，为后续研究提供了基础。

在建设单位及我单位共同努力下，共计收集图纸及工程资料约计3万余张，为本工程的方案研究提供完整而全面的基础资料。设计方案避让重大市政管线，与在建工程衔接，重要文物保护等方面均有落实，提高了方案研究的可实施性。

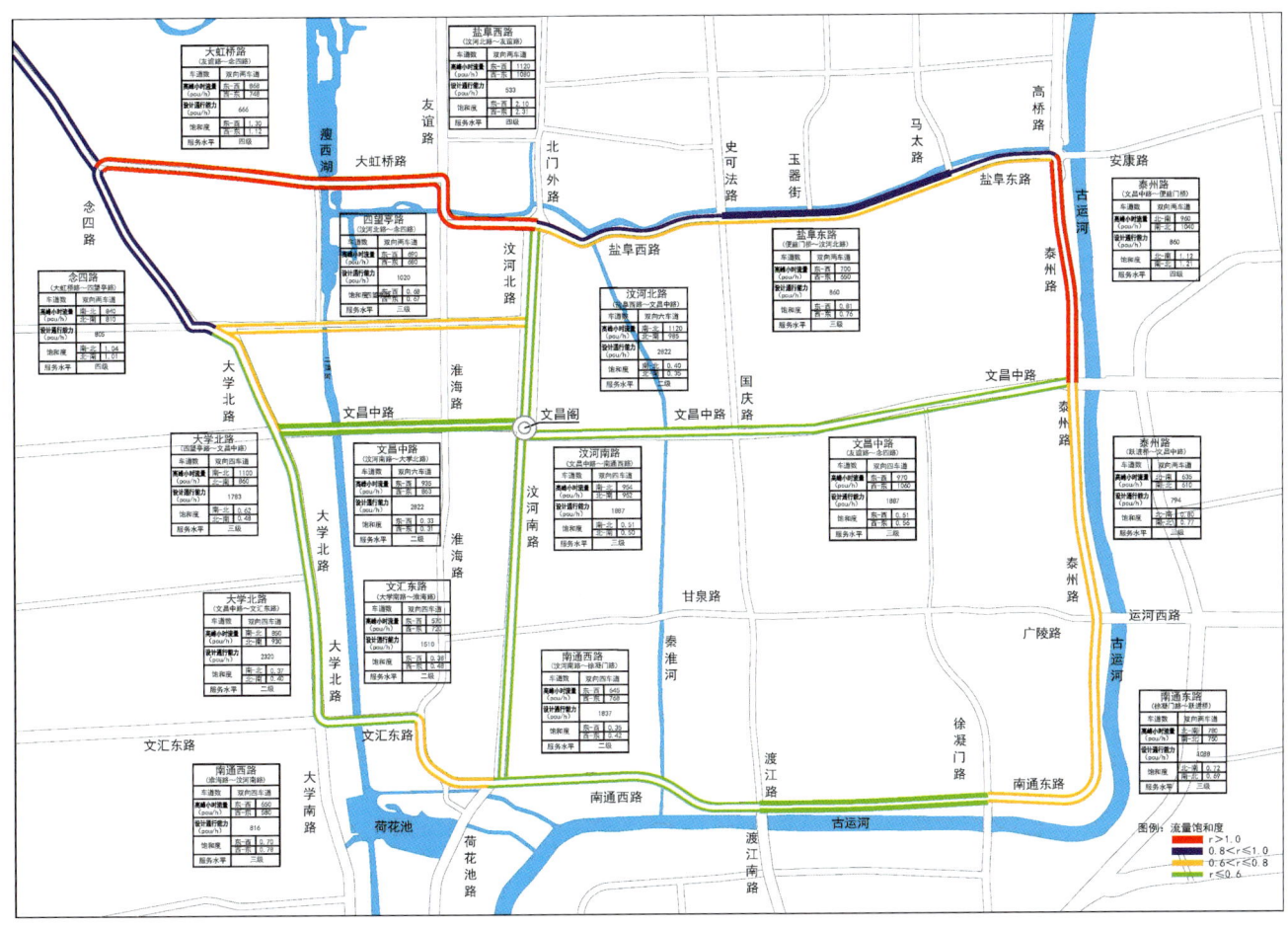

图2 流量分析

2. 在设计过程中,注重实地调查,听取沿线相关单位意见,因地制宜地选择设计方案;通过走访规划、建设等相关主管部门汇报方案,掌握工程现场的现状实际情况。在此基础上,提出符合实际情况、操作性强的设计方案

对苏北医院节点,苏北医院现为江苏省著名医院,周边交通拥堵严重。本次通过调查苏北医院周边拥堵情况,找到了三处堵点,收集了本段的交通流量、车辆停车位、苏北医院就诊情况等资料,对三处堵点分别分析拥堵的原因,对本节点提出了5项建设内容,包含了利用现状荷花池公园水下修建停车场、公园地下停车场与苏北医院联络通道、公园门口景观整治、相关道路渠化拓宽等建筑、景观、市政工程方案,除向市政府及建设单位汇报外,也向市规划局、园林局及苏北医院汇报,听取相关部门意见,优化方案,工程措施取得各部门认可,有较强的操作性。

3. 工程方案以"交通全因素影响分析"理念为指导,剖析交通影响症结,从源头上缓解交通拥堵,不提倡大拆大建,体现因地制宜思想

本工程位于扬州市中心老城区,交通改善应按照系统理论分析,重点从城市管理的思路出发,提出部分政府部门及名校进行搬迁或设置分校的方式,分流交通,从源头上减少交通的吸引,建议取得了市政府的采纳。

便益门节点通过分散交叉口流量,通过路网疏解,实现转向交通组织(见图3)。并对非机动车交通组织进行了专门设计,减少非机动车及行人绕行,便于交通管理。

对大虹桥节点(见图4),提出了7项单项工程,分步骤地实施,从近期到中期到远期均考虑了实施的难度及投资,通过逐项分批的实施单项工程,逐步改善节点交通现状,通过路网进行疏解,提出的工程措施有针对性,并考虑了瘦西湖景区流量的波动及旅游期间的交通组织、停车问题。其提出的四望亭路停车场方案通过商业开发和停车收费,既可以解决商业小吃街停车问题,又可以盘活地块,增加政府经济收入。

4. 扬州文昌阁中环疏解工程是一个系统工程,本项目为其中的一个重要组成部分,本可行性研究报告提供的研究思路不仅对建设单位具有指导价值,同时也为政府管理部门城市管理角

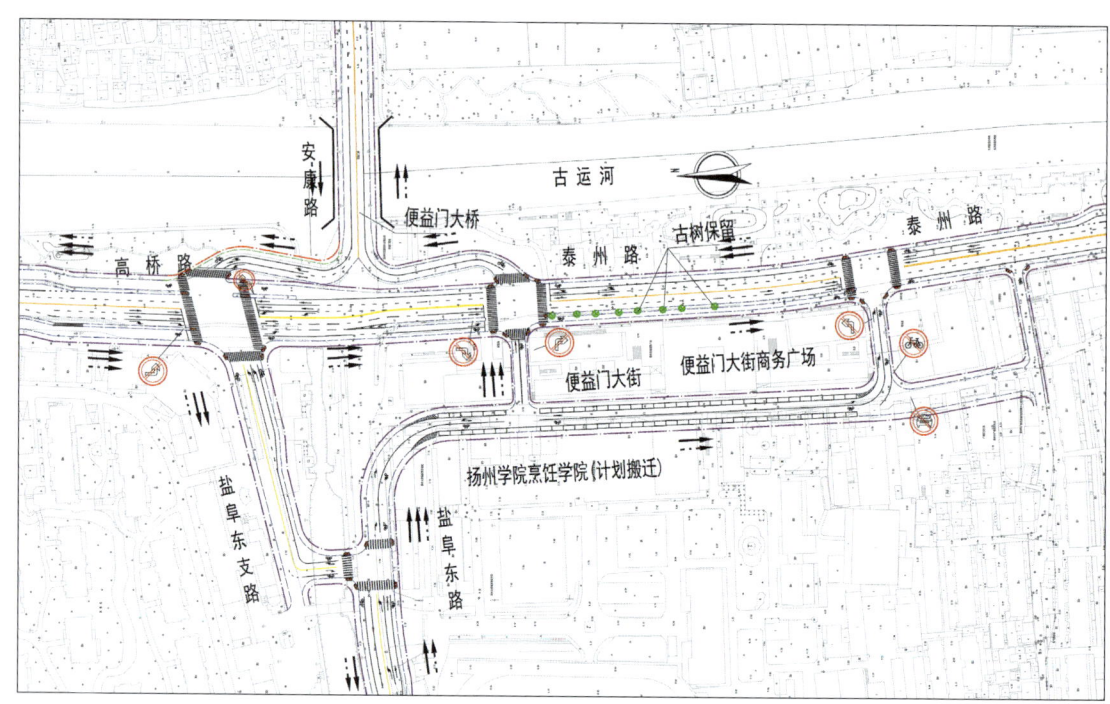

图3 便益门节点整治后交通组织

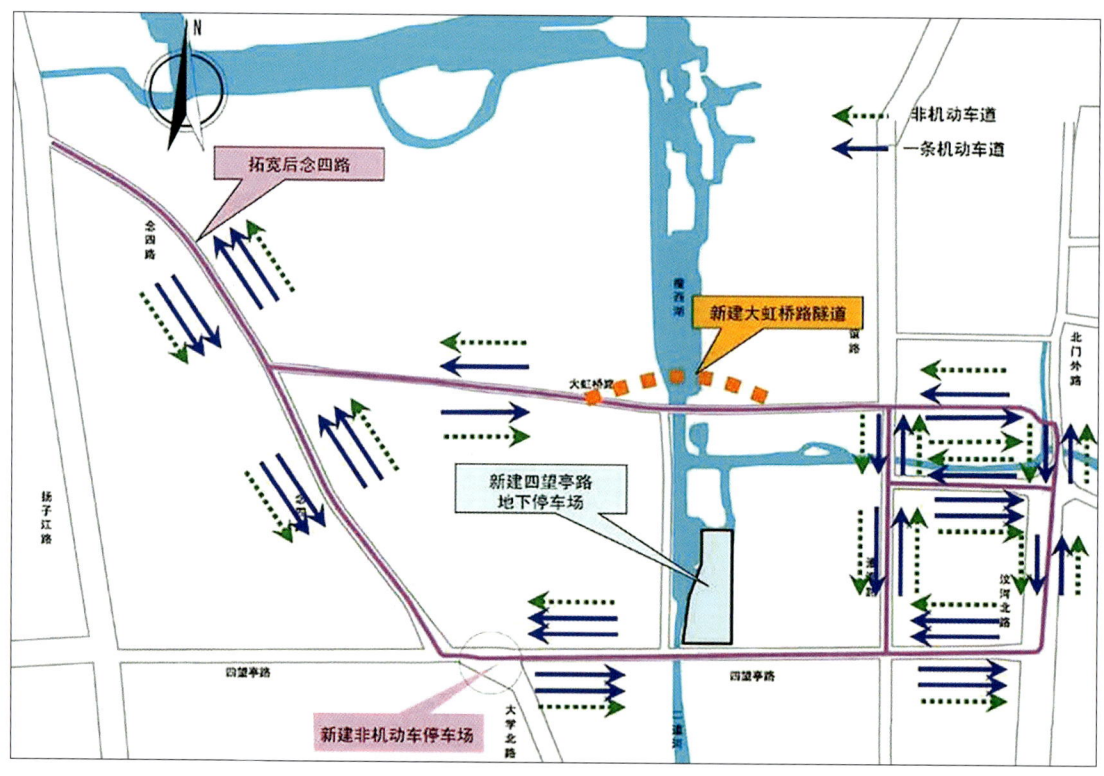

图4 大虹桥节点交通组织

度提供参考

本项目以总体性思路出发,在拥堵因素分析的基础上,从市政、建筑、景观、社会管理措施等全方位、全局性角度提出软硬兼施的应对方案,使交通改善的各相关主体协同努力,达到改善交通的目的。

对于育才小学门口的拥堵,通过分析完全可以通过管理措施实现,不需要进行工程土建改善措施,仅通过错峰交通管理措施即可实现减少拥堵。本方案得到交警采纳,实际执行效果明显。

5. 创新地提出在荷花池地下建设停车库,具有技术的先进性及特点

本节点主要拥堵问题是苏北医院缺少停车场。为减少拆迁,创新地提出在旁边荷花池下建

设水下停车场方案。

（1）荷花池地下建设停车库地下2层，建筑面积约3万平方米，可停机动车约700辆。项目建成后能够极大地缓解苏北医院停车紧张的现状，同时也能够极大地改善该区域内由于地面无序停车造成的交通拥堵。

（2）停车库位于荷花池公园湖面下部（见图5），上面不存在既有建筑，避免了高昂的拆迁成本，同时也避免了建筑垃圾的产生，体现了环保的理念。

（3）车库位于湖面以下，是国内首个如此大体量的地下停车场，对建筑防水提出了新的要求，通过现场深入勘查及类似工程的考察比较，按照地下隧道的防水等级进行设计，建筑防水、结构、基坑围护设计等内容，体现了技术先进性及独创性。

（4）荷花池是扬州市的一大景点，在出地面的建筑设计上需要和周边建筑以及当地传统建筑风格相结合，通过对当地传统建筑的调查，向当地古建筑专家请教学习，方案几易其稿，希望建筑的形象能够融入当地的独有特色之中，体现出对于当地文化和历史的尊重。

（5）本着尊重环境、生态环保的态度，多次征询当地园林部门及绿化专家的意见，车库建成后，对原有湖面的生态系统进行恢复，出地面建筑体量小，对周边环境影响最小。

6. 创新地利用跃进桥抬高的地形条件，布设下穿通道，通道主线标高与一般路段基本持平，暴雨期间不存在积水问题，工程投资仅2 800万元，方案经济适用，交通上能分流直行交通，拥堵改善效果明显，社会影响小

（1）现状泰州路跃进桥桥头为受运河水位控制，为抬高的馒头形地形，本次在其上开槽建设通道，通道主线路面标高与泰州路一般路面持平（见图6、图7），通道暗段仅长40米，不需要配备通风、消防等设施，行车安全性有保证。

（2）本处仅设一处紧急情况使用的泵房，平时降雨不开启，雨水可直接排入市政管网，没有常规下穿通道降雨期间泵站开启及管理维护的费用。

（3）为其他相似地形桥头交叉口改善提供了改造思路，造价仅2 800万元，投资省，经济效益明显。

（4）目前该通道已竣工通车，直行交通不受交通信号灯控制，交通分流效果明显，具有显著的社会效益。

7. 对实施后交通改善情况进行了交通预评价，使工程措施的交通改善效果有一个清晰的预期

本项目对所有节点均进行了改造前与改造后的交通影响评价，通过对路口、路段饱和度计算，对路口的交通改善效果有一个量化的评价指标。

8. 充分对本工程实施所带来的环境问题进行研究，力争创建环境友好型社会

针对工程实施过程中可能造成的水环境、大气环境及声环境影响进行全面分析，并针对施工及运营两阶段提出有针对性的处理措施，确保本

图5　荷花池水下地下停车场

图6 跃进桥下穿通道效果图

图7 跃进桥下穿通道现场实景图

工程实施后与工程周边自然生态系统协调可持续发展、和谐共生。

9. 经济评价合理客观，方案切实可行

咨询工作通过认真细致的工作，科学合理地梳理出各专业、单项的界面，对工程投资中的建设费与建安费进行了合理估算，在项目评估的过程中，根据掌握的分项指标，对方案进行了优化调整。

10. 本项目的实施能够缓解中心区的交通拥堵，改善文昌阁地区交通出行条件，继续提升扬州市文明城市形象，改善居民生活和办公环境

【咨询效果】

本次扬州市中环疏解工程通过对核心区道路拥堵点的梳理与研究，并未对沿线道路进行大拆大建，而是通过对不同拥堵原因的分析，因地制宜地提出节点处理方案，通过局部道路拓宽、建设简易结构工程、增设停车设施、优化交通组织形式等措施，简单高效地解决局部节点的拥堵问题，从而带动沿线道路的畅通，进而缓解一个区域的交通矛盾。其具有造价经济合理、工程规模适中、社会影响及环境影响不大等特点，对于类似城市和地区处理交通拥堵问题具有良好的示范效应。

目前，各分项工程中跃进桥节点已经完工，大虹桥节点的部分工程及苏北医院大部分分项工程已经完工。荷花池地下停车场工程作为2015年扬州重点工程年内开工。已经竣工的单体工程建设费用少，实施难度低，运营近一年，交通疏解效果明显，受到了建设单位及各方面的好评。

# 哈尔滨市阿什河干流道外香坊段防洪及河道整治工程可行性研究报告

## The Feasibility Study Report of the Flood Control and River Regulation Projects in Xiangfang Section out of Ashihe River Trunk Stream, Harbin City

编写单位：上海市水利工程设计研究院有限公司
Shanghai Water Engineering Design & Research Institute Co., Ltd.

联系电话：021-32558000　　网址：http://www.swedri.com.cn/

主要完成人：刘小梅　潘世虎　王小艳　宋怀兴　王永波　吴新广　罗秀卿　张尧　傅建彬　杨国巍

## 【点评】

本报告通过总体统筹布局、逐层剥笋式论证，创新性地提出集防洪、生态、景观和滩涂利用为一体的工程总体方案；建立一、二维数学模型，模拟洪、平、枯水等数十种工况和布置方案，合理确定工程规模；通过合理分区，挖土成湖，土料筑堤，弃土填岛，描绘出"星岛翠湖翔鱼鸟，百里绿廊绕城出"的城郊景象，堪称河道整治典范案例。

## 【项目背景】

阿什河位于哈尔滨市东部，是松花江一级支流，干流横跨哈尔滨尚志、五常两（县）市和阿城、香坊、道外三个区，河道全长213 km，流域面积3 581 km$^2$。阿什河道外香坊段地处流域下游，河长25 km，穿越哈尔滨道外区、香坊区，为整条河中水质最差、影响最严重的城市河段。

因松花江治污已上升为国家战略，而河段直接汇入松花江，影响松花江水质安全，故阿什河干流道外香坊段防洪及河道整治工程，被国家环保部列入重点关注项目；因关系哈尔滨市民防洪除涝、饮用水安全，工程被哈尔滨市政府列入哈尔滨市"十二五"重点建设工程。

## 【项目内容】

工程位于哈尔滨市，由哈尔滨市水务局牵头负责，项目内容包括堤防54.33 km、涵闸28座、桥梁7座、疏拓河道19.33 km、护岸31.48 km、拦河闸坝7座，设置湖泊3个、河心岛2个及河道生态修复698公顷等。工程估算总投资68.8亿元。

工程建成后所产生的防洪除涝、环境和土地增值效益显著，多年平均防洪效益约为2.172亿元；从国民经济评价来看，经济内部收益率10.28%，经济净现值24.794亿元，经济效益费用比为1.42，三项指标均满足评价规范要求，工程具有较强的抗风险能力。

## 【工作过程】

2012年3月，受哈尔滨市水务局委托，上海市水利工程设计研究院有限公司和哈尔滨市水利规划设计研究院有限公司开展本项目规划编制工作。2012年12月，咨询单位提交了规划送审稿。2013年1—2月，黑龙江省水利厅、省发改委先后组织专家对规划进行了评审。2013年4月10日，黑龙江省发改委以黑发改农经函〔2013〕91号文对规划作出批复。

其间，哈尔滨市水务局又委托相关单位开展了地形测量、地质勘察及评价、地质灾害评价、矿产压覆、文物调查、河道洪水二维数模分析、防洪影响评价、工程占地实物调查、环境影响评价、水土保持及节能评估等专题报告编制工作。

根据规划和批复文件、地质初步勘察及相关专题成果，咨询单位在大量前期工作基础上，对相关内容进行了细化，于2013年4月底编制完成了《哈尔滨市阿什河干流道外香坊段防洪及河道整治工程可行性研究报告》（以下简称可研报告）。

2013年5月，黑龙江省水利厅组织专家对可研报告进行了技术审查；2013年7月，黑龙江省发改委主持召开了咨询评审会，对可研报告进行了复审。

2013年9月26日，黑龙江省发改委以黑发改农经函〔2013〕594号文对可研报告作出批复。

**【咨询工作特点】**

本工程贯彻"以人为本、人水和谐"理念，不仅保障城市防洪、排涝等基本功能，而且兼顾生态性、景观性，满足市民亲水、近水要求，打造滨河宜居环境；秉承"水安全、水资源、水环境、水生态、水景观、水经济"六位一体河流治理思路，依靠堤防、河道疏拓、岸坡防护及排水涵闸等工程，保障防洪安全；通过取土区的整治与拦河闸坝的建设，形成湖泊及梯级水面，营造水环境和水生态景观；利用弃土围成河心岛，既拓展了河流的生态景观空间，又创造了可开发利用的土地，有力地促进了水环境整治与经济发展的良性循环。

1. 从城市发展、防洪、排涝、水生态环境、滩涂资源开发等多角度，充分论证工程建设的必要性，为决策提供依据

阿什河是哈尔滨东部地区生态绿地系统的核心，是集防洪排水、景观生态、休闲旅游、文化展示、产业经济等功能为一体的城市重要的绿色基础设施和生态景观廊道。可研报告在认真分析《哈尔滨市城市总体规划》《阿什河生态风景长廊总体规划》、阿什河历次防洪规划及《哈尔滨市水生态系统保护与修复规划》等要求的基础上，反复调研河道现状，分析河道洪水特性，对本工程建设的必要性进行充分论证。可研报告分析河道存在的防洪、排涝、河势演变、河道淤堵等问题，提出完善阿什河整体防洪体系、提高道外香坊段防洪排水能力的必要性；分析研究河道水环境、水生态等问题，提出改善河流生态环境、逐步恢复河道生态系统的必要性；调查研究河道两岸城镇社会经济发展现状，按照规划发展要求，提出有序开发滩涂资源、促进地区经济社会的协调和可持续发展的必要性。

2. 结合现状和规划要求，分段（分区）、详细论证工程设防标准，结合水文成果，重点论证工程规模

防洪标准：为准确分析防洪形势，根据现状洪水水面线，在地形图上分别绘制不同频率洪水淹没图，确定淹没面积；详细调查各段堤防保护对象和范围；综合防护对象及范围、总体规划、流域（区域）防洪规划和本工程规划要求，并结合工程类比法（参照太阳岛围堤标准），深入论证各段堤防的防洪标准，确保防洪标准的合理性。

排水标准：综合考虑城区地形特点、地面坡度、城区建筑物性质及城区总体规划要求，同时参照规范和哈尔滨市区排水建设情况，选定城区排水重现期为1年。平原排水均为水田排水，排水标准为5年一遇；坡水排水标准为10年一遇；坡水与平原排水相结合采用坡水10年一遇与平原排水10年一遇叠加。

河道整治标准：结合防洪、除涝、灌溉、河势控制和航运等不同整治任务确定。可研报告结合工程范围内河道承担的不同整治任务，将河道分为5段，其中长江路段、长江路—庙台沟段，满足中水整治和设计洪水标准；其他河段，满足设计洪水标准。中水整治，参照相关规范和工程经验，采用平滩流量法确定造床流量120 m³/s，作为中水河槽整治的设计流量，并确定阿什河中水河槽整治标准。

工程规模：根据确定的防洪标准，依据设计水面线，再综合分段波浪爬高、安全超高和风壅水面高度，确定堤顶高程。根据内水规划排水流量成果，确定各穿堤涵闸的尺寸。遵循"遇弯则弯，能弯则弯"的原则，河道治导线基本以保证现状主河槽形态为基础，对阻水严重的河段进行适当疏拓，对局部蜿蜒曲折、深泓靠岸的河段进行裁弯取直；除先锋路段采用双岸整治外，其余段均采用单岸整治。根据水面线及数值模拟成果，分别确定河道疏拓和护岸范围。根据中小水归槽、保障河槽水面和水深的要求，确定拦河闸坝顶高程；结合束水冲沙、中水归槽和闸河配套要求，确定闸孔宽度。

3. 全面系统分析、多方法模拟验证，确保水文成果准确可靠

洪峰流量：收集阿城站、马鞍山站、帽儿山站3处测站资料，进行水文资料还原与插补延长，并与《松花江流域防洪规划报告》成果检验一致；因下游干流各控制断面受西泉眼水库控泄影响，可研报告分区间为主水库相应、区间相应水库为主两种情况计算，取洪峰流量较大值，作为设计洪峰流量。

洪水遭遇分析：可研报告对阿什河与松花江、阿什河内外水分别进行了遭遇分析，分别点绘了阿什河为主，松花江同频率、降一频率的曲线及松花江为主，阿什河同频率、降一频率、降二频率的曲线，得出采用互降一级外包线推求阿什河回水段水面线较合理；分别点绘了内水洪水与阿什河洪水升一频率、同频率、降一频率的曲线，得出内外水按同频率或外水降一级遭遇较

合理。

糙率确定：对阿什河干流进行洪水调查，共调查了14个洪痕，并施测了洪痕点高程。可研报告采用经验法、实测水位—流量关系试算法和洪痕点拟合法，综合确定合理的主槽、滩地糙率。

设计水面线及数值模拟：可研报告采用简化的稳定非均匀流公式，分别推求了初拟三类、深化三层次6个方案的洪水水面线；为准确反映拦河闸坝的洪水影响，还推求了闸坝、全坝2个方案的洪水水面线。采用美国HEC-RAS软件（一维非恒定流方程），推求河道主槽水面线。采用丹麦MIKE21FM模块，建立阿什河二维水流数学模型，进行两岛分汊水力计算，分析分流比、流场和流速，为合理确定堤顶高程、护岸保护范围及护岸选型提供科学依据。

4. 理清防洪排水及水环境现状，建立"蓄排兼顾、以排为主"的防洪排水体系、"以水带绿、以绿养水"的水生态保护体系

经深入调研阿什河防洪排水现状，可研报告提出通过上游西泉眼水库调洪错峰，即根据不同频率洪水，确保水库泄流与区间洪水叠加后阿什河新香坊断面不超过分级控制流量；本段河道依靠新建和加高堤防，使沿河城镇和农田防洪标准分别提高到30年一遇和20年一遇；通过河槽疏拓、河道清障及岸坡防护，使主槽过流能力不低于2年一遇洪水，为介于2～3年一遇的洪水标准；结合排水分区，新增排水涵闸，改善两岸排水条件，消除堤内区域内涝。通过水库、堤防、河道和两岸排水系统联合运用，建立蓄排兼顾、以排为主的防洪排水体系，切实保障两岸及滩岛的防洪排水安全。

综合考虑哈尔滨市城市总体规划、土地利用规划、水环境保护规划等，以维护流域生态环境健康和延续乡土文脉特色为出发点，按照河流廊道理论，通过河床、滩地、堤防的生态修复技术或生态工程，对退化或消失的湿地进行修复，营造"丰水多蓄，水少多绿，集中水面与湿地交替"的河流生态保护体系，发挥其生态服务功能。

5. 统筹协调行洪标准、河道占地、堤防高程、工程投资与生态效果等重要因素，深入调研、反复论证，确定工程总体方案

为选择适宜的堤距，使之既具有良好的行洪、蓄滞洪功能，又尽量减少土地占用，最大限度地体现土地利用、环境友好和工程经济相协调的综合效益，可研报告一方面以跨河桥梁为控制节点进行分段，逐段分析不同河段安全泄量、不同堤距的滩面水深情况；另一方面深入调研黑龙江省中小河流工程实践经验，详细分析工程区的地质条件以及两岸各片区土地开发要求，分析合适的堤防高度和滩面水深。在此基础上，确定适宜堤距为600～1000 m。

在适宜堤距控制下，结合阿什河道外香坊段两岸区域发展规划要求、滩地地形及土地使用的具体特点，可研报告提出了三类堤线布置方案：第一类，以兼顾行洪滞洪、建设规模化生态带为特征；第二类，以满足行洪控制堤距、合理开发利用土地，建设适宜的自然型生态带为特征；第三类，以行洪为主控制堤距，尽可能多地增加保护面积为特征。经洪水分析和技术经济比选，最终推荐了防洪影响适度、工程占地少、堤防保护范围大、工程总投资最少、经济社会和环境效益较大的第二类方案。

在第二类方案堤线的基础上，可研报告进一步深化论证，提出三个层次方案：只筑堤方案、筑堤+疏拓方案、筑堤+疏拓+拦泄水方案。从水位变化、工程投资、施工难度与周期、防洪及综合治理效果等方面比选，方案三水面线最低，对河势影响较小，挖土成湖，弃土成岛，在河道内科学解决了料场和弃土区双重占地的矛盾，既节省了投资，又增加了河道生态环境的多样性，作为推荐方案是适宜和可行的。推荐方案总体布置图见图1。

6. 针对河道长、情况复杂、整治任务不同等特点，分区开展河道整治，重点河段进行多方案比选

工程范围内河道总长25 km，横跨2区，涉及5乡（镇），沿线有12座跨河桥梁，且不同河段承担的整治任务各异，因此分河口段、先锋路疏拓段、长江路段、长江路—庙台沟段和庙台沟—伏尔加桥段5段布置。

在河口段，河槽分成两汊，两汊周边分布多处厂矿企业、跨河桥梁。根据现场情况，对工农兵桥—河口段主河槽Z形弯进行适当的调整，尽可能扩大主河槽的过流能力；对右汊支河槽水泥厂路桥上游打通填堵点。在先锋路疏拓段，因先锋路上下游段突变缩窄，形成卡口，影响洪水宣泄。可研报告提出四种疏拓方案，进行初步比选；又从维持现状、只筑堤、筑堤+疏拓，筑堤+

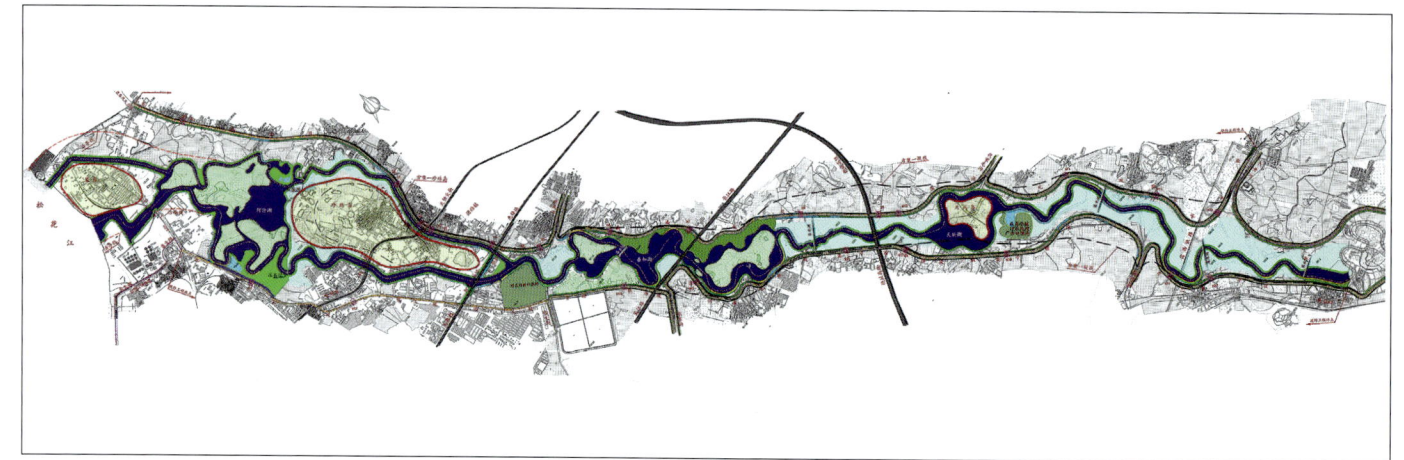

图1 推荐方案总体布置图

疏拓+筑岛四个层次分析水面线的变化,论证其合理性。在长江路段,对靠河村河道局部弯道过大段进行截弯取直、理顺河势。

在长江路—庙台沟段,因主河槽受人类活动扰动因素较小,除沿线桥孔束缚形成弯道以外,河道基本顺直,故保持河道自然状态。在庙台沟—伏尔加桥段,河道主槽前段按现状走向,伏尔加庄园处堤线绕伏尔加右侧布置,主河槽裁弯取直,沿堤防平顺布置,与伏尔加桥下主河槽顺接。

7. 按照河流生态廊道理论,提出"一带—两轴—四区—多点"河道生态修复总体布局

针对沿河有大量企事业单位、乡镇、村屯和农田,水质污染和水土流失严重,生物栖息地零星、独立,缺乏连续的生态廊道等问题,可研报告运用生态技术工程修复或重建生态廊道,提出河道生态修复总体布局:以阿什河为生态纽带,对原有湿地、林地、植物群落予以保护;并在主河槽沿线充分利用现有水泡子地、沟渠等形成四个生态修复区,扩大水陆交接线,增加湿地植物修复边缘线;设20 m宽防护林防风固沙、净化空气,设30 m宽防浪林防浪护堤、延缓冲刷;河岸生态修复带分20 m主河槽生态修复带与30 m生态修复区两岸生态修复带,作为水陆生态系统之间的一道桥梁,发挥廊道、过滤器和天然屏障的功能。

8. 提出生态修复与景观营造相结合理念,并提出适应不同堤段和不同高程、满足生态与安全的护坡结构形式

本工程位于阿什河下游干流段,因此边坡防护核心问题是安全与生态如何结合,不仅需要考虑抗冲刷、防风浪、防雨淋等安全问题,而且需要考虑城区生态、环境、景观和休闲需要,同时针对高寒地区特殊性,还需考虑抗冰冻、施工难度和投资等。

因此,可研报告分析了背水坡坡面冲刷较弱,全线采用草皮护坡。迎水坡则因地制宜,在需抵御一定冲刷的区域,采用绿化混凝土、框格混凝土、生态石笼护坡型式;在局部冲刷严重的区域,采用铰链式沉排护面;在堤距相对较宽、水流稳定的区域,采用施工速度快、景观效果好的土工格室蜂巢植草护坡型式。

9. 合理分区、取弃平衡,蓄蓝养绿,一坝一景,充分论证建筑物布置方案,凸显"防洪安全、资源节约、景观融合、生态建设"的理念

沿河划分5个区,各分区河道土方实现自平衡,体现资源节约和布局节能。信义沟以下段,利用河口沟塘连通和先锋路渠化土方筑堤,工程弃土填高已有滩岛,形成一湖一岛,长江路下游段,沿主槽两岸挖土成湖,土料用于筑堤,弃土填置砂坑,形成一湖;绕城下游段,利用河道裁弯和疏拓,筑堤填滩,湖滩相映;宾西铁路下游段,挖土成湖,弃土成岛;宾西铁路上游段,利用河道改线和料场土方筑堤,弃土高滩。湖岛鸟瞰图见图2。

沿主槽布置7座闸坝,形成6级水面,蓄蓝养绿,力求生态与景观融合。为减少对行洪影响、降低闸坝规模和造价、尽量多造水景观,充分论证了7座闸坝的选址;结合周边地形、地质条件和运行管理、防淤要求,经技术经济比较,最终选择液压升卧闸、水力自控翻板闸、溢流坝、多级跌水坝、橡胶坝等多种闸坝型式,实现"一坝一景",不仅满足了工程的功能要求,而且最大程度地体现了工程的景观效果。闸坝效

河口湿地鸟瞰图

长江路段鸟瞰图

珍珠岛鸟瞰图

天兴岛鸟瞰图

图2 湖岛鸟瞰图

图见图3。

10. 从防洪影响、环境影响、国民经济评价和社会稳定风险评估等方面，全面论证工程建设的可行性

工程是防洪及河道整治工程，总体来说有利于防洪、排涝、供水及改善环境。可研报告重点论证了工程对行洪安全的影响，尤其针对2岛、7座拦河闸坝的防洪影响，采取相应的工程、非工程措施；同时分析论证了洪水对现有堤防、河道内建筑物的影响，客观评价了防洪影响可行性。工程实施后，社会、经济和环境效益显著；而施工期影响短暂，可通过环保措施予以减免，客观说明了环境影响可行性。各堤段经济评价指标均满足规范要求，从国民经济角度分析可行。工程建设是合法的、合理的。经现场调查和分析，风险初始等级为低风险，采取风险防范和化解措施后，风险等级会更低，社会稳定风险评估可行。

【咨询效果】

在城市河流整治中，如何既满足防洪要求，又改善生态景观，同时兼顾土地开发，实现工程占地少、征拆迁量小、工程投资少、综合效益大，最终促进河道整治与经济发展的良性循环，这不仅是该河段重点研究的问题，也是当前众多城市河流整治中亟待解决的问题。

阿什河干流道外香坊段是一个典型的城市河段，可研报告将该河段定位为集"水安全、水资源、水环境、水生态、水景观、水经济"六位一体的城市生态景观廊道，提出了"以满足行洪控制堤距，最大化利于土地开发，建设适宜的自然型生态带为特征"的工程总体方案，形成了"一轴、两岛、三带、五区、六面"的格局，并优化堤线布置，攻克若干技术难题，营造滨河景观，很好地解决了城市河流整治中防洪保安、生态景观和土地开发等方面的典型问题。

目前，本可研报告已批复，将对后续工程设计起到很好的控制和指导作用，也将对同类河道治理工程具有较好的借鉴和指导意义。

参与单位：哈尔滨市水利规划设计研究院有限公司

图3 闸坝效果图

# 广州市西江引水工程可行性研究报告

## The Feasibility Study Report of Xi River Water Diversion Project, Guangzhou City

编写单位：上海市政工程设计研究总院（集团）有限公司
Shanghai Municipal Engineering Design Institute (Group) Co., Ltd.
联系电话：021-55000000　　网址：www.smedi.com
主要完成人：邬亦俊　于正丰　严振瑞　邓应康　熊长学　伍新政　梁海涛　郭宇飚　魏文捷　刘红宇

## 【点评】

本报告提出将优质西江原水从60 km外引入广州，以各水厂现有水源作为备用，实现双水源供水，确保了城市供水水质和水量安全；对近18年的供水统计数据进行详细分析，同时采用用水量增长率法和分区预测法对供水量进行了针对性的预测、比较和分析，结果合理。该工程已于2010年亚运会前建成通水，运行稳定，达到了预期效果，运行表明工程方案合理。

## 【项目背景】

城市供水系统是城市的重要基础设施，是城市的生命线工程，必须保证供水的安全卫生。如何保证城市供水的水源符合取水要求，已成为供水行业面临的最紧迫的问题之一。

随着珠三角经济的高速发展，供水安全问题日益突出。其主要表现在：① 源水受到污染，虽已采取强化措施，出厂水仍难以完全达到最新水质标准要求；② 供水水源主要依赖珠江，水源较为单一。根据近年广东省城市饮用水水源地水资源质量状况月报，广州西村水厂、石门水厂、江村水厂水源表现出富营养化特征，水质为V类和劣V类，已不能满足《地表水环境质量标准》（GB3838—2002）对水源水质的要求。从合格水域调水，是解决供水水源问题的最好办法之一。西江水资源丰富且水质良好，通过统筹调配东、西、北江水资源，合理开发利用西江水资源替代西部三个水厂及未来水量增长的原水需求，是保障广州中心城区经济社会可持续发展的重要基础条件。将西江原水引入到广州，可从根本上改变西部水厂的水质问题，全面提高广州市供水质量。

2010年广州市将举办第16届亚运会，为改善城市总体环境，提高城市供水水质和安全性，市政府决定建设广州市西江引水工程，以解决城市西北部水厂的发展用水问题。

2007年7月，受广州市自来水公司委托，由上海市政工程设计研究总院（集团）有限公司、广东省水利电力勘测设计研究院和广州市公用事业规划设计院三家单位组成的联合体负责编制本工程可行性研究报告。可行性研究报告于2008年5月完成，并于2008年6月通过专家评审。

## 【项目内容】

建设单位：广州市自来水公司。
建设地点：广东省广州市、佛山市。

本项目为大型城市水源引水系统工程，主要包括四部分：

① 取水头部及取水泵站（350万 $m^3/d$）；② 引水输水干线（DN3600×2双管）；③ 鸦岗配水泵站（土建350万 $m^3/d$，一期设备安装242万 $m^3/d$）；④ 配水支线（DN3200~DN2000管线）。

总体概况：广州市西江引水工程从佛山市三水区下陈村西江河段取水，取水规模为350万 $m^3/d$，由2条管径3.60 m的主管引水至广州白云区鸦岗配水泵站后，其中242万 $m^3/d$分别输送到江村水厂、石门水厂、西村水厂置换现有水源，其余108万 $m^3/d$按供水规划供给新建水厂。管线沿途跨越广州和佛山两市三区138个村庄，穿越北江东平水道、白坭河等大小河涌51条，穿越京广、武广、广茂3条铁路，穿越广清、机场高速等5条高速公路，以及众多的国道和市政道路。

工程总规模为350万 $m^3/d$，近期规模242万 $m^3/d$，向广州西部三座水厂供水。主要包括取水泵站1座，2根DN3600PCCP输水干管各长48.7 km，中途提升泵站和鸦岗配水泵站各1座，DN2800~DN1600配水支管长度23.3 km。

批复工程总投资为87.52亿元。

工程系统见图1、图2。

项目建成后，极大地提高了广州西部地区居民的供水水质和生活质量，惠及数百万人，居民对自来水满意度明显提高，得到了非常好的社会效益。

【工作过程】

1. 可行性研究报告编制的工作思路及方法

在工程可研编制过程中，经多次现场踏勘、收集资料，与规划、水利、供电、交通、航运等有关部门征询协调，对工程总体系统及各关键环节进行了深入研究与反复比选，提出了更适合本工程的推荐方案和关键节点的工程措施，并对工程运行调度、主要设备选型、工程进度安排等提出了合理化建议。

考虑到广州市西江引水工程是一项系统工程，为了提供更加优化的工程方案，报告编制单位贯彻了先总体系统研究优化再针对各关键环节深入分析的主导思想，先对工程总体系统的内

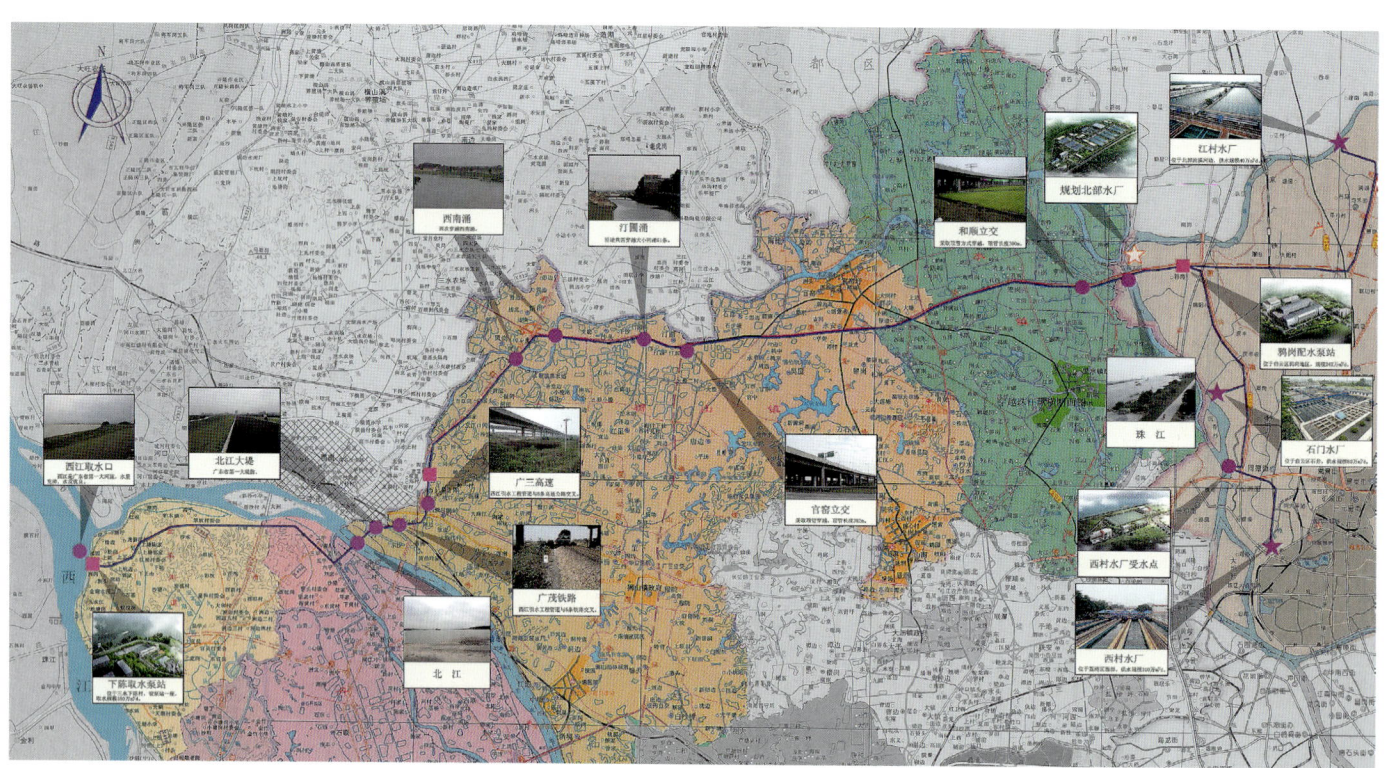

图1　系统布置图

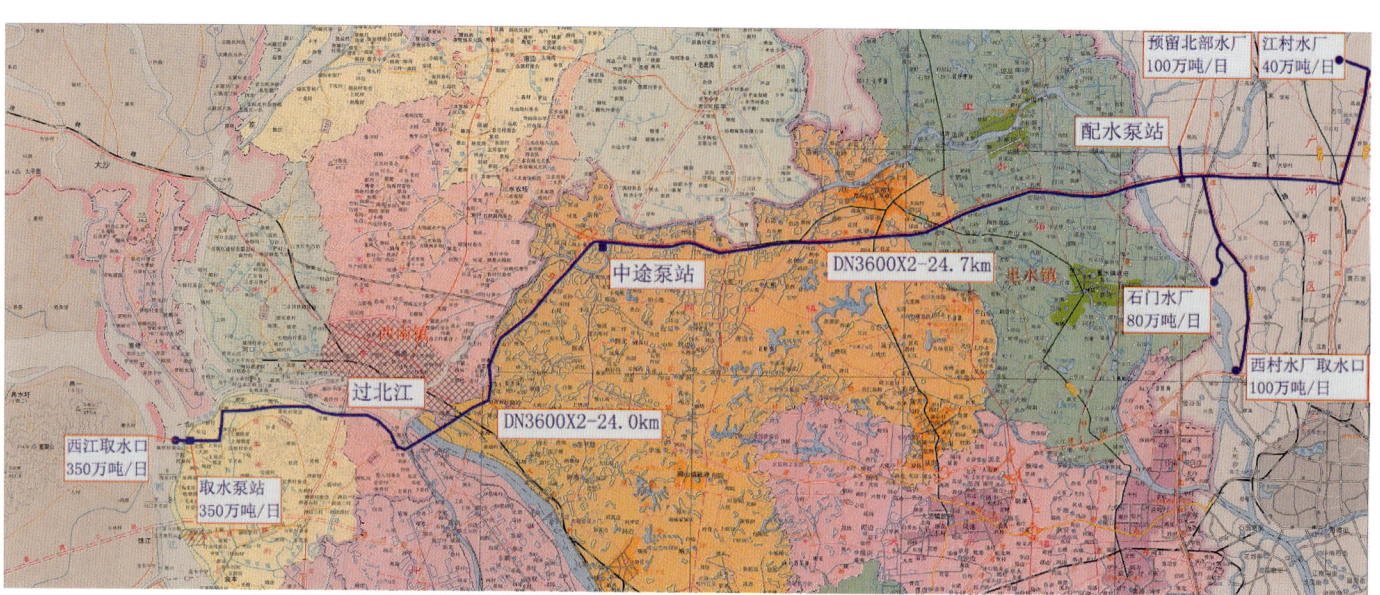

图2　工程系统方案

容进行总体分析研究,再就推荐的总体优化方案进行关键环节的研究,并提出了推荐方案的工程设计。在工程系统方案优化中充分考虑了近远期结合,使得北部规划水厂建成之前和之后均能做到经济合理,充分发挥工程经济效益。

本可行性研究报告中有关水资源论证和环境保护等内容,均根据相应的专项报告摘编而成。

本可行性研究报告对广州市供水现状进行了充分的调研和分析,认为采用西江水作为广州西部供水水源是最合适的选择,项目建设是必要的。通过多方案比较、论证并结合供水规划,先对工程总体系统进行研究,再就推荐的总体优化方案进行关键环节的研究,反复论证确定了工程规模、水源地位置、引水管线系统布局及增压方案。方案优化中充分考虑了近远期结合,使北部规划水厂建成之前和之后均能做到经济合理。可研报告还进行了缜密的经济评价、风险分析及生态环境影响论证,项目是可行的。

2. 可行性研究报告编制的时间进度

在业主组织和安排下,联合体对工程系统方案进行了多次研究讨论和汇报,认真听取了业主意见并消化吸收,分别于2008年2月和2008年4月编制完成了项目可行性研究初稿。此后在业主领导下,联合体又对工程总体系统方案进行了深入研究和多次讨论,对工程内容进行了相应的调整,于2008年5月编制完成本可行性研究报告送审稿。

2008年6月27至28日,广东省国际工程咨询公司受广州市自来水公司委托,组织有关专家对本可行性研究报告进行了评估论证。专家评估意见肯定了本可行性研究报告的研究内容、深度、必要性、工程规模、工程方案及投资等内容,同意通过评审,并提出了几点建议。

根据专家意见,联合体对2008年5月版可行性研究报告进行了适当补充调整,最终修编完成本可行性研究报告,广东省发改委于2008年12月批复立项。

## 【咨询工作特点】

1. 长距离引优质水,形成双水源供水,确保城市供水水质和水量安全

可研报告从落实国家最新《生活饮用水卫生标准》(GB5749—2006)出发,经过多方案论证,认为西江水质达到国家饮用水Ⅱ类水源水平,距离广州市约60 km,是较理想的水源。将优质西江原水引入广州,可从根本上改变西部水厂的水质问题,惠及广州西部数百万人。同时原有各水厂的珠江水系取水设施作为应急备用,实现了各水厂真正的不同水系双水源供水,确保了城市供水水量安全。

2. 市场调查全面,预测方法正确,预测结果合理,工程规模合适

通过对1990—2007年共18年的供水统计数据进行调研,并进行分析,用用水量增长率法对供水量进行了预测。为区分区域差异,又选择分区预测法进行预测,调查了白云区、萝岗区和花都区以及周边的乡镇和农村用水现状和发展规划,确定逐步淘汰乡镇水厂和石溪水厂、实现城乡供水一体化集约化供水的目标。上述两种预测方法预测的2030年广州市最大日供水量分别为573.79万吨/日和578.17万吨/日,两者差异仅有0.8%,预测方法正确,预测结果可信。通过供需平衡分析,确定本工程规模为350万吨/日,工程规模合适。

3. 工程方案复杂,研究难度大,可行性研究进行了全面分析,并抓住关键环节重点研究,通过多方案比选择优选用

本工程规模大(国内仅次于上海青草沙的第二大长距离引水工程,引水规模约占广州市预测总需水量的60%),线路长约72 km,跨越广州和佛山2个经济发达市的3个区、138个村,跨越江河51条,铁路干线3条,高速公路5条,工程方案复杂,研究难度大。

(1)取水位置及取水方式研究。

通过对1999年以来河床断面的变化情况及现状河床稳定性分析、上下游6个专项监测点水质分析、河道动力学及取水后对三角洲水动力影响分析等,确定了下陈取水口作为本工程取水口。通过对西江马口站新中国成立以来多年含沙量实测统计数据分析,取水口处全年平均含沙量为0.17 kg/m³,推荐设置平流式沉砂池。本可行性研究报告还对取水泵站的增压模式、大型机组选择及配置方案等进行了研究,最终从运行管理方便、节约能耗等方面综合考虑,推荐采用全部10台机组变频调速节能的方案。

取水泵站鸟瞰图见图3。

(2)配水泵站配水方式及调节容量研究。

配水泵站的调节前池是本工程调节核心,前端接纳取水泵站输送来的原水,后端承担了4

路不同需求的出水,由于水泵启停事件差和管道水力特性等因素,使调节前池的容量大小及布局关联着整个系统的稳定运行。在可行性研究阶段,通过不断反复推演,并借鉴了国内众多大中型引水工程的实际运行经验,对是否设施调节前池、调节前池的容量大小、分隔布局、运行维护检修等进行了深入研究,最终推荐采用设置调节前池的方案,调节前池分为4格,总停留时间22分钟,可以满足调节和管理运行调度的需要。

配水泵房的设置也是本工程能否成功的关键之一。由于该泵房需要向4个水厂输送原水,但各个水厂的水量、距离、需水压力均有不同,如何实现相互之间的运行协调匹配是一个复杂的系统问题。经过近2个月时间的反复试验、核算和模拟,最终通过泵站与管网系统的协调,成功实现了各路输水水泵的扬程的统一,并成功实现了水泵泵组间的互相备用,极大地提高了泵站应对故障等突发事故的能力,提高了供水安全可靠性。

配水泵站是整个西江引水系统的调度管理中枢,其调度系统的层级设置和模式至关重要。经过充分调研广州市供水管理现状和今后需求,并借鉴类似工程经验,拟定本工程管理调度系统为:广州市自来水调度中心作为一级监控中心,统一下达输水调度指令及运行管理指令。西江引水子调度中心作为二级监控中心,负责下级泵站系统的统一运行管理。广州市供水调度中心(不在本工程范围)统一对全市原水、清水总量的合理配置及平衡进行宏观调度指挥,西江引水工程作为广州市原水系统的重要组成部分,设置相对集中的运行子调度控制中心,接受广州市供水调度中心的宏观调度命令,并全面负责整个引水工程范围内从取水、输水、配水到受水厂的全过程输水生产调度,以满足广州市西北部地区水厂的原水供应需求。

配水泵站鸟瞰图见图4。

(3)工程线路走向研究。

工程线路由西向东跨越广佛两市,走向可以在南北跨度40余km的范围内选择。经过近2个月的现场调研,本可行性研究报告提出北线、中线、南线三个大方案,从线路长度、规划符合性、大型障碍物、施工条件、施工工期、环境影响、工程投资、年运行费用等方面进行了分析,推荐采用北线方案。推荐方案的工程投资比中线方案和南线方案分别节约2.79亿元和2.16亿元,运行费用节约2 100万元/年和700万元/年。

工程线路走向见图2。

(4)重大障碍研究。

北江是国家七大重点堤防之一。通过对北

图3 取水泵站鸟瞰图

图4　配水泵站鸟瞰图

江地质条件、大堤结构的分析，对盾构法、沉管法、顶管法等进行了研究对比，最终推荐沉管过江、滩涂埋管、顶管穿越大堤的组合方案，线路总长度6 538 m，较盾构法节约投资约6.65亿元，施工工期缩短近20个月。

可行性研究报告还对珠江、西南涌等大型河道的穿越方式进行了深入的方案研究，推荐采用DN3600双管同槽沉管施工的方案；对管线穿越的京广铁路、武广铁路、广茂铁路等，推荐采用现浇混凝土箱涵内穿管形式。

4. 工程估算合理准确，并进行了全面的经济评价和社会效益分析

可行性研究中对当地习惯做法、施工力量、设备材料价格都进行了充分的调研，对工程方案和工程内容理解深刻，编制完成的投资估算为87.52亿元，经广东省国际工程咨询公司审查一次通过，且与初步设计阶段工程概算价格89.53亿元偏差仅为2.3%（包含时间前后的材料人工价格差异因素），较为吻合。

5. 进行了工程风险分析和生态环境影响论证

对市场风险、工程风险、资金风险、政策风险4个大类共29项风险因素进行了风险评估，给出了防范和控制对策的建议，并进行了生态环境影响论证。

【咨询效果】

本工程系统复杂、牵涉范围广、研究难度很大。通过近一年的研究，顺利完成了可行性研究报告的编制。该咨询成果的主要效果体现在以下几个方面：

1. 顺利通过项目评估和批准

本可行性研究报告经过讨论与修改，于2008年5月提交审批。2008年6月，广东省国际工程咨询公司组织了专家评审，与会专家一致高度评价本可行性研究报告，认为本报告内容充实，编制深度符合工程可行性研究报告的编制要求，计算及预测结果符合广州市的发展方向和需求，工程方案合理可行，专家评审一次顺利通过。

在此基础上，广东省发展和改革委员会出具了《广东省发展改革委关于广州市西江引水工程项目的核准意见》（粤发改资[2008]1421号），批复同意建设西江引水工程，并同意本可行性研究报告提出的工程规模、系统方案和投资估算。

2. 推荐工程方案合适，与实际实施方案基本一致

本可行性研究报告的主要研究结论，推荐的工程规模350万 $m^3/d$、取西江水作为水源、输水干管采用2根、合适的管线走向、分级增压输水方式、分段采用PCCP管和钢管、合适的管径和配水

方案、系统水力条件及近远期工况适应性、水锤防护措施及运行调度系统等工程关键方案内容，均已成功应用于后续的初步设计、施工图设计和实际工程建设中。

**3. 投资估算较准确，与初步设计概算及竣工结算差异很小**

本可行性研究报告中对当地习惯做法、施工力量、设备材料价格都进行了充分的调研，对工程方案和工程内容理解深刻，编制完成的投资估算为87.52亿元，经广东省国际工程咨询公司审查一次通过，且与初步设计阶段工程概算价格89.53亿元偏差仅为2.3%（包含时间前后的材料人工价格差异因素），较为吻合。通过招投标等程序，最终工程竣工决算价略低于可行性研究估算的87亿元，且偏差很小，完全符合国家有关规定。

**4. 为政府提供了科学决策的依据，社会反响较好**

本可行性研究报告对政府决策产生了很大的影响，社会反响较好。20世纪80年代就已经提出西江引水的设想，但由于规模大、难度高等问题，多年来未有实质性进展。本可行性研究报告对工程必要性、规模、水源、方案、投资与效益、工程风险等方面进行了全面详细论证，提出了合理的建设方案，为广东省和广州市政府的决策提供了科学依据，在社会上及业内具有较好的反响。

本工程已经于2010年亚运会前建成通水，经过多年的运行检验，本可行性研究报告推荐的工程系统和节点方案是合适的，经济效益和社会效益明显。

参与编写单位：广东省水利电力勘测设计研究院、广州市公用事业规划设计院

# 崇明岛东风西沙水库及取输水泵闸工程可行性研究报告

## The Feasibility Study Report of the Projects of Dongfeng Xisha Reservoir and the Sluice of Intake Pump & Water-delivery Pump in Chongming Island

单位名称：上海勘测设计研究院有限公司
Shanghai Investigation, Design & Research Institute CO., LTD
联系电话：021-65427100　　网址：http://www.sidri.com
主要完成人：吴彩娥　阮龙飞　关许为　陶　静　钟小香　华新春　苏爱平　李学山　倪燕玉　缪世强

## 【点评】

本报告通过实测资料分析、数模计算、工程类比，合理确定工程任务与规模、水库特征水位及近远期方案的衔接；水库取水采用泵、闸相结合的方式，可大大减低非咸潮期的运行成本，又能提高水质；利用东风西沙与崇明岛之间的夹泓建设水库，充分体现了生态、环保、人与环境和谐的内涵，同时也有利于河势稳定，方便施工及运行管理，减少工程投资；对库内进行适当塑造，结合取输排建筑物的布置，可有效防治水库水体富营养化。该报告在研究方法、技术方案和生态设计理念等方面均可为我国潮汐河口有关水土资源开发利用提供技术借鉴。

## 【项目背景】

崇明岛位于长江三角洲前缘，四面环水，是中国沿江、沿海T形经济发展的结合处，历来有"大江门户"之誉。崇明岛虽地处长江入海口，过境水量充沛，但在枯水期易受外海咸潮入侵的影响。为解决崇明岛主要依靠岛内众多分散水厂在内河取水、规模较小、无集中式水源地的问题，上海市相关科研院对崇明岛规划饮用水源地经过多年研究论证，认为利用东风西沙夹泓建设崇明岛水源地水库具有得天独厚的条件。2010年上海市水务局组织上海勘测设计研究院有限公司、长江勘测规划设计研究有限责任公司上海分公司开展工程可行性研究。

崇明岛东风西沙水库及取输水泵闸工程主要由环库大堤及环库大堤形成的库区、取水泵闸工程、输水泵站工程、下游排水闸工程等组成。供水规模近期为21.5万 m³/d，远期为40万 m³/d。工程建成后将加快崇明岛供水集约化的进程，进一步落实崇明生态岛的建设要求，在应对咸潮入侵、提高崇明岛供水水质和供水保障程度方面具有重大意义。本可行性研究报告为东风西沙水源地工程的建设提供了重要科学依据。

崇明岛东风西沙水库及取输水泵闸工程是上海市2011年度市重大建设工程和"十二五"规划水务重点工程，已于2011年11月开工建设。

## 【项目内容】

崇明岛东风西沙水库及取输水泵闸工程位于长江口南支上段北侧、崇明岛西南部，利用东风西沙和崇明岛之间的夹泓建设水库。图1为崇明岛东风西沙水库及取输水泵闸工程区位图。图2为东风西沙水库总体布置示意图。

崇明岛东风西沙水库及取输水泵闸工程水库库区总面积约3.74 km²。环库大堤由东堤、

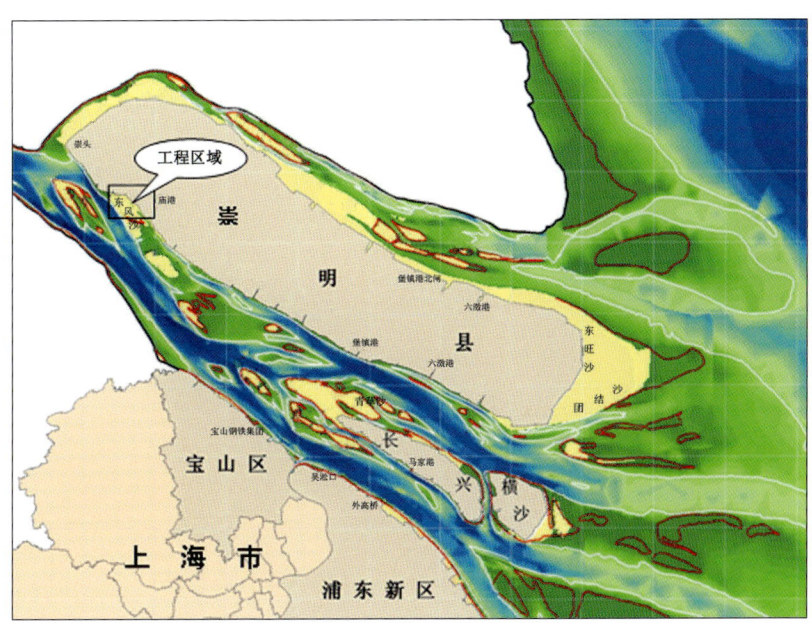

图1　崇明东风西沙水库及取输水泵闸工程区位图

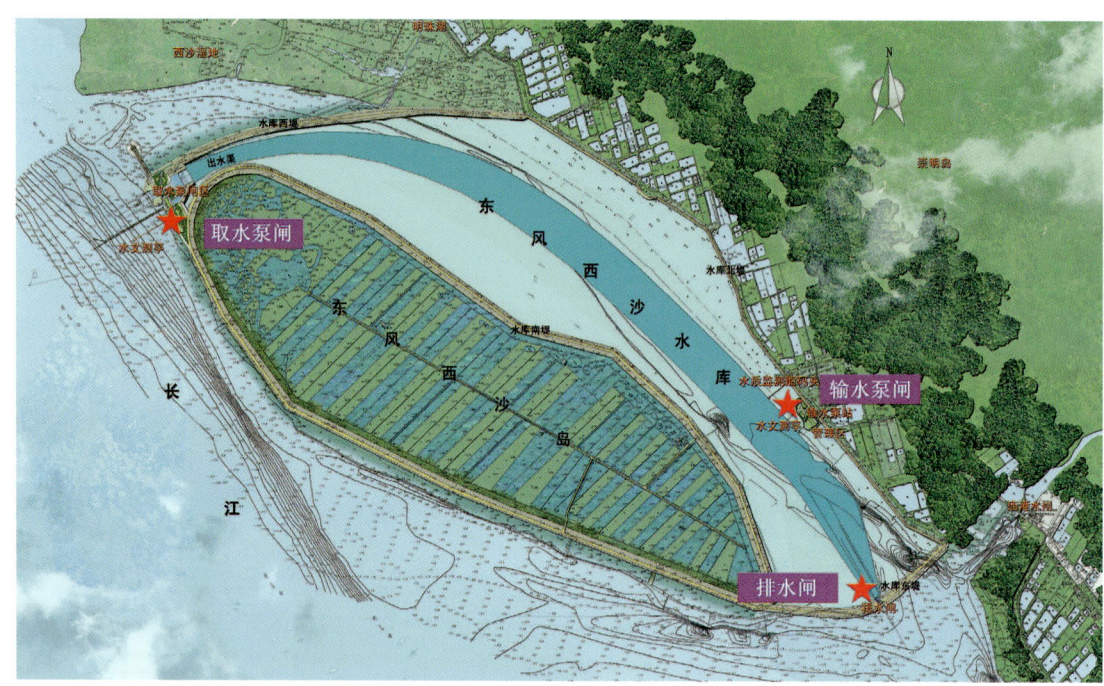

图2 崇明东风西沙水库总平面布置示意图

南堤、西堤和北堤组成，总长12 008 m，其中新建东堤1 220 m，加高加固东风西沙围堤（南堤）4 798 m，新建西堤2 352 m，加高加固崇明防洪大堤（北堤）3 638 m；上游取水泵闸布置在西堤南侧东风西沙岛头部附近，其中取水泵站规模近期16 m³/s，远期为40 m³/s，闸门净宽14 m；输水泵站布置在水库北堤库内侧，规模为40万 m³/d（近期为21.5万 m³/d）；下游排水闸布置在水库东堤上，闸门净宽8 m。工程建成后将惠及70多万市民。

主要研究内容：

（1）对工程区域地形地貌、河势演变、咸潮入侵规律、水资源现状、水质现状及变化趋势、设计潮位与潮型以及与长江口航道及综合整治等相关规划关系等方面进行了全面细致的分析研究；

（2）对项目建设的必要性和建设规模进行了充分论证；

（3）对工程布置和施工布局进行了多方案的分析和比选；

（4）对项目主要风险以及环境影响给予了综合评价并进行了防控对策研究。

本报告对工程建设项目内容从技术可行、施工方便、风险可控、经济效益等多方面进行了综合评价。

崇明岛东风西沙水库及取水泵闸工程是东风西沙水源地原水工程的重要组成部分，其效益需要与陆域输水管线及增压泵站工程等作为整体才能得到发挥，因此，仅对工程建成后的运行成本及社会效益做简要分析。

（1）水库将作为崇明岛居民的优质水源地，有利于进一步改善居民生活水平和生活质量；

（2）工程的建设，将为上海市经济建设提供水源保障，有利于进一步改善上海市的投资环境，促进上海市及长三角经济的发展；

（3）水库建成后，可结合三岛休闲、生态旅游资源的开发，促进上海市旅游业的发展。

【工作过程】

2008年12月受上海市江海水利资产管理公司委托，长江勘测规划设计研究有限责任公司上海分公司开展崇明岛东风西沙水库工程项目建议书的编制工作。2009年1月编制完成《崇明岛东风西沙水库工程项目建议书》。2009年6月，在上海勘测设计研究院有限公司、上海城投原水等单位配合下编制完成《崇明岛东风西沙水库工程项目建议书补充报告》。受上海市发展改革委委托，上海投资咨询公司组织相关专家进行评估，并形成《崇明岛东风西沙水库工程项目建议书评估报告》（2009年10月）。2010年10月8日，上海市发展改革委以沪发改环资〔2010〕101号文对项目建议书进行了批复，要求抓紧编制工程可行性研究报告报发展改革委审批。

2010年11月，上海市水务局主持召开了可研报告编制的研究讨论会，对工作的重点问题进行了梳理。2010年12月，上海勘测设计研究院有限公司与长江勘测规划设计研究有限责任公司上海分公司联合编制完成《崇明岛东风西沙水库及取输水泵闸工程可行性研究报告（送审稿）》。2011年1月，上海投资咨询公司组织专家召开了"可研报告"评估会，并提出了《关于进一步补充完善崇明岛东风西沙水库及取输水泵闸工程可行性研究资料的函》。2011年1月底，上海投资咨询公司组织专家召开"可研报告"补充说明专题讨论会，并于2011年2月形成"可研报告"补充报告（初稿）。2011年3月底，上海市投资咨询公司受上海市发展改革委委托组织召开了工程专题会议的相关内容，提出了《关于进一步补充项目资料的函》。2011年5月，上海投资咨询公司根据报告编制单位完成的"可研报告"补充报告完成了《崇明岛东风西沙水库及取输水泵闸工程可行性研究评估报告》。2011年7月21日，上海市发展改革委以沪发改投〔2011〕121号文对《崇明岛东风西沙水库及取输水泵闸工程可行性研究报告》进行了批复。

【咨询工作特点】

1. 对水库建设条件作了进一步专题论证，为经济合理确定水库工程规模和运行方式提供了重要依据

东风西沙水库为蓄淡避咸型水库，其水库设计调蓄水量主要取决于咸潮期原水供应要求和设计供水保证率条件下最长连续不宜取水天数。东风西沙地处长江口南支上段、崇明岛西南侧，工程区域咸潮主要来源于北支咸潮倒灌；咸潮入侵主要发生在大潮期前后。影响工程区咸潮入侵的主要因素为大通流量及潮差，但流量和潮差对咸潮入侵的影响是复杂的。同时，水库取水还受北支超标水倒灌的影响，咸潮期最长连续不宜取水天数的确定更为复杂。因此，掌握长江口咸潮入侵规律尤其是北支倒灌对工程区的影响，是确定东风西沙水域最长连续不宜取水天数的关键。本可研报告对咸潮入侵规律进行了专题研究，根据大量的历史资料和实测资料、借鉴类似工程经验，定量分析了长江口水域枯季氯度时空分布及其迁移规律；通过两家科研设计单位的三维盐度场数学模型等手段综合分析了长江口咸潮入侵对工程区域的影响，并分析了北支超标水倒灌扩散可能产生的影响，最终确定东风西沙水库最长连续不宜取水天数按遭遇1978—1979年枯水期典型特枯年进行设计，水库最长连续不宜取水天数为26天，为经济合理确定水库工程规模和运行方式提供了重要依据。

2. 提出了顺应河势变化又满足水质条件要求的水库总体布置方案

东风西沙夹泓位于长江口南支上段、崇明岛的西南侧，处于历史上河势多变的白茆沙北水道，能否顺应河势发展是库址选择及总体布置的前提条件；同时，水库取水口条件必须满足取水水质要求，二者缺一不可。

本可研报告采用原型观测、河演分析、三维数模等技术手段对工程河段河势演变进行综合分析、定量模拟预报和全面详细论证，研究认为上游白茆沙南北水道"南强北弱"，20世纪80年代以来，东风西沙夹泓表现为累积性淤积，已基本失去进流功能，因水库建设封堵夹泓不会影响大河势；白茆沙整治工程实施后，取水口附近河床不会产生持续性冲刷，因此水库库址是顺应河势变化的。

北支咸潮倒灌是拟建东风西沙水库工程水域咸潮入侵的主要来源，本可研报告在实测水质资料的基础上，通过数模计算分析了北支倒灌对工程取水口水质的影响，研究表明在咸潮后的可取淡水时段内取水口水域的水质是有保障的，主要水质指标满足Ⅲ类标准。

3. 工程布置服从水质优先，利用独特地形及已有设施，遵循节能减排原则

东风西沙水库利用东风西沙夹泓及北侧崇明大堤、南侧东风西沙圈围围堤加固，新建东西大堤及取输水建筑物而成，原有大堤加固共长8 436 m，新建大堤共长3 572 m。为保障东风西沙水库供水水质，工程布置采用闸站分离布置，即泵站采用管道深槽取水，水闸采用明渠引水方式，最大限度保证取水水质。非咸潮期以取水闸、输水泵站进口水质满足要求为前提，采取上下游水闸联动的运行方式，加快库内水体的置换周期。总结已建类似工程经验，通过数模计算分析，确定水体在库内的停留时间控制为不大于3～7天。通过对库型的优化和库盆的整理，减少缓流区，结合取、输、排建筑物的布置及科学合理的水库调度运行，避免库区水体富营养的发生。

4. 工程建设及机组安装近远期结合，确保供水安全性，兼顾运行灵活性

根据《崇明岛供水系统规划说明报告书》和

《崇明东风西沙水库工程项目建议书的批复》，近期东风西沙水库受水区域供水规模为21.5万 $m^3/d$；2020年规划水平年东风西沙水库受水区域供水规模为40.0万 $m^3/d$。由于崇明岛的供水规模近、远期相差较大，东风西沙水库工程取输水泵站土建按规划水平年设计规模建设，设备按近期规模配置，因此水库库容、水位及取输水建筑物、泵组设备选型配置等兼顾近、远期变化的不同要求，从而确保供水安全性以及运行灵活性兼顾投资经济性。

5. 系统性地提出了东风西沙水库工程建设和运行过程中可能存在的风险及对策措施，有利于确保工程建设顺利完成以及运行期供水安全

潮汐河口水流条件复杂，地质软弱且分层复杂，表层土为粉细砂，堤防及取输水建筑物设计均需要充分考虑外侧堤脚或建筑物防冲防护、软弱地基的地基处理和防渗措施，取水泵闸尚有地基液化问题，本可研报告系统提出建筑物施工、运行的安全风险及应对措施，以及设备的正常运行维护的应对措施，对施工期及运行期安全保障具有指导意义。

6. 东风西沙水库工程区生态条件优越，水库建设成为营造水清岸绿、人与环境和谐的工程范例

工程位于崇明生态岛，西临崇明西沙湿地生态修复实验基地，北有明珠湖崇明大堤及东风西沙围堤，均绿树婆娑，优美的绿化现状必须在工程施工期及运行期得到最大限度的保护及强化。

工程布置最大限度地保留了原有崇明大堤及东风西沙围堤的沿线及岛内绿化，管理区平面布置设计采用"湿地岛"设计概念，上游取水泵闸区域布置绿化以体现水库特色的复合生态结构设计理念，使得人工配置的植物群落自然和谐，充分体现生态、环保理念，与周围环境协调，工程设计充分体现出人与环境相和谐的内涵（见图3、图4）。

图3 取水泵站鸟瞰图

图4 管理区鸟瞰图

【咨询效果】

崇明东风西沙水库及取输水泵闸工程列入上海市2011年度市重大建设工程和"十二五"规划水务重点工程，已于2011年11月开工建设，目前水库工程已基本建成。本项工程对改善崇明岛供水水质、保障供水安全，进一步落实崇明岛生态岛的建设要求等均具有重大的现实意义和战略意义。

工程设计的顺势利导的布局理念、以水质保障为重点的优化方案研究、体现生态环保内涵的工程措施，以及工程建设和运行过程中的风险因素分析与防控预案研究，对类似工程的建设具有重要的借鉴意义。

参与单位：长江勘测规划设计研究有限责任公司上海分公司

# 青浦第三水厂一期工程可行性研究报告

## The Feasibility Study Report of the First Stage Project of the Third Waterworks, Qingpu District, Shanghai

编写单位：上海市政工程设计研究总院（集团）有限公司
Shanghai Municipal Engineering Design Institute (Group) Co., Ltd.
联系电话：021-55000000　　网址：www.smedi.com
主要完成人：郑国兴　钟燕敏　曹玉萍　吴绍珍　谢云志　王伟　张晔明　周磊　雷挺　张增荣

## 【点评】

青浦第三水厂一期工程是太湖流域水环境综合治理、上海市第四轮环保三年行动计划重点项目。本报告就工程项目建设的必要性和近远期需水量等问题进行了深入细致的分析和研究，对需水量的分析预测与目前实际发展情况吻合，具有前瞻性。本报告提出了中置式高密度+臭氧接触+长流式活性炭+浸没式超滤膜的工艺方案，属国内首创。同时通过一系列高效的物理、化学、生物联合作用，控制水质风险，确保微污染原水下水质全面达到国家标准。

## 【项目背景】

青浦区形如展翅蝴蝶，位于上海市西郊，青浦第三水厂所服务的青浦西部地区即蝴蝶西翼，主要包括金泽、练塘两镇。

在青浦第三水厂建成之前，西部各乡镇自来水公司共6家，共有小水厂及车间11座，总生产能力11.04万 $m^3/d$，供水范围为各自的乡镇和农村地区。各乡镇及农村水厂水源多不在水源保护区内，水质差，分散的取水水源不利于水源保护，净水工艺简单，设备老化，在该原水条件下，供水水质耗氧量、氨氮、锰等指标不达标，并带来药耗、氯耗增高等问题，不能全面达到《生活饮用水卫生标准》的要求。另外，部分管网陈旧，管网材质和建设标准不统一，供水二次污染问题较突出，漏失率较高，支管为主的布局形式也难以保障供水安全。因此，青浦区内乡镇及农村供水系统的改造势在必行。

为了解决青浦西部地区供水的上述问题，靠对现有乡镇小水厂的改造是很难达到的，也不符合《上海市供水专业规划》和《青浦区供水专业规划》提出的关闭乡镇小水厂、实现集约化供水的指导思想。因此，有必要在供水专业规划指导下，对青浦西部地区进行供水结构和布局的调整，实现集约化供水，以达到合理利用水资源、确保供水，提高水质，促进经济社会发展的要求。在此背景之下，青浦第三水厂的筹建工作于2006年正式启动。上海市政总院受上海青浦自来水有限公司委托，进行工程的项目建议书编制工作，于2006年9月完成初稿。该项目于2008年列入《上海市太湖流域水环境综合治理实施方案》，为水环境综合治理项目的重要组成内容。项目建议书于2008年6月上报青浦区发改委，青浦区发改委以青发改投[2008]962号批复同意本工程立项。

2008年10月，青浦第三水厂一期工程可行性研究报告完成，并上报青浦区发改委。在市水务局行业评审的基础上，上海投资咨询公司受区发改委委托，对该项目召开了评估会，并形成评估意见。2008年11月11日，青浦区发改委以青发改投[2008]1381号文批准了该工可报告。

2009年11月，青浦第三水厂一期进行了设计勘察联合招投标。上海市政总院中标工程设计部分，于2010年3月上报初步设计工作。青浦区建交委以青建〔2010〕52号文对青浦第三水厂一期工程进行了批复。

2010年7月，青浦第三水厂一期工程开工建设，并于2011年底建成通水，代表着青浦西部地区正式实现了集约化供水。

## 【项目内容】

青浦第三水厂作为青浦西部地区第一座集约化供水厂，总设计规模25万 $m^3/d$，一期工程10万 $m^3/d$，并包括输水系统建设，从黄浦江上游的太浦河取水作为水厂原水，总投资约46 500万

图1 青浦第三水厂一期工程鸟瞰图

元。由于地理位置及受人类生产活动影响,太浦河在内的黄浦江上游原水部分项目已难以达到地表水Ⅲ类标准(GB3838—2002),属微污染原水。

根据原水水质特点,青浦第三水厂经过多方面比选,采用了预臭氧+中置式高密度+上升流臭氧活性炭+浸没式超滤膜的组合工艺,工程项目除了净水工艺外,还包括污泥处理和配套输水系统,是一座具有最先进净水工艺的现代化水厂。

本工程鸟瞰及总体工艺路线见图1、图2。

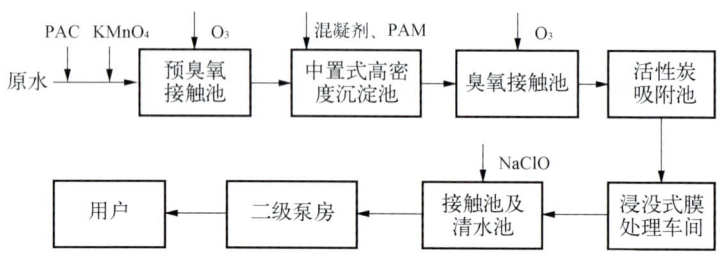

图2 青浦第三水厂工艺流程

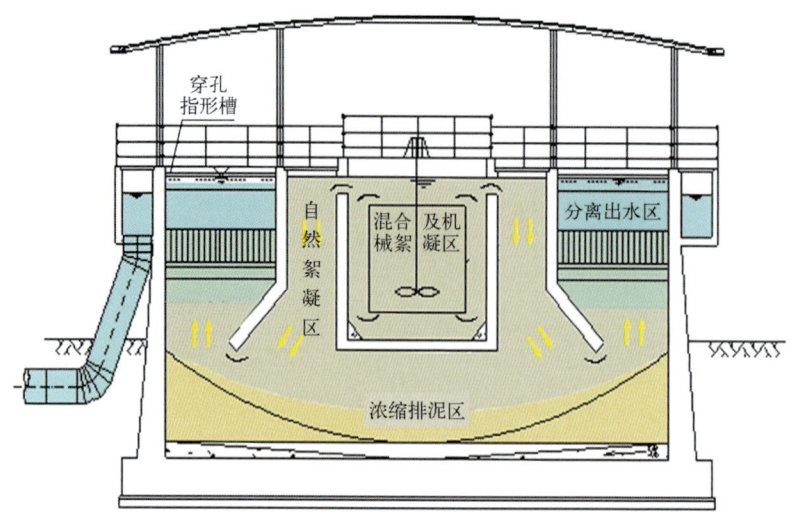

图3 中置式高密度沉淀池示意图

青浦第三水厂一期工程主要工程内容如下:

1. 预臭氧

青浦第三水厂一期的预处理采用了投加预臭氧方式。设1座预臭氧接触池,设计水力停留时间3 min,臭氧投加量0.5~1 mg/L。

2. 中置式高密度沉淀池

设1座中置式沉淀池,规模10万 $m^3/d$,分独立2格,2格之间为污泥回流泵房。如图3所示,中置式高密度沉淀池按功能可分为混合及机械絮凝区、自然絮凝区、浓缩排泥区、分离出水区几部分。污泥浓缩区各安装1台刮泥机,底部浓缩污泥的一部分污泥经污泥循环泵循环至混合池中,另一部分则通过排泥泵直接排入污泥处理系统进行脱水处理。

3. 臭氧接触池

一期设2座臭氧接触池,每座规模5万 $m^3/d$,设计停留时间15 min,有效水深约6.5 m,臭氧最大加注量为3 mg/L,分三段式投加。出水通过堰跌落进入出水渠,并采用渠道与和后续的活性炭吸附池连接。

4. 上向流活性炭池

设上向流活性炭池一座,设计规模10万 $m^3/d$,分为6格,双排布置,双排之间设管廊。活性炭池有效水深约6.6 m,单格有效面积73.6 $m^2$,设计空床滤速10 m/h,活性炭滤层厚2.5 m。

活性炭池采用单气反冲方式,气冲强度15L/($m^2×s$)。活性炭池配套鼓风机房,安装活性炭吸附池反冲洗鼓风机2台,1用1备。

5. 浸没式超滤膜车间

浸没式膜处理车间工程规模为10万 $m^3/d$,可满足夏季(15~30℃)产水10万 $m^3/d$、冬季(4~14℃)产水9万 $m^3/d$的能力,设计膜通量

$30\sim 50 \text{ L/m}^2 \times \text{h}$。

设计采用一级膜过滤系统，回收率控制在95%以上。该系统如图4所示。

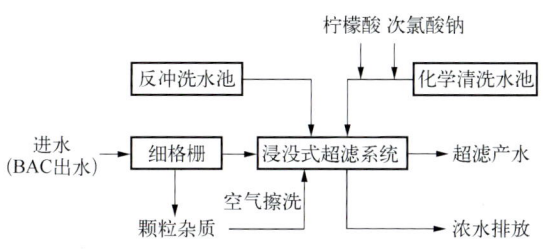

图4　浸没式超滤膜系统示意图

进水以由外向内的方式通过膜表面上的微孔进入膜内部，而颗粒固体包括胶状物则被截留在膜池内，最后被排出系统。干净的出水由每列的透过液产水泵送至清水池，反冲废水（浓水）则由提升泵送至排水池，进行后续的生产废水处理。

6. 接触池及清水池

设2座接触池和清水池。接触池与清水池合建，设计停留时间为30 min，清水池调节能力为日供水能力的10%，有效水深4.5 m。

7. 二级泵房

一期二级泵房设计规模为10万 $\text{m}^3$/d。

吸水井设2座，之间采用阀门连通。二级泵房内设10万 $\text{m}^3$/d规模的设备，设5组泵机，4用1备。单台水泵流量1 460 $\text{m}^3$/h，扬程40 m，功率250 kW，电压等级380 V，其中3台水泵设置变频调速。

8. 加药、消毒及臭氧车间

加药间投加混凝剂以及助凝剂，混凝剂剂为聚合铝铁，平均加注量为30 mg/L；助凝剂为PAM，设计投加量0.1 mg/L。

本工程从药剂运输、存储、投加环节安全角度出发，消毒采用投加次氯酸钠溶液，设计最大加氯量为3 mg/L，补氯量为1 mg/L。

臭氧车间采用液氧为氧源，臭氧投加总量最大4 mg/L，一期设2台9 kg/h的臭氧发生器，均为常用，互为软备用。

9. 生产废水处理设施

水厂建成后正常运行期间，生产废水主要是沉淀池排泥、活性炭池的反冲水及膜车间排水，拟采用浓缩、离心脱水的方式处理上述生产废水：

中置式沉淀池排泥含固率可达3%，不须浓缩，直接进入平衡池等待脱水；

活性炭池反冲水及膜车间排水由排水池收集后，进入浓缩池浓缩，上清液达标排放，底泥进入平衡池；

脱水机房一期安装1用1备2台离心脱水机，脱水后干泥含固率要求达到30%以上，并进行外运。

因沉淀排泥含固率高泥量少，生产废水整套工艺水生产废水总量仅占总产水量的3%～5%，投资低于同等规模水厂，低碳节能。

10. 输水管网系统

第三水厂的配套输水管网，同时也是实现青浦西部地区集约化的重要组成，管网方案应与青浦西部地区规划相符合，与规划道路实施节点相衔接。

如图5所示，第三水厂出厂管在蔡俞路上分为四路，分别供向朱家角、练塘、金泽三镇，以及太阳岛，管网长约56 km。

（1）北线管道：至朱家角。

第三水厂两根出厂管口径分别为DN1000和DN1000～DN800，沿蔡俞路往北向朱家角镇供水。经沈砖公路时，向东分出1根2.1 km长的DN600管道，向沈巷及朱家角工业园区供水。

（2）南线管道：至练塘。

向南有2根DN800管道沿蔡俞公路穿越太浦河向练塘镇供水。在练塘分出1根DN800管道供应镇区和练塘工业区北部用水后，输水管道

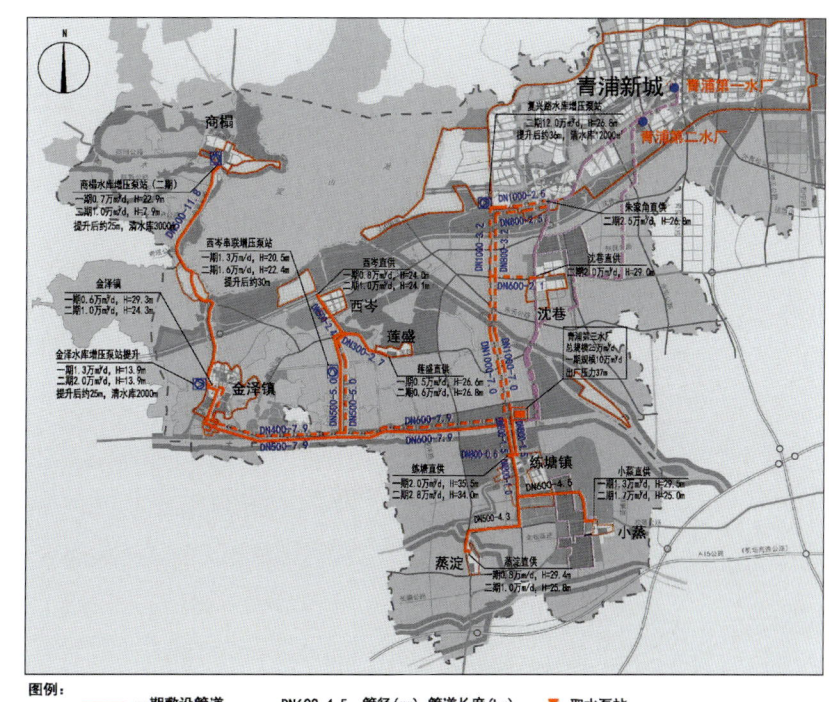

图5　青浦第三水厂供水系统示意图

变为DN800～DN500单管,向蒸淀、小蒸以及练塘工业区南部供水。

(3)西线管道:至金泽。

西线管道从起始为DN600双管,向莲盛、西岑供水后,经水库增压泵站增压,一路DN500双管供至金泽,另一路以DN500供至商榻水库增压泵站。远期将沿金商敷设一根DN400管道。

(4)东线管道:至太阳岛。

1根DN300管道沿太浦河北岸向太阳岛供水,替代岛上现有自备水厂。

(5)相应需要新建三座增压泵站。

除预留远期的10～12万$m^3/d$复兴路水库增压泵站外,金姚增压泵站和商榻增压泵站均利用原有金姚水厂、商榻水厂用地进行建设,满足区域用水水量和压力的需求。

## 【工作过程】

根据相关水厂运行经验,黄浦江上游原水耗氧量多在5～7 mg/L,常规处理出厂水中耗氧量也常高于3 mg/L的标准。因此进一步去除自来水中的有机物,必须采取深度处理工艺措施,使出厂水水质符合现行国家标准,进一步提高饮用水水质安全性。

黄浦江上游原水的耗氧量、氨氮、铁锰等指标常超过Ⅲ类标准,部分水质如表1所示。

为应对原水水质欠佳的现实以及日益提高的饮用水水质要求,青浦第三水厂一期工程的可行性研究报告大胆创新,针对原水中重点污染物和工艺流程的关键控制因素,探寻了一套多屏障、整体性强、安全高效、具有针对性的净水组合工艺。

1. 有机物及氨氮的去除

原水中有机物可通过混凝沉淀、过滤去除大部分不溶于水、以颗粒状或胶体形式存在的大分子有机物,而可溶性有机物则需通过深度处理进行去除。闵行市自来水公司和上海市政工程设计研究总院于2003年5月至2004年5月联合进行了臭氧活性炭工艺净水效果研究,认为对于黄浦江上游原水,臭氧生物活性炭工艺能有效降低处理后水中有机物含量,全流程(沉淀+$O_3$-BAC)总的平均去除率56.6%,并对氨氮去除有一定效果,能将Ames阳性的原水转变为Ames阴性的出厂水,确保饮用水安全性。

根据上述研究结论,对于黄浦江上游原水的深度处理拟选用臭氧-生物活性炭工艺,以进一步去除有机物等。但对于氨氮指标,在原水氨氮含量较高的情况下,单靠生物活性炭环节除氨氮达标可靠性不高,可能引起消毒剂投加量的增多,加大三致物质产生风险。故对原水中氨氮含量较高的情况,建议尽量采取进行生物预处理的措施。

2. 对浊度的控制

除有机物、氨氮、铁、锰等指标,在净水技术上人们认识到降低浊度的同时可以降低水中的细菌、大肠菌、病毒、贾第鞭毛虫、隐孢子虫等,也能降低腐殖酸、富里酸等部分有机物,进一步降低出水浊度将对水质提升具有重大意义。因此,所采用的工艺须尽可能保障出水中的低浊度。

净水工艺中对于浊度的去除主要依靠以下两个环节:混凝沉淀、过滤或过膜。若工艺流程中将生物活性炭等深度处理环节置于砂滤、过膜之后,则还需经过砂滤层乃至增设一道过滤环节,但其主要的目的是控制生物活性炭的生物穿透,而并非降低原水本身的浊度。

沉淀采用中置式高密度沉淀池等高效沉淀形式,不但可以有效控制沉淀出水浊度在0.6 NTU以内,还可节约用地,对于黄浦江上游地区较为紧张的用地条件,是一种较好的选择。

膜技术随着膜元件及集成系统的性能价格比的提高,成为保证出水低浊的经济、可靠屏障,是水处理领域近年来最重要的技术突破之一。超滤膜是保障饮用水的微生物安全性最有效的

表1 黄浦江上游有关水质指标(单位:mg/L)

| 日期 | 氨氮 | | | 溶解氧 | | | 耗氧量 | | |
| --- | --- | --- | --- | --- | --- | --- | --- | --- | --- |
| | 最高 | 最低 | 平均 | 最高 | 最低 | 平均 | 最高 | 最低 | 平均 |
| 2005 | 3.4 | 0.04 | 1.20 | 10.6 | 0.6 | 4.89 | 6.9 | 4.8 | 5.88 |
| 2006 | 3.5 | 0.07 | 1.45 | 10 | 0.6 | 4.15 | 6.9 | 5.1 | 6.23 |
| 2007 | 3.9 | 0.07 | 1.44 | 8.8 | 0.5 | 3.97 | 7.4 | 5.0 | 6.36 |
| 2008 | 2.8 | 0.44 | 1.63 | 10.8 | 1 | 5.13 | 7.3 | 5.0 | 6.04 |

技术之一,浸没式膜在较低的负压状态(平均跨膜压差约3 m$H_2O$)运行使用替代砂滤,不但出水浊度可确保在 0.1 NTU 以内,在工程造价和运行能耗方面也日趋接近,故采用浸没式超滤膜作为组合工艺中出水浊度的安全屏障。

3. 应急措施

在原水水质发生突发性污染的情况下,采用在原水中投加粉末活性炭、高锰酸钾等工程措施,并辅以降低运行负荷等方式进行应对。

4. 组合净水工艺

流程借鉴有关研究及工程经验,将臭氧生物活性炭环节前置,沉淀出水经臭氧生物活性炭吸附后,再经超滤膜处理:中置式高密度沉淀池出水浊度低于 0.6 NTU,有效控制炭层负荷,另一方面减少进入臭氧接触池的有机物总量,避免不溶性有机物颗粒经臭氧氧化转变为较难处理的溶解性有机物。活性炭吸附池出水再过滤(膜),进一步降低浊度,同时以防止脱落的细菌聚体进入清水池,有效解决生物活性炭过滤生物风险问题,并可控制二虫、细菌等指标。

可行性研究所确定的工程方案具有很强的可操作性,主要研究成果和结论已被应用于设计和施工。

【咨询工作特点】

1. 实现区域集约化供水,实现供水水质的飞跃,造福人民,社会效益显著

供水集约化是上海市供水专业规划和青浦区供水专业规划中的重要原则,也是结束青浦西部地区长期分散供水、原水及出水水质不佳局面的唯一出路。青浦第三水厂一期工程符合并贯彻了相关规划中的集约化供水政策,并被列入太湖流域水环境综合治理、上海市第四轮环保三年行动计划重点项目。

2. 规模论证和系统分析科学合理并具前瞻性,对规划供水格局提出优化建议

(1)水厂规模论证充分。工可报告中进行水量预测和水厂规模论证时,并未局限于水厂服务范围,而是从整个青浦供水区域的水量供需平衡入手,剖析外部输水管网能力,并从原水供应能力、水资源输送方向、确保区域供水安全、提高供水系统运行经济性的角度分析,论证水厂建设的必要性和迫切性。对青浦地区现有 11 座小水厂进行了充分的现场调查和资料收集,不仅仅根据规划资料计算水量,更针对由分散模式向集约化模式转型的供水区域水量增长特点,仔细分析预测确定工程规模。

(2)提出对供水专业规划中水厂规模进行优化调整。由于工程实施的具体情况与区域供水专业规划编制时期情况有所变化,青浦第三水厂一期工程可行性研究报告并未简单引用规划结论,而是根据对水量空间分配、原水、管网和用地条件的深入分析,对供水规模的合理确定、区域供水系统的设置等内容进行了优化;在区域供水能力不变的前提下,将青浦第三水厂总规模由 15 万 $m^3$/d 调整为 25 万 $m^3$/d,避免原水输送和清水供应出现倒供,使其与青浦区另一座集中供水水厂——青浦第二水厂的互救能力提升,供水系统安全性大为增强。该调整方案获得了政府部门、专家和建设方的一致认可与支持,为太湖流域水环境综合治理、上海市西部地区供水格局决策和区域供水专业规划修编工作提供了有力的技术支撑。

(3)重视调研排除"数据陷阱",发现问题规避风险。合理确定现状分散供水区的供水量是工可报告的一个重点和难点。根据邻近区域集约化供水转型过程中出现的水量激增的经验,反复调研了服务范围内各乡镇水厂的供水模式,发现现状水厂缺少必要的计量手段,水量和产销差统计存在出现较大偏差的可能。依靠翔实一手资料和类似经验调研,判断各乡镇水厂报表中 15% 左右的产销差统计值明显偏离于当地的生产管理水平和输配水管网实际情况,并综合考虑集约化供水服务压力提高带来的水量增长,在各镇供水量确定时予以了修正并对供水规模留有余量,以避免集约化推进过程中出现需水量超预计、水厂供应紧张的被动局面。

(4)水力计算涵盖九大工况,全面、准确。本可行性研究在论证输水系统方案时,对不同方案的近、远期最高日、平均日、事故时、转输时等九大工况进行水力计算分析对比,为选定输水系统方案提供科学、全面、可信的技术支持。

3. 工艺方案敢于创新,先进安全,为国内首次提出

(1)针对黄浦江上游微污染原水水质,通过全套工艺比选,吸收类似水源净水流程成功经验,并加以创新、升级,在全国范围首次提出中置式高密度+臭氧接触+升流式活性炭+浸没式超滤膜工艺,具有集成创新性,技术领先,对黄浦江上游及类似微污染水源具有示范效应。

（2）对主要单体逐个论证，精益求精。选用了中置式高密度沉淀池等具有自有知识产权的新池形，并通过投加助凝剂等方式以强化常规处理；升流式的活性炭工艺水头损失小，节能显著；后置的浸没式超滤膜工艺起到综合性的水质保障作用，杜绝生物穿透的安全风险，具有很强的针对性和整体性，且能耗低，与传统砂滤相接近。

（3）新中求稳，水质安全再上新台阶。在工艺创新的同时，从未放松对饮用水安全的追求，通过一系列高效的物理、化学、生物联合作用，多重措施控制水质风险，有把握确保在微污染原水条件下水质全面达到并超越国家标准，提供安全、优质的饮用水，水质安全再上新台阶。

4. 水节能达先进水平，生态友好和环境保护措施完备

（1）采用先进节水工艺形式，如中置式高密度沉淀池，排泥浓度可达2%～3%，排泥量仅为平流沉淀池的1/2～1/3；浸没式超滤膜通过节水措施将排水量控制在1.5%以内。通过节水型工艺选择，一方面将水厂自用水系数控制在2%左右，远低于水厂5%的自用水系数要求，实现了环境友好，另一方面减少了生产废水设施工程量，节省项目投资。

（2）节能分析深入透彻，节能设计达到国内先进水平。响应低碳经济倡导，对能源消耗品种、数量及供应进行了客观、系统的分析，提出工艺、电气、建筑、管理等环节的节能措施，并对节能效果进行定量分析，为建设绿色水厂、高效和循环利用能源提供坚实的运行分析和措施保障。经专家评审，各项节能措施效果达到国内先进水平。

（3）生产废水处理精细设计，满足水源保护区内环境保护高要求。青浦第三水厂位于黄浦江上游集中式饮用水地表水源一级保护区范围内，环境保护要求很高。编制工可报告时，严格参照《上海市污水综合排标准》一级标准对生产废水设施进行设计，并在陆域保护区范围之外另寻排出口，维护黄浦江上游水源环境。

5. 节约用地，研究成果切实可行

（1）因地制宜，节约用地。在实施方案、总平布置等多环节充分考虑，水厂用地节省达14%，由项建书阶段的92亩减少至工可阶段的79亩，节约了用地和投资；增压泵站的布置充分利用现有设施和用地，由现有小水厂改造而成，不需征地，大大提高项目的可操作性。

（2）确定的系统和工艺方案切实可行，工程实施完全按照工可报告所选定的方案进行。

6. 经济评价和风险分析进行风险控制

经济分析、财务评价、风险论证准确全面，为项目今后设计、施工的顺利开展提供保障在经济评价和风险分析的过程中采用盈亏平衡分析法计算内部收益率，并根据项目特点进行敏感性分析，以预测项目的财务风险。

7. 工程具有示范效应，提供黄浦江上游原水处理工艺的新思路，新方法

建成后，将成为国内首例大规模实施高效沉淀、生物活性炭和膜组合的供水工程，预计出水水质将全面达标，其中浊度小于0.1 NTU，并具有良好口感。

目前，对黄浦江上游原水采用的净水工艺多为平流沉淀、砂滤为核心的常规处理加上臭氧——生物活性炭深度处理，青浦第三水厂一期中置式高密度＋臭氧接触＋升流式活性炭＋浸没式超滤膜工艺的提出和最终实施、投产运营，为黄浦江上游水系和类似微污染水源的处理探索了一条新的路径，具有示范效应。

**【咨询效果】**

青浦第三水厂一期工程的工程设计和工程实施采用了工程可行性研究所确定的工艺方案，顺利于2012年底建成通水。在组合净水工艺的联合作用下，黄浦江上游原水经处理出厂水质符合《生活饮用水卫生标准》(GB5749—2006)。

经运行验证，青浦第三水厂一期所采用的工艺对于浊度、有机物和氨氮去除效果理想，沉淀后出水浊度维持在0.6 NTU以内，超滤膜后出水浊度在0.02 NTU左右，出厂水浊度低于0.1 NTU。同时，出厂水耗氧量低于1.5 mg/L，氨氮低于0.2 mg/L。青浦第三水厂一期工程的供水水质已通过了上海市供水调度监测中心水质监测站、国家城市供水水质监测网上海监测站（2014-04-07-QP03B）的检测，实践已充分证明本工程咨询成果的成功。

对所研究的工艺流程及工艺参数的基础上，上海市政总院及时总结申请专利，主要有《一种浸没式超滤膜池》专利（专利号ZL 201220408137.7）、《一种自来水厂净水处理组合装置》专利（专利号ZL 201220408122.0）共两项专利。

# 镇江市大港水厂一期工程可行性研究报告

## The Feasibility Study Report of the First Phase Project of Dagang Waterworks in Zhenjiang City

编写单位：上海市政工程设计研究总院（集团）有限公司
Shanghai Municipal Engineering Design Institute ( Group ) Co., Ltd.
联系电话：021-55000000　　网址：www.smedi.com
主要完成人：李钟珮　王如华　包晨雷　曾磊　唐旭东　柳健　张晓波　周磊

## 【点评】

本报告就超长距离取水设计进行了专项研究，选用的小口径超长顶管设计属于国内领先，设计除优化取水管施工方式，还减少了顶管沉井深度，节约了工程投资。在全面收集相关水质数据、分析水质特征和现有净水工艺存在问题的基础上，论证了净水常规处理结合臭氧活性炭深度处理工艺的适用性，深入进行了技术经济比较，采用较为合理的预氯化、混凝沉淀、砂滤、臭氧活性炭净水处理工艺，优化了设计参数。

## 【项目背景】

镇江城市布局具有带状分布的特点，根据城市规划和需水量分布可知，镇江地区的规划主要向东和向西两个方向延伸发展，其需水量也主要集中在主城区、西部高资和东部大港等发展区域。而镇江自来水公司现有的金山、金西二座水厂均位于主城区长江岸边集中在西区，现状大港供水区全部由镇江金山、金西二水厂通过城市管网并由沿江及大港增压泵站逐级增压，通过37.6 km长距离由西区向东区供水输水以满足大港供水区的用水量需求。

近年来大港供水区用水量增长较大，2011最高日供水量已达8.21万 $m^3/d$。据自来水公司统计，至2012年10月之前，平均日供水量同比2011年增加率达10%，而2012年最高日供水量至8.45万 $m^3/d$ 后无法维持及增量。按目前城市供水系统布局，实际由西向东的这块水量的分配已无法进一步合理增加来满足大港供水区域今后进一步发展的用水量要求。根据镇江总体规划的要求及布局，镇江自来水公司部署了大港水厂并配套实施黄岗水源地取水设施的建设，镇江市大港水厂一期工程的建设一方面考虑满足大港供水区进一步发展的需水量增长的要求，另一方面从确保城市水源安全考虑，大港水厂并配套实施黄岗水源地取水设施的建设对整个镇江城市供水系统而言，届时将可形成东西二个长江水源地，不但能满足到新建水厂原水量要求，更能确保城市水源安全，供水安全性大大提高。受镇江自来水公司的委托，我院进行了该项目的可行性研究工作。

## 【项目内容】

建设单位：镇江自来水公司。

建设地点：大港水厂取水泵站选址于镇江黄冈丹阳取水泵站西侧地块，水厂厂址位于镇江大港的北山路东侧、规划荞麦山路北侧地块。

### 一、建设规模、工程目标

镇江市大港水厂一期工程规模为20万 $m^3/d$，总体规划规模为40万 $m^3/d$。

取水泵站：新建40万 $m^3/d$ 规模的取水头部、取水管、取水泵房，其中取水泵房土建规模为40万 $m^3/d$，设备安装为20万 $m^3/d$。

浑水输水管：新建40万 $m^3/d$ 规模的原水输水管线。

净水厂：新建20万 $m^3/d$ 规模的常规处理及深度处理生产系统，其中二级泵房、加药系统、臭氧制备车间等的土建规模为40万 $m^3/d$，设备安装规模为20万 $m^3/d$。配套实施水厂排泥水处理系统土建规模40万 $m^3/d$，设备安装规模为20万 $m^3/d$。

出厂清水输水干管及排水管：与新建水厂配套实施出厂清水输水部分干管。配套实施水厂应急排水管。

工程水质、水压目标：大港水厂出厂水水质

满足卫生部GB5749—2006《生活饮用水卫生标准》。水厂出厂压力满足大港供水区最不利点水压不小于0.28 Mpa。水厂排泥水处理要求排泥水浓缩脱水处理后的脱水污泥含固率达30%，浓缩后上清液达标排放。

二、产品方案

工程范围：取水泵站、原水输水管线、水厂排水管线、净水厂包括常规及深度处理水处理系统、排泥水处理、出厂清水输水部分干管。

大港水厂一期工程工程取水口位置选于长江和畅洲尾段，取水泵站选址于黄岗丹阳取水泵站西侧的临江地块。取水及输水泵站部分为：设独立的二座取水头部，采用2根DN1800每根长约1700米的长江自流取水管长距离顶管过江。设置取水泵站一座，设置取水泵房、10 kV配电间、加药间、管理楼。泵站至水厂设置两根原水输水管，每根口径为DN1400，管材为钢管，每根长约8 km。

水厂采用预氯化、混凝沉淀、砂滤、臭氧生物活性炭水处理工艺流程（见图1）。

水厂排泥水处理工艺流程见图2。

净水厂的建设内容包括水厂水处理系统构（建）筑物和水厂排泥水处理构（建）筑物。

三、技术可行性

（1）本工程选取的取水水源地和畅洲尾段水质较好，大部分指标达到Ⅰ、Ⅱ类标准，水量充足，水质水量有长期的保障，是较为适宜的城市取水水源，场地具备良好的取水泵站建设条件，取水位置设置合理。

（2）在厂址选择上，在对供水系统技术经济分析的基础上，结合环境综合评价多方面考虑，对远期建设可能存在的问题进行了合理预测和有效规避，可行性高。

（3）净水处理工艺在常规水处理基础上结合设置深度处理单元，能够应对长江原水可能存在的突发污染、原水间歇性隐发污染以及消毒副产物的生成，对于污染事故的避免提供了充分的安全保障措施，同时进一步提升出厂水品质，为市民生命健康提供保障。

四、投资估算

本工程投资估算费用为98 723.97万元，单位制水成本为2.13元/m³。经财务评价和工程效益分析，本项目投资财务内部收益率为7.21%，财务净现值为（I=6%）9 938.25万元，投资回收期为12.51年，均达到行业标准，工程财务是可行的。

五、效益分析

（1）经济效益。本工程建成后可以满足大港供水区进一步发展的用水量增长的需求，本工程的建设符合镇江总体规划的要求，完善了城市基础设施，对大港区域的建设与发展提供了重要的保障，随着用水量的不断增长，其经济效益更是日渐显著。

（2）社会效益。大港水厂的建设不但能满

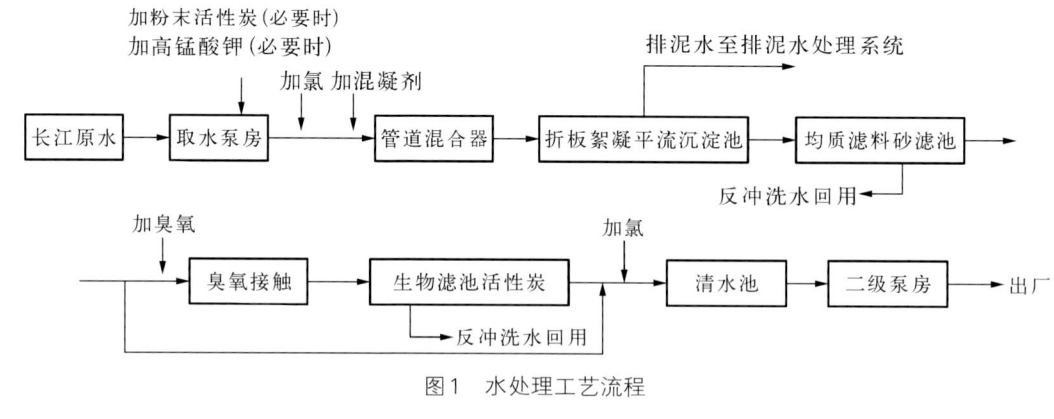

图1 水处理工艺流程

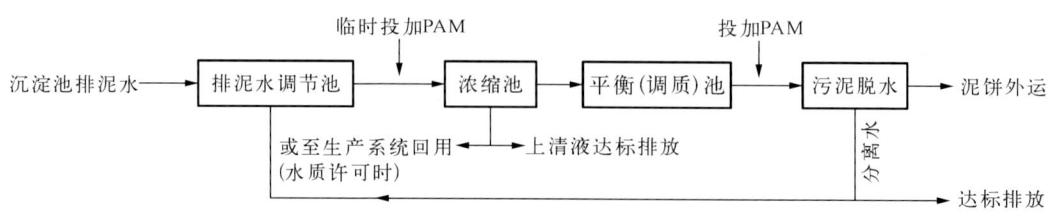

图2 排泥水处理工艺流程

足该区域的需水量增长要求,更能与镇江现有水厂形成东西对置供水,确保镇江城市供水安全、可靠、经济、合理。

大港水厂一期工程设置常规结合深度的水处理系统为应对长江水源突发性污染增加了安全保障,更能有效保障出水水质,因此本工程建成后,为保障城市安全供水、促进镇江整体发展起到非常积极的作用。

## 【工作过程】

在本可研报告编制的前期,进行了详细的资料收集及分析,并进一步结合水厂及取水泵站的场地条件、原水输水管线路现场踏勘情况、清水输配水管网现状及规划布局资料等,对取水及输水、水处理系统、水厂及取水泵站平面布局、水厂建筑风貌、系统运行工况等进行深入的研究。在此基础上,提出了工程的初步方案,并与镇江自来水公司相关技术人员展开了充分的讨论,提出了进一步拓展的合理性建议。

在本可研报告编制过程中,对镇江市自来水公司的供水现状及存在问题进行了进一步分析,对工程建设的必要性进行了论证,确定了工程建设的目标。在进行水源选择及工程系统方案论证的基础上,围绕取水及输水工程、水处理系统工程、排泥水处理系统工程、镇江市大港水厂一期工程的总体平面布局等方面进行了论证,结合方案进行了技术经济比较,确定了合理可行的工程方案。并以推荐的工程方案为依据,对工程进行了投资估算、财务评价和效益分析,最终形成了完整的可行性研究报告。

2013年3月11日,本可研报告通过了专家评审团的评审,江苏省发改委于同年10月30日对本可研报告予以批复。

## 【咨询工作特点】

### 一、论证方法科学

(1)根据镇江市供水现状和城市总体规划,对存在的问题和今后发展进行了全面分析,充分论证了工程建设的必要性。根据供水专业规划对城市最高日用水量预测的结果,可行性中结合镇江市总体发展规划以及新区基础设施专项规划结合城市供水规划的发展要求,对供需进行了科学全面的分析平衡,以此确定了合理的工程规模。

(2)根据总体及区域规划对大港区块用地性质功能的划分布局,理论结合实际,对建设场地及环境条件、区域配水管网的现状及规划布局,城市供水系统的布局,进行全面的科学的分析及研究,同时考虑规划局、环保局等管理部门的意见,结合取水泵站及净水厂的选址、输水管及排水管的走向、变配电系统的设置等进行了工程系统方案的全面研究,在进一步进行技术经济比较的基础上提出合理、科学的选址方案。

### 二、技术方案具有突出的创新性、先进性

本可研报告内容涉及国内外相关课题研究的最新前沿,充分应用其相关的科研成果,将先进的净水技术运用到工程方案中。可研过程中充分全面地收集了原水水质数据,同为长江水源的现状水厂常规处理工艺下的出水水质数据,并对这些水质特征及现状净水工艺存在的问题进行了全面科学的分析。针对工程提出的目标要求,对工程所确定的常规处理结合臭氧活性炭处理的净水工艺总体方案的适用性进行全面分析,充分分析臭氧活性炭工艺需关注的问题,对常规处理结合深度处理的实施方案结合前置后置进行深入研究及技术经济比较,并提出$O_3-BAC$工艺优化改进的具体可操作的实施工程措施,进一步提出确保微生物安全性的解决措施。

### 三、多方案比选时综合评价因素考虑全面

本可研报告进行了较为全面的工程方案的论证。取水工程部分的论证包括水源及取水口的确定,新建取水泵房泵型选择和泵组配置。净水工程部分的论证包括净水工艺方案的论证,净水工艺形式的选择,净水构筑物设计参数的优化,滤池冲洗后早期穿透现象的防治措施,深度处理系统方案、臭氧发生器配置方案的选择,臭氧尾气处理方式的选择,排泥水处理工程中包括处理工艺的选择,浓缩形式的选择,机械脱水设备的比选等。通过对上述问题进行技术、安全、环境节能等方面的定性分析及工程投资、处理成本等方面的定量分析,经过客观的比较和方案的优化后,以确工程的具体实施方案。

### 四、项目技术难度大、研究专项细致深入

本工程取水及输水规模为40万$m^3/d$,在经过河势分析、环境评价、航道安全等各方面研究后将取水口确定于长江北岸,泵站位于南岸,长江取水管需超越长江主航道,长度达1 700米。主

航道水深达到40 m,在充分了解施工方式后,凭借顶管设计的丰富经验,对常规的直线顶管方案进行优化,提出了折线顶管的顶进路线,使沉井深度由52 m减小为40 m,从而避开了江底标高-44 m处的岩石层,大大缩短了工程时间和节约了工程投资,增加了工程的可实施性。取水管穿越长江主航道,2根顶管直径仅DN1800,一次顶进长度达到1 700 m。本工程小口径超长顶管的设计在国内处于领先地位。

### 五、节能降耗效益显著

水厂东高西低的场地条件结合在建道路的标高、原水进水出水供水管网的布局,全面研究场地高差与处理系统水力高程的合理结合、结合水厂近远期规划、整体景观布局与城市发展的要求,生产管理的科学流程等进行科学合理的厂平面布局,并充分利用场地高差条件和合理布局,直接减少了中间提升的环节,不但降低了工程费用,而且减少生产运行的能耗。

### 六、配套设施方案操作性强,安全可靠

可行性研究中不但对工程系统方案进行了研究,而且非常深入地对结构工程施工方案进行了研究论证,包括取水头部施工方案及基坑围护、地基处理、抗渗、抗浮、对原有构筑物的土建利用等。在深入调研充分掌握基础资料基础上,结合场地条件,进一步提出了操作性很强的具体方案。

根据水厂负荷等级及供电电源情况,水厂35 kV变电所采用二路35 kV进线电源。对本工程大型水厂供电可靠性要求高,经主接线技术经济比较后采纳全桥接线方案。结合考虑10 kV或6 kV的开关设备、变频调速装置等设备的选择以及运行维护管理、总体方案投资等因素,通过技术经济综合比较提出安全、经济、节能的供配电、设备配置等方案。

### 【咨询效果】

1. 对类似工程的建设具有借鉴及推广作用

本可研报告关于长江超长距离取水设施实施方案的研究成果可以给类似水源水水厂进行相关工程的建设提供借鉴,充分应用了国家相关的科研成果,并结合工程进行了相关课题的研究,研究成果可以为其他工程的建设及设计提供科学依据及借鉴。

2. 对建设节约型社会、实现环境保护与经济可持续发展相统一具有促进作用

本可研报告在优化方案的基础上提出了合理的节能节地建议,并特别针对节能环保和对地区经济发展带来的效益进行了充分的分析,全面合理地进行国民经济评价论证、财务评价和效益分析,对市场运行的经营、管理、财务、金融、政策风险等情况进行全面论证,并提出符合国家标准的经济可行的措施。

3. 对本项目实施的推动作用

本可研报告除了对取水、原水输水、水处理系统技术方案进行比选和优化研究外,对项目实施条件、建筑、结构和自控等配套措施均进行了深入的研究,为项目的实施奠定了坚实的基础,对投资控制和下阶段工程的开展有很好的指导作用。项目效果图见图3、图4、图5、图6。

图3 取水泵站鸟瞰图

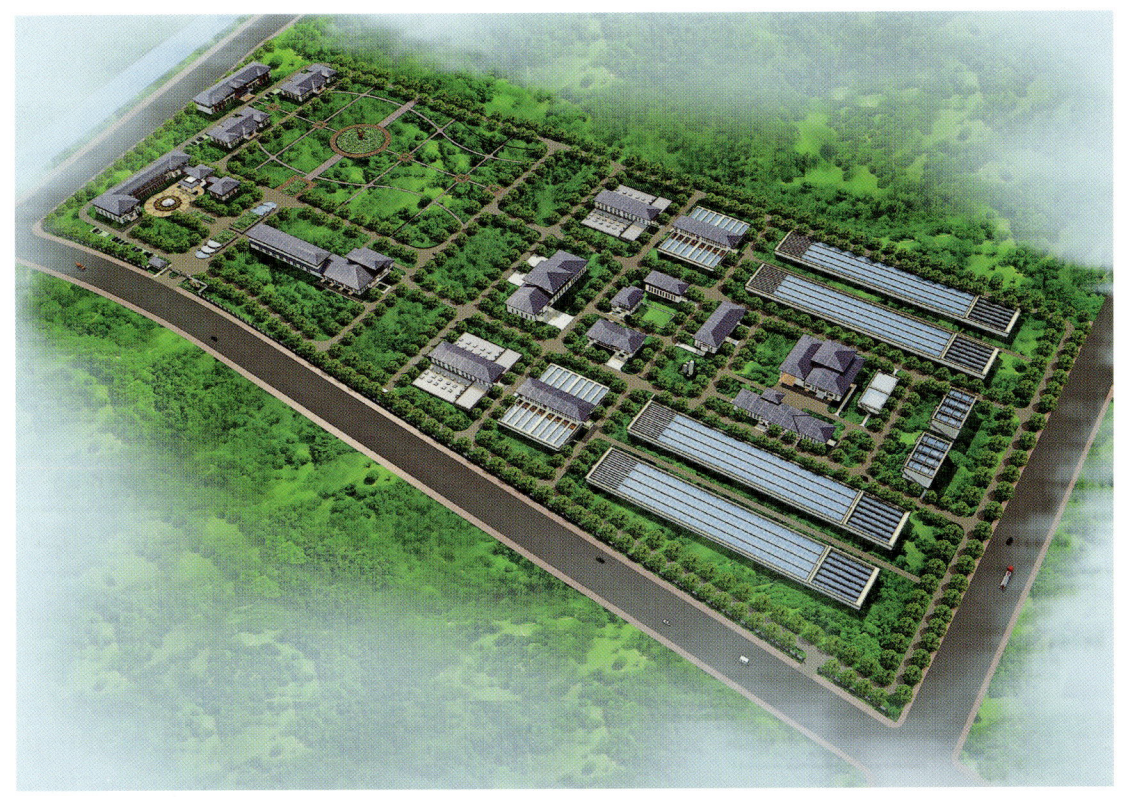

图4 水厂鸟瞰图

图5 二级泵房建筑效果图

图6 沿北山路效果图

4. 客户评价

本可研报告对拟建项目进行了全面科学的分析论证,在经济合理性、技术先进性以及建设条件的可能性和可行性分析上下足功夫,为业主决策提供了充实的参考资料,受到业主好评,为编制单位取得项目后续设计服务打下基础。

5. 项目获奖

本可研报告获上海市工程咨询行业协会颁发的2014年度《上海市优秀工程咨询成果一等奖》。

# 山东东营市南郊水厂扩建工程可行性研究报告

The Feasibility Study Report of the Extension Project of Nanjiao Waterworks, Dongying, Shandong Province

编写单位：上海市政工程设计研究总院（集团）有限公司
Shanghai Municipal Engineering Design Institute (Group) Co., Ltd.
联系电话：021-55000000　　网址：www.smedi.com
主要完成人：邬亦俊　吴国荣　姜利　卢辰　王伟　郭建华　徐鑫　徐琦奇　周磊　陆俊宇

## 【点评】

本项目通过多方案比选，推出行业首创的创新型污泥回流机械桶式循环絮凝沉淀膜滤池的绿色处理工程方案，充分利用了膜处理特性，综合了先进的回流混凝沉淀理论，集合预氧化、生物、活性炭等各种处理工艺于一体，是副产物最少的绿色工艺。采用的池型为行业首创，为水行业处理工艺创新了另一种先进处理模式，具有显著的先进性和推广应用价值。

## 【项目背景】

南郊水厂扩建工程是保障东营市可持续发展的重要基础条件，是顺利实现东营"十二五"规划目标的关键措施，是满足供水量需求的必要条件。实施南郊水厂扩建工程是非常必要的，而且也是非常紧迫的。

（1）国家黄河三角洲高效生态经济区发展规划进入全面实施阶段，山东半岛蓝色经济区规划建设已迈出实质性步伐，城市综合竞争力列全国第25位的东营是唯一同时处于两大战略区域的城市，面临着前所未有的重大历史机遇。

（2）东营"十二五"规划要求力争经过五年的努力，经济总量翻一番，再造一个新东营。东营市统筹城乡一体化发展，构建区域协调发展的城镇体系。为适应城市规模和功能的加强，《东营市国民经济和社会发展第十二个五年规划纲要》要求实施南郊水厂增容等一批供水。

（3）近几年现有南郊水厂供水量不断增加。2009年和2010年，最高日供水量分别11.26万$m^3/d$和12.5万$m^3/d$，均已超出10万$m^3/d$设计供水能力，供水系统面临严峻考验。

因此，本项目是关系国计民生的重要项目，具有显著的社会效益。

此外，我院设计并已建成类似原水的"十一五"国家水专项示范工程——东营市南郊水厂水质改善工程，采用滤后膜处理工艺，运行良好，出水水质全部优于国家标准，成为国内膜池设计典范。该工程已获上海市优秀勘察设计一等奖和发明专利。该项工程实施的经验是本工程项目咨询的创新技术的起点之一。

## 【项目内容】

工程吸收了上期水质改善工程的特点，结合国内工程的成功经验，对膜前处理工艺做出了较大的改进，同时对于维护性清洗和化学清洗方式作出了调整。

净水工艺采用高锰酸盐预氧化+混凝沉淀+活性炭+膜处理工艺。但此中不再设立砂滤池，而且沉淀也是短期沉淀。整个净水工艺结合北方保温要求，统一整合为一个池体——污泥回流沉淀膜滤池。

污泥回流沉淀膜滤池按水处理流程方向，内设混合池、机械絮凝区、沉淀区、膜池区及辅助系统等部分，其中在沉淀区设有底部刮泥机，沉淀区前端设积泥坑和气提设备。

沉淀区前端的积泥坑中，由气提设备排出，部分回流，部分剩余污泥外排进入污泥处理系统。

污泥回流沉淀膜滤池水处理流程见图1。

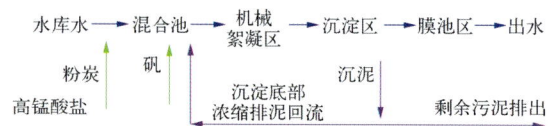

图1　污泥回流沉淀膜滤池水处理流程

本次扩建工程主要建设内容包括新建净水流程和新建污泥处理流程。结合南郊水厂现有流程情况,本工程总体流程如图2所示。

东营南郊水厂扩建工程包括全厂的净水及排水处理流程,本工程概算总投资22 874.05万元,单位制水成本:1.208元/m³。

【工作过程】

本项目研究东营规划发展格局及规模,分析供水现状及形势,深入调查城市供水水源条件和水质情况、用地条件、供水格局等规划、现状及各项建设条件;以城市规划和东营"十二五"规划为指导,贯彻其发展精神,充分论证建设的必要性;结合东营实际情况,合理确定工程建设规模和标准;比选水源地;适应供水范围、城市供水布局及规划要求,优选水厂厂址;分析原水水质、研究国内外各种处理工艺,适应工程实际情况,有针对性地选择、继承和发展创新水处理工艺。

水处理工艺比选中针对原水水质条件,理论分析多种工程方案特点,也结合我院在东营市南郊水厂的成功设计经验,综合我院其他多年多项科研与设计成果,如近5年在嘉兴地区"十一五"水专项,浙江上虞、无锡中桥、济南鹊华玉清"十一五"水专项,东营"十一五"水专项等工程科研成果及设计经验,综合分析并进一步优化创新,提出高锰酸盐预氧化+粉末活性炭投加+混凝沉淀+膜处理的组合工艺,创新性地将污泥回流、粉炭循环、短期沉淀、膜滤综合为一池,减少常规处理流程,对制水工艺处理技术和运行管理的发展是进一步的推动。

项目研究中做到多方案比选,贯彻规划要求,充分市场调查,综合了投资、经济分析、工艺风险和工程生态环境影响等各项分析,确保工程项目建设的合理性、可行性、最优化和绿色环保。

【咨询工作特点】

1. 全面深入而详细的调查资料,前瞻性和全局性分析工程建设的必要性、规模及选址,为项目决策提供科学依据

(1)分析东营市所在区域的国家黄河三角洲发展战略和山东半岛蓝色经济区战略,东营发展地位和作用,东营市"十二五"规划、城市规划定位以及城市发展态势等对东营供水城市基础的发展要求;

(2)分析现状供水量发展情况以及城市发展速度,提出建设的急迫性;

(3)根据城市发展规划,调查分析城市用水各种指标,同时根据近几年城市供水发展速度、城市经济发展规模,采用多种预测方式,综合确定适当的城市供水发展规模,通过供需平衡计算,确定了工程建设规模;

(4)根据整个东营市供水系统格局,分析取水水源、扩建水厂、主用水地三者位置关系以及主用水地供水特点,进一步阐述了东营南郊水厂

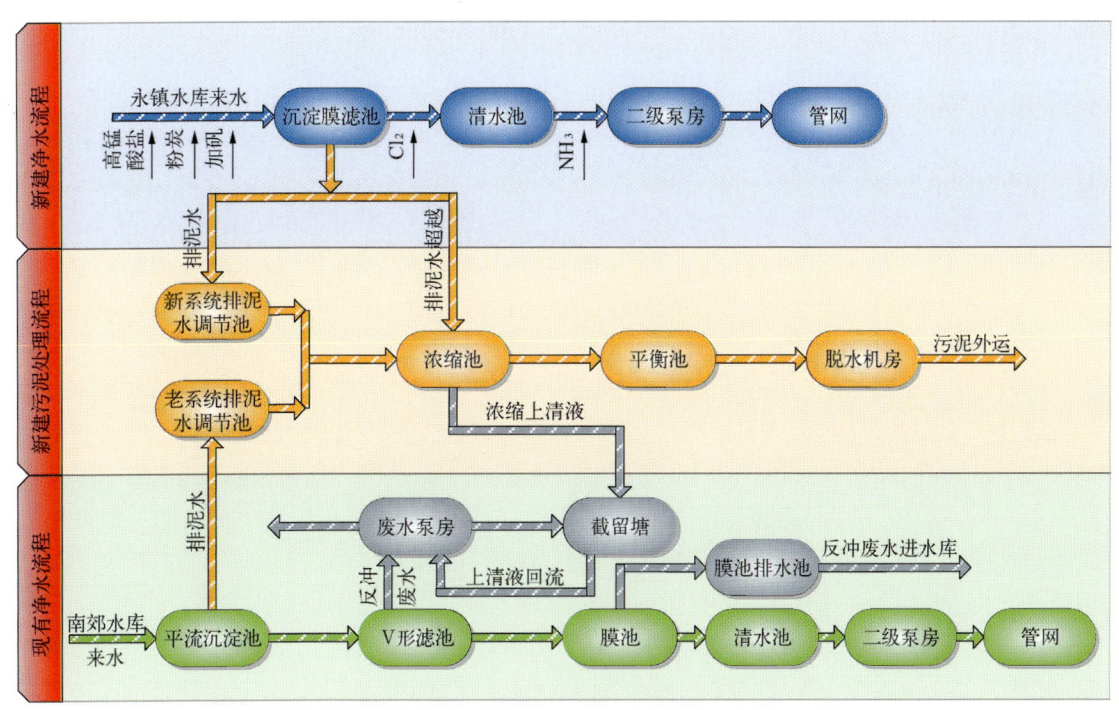

图2 南郊水厂扩建总体流程图

扩建工程建设的必要性和确定了水厂的选址。

2. 全面深入理论分析，多方案比选系统方案，结合我院多年多项目的工程实践和科研成果，控制工程风险，推出行业首创的创新型污泥回流机械桶式循环絮凝沉淀膜滤池的绿色处理工程方案

本报告从根本性的水源源头开始，分析东营市水资源特点，研究当地地表水、地下水资源和客水水资源的水量和水质情况，提出新建水源和水库调水多种方案，并分析境内周边所有三座水库，综合比选出水量水质最优且造价合理的最佳水源。

本报告分析了原水水质特点，原水表现为水质相对较好，但具有低温低浊微污染水特性，存在一定的藻和有机物等问题，且原水中溴化物含量高，存在生成强致癌物质——溴酸盐的超标风险。针对水源特点和主要污染物，研究了国内外的各主要污染物处理方法，结合当地工程实践经验和工程目标，确定了三种相对较优的组合处理工艺方案比选。

组合工艺一：常规处理（含气浮）+ $H_2O_2$ + 臭氧活性炭工艺（炭砂双层）；

组合工艺二：混凝沉淀 + $H_2O_2$ + 臭氧活性炭工艺 + 膜处理工艺。

本报告工艺三：混凝沉淀 + 粉末活性炭投加 + 膜处理工艺。

本报告综合组合工艺的水质评价（包括溴酸盐及副产物风险性、除藻、污染物去除及水质稳定性等各方面）、投资评价、管理运行评价等各方面的比较，优选了简化常规处理而又强化混凝的，副产物最少的绿色膜滤为主体的，各部分协同作用的混凝沉淀 + 粉末活性炭投加 + 膜处理工艺。工艺整体出水水质优、风险低、投资省、管理点少、运行费用低。

在理论分析多种工程方案特点的同时，结合我院在东营市南郊水厂水专项的成功设计经验，综合我院其他多年多项科研与设计成果，如近5年在嘉兴地区的"十一五"水专项、浙江上虞、无锡中桥、济南鹊华玉清"十一五"水专项、东营"十一五"水专项等工程设计经验及科研成果，综合分析并进一步优化创新，设高锰酸盐预氧化和粉炭投加，而活性炭投加、机械混合、机械桶式循环絮凝、短期沉淀和膜处理工艺合建一池，整厂仅一个净水处理处理构筑物，利用膜处理特性，并引入沉淀污泥回流的先进设计理念。

推荐的工艺设计理念在整个水厂处理工艺中可以起到五个方面的作用。

（1）活性炭利用率提高，补充无污染生物作用：活性炭跟随污泥回流，经机械絮凝区的充分与混合接触吸附，可以充分发挥活性炭吸附原水中有机物的作用，同时含粉炭回流污泥可以作为生物载体，在机械絮凝区不断表面更新的条件得到较好充氧，提高回流污泥的生物作用。

（2）混凝效果提高：高浓度活性炭污泥回流，出水水质更加有所保障。

（3）节省水耗：每天节水直接经济效益约700元。

（4）污泥浓缩作用：为水厂的机械脱水的污泥处理改造做好准备。

（5）膜滤直接设于短期沉淀池后段的组合优点：可节约土建费用，节约运行水头，土建简单，造价低。

污泥回流机械桶式循环絮凝沉淀膜滤池的处理工艺方案是行业首创的，国内外尚无先例，且是以我院多年科研实践成果为基础的可靠工艺。

3. 改变传统投资核算方式，具体了解实际情况，合理确定造价和分析经济效益

本报告不仅调查了东营的政策和物价水平，还具体了解东营类似工程施工方式，调查当地原材料价格信息，克服了当地现有资料不齐备的困难，对工程投资进行正确的估算，对成本费用和效益分析等重要问题进行计算和论证。

4. 满足国家黄河三角洲和山东半岛蓝色经济区规划对东营发展的要求，适应城市发展需求，社会效益显著

国家黄河三角洲高效生态经济区发展规划和山东半岛蓝色经济区规划建设已迈出实质性步伐，东营是唯一同时处于两大战略区域的城市，面临着前所未有的重大历史机遇。

东营"十二五"规划要求力争经过五年的努力，经济总量翻一番，再造一个新东营。东营市统筹城乡一体化发展，构建区域协调发展的城镇体系。而现有南郊水厂供水量不断增加，已超出设计供水能力，供水系统面临严峻考验。

本项目是关系国计民生的重要项目，具有显著的社会效益。

5. 工程论证全面，以人为本，环境至上，专章分析环境问题、生态节能、管理风险及消防等问题，并提出具体措施

本报告对水源地保护、环境保护、安全、消

防、职业卫生进行全面论证,分析了工程建设和运营中面临的环境影响和风险因素,并均针对性提出了解决方案和保证措施,从以人为本、环境至上的角度出发,使得工程满足生态环境,安全生产和文明生产的要求。具体措施主要包括了水源地保护措施、加氯间等危险化学品防止危害措施,污水处理措施、降低噪音措施,防雷措施和电气安全等措施。

为了贯彻工程建设和运行的节能要求,本报告专设有节能篇,充分论述了工程耗费种类、数量、消耗指标,并进行类似工程指标和行业规划目标对比,并进一步提出了各方面节能措施。

图3　污泥回流沉淀膜滤池外观

【咨询效果】

东营市南郊水厂扩容工程将常规处理改进为污泥回流,采用短流程沉淀的膜滤池,形成独立的唯一一体化处理构筑物——污泥回流沉淀膜滤池。同时,对于原膜池设计模式中的维护性清洗和化学清洗方式作出了调整(见图3、图4)。

东营市南郊水厂水质改善工程和东营市南郊水厂改扩建工程出厂水,浊度 < 0.1 NTU,达到《生活饮用水卫生标准》(GB5749—2006)要求,同时为应对水源突发污染情况提供了有效的手段。

本工程建设取得了良好的经济效益和社会效益,值得进一步总结和推广。本工程还先后接待了全国几十余批参观学习的自来水公司、高等院校和科研机构等。

图4　污泥回流沉淀膜滤池简泵房

# 广州市番禺区前锋净水厂扩建三期工程及一、二期排放标准升级工程可行性研究报告

The Feasibility Study Report of the Third Stage of Pan Yu Qianfeng Water Treatment Plant Expansion Project and the Emission Standard Upgrade Project of the First and Second Stages, Guangzhou City

编写单位：上海市政工程设计研究总院（集团）有限公司
Shanghai Municipal Engineering Design Institute ( Group ) Co., Ltd.
联系电话：021-55000000　　网址：www.smedi.com
主要完成人：司马勤　王　彬　苏　君　李翊君　曹志杰　鄢卫东　徐靓慧　李骏飞　郑亚琴　余　涛

## 【点评】

本研究针对项目一、二期UNITANK生物反应池出水总氮和总磷较高的现状，采用高效沉淀池+反硝化深床滤池组合工艺进行排放提标，同时扩建三期工程采用多模式A/A/O生物处理+V形砂滤池深度处理工艺路线，保证出水达标排放。该工艺流程灵活、适应性强、处理效果好，设备选型合理，工艺技术先进。

## 【项目背景】

前锋净水厂原名番禺市污水处理厂，是广州市番禺区第一座大型城市污水处理厂。1998年3月经广州市计委批准立项，正式筹备建设，厂区选址位于石基镇前锋村，占地300亩，一、二期工程建设规模均为10万 $m^3/d$，采用组合交替式活性污泥法工艺。前锋净水厂一期工程于2001年3月正式开工，2004年9月进行工艺调试与试运行，前锋净水厂二期工程于2008年12月正式开工，2011年7月进行工艺调试与试运行。虽然前锋污水处理系统管网不断完善，但因污水量迅速增加，前锋净水厂长期超负荷运行，前锋污水收集系统中尚有大量污水未进行处理就直接排入周边水体，为此有必要推进扩建工程的建设，解决水体污染问题。根据《番禺区"十二五"主要污染物总量减排工作方案》，到2015年底，番禺区管辖污染源新增化学需氧量（COD）和氨氮（$NH_3-N$）削减量分别为15 000吨以上、2 138吨以上，原一、二期工程出水执行《城镇污水处理厂污染物排放标准》（GB18918—2002）一级B标准，为了满足节能减排的要求，同时解决水体污染问题，一、二期排放标准升级工程的建设是有必要的。前锋净水厂用地情况如图1所示。

## 【项目内容】

前锋净水厂位于广州市番禺区石基镇前锋村，规划服务范围主要包括番禺区市桥片区、石碁片区、沙湾片区、广州新城片区和石楼镇南部片区，以及东环街和南村镇部分区域，总面积184.90 $km^2$，规划远期2020年总规模60万 $m^3/d$，已建规模20万 $m^3/d$，建设单位为广州市番禺污水治理有限公司。

本工程包括前锋净水厂扩建三期工程和一、二期排放标准升级工程两部分，其中扩建三期工程设计规模为20万 $m^3/d$，一、二期排放标准升级工程设计规模为20万 $m^3/d$，本工程建成后总规模达到40万 $m^3/d$。处理后的尾水达到国家《城镇污水处理厂污染物排放标准》（GB18918—2002）一级A出水标准和广东省地方标准《水污染排放标准》（DB44/26—2001）一级标准的较严值。

针对前锋净水厂现状一、二期UNITANK生物反应池出水总氮和总磷较高的情况，在对一、二期构筑物不作大的改造的前提下，一、二期排放标准升级工程采用针对性强、处理效果好的高效沉淀池+反硝化深床滤池组合工艺，消毒采用次氯酸钠工艺，前锋净水厂一、二期排放标准升级工程工艺流程如图2所示。扩建三期工程污水处理工艺采用工艺流程灵活、适应性强、处理效果稳定的多模式A/A/O生物处理+V形砂滤池深度处理工艺路线，消毒采用次氯酸钠工艺；上述工艺具有水质水量变化及负荷冲击适应性强、处理效果稳定可靠、出水水质好等优点，前锋净水厂扩建三期工程工艺流程如图3所示。扩建三期

图1 前锋净水厂用地情况示意图

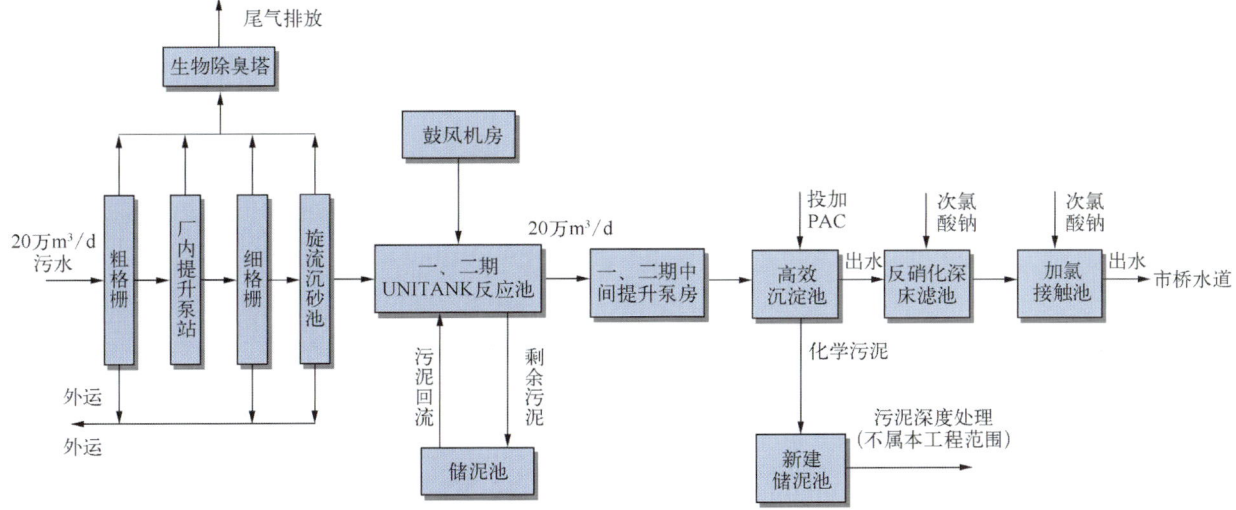

图2 前锋净水厂一、二期排放标准升级工程工艺流程图

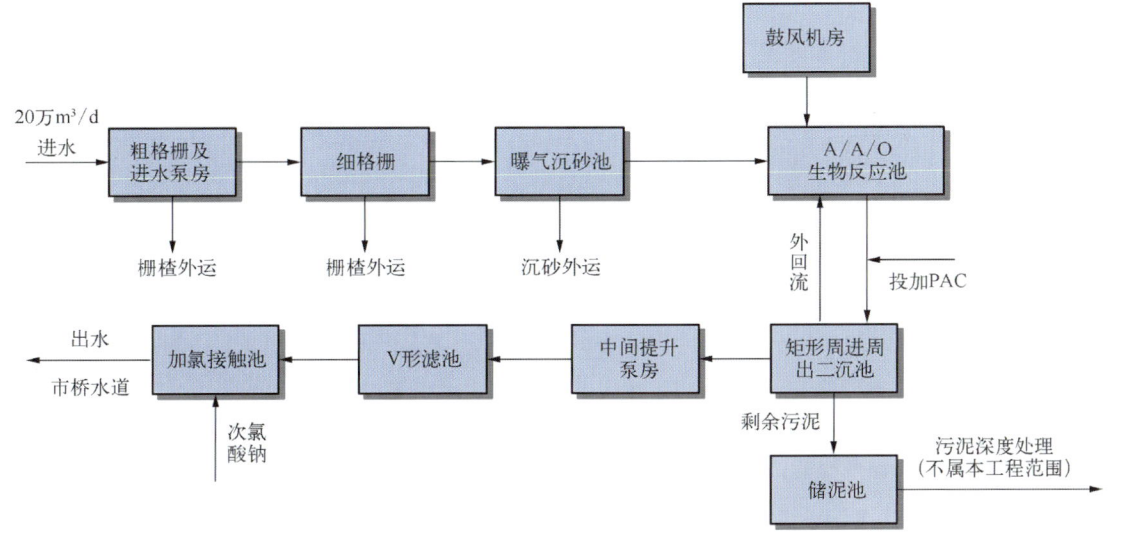

图3 前锋净水厂扩建三期工程工艺流程图

工程及一、二期排放标准升级工程的污泥均接至厂区内已建的污泥车间进行深度脱水，脱水后的污泥（污泥含水率≤60%）外运进行统一处置。

前锋净水厂扩建三期工程部分总投资为48 078.02万元，工程费用为37 800.66万元；一、二期排放标准升级工程部分总投资为10 449.21万元，工程费用为7 987.32万元。

## 【工作过程】

2013年8月我院中标番禺区前锋净水厂一、二期排放标准升级工程、番禺区前锋净水厂扩建三期工程勘察设计，开始编写《番禺区前锋净水厂扩建三期工程可行性研究报告》和《番禺区前锋净水厂一、二期排放标准升级工程可行性研究报告》，我院选定编制人员，组成编制队伍，对前锋净水厂进行深入调研，收集的相关资料，并进行归纳分析整理，建立资料库。

在编制过程中，认真贯彻执行方针政策的原则，污水厂工程符合国家的方针、政策、法令，做到污水处理和保护环境相结合。积极稳妥地采用经过鉴定的、行之有效的新技术、新工艺、新材料、新设备。针对废水水量、水质特点，采取针对性处理工艺。根据管理的需要，对操作繁重、影响安全、危害健康的主要工艺环节，应首先采用现代化的机械和自动化设备。注重平衡设计，为方便污水处理厂运行调试，适应各种工况，工程建设应设计多种运行模式以增强污水处理工艺的适应性和灵活性，综合考虑工程建设总投资与运行费用的平衡。污水处理厂采用节能设计、环境友好原则，准确计算全厂水力损失，减少扬程，优化工艺，减少回流及部分处理单元的水头损失，选用国家推荐的节能产品，作为环保工程，设计中应尽量减少污水处理厂本身对环境的负面影响。

根据前锋净水厂污水收集系统建设情况、前锋净水厂一、二期工程进水量以及对前锋净水厂一、二期工程进出水质采用累计频率统计分析，确定了前锋净水厂扩建三期工程建设规模和设计进水水质。通过与前锋净水厂一、二期运营单位深圳市大通水务有限公司了解一、二期设备运行情况和存在的问题，新设计的污水处理厂解决了这些问题。经过对进水水质分析和方案论证，提出了扩建三期工程需强化生物脱氮除磷功能，充分利用碳源，在碳源不足时，优先保证脱氮效果，并在生化处理基础上并增加深度处理设施，以有效削减$COD_{Cr}$、$BOD_5$、SS以及TN、TP等污染物浓度，实现出水标准要求，污水处理厂工艺为"AAO+V形滤池"。对于一、二期排放标准升级工程，与常规污水处理厂深度处理不同，不仅去除以SS为主，还需兼顾去除COD、TP、BOD，而且对原一级B中N、P的提标，通过强化前面UNITANK生物反应池运行，尽可能降低N、P浓度再进入深度处理设施，污水处理工艺为"高效沉淀池+反硝化深床滤池"。

本工程可行性研究于2013年9月完成编制，并于2013年10月广州市番禺区水务局组织了专家评审会，并据此修改后报广州市番禺区发展和改革局批复，批复件文号番发改〔2014〕17号。

## 【咨询工作特点】

一、注重基础资料的收集与分析，为编制工作提供可靠的数据

前锋净水厂一期工程于2004年建成，二期工程于2011年建成。前锋净水厂一、二期工程设计资料和地质勘查报告以及多年的前锋净水厂一、二期运行数据是我们这次设计基础资料，通过对前锋净水厂一、二期进出水水质分析归纳以及设备运行情况，为前锋净水厂扩建三期工程和一、二期排放标准升级工程的设计提供很大帮助。

二、克服用地困难，集约化布置，合理布局

前锋净水厂总用地面积约20 $hm^2$，本次前锋净水厂扩建三期工程和一、二期排放标准升级工程的建设用地位于污水厂内东侧和南侧的预留用地，被厂区中部现状高压电线分为两块，用地形状不规则，同时还需要考虑避让高压电线和规划建筑限制线，因此本工程实际可用地面积仅为9.2 $hm^2$，用地十分紧张。本工程在平面布置中充分利用地形按工艺系统布置各功能区块，本着节约用地的原则，尽量采用集约化布置，二沉池采用出水稳定、场地利用率高的矩形周进周出二沉池，同时与AAO生物反应池合建，使得整个厂区平面布置紧凑，实现了最节省用地的目的；同时将一、二期排放标准升级工程深度处理区布置在厂区中部，靠近已建一、二期构筑物，减少水头损失，便于运行管理。

三、进水水质变化大，采用先进处理工艺

针对现状一、二期UNITANK生物反应池出

水总氮和总磷较高的情况,在对一、二期构筑物不作大的改造的前提下,一、二期排放标准升级工程采用针对性强、处理效果好的高效沉淀池+反硝化深床滤池组合工艺,该组合工艺属于国内领先技术,确保出水可稳定达到一级A排放标准与《广东省水污染物排放限值标准》一级标准的较严值。

根据服务范围内污水水质变化不确定的特点,扩建三期工程采用工艺流程灵活、适应性强、处理效果稳定的多模式A/A/O生物处理+V形砂滤池深度处理工艺路线,根据进、出水水质目标不同,生物反应池可以按常规A/A/O、倒置A/A/O法各种不同工况运行,确保出水可稳定达到一级A排放标准与《广东省水污染物排放限值标准》一级标准的较严值。

### 四、体现"循环经济"理念,发展再生水回用工程

中国是个缺水国家,淡水资源的占有量在世界上排第121位,人均淡水占有量仅为2 000 $m^3$。由于对水资源的综合开采利用水平低,一方面许多城市面临缺水的状况,另一方面又有许多尚可利用的水白白流失。随着工农业经济发展和人民生活水平的提高,水源短缺的矛盾将日益突出,加强对水资源的管理和综合利用就显得尤为重要。巨大的投资建设了污水处理厂,经过处理后的再生水不能得到充分利用,有的地区将没有经过回用的污水排入大海,造成淡水资源的浪费。本工程建成投产正常运行后,污水厂设计及实际出水$BOD_5$、SS、$NH_3-N$、TP、粪大肠菌群等指标已经达到《污水再生利用工程设计规范》(GB50335—2002)中的观赏性景观环境用水河道类水质控制指标,可以直接回用。

为促进社会经济可持续发展,有效缓解水资源缺乏,充分体现"循环经济"理念,本工程近期考虑设置一座中水回用泵房,设计规模为3 600 $m^3$/d,满足厂区各构筑物的生产用水、道路冲洗用水及绿化用水等,从而有效地达到节水的目的。同时在现状综合楼的东北侧预留了远期再生水回用配套设施建设用地,可考虑用于污水厂附近的工业企业,主要作为循环冷却水的补充用水。

### 五、运用资源节约、环境友好的设计理念,营造"绿色工厂"

污水厂对环境的可能影响主要在两个方面,一是臭气,二是噪音。

针对可能的臭气影响问题,将扩建三期工程的粗格栅及进水泵房、细格栅及曝气沉砂池、多模式AAO生物反应池和储泥池加盖密封,通过收集风管将恶臭气体收集后集中进行处理,经处理达标后排放,有效地解决了可能的臭气影响问题。在生物反应池池顶上采用绿化覆土,既提高了压重,减少了大型水池需要抗浮的桩基工程量,又可使厂区的绿化覆盖率超过50%,改善了厂区的工作环境,使污水厂与周边环境完美统一,成为一个"绿色工厂",体现了环境友好。

针对可能的噪音影响问题,首先通过选用低噪音的先进设备减小噪声源,其次通过构筑物的地下式布置、房间的隔断等措施能有效地减小噪音对周围环境的影响。

### 六、结构设计统筹考虑地基处理与抗浮设计

根据已有的地质勘察资料,现场地面下广泛分布有饱和流塑状态的淤泥层,层厚8.20~16.70米。该土层强度低,压缩性高,容易产生沉降和圆弧形滑移。通过现场调查,一、二期污水厂构筑物采用桩基,使用至今没有发生明显的沉降。但是场内道路、构筑物周围回填土沉降明显。结构设计在地质结构异常复杂的情况下,提出了基础设计与抗浮设计综合解决方案,将地基处理的费用在复杂的地质中仍控制在合理的范围内。

根据本工程的土层情况、同时考虑施工方便和一、二期工程经验,场内主要构(建)筑物采用经济性较好的PHC管桩,桩径Φ400,可以同时满足承载力、沉降控制和抗浮的要求。对于道路和管线的后期沉降,采用换土垫层法,通过一定的地基刚度调节措施和建筑构造措施完全能够满足结构安全和使用功能要求,有效地节省投资。

### 七、将节能的理念体现到设计的每个方面

注重节能环境设计,选用高效节能设备、优化工艺设计流程、控制二次污染,使污水厂的药耗、电耗和水耗大大降低。主要体现以下几个方面:

1. 鼓风机采用可调节导叶片控制供气,根据好氧池溶解氧,控制导叶片角度,风量调节范围45%~100%。

2. 进水泵房采用大小泵搭配,根据进水量调节开泵量。

3. 采用微孔曝气膜,增大氧的利用率,减少能耗。

4. 所有泵、风机、电气设备等均为国家推荐或国外进口的节能产品。

5. 污水处理厂出水充分回用厂区：绿化、道路浇洒、冲洗车辆等，减少新鲜水用量。

6. 做好厂内各工段的能耗计量工作。

7. 供电设计采用无功补偿装置，提高功率因数。

8. 全厂水力计算力求准确，减少扬程。

9. 合理选择管道管径及管道走向，减少倒虹等局部水头损失以节省能耗。

### 八、注重工程风险分析

进行了工程风险影响预测分析，对可能出现如地震、事故检修等问题提出了对策。

### 九、经济评价客观合理

认真分析概算资料，正确计算工程量，工程项目齐全，定额套用准确、工程投资估算基本合理，符合实际。

## 【咨询效果】

1. 环境效益

本工程执行《城镇污水处理厂污染物排放标准》(GB18918—2002)一级A标准与《广东省水污染物排放限值标准》一级标准的较严值：番禺区前锋净水厂扩建三期工程的实施将有效地削减工程服务范围内的污染物排放量，有助于该地区的水质改善，番禺区前锋净水厂本工程实施以后，预计$COD_{cr}$将削减17 520 t/a，氨氮削减1 460 t/a，总氮削减1 460 t/a，总磷削减328.5 t/a。工程实施后，排入沙湾水道的$COD_{cr}$、$BOD_5$、氨氮和总磷得到相应的削减，将大大改善沙湾水道及番禺区的水质。

2. 社会效益

在环境保护已成为一项基本国策的今天，水污染所引发的各种问题日益受到全社会的关注与重视，甚至对社会的安定、国民经济的持续稳定发展产生重要影响。本项目的实施在提供广州市番禺区污水处理基础设施的同时，还能提供人们休闲娱乐的场所，进一步树立广州市番禺区的良好形象。城市环境条件的改善也将使人民更加安居乐业，促进社会更加安定团结、促进广州市番禺区的社会经济更进一步发展。

3. 经济效益

项目的实施将对市桥水道和内河湖泊的水质保护有着广泛的影响，使该地区的工业及旅游业的发展不受环境的制约，把社会经济发展与环境保护目标协调好，将给番禺区的经济带来极大的益处。由于本工程的实施，使得城市排污设施更加完善，解决了地块开发的污水出路问题，区域水环境质量也得到改善，该区域的土地利用价值会显著提高，一些非生产性用地转为生产用地，低产出利润率用地转化为高产出利润率用地，区域内土地资源将得到增值。污水治理工程的实施将减少细菌的滋生，减少疾病，减少因水污染而导致居民身体健康的严重损害，从而降低医药费开支，提高城市卫生水平及人民健康水平。污水处理工程实施后，将大大改善江河水域的生态环境，减少水污染对农业、渔业的收成影响。

参与编写单位：广东省建筑设计研究院

# 上海市白龙港城市污水处理厂污泥处理工程可行性研究报告

## The Feasibility Study Report of the Sludge Treatment Project of Shanghai Bailonggang Urban Sewage Treatment Plant

编写单位：上海市政工程设计研究总院（集团）有限公司
Shanghai municipal engineering design institute ( group ) Co., LTD
联系电话：021-55000000　　网址：www.smedi.com
主要完成人：张　辰　顾建嗣　胡维杰　俞士静　何贵堂　王　萍　陈　萍　汤建勇　生　骏　韩　亮

## 【点评】

本项目对改善上海地区环境意义重大，建设时为国内乃至亚洲最大的城市污泥处理项目之一，建成后可处理市中心城区每天产生污泥量的50%。项目采用了化学污泥+初沉污泥、剩余污泥分别处理，部分脱水污泥干化处理，生物脱硫处理。工艺技术稳妥、先进、可靠，有较好的运行灵活性，有效保证了项目运行的安全可靠，节省了工程投资和运行成本，最大限度地发挥了工程效用，有助于实现城市污泥减量化、无害化、稳定化、资源化的目标。

## 【项目背景】

《上海市白龙港城市污水处理厂污泥处理工程项目建议书》于2004年12月获上海市发展和改革委员会沪发改外资〔2004〕035号文批复，原项目的可行性研究报告于2005年4月获上海市发展和改革委员会沪发改外资〔2005〕020号文批复。

原项目的主要建设内容是对现有上海市白龙港城市污水处理厂120万 $m^3/d$ 一级强化污水处理产生的污泥进行稳定化处理，建设规模按近期污泥量208 t DS/d实施，处理工艺采用污泥厌氧中温消化+部分干化。

根据《上海市国民经济和社会发展第十一个五年规划纲要》和新一轮三年环保行动计划，上海市白龙港城市污水处理厂将对现有120万 $m^3/d$ 一级强化污水处理工艺进行升级改造，并新增80万 $m^3/d$ 二级生化处理规模。污泥处理工程所接纳的污泥规模和污泥形式均发生了较大变化，故须对原可行性研究报告进行调整。

本工程是世行贷款上海城市环境项目APL二期城市污水管理子项目，上海市环保三年行动计划工程和市创建国家环保模范城市示范工程，上海市2009年度与2010年度重大工程。

## 【项目内容】

1. 建设单位

上海市城市排水有限公司。

2. 建设地点

上海浦东合庆镇上海市白龙港城市污水处理厂内。

3. 建设规模

白龙港污水处理厂120万 $m^3/d$ 污水厂污水升级改造工程和80万 $m^3/d$ 污水扩建工程产生的化学污泥、初沉污泥及剩余污泥。污泥处理近期规模为204 t DS/d，相当于1 020吨脱水污泥/日。该工程是亚洲规模最大的采用消化和干化处理工艺的污泥处理工程。

4. 工艺方案

污泥处理工艺采用重力浓缩+离心机械浓缩+中温厌氧消化+离心脱水+部分脱水污泥流化床干化的处理流程。污泥处理采用中温厌氧消化+干化处理工艺，是节能减排、循环利用的污泥处理最佳可行技术。处理后污泥性质满足GB18918—2002中的污泥控制标准。

该工程结合了污泥消化与干化工艺，于国内首创了将污泥消化产生的沼气用于干化、干化处理的余热回收用于消化预加热的综合处理工艺。工程整体工艺流程如图1。

5. 项目投资

工程总投资8.8亿元，其中工程费用6.3亿

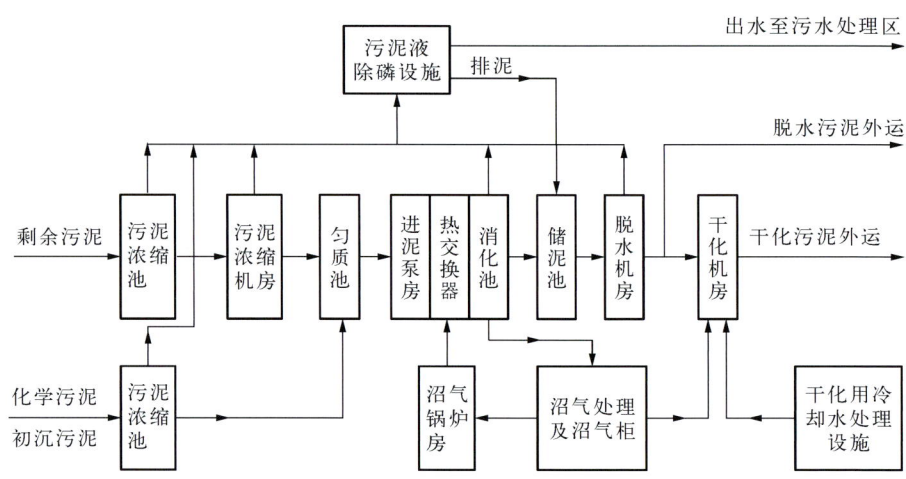

图1 主体工艺处理流程

元,污泥处理单位运行成本120元/吨脱水污泥。

6. 项目效益

工程实现了城市污泥减量化、无害化、稳定化、资源化目标,每年可减少约13万吨的碳排放,贯彻了中央节能减排要求与发展循环经济思路。作为亚洲规模最大的采用同类处理工艺的污泥处理工程,本工程的全面投运将为上海的污泥处理及节能减排作出显著贡献。

【工作过程】

1. 本工程是亚洲最大规模的污泥消化处理工程。工程咨询结合了国内外众多污泥处理工程经验及科研成果。

2. 采用节能减排、循环利用的污泥处理最佳可行技术。有机结合了污泥消化与干化工艺,将污泥消化产生的沼气用于干化,干化处理中的余热回收用于消化预加热。

3. 充分考虑各工艺系统提前投运措施,实现了重力浓缩、离心浓缩、脱水等系统的先期正常投运及为配合污水处理各种运行模式,处理流程实现了多种运行工况。实现了重力浓缩、机械浓缩、消化、脱水等各处理阶段在验收后第一时间投入运行,最早最大限度地发挥了工程效用。

4. 根据污泥消化池污泥浓度95%的要求,改变了常规剩余污泥机械浓缩的工艺,采用了"重力浓缩+离心二级浓缩"的方案,节省了工程投资和运行成本。同时通过污泥浓缩池的加盖及除臭系统很好地解决了臭气问题,做到了工程投资、运行成本、技术可靠性及运营管理的综合平衡,实际运行处理效果理想。

5. 结合处理规模大的特点,优化了常规污泥消化沼气系统设计,采用了相对独立的消化池产沼稳压系统,将消化池稳压和沼气脱硫及其储存系统分开,避免了沼气脱硫和储存系统运行对消化系统的影响,有效保证了消化系统的安全可靠运行。

6. 沼气采用生物脱硫+干式脱硫的两级脱硫工艺,提高了脱硫效果,避免了高硫化氢浓度的影响。采用生物脱硫技回收沼气湿式脱硫所需碱液,确保沼气高效脱硫处理同时降低运行费用。

7. 采用了消化池供热温度精确控制系统,形成了独立的供热系统及需热系统,在保证锅炉稳定运行及其启动保护、系统运行可靠性的同时有效地降低了能耗。

8. 采用了以管道输送设备为核心的脱水污泥输送系统,采用了近输送距离的螺杆泵泵送系统及远输送距离的柱塞泵泵送系统,实现了全封闭输送,消除了以往脱水污泥敞开输送从而污染环境的问题。

9. 场址为滩涂地形,地质条件较差,将工艺管线敷设于地下管廊及综合管沟中,通过纵横向地下管廊连接8座消化池及管线楼,形成完整有序的地下空间及垂直交通,利于设施的施工、检修维护及其运行管理。

10. 干化处理热源自给,干化需水取自污水处理尾水,降低干化处理成本;离心浓缩、脱水处理均利用全量的系统冷却水作为加药系统用水,充分节约用水。

11. 8座蛋形消化池是目前国内建设在软土地基上单体规模较大、数量较多的双向有黏结预应力消化池。将大直径PHC管桩应用于消化池结构,改变了以往钢筋混凝土钻孔灌注桩的地基处理方式,改变了传统的大平底块状混凝土结构,节约消化池混凝土工程量。

## 【咨询工作特点】

### 一、主要工艺处理系统

**1. 污泥浓缩处理系统**

对污水厂化学污泥、初沉污泥及剩余污泥进行浓缩处理，降低污泥含水率，提高消化池进泥含固率。初沉污泥和化学污泥采用重力浓缩，剩余污泥经重力浓缩后进行离心浓缩。本系统包括1座化学及初沉污泥配泥井、2座化学污泥浓缩池、2座初沉污泥浓缩池、1座剩余污泥配泥井、4座剩余污泥浓缩池、1座剩余污泥离心浓缩机房、1座污泥泵房。

**2. 污泥消化处理系统**

对经浓缩的各种污泥进行中温厌氧一级消化，降解污泥中的VSS。消化处理产生的沼气供消化系统进泥预加热及污泥干化处理系统利用。本系统包括1座污泥匀质池、1座消化池进泥泵房、1座西管线楼、1座东管线楼、8座污泥消化池及其互相联络的地下管廊与池顶天桥。

**3. 沼气处理利用系统**

对污泥消化处理产生的沼气进行处理利用，以作为污泥消化处理系统的污泥加热热源和脱水污泥干化处理系统的干化热源。本系统设置1座沼气脱硫处理设施、4座沼气柜、1座消化系统热水锅炉房、3座沼气燃烧塔。沼气脱硫采用生物脱硫+干式脱硫组合工艺。

**4. 污泥脱水及脱水污泥输送系统**

对经消化的各种污泥进行脱水，并将脱水后的污泥输送至污泥干化处理系统进行干化处理，或输送至储存料仓以储存外运。本系统对污水厂现有脱水机房及料仓进行扩容改造，增加3条污泥离心脱水生产线和2座有效容积为325 m³的储存料仓，设置脱水污泥螺杆泵及柱塞泵的泵送系统，采用管道将脱水污泥输送至储存料仓或污泥干化处理系统进泥料仓。

**5. 污泥干化处理系统**

利用污泥消化处理产生的沼气，对部分脱水污泥进行干化处理，提高污泥含固率，便于污泥外运作土地利用。本系统采用消化处理产生的沼气作为常用能源，以天然气作为备用能源。污泥干化处理能力目前按在满足消化处理条件下可利用沼气量确定。本系统主要设置1座污泥干化机房、1座干化系统导热油锅炉房、1座消防泵房、1座冷凝冷却水回用水池、1座除臭设施。

**6. 配套水处理系统**

本系统主要分为两部分：一部分是回用水处理系统，即从污水处理尾水箱涵中取水，经混凝反应、前加氯、过滤、后加氯处理，提供污泥干化处理系统的冷却用水；另一部分是污泥液处理系统，即对污泥处理过程中产生的污泥液（浓缩池上清液、离心浓缩滤液、消化池上清液、离心脱水滤液），经调节池调节后由水泵提升至高效沉淀池以去除污泥液中的磷，处理后的出水排至污水处理区。

### 二、主要污泥处理构筑物设计

**1. 化学及初沉污泥浓缩池**

共计4座，直径Φ25 m，有效泥深4 m，近期化学污泥停留时间53 h，污泥固体负荷54 kg/m².d，初沉污泥停留时间37 h，污泥固体负荷65 kg/m².d。每座浓缩池设一套直径Φ25 m、中心传动的立柱式污泥浓缩机。见图2。

**2. 剩余污泥浓缩池**

数量4座，将剩余污泥含固率从0.5%提高至1.5%，直径Φ28 m，有效泥深5 m。每座浓缩池设一套直径Φ28 m、中心传动的立柱式污泥浓缩机。

**3. 剩余污泥浓缩机房**

数量1座，将剩余污泥在重力浓缩的基础上进一步进行离心浓缩，将其含水率由98.5%下降至95%。见图3。

**4. 污泥泵房**

数量1座，内设3台化学污泥泵（螺杆泵）、3台初沉污泥泵（螺杆泵）、3台剩余污泥泵（离心

图2　污泥浓缩池

图3 剩余污泥浓缩机房

图4 污泥消化池

图5 地下管廊

泵)。化学污泥、初沉污泥和剩余污泥可各自从污泥浓缩池流入污泥泵房。化学污泥及初沉污泥可泵送至污泥匀质池(正常流程运行模式)或储泥池(超越消化系统运行模式),剩余污泥在超越消化系统运行模式下则可泵送至储泥池。

5. 污泥匀质池

1座2格,每格平面尺寸为13 m×13 m,有效泥深4.5 m,每格内设有2套潜水搅拌机。

6. 消化池进泥泵房

数量1座,进泥泵房集泥井设2格,化学污泥、初沉/剩余污泥可以进入各自独立的集泥井后经进泥泵提升至消化池,也可通过开启集泥井之间的闸门相互混合后经进泥泵提升至消化池。消化池进泥泵台数为8用2库备。

7. 污泥消化池

共设8座,中温厌氧一级消化并联运行。单池容积约12 400 m³,池体最大直径Φ25 m,池体垂直高44 m,其中地上部分高32 m,地下埋深12 m。污泥消化设计温度为35℃,消化池进泥含水率95%,污泥停留时间24.3 d,有机负荷1.21 kg VSS/m³·d。8座消化池设计共产沼气44 512 Nm³/d。污泥搅拌采用螺旋桨搅拌(MFS8型,58 kW),采用导流筒导流,使污泥在筒内上升或下降,在池体内形成循环,以达到污泥混合的目的。消化池顶部设有沼气密封罐、沼气室、喷射器、观察窗等设备。见图4。

8. 管线楼

设置1座西管线楼和1座东管线楼。两管线楼与消化池顶部通过天桥连通,与消化池下部通过地下管廊连通。消化池产生的沼气通过池顶沼气管汇集后沿东管线楼沼气管井下行,室外埋地敷设至沼气处理设施。西管线楼内设置有恒压变频供水管路,主要用于消化池顶的消泡工作。两管线楼内各配备有1台防爆型工作电梯,可直达消化池顶部。

9. 地下管廊

消化池进泥泵房和消化池之间管线有消化池进泥管、循环污泥管、出泥管、热水管等,为此设地下管廊布置上述管道及动力/控制电缆。共8组套管式污泥热交换系统布置在靠近消化池侧。熟污泥与生污泥量之比约为7。见图5。

10. 沼气处理利用系统

主要有沼气脱硫处理设施(包括3套沼气粗过滤器、2座生物脱硫塔、2座干式脱硫塔、3套细过滤器)、4座有效容积为5 000 m³的干式气囊式沼气柜、1座沼气增压风机、3座沼气燃烧塔。沼气设计硫化氢浓度3 000～10 000 mg/Nm³，脱硫处理后沼气含硫化氢浓度≤20 mg/Nm³。湿式脱硫工艺流程见图6。

**11. 消化系统热水热水锅炉房**

数量1座。污泥厌氧消化系统产生的沼气经处理后输送至热水锅炉房，作为热水锅炉的燃料，向污泥消化系统输送热水，供应污泥厌氧消化所需的热能。热水锅炉房内设有3台沼气/天然气锅炉。每台锅炉额定供热量为2.8 Mw。热水锅炉房的供水温度为95℃，回水温度为70℃，供水压力为0.19 MPa，回水压力0.13 MPa。热水管道通过厂区内的热力管沟进入地下管廊，通过套管式换热器与消化池进泥作间壁式换热。8台套管式换热器错时运行。冬季热高峰期需三台锅炉同时并联运行；夏季热低谷期需两台锅炉同时并联运行，一台锅炉可停炉检修。沼气/天然气通过锅炉前端的燃烧器进入锅炉，锅炉燃烧产生的烟气通过集束烟囱排入大气。进入热水锅炉房的原水为厂区自来水，自来水的总硬度大于低压锅炉给水水质标准，需对原水进行软化处理，以减少原水中的钙镁离子，降低原水的硬度，故在锅炉房内设有一套软化水系统，采用逆流再生式离子交换软水装置，处理后软化水进入软水箱，根据热水系统的排污情况通过补水泵定期补水，以维持热力系统的正常运行。

**12. 储泥池**

共有2座，分别为一座现有储泥池（现有改造，储存初沉污泥和剩余污泥）和一座新建储泥池（储存化学污泥）。其中，新建储泥池分3格，每格平面尺寸为13 m×13 m，有效池深4.5 m。

**13. 脱水系统进泥泵房**

为协调污泥脱水机进泥泵与储泥池的标高，需降低污泥进泥泵的标高，故建一座半地下式的进泥泵房，将现有5台脱水机进泥泵和污泥切割机移入其内，新增的3套污泥进泥泵和切割机一同布置在该进泥泵房内。

**14. 污泥脱水机房扩容改造**

原有离心脱水机5台，新增同规格离心脱水机3台，共8台（6用2备）。原有污泥切割机及进泥泵5台，新增3台，与新增的离心脱水机配套。原有2套加药装置，新增1套加药装置。原有5台加药泵，新增3台加药泵，与新增的离心脱水机配套。

**15. 脱水污泥输送系统**

脱水机房内共设8台输送污泥螺杆泵，用缓

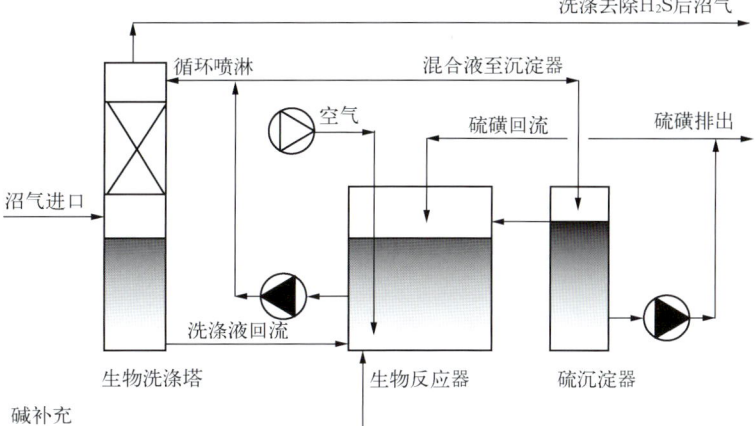

图6 湿式脱硫工艺流程图

冲料斗与脱水机出口相接，与离心脱水机一一对应。每台螺杆泵输送能力和离心脱水机配套，每台螺杆泵输送量为20 m³/hr。原有脱水污泥料仓2座，新增2座，单座料仓污泥有效容积为325 m³。设置2台脱水污泥柱塞泵，每台规格为40 m³/hr，将脱水污泥输送至污泥干化处理系统进泥料仓。设置4台脱水污泥螺杆泵，每台规格为37 m³/hr，将脱水污泥输送至2座新增脱水污泥料仓及2座原有储存料仓。考虑到脱水污泥的输送系统是一个高压系统，为减少输送系统运行能耗，至污泥干化处理系统的脱水污泥输送管路采用高压低摩阻复合管。

**16. 干化用冷却水处理系统**

本系统从污水二级处理尾水箱涵中通过取水泵房取水。经混凝反应（投加PAC、PAM）、前加氯后，通过过滤、后加氯处理后进入蓄水池，由加压泵提升至污泥干化处理系统。滤前滤后均投加氯，以抑制过滤段生物膜生长。见图7。

图7 冷却水处理设施

### 17. 污泥液处理系统

污泥液排入调节池,由潜水泵提升至组合式高效沉淀池处理,去除污泥液中的磷,出水(TP < 10 mg/L)排至污水处理区。设有1座加药间,其内设PAC混凝剂投加装置,PAC经螺杆泵提升入溶液池,经稀释后由隔膜计量泵送至组合式高效沉淀池。组合式高效沉淀池由混凝反应区和斜管沉淀区组成,污泥液与混凝剂混合后进入混凝反应区进行混凝反应,而后进入斜管沉淀区,污泥液由下向上,经过斜管分离处理,并由集水槽排出,产生的污泥下沉汇合于池中心泥斗中。在组合式高效沉淀设施的反应池下方设置有污泥泵房,可将高效沉淀池产生的化学污泥由螺杆泵送至新建储泥池。见图8。

### 18. 污泥干化处理系统

采用流化床干化工艺。干化能源采用沼气,并配有天然气供应系统以作备用能源。污泥干化能力按满足消化处理条件下的可利用沼气量确定,用于干化部分脱水污泥。近期设置3条污泥干化线,单条污泥干化线处理能力1 100 kg Ds/h(约2 800 kg蒸发水量/hr),输入的脱水污泥含水率约为75%(变化范围72%~78%),出泥污泥含固率约为70%(可调范围70%~90%以上)。平均干化污泥量(以污泥含水率75%干化至30%计)约为60.4 t Ds/d。干化工艺系统设计力求降低热消耗,同时提高余热回收率。干化处理产生的冷凝冷却水余热通过热交换器与消化池前端的匀质池内污泥进行间接换热,用于污泥消化池进泥的预加热处理。见图9。

【咨询效果】

1. 本咨询通过了上海投资咨询公司的评审及世行专家的评审认可

8座消化池长期统计数据测得的VSS降解率均优于国标GB18918要求。经对沼气脱硫系统的沼气出口硫化氢含量的测试,出口沼气中硫化氢含量均未能检出,大大优于设计值20 mg/m³,沼气脱硫处理效果明显。

工程结构设计的安全、创新和节能降耗是本工程结构设计工作的重点。由于本工程条件复杂,技术难度高,涉及的单体多,除大型蛋形消化池群外,尚有许多条件复杂、技术要求高的构筑物,如需要在满足设备运行的基础上对污泥浓缩池进行加盖、贴近已建出水箱涵而建的干化系统冷却水取水泵房的围护措施、连通8个蛋形消化池的地下管廊通风采光布置等,通过精心合理设计均得到了圆满解决。工程设计中首次将大直径PHC管桩应用于蛋形消化池结构,这一设计改变了以往都选择钢筋混凝土钻孔灌注桩的地基处理方式,降低地基处理费用约45%,既保证地基处理质量,减少施工时间,又避免了环境污染。创新性地在软土地基上建造全蛋形预应力钢筋混凝土消化池结构,这个设计改变了传统的大平底块状混凝土结构。底部预应力结构的实现使整个蛋形消化池结构的混凝土工程量节省约5%。蛋形消化池地基处理方式的改变和全蛋形预应力钢筋混凝土消化池结构的实现将引领软土地基上蛋形消化池的设计方向。

2. 工程于2008年2月份开工

2010年底所有处理系统全部完工,同时开始调试及试运行,工程已全面投入正常运行,系统处理能力达到了设计要求。本工程先后经中纪委巡视团、中央第八检查组、全国人大财经委、国务院办公厅督导组、国家发改委、国家审计署、国家财政部等上级单位检查和审计,均获得较好的评价。

图8 污泥液处理设施

图9 污泥干化机房

# 上海市竹园污泥处理工程可行性研究报告
## The Feasibility Study Report of Shanghai Zhuyuan Sludge Treatment Project

编写单位：上海市城市建设设计研究总院
Shanghai Urban Construction Design & Research Institute
联系电话：021-50891688　网址：http://www.sucdri.com
主要完成人：励建全　黄瑾　蔡连岳　白海龙　林琳　汪惕印　陈国华　戴孙放　金冶　沈燕蓉

## 【点评】

本报告经过资料搜集、调研、工艺路线论证、方案优化，在充分归纳总结国内外各类污泥处理方式的优缺点的基础上，最终提出了干化焚烧工艺方案，较好地解决了竹园污泥处理的难题。本工程污泥产量达全市的1/3，是国内最大规模的市政污泥干化焚烧厂之一，目前已投入试运行，运转情况良好，达到了稳定化、减量化、无害化处理的要求，缓解了整个上海市污泥处置的压力。

## 【项目背景】

竹园污泥处理工程服务对象为上海市竹园片区的竹园第一、竹园第二、曲阳和泗塘4座城市污水处理厂的脱水污泥。

目前竹园第一（规模170万 $m^3/d$）、竹园第二（规模50万 $m^3/d$）、曲阳（规模6万 $m^3/d$）、泗塘污水处理厂（规模2万 $m^3/d$）等4座污水处理厂的污泥均采用浓缩、脱水的方法进行处理后外运到老港固体废弃物处置场进行填埋，污泥数量大、不稳定、散发臭气，占用了大量填埋库容和土地，而且带来诸多后续环境隐患。

本项目符合国家要求和上海市的发展需求，是解决污泥出路、避免二次污染的重要手段，是实现上海市污水处理、污泥处理处置规划目标的重要保证，工程的建设可以极大地缓解上海市污泥出路，提高上海市污泥处理总体能力和水平，提升上海市的综合竞争力和国际化城市的地位，促进上海市的可持续发展。

## 【项目内容】

本项目从技术、经济、社会、环境等角度对污泥处理的方法进行综合分析，根据上海国际化大城市、大量污泥处置的适用性，因地制宜采用"污泥干化+焚烧"的方式。

项目位于竹园第一污水处理厂东、沿塘路外侧的规划竹园污泥处理用地范围内，占地面积5.83 ha（包括远期）。根据一次规划、分期实施、适当留有余地的原则，本工程近期建设规模为150 tDS干基污泥/d，远期按300 tDS干基污泥/d规模保留土地。

本工程对污泥先进行干化，然后送入流化床污泥焚烧炉进行焚烧，余热用于生产蒸汽供污泥干化以及加热流化空气，不足蒸汽从外高桥电厂供热管网引入，烟气处理系统采用静电除尘器+（活性炭）袋式除尘器+洗涤塔后达标排放。

本项目工程概算总投资97 848.35万元，工程建设费64 433.96万元。

## 【工作过程】

本项目于2007年11月开始，根据上海市水务局竹园污泥处理处置项目前期工作专题会议的精神，同时结合《上海市城镇排水污泥处理处置规划》的要求，对竹园片区污泥处理的工艺选择、工程方案等进行了深入的研究。

2008年8月14日，上海市水务局、城投总公司、排水公司确定本工程建设规模为150 tDS/d。

2008年8月25日，上海市城市建设设计研究院编制了《上海市竹园污泥处理工程可行性研究（调整）》报告。

2008年10月23日，受上海市发展和改革委员会的委托，上海投资咨询公司对《上海市竹园污泥处理工程可行性研究（调整）》进行了评估。

2009年1月12日—16日，世界银行评估团在上海对本项目进行了评估。

2009年3月30日，上海市城市建设设计研究院根据世行评估意见对《上海市竹园污泥处理工程可行性研究（调整）》进行了修订，编制完成了《上海市竹园污泥处理工程可行性研究（调整）（修订稿）》。

2009年3月30日至4月3日，世界银行评估团在上海评估同意本项目可行性研究报告。

2009年4月7日，上海投资咨询公司对《上海市竹园污泥处理工程可行性研究（调整）（修订稿）》的投资估算调整进行了评估和研究。

2009年7月15日，上海市发展和改革委员会对《上海市竹园污泥处理工程可行性研究调整报告》进行批复。

## 【咨询工作特点】

竹园片区污水厂总处理规模在220万 $m^3/d$，污泥产量达全市的1/3，其污泥性质呈一般城市污泥的特点：含水率高、臭气浓度高、环境影响大，同时含大量的有毒有害成分（重金属离子、有机物质和寄生虫卵与病菌），此外还含有少量可用资源[肥分，即氮、磷、钾及有机物；饲料成分，即蛋白质、脂肪、与碳水化合物；能源，即生物能（沼气）、燃烧热值；建筑材料成分，即无机物、矿物质等]。

本工程结合竹园片区用地紧张、污泥量大、处理要求高等特点，经过近一年的资料调查、工艺路线论证、方案优化，在充分归纳总结了国内外各类污泥处理方式的优缺点的基础上，最终提出干化焚烧的工艺方案，较好地解决了竹园污泥处理的难题，该方案得到了上海投资咨询公司组织的专家评审会的认可，也得到了世行专家、各有关部分和建设单位的肯定。

本次咨询工作的特点如下：

1. 选择针对性的技术路线

竹园污泥量大，设计干污泥150 tDS/d，如填埋需要大量土地，如消化后土地利用，由于污泥中仍含有害物，后续利用存在较大不确定因素，风险较大，另外考虑竹园污水厂已建成污泥浓缩脱水设施的现状，因此通过多方案和综合比较，提出了适合竹园污泥特点和相对较经济的污泥半干化焚烧建材利用的技术路线，本工程也是国内最大规模市政污泥干化焚烧厂之一，世界上也屈指可数。

2. 一次规划分期实施，工程规模合理

应用污水厂现状水量水质、规划水量水质、污水厂规模水量水质等数据，对各种阶段污水处理产泥量进行计算预测，根据污泥焚烧特点，近期采用干污泥150 tDS/d设计规模，规划240 tDS/d规模，并预留合流制初期雨水处理的污泥增量需求，总规模按300 tDS/d控制，为整个竹园污水厂的远景规划奠定了良好基础。

3. 设计参数选择科学

通过分析竹园二厂污泥的检测数据和现有污水厂脱水设备能力，考虑进泥污泥含固率的波动20%～25%，干污泥热值10.85～12.53 MJ/kg。

4. 高标准具有可持续性

本工程烟气排放按满足欧盟2000标准设计，烟气处理系统采用静电除尘器+（活性炭）袋式除尘器+两级洗涤，烟囱高度根据环境影响评估设定为47 m。

5. 生产线配置合理，设备可靠性强

根据污泥特点，选用流化床焚烧炉型式，合理确定污泥自持燃烧干化含固率为45%，选用可靠的间接干燥机和经济的两条焚烧线。

6. 余热利用和热效率高

污泥焚烧炉出口烟气温度高达850℃，采用余热锅炉生产蒸汽供污泥干化以及预热焚烧炉流化空气。

为了补充系统热量以及确保可靠性，引入外高桥电厂低温废热蒸汽，进行资源利用。

通过回收焚烧炉烟气热量，干化热量的75%来自系统内部回收，其他利用外高桥电厂的废热蒸汽，充分体现了节能和低成本。

7. 节能和综合利用

干化工艺需要大量的冷却水，利用附近污水处理厂的尾水作为冷却水源，节约市政水资源，直接节约水价2.8万元/天。

8. 污水处理

本工程充分利用了邻近竹园第二污水处理厂的优势，将污泥处理过程中产生的污水送回污水厂进行处理，节约了工程投资。

9. 工可报告分析全面、内容齐全

研究依据充分、方案比较全面、分析合理、论述清晰、报告完整，项目选址、建设标准、工程设计及设备配置、节能分析、造价估算、经济评价等科学合理。

10. 科研项目

已完成上海市科委2009年度重大科技攻关项目的科研：竹园污泥干化焚烧关键技术研究和竹园污泥干化焚烧厂优化运行技术研究。

## 【咨询效果】

1. 竹园污泥处理工程完全符合国家要求和

上海市的发展需求,是解决污泥出路、避免二次污染的重要手段,是实现上海市污水处理、污泥处理处置规划目标的重要保证,工程建成投入运行后,有助于提高上海市污泥处理总体能力和水平,提升上海市的综合竞争力和国际化城市的地位,促进上海市的可持续发展。

2. 本工程作为国内较早开展的大规模的污泥干化焚烧处理项目,其建成投产具备较强的示范作用,为中国在该领域的建设积累了宝贵的经验。图1、图2为项目建成后的厂区实景图。

3. 目前竹园污泥处理工程已投入试运行2个多月,运转情况良好,竹园片区的污泥基本得到了有效地处理,达到了稳定化、减量化、无害化处理的要求,大大缓解了整个上海市污泥处置的压力。

4. 本工程被上海市重大办列为2009年市重大工程。工程设计组获城建集团优质青年突击队称号。

图1　竹园污泥处理厂实景1

图2　竹园污泥处理厂实景2

# 苏州工业园区污泥干化处置项目一期工程可行性研究报告

## The First Stage Project Feasibility Study Report of the of Sludge Drying and Utilization in Suzhou Industrial Park

编写单位：上海市政工程设计研究总院（集团）有限公司
Compiling Unit: Shanghai Municipal Engineering Design Institute (Group) Co., Ltd.
联系电话：021-55000000　　网址：www.smedi.com
主要完成人：张　辰　张　欣　卢义程　翁　伟　杨　奋　李　滨　王宇尧　王　敏　仲扣宝

## 【点评】

本项目是江苏省的第一个高标准的污泥处理处置项目，也是低碳、生态循化经济的示范项目，具有广泛的影响。项目以"产业协同、循环利用、安全环保"为理念，采用国际技术标准、先进的技术路线和集约化的整体方案，对建筑物布局、结构设计和生产线布置进行优化设计，实施能源回收与相互利用。通过该项目的运作，安全处理了园区产生的污泥，同时也开创了污水厂、污泥厂、热电厂之间的资源共享、协同发展的新模式，是国内变废为宝、资源循环利用的典范。

## 【项目背景】

在污水处理普及率和处理标准大幅提高的背景下，污水污泥处理处置已成为困扰地方政府和企业的大难题，如何利用最低的投资和可控成本安全高效地处置污泥，运用低碳、生态的循环经济理念选择污泥处理处置工艺路线，减少对环境的影响是苏州工业园区污泥处理处置的重要课题。苏州工业园区规划两座污水厂，目前污水处理规模为 35 万 $m^3/d$，污泥量近 300 t/d，二座污水厂总规划规模为 90 万 $m^3/d$，规划污泥量 900 t/d。第一污水处理厂运行 20 多年，第二污水处理厂于 2009 年投运，脱水污泥一直无可靠稳定的处理出路；成为困扰苏州工业园区政府的一大难题。

## 【项目内容】

苏州工业园区污泥干化处置项目一期工程规模 300 t/d 湿污泥（80% 含水率），采用了 3 条生产线，单条生产线 100 t/d。技术采用"薄层干化+带式干化"的两段法干化工艺。

经过前期调研，设计推荐采用热干化+热电厂混烧的技术路线处置苏州工业园区污泥，是目前国内第一例、国际先进的污泥处理处置技术路线。设计中充分运用低碳、生态等循环经济理念：厂址选择东吴热电有限公司，干化热能利用热电厂废热蒸汽、干化后的干泥作为补充能源发电，焚烧烟气处理利用现有热电厂环保设施、循环冷却用水接自二污厂再生水；工艺设备选择两段法这一国际上能耗最低的技术设备（污泥干化单位蒸发量综合能耗 0.69 kWh/kg$H_2O$），单条生产线能力 100 t/d（含水率 80%），也是当时国际上采用该技术设备规模最大的案例。设计中充分考虑集约化，将污泥干化、卸料输送、除臭加药、供配电、所有功能集中布置在一栋污泥干化车间内，结构设计有效避免了深基坑；车间布置紧邻电厂的干煤棚，免除了干污泥运输储存的风险，同时减低了工程投资，体现了设施投资和物流成本的最优。污泥处理厂选址及厂区布置见图 1：

图 1　污泥处理厂选址示意图

1. 服务范围

苏州工业园区辖区总面积为278 km²，近期2020年，规划污水处理设施达到50万 m³/d；远期2030年，规划污水处理设施达到60万 m³/d；远景按照90万 m³/d。辖区范围建设有第一第二两座污水处理厂，现状总设计规模35万 m³/d，尾水排放达到一级A标准。

辖区包括中新合作区、娄葑分区、车坊分区、高速公路北侧、唯亭分区、胜浦镇分区、跨塘分区等组成（见图2）。

污泥处理设施的建设为苏州工业园区的2座污水处理厂污水污泥处理服务。污水处理厂污泥处理必须达到《城镇污水处理厂污染物排放标准》（GB18918—2002）的污泥控制标准，污水处理厂污泥经浓缩脱水后必须进行污泥后续处置，使污泥排放首先必须达到减量化、无害化和稳定化的要求，其次力争达到污泥资源化的目标。

2. 工程规模论证

根据污水量预测和相关规划，园区第一、第二污水处理厂的污泥量预测如表1：

表1　园区污水厂污泥量预测表

| 分期 | 一厂污泥量（t/d） | 二厂污泥量（t/d） |
|---|---|---|
| 近期（2015年） | 200（20万 m³/d） | 150（15万 m³/d） |
| 小计 | 200+150=350（t/d，含固率20%） | |
| 远期（2020年） | 200（20万 m³/d） | 300（30万 m³/d） |
| 小计 | 200+300=500（t/d，含固率20%） | |
| 远景（2030年） | 300（30万 m³/d） | 300（30万 m³/d） |
| 小计 | 300+300=600（t/d，含固率20%） | |

按照规划预测，一期工程污泥处理不能低于300 t/d，高峰处理能力须满足350 t/d。

【工作过程】

2008年11月，我院在《苏州工业园区污泥处理处置预可行性研究报告》的基础上开始项目申请报告的研究编制，充分调研了国内外污泥干化技术路线、技术设备，并邀请国际知名的污泥干化产商如VOMM、DEGREMONT、HUBER等针对苏州工业园区污水污泥的处置路线进行深入的技术交流，为污泥干化处置的路线选择、选址、资源化途径等进行了广泛的研究；同时根据污水厂调研和泥质分析的结果，对技术路线和系统总体设计进行了分析和优化设计，多次邀请国内外知名专家咨询交流，并将交流成果纳入项目申请报告的编制。

图2　服务范围图

2009年7月，完成了项目可行性研究报告和项目申请报告的论证定稿。

2009年10月，完成了项目初步设计论证。

2010年5月，实现了项目的全面开工。

2010年12月，实现了第一条生产线的安装完工。

2011年元月25日，实现了第一条生产线的调试出泥。

2011年4月，全面投产。

【咨询工作特点】

苏州工业园区污泥干化处置项目一期工程设计规模300 t/d（脱水污泥含水率80%），远期规划900 t/d；干化后出泥含固率70%～90%。污泥干化产品执行美国EPA-503条款的A级产品要求，安全设计执行欧盟ATEX-95标准。本工程咨询设计遵循产品执行国际标准、技术路线及设备选型先进稳妥、安全可靠、最大程度实现能量回收利用，近远期兼顾等基本原则；实现污泥减量、稳定、无害和资源化的总体目标。

1. 技术路线先进性和规模

苏州工业园区污泥乃工业污水污泥，具有一定的毒害性，实现资源化目标必须对周边环境影响控制到最小。经过市场调研和污泥性质分析，我院最终推荐干化+热电厂混烧的技术路线;避免了国内同类项目采用脱水污泥送热电厂直接焚烧产生锅炉腐蚀严重、烟气排放质量受影响、安全性低等缺点。立足于长远运行,是一项国内第一、国际先进的技术路线。工艺设备选择两段法,300 t/d 总规模设计三条生产线,单条生产线规模世界最大。

2. 整体布置集约化、节省投资

由于污泥处理设施设备复杂、数量繁多,污泥输送不宜长距离等因素,总体设计考虑将污泥干化及卸料、加药、操作人员办公、供配电、干污泥输送等功能用房集中布置在一栋建筑内解决;系统管路数量最小,系统能量损失最小,整体达到最优。另外,由于多种功能的相对集中,土建投资有所减小,今后的物流运输成本较小,最大限度地节省了污泥干化厂的占地。300 t/d 脱水污泥热干化占地仅 20 亩。

3. 近远期协调配合最优

东吴热电有限公司现阶段能源消耗规模为日耗煤1 000 t/d,消纳300 t/d脱水污泥后的干化产品不存在技术和安全问题,但远期900 t/d脱水污泥的消纳有一定的难度;按东吴热电的发展规划,远期耗煤2 000 t/d;最多能够接纳200 t/d左右的干化污泥产品,为兼顾这一目标,工艺设计中提出了远期必须实现90%干度的干化产品才能与发电厂耗煤规模相匹配。因而污泥干化系统设计了70%~90%干度可调的技术目标实现近远期的协调配合,且最大限度地用足了燃煤热电厂的潜力。

4. 循环经济路线——能源回收与相互利用

污泥干化是一项能耗较高的技术措施,为实现能量利用的最优,设计中集中考虑了能量的相互利用。首先,项目选址位于东吴热电有限公司内,污泥干化热源利用发电机组的废热蒸汽,蒸汽对污泥加热后的热水回到热电厂锅炉系统实现热能的回收,干化的产品作为锅炉的补充能源发电,焚烧烟气治理充分利用现有环保设施,循环冷却水利用二污厂再生水;污泥干化选型采用两段法的干化设备,第一段产生的干化废热作为第二段的干化热源,有效实现能量的内部回收利用。使单位能耗达到同类设备的最低水平:单位蒸发量蒸汽耗量仅1.12 kg/kg$H_2O$,蒸汽综合能耗0.69 kWh/kg$H_2O$。远低于同类工艺单位蒸发量蒸汽耗量约1.3~1.5 kg/kg$H_2O$,蒸汽综合能耗0.75~1.10 kWh/kg$H_2O$。有效实现了循环经济的路线和运行成本的最优。该工艺的运行成本是同类工艺中最低的。

5. 建筑物布局的优化设计

本项目最大的一栋建筑即污泥干化车间,它集污泥卸料、干化、除臭、加药、办公、参观通道、高低压配电等多种功能于一体,设计中综合考虑了多种需求,按照生产与办公相对分离、参观与生产相对分离、系统物料输送便捷、供配电路由最短等原则对污泥干化车间的平面布局、立体布局、出入口设置等进行统筹比选;兼顾外围供电、供热、污水外排等方面的便捷,实现了令用户满意的最优化。

6. 执行国际标准

目前有关污泥处理处置的国内标准部分问世,但不能满足本项目的实际需要,关于污泥的干化产品,咨询设计中参照美国EPA503条款的A级产品要求。系统的安全设计参照了欧盟ATEX-95安全标准,以此作为工程招标、执行的重要标准,确保系统的先进性和合理性。

7. 生产线布置的优化

苏州工业园区现状有2座污水厂,污泥脱水机械有带式脱水机、离心脱水机、全自动板框压滤机等三种设备,产生的脱水污泥性质各异,针对此三种脱水污泥,为使系统平稳运行不受含水率波动的影响,整体按三条生产线考虑,每条生产线负担一种脱水污泥,单条生产线规模100 t/d。保证技术路线合理的基础上避免生产线过多造成系统的复杂度过高。

8. 结构设计优化、节省投资

咨询设计阶段了解到厂址附近地质条件较差,且苏州工业园区土建工程开挖深度超过4 m以上即为深基坑,其土建造价随着挖深成倍增长,整体结构设计布局采用底板抬高、上部设斜坡顺接的做法,控制底板深度在4 m以内,避免了深基坑所带来的地下工程投资难以控制的弊端,有效节省了投资。

【咨询效果】

按照现代化工厂的设计和建设理念,充分利用集约化的设计手法,最终建成的污泥干化厂与普通的工业企业没有大区别。建筑美观、绿化掩映、总体布局简洁明快、厂区景色宜人(见图3)。

污泥干化车间核心建筑物的设计实现了全封闭的作业生产,无异味散发,无故障连续运行多年。由于设计紧凑、自动化水平高,操作维护的工作量较小。车间内部正常巡检人员不足3人,见图4、图5、图6。

自卡车进泥至干污泥输送至干煤棚,实现全封闭、全自动、全流程的监控。

图3 厂前区总体景观

图4 污泥干化车间外观

图5 薄层干燥机建成后外观

图6 带式干燥机封闭出泥

# 上海市污水治理白龙港片区南线输送干线完善工程（东段输送干管）可行性研究报告

The Feasibility Study Report of the Bailonggang South Main Delivery Line Further Perfecting Engineering (main pipe of eastern sector) in Shanghai Sewerage Treatment Project

编写单位：上海市政工程设计研究总院（集团）有限公司
Shanghai Municipal Engineering Design Institute ( Group ) Co. Ltd.
联系电话：021-55000000　　网址：www.smedi.com
主要完成人：张　辰　王锡清　张亚勤　徐　震　贺　俊　朱　熊　张　毅　俞蓓琼　徐　莹　袁　弘

## 【点评】

本工程具有建设规模大、影响范围广、沿线已建重要市政设施多、与已建排水设施协调要求高、运行模式多等特点。该报告采用循序渐进的研究思路和分层比选的论证方法，通过多方案的分析和研究，在跨区域污水处理工程的总体布局、污水总管的输送方式和运行模式、输送干管的施工方法、管道的管材选择和防腐措施，以及对周边环境影响、生态保护、土地利用、节能措施等方面均进行了详尽分析。工程实施具有较好的社会效益、环境效益和经济效益。

## 【项目背景】

南线输送干线工程的服务范围属于白龙港片区，白龙港片区工程服务范围为北至竹园南侧边界，西至闵行区界，南为闵行区界及南汇机场高速，东至长江，服务面积为1 255 km²，服务人口为712万人。

工程服务范围内规划建设2条排水总管系统，分别称为中线（含中线和南干线）和南线。中线和南线污水均输送至白龙港污水厂进行处理，在上海市污水治理二期工程方案研究时，着力研究中线和南线的实施方案，由于该项目规模浩大，一次建成难度很大，经分析研究地区发展前景和污水量分布特点，利用近期水量未达规划水量的时间差，决定先期实施南线西段和中线东段，并在罗山路设置连通管。近期浦西接纳量为规划水量的70%，不计截流量；浦东为规划水量的50%，不计发展余量，设计规模为旱季平均流量172.1万 m³/d，雨季29.68 m³/s。另外，研究方案提出，待日后条件成熟时，再续建中线西段工程和南线东段工程。

随着本地区经济的快速发展和城市建设的突飞猛进，污水量逐年增加，污水量已经超过中线的输送能力，造成浦西输送至浦东的合流污水在雨季放江排放，给黄浦江造成了一定的污染，为此必须尽快输送南线输送干线完善工程。

2006年6月，上海市污水治理白龙港片区南线输送干线完善工程项目建议书编制，2007年8月获得上海市发展和改革委员会对本工程项目建议书的批复。

2008年8月，完成本工程可行性研究报告。

## 【项目内容】

一、建设单位

上海市城市排水有限公司

二、建设地点

上海市浦东新区

三、建设内容

上海市污水治理白龙港片区南线输送干线完善工程是上海市重大建设项目，工程建设内容包括新建两根DN4000，双管总长约52 km的污水输送干管、新建3座支线泵站和改建2座支线泵站。

四、投资估算

本工程建设总投资　　329 032.83万元
其中建安工程费用　　220 703.56万元
设备购置费用　　　　3 511.27万元
工程建设其他费　　　27 251.25万元

预备费　　　　　　　　25 146.61万元
征地拆迁费　　　　　　52 420.14万元

## 五、效益分析

本项目作为城市环境保护基础设施建设项目，直接为社会大众服务，具有明显的社会效益和环境效益，同时，项目实施后的环境改善也将为周边地价的升值等也带来一定的经济效益。

### 1. 环境效益

通过本工程的实施，将改善上海市的环境卫生及投资环境，随着污水系统的完善及污水处理厂的建设，将改变目前污水未经处理随意排入河道的现象，从而使自来水厂的取水水质得到改善，其受益者是上海市的用水居民。南线东段工程建成后，若白龙港污水处理厂同步扩建，近远期污染物排放减少量如表1。

### 2. 社会效益

白龙港片区部分收集系统仍为合流制排水系统，雨季时合流污水通过输送干管输送至白龙港污水处理厂进行处理，受外排输送干管和过江管输送能力的限制，雨季时仍有部分合流污水未经任何处理直接排放水体，南线输送干线完善工程建成后，将改变这一现象，为居民提供健康上和环境上的益处。

工厂产生的污水纳入新建污水系统内，也有利于工厂的发展，通过排污收费，提高居民的环境保护意识，自觉维护环境。

### 3. 经济效益

尽管污水治理工程并不直接产生经济效益，但项目的实施将对白龙港片区内河及黄浦江的水质保护有着广泛的影响，使该地区的工业及旅游业的发展不受环境的制约，把社会经济发展与环境保护目标协调好，将给上海市的经济带来巨大的益处，主要表现在以下几个方面：

（1）地价的增值。污水治理工程的实施将使黄浦江及其内河的水质得到改善，由于环境条件的改善而使地价增值，促进上海市旅游业的发展。

（2）减少疾病，增进健康。污水治理工程的实施将减少细菌的滋生地，减少疾病，从而降低医药费开支，提高城市卫生水平及人民健康水平。

（3）改善生态环境。污水治理工程实施后，将大为改善黄浦江及内河的生态环境。

## 六、工程规模

### 1. 服务范围

服务范围地跨浦东和浦西，所辖的行政区域浦西地区包括市中心的新黄浦区、卢湾区、徐汇区、长宁区以及闵行区，浦东地区包括浦东新区、闵行区浦江镇、南汇区。服务范围详见图1。

表1　近远期污染物排放减少量（吨/年）

| 指标 | $BOD_5$ | | $COD_{cr}$ | | SS | | T-P | | $NH_4-N$ | |
|---|---|---|---|---|---|---|---|---|---|---|
| 阶段 | 近期 | 远期 | 近期 | 远期 | 近期 | 远期 | 近期 | 远期 | 近期 | 远期 |
| 排放减少量 | 18 980 | 71 175 | 37 960 | 142 350 | 21 900 | 82 125 | 584 | 2 190 | 3 212 | 12 045 |

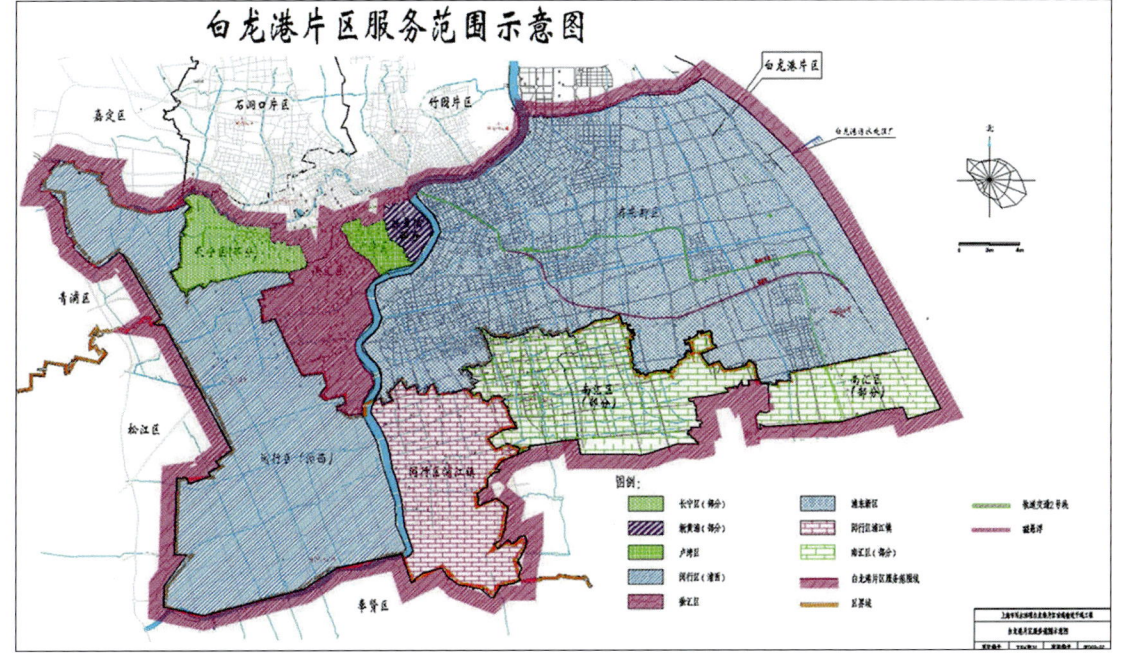

图1　南线输送干线服务范围图

## 2. 污水量预测

污水量预测包括浦西地区和浦东地区两部分。污水量预测汇总如表2：

表2 白龙港片区2020年污水量预测汇总表

| 地区名称 | 规划人口（万人） | 规划处理污水量（万 m³/d） |
|---|---|---|
| 浦西地区 | 321 | 159.54 |
| 浦东地区 | 391 | 199.46 |
| 合计 | 712 | 359.00 |

扣除区域内分散处理厂规模9万 m³/d，外排污水量为350万 m³/d。

中线和南线污水量分配如表3：

表3 片区输送干线水量分配

| 名 称 | 旱流污水量（万 m³/d） | 雨季流量（m³/s） |
|---|---|---|
| 中线系统（中线+南干线） | 130.00 | 24.29 |
| 南线 | 220.00 | 43.71 |
| 合计 | 350.00 | 68.0 |

## 3. 管道走向

污水干管外环线—迎宾大道—远东大道—龙东大道—白龙港污水处理厂敷设管线，起点在外环线罗山路路口上海市污水治理二期工程已建箱涵，根据规划部门的要求，外环线、迎宾大道、龙东支路管位位于红线南侧10 m处，远东大道管位位于红线西侧10 m处。输送干管长度约25.5 km。管线走向详见图2。

## 4. 施工方法

本工程建设规模较大，南线东段输送干管总输送能力达43.71 m³/s，旱季平均污水量达220万 m³/d。

根据大型污水项目的建设经验，适合本项目管线的施工方法有三种，分别是顶管法，盾构法和大开挖的箱涵施工法，其中，顶管法和箱涵大开挖法均采用双管，同样，考虑到运行安全，并与南线西段箱涵衔接，盾构方案设置中隔墙，将盾构管道一分为二，可以单孔运行。输送干管沿途经过16条河道，均为Ⅰ级和Ⅱ级河道，不适合围堰开挖施工，同时沿途还将通过5个交通繁忙的立交和磁悬浮，同样不存在开挖施工的条件，因此，在箱涵方案中，以上节点以同样是双管的顶管法通过，形成箱涵加顶管施工法方案。

经过比选，顶管法在工程投资、对环境及绿带的影响、工期等方面具有一定的优势，推荐采用全线不设倒虹的顶管方案（见图3）。

## 5. 水力高程设计

南线输送干线完善工程利用已建SB泵站一次提升，直接输送至白龙港污水处理厂处理，沿途不另设中途提升泵站，工程范围内存在部分合流排水体制，需截流部分合流污水，水量变化较大，可行性研究报告对旱季平均、旱季高峰和雨季流量进行了详细的计算，根据SB泵站的出水水位，合理推算出白龙港污水处理厂各工况下的运行水位。同时，考虑到一旦管道损坏，需对其中一段管道进行检修，报告也对该工况进行了详细验算，提出了相应的控制水位。

## 6. 中线、南线水量调配

已建中线和南线西段之间建有一根连通管，南线东段建成后，原通过连通管借道中线的污水将全部切换到南线，为充分发挥连通管的作用，确保大型输送管道运行的安全性，报告对南线至中线和中线至南线的水量调配进行了详细研究，提出了合理的水量调配方案，实现连通管的双向

图2 输送干管走向示意图

图3 南线输送管线施工管线顶进中

水量调配功能。

7. 沿线特殊构筑物的设置

（1）检查井设置。浦东压力管道约500 m设一个检查井，拟用管配件设置。检查井位于管道上方，将1根DN1100钢管与顶管管节焊接，钢管垂直向上穿过检查井底板，管口设置特制压力锅盖式盲法兰盘封堵；检查井底板与钢管间采用腻子和沥青麻丝封堵。吸取上海市以往大型污水压力管道检查井、透气井的运行经验和教训，输送管道中的杂物往往会在垂直向上的岔路管里堆积至板结，本工程的垂直钢管将尽量短，因全线顶管，不设倒虹，人员从地面将从垂直爬梯进入检查井底部。

（2）压力管道上透气井的设置。污水压力输送管道设计中，在各管段的高点和流态急变处均需设置污水疏气装置。在本工程结合相关科研成果和已建工程的运行经验，按如下原则设置透气井：① 直线压力管上约1 km设1透气井；② 在管道转折处设置透气井；③ 在支线接入处设透气井；④ 透气井的面积约为管道断面的1/8～1/10；⑤ 透气井根据周围地形设置，透气井的建筑尽可能和周边环境协调。

【工作过程】

2003年开始方案研究，2006年6月，编制完成项目建议书并上报，同年8月15日由上海投资咨询公司组织了专家评审，2007年8月15日，上海市发展和改革委员会对本工程项目建议书进行了批复，同意建设南线输送干管及浦西过江管设施。

2007年8月27日，浦东新区水务局行文上海市水务局，要求结合南线输送干线完善工程，同步实施浦东收集支线工程。2007年10月，上海市城市排水有限公司和上海翔波工程咨询有限公司对上海市污水治理白龙港片区南线输送干线工程进行设计招标，工程内容包括南线东段输送干管、浦东收集支线、浦西过江管及其连接管三部分内容。

本工程由上海市政工程设计研究总院和上海市城市建设设计研究院联合设计，其中市政负责总管部分，城建院负责过江管和支线泵站，2008年8月，编制完成了工程可行性研究报告（见图4）。

【咨询工作特点】

1. 贯彻和落实国家节能减排政策，努力构建和谐社会

上海市污水治理白龙港片区南线输送干线

图4　南线输送干管开工典礼

完善工程（东段输送干管）的建设，是进一步贯彻和落实国家节能减排政策，努力构建和谐社会的需要；是进一步强化上海市综合水污染防治，建立生态城市的需要；是完善污水输送骨干网络，为区域经济发展提供污水出路的需要；是改善本市水环境，特别是浦东新区水环境的需要；是处理初期雨水进一步削减COD的需要；是进一步完善原有治污工程建设与运营管理的需要。白龙港片区污水量占上海市总污水量的1/3以上，南线输送干线完善工程建成后，将为上海市减排作出巨大贡献。

上海市污水治理白龙港片区南线输送干线完善工程（东段输送干管）的建设，可以大大提高上海市的污水收集率、污水处理率、处理设施利用率，从而能进一步改善黄浦江及其内河的水环境，进一步落实上海市的城市总体发展战略规划，进一步理顺上海市的产业结构，进一步改善上海市的投资环境，进一步推进上海市的可持续发展。

2. 深入调查与研究，为项目建设决策提供科学依据

为了更好地发挥南线输送干线完善工程的建设效益，更好地结合工程的实际情况，使本工程的咨询工作落到实处，咨询单位开展了大量的实地调研工作。工程基础资料的调研范围涉及工程建设范围内的各区，包括各已建设施的运行情况，为项目可行性研究方案的形成提供了丰富翔实的研究素材；工程技术路线的调研主要是借鉴上海污水治理一期、二期等污水处理系统工程

的成功经验,并对上海市污水处理一期和二期工程进行了回访和总结,同时在依托相关科研课题的技术支持的基础上逐步形成的。

3. 多方案比选采用了循序渐进的研究思路和分层比选的论证方法

作为一项工程内容复杂、技术难度高的特大型工程设计项目,在跨区域污水处理工程的总体布局、污水总管的输送方式和运行模式、输送管道的管材选择和防腐措施、施工方法、运行费用、水环境影响、工程实施,近远期结合及与已建的系统的关系的分析,通过采用循序渐进的研究思路和分层比选的论证方法,多方案的比较、分析和研究后确定最佳的咨询方案,使最终的工程方案做到合理、科学、经济、环保。

4. 充分借鉴同类型工程的经验与教训,完善和深化咨询方案

在深入分析和研究了本项目的工程特点,得与失的同时,工程设计充分借鉴同类型工程的经验与教训,输送干管采用成熟的"F"型钢筋混凝土管设计,并将接口改进为双重止水接口。大大加强了野外污水输送总管敷设和运行的安全性和可靠性;通过详细的计算和分析研究,采用合适的管径,利用已建泵站提升后一次性输送至污水处理厂进行处理,沿途不另建中途提升泵站,既节约了土地,又达到节能的目的。此外,根据本工程特点,经方案比选采用了全线不设倒虹的顶管施工方案,每年可节能约150万 kw.h。输送干管沿规划绿带敷设,全线采用深顶管技术,减少对沿线已建设施和管线以及现状绿带的影响。通过对顶管长度和顶管井数量综合比较分析,得出最佳的顶管井间距,节省了工程投资。支线泵站采用变频泵送运行模式,减小了管道埋深,缩短了建设周期,节约了工程投资;同时通过改善水泵的运行工况,提高水泵的运行效率,节约了能耗和降低了工程的运行成本;在总结上海市污水处理一期、二期工程经验的基础上,透气井间距加大一倍,减少透气井的设置数量,减少了征(借)地面积和对周边环境的影响。同时透气井结合绿化进行外部装饰,做成树杈型,与绿化融为一体,既满足功能要求,又能与周围环境协调。

5. 投资估算准确,风险分析切合实际

咨询工作对本项目进行了客观、全面、合理的工程估算和经济评价,评价方法和评价指标严格按照国家计委颁布的《建设项目经济评价方法》的要求进行。经济评价所采用的基础数据准确可靠,客观地预测了项目存在的风险。给有关部门的决策提供了依据。

6. 重视工程项目的风险分析与评估,为工程项目的顺利推进创造条件

通过对自然因素形成的风险(一般包括地震、不良地质、暑热、雷击、暴雨等因素)及生产过程中产生的风险(包括有害尘毒、火灾爆炸事故、机械伤害、噪声振动、触电事故、坠落及碰撞等各种因素)从形成原因到应对措施均进行了全面细致的分析、阐述、控制和预防,努力提高工程项目本身的抗风险能力,为工程项目的顺利推进创造条件。

可研报告充分意识到集中输送的大型污水总管的正常运行对当地经济、民生的巨大作用,将本工程和已建工程统筹考虑,对连通管进行了深入细致的分析,采取并提出合适的运行方案,最大限度地提高了污水系统的安全性。

7. 严格遵循环境影响评估要求,注重生态环境的保护,防止二次污染的产生

可研报告对本项目的生态环境影响进行了全面论证。污水处理工程作为环境保护项目,其本身的建设更应该体现对生态环境的保护,咨询工作充分考虑了建设项目对环境的影响,采取措施做到最大限度地保护环境,通过分析项目建设过程中以及项目建成运行后可能对环境造成不利影响的因素,提出了切实可行的对策与预防措施。

另外,根据项目环境影响评价的要求,本工程严格控制污水、臭气和噪声处理的达标,防止污水处理系统工程本身二次污染的产生。

【咨询效果】

一、突破超大口径顶管技术的瓶颈,填补国内空白

目前顶管最大口径为3.6 m,尚无4 m顶管的应用实例,4 m超大口径顶管从管材制作、管道接口止水等方面均有一系列难点需进行研究,结合工程,进行了相关课题研究,较好地解决了上述问题。

1. 管节结构性能研究及设计优化

通过受力分析、选择和规范计算模型,改进计算方法,确定管壁合理厚度和优化管壁配筋(壁厚由常规设计的40 cm减少至32 cm),并进行现场监测验证,在满足结构安全的同时,降低

了工程投资。

2. 管道接口技术研究及改进，确保管道止水效果

常规顶管采用一道止水，存在渗漏风险，本工程对各类止水方式进行了分析研究，在科研及试验验证的基础上，采用的2道F型止水，较好地解决了管道建成后的渗水问题。

3. 顶管井顶力研究，确保施工安全

规范经验公式与实际相差较大，本工程顶管单次顶进距离长，顶力对施工安全影响大，通过科研确定合理的顶力，指导工程施工，确保工程施工质量和施工安全。

4. 填补了超大口径顶管验收标准的空白

4 m属于超大口径顶管，目前尚无相应的验收规范，本工程结合相关科研成果，编制了4 m钢筋混凝土管节制作质量验收标准和4 m钢筋混凝土顶管施工质量验收标准，填补了该项验收标准的空白。

## 二、优化方案，节能降耗，每年可节电约150万度

大型输送干线的能耗非常大，节能降耗非常关键，本工程总结和吸取了以往设计的经验，结合本工程设计特点，经多方案技术经济比较，推荐采用了全线不设倒虹的顶管施工工艺，由于全线不设倒虹，减少了水头损失，每年可节约电耗150万度。

## 三、工程设计充分体现环境协调性

1. 减少透气井的数量，降低对周边环境的影响

本工程在总结已建工程设计运行经验的基础上，结合相关科研成果，除管道转弯处需设置透气井外，直线段透气井间距延长一倍以上，减少了征地面积和对周边环境的影响。

2. 透气井形式与周边环境融为一体

南线输送干线完善工程输送干管位于已建绿带内，周边均为城市快速路或高速公路，要求与周边环境充分协调，在总结已建工程的基础上，结合周边环境，透气井设计成树权型，达到美观与周边环境协调的效果。

3. 闸门井与周边环境的协调，成为地区一座景观

为满足管道检修的要求，输送干管沿线设置了3处闸门井，闸门井均高于地面较多，且尺寸较大，对周边环境有一定影响，工程设计充分考虑了周边的环境，通过一定的外装修，使之与周边环境相适应，并力求使其成为地区一座景观。

## 四、充分保证系统运行的安全性

1. 干线之间水量调配，提高系统运行安全性

特大型输送干管服务范围广、输送污水量大，必须确保系统运行安全，工程设计较好地解决了拟建东段输送干管与已建中线水量调配问题，经过系统计算和分析，提出了切实可行的工程措施，一旦出现故障，南线污水可以经连通管转输中线或由中线经连通管借道南线输送至白龙港污水处理厂，两条干线之间可通过连通管进行切换，大大提高了系统运行的安全性。

2. 提出管道分段检修方案，提高系统安全性

管道经过一段实际运行后，会产生一定的腐蚀，必须进行检修，本工程通过在设置3座检修闸门井，可对输送干管分段进行检修，减少管道检修对系统污水输送的影响，提高了系统的安全性。

## 五、客户评价

本项目成果在专家评审过程中得到高度评价，受到业主好评，为编制单位取得项目后续设计服务打下基础。

参与编写单位：上海城市建设设计研究总院

# 郑州市南三环污水处理厂工程可行性研究报告

## The Feasibility Study Report of Nansanhuan Waste Water Treatment Plant in Zhengzhou City

编写单位：上海市政工程设计研究总院（集团）有限公司
Shanghai Municipal Engineering Design Institute ( Group ) Co., Ltd.
联系电话：021-55000000　　网址：www.smedi.com
主要完成人：张　辰　高陆令　王锡清　施祖辉　王　瑾　甘晓莉　卢　琼　陆晓帧　李　滨　袁　弘

## 【点评】

本报告对污水处理厂形式、工艺技术方案进行了全面综合的比较，确定采用半地下式污水处理厂形式，使污水处理厂和周围环境协调统一。项目采用全新的集约化布置理念，将主要处理建构筑物集约布置，节约用地；污水处理生化处理工艺采用根据国际先进的O/A理念而提出的新工艺——分级进水多段式AAO工艺；引入BIM及工艺仿真模拟等国际先进的设计理念和设计方法，提高信息化水平和咨询工作效率。

## 【项目背景】

### 1. 项目概况

污水处理厂是一项环保工程，但在改善水环境的同时，其本身也会产生噪声和臭气等环境问题，对周围居民生活会造成较大影响，从而引起周边土地开发利用困难、土地贬值等问题，同时传统的布置方式会占用较多的建设用地。随着居民对环境要求的提高，能够与周边环境协调，封闭性强、无二次污染、集约布置的地下污水处理厂开始成为污水处理厂建设的另一个发展方向。

郑州市南三环污水处理厂设计规模10万$m^3$/d，为半地下污水处理厂，主要构筑物均位于地下箱体中，集约布置，加盖除臭，对高噪声设备隔音降噪，箱体顶部为对外开放的公共绿地。地面建筑物均进行屋顶绿化，将污水处理厂对周围环境的影响降低至最小，污水处理厂尾水进入十八里河作为河道景观用水，实现了污水处理厂和周围环境的完全协调统一。污水处理厂实际占地仅为规定面积的30%，节约了土地资源。污水处理厂效果图见图1。

图1　厂区效果图

## 2. 工程筹划及建设的必要性

郑州市污水干管系统不尽完善，每天仍有未经处理的污水排入市内河道，对城市环境的影响越来越大，也加剧了地面水及地下水的污染，直接危害城市生态环境和人民身体健康。

为改善沿河生态和居住环境，实现人和自然的和谐共处，自2003年，郑州市开展了河道综合整治工程，在进行生态水系整治的同时配套进行河道截污工程建设。2008年开始实施十七里河、十八里河等8项生态水系建设工程，配套十七里河、十八里河生态水系建设工程的郑州市七里河截污工程（南水北调总干渠—陇海铁路）同时建设，七里河截污工程（南水北调总干渠—陇海铁路）完成后，王新庄污水处理厂将新增水量10万 $m^3/d$，王新庄污水处理厂目前已超负荷运行，为缓解王新庄污水处理厂的压力，按照国家建设部对郑州市污水实现全收集、全处理的要求，郑州市污水净化有限公司决定兴建郑州市南三环污水处理厂，在十八里河上游对该地块污水进行分流。

2010年1月完成《郑州市南三环污水处理厂工程项目建议书》。同年3月经郑州市发展和改革委员会批复。同时开展郑州市南三环污水处理厂工程的可行性研究。

## 【项目内容】

### 一、服务范围

根据《郑州市排水工程规划（2009—2020年）》，南三环系统现为王新庄污水系统的一部分，考虑到王新庄污水处理厂扩建余地不足，同时为便于再生水就近注入七里河的状况，将南三环污水系统从王新庄污水系统中划出；系统服务范围：南三环以南，南水北调总干渠以北，京广铁路以西区域；总面积约为16 $km^2$。同时还承担侯寨镇以及南水北调总干渠以南区域污水排放任务。服务范围内人口约10.9万人，用地以工业、居住为主。

### 二、排水体制

根据《郑州城市总体规划调整（2000—2010）》等相关规划，郑州市采用雨污分流的排水体制。

### 三、设计水量

本工程的设计规模为：

平均流量：$Q = 10$ 万 $m^3/d$

总变化系数：$K_总 = 1.30$

高峰流量：$Q_{max} = 5\ 416\ m^3/h$

### 四、设计进出水水质

设计进出水水质指标见表1。

### 五、工艺流程

根据设计进出水水质，推荐采用多段A/A/O工艺为污水处理工艺，深度处理采用高效沉淀池＋V型滤池＋二氧化氯消毒工艺。污泥经离心脱水后近期送至郑州市污泥处理厂进行好氧堆肥。

工艺流程图如图2所示。

### 六、厂址及占地

南三环污水处理厂位于中州大道、紫辰路、南三环交汇处，项目用地面积为10.508 6 $hm^2$，使用权面积7.093 1 $hm^2$。规划用地性质为绿地，为节约用地，减轻对周围环境的影响，并提高周围的景观效果，南三环污水处理厂拟采用半地下式建设。

### 七、平面布置

根据现场用地情况，南三环污水处理厂位于中州大道、紫辰路、南三环交汇处，为钻石型地块，根据地块特殊形状进行合理化布置，全厂分为两个区：公共开放区和安全生产区。

公共开放区上部为绿地及娱乐休闲设施，下部为综合处理构筑物。综合处理构筑物主要包括粗格栅及进水泵房，细格栅及曝气沉砂池、初沉池、生物反应池和二沉池、中间提升泵房、高效沉淀池和V型滤池等，均为一体化设计，双层加

表1 进出水水质主要指标一览表

| 项目<br>名称 | $COD_{cr}$<br>（mg/L） | $BOD_5$<br>（mg/L） | SS<br>（mg/L） | $NH_3-N$<br>（mg/L） | TN<br>（mg/L） | TP<br>（mg/L） | 大肠菌（个/L） |
|---|---|---|---|---|---|---|---|
| 进水 | 500 | 220 | 380 | 50 | 65 | 8 | |
| 设计出水水质 | ≤50 | ≤10 | ≤10 | ≤5（8） | 15 | ≤0.5 | ≤1 000 |

注：括号内的数据为水温≤12℃的指标。

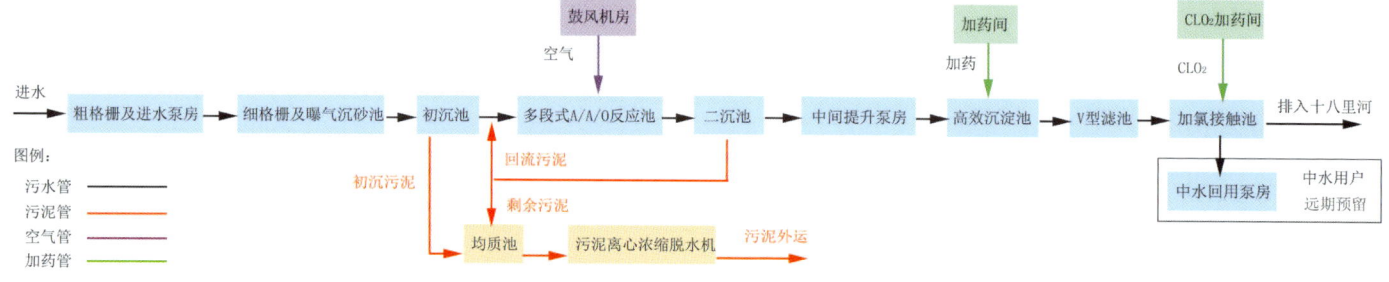

图2 南三环污水处理厂工艺流程图

盖。地下箱体顶部覆土1.5 m。

变配电间，鼓风机房、污泥脱水机房位于厂区东南角。为地上式建筑物，屋顶绿化。

二氧化氯加药间及乙酸钠加药间合建位于厂区中部。加氯接触池也位于厂区中间，为地下构筑物，顶部覆土绿化。

控制中心位于厂区西北角，为地上建筑物，屋顶绿化。位于全年主导风向的上风向。

全厂设变配电间2座，变配电间1位于用电负荷较大的鼓风机房附近，变配电间2和柴油发电机房合建。

### 八、高程设计

拟建场地自然地面相对平坦、开阔，平均地面标高约为107.00 m（为黄海高程，下同）。

根据十八里河防洪规划，污水处理厂尾水排入十八里河，十八里河50年一遇洪水位为106.70 m，南三环污水处理厂拟建厂址较近，约300 m，根据水力计算，确定加氯接触池水位标高为107.30 m。

拟建厂址位于南三环，中州大道、紫辰路交叉口，其中南三环、中州大道为现状道路，其中南三环现状标高107.20 m。中州大道标高为110.00 m，考虑和现状道路接顺及土方平衡，确定南三环污水处理厂设计室外地坪标高107.50 m。

考虑人员及车辆的进出，地下箱体内进水泵房室内地坪标高设计为：108.00 m，生物反应沉淀池室内地坪标高109.00 m，室内净空4.00 m，地下箱体室内顶标高为113.00 m，地下箱体外覆土厚度1.50 m，则地下箱体室外地坪标高为114.80 m。

### 九、主要构筑物设计

工程设计中，粗格栅及进水泵房、细格栅及曝气沉砂池、初沉池、生物反应池、二沉池作为一体化设计，采用共底板共结构设计。主要构筑物见表2。

表2 主要构筑物一览表

| 参 数 名 称 | 单 位 | 数 量 | 平面尺寸（m） | 备 注 |
|---|---|---|---|---|
| 1. 粗格栅及进水泵房 | 座 | 1 | 23.45×12 | 合建、地下 |
| 2. 细格栅及曝气沉砂池 | 座 | 1 | 15×7+21×12 | |
| 3. 初沉池 | 座 | 2座4池 | 单座62.4×17 | |
| 4. 生物反应池 | 座 | 1座2池 | 单座62.4×124 | |
| 5. 二沉池及污泥泵房 | 座 | 2座14池 | 单座56×51 | |
| 6. 中间提升泵房 | 座 | 1 | 12×9.7 | |
| 7. 高效沉淀池 | 座 | 1座2池 | 34.4×37.10 | |
| 8. V型滤池 | 座 | 1 | 32.34×60.88 | |
| 9. 加药间 | 座 | 1 | 20×13 | |
| 10. 均质池 | 座 | 1座2池 | 30.35×8 | |
| 11. 加氯接触池 | 座 | 1座2池 | 40×17 | 地下 |
| 12. 反冲洗废液池 | 座 | 1 | 17×8 | 地下 |
| 13. 二氧化氯加药间 | 座 | 1 | 10×10 | 与乙酸钠投加间合建、地上 |
| 14. 鼓风机房 | 座 | 1 | 22×12 | 合建、地上 |
| 15. 污泥脱水机房及料仓 | 座 | 1 | 18×12 | |

## 十、污水厂特殊设计

### 1. 绿化

污水处理厂作为一项环境工程,根据污水厂的地理环境,有必要在自身的环境上对自然有所贡献,因此绿化的设计原则为:创造清洁、卫生、美观的厂区绿化环境。南三环污水厂上部为景观公园,更需要建设成为一座环境友好型的现代化污水厂。

污水处理厂在建设和管理过程中,十分注重绿化建设和厂区环境的塑造,本工程完成后,除箱体上方进行景观公园设计外,厂区内建筑物顶部均考虑屋顶绿化,全厂绿化率控制在90%以上。

### 2. 事故超越

南三环污水处理厂主要构筑物位于半地下,一旦事故停电,不采取措施将会造成污水漫溢的事故。污水处理厂进水设闸门井,一旦事故停电,进水闸门将迅速关闭,污水不能进入南三环污水处理厂,将进入下游王新庄污水处理厂。

设中间提升泵房超越管,当中间提升泵房事故停电时,二沉池出水进入事故超越管,进入中州大道污水干管系统,从而进入下游王新庄污水处理厂处理。

南三环污水处理厂出水作为十八里河的景观用水,污水处理厂设置事故排放管,当污水处理厂处理效果不能满足十八里河景观要求或调试期间出水通过事故排放管进入中州大道污水干管,从面进入下游王新庄污水处理厂处理。

## 十一、运行成本

### 1. 电耗

电力耗用主要为机械设备、通风、除臭和照明等,本工程单位水用电量:0.350 kwh/$m^3$。

### 2. 药耗

(1)混凝剂用量

辅助投加化学药剂用以除磷,聚合氯化铝耗用量为4 000 kg/d。

(2)絮凝剂用量

污水处理用高分子絮凝剂量:50 kg/d。

离心脱水机高分子絮凝剂投加量按0.4%左右干污泥计,总用量为134.8 kg/d。

(3)二氧化氯投加量

二氧化氯投加量为8 mg/L。

### 3. 水耗

工程主要用水点包括加药间混凝剂制备,以及污泥浓缩脱水机房机械设备冲洗用水。另外还包括处理构筑物冲洗用水以及厂内道路、绿化、化验、生活用水等。由于冲洗用水、绿化利用厂区污水回用水系统回用水。需自来水用量:60 $m^3$/d。

## 十二、投资估算

郑州市南三环污水厂工程总投资50 655.03万元,其中第一部分费用:35 639.94万元。单位处理总成本:1.704元/$m^3$,单位处理经营成本:0.896元/$m^3$。

## 十三、环境效益

本工程实施后,各项污染指标削减量见表3。

## 十四、土地利用

郑州市南三环污水处理厂处理规模10万 $m^3$/d,为Ⅲ类污水处理厂,根据《城市生活垃圾处理和给水与污水处理工程项目建设用地指标》(2005年版),二级处理污水厂建设用地控制面积为:7.0 $hm^2$,深度处理用地指标为2.5 $hm^2$,规范规定可用地为9.5 $hm^2$。

南三环污水处理厂位于中州大道、紫辰路、南三环交汇处,可利用面积较小,仅为7.093 1 $hm^2$,征地面积仅为规定面积的74.66%,节约用地2.406 9 $hm^2$。

同时,污水处理厂主要构筑物均建于半地下,双层加盖,上部空间为公共开放区,未改变其用地性质,生产区占地面积仅为:2.82 $hm^2$,仅为规定面积的30%,节约用地6.68 $hm^2$。

## 十五、技术创新

郑州市南三环污水处理厂为大型污水处理厂工程,其工艺必须稳妥可靠,可供使用的土地有限,在构筑物和设备改造空间和余地较小的条件下,为达到更好的污水污泥处理效果,必须采用经实践证明行之有效的技术和工艺,提高工程

表3 各污染指标削减量

| 指 标 | $COD_{cr}$ | $BOD_5$ | SS | $NH_3$—N | TN | TP |
|---|---|---|---|---|---|---|
| 削减量(t/年) | 16 425 | 7 665 | 13 505 | 1 642.5 | 1 825 | 273.75 |

质量、提高工程的投资效益,在满足排放标准的前提下,提高设备运行效率,减少运行费用。在设计中处处体现了科技创新及节能环保的理念,采用的"多模式工艺",可以根据不同的水质特点、季节变化、处理要求以不同的方式运行,提高处理的效率提高处理量和出水水质;生物处理采用的智能过程控制系统,通过水质模型的仿真计算可实时给出最佳的运行控制参数指导运行,摆脱了以往靠经验运行管理的方式;耗电最大的鼓风供气系统设有精确曝气控制系统,将曝气区分区域管理,使整个曝气池的溶解氧均匀分布,可节能10%以上;配合大量高效节能设备、节能装置的选用,结合大量的节能技术,郑州南三环污水厂每kgBOD$_5$电耗为1.69 kW·hr,低于《标准》规定的2.0 kW·hr指标。

(1)采用半地下式污水处理厂,污水处理厂主体构筑物均放置半地下,对所有产生臭味的构筑物均加盖除臭,对环境的影响较小。

(2)主要构筑物均采用集约化组团布置,节约用地。

(3)采用多模式A/A/O工艺,根据不同进水水质可以进行灵活切换,运行灵活、可靠。

(4)采用智能曝气系统,对生化池的曝气时进行精确控制,节能降耗。

(5)箱体照明采用智能控制系统,控制模式分为无人工作时、巡检及参观时、检修时等几种控制模式,既满足不同区域的照明要求,又可实现灵活控制,节能减排。

南三环污水厂箱体总体布置图见图3。

【工作过程】

2009年,项目立项前对南三环污水处理厂进水水质、水量进行了较长时间的检测和分析,对污水厂的规模、工艺流程等进行了比较。

2010年,在项目建议书的基础上开始可行性研究报告的编制。由于半地下污水处理厂在中国尚处于起步阶段,因此对国内外已建及在建地下式、半地下式污水处理厂进行了充分的调研,和国外知名咨询公司进行交流,对工艺流程、布置形式进行了多方案的经济技术比较,针对地下污水处理厂的特点对地下部分的建筑结构方案、绿化景观方案、通风除臭方案、电气自控方案、防火防爆方案进行了深入的研究,提出了符合南三环污水处理厂实际的工程技术方案。

2010年11月在多方努力和共同协作下可研报告编制完成,顺利通过了专家评审,并获得上级部门的批复。

【咨询工作特点】

1. 采用全新的半地下式建设理念,做到和周围环境的完全协调统一

南三环污水处理厂采用半地下式建设,主要

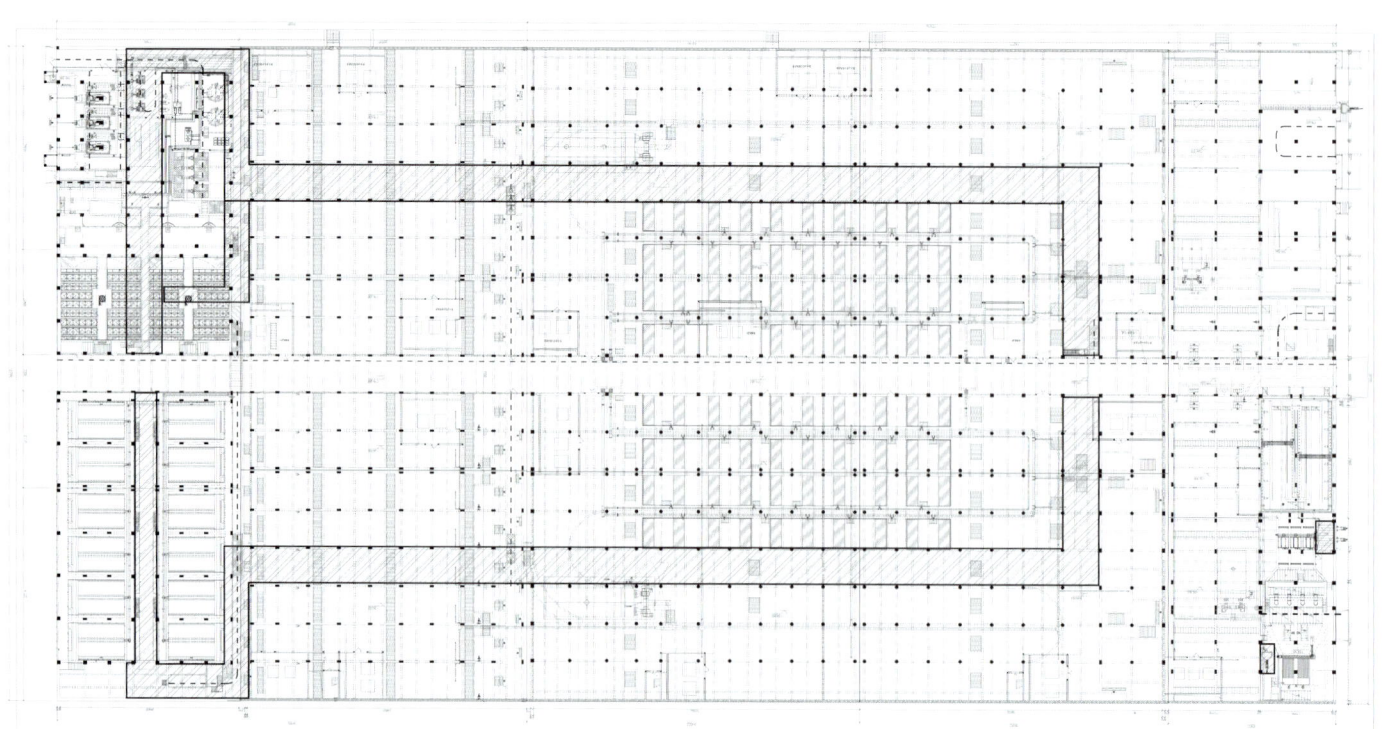

图3　箱体总体布置图

建构筑物位于地下箱体,加盖除臭,对高噪声设备隔音降噪。地下箱体顶部覆土绿化,建成供居民休息娱乐的公共绿地,地上建筑物均进行屋顶绿化。污水处理厂尾水用作为绿地浇洒用水及十八里河河道景观用水,污泥进入污泥堆肥厂好氧堆肥,用作绿化用土和土地改良剂,污水处理厂水气声固各项环境要素均达到了国家有关标准的要求,真正做到了和周围环境的完全协调统一,使南三环污水处理厂成为一个环境友好型的污水处理厂。南三环污水处理厂的建设将会对中国污水处理厂的建设起到示范和引领作用。

建成的南三环污水处理厂俯视图见图4。

2. 采用全新的集约化布置方案,节约土地资源

南三环污水处理厂主要处理构筑物采用集约化布置,将进水泵房、初沉池、生化池、二沉池、深度处理构筑物、加药间等主要污水及污泥处理构筑物按照工艺流程顺序集成在一个地下箱体中,主要构筑物之间共壁建设,渠道连接。

除平面布置上的集约化外,竖向空间也充分利用,地下箱体下部为污水、污泥处理构筑物,地下箱体中部操作空间内设置了通风机房、除臭用房、MCC室等附属设施。地下箱体顶部为公共绿地,实现了竖向空间的充分利用。

生产区占地面积仅为:$2.82\ hm^2$,仅为规定面积的30%,节约用地$6.68\ hm^2$。

3. 积极采用新工艺、新技术,节能效果明显

污水处理生化处理工艺采用根据国际先进的O/A理念而提出的新工艺——分级进水多段式AAO工艺,O/A理念由OXIC(好氧)/ANOXIC(缺氧)二段组成,该理念应用后置反硝化,并吸收传统多点进水AAO工艺(Step Feeding)的优点,对进水碳源进行合理分配,采用前置反硝化+后置反硝化,使整个系统的TN去除达到最佳。和传统A/A/O工艺相比,减少了内回流量,充分利用了内源呼吸碳源,从而降低了能耗。

鼓风曝气采用智能曝气系统,智能曝气控制系统可根据实际水质条件和运行情况,自动给出最佳工况点的各项控制参数,配合变频回流泵,可调风量风机及比例风量调节装置可实现能耗和运行状态的最优化,节电效益显著。采用智能曝气控制系统可将曝气池分区域单独控制,使整个池的溶解氧均匀分布,可比常规控制方式节能10%~15%。

地下空间的通风量较大,能耗较高,为减少通风机的运行时间,在地下空间设置湿度、氧浓度及有害气体测定仪,根据地下空间的温、湿度及氧气浓度、有害气体浓度自动控制风机的启停。

地下空间较大,照明电耗较高,在地下空间设计中,自然采光和照明相结合,同时根据地下空间的不同部位设计不同的照度。

经过优化,本工程处理每$kgBOD_5$电耗为$1.69\ kW\cdot hr$,低于《标准》规定的$2.0\ kW\cdot hr$指标。

建成后的生物反应池见图5。

4. 采用国际前沿的BIM等新设计方法提高咨询设计工作质量和效率

针对半地下污水处理厂地下箱体内各污水处理及污泥处理构筑物集约化布置,结构紧凑,工艺管道、电力电缆、控制电缆、通风管道,纵横

图4 箱体俯视图

图5 生物反应池

交错、巡视通道、紧急出口、操作空间设置、设备检修通道错综复杂,在可行性研究过程中首次引入国际前沿的BIM等最新设计方法对地下空间的布置进行优化,"所见即所得",直观生动,大大提高了咨询设计工作质量和效率。BIM三维设计图见图6。

采用在世界范围内使用广泛,基于国际水协发布的ASM2d活性污泥模型的仿真软件对主要处理工艺进行仿真模拟,对A/A/O工艺进行优化,确定适合于南三环污水处理厂水质的最佳工艺参数,为设计及运行提供指导。ASM2d软件模拟见图7。

【咨询效果】

郑州市南三环污水处理厂是淮河流域第一座地下污水处理厂,标准较高,污水处理厂出水达到一级A标准。工程于2012年6月开工建设,2014年11月建成投运,在进一步提高郑州市污水处理率的同时,减轻了下游王新庄污水厂的运行压力。

郑州市南三环污水厂新的建设理念、新的集约化布置方案、新的设计手段对类似工程的建设有较大的借鉴意义。经过一段时间的试运行,出水水质良好,运行稳定,对保护十八里河,改善水环境起到了重要作用。经环保监测水、气、声等各项指标均实现达标排放,通过了环保验收。

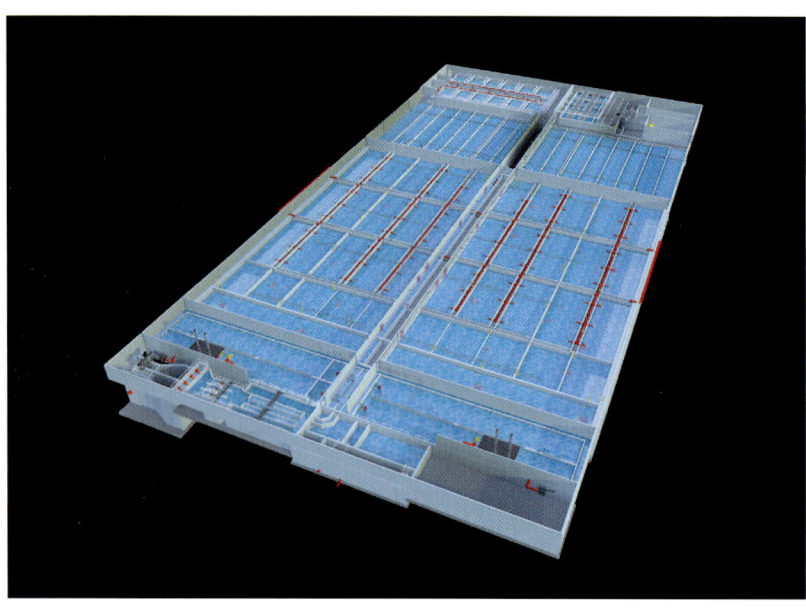

图6　由BIM生成的地下箱体三维设计图

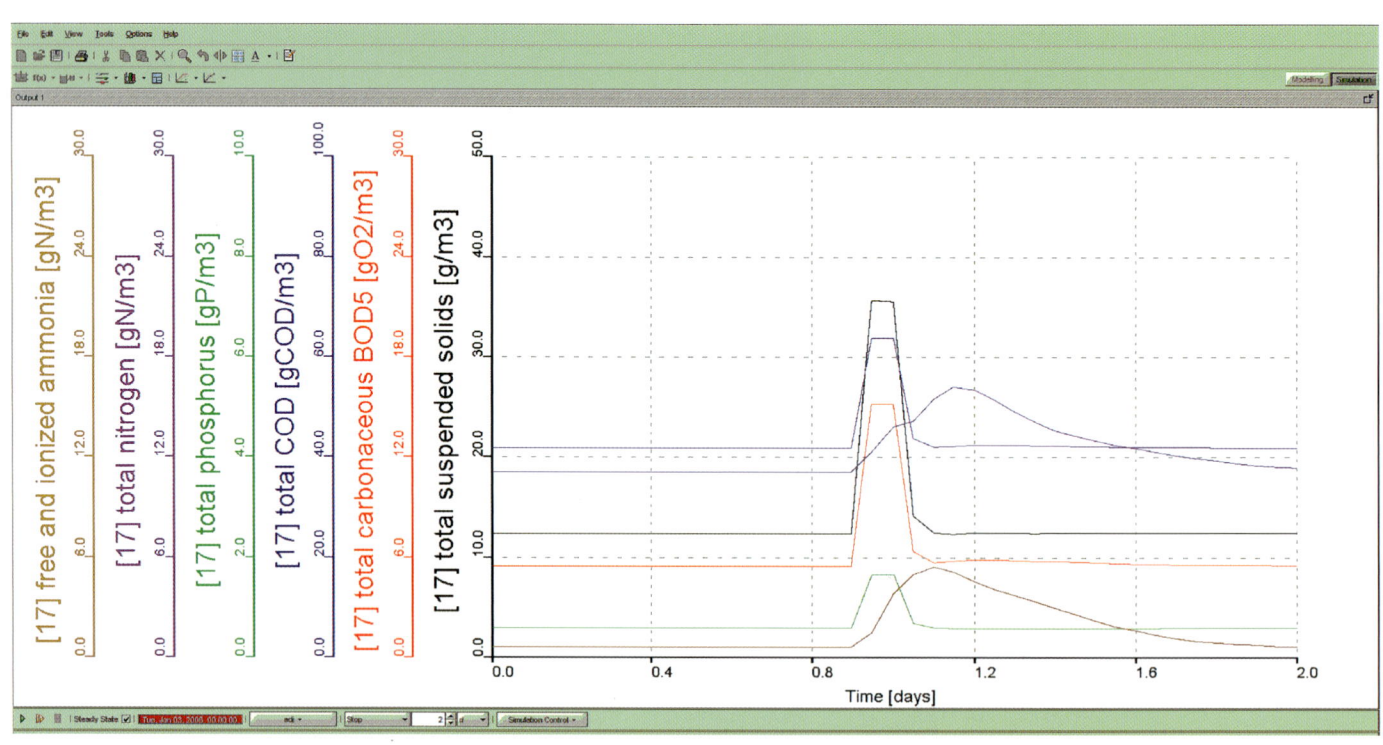

图7　ASM2d模型模拟优化

# 虹口港泵闸工程可行性研究报告

## The Feasibility Study Report of Hongkou Port Pump-sluice Project

编写单位：上海市政工程设计研究总院（集团）有限公司
SHANGHAI MUNICIPAL ENGINEERING DESIGN INSTITUTE (GROUP) CO., LTD.
联系电话：021-55000000　　网址：www.smedi.com
主要完成人：郭高贵　游禹陶　许朴　陈璇　汪平　丁明华　林奔　屈迪

## 【点评】

随着城市防洪排涝要求的不断提高，陈旧的水利设施已难以满足该需求，在市中心老城区重建或改建水利设施迫在眉睫。虹口港泵闸工程历经18年的论证、立项、研究、设计、施工，较好地解决了征地用地紧张、施工范围有限、基坑围护难度大、配套设施协调不易、管线搬迁复杂等难点，保证了水利设施的功能完备，既确保了地区防汛、排涝安全，还通过截污、调水等措施，改善了河道周边的生态环境，为虹口区北外滩的发展提供了强有力的保障，为人口稠密、建筑密集老城区开展水利设施建设提供了一个优秀的样板。

## 【项目背景】

虹口港水系整治工程是苏州河水系整治工程的重要组成部分，虹口港水系为蕴南片四条干河之一，其功能定位主要是在确保地区防汛、排涝安全的基础上，通过截污、调水等措施，以改善河道周边的生态环境。通过整治工程的建设，可增强虹口港水系的防汛排涝能力，并可抽引黄浦江水以改善虹口港水质。虹口港水系整治工程包括虹口港、沙泾港、俞泾港、西泗塘、南泗塘（原名郝桥港、斜塘）、江湾市河、走马塘（北郊水闸以东段）的河道整治，以及西泗塘、郝桥港、虹口港泵闸的建设等工程内容。

上海市水务规划在"十一五"期间完成的中心城区10座除涝泵闸工程，除虹口港泵闸由于当时征地无法落实，其余工程都于2002年底前相继竣工完成。由于虹口港泵闸尚未实施，整个虹口港水系的防汛排涝等功能尚未达到规划设

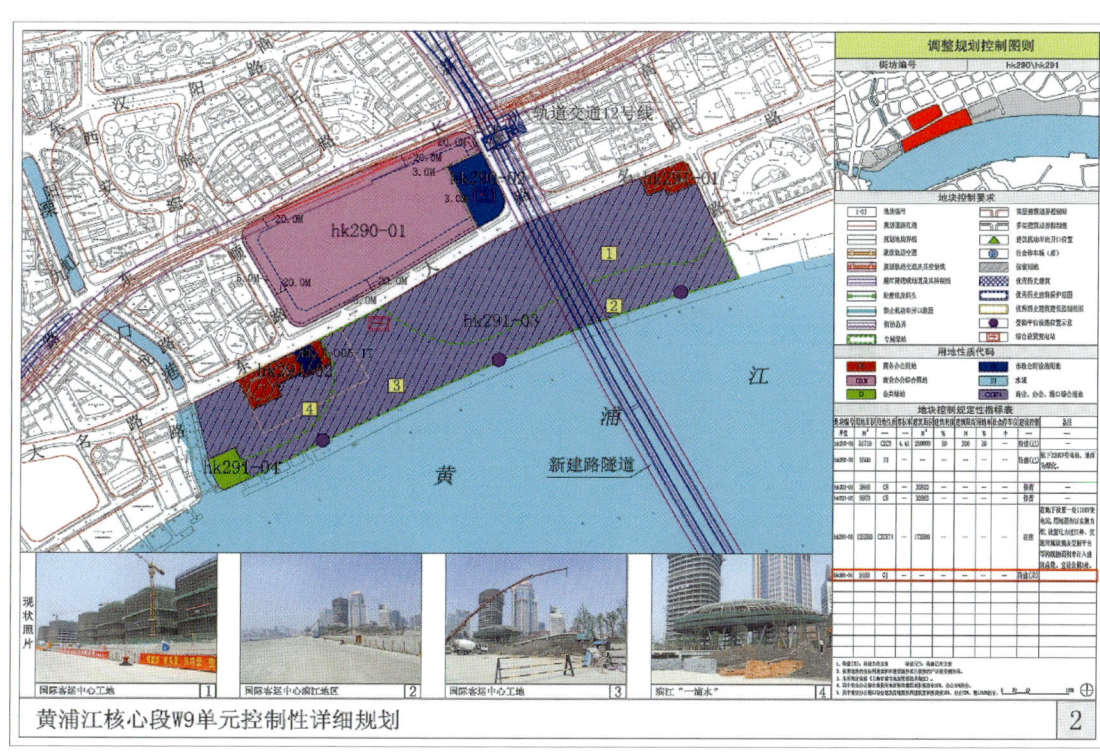

图1　地块规划

计标准。为此，加快落实虹口港泵闸工程建设是目前虹口区政府乃至上海市的一项实事工程、民心工程。

受上海市水务局堤防处委托，我院对虹口港泵闸工程进行可行性研究。以虹口港水系规划、《虹口港水系整治工程初步设计》及《虹口港泵闸工程项目建议书》为依据，遵循北外滩的整体规划要求，结合工程自身特点，进行多种方案的研究与论证。

## 【项目内容】

为确保虹口区中心城区的防汛排涝安全，满足当前防洪、排涝及水资源调度等方面的需要，改善北外滩滨江区域的环境，促进地区经济的发展的目的，虹口港泵闸的主要任务是防洪、除涝和水资源调度及改善水环境。

1. 可研报告研究范围

（1）拆除原虹口港老闸并按河道规划新建老闸址处的防汛墙。

（2）在虹口港东大名路桥南侧新建孔径8 m节制闸一座。

（3）在虹口港东大名路桥南侧新建正向排水流量为30 $m^3/s$、反向引水流量为15 $m^3/s$的泵站一座。

（4）原东大名路老桥拆除后按道路规划断面新建桥梁一座。

（5）新建泵闸管理区等配套设施。

2. 可研报告研究内容

（1）论证工程建设的必要性，确定工程建设任务，确定工程规模。

（2）初定主要水文参数和成果。

（3）收集并分析影响工程的地质条件，提出相应的评价和结论。

（4）初选闸址及管理设施建设场址。

（5）初步确定工程等级和设计标准，初拟工程总体布置、主要建筑物的结构形式与布置。

（6）初选水泵型号及台数。

（7）初拟接入电力系统方式，电气主接线及主要设备的选型和布置。

（8）初选金属结构设备和布置。

（9）初步提出消防设计方案和主要设施。

（10）初选对外交通方案、施工期间排涝方式、施工总布置和总进度，主体建筑的施工方法及主要施工设备，提出建筑材料、供水和供电需要量及其来源。

（11）初定工程占地范围。

（12）初拟水利工程管理机构，初步提出工程管理范围、保护范围以及主要管理设施。

（13）评价工程建设对环境的影响。

（14）编制工程投资估算，进行技术经济评价，明确工程效益。

## 【工作过程】

受上海市苏州河综合整治建设公司委托，上海市政工程设计研究总院于1999年11月完成了虹口港水系整治工程初步设计并通过了市建委科技委组织的专家审查。根据水利规划、初步设计及审批意见，虹口港泵闸设计排水流量为30 $m^3/s$，反向引水流量为15 $m^3/s$；水闸口门净宽8 m；泵闸合建于东大名路桥以南近虹口港入黄浦江河口处。由于虹口港西侧有部队建筑，东侧为溧阳路1号地块，征地拆迁难度较大，导致泵闸工程暂无法实施。

目前，随着北外滩改造工程的全面启动，为提升北外滩整体形象，改善城市生态环境，虹口港河口两岸滨江区域正在对景观、建筑进行新的规划、建造。虹口港河道以东、东大名路东南侧的国客中心区域已建设完成，河道以西的虹口区清洁管理站已经搬迁，上述建设均为虹口港泵闸工程的实施创造了条件。

上海市政工程设计研究总院于2010年9月重新完成了虹口港泵闸工程项目建议书，并于2011年7月收到上海市发改委下发的《关于调整虹口港泵闸工程项目建议书的批复》。根据批复意见，虹口港泵闸规模确定为排水流量30 $m^3/s$，反向引水流量15 $m^3/s$；水闸口门净宽8 m；工程选址位于东大名路桥南侧区域，泵闸管理区布置在河道西侧原虹口区清洁管理站位置。

受上海市水务局堤防处委托，上海市政工程设计研究总院对虹口港泵闸工程进行可行性研究。本工程可以虹口港水系规划、《虹口港水系整治工程初步设计》及《虹口港泵闸工程项目建议书》为依据，遵循北外滩的整体规划要求，结合虹口港泵闸的自身特点，对虹口港泵闸进行多种方案研究，其主要思路是：复核原虹口港水系规划选定的泵站流量、节制闸口门净宽的前提下，结合现河口区域周边地形、地貌和河道两侧地块规划要求，对泵型、泵组数量及单泵流量进一步深化研究；对泵、闸各单体相对位置进行不同平面组合及整体布置，满足地区规划要求；对泵闸地面以上建筑形式进行不同方案的比选，达到美化环境及与周边环境相协调的目的；在保证泵闸总体布置合理、主体结构及围堰等施工便利的前提下，泵闸主体结构尽量外移，以缩短外河防汛墙的长度，降低墙顶标高，提升虹口港两岸的景观效果，改善沿线居民的生活环境。

【咨询工作特点】

《虹口港泵闸工程可行性研究报告》根据建设条件，明确工程任务与规模，对工程选址、工程布置及建筑物、机电及金属结构、节能消防及暖通设计、施工组织设计、工程管理、工程占地及拆迁、环境影响评价、水土保持设计、工程估算、工程经济评价、工程质量安全分析等方面进行了全面调查研究。针对特殊的区位因素——施工空间不足、征地拆迁困难、防洪排涝任务艰巨、非汛期施工时间有限等，本工程可行性研究报告克服了许多工程技术难题：

1. 施工场地制约——权衡利弊择最优

经现场踏勘，本工程场地狭窄，现有虹口港节制闸西侧为九龙路，东侧为溧阳路，两条道路宽约7.0 m，老闸至东大名路桥之间河道长度约340 m，河道两侧建筑密集，河道西侧距离部队建筑最小距离仅7.0 m，东侧距离国客中心最小距离也仅6.5 m，道路后沿均为密集的居民区和部分企业。工程的建设场地内及周边一定范围内既有或在建的供水、排水、电力、通信、燃气等管线等。

综合考虑总体布置、工程占地、动拆迁、施工条件等方面，泵闸闸址选于东大名路桥南侧，水闸内河海漫段位于东大名桥下面，水闸闸门中心线距支河口的距离约115 m，参见图2：

总体布置：水闸闸门中心线距支河口的距离约115 m，泵房及泵闸管理区布置在虹口区清洁管理站内，总体布置比较紧凑，泵闸内河侧水流条件比较顺畅，泵站采用三台单机10 m³/s潜水贯流泵。泵闸处河道需局部拓宽，泵闸新建后东大名路桥桥台侵占泵房出水流道，因此原东大名路桥需按规划拆除重建。外河海漫段末端距离黄浦江支河口距离约64 m，河底采用抛石护底，泵闸引排水时对黄浦江通航船影响甚微。

工程占地、动拆迁：泵闸管理区布置在河道西侧虹口清洁管理站位置，工程征地面积1 218 m²，管理区占地面积802 m²，目前虹口区清洁管理站已经准备搬迁，虹口区土地储备中心已经对该地块进行前期土地储备，征地拆迁量较小，难度较小。

施工条件：直接在虹口港河道内施筑施工围堰，对外河黄浦江侧现有码头的使用无任何影响，东大名路桥梁须拆除重建。

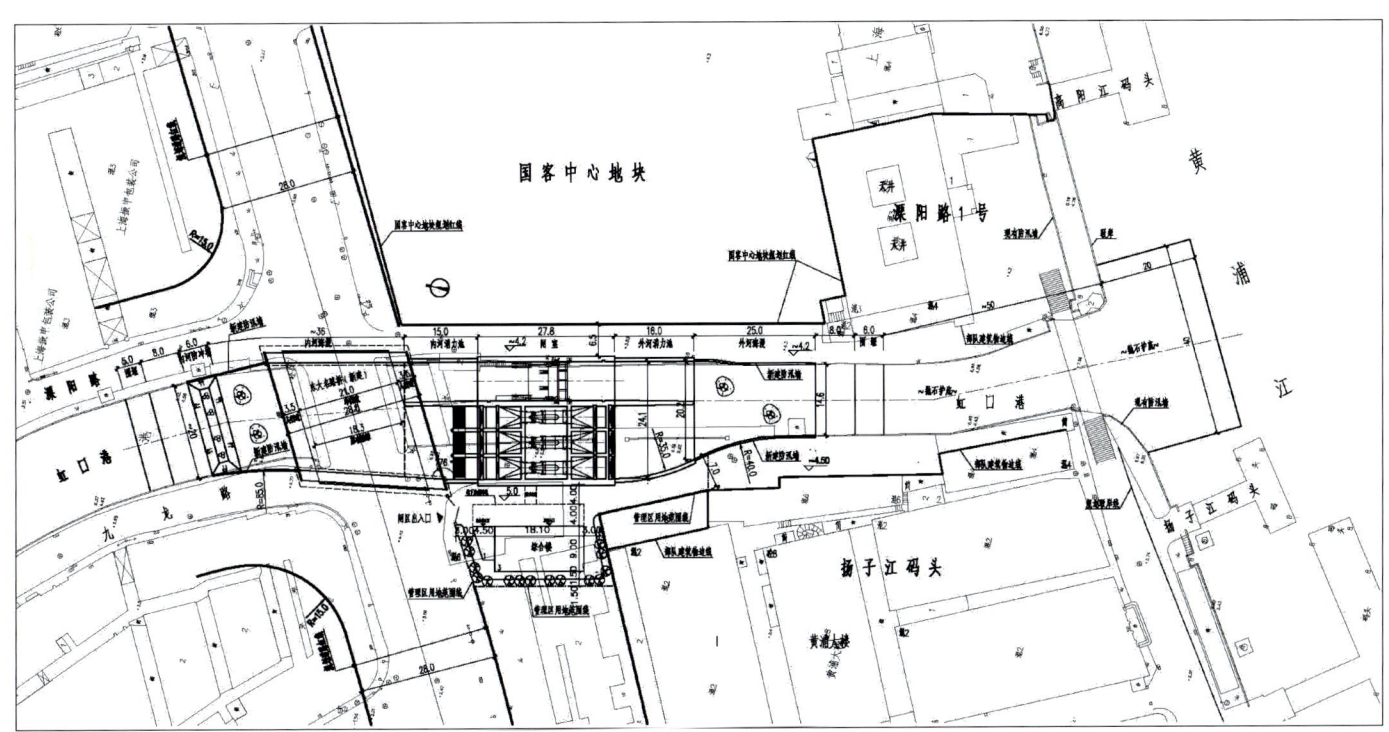

图2 选址平面图

### 2. 引排任务艰巨——技术先进保质量

本工程地处虹口港入黄浦江处，位于上海市的中心城区，新建泵闸可用空间狭小，因此水泵台数应尽量减少。虹口港泵站为双向引排水泵站，设计流量为30 $m^3/s$，单机引排水流量均为10 $m^3/s$，泵站引水净扬程为0～3.15 m，排涝净扬程为0～3.98 m。分析本泵站的设计参数，可见本泵站泵组机型属于低扬程、大流量、双向运行轴流水泵。根据泵站机组工作特点和要求，参考国内外已建低扬程大流量泵站选用泵型的实践，适合本泵站的泵型主要有潜水贯流泵、竖井贯流泵、潜水轴流泵等。

最终虹口港泵闸工程选用潜水贯流泵，该泵型泵轴及电机均水平放置，电机采用潜水电机，泵轴与电机轴线重合。水流方向直进直出，与泵轴方向一致，因此水力性能良好，流道平直顺畅，水力损失小，可双向运行。泵站装置效率高，泵组结构布置紧凑，特别适合用于扬程在2 m以下的特低扬程、大流量的双向泵站。

由于潜水贯流泵电机为潜水电机，因此成功解决了电机的散热问题，并极大降低了水泵运行噪声。同时潜水电机通过特有的分离排水设计，有效降低了电机浸水损坏的可能性，延长了电机的使用寿命。

该泵型的泵房流道及结构形式简单，土建结构尺寸较小，土建工程量少。由于电机设置在水中，因此有条件取消上部泵房，改善泵闸工程的河道景观效果。鉴于上述优点，近几年来潜水贯流泵正逐步在特低扬程、大流量的泵站中推广应用。如上海的郝桥港泵闸、西泗塘泵闸以及枫泾泵闸、华漕港泵闸都选用了潜水贯流泵。但另一方面，由于该泵型将电机设置在泵体内，因此泵体较长，重量也较重，安装拆卸及检修稍不方便。

综上所述，潜水贯流泵水力性能良好，土建费用低、辅助设备少、噪声低等优点，特别适合于低扬程、大流量的双向泵站。

### 3. 基坑围护困难——科学勤思无位移

本工程平均场地标高约4.30 m，泵闸泵房处底板底部最低标高-5.0 m，最浅的地方坑底标高-1.50 m，泵闸基坑的最大开挖深度约9.3 m，按《基坑工程技术规范》（上海市标准）（DG/TJ08-61—2010）基坑工程安全等级划分标准，属二级基坑，基坑工程的环境保护等级为一级。同时，河道泵闸建造在河道中央，施工时受到周边条件等要求限制，选择经济合理、可靠的基坑围护施工十分重要。对基坑范围的原有防汛墙结构，由于和泵闸主体布置相冲突，故不考虑利用原防汛墙兼作围护，并将原防汛墙结构拆除。泵闸开挖深浅不一，泵闸东侧为国客中心，基坑边距离国客中心用地红线约5～6.0 m；泵闸西侧为部队建筑，基坑边距离部队建筑物边线最近处约4～5.0 m。

相对重力式水泥搅拌桩，钻孔灌注桩桩身刚度大，桩身内力、基坑位移均能够较好控制，可不必放坡开挖，场地标高约4.3 m，钻孔灌注桩桩径0.8 m，基坑西侧泵站站身部位基坑坑底标高-5.10 m，钻孔桩桩径增大为1.2 m，各桩之间净距0.1 m，桩顶用冠梁连接，桩嵌入深度约9.0 m。桩身外侧采用水泥搅拌桩做隔水帷幕，水泥搅拌桩宽度0.7 m，桩长16 m，桩中心间距0.5 m，搭接0.2 m。采用 $\phi$609钢管对撑的形式，并施加预顶力，竖向设二道横撑，第一道横撑中心标高在地面以下0.5 m，第二道横撑中心标高为-0.5 m，钢管撑纵向水平向中心间距4.0 m。

### 4. 功能空间矛盾——量身定制一线牵

原东大名路老桥为钢筋混凝土二绞竖杆式桁架拱桥，跨径18.5 m，桥全宽18.5 m，设计荷载等级为汽-20级，验算荷载为挂车-150，斜交角度4°。该桥于1998年进行加固改建。根据东大名路道路规划，东大名路道路红线宽28.0 m，双向六车道。

为满足桥梁实施后尽量不影响周边居民的出行，以及与横向道路（九龙路、溧阳路）的接坡，应尽可能减小新建路面与现状路面之间的高差，同时又能满足跨中梁底标高不低于5.0 m的规划河道要求，所以在桥梁设计中尽量压低跨中结构梁高。鉴于以上设计要求和桥梁景观考虑，采用刚构桥，桥梁斜交角度17.94°，跨径为23～25.0 m，一跨过河。主梁为钢筋混凝土变截面整体现浇板，梁端与桥台台身固结。梁底面采用二次抛物线，结构线型优美，富于张力。桥梁全宽28.0 m：3.5 m（人行道）+ 21 m（双向六车道）+ 3.5 m（人行道）。两侧人行道主体结构上设置小纵梁和人行道板，其下空间用于穿越过桥管线。桥梁桥台为直立式钢筋混凝土现浇墙体兼做防汛墙，跨中梁底标高5.0 m。跨中桥面标高5.87 m，桥梁纵向坡度7%，桥梁横向坡度：人行道：$i$ = 1.0%，车行道：$i$ = 2.0%。

每只桥台车行道后设置钢筋砼搭板，搭板长为8.0 m，桥梁中心线两侧28.0 m范围内与两侧道路路面接顺。桥梁承台为钢筋砼结构,承台断面尺寸为4.2×29.2 m,承台厚1.5 m,在西南侧桥台与泵站内河侧进水池衔接段,由于进水池底板高程变化,该段9.9 m长承台局部落低,厚度变为3.0 m,与进水池底板形成封闭体系。参见图3。

**5. 社会意义重大——大胆谨慎铸辉煌**

虹口区城市化建设相当发达,其区域内可调蓄水面积较少,虹口港作为虹口区河网系统的重要组成部分,承担着相当大的区域调蓄功能,随着中心城区城市化建设的不断发展,使得区域排涝量亦持续上升。虹口港中心城区河道的调蓄和泄洪排涝能力与受纳的排水量十分不匹配,已严重影响防汛排涝安全。

现有东大名路桥位于东大名路跨虹口港处,原为钢板拱桥,后于1976年12月改建为钢筋砼三铰竖杆式拱桥,桥面标高仅5.3 m。每到汛期,在外河黄浦江高潮位的顶托作用下,屡屡出现桥面上浮的不利现象,严重危害城市防汛安全和道路交通安全。将虹口港泵闸外移至东大名路桥南侧,将老桥拆除并按东大名路道路规划断面新建桥梁,原有外河将变成内河,东大名路桥的梁底标高可按内河标准控制,将可从根本上解决上述问题。

河道的功能已经不仅仅是"泄洪、排涝、蓄水、引流、航运",而且还包括"景观、旅游、生态"。虹口港水系整治工程的一个重要目的是抽引黄浦江优质水源以促进内河水系水体循环,改善水质,净化水体,使虹口港两岸逐步达到"水清岸绿"的景象。

处于中心城区的北外滩由于诸多原因发展落后于浦东和浦西其他中心地带,加速北外滩发展、改善和提升城市功能的要求和呼声越来越高。随着北外滩改造工程的启动和升级,虹口港周边地块的规划开发为虹口港泵闸的建设创造了条件。

虹口港水系整治工程包括虹口港、沙泾港、俞泾浦、西泗塘、南泗塘(原名郝桥港、斜塘)、江湾市河、走马塘(北郊水闸以东段)的河道整治,西泗塘、郝桥港、虹口港泵闸建设等工程内容。该工程的完成将极大改善虹口港水系的防洪排涝能力,并根本改善虹口港水质现状。虹口港泵闸成为整个系统工程建设的最后一环,并将最终为虹口港水系整治工程画下完美的句号。

**【咨询效果】**

虹口港泵闸工程历经18年的论证、立项、研究、设计、施工,取得了阶段性的成果。2015年5月,在我院全体项目组成员的努力下,虹口港泵闸工程完成水下通水,顺利地完成了市委市政府市水利局关于汛期前通水的任务。回顾两年以

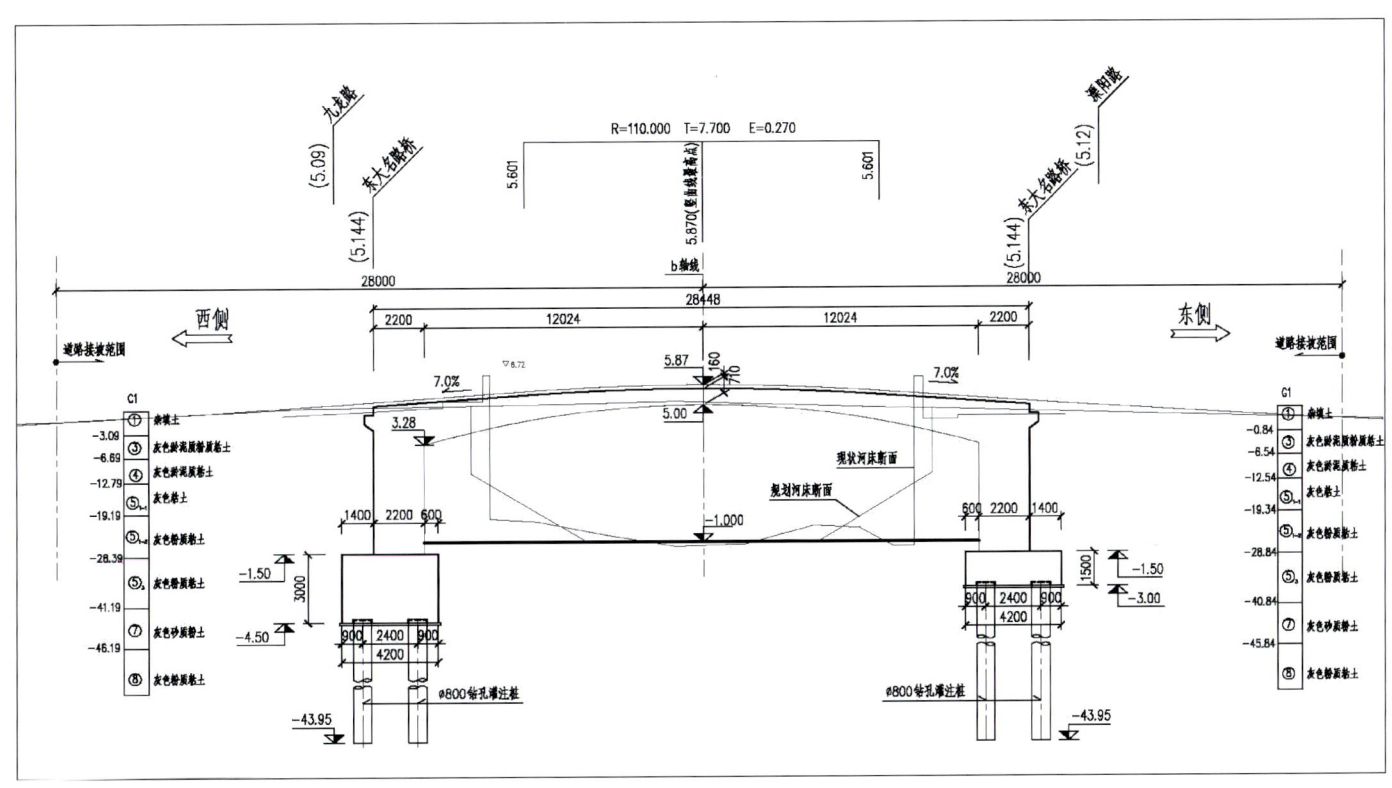

图3 桥梁断面图

来，虹口港泵闸工程施工图设计，施工配合工作取得的成就离不开工程可行性研究对工程施工会遇到困难的全面分析。

在技术上，选址的科学性，基坑围护的合理性，泵型选择的创新性，大名路桥的针对性妥善地解决了虹口港泵闸地块征地不足的问题——不征用附近的军用地块，尽可能地减小了对周边居民的生活影响，保证了虹口港的交通通畅。经济上，成果和劳动消耗相比较是经济效果的本质所在，本工程经工可全面充分地论证后，直接劳动消耗、劳动占用、间接劳动消耗都得到显著降低。

在社会意义上，虹口港泵闸工程的顺利建设对确保虹口区中心城区的防汛排涝安全、满足其水资源调度、改善北外滩滨江区域的环境、促进地区经济的发展意义重大。加快落实虹口港泵闸工程建设是目前虹口区政府乃至上海市的一项实事工程、民心工程。

# 淀东水利枢纽泵闸改扩建工程可行性研究报告

## The Feasibility Study Report of the Pump and Sluice Extension Project in East Dianshan Lake Dam

编写单位：上海市水利工程设计研究院有限公司
ShangHai Water Engineering Design Research Institute co., Ltd

联系电话：021-32558000　　网址：http://www.swedri.com.cn/

主要完成人：潘世虎　卢永金　程松明　韩才冬　卢育芳　周金明　罗秀卿　王鹏展　朱云鹃　刘海青

## 【点评】

本项目枢纽泵站总规模为110 m³/s，排涝泵站单泵设计流量为30 m³/s，是上海市境内枢纽泵站总规模和单泵设计流量最大的工程。泵闸主体结构充分考虑了结构受力合理性和建筑外形的景观性，排涝泵闸采用"北泵+南闸"的布置方式，不仅改善水流条件，而且减少泵闸施工对船闸的影响，引水泵闸采用"泵+闸+泵"的布置方式，节约了土地资源。

## 【项目背景】

青松控制片位于上海西部地区，片内低洼湖荡毗连，历受太湖、苏淀洪水和黄浦江潮水的双重威胁，洪、潮、涝、渍灾害严重。根据原国家计委批复同意的《太湖流域综合治理规划方案》，青松片实行二级控制、二级排涝，外圩筑堤、建闸、设泵，自排加抽排，内部洼地建小圩，设泵抽排。

随着外圩控制线和控制构筑物的基本建成，青松片防洪第一线已基本建成，有效抵御了90年代以来多次洪、潮威胁。片内低洼地区已建成大小圩区200多个，圩区抽排流量合计约530 m³/s。青松大控制片规划外圩除涝泵站的排涝流量为305 m³/s，但到目前为止，仅建成大涨泾泵站（25 m³/s）和东大盈泵站（30 m³/s）2座，尚有数座泵站有待建设。外圩除涝泵站规模尚不足规划的20%，除涝标准不足10年一遇，除涝形势十分严峻。

淀东水利枢纽泵闸改扩建工程，集防洪挡潮、排水除涝、水资源调度及向淀北片引水等功能于一体，既是青松片外围除涝泵站的规模最大的一个，又是该片唯一的东排口门，它与其他外围泵站一起，不但能有效缓解青松片东部地区的内涝威胁，将青松片除涝标准提高到20年一遇，而且能增加水资源调度时的引、排水量，增强水体置换效果，大大改善青松片的水环境。

青松控制片外围除涝泵站分布情况如图1所示：

淀东水利枢纽泵闸改扩建工程的建设内容包括新建一座泵站设计流量为90 m³/s、水闸孔口净宽24 m的排涝泵闸以及配套建设一座泵站设计流量20 m³/s、节制闸孔口净宽5 m的杨树浦港引水泵闸。工程估算总投资4.81亿元，其中工程费用2.12亿元。

## 【项目内容】

工程的项目法人为上海市堤防（泵闸）设施管理处，是上海市水务局（上海市海洋局）下属的正处级事业单位。主要负责本市海塘、黄浦江、苏州河堤防设施的行业管理工作；负责41座

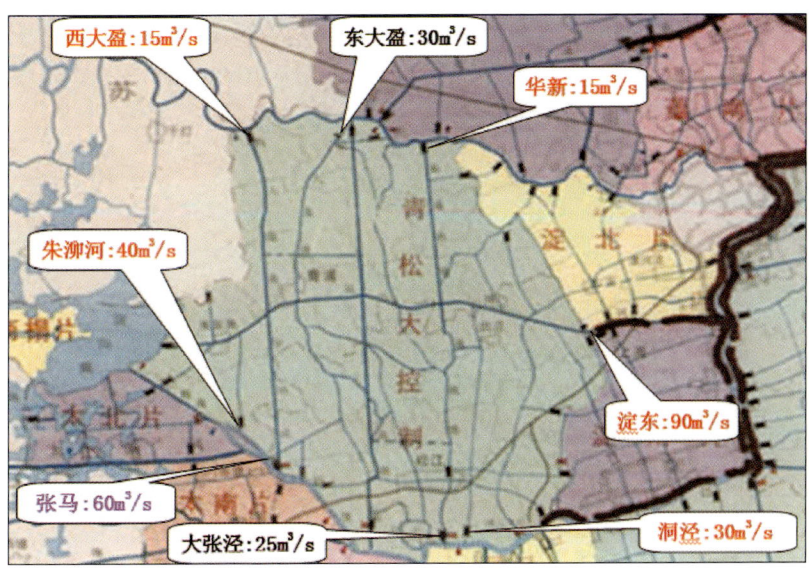

图1　青松控制片外围除涝泵站分布

市管水利泵闸的运行、养护、维修等设施管理工作;负责上海市水利工程项目的前期准备和建设实施工作,承担项目法人职责;负责协同做好局机关后勤服务保障工作。

工程建设内容具体为:

1. 新建淀东排涝泵闸1座,水闸2孔总净宽24 m,泵站3台机组,总设计流量90 m³/s。
2. 新建杨树浦港引水泵闸1座,水闸单孔净宽5 m,泵站4台机组,总设计流量20 m³/s。
3. 新建水文测站1座。
4. 新建泵闸配套设施。
5. 翻新原淀浦河东闸闸上交通桥上部板梁结构。
6. 废除原淀浦河东节制闸功能,并进行局部拆除和改建;废除原杨树浦港节制闸功能,为避免引起废弃工程,杨树浦港老闸仅拆除地面以上结构和辅助设施,下部结构拆除和改造列入闸内河道疏拓整治工程一并实施。

工程建设地点位于闵行区莘庄镇,新建排涝泵闸位于中春路桥与老节制闸之间的淀浦河上;新建引水泵闸位于杨树浦港入淀浦河口;迁建水文站则位于引水泵闸与中春路桥之间的淀浦河北岸。排涝泵闸平面布置采用"泵+闸"一列式布置,位于现有船闸北侧的淀浦河上,节制闸为2孔,靠船闸一侧布置;泵站位于节制闸北侧靠岸布置。节制闸中心线距船闸中心线41.71 m,泵闸横轴线线距现状闸上交通桥中心线118.44 m。引水泵闸设在杨树浦港入淀浦河河口,节制闸布置在中间,泵站设在两侧,采用"泵+闸+泵"布置形式。泵闸中心线与河道中心线一致,泵闸横轴线距离淀浦河河口边线约62.25 m,闸上工作桥靠近淀浦河侧布置,连通水闸东西两岸。

该项目估算总投资为4.81亿元。其中工程费用2.12亿元,独立费用0.40亿元,预备费0.12亿元,输电外线费0.65亿元,征地拆迁费及高压铁塔搬迁费2.17亿元。

工程属社会公益性质的水利建设项目,具有社会公益性和经济、环境等综合效益。

## 【工作过程】

2012年11月,我公司编制完成了《淀东水利枢纽泵闸改扩建工程可行性研究报告》,2013年8月,上海市发展和改革委员会下发了《关于淀东水利枢纽泵闸改扩建工程可行性研究报告的批复》。在形成工可报告过程中,咨询报告主要围绕以下重点、难点问题加以解决,具体总结如下:

1. 项目规模大,位置特殊,工程设计具有先进性和前瞻性

淀东水利枢纽泵闸改扩建工程项目为上海市"十二五"重点推进项目之一,其排涝泵站规模90 m³/s,引水泵站规模20 m³/s,枢纽泵站总规模为110 m³/s,为青松控制片外围排涝泵站中规模最大的一个泵站,也是上海市境内枢纽泵站总规模最大的工程,排涝泵站单泵设计流量30 m³/s,单泵装机排涝流量为上海最大,因此,不管是总体规模还是单机容量,均为上海之首次,具有一定的先进性。

工程为青松大控制片外围排涝工程之一,由于紧邻淀北片并位于淀北片的西南部,特殊的地理位置要求工程除排除青松片的涝水外,还具有向淀北片提引清水的功能。引水泵闸除近期引水外,尚预留远期淀北片区域排水功能,设计具有一定的前瞻性。

2. 内接河网控制片,外连长距离闸下河道,闸下水文情势比较复杂,多方法反复推演,合理拟定闸下特征水位

淀浦河上承淀山湖,下汇黄浦江,淀东水利枢纽外河接黄浦江,闸址距河口约10 km,其闸外特征水位与黄浦江特征潮位及枢纽运行状态密切相关。为更贴近工程实际运行情况,考虑枢纽对闸下水位的影响,通过闸下及河口水位的实测资料比对以及建立水动力数学模型等多种方法,分析闸下水位与河口水位的关系,从而确定枢纽闸下的特征水位。

运用已有的实测水文资料,分析现状运行条件下淀浦河闸下与入黄浦江河口间的水位差,得出高水位时水位差较小,低水位时水位差较大的结论。为了进一步分析运行期淀浦河下游段水位的变化,建立mike11水动力模型,分析关闸和开闸泄流两种状态下闸下水位与河口水位关系。根据模型计算成果,关闸时,由于水闸对水波的反射,闸下潮差比河口潮差略大,闸外高水位比河口高水位高出14 cm左右,而低水位比河口低水位更低4 cm左右;开闸泄流时,闸下壅水随排水流量变化而变化,因此,不能简单按河口水位代替闸下水位,需考虑一定的壅水影响是合理的。

通过多方法分析论证,将闸外各频率高潮位按河口值加上0.14 m考虑。

3. 环境苛刻，空间限定，既有和规划建设的构筑物众多，设计条件相当复杂

淀东水利枢纽泵闸改扩建工程，工程区西起杨树浦港，东止淀浦河东闸枢纽节制闸，南面以船闸为限，北面以距河口75 m规划线为界，在如此狭长的地域内，已经建设和规划建设的建筑物众多。原枢纽由节制闸和船闸组成，节制闸居于河道中心，船闸傍节制闸南侧布置，节制闸闸室与船闸外闸首并肩相依，闸上工作桥与东闸路相通，船闸内闸首布置在外闸首西侧，距东闸路约230 m左右；杨树浦港河口在淀浦河北岸距东闸路西约400 m处汇入；中春路高架桥位于杨树浦港与东闸路之间，距东闸路约250 m处南北向跨河而过，主桥北桥墩依淀浦河北岸边，中桥墩紧临船闸内闸首西北侧，该桥为连通淀浦河南北两岸的城市主干道，已通车多年；规划建设的徐泾支线原水管呈东西走向，距淀浦河北岸河口约13 m左右顶管顺河布置；沪杭磁浮隧道也正在规划立项中，在此淀浦河北岸弧线划过。

在如此狭长的空间内，设计方案既要完成工程所属的功能任务，又要考虑周边建筑不受或少受影响，设计工作相当繁复。

## 【咨询工作特点】

1. 工程建设的必要性充足

青松片地势低洼、外水顶托加之排涝泵站规模不足等，是涝灾发生的主要原因。区域社会经济发展、城乡一体化进程的加快、盲目填河致使河面率下降等，一方面加大了产水强度、削弱了容蓄调控能力，另一方面，对除涝保安提出了更高更紧迫的要求。因此，有必要加强外围排涝泵站的建设，为人民安居乐业及社会经济的可持续发展提供安全保障。

从地区防洪除涝、社会经济的可持续发展、水环境治理等方面的需要来讲，青松片外围的除涝泵站建设都是十分必要且十分紧迫的。尤其是淀东水利枢纽泵闸改扩建工程，其排涝泵站是该片区规划建设泵站中流量最大的一个，也是青松片唯一的东排口门，它的建成利用，不但能有效缓解青松片东部地区的内涝威胁，而且能增加水资源调度时的引、排水量，增强水体置换效果，是十分必要和非常紧迫的。

2. 多工况、多尺度、多效果、多角度，充分论证工程规模

工程由排涝泵闸和引水泵闸组成，工程规模的论证包括两个泵站和两个水闸。

对于排涝泵站，根据河网计算模型，结合分批建设方式计算8种工况后表明，当青松控制片外围泵站全部完建后，满足规划控制水位要求，说明外围除涝泵站总体工程规模合适，而淀东泵站规模为90 $m^3/s$，另外，又从河道断面配套情况及一次建设到位的必要性分析，淀东泵站一次性达到90 $m^3/s$规模是合理可行的。对于排涝节制闸，采用设计潮位过程线，分析底坎高程-1.0 m时，闸孔净宽24 m、26 m、28 m、30 m等四种规模下除涝能力，比对说明闸孔采用26 m的合理性。继而又采用多尺度论证闸孔宽度与底槛高程间的相互关系，确定闸槛高程为-1.4 m时，闸孔宽度24 m同样满足规划要求。对于引水泵站，建立一维水动力和水质模型，从不引水到引水流量达60 $m^3/s$，分析引水流量与水质改善效果的关系，分析结果表明，引水泵站的规模取为20 $m^3/s$，泵站规模适中，淀北片水质浓度下降速度较快，水质改善效果明显，具有较高的性价比，且该规模与现状河道相匹配。对杨树浦港节制闸，从闸河配套、通船及预留淀北地区排水口门等多个角度，充分论证了闸孔采用5 m的必要性和合理性。

3. 围绕是否拆除老节制闸和排涝、引水是否分开，多站址、多方案层层剥繁就简，优中选优

结合工程布置范围及其周边环境因素，工程站址应满足以下几点：不影响沪杭磁浮的布置，不影响中春路高架桥的安全及交通，对船闸的安全和运行影响最小、给徐泾原水支线局部改线留有余地。

淀东水利枢纽区域淀浦河侧，可以布置排涝泵站的区间，上起杨树浦港，下止于节制闸。在该区间内，围绕是否拆老节制闸和排涝引水是否分开，共有5个站址8个布置方案。

不拆除老节制闸，站址有2个，布置方案有4个。由于保留枢纽节制闸，泵站依岸布置，出水渠顺河设于北岸，工程占地大，虽对船闸的影响最小，但对中春路桥交通安全、徐泾支线改线和沪杭磁浮的布置均有较大影响，特别是与沪杭磁浮的矛盾突出，故不拆老闸的2个站址、4个布置方案因与周边相容性差而被一一排除。

拆除老节制闸，站址有3个、布置方案有4个。拆除老节制闸与泵站合建为排涝泵闸，工程主体结构顺河布置。3个站址中，中春路桥以西方案，存在防洪岸线长、桥梁保护困难、通航和泵站工程安全双难保证等原因，站址位置不合适；节制闸原址拆建方案，防洪岸线不加长，对中春

路桥无影响,对船闸运行安全影响较小,但与沪杭磁浮平面立面均有冲突,故也不可取;中春路与老节制闸之间的站址方案,虽防洪岸线有所加长,但对中春路桥和沪杭磁浮没影响,对船闸运行安全影响较小,且为徐泾支线改线留有空间,故该站址方案为最优方案。

**4. 平面布置紧凑顺畅,充分发挥受限场地的有利条件,极具借鉴和推广价值**

排涝泵闸布置在中春路桥和老节制闸之间的淀浦河上,建设场地四面受限,上游有中春路桥跨河而过,下游有老节制闸,左岸有徐泾原水支线顺岸穿行,右岸为船闸闸室,特别是闸室建于1970年代,结构破损老化,闸墙为拉锚板桩结构,对周边变形尤为敏感,因此,减小排涝泵闸施工对船闸和周边环境的影响,是工程难点之一。

设计打破常规,优选闸室宽深比例和孔数,深化比选泵型和泵站台数,最后选用两孔节制闸加三台斜式轴流泵的平面布置方案,最大限度地缩小了泵闸布置宽度,使泵站结构坐落在河道之中,节制闸建基面较高,靠船闸闸室布置,泵站座低,远离船闸闸室,从空间布置上减少了泵闸施工对船闸的影响。同时,改善闸站的水流条件,减少工程占地面积。

淀东水利枢纽泵闸改扩建工程,在狭窄的区域内,通过结构和布置优化,实现功能的最大化,将为寸土寸金的上海市水利设施建设起到引领和借鉴作用。工程可行性研究报告中关于泵闸选址、模型分析验证、大型泵机的采用、地基处理和基坑围护方案、船闸保护等研究成果,将给防洪除涝和枢纽改造工程提供很好的指导意义,具有较好的借鉴和推广价值。

**5. 择优选择地基处理方案,力求施工工期有保证,质量控制有保障**

针对淀东水利枢纽泵闸改扩建工程的特点、结合相关的设计资料和类似工程的经验,对PHC管桩、钢筋砼预制方桩、钻孔灌注桩方案进行综合比较,从而选取合理化的方案。

考虑到采用打入桩方案(方桩、PHC管桩),在打桩的过程中会产生超孔隙水压力,对工程围护结构、施工围堰及周边建筑物(特别是船闸)产生一定的不利影响;且打入桩施工过程中需要接桩,如果桩接头处理不好,将影响成桩的质量,造成工程上的安全隐患;打入桩在沉桩的过程中势必影响到周边居民的生活环境;而灌注桩方案是一种较为成熟的方案,几乎不存在上述弊端,施工过程中可以安排几台机组平行作业,施工速度能够得到保证;相比于打入桩,灌注桩施工较易控制,施工质量有保障。

**6. 充分保留利用老闸结构,既减少对环境影响,又方便施工、节省投资**

老闸底板、墩墙和交通桥均保留,施工时对现有船闸下闸首基本没有影响,且便于施工与桥梁改造。采取拆除老闸启闭机房、闸门,拆除后,对拆除部位、门槽按二次混凝土要求进行封堵。

老闸保留底板、闸墩,其过流功能不变,但无须防洪、挡潮;因泵排、闸排流量与老闸基本相同,老闸在拆除闸门后成为一个过水涵洞,其内河侧水流有所变化,内河侧消力池与新建工程的护坦对接,两岸翼墙也相应对接,保证了内河侧的防冲;因过流使用条件基本相同,外河侧原消力池、护坦等均能满足设计要求。

**7. 创建多功能、多形式的枢纽布置,构筑简洁优美闸区景观环境,打造上海水利博览场所**

枢纽由一座船闸和两座泵闸组成,既有千年一遇的防洪墙又有200吨级船闸、既有大中型泵站又有中小型水闸。在泵闸布置形式上,排涝泵闸采用"泵+闸"布置形式,泵站设有高大宽敞的泵房,引水泵闸采用"泵+闸+泵"的布置形式,闸顶简洁明快无建筑;在泵型选择上,排涝泵采用单泵30 $m^3$/s斜30度大型轴流泵,单泵流量为上海最大,引水泵采用单泵5 $m^3$/s潜水轴流泵,属常用泵型;在金属结构布置上,有三角门、有横拉门、有直升门、有清污机。结构与形式多式多样,体现了上海水利工程的多样性和代表性,在同一地点,集中展现了上海常用的水利设施,为在此建立水利博览场馆奠定了基础。

设计摒弃了以往泵闸方正呆板的建筑造型的做法,大胆提出了"天鹅"这一设计主题,东侧的排涝泵闸通过天鹅优美的形体曲线来勾勒建筑的外形,不仅能消除泵闸大体量带来的压迫感,而且形成一道绚丽的河上景观,排涝泵闸平视夜景图详见图2。35 kV高压配电室及辅助建筑物则位于西侧地块中,从总图上看,宛如两只天鹅交颈而戏,与排涝泵闸相互呼应且隐喻河港于此交汇,工程平面总体鸟瞰图详见图3。

方案将广场分别设置在两块基地的入口处及道路拐角处,使得基地环境变得积极活跃,且运用拓扑原理,使基地形离而神合。连续的亲水广场,使基地与河道交融在一起,形成丰富完整的广场空间。

8. 科学进行了环境影响评价，合理提出环境保护措施

水利枢纽工程必须保护人民的正常生产生活和经济建设，促进地区经济的发展和保障居民生活水平的提高，减免洪水淹没带来的直接经济损失和对人民的生命威胁，保护和改善城市生态环境，促进生态环境良性发展。

工程实施后可充分利用水资源调度，改善水环境，加强水土保持的力度，可有效改善气候环境，增强抵御自然灾害的能力；在施工期对环境存在一定的不利影响，通过加强施工管理，严格执行各项规定等措施，可以把对工程建设地区环境的影响控制在较短的时间、较小的范围内和比较轻的程度上，不会对当地环境产生明显不利的环境影响。

9. 工程建成后所产生的社会效益、环境效益显著

在该报告中指出本工程整治的实施所带来的社会、经济和环境等综合效益相当显著，对整个青松片及莘庄商务区所产生的防汛减灾效益、生态效益、社会效益和经济效益将有显著的影响。

【咨询效果】

工可报告首先对该工程建成后所产生的社会效益、防洪效益以及生态景观环境效益进行了认真分析，然后进行国民经济评价，并进行敏感性分析。国民经济评价结果为：本工程经济内部收益率10.49%，大于社会折现率，经济效益费用比为1.19，大于1.0，说明本工程从国民经济角度分析是可行的。敏感性分析结果看，即使是最不利组合，其经济内部收益率也大于社会折现率，表明本工程从经济角度分析是稳定的，具有较强的抗风险的能力。

淀东水利枢纽泵闸改扩建工程是上海市"十二五"重大建设工程之一。该工程拥有上海地区迄今最大的排涝泵闸（泵站总装机流量90 $m^3$/s，两孔水闸总净宽为24 m），受到市水务局等相关部门的高度重视。

图2　排涝泵闸平视夜景图

图3　工程平面总体鸟瞰图

# 大治河西枢纽新建二线船闸工程可行性研究报告

The Feasibility Study Report of the New Second-line Ship Lock in West Hub of Dazhi River

编写单位：上海水利工程设计研究院有限公司
Shanghai Water Engineering Design & Research Institute Co.,Ltd
联系电话：021-32558000　　网址：http://www.swedri.com.cn/
主要完成人：卢育芳　卢永金　田利勇　张宝秀　潘世虎　倪琴丽　罗秀卿　顾凯　刘海青　崔冬

## 【点评】

本报告对建设上海市规模最大的船闸采取多方案比选，选定的方案在建设及使用期与现状西枢纽相互影响小，布置紧凑，投资相对较省。报告还进一步采用水利专业软件进行了一维和二维模拟研究，模拟了船闸在7种具体工况下的局部流场，验证了工程总体平面的布置科学合理。

## 【项目背景】

大治河西枢纽地处上海市闵行区浦江镇，位于大治河西端，距黄浦江边约1 000 m，是大治河衔接黄浦江的控制建筑物，是上海市"一环十射"高等级航道"大芦线"上重要的节点。现状大治河西枢纽建于1979年，包括一座净宽60 m（10 m×6）节制闸和一座300 t级船闸（闸首净宽12 m、闸室长300 m、宽20 m）。随着近年来经济的迅速发展，尤其是浦东新区的开发开放、临港新城、深水港、芦潮港内河集装箱港区的建设，"大芦线"将承担集装箱的集疏运任务，主力船型以500～1 000 t级国标船型为主，现状船闸通过能力远不能满足航运发展要求，新建二线船闸并相继改建一线船闸（非本工可内容）迫在眉睫。

## 【项目内容】

### 一、建设单位

项目建设单位为上海同盛内河航道建设发展有限公司。

### 二、建设地点

项目地处上海市闵行区浦江镇，位于大治河西端。

### 三、建设规模

新建二线船闸设计通航船舶吨级为1 000 t级，闸首和闸室同宽，净宽27 m，闸室有效长度300 m，总长度350 m，门槛水深4.50 m，为上海市规模最大的船闸，二线船闸的设计通过能力为2 900万t/年（年单向过闸船舶总载重吨位）。

### 四、设计标准

1. 通航标准

航道等级为Ⅲ级，船闸级别为Ⅲ级，通航船舶最大为1 000 t级，桥梁等跨河建筑物通航净空高度为7.0 m。

2. 防洪（挡潮）标准

外河侧外闸首按千年一遇高潮位5.35 m设防（2003年标准），外河侧防汛墙按千年一遇高潮位4.78 m设防（1984年标准）；内河侧按规划最高控制水位3.75 m设防；闸室段（内、外闸门之间）按外河侧最高通航水位4.75 m设防。

3. 建筑物级别

外闸首、外引航道防洪建筑物级别为1级；内闸首、闸室建筑物级别为2级；内河引航道防洪建筑物及内外河不兼防汛墙的导航及靠航建筑物级别为3级；围堰等临时建筑物为4级。

4. 抗震标准

本工程位于地震烈度7度区，建筑物按抗震烈度7度设防。

### 五、主体工程布置

1. 船闸轴线布置

二线船闸与节制闸纵向中心线距离为127 m，

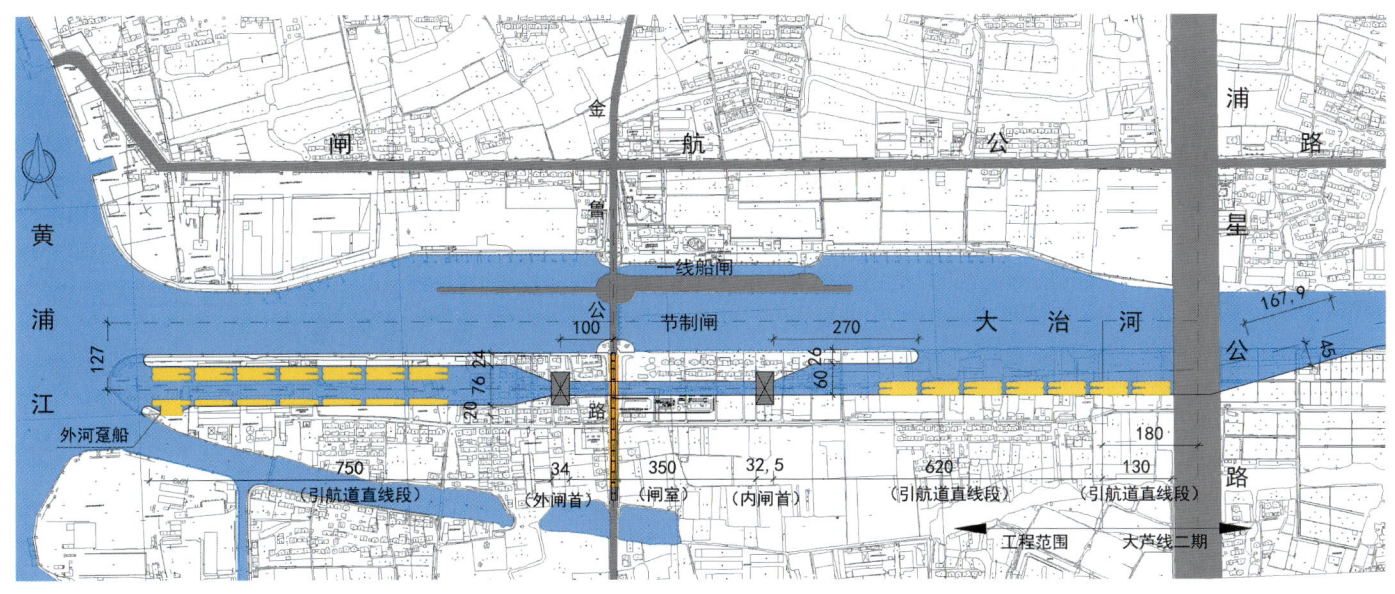

图1 工程平面布置图

二线船闸外闸首与节制闸交通桥横向中心线距离为100 m。

2. 闸首布置

内、外闸首采用整体式钢筋混凝土结构,筏式底板,空箱式边墩。外闸首顺水流向长度为34 m,垂直水流向总宽62.6 m,通航孔净宽27 m,门槛槛顶高程为-3.20 m。内闸首顺水流向长度为32.5 m,垂直水流向总宽62.6 m,通航孔净宽27 m,门槛槛顶高程为-2.50 m。

3. 闸室布置

闸室采用整体坞式钢筋砼结构。闸室顺水流向总长度为350 m,垂直水流向总宽31.4 m,通航净宽27 m,门槛槛顶高程为-3.20 m。

4. 引航道布置

外河引航道直线段总长为750 m,宽度为76 m;内河引航道直线段长度为750 m,其中本工程建设范围620 m,大芦线二期建设范围130 m,宽度为60 m。

5. 跨闸室桥梁布置

新建跨闸室交通桥(金鲁公路桥)桥梁中心线与原金鲁公路中心线一致,从二线船闸的闸室段穿过,桥梁与船闸闸室正交,桥梁中心线与船闸外闸首横向中心线距离100 m。新建桥梁主跨采用系杆拱梁组合体系,跨径41.84 m,梁底高程为11.75 m。主跨两侧引桥采用预应力板梁结构,桥梁北侧(节制闸侧)接坡长度约72.2 m,南侧接坡长度177 m。

工程平面布置成果见图1,工程鸟瞰图见图2和图3。

图2 工程鸟瞰图(往内河方向看)

图3 工程鸟瞰图(往外河方向看)

### 六、工程投资

工程工可批复总投资17.87亿元，其中工程费用4.95亿元。

## 【工作过程】

2006年8月上海市水利工程设计研究院（下称"我院"）和上海市水务规划设计研究院联合编制完成了《大治河西枢纽新建二线船闸工程项目建议书》。

2007年4月，上海市发展和改革委员会对项建书进行了批复（沪发改城〔2007〕129号文）。

2007年10月，我院与江苏省地质工程勘察院联合体通过公开招投标，获得大治河西枢纽二线船闸工程的设计（勘察）合同。

2007年11月，我院编制完成《大治河西枢纽新建二线船闸工程可行性研究报告（送审稿）》。

2007年12月，上海市水务局科技委组织专家对上述报告进行了行业评审。

2008年1月，我院编制完成《大治河西枢纽新建二线船闸工程可行性研究报告》（下称"工可报告"）报市发改委。

2008年2月，市发改委委托上海勘测设计研究院组织专家和市区两级航道、海事管理机构等相关职能部门对工可报告进行了评审。2008年2月21日，上海市航务管理局下发了"关于要求深化研究大治河西枢纽二线船闸工程引航道平面布置等有关问题的函（沪港航道〔2008〕10号）"。2008年4月18日上海市航道管理中心就大治河西枢纽新建二线船闸的平面布置方案邀请交通部规划研究院、中交水运规划设计院、浙江省交通规划设计研究院、江苏省航道局、江苏省交通规划设计院的有关专家和市地方海事局、港口局和水务局的代表进行咨询和评审，根据专家评审意见，市航务管理处下发了"关于对大治河西枢纽二线船闸工程平面布置深化方案意见的函（沪港航道〔2008〕20号）"。

2009年4月，上海市发改委将本工程东侧边界定为现浦星公路桥中心线以西约180m处，工程东侧边界以东的浦星公路桥等建设内容纳入大芦线航道整治二期工程一并实施。

2009年7月，上海市交通运输和港口局召开了"关于开展大芦线西枢纽规划调整的会议"，推进开展大治河西枢纽航道水系蓝线的规划调整工作。

2010年8月，中交上海航道勘察设计研究院有限公司、上海市城市规划设计研究院、上海市水务规划设计研究院联合编制完成《大治河西枢纽规划调整报告》。

2013年4月，我院编制完成《大治河西枢纽新建二线船闸工程可行性研究报告（修编稿）》（下称"工可修编"）。

2013年5月，上海咨询投资有限公司组织专家和相关部门对工可修编报告进行了评审。

2013年9月，市发改委对本工程工可进行了批复（沪发改投〔2013〕200号文）。

## 【咨询工作特点】

### 一、贯彻落实国务院相关精神，项目建设必要性充分

项目是贯彻落实国务院关于加快建设上海国际航运中心要求的需要；是贯彻落实国务院"十二五"期间加快内河水运发展、建设综合运输体系的需要；是促进船舶运输现代化、建设资源节约型及环境友好型社会，实现可持续发展的需要。项目建设必要性论证充分，为项目决策提供了科学依据。

### 二、水运量预测分析科学合理，为确定工程规模提供科学依据

报告详细分析了腹地经济社会发展和交通运输发展现状及规划，收集了南汇区内河货运量规划统计资料及货源调查资料、闵行区内河货运量规划统计资料及货源调查资料，研究了上海市国民经济和社会发展规划、上海市内河航运发展规划等相关规划，为确保过闸货运量预测结果的合理性提供了充实的依据。运用"回归分析""灰色系数预测""相关参数法"和"专家预测法"等货运量的先进预测方法，科学合理地预测了2010—2040年过闸货运量发展趋势和发展特点，得出了过闸上行、下行及不同货种（六大货种）的详细货运量预测成果，为项目的规模论证与确定提供充分并科学的依据。

### 三、工程规模论证充分，选定的工程规模科学合理

90TEU内河集装箱船舶是本工程主要设计船型之一，船舶尺度与常规内河船舶不同，船

闸拟定规模不能完全参考规范标准尺度，需结合本工程实际情况进行论证确定。同时二线船闸建设还需与后期一线船闸改建规模进行全局考虑，船闸规模选定难度大，需进行多方案比选论证分析。报告拟定了三种二线船闸尺度：350×23×4.5 m（长度×宽度×门槛水深，下同）、350×27×4.5 m、350×34×4.5 m，分别与一线船闸不同改造方案进行组合，共比选了10种规模组合方案，最终论证确定二线船闸尺度为350×27×4.5 m，一线船闸后期改造尺度暂定与二线船闸一致，也为350×27×4.5 m。工程规模论证充分，选定的工程规模科学合理，能适应近期远期发展要求。

四、区域周边环境复杂，用地条件紧张，工程总体平面布置紧凑而有序

项目受征地和拆迁、枢纽北岸闸航公路以北的规划住宅区、枢纽西侧南北两岸各两座220 kV的超高压铁塔（南桥至杨思双回路的超高压输电走廊）、枢纽东侧浦星公路桥以及二线船闸的闸位应不影响现有枢纽工程的引排水和通航等因素的影响，工程选址及总体布置难度大。通过对通航条件、施工条件、工程管理及周边环境影响等方面对比分析，最终选定新建二线船闸布置在现状枢纽南侧，一、二线船闸分离布置的方案。考虑到黄浦江无锚泊区，内外引航道长度和宽度确定时综合考虑了过闸船舶停泊和排队候泊船舶锚泊的需要，推荐内外引航道采用不对称布置形式，外引航道按两侧外扩，两侧靠泊，可容纳3列船舶；内引航道单侧北扩，单侧靠泊。推荐的总体布置方案具有建设及正常使用期间与现状枢纽相互影响小、工程占地少、投资相对较省的优点。

五、运用先进数值模拟分析方法，验证工程总体平面布置合理性

工程外河侧位于大治河、闸港、金汇港与黄浦江的交汇水域，区域内水流条件及通航条件十分复杂，为了验证工程平面布置的合理性，报告采用MIKE21二维模型与MIKE11一维模型模拟了黄浦江的整体流场以及工程区域一线船闸及新建二线船闸在节制闸3种功能和用途（排涝、关闭、引水）与不同内外河水位组成的7种具体工况下的局部流场，通过工程区多工况流态分析，指导船闸总体优化布置（见图4）。在进行水流数值模拟的同时，另外还运用大型船舶操纵模拟器，对多个工程布置方案进行航模试验分析，为选取最合适的平面布置方案提供科学依据。本工程推荐的平面布置方案无论从水流流态还是船舶通过能力均满足相关规范要求，总体平面布置方案科学合理。

六、工作闸门门型选择体现功能性、安全性、便捷性及景观性的高度结合

工程闸首净宽达到27 m，闸首工作闸门门型设计难度大，为选取适合本工程的工作闸门门型，从使用功能要求、安全可靠性、检修便捷性、施工可行性及景观效果等方面，全面分析比较了三角门、横拉门、平面升卧门及平面直升门等四种方案，最终选定采用三角门方案，该方案具有结构安全可靠、闸门可动水启闭、通航无高度限制、景观效果好等优点（见图5）。

七、主要建筑物结构考虑多方面因素，采取多方案比选，思路清晰，论证深入，成果可信

1. 闸室大跨径水工结构设计

工程闸室净宽达到27 m，为上海地区最大跨

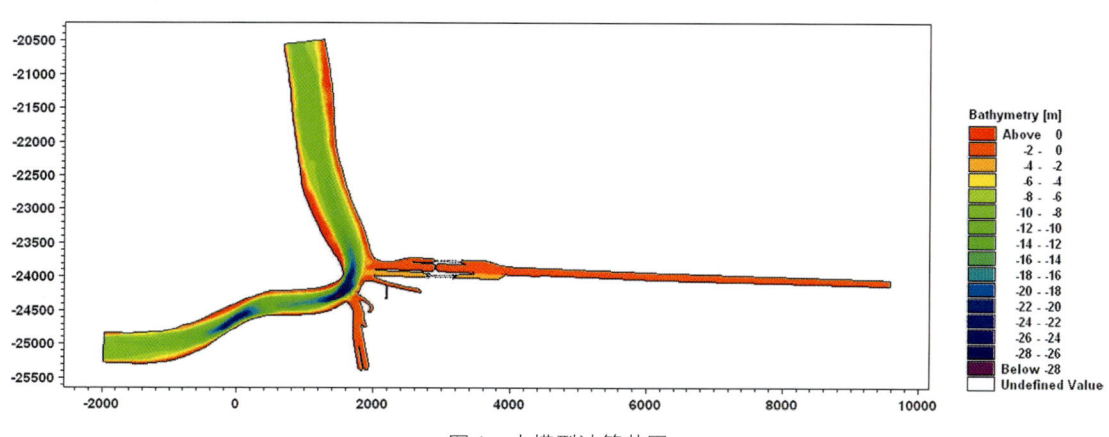

图4 小模型计算范围

图5 工作闸门效果图

径闸室结构,闸室设计难度大,为选取适合本工程的闸室结构形式,报告比选了钢筋砼整体坞式结构、悬臂式墙身加双铰底板结构、悬臂式墙身加灌砌块石底板结构、围护结构兼作闸室边墙加透水底板结构等多种闸室结构方案,综合考虑结构安全可靠性、经济性及软土地区的适应性等因素,最终推荐整体坞式结构。

2. 内外引航道超高挡土墙结构设计

工程内外引航道挡土高度达到6.7~8.4 m,挡土墙全部坐落在软土地基上,且内外引航道用地范围小,周边环境保护要求高,内外引航道挡土墙设计难度大。为选取适合本工程的内外引航道结构形式,报告比选了高桩承台、拉锚板桩、斜坡式等多种结构方案,综合考虑结构安全可靠性、经济性、用地指标及软土地区的适应性等方面因素,最终推荐高桩承台结构形式。

八、地基处理及基坑围护方案全面,论证深入,成果先进

1. 内、外闸首及闸室地基处理设计

设计充分考虑不同部位结构的受力特点及与围护结构间的关系,合理选择地基处理方案。

内、外闸首地基应力大,推荐采用桩基础方案,报告比选了预制方桩、PHC灌注、钻孔灌注桩及地下连续墙等方案,考虑到本工程周边环境保护要求相对较高,且闸首部位采用基坑围护结构进行开挖施工,为减小工程桩施工对周边环境的影响及工程桩与围护体系间的相互影响干扰,最终推荐采用钻孔灌注桩的地基处理方案。

闸室结构推荐采用整体坞式结构,相对内外闸首,地基应力较小,根据闸室结构特点,闸室地基处理主要需解决沉降控制、抗浮等问题。本工程闸室结构推荐采用沉降控制复合桩基地基处理方案,该方案经济性好,同时可以满足本工程沉降控制要求,并兼顾解决了检修工况抗浮无法满足规范要求的问题,地基处理方案性价比高。

2. 内、外闸首及闸室深基坑设计

工程基坑开挖深度深(内、外闸首基坑开挖深度超过12 m,闸室基坑开挖深度超过10 m),基坑面积大(基坑总面积约16 000 m²),根据本工程主体结构平面布置特点,设计对基坑工程总体平面布置针对性地比选了开敞式布置和封闭式布置方案,最终推荐封闭式布置方案,该方案在经济性、安全性、施工便捷性等方面具有优势。同时针对闸首、闸室基坑的开挖深度和施工场地条件,对闸首、闸室基坑围护结构分别进行地下连续墙、钻孔灌注桩及SMW工法等多方案比选,综合施工安全、经济、工期等方面因素,推荐闸首、闸室基坑采用SMW工法围护。

九、全面识别项目风险因素,科学制定风险防范措施,确保社会安全稳定

项目通过组织召开市、镇级层面的风险分析评价意见征询会的方式,收集各级政府对项目建设提出的抗风险因素意见,梳理利益相关群体的诉求,通过对照、识别,整合成6条主要风险因

素,评判项目初始风险等级为B级,并对应提出6方面的风险防范化解措施,采取预判措施后,项目风险指数由0.618下降至0.408,预期风险等级可控制在B级范围。通过项目风险分析,可以更清楚地认识到工程推进过程中可能遇到的问题和困难,为事先采取必要措施提供科学依据,为控制项目风险,确保社会稳定提供保障。

## 十、注重水土保持与环境保护,将工程对生态环境影响降至最低

工程与黄浦江相接,工程距离黄浦江上游水源地较近,为将工程实施对生态环境影响降至最小程度,需高度重视水土保持和环境保护措施。本工程施工期间水土流失防治按一级标准执行,工程建成后绿化覆盖率达到50%以上,以营造绿色、生态、美观的闸区环境。同时,通过落实环境保护对策措施,严格执行环保"三同时"制度,加强环境管理和环境监理,可以有效减轻工程建设产生的不利环境影响。

## 十一、经济评价客观合理,项目实施将获得明显的社会和经济效益

按照经济效益费用分析原则,采用"有—无"对比法计算项目的费用和效益。本工程经济内部收益率11.01%,大于社会折现率,经济效益费用比为1.31。根据敏感性分析结果,即使是最不利组合,其经济内部收益率也大于社会折现率,表明本工程从经济角度分析是稳定的,具有较强的抗风险能力。项目在落实加快发展内河水运战略、加快国际航运中心建设、构建长江三角洲高等级内河航道网以及推动社会低碳经济发展等方面,将产生积极的影响。

## 【咨询效果】

### 1. 工程规模远近结合,论证充分

90TEU内河集装箱船舶是本工程主要设计船型之一,船舶尺度与常规内河船舶不同,船闸拟定规模不能完全参考规范标准尺度,需结合本工程实际情况进行论证确定。同时二线船闸建设还需与后期一线船闸改建规模进行全局考虑,使本项目船闸规模选定难度更大,需进行多方案比选论证分析。设计分别拟定闸室宽度23 m、27 m、34 m三种船闸尺度,与一线船闸不同改造方案进行多组合分析,最终推荐规模能适应近、远期发展要求,得到专家及各相关单位一致认可。

### 2. 工程总体平面布置紧凑而有序,论证方法先进

项目区域周边环境复杂,用地条件紧张,工程选址及总体布置难度大。通过对通航条件、施工条件、工程管理及周边环境影响等方面的综合分析,选定新建二线船闸布置在现状枢纽南侧,一、二线船闸分离布置的方案。考虑到黄浦江无锚泊区和过闸船舶停泊、候泊需要,推荐内外引航道采用不对称布置形式,外引航道按两侧外扩,两侧靠泊;内引航道单侧北扩,单侧靠泊。推荐的总体布置方案建设及正常使用期间与现状枢纽相互影响小、工程占地少、投资省。考虑到本工程外河侧位于大治河、闸港、金汇港与黄浦江的交汇水域,水流条件及通航条件十分复杂,设计采用二维与一维模型耦合,模拟了流场,分析了一线船闸及新建二线船闸在节制闸排涝、关闭、引水3种状态与不同内外河水位组成的7种工况,指导船闸优化布置。另外还运用大型船舶操纵模拟器,对多个工程布置方案进行航模试验分析,为选取最合适的平面布置方案提供科学依据。本项目工程总体平面布置紧凑而有序,布置方案论证方法先进且充分,在评审会上得到专家及各相关单位高度认可。

### 3. 主要建筑物结构方案选择合理,有效控制工程总体投资

项目具有软土地区大跨径水工建筑物、软土地区高挡土结构、大面积临水深基坑等设计难点,咨询报告考虑多方面因素,采取多方案比选,深入论证主要建筑物结构选型,选定的结构方案总体合理可行。经初步设计及施工图阶段进一步深入研究后,仍基本维持了可研报告所推荐的结构方案,很好地说明了可研报告选定的结构方案的合理性,从而也使得本项目工程概算、预算投资均顺利控制在可研批复范围内,获得建设单位高度认可。

# 东太湖综合整治工程可行性研究报告
## The Feasibility Study Report of East Taihu Lake Comprehensive Regulation Works

编写单位：上海勘测设计研究院有限公司
Shanghai Investigation, Design & Research Institute CO., LTD
联系电话：021-65427100　　网址：http://www.sidri.com
主要完成人：盛根明　陈瑞方　李巍　魏清福　杜心慧　胡静　纪洪艳　周俊　倪文杰　戴绪华

### 【点评】

本报告采用了一维、二维水流水质数学模型等手段对工程规模、工程效果等进行预测和分析，科学拟定了东太湖治理的综合性工程措施，较为妥善地解决了东太湖退垦还湖、堤线调整和土地利用等历史遗留问题，有利于完善太湖流域防洪减灾体系，提高流域防洪除涝标准，为水资源优化配置和合理利用创造条件。

### 【项目背景】

东太湖是长江中下游地区典型的草型湖泊，是太湖的浅水湖湾和主要出水通道，也是上海市、浙江省杭嘉湖区城镇供水取水口的主要来水水源和江苏省苏州市的供水水源地，具有防洪、供水、水生态环境保护和水产养殖等多种功能。近半个世纪以来在自然和人为因素的长期作用下，东太湖形态和水生态环境遭到严重破坏，湖泊衰亡进程加快，湖泊良好的服务功能无法正常发挥，各方高度重视，对东太湖进行综合整治已经迫在眉睫（见图1）。

东太湖综合整治工程是太湖流域水环境综合治理的重点工程之一，也是太湖流域防洪规划和水资源综合规划确定的骨干工程之一，为加快东太湖综合整治工程的实施进程，落实2008年5月国务院批复的《太湖流域水环境综合治理总体方案》、2008年2月国务院批复的《太湖流域防洪规划》及2008年3月水利部、江苏省人民政府批复的《东太湖综合整治规划》，提高流域防洪、供水能力，改善东太湖水生态环境，恢复东太湖的综合利用功能，促进流域经济社会的可持续发展，2008年11月苏州市东太湖综合整治工程项目管理办公室委托上海勘测设计研究院有限公司开展东太湖综合整治工程可行性研究工作。

### 【项目内容】

东太湖综合整治工程内容主要包括：行洪供水通道工程、退垦还湖（含堤线调整）工程、生态清淤工程和东太湖水生态修复工程（包括滨湖湿地水生态修复工程和流域防洪及生态示范基地工程）等（见图2）。

1. 行洪供水通道工程

行洪供水通道包括主通道、支通道和通道保护区。主通道指连接东茭嘴与瓜泾口的通道；支通道指连接主通道，分别至戗港、大浦口和三船路港等排水口门的三条通道，为与正在组织实施的围网养殖区域相协调，支通道布置在各围网区之间预留的通道范围内；通道保护区指为保证疏浚通道功能的充分发挥，在主通道和支通道两侧

图1　东太湖综合整治前的围垦区

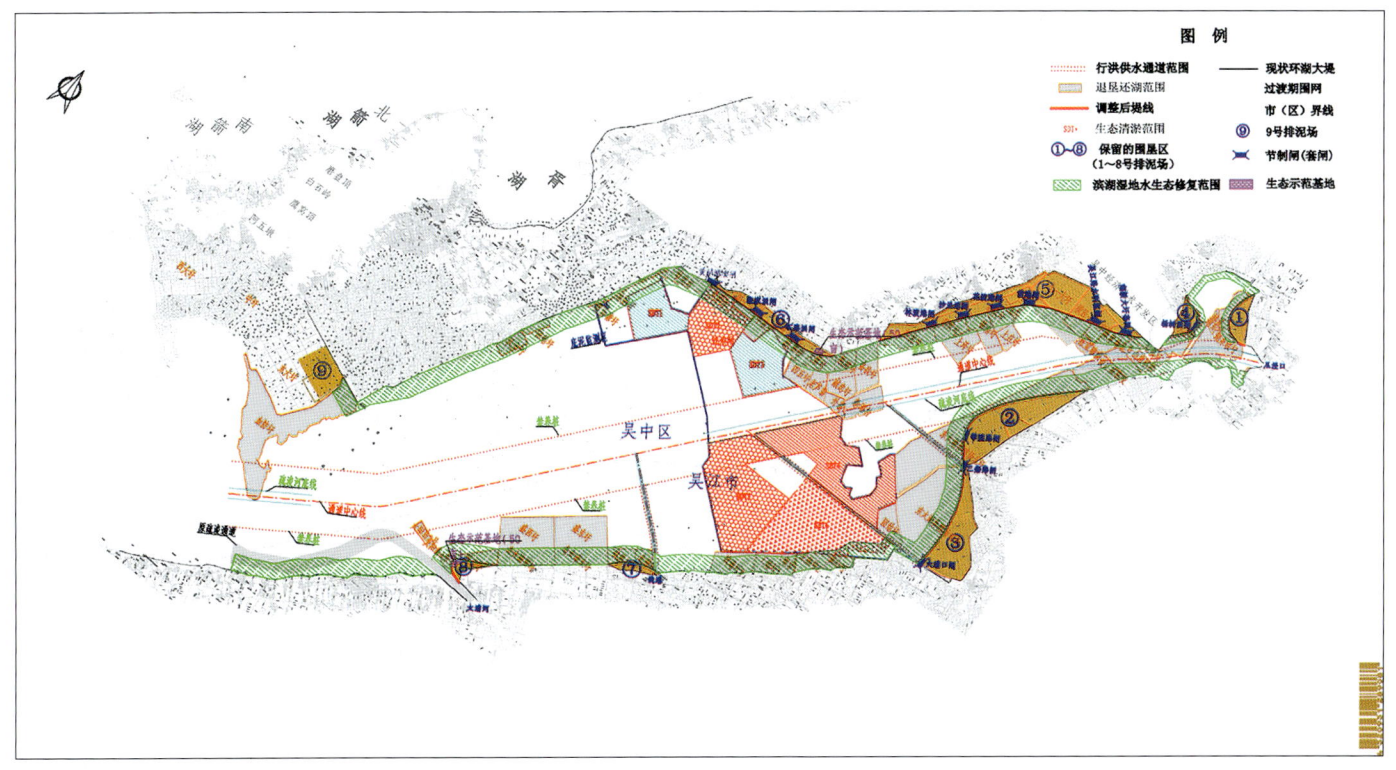

图 2　东太湖综合整治工程布局示意图

划定的保护区域。

行洪供水通道包括疏槽和两侧保护区两部分组成，通道总宽度为：主通道东茭嘴—上庄圩为 2 000 m（含疏槽），上庄圩—苏震桃公路桥段为 800—2 000 m，苏震桃公路桥—瓜泾口闸为 800 m；支通道为 160 m（含疏槽）。保护区湖底高程根据生态治理要求按 2.0 m 控制。

2. 退垦还湖（含堤线调整）工程

东太湖现有围垦区 57 座，总面积 75 824.0 亩（50.55 km²），实施退垦还湖总面积 55 913.9 亩（37.3 km²）。

工程调整堤线总长 29.3 km（调整段老堤长 29.9 km），相应调整口门控制建筑物 8 处，同时适当清除围垦区内鱼塘底部污染严重的淤泥、平整局部水域低矮圩堤。

3. 生态清淤工程

底泥作为入湖沉积物质的载体，是湖泊营养盐的蓄积库，是主要的内在污染源之一，根据东太湖的污染底泥分布及污染程度，实施生态清淤工程。考虑到清淤影响、渔业养殖等，因此，本工程在已实施的退渔还湖工程 4.5 万亩的围网养殖区域内不安排清淤。

根据东太湖湖底地形、底泥厚度、底泥污染状况以及底泥释放试验成果，将东太湖清淤分成以下 6 个疏浚区块，合计清淤面积 24.04 km²，清淤深度 0.2～0.5 m。清淤工程量 573.30 万 m³。

4. 水生态修复工程

东太湖水生态修复主要包括滨湖湿地水生态修复与生态示范基地。

湖滨带是湖泊重要的功能带，是湖泊水、陆生态系统间重要的过渡带，具有保持物种多样性、拦截陆域污染物、调节物流和能流、稳定相邻生态系统及净化水质等功能。滨湖湿地水生态修复工程对沿新建大堤 200～500 m 退垦还湖区的湖滨带进行生态修复和重建，以充分发挥湖滨带生态功能。

【工作过程】

为了更好地完成可研报告，上海勘测设计研究院有限公司积极部署，在对工程区域进行了详细地形测量、地质补充勘探及湖区底泥调查的基础上，结合太湖流域防洪、水资源配置、区域水环境改善及城市景观，重点对项目的必要性、工程规模、工程建筑物布置方式和结构形式、施工组织设计、移民安置、环境影响评价、水土保持方案及经济评价等进行了深入研究。在项目的必要性论证方面，采用东太湖二维水流水质数学模型等技术手段，复核东太湖现状行洪和供水能力、计算现状水质，针对东太湖目前存在的主要问题，以实现东太湖防洪、供水、水环境目标为前提，结合防洪、水资源配置和水环境改善的要求，论证东太湖综合整治工程建设的必要性；在工程任务论证方面，根据《东太湖综合整治规划》及相关流域重大规划提出的东太湖功能定位和任务要求，深入研究明确工程建设任务；在工程规模论证方面，根据东太湖行洪供水任务，结合围网养殖、退垦还湖及生态清淤调查等详细测量调查资料等进一步论证确定；在移民安置方面，由于本次涉及了大量的围垦区的退垦工作，大量移民需要安置，因此在移民安置工作上充分体现以人为本的指导思想，在符合各项法律法规的前提下，尊重历史，提出以1988年为界，对1988年以后的围垦区土地依法不予占用补偿，妥善解决了历史遗留问题。经过反复的论证、协调，工程最终推荐方案协调了各行业、各部门意见，统筹考虑了东太湖防洪、供水、水环境、生态保护等多种功能，开创性地将水利、生态及湖滨城市建设相结合，科学拟定了东太湖治理的综合性工程措施、规模、资金筹措方式等。

在各方的共同努力下，项目有条不紊地推进。2008年12月，上海勘测设计研究院有限公司编制完成了《东太湖综合整治工程可行性研究报告总体工作大纲》，并请太湖流域管理局、江苏省水利厅和苏州市有关专家进行了咨询。在太湖流域管理局、江苏省水利厅和苏州市人民政府的大力支持和配合下，编制完成《东太湖综合整治工程可行性研究报告（送审稿）》。2009年2月，水利部水利水电规划设计总院会同太湖流域管理局在北京召开审查会，并形成了审查意见。根据审查意见修改后形成《东太湖综合整治工程可行性研究报告（报批稿）》，2009年7月通过了中国水利水电科学研究院评估，2010年3月国家发展与改革委批复了该报告。

## 【咨询工作特点】

东太湖综合整治工程是一项综合性的河湖整治工程，工程涉及面广，各部门存在着较大的争议，还牵涉土地权属、资金筹措等敏感问题，难度极大，本次大胆创新，综合论证，咨询工作主要具有以下特点：

### 一、综合协调各行业、多部门的利益冲突

统筹东太湖防洪、供水、水环境、生态保护等多种功能，科学拟定东太湖治理的综合性工程措施。东太湖综合整治涉及流域与地方、各行业、多部门之间的利益冲突，协调难度极大。可研报告编制期间以深入调查为基础，注重发挥多部门的作用，广泛征求各方意见，坚持民主协商，科学规划布局方案，坚持基础资料公开，编制过程透明，成果共享。各行业各部门团结协作、相互支持，求同存异，在流域与地方、各行业、多部门之间谋求和谐，很好地解决了所涉及的复杂利益矛盾，实现了互利共赢，充分体现了科学、民主、公正、公开原则，理念超前。

东太湖具有防洪、供水、水生态环境保护和水产养殖等多种功能，近半个世纪以来，在人类过度养殖、围垦等开发活动的影响下，东太湖行洪、供水能力减弱，湖泊富营养化加剧，生态恶化问题日益突出，沼泽化问题严重，湖泊逐步走向消亡，给周边区域经济社会的可持续发展和群众生活带来很大影响。可研报告综合考虑东太湖的各种功能，采取综合性整治的创新理念，经科学论证确定了行洪供水通道、退垦还湖、堤线调整、生态清淤、滨湖湿地建设、防洪及生态示范基地等一揽子工程治理措施，多管齐下，突破了"头痛医头、脚痛医脚"的常规治理思路。

### 二、开创性地将水利、生态及湖滨城市建设相结合

苏州市吴江区和吴中区城区与东太湖水脉相通，城市的发展都依湖而立。近几年，两个市域的发展中心都向东太湖区域靠拢，沿湖区域重点建设生态安全源区和滨湖生态休闲旅游片区，沿东太湖打造优质生态源，用于水源、水生动物、水鸟保护等，湖滨部分区段集中发展休闲、旅游、度假、会展等第三产业。

本项目突破传统水利的界限，在项目伊始就充分结合地方经济与城市发展的需要，将水利、生态及湖滨城市建设相结合。

各项工程的论证上均考虑了后期的土地利用及城市建设等，其中退垦还湖涉及环湖堤线调整和土地资源等重大政策性难题；行洪供水通道疏浚与退垦还湖密切相关；生态建设与上述各方面相关，还涉及污染底泥疏浚等其他工程，本次迎难而上，理顺各工程之间的关系，科学论证，工程方案充分考虑了湖滨带生态景观治理以及湖滨土地利用及城市建设，实现各方共赢，在满足水利目标的同时也为未来的生态及滨湖城市建设创造了条件。

## 三、合理确定湖泊底高程,科学划分湖泊水域功能

东太湖的围垦一直持续到1970年代末期,由于不断围垦造地,东太湖水面不断缩小,唐宋时期东太湖水面约有400~500 km²,2007年东太湖总面积185.4 km²,其中围垦区50.6 km²,围网养殖区113.2 km²,自由水面仅为21.6 km²,湖底高程大多在2.0 m以上,供水困难,在枯水期基本丧失自流供水的能力,疏挖土方是综合整治工程的重要组成部分,湖底高程成为影响湖泊功能和工程投资的主要控制指标,也是湖泊综合治理中较难确定的参数,本项目创新性地综合研究湖泊沼泽化、防洪、供水、湖泊生态、东太湖水下地形态特征等问题,综合论证确定了东太湖湖底适宜高程不超过2.0 m。

影响东太湖自然、生态环境变化的内、外因素众多,演变过程复杂,本项目综合了大量与湖区相关的环境资料数据,从宏观角度分析了东太湖数十年跨度的自然、生态环境特征变化过程,详尽地描绘出东太湖从历史到当前再到工程实施后地区生态系统演变的图景。以此为基础,结合《太湖流域水功能区划》中东太湖功能定位要求,综合考虑今后湖泊利用要求和整治目标需要,从功能协调性、进—出水空间形态和湖滨—湖心空间形态等方面分析,将东太湖水域划分为行洪供水通道区、生态清淤区、滨湖湿地等水域,明确了不同分区功能定位和规模,为湖泊的保护奠定了基础,也为东太湖综合整治后湖区环境长期管理提供了科学参考。

## 四、科学、系统论证工程规模,妥善解决历史遗留问题

### 1. 退垦还湖工程和堤线调整工程

2007年东太湖环湖大堤以外共有围垦区57个,均为国有土地,由于历史原因,长期由百姓耕作使用,总面积50.6 km²,占东太湖环湖大堤以外总面积的27.3%,其中4个圩区围垦于1988年(《水法》颁布年)以前,总面积2 224亩。

退垦还湖和堤线调整涉及流域与地方、各行业、多部门之间的利益冲突,涉及土地利用等重大历史遗留问题和政策性难题。本研究在规划的基础上,进一步深化研究和论证,综合平衡各方面的需求,从技术经济、历史与现实等角度科学论证退垦还湖及堤线调整工程规模,对退垦还湖的弃土和排泥场进行综合开发利用,在解决了各方矛盾的同时,很好地解决了东太湖综合整治资金不足的问题,实现了流域与地方双赢的目标,妥善解决了历史遗留问题。

### 2. 行洪供水通道工程和生态清淤工程

东太湖原本是生态系统良好的湖湾,但在人类"围湖造田"的强烈干预下,东太湖初现沼泽化趋势的湖岸区迅速变成陆地,芦苇群丛消失后,湖区的浮叶及沉水植被亦开始新的演替过程。湖泊沼泽化进程的加剧减缓了湖泊水流流动,严重破坏了东太湖原有的水生态系统,同时沼泽化导致出入湖河道河口阻塞,影响泄洪、供水和水质。本次针对东太湖承担的流域防洪任务,对各疏槽的形态进行了充分比选,从过流能力、工程施工、工程量、工程投资、对取水口的影响以及工程维护管理等方面对疏槽的规模方案进行综合比较,合理选定工程规模。

生态清淤作为太湖水环境治理的重要内容,是消除湖区内源污染、遏制太湖富营养化的重要措施,对于保障供水安全和湖泊生态健康具有十分重要的作用,但是目前仍缺乏比较统一、适用和有效的判别指标体系。本项目对东太湖底泥分布、污染程度进行详细调查,并进行分区、分层底泥释放试验,分析得到了东太湖详细的底泥淤积厚度和污染状况等重要成果,据此科学确定了生态清淤深度,工程方案及规模得到各方的认可。

## 五、创新性的资金筹措方式

东太湖综合整治工程是太湖流域水环境综合治理总体方案、太湖流域防洪规划确定的重点工程,是一项以防洪和水环境改善为主的公益性项目,项目投资巨大,具有显著的环境效益和社会效益。但投资巨大,达40多亿元,因此资金筹措方案是工程顺利实施的关键。

苏州市吴江市和吴中区两个城区市域与东太湖水脉相通,城市的发展依湖而立,因此,本次结合地方滨湖城市发展需要,利用的排泥场比较靠近城市规划发展区,因此排泥场后期考虑开发为建设用地。这些地块的开发可通过美化湖滨、营造环境,为当地的旅游休闲产业创造生态空间和经济效益,提高了土地资源的综合利用率,促进土地的升值,因此,对退垦还湖的弃土和排泥场进行综合开发利用,在解决了各方矛盾的同时,妥善解决了东太湖综合整治资金不足的问

题,实现了流域与地方双赢的目标。

### 六、采用了多种先进的数学模拟手段,科学评估和预测工程作用

由于湖泊环境的复杂性,对湖泊综合治理效果的评估目前仍缺少全面、可靠的评估和预测方法体系,如何定量评估和预测综合治理措施对湖泊水环境改善、防洪、供水的作用仍是世界性难题。为了科学评估和预测工程作用,本次建立了一维、二维模型,其中河网一维水量模型采用河海大学开发的太湖流域水量水质数学模型系统,该模型经水利部及国家有关科技部门的鉴定认证,认为是太湖流域可推行使用的水量水质模型。二维水流水质模型采用丹麦水利研究所开发的Mike21模型系统,是目前国际上同类模型中功能比较齐全、应用比较广泛的模型系统,各模型均采用最新的水文水质资料进行验证。利用先进手段对行洪供水通道等重要工程措施进行了多方案比选,对综合治理工程改善水环境、提高行洪和供水能力效果进行了详细的分析研究,为工程规模的科学确定提供了技术支撑,为有关部门的决策提供了科学依据。

### 【咨询效果】

东太湖综合整治工程是一项河湖综合整治项目,项目的实施符合太湖流域水环境治理总体方案、防洪规划、区域经济社会发展、水资源和水环境保护等相关法规要求,工程的总体布局在综合考虑改善湖泊生态环境、提高环境承载力的同时充分考虑地方经济发展需要,积极贯彻落实国家关于太湖防洪、水环境综合整治等方面的法律法规和相关政策,最大限度地恢复原来湖面面积,工程建设有利于完善太湖流域防洪减灾体系,提高流域防洪除涝标准,为水资源优化配置和合理利用创造条件,对改善东太湖区域水环境及生态环境,进一步保障供水安全,促进流域经济社会可持续发展具有十分重要的作用(见图3)。

东太湖围网养殖由来已久,是历史遗留问题。东太湖综合整治涉及流域与地方、各行业、多部门之间的利益冲突,涉及东太湖退垦还湖、堤线调整和土地利用等重大历史遗留问题。东太湖综合整治工程综合平衡各方面的需求,从技术经济、历史与现实等角度,结合地方滨湖城市发展,对退垦还湖的弃土和排泥场进行综合开发利用,在解决了各方矛盾的同时,很好地解决了东太湖综合整治资金不足的问题,实现了流域与地方双赢的目标,并在精心组织下得以顺利实施,基本解决了历史遗留问题。

工程是一项公益性项目,项目投资巨大,工程具有显著的环境效益和社会效益。湖泊综合治理尚属世界性课题,我院根据东太湖特点,制订的研究理念超前,论证方法科学先进,具有较强的创新性和可操作性,研究成果得到了国家发展和改革委员会、水利部水利水电规划设计总院、中国水利水电科学研究院、苏州市人民政府的认可,为有关部门的决策提供了科学依据,对工程建设和促进地区经济发展具有重大意义,值得类似湖泊综合治理工程参考、借鉴。

图3 东太湖综合整治后碧波荡漾的湖面

# 上海古猗园景观水体治理工程可行性研究报告
## The Feasibility Study Report of the Landscape Water Body Governance Project in Shanghai Guyiyuan Garden

编写单位：上海勘测设计研究院有限公司
Shanghai Investigation, Design & Research Institute CO., LTD
联系电话：021-65427100　　网址：http://www.sidri.com
主要完成人：朱雪诞　张宏伟　何文辉　沈澈　杜心慧　左倬　蒋欢　刘涛　曹卉　王建芹

【点评】

本报告创新提出以"食藻虫控藻引导水体生态修复技术"为主，辅以底泥生态疏浚等技术，同时探索出一套适合公园水体"盲肠"水系的水流改善技术（微流循环系统），能耗少，便于实施和管理，增加水体自净能力及环境容量，对解决公园景观水体富营养化具有重要的借鉴和推广价值。

【项目背景】

古猗园位于上海市西北郊嘉定区南翔镇，离市中心21 km，内有逸野堂、戏鹅池、松鹤园、青清园、鸳鸯湖、南翔壁6个景区，是江南名园，上海最古老的览胜风景之一。古猗园典雅精致，其园艺布局具有"古朴、素雅、清淡、洗练"的特点。曲水通幽更是此园的一大特色，水系贯通全园，延绵近千米。园区的亭台楼阁多临水而建，与水景配合，体现了"亭台到处皆临水，屋宇虽多不碍山"的意境，水系形状蜿蜒曲折。但整园水体处于全封闭状态，与园外河道不相通，处于不流动的相对静止状态，主要补充水源为雨水。

近些年由于缺乏新鲜水源补给、底泥淤积污染及生态系统退化等原因，水体浑浊，透明度较低，夏季富营养化程度高，出现异味，严重影响古猗园的园林景观。为改善水质，古猗园已对厕所排水管、公园污水管道进行了纳管改造，但由于水体生态系统脆弱，自净能力差，加之近20年古猗园未进行大规模的清淤，公园内每年大量落叶、尘土沉入水底，加剧了水质恶化和水体富营养化，对古猗园的自然景观、文化风貌和旅游形象造成了极大影响，使精致幽雅的园林景观黯然失色（见图1）。古猗园作为2012年国际荷花节、2014年国际睡莲展承办单位，为了让国内外游客在欣赏多姿多彩的荷花及睡莲曼妙姿态的同时，能感受江南园林水的灵韵，2011年立项对园区的水体水质进行治理。

【项目内容】

本工程位于上海市嘉定区沪宜公路218号古猗园内，由上海古猗园管委会负责建设，实施范

图1　工程实施前

围包括园内约17 765 m²水体及周围区域改造。通过景观水体治理工程的实施,使水体生态系统初步达到稳定状态,主要水质指标达到《地表水环境质量标准》(GB3838—2002)Ⅲ~Ⅳ类水质标准,水体透明度达到1.2 m以上,全面提升滨水区的人文、艺术内涵,美化环境。

1. 水体生态修复工程

通过构建"食藻虫—水下森林"共生生态系统,辅以曝气和水体微循环技术措施,并设置初期雨水拦污网,有效改善水质,修复受损生态系统。其中种植水生植物约17 456 m²,设置曝气系统1套,微循环系统4套。

2. 湖区清淤工程

对细鹅池水域西北角、鸳鸯湖水域东南角及龟山湖水域西北角进行清淤,清淤深度0.2~0.8 m,清淤量约787 m³。

3. 滨岸带景观改善工程

在龟山湖水域沿岸约1 m处点缀增植挺水植物,丰富水体景观,面积约330 m²。

4. 沿湖陆域绿化景观改造工程

结合水体整治,对湖区周围绘月廊沿湖区、落羽杉区、松鹤园沿湖区、君子堂北侧沿湖区、龟山南侧沿湖区绿化进行局部调整,调整面积约2 600 m²。

本工程资金来源为市级城市维护资金,列入2011年上海市城市维护项目计划。

【工作过程】

2011年我院承接到该项目后,立即组织各专业成立了古猗园水环境治理项目组,先后对古猗园水系的补给、纳污、流动、水质、底泥淤积和污染、生态系统等情况进行调查,发现水系封闭、缺乏补给来源、流动性差而置换能力匮乏、底泥淤积污染、生态系统脆弱、水生植物群落单一,是水质恶化、水体富营养化的主要原因。因此,修复受损水生态系统、解决内源污染、改善水体流动性等技术问题是本项目的实施难点和重点。

为了解决本项目遇到的难题,确保工程在最短时间内达到建设目标,为游客提供一个优美的旅游休闲环境,项目组多次开展院内讨论、现场调研及专家咨询,最终拟定采用"食藻虫控藻引导水体生态修复技术",辅以"水体垂直及水平双重微循环流动技术",构建"食藻虫—水下森林"共生系统,通过虫控藻、鱼食虫等形成食物链,恢复沉水植物,发挥沉水植物对营养物质的吸收净化效果,改善水体水质及景观。

【咨询工作特点】

1. 创新提出"食藻虫控藻引导水体生态修复技术"

根据对近年来国内外富营养化水环境治理的技术方法和实践进行调研总结,可发现单纯的外源截污、内源清淤、物化沉淀、机械清除、生物调控等任一种技术或措施在控制水体富营养化的效果往往缺乏长期持续性。因为,富营养化问题不是一个简单的水体污染问题,而是生态系统失调问题,是生态系统的结构功能在人类活动的干预下发生了重大变化后出现的一种灾难。因此,本工程的水体治理方案旨在研究开发可调节生态系统的结构与功能、促进生态演替、加速水体生态修复和改善水质的成套技术,并最终建立良性自循环的健康水生态系统。故根据目标水体的生境特点、水体富营养化的规律和成因,针对性采用"食藻虫控藻引导水体生态修复技术"为主,辅以底泥生态疏浚等技术。

食藻虫是一种在自然环境中存在的浮游动物,经多年吃蓝绿藻习性驯化、提纯及复壮后,其消化系统可吸收其他浮游动物难以消化的蓝藻胶和多糖类物质,通过食藻虫摄食水体中蓝绿藻可提高水体透明度,同时食藻虫还会分泌出某种生态因子抑止蓝藻的再次生长,使水体较长时间保持透明状态,对水体中蓝绿藻的防治具有显著效果,为沉水植物的生长创造光照条件,同时还可作为一些经济物种尤其土著经济鱼类营养丰富的饵料,进而引导水生生态系统的良性循环。辅以底泥生态疏浚,去除表层污染严重的底泥,减少内源污染,又保留一定的基底,为生态系统的建立提供基底条件。

2. 构建微流循环系统

由于历史遗留等原因,多数公园的水系都是封闭型或通过水闸独立于外部水系,循环流动性差,继而带来水质恶化等一系列问题。古猗园水系就是一个典型的全封闭型水系,不具备与外界河道沟通条件,缺乏补给水来源。

本工程在戏鹅池水域、鸳鸯湖水域、龟山湖水域和新湖水域分别设置潜流水泵,构建微流循环系统,优化水体流场,缓解"盲肠"水系流态,促进水生态系统的良性发展。循环水泵及引流管均设置为移动式,以便及时调整水流优化循环方式,对因风向等影响而流速较小的区域,使用微循系统定期置换水体,全面改善水体水质。

在工程水体中设置大小两套微流循环系统。大循环系统是在全湖区(不包括荷花种植区)中布置国内先进的具有分子筛功能的智能曝气系统,具有增氧、平衡水质的作用,加速水体新陈代谢,调和沉水植物系统的光合作用和呼吸作用。小循环系统是在大湖面布置潜水泵及引流管,将局部死水区与湖区其他水域进行交换,增加局部水体的流动性,水泵引流方向与工程区域季候风向相配合,可适应不同环境下水体流动需求。

大小两套循环系统的设置,可增强水体流动性,减少水体滞流区,增加水体自净能力,改善水体水质,且不影响古典园林的景观。其工程造价低,施工方便,维护简单,且微流循环系统的出水以喷泉形式出流,在增氧的同时增强了景观效果,为公园"盲肠"水系水质改善提供一次有益尝试和一项有效技术。

3. 在景观水体中率先使用微泡增氧技术

在景观水体中率先使用微泡增氧技术,增加水体溶解氧,提高水体自净功能。整个曝气系统由智能渗气管、配气管、气泵及电控装置等组成。智能渗气管具有分子筛的功能,仅能够让氧分子从管壁渗入水中,提高氧气在水中溶解速率,在2 m水深内的氧利用率高达40%,远高于常规曝气装置的10%~15%。曝气气泡非常细小,成雾状,在水体中能起到微气浮的作用,并使水体中表层漂浮物向两岸集中,便于表层漂浮物的收集清理。

4. 将经典生物操纵及非经典生物操纵理念相结合

生物操纵技术是水域生态系统恢复的重要手段之一,具有可操纵性的水生生物作为"消费者"和"捕食者",可实现水体中生态平衡。经典生物操纵即通过对水生生物群及其栖息地的一系列调节,以增强其中的某些相互作用,促使浮游植物生物量下降。非经典的生物操纵理论的主体是利用鲢、鳙鱼和滤食性水生动物来直接控制藻类水华。本工程结合上述理念,施工前期将使用小型水生浮游动物"食藻虫"吃掉水中的蓝绿藻,使水体能在较长时间保持透明状态,为沉水植物种植提供前提条件。施工后期,在水体中投放多种大型水生动物鱼虾螺贝类,通过水生动物的活动及摄食,形成完整的食物链,加速物质和能量流动的速度,促进水体中各种营养元素向沉水植物转化,再通过草食性鱼类的摄食,将营养物质分解或吸收。利用生物操纵技术,将水产生物技术与水环境净化模式紧密结合,形成"以草养鱼""鱼草养水"的可持续发展模式,营造生物多样性和景观多样性,充分发挥系统净化水质的功能和稳定净化效果。

5. 合理配置不同季节的水生植物

本工程在水生植物种类选择上,根据耐污、景观以及易管理等需要,有选择地配置物种,形成一年四季常绿,且有季节更替的生物群落。形成"夏季水下森林""夏季水下草皮""冬季水下森林""冬季水下草皮""四季常绿水下草皮",使每个季节水下植物覆盖率需超过60%面积,建立暖季和寒季交替的全面净化植物生态系统,有效保障冬季水源净化的有效性与稳定性,充分发挥生态系统的自净能力。

6. 突出水景观功能

古猗园是上海知名的五大古典园林之一,"景观"是本次设计的重要考虑因素。本工程运用景观生态学原理和现代水域景观设计理念,综合运用节奏与韵律,空间与尺度等美学原则和设计方法,结合地形、水面、绿化、空间层次的丰富变化,将水生植被布局和湖区周边景区主题特色相融合。考虑风向、水流、遮阴、季相、色彩及视线等因素,通过人工的植栽方式,创造现代植栽艺术。在水系和道路交叉处,营造特色景观及相对水面积的空间。

本工艺除了可达到改善水质和水体透明度的基本目标外,还通过构建"挺水—浮叶—沉水"全系列的水生植物系统,恢复江南古典园林的水景观风貌,同时结合滨岸带和沿湖陆域绿化改造工程,全面提升古猗园的整体景观。

7. 合理安排工期

古猗园是上海知名的园林公园,也是周边居民的日常休闲之处,为尽量降低全园水系施工对公园运行的影响,本次研究在工程施工方面除考虑水生植物种植的季节需要,充分利用分区域、分阶段施工,保证公园不闭园施工,最大限度降低对周边居民的影响。

【咨询效果】

本工程建设后产生的效益主要体现在以下三个方面:

一、环境效益

1. 工程实施2个月后水体水质明显改善,水体透明度达到1.5 m,实现水清见底,水体景观得到显著提高。

2. 工程实施3个月后,水体水质由原来劣Ⅴ类提升到Ⅲ类,达到建设目标。

3. 工程实施6个月后,水体生态系统初步达到稳定状态,富营养化程度低,水体透明度保持在1.5 m以上。

4. 恢复了水体的生态系统,使水下森林和水下草皮覆盖率达60%以上,水生植物保持四季常绿。

5. 完善了水体生态系统的食物链,形成全面稳定的生态平衡,并建立后续生态维护保养系统。

6. 增强了水体自净能力,在每日污水排入量不大于水体总量5%的情况下,通过其自身的生态净化能力,消除排入污水带来的污染,使水体长期保持清洁。

7. 本工程通过少量人工干预加快构建水体生态环境,使水体恢复成为污染前的以水草、鱼虾等为主要生物的自然环境,这种方式符合生态治理的自然规律,也是最能保持长久效果的方式。

二、经济效益

1. 采用原位修复方法,不需要配套建设建筑物、堤岸、土方开挖、截污、管网、湿地、征地拆迁等,使总体投资成本大为降低。

2. 维护简单,管理方便,基本不需要使用电力和药物,维护费用低廉。

3. 水体清洁后,吸引更多的游客进入公园,也带来更多的水上活动收益和园内店铺的经营收益。

4. 工程建设后可以根据需要增加景观设施、堤岸绿化等,不会对后续改造形成过多限制。

三、社会效益

水体的生态修复是今后国内公园、绿地、社区等景观水体水环境治理与改善的重要发展方向。古猗园作为上海最古老的览胜风景之一,采用本报告中的设计理念和方法,使得园区水体景观价值大幅提高,并恢复了古猗园"曲水通幽"的特色,成为上海市民的一个亲水乐园,可以在湖面开展各种亲水活动。2012年国际荷花节和2014年国际睡莲节的成功举办,更是得到了国内外游客的众多赞赏和好评。古漪园景观水体改造是市政府的又一民生工程,在公园水体治理中可广泛推广应用,对类似生态景观工程也有非常好的指导和借鉴意义(见图2)。

图2 工程实施后

# 南汇东滩促淤圈围工程项目建议书
## The Project Proposal of the Promoting Sedimentation and Reclamation Project in East Nanhui Tidal Flat

编写单位：上海市水利工程设计研究院有限公司
Shanghai Water Engineering Design and Research Institute Co.,Ltd
联系电话：021-32558000    网址：http://www.swedri.com.cn/
主要完成人：何刚强  俞相成  刘新成  徐耀飞  张丽芬  潘丽红  崔冬  欧海燕  沈正潮  舒叶华

## 【点评】

本报告以多功能多目标的滩涂开发与保护的理念为指导，在当时条件下提出开发滩涂、保留水源、促进航道、培育湿地的一揽子总体方案，既可实现滩涂资源的可持续利用，也达到了使南汇东滩水土资源综合效益最大化的目标。项建书中提出的"挖淤成库、弃土成陆"和"进可成库、退则成陆"的实施方案，既可满足多功能置换的需要，又大大推进了开发进度，为综合利用好南汇东滩水土资源提供了一种新思路。同时，项建书中提出促淤圈围工程要结合长江口南槽航道整治，利用南槽航道疏浚土方作为围内部分吹填的建筑材料，可达到疏浚土的综合利用的目的，具有显著的经济性。

## 【项目背景】

南汇东滩是长江口不断淤涨的岸段，是长江口高含沙量区域之一，其独特的区位优势和土地开发利用价值，一直是上海市滩涂资源开发利用的重点区域。浦东国际机场、临港新城等都是在这片滩涂上开发兴建而成的。2005年在本区域的有关研究还表明，在浦东国际机场外侧及南汇东滩没冒沙水域有淡水、有好水，有可能成为上海市的又一个水源地。水源地如能建成，对改善大浦东等东南地区的供水和水环境具有重大意义。

为落实市委市政府工作指示，统筹考虑南汇东滩水土资源综合保护与开发利用，进一步做好南汇东滩没冒沙水源地深化研究工作，进一步加快南汇东滩区域水土资源的开发进程，2007年上海市水务局编制完成了《南汇东滩及浦东国际机场外沿滩涂资源开发利用与保护专项规划》。2008年上海市发改委明确，在首先满足"十一五"促淤造地的同时，兼顾没冒沙水域后期成库的可能，由上海市滩涂造地公司作为相关项目的实施主体，以《南汇东滩及浦东国际机场外沿滩涂资源开发利用与保护专项规划》为依据，尽快组织项目的前期工作，争取尽早立项，加快推进南汇东滩滩涂资源开发进程。受上海市滩涂造地公司委托，我院承担南汇东滩促淤圈围工程项目建议书的编制工作。

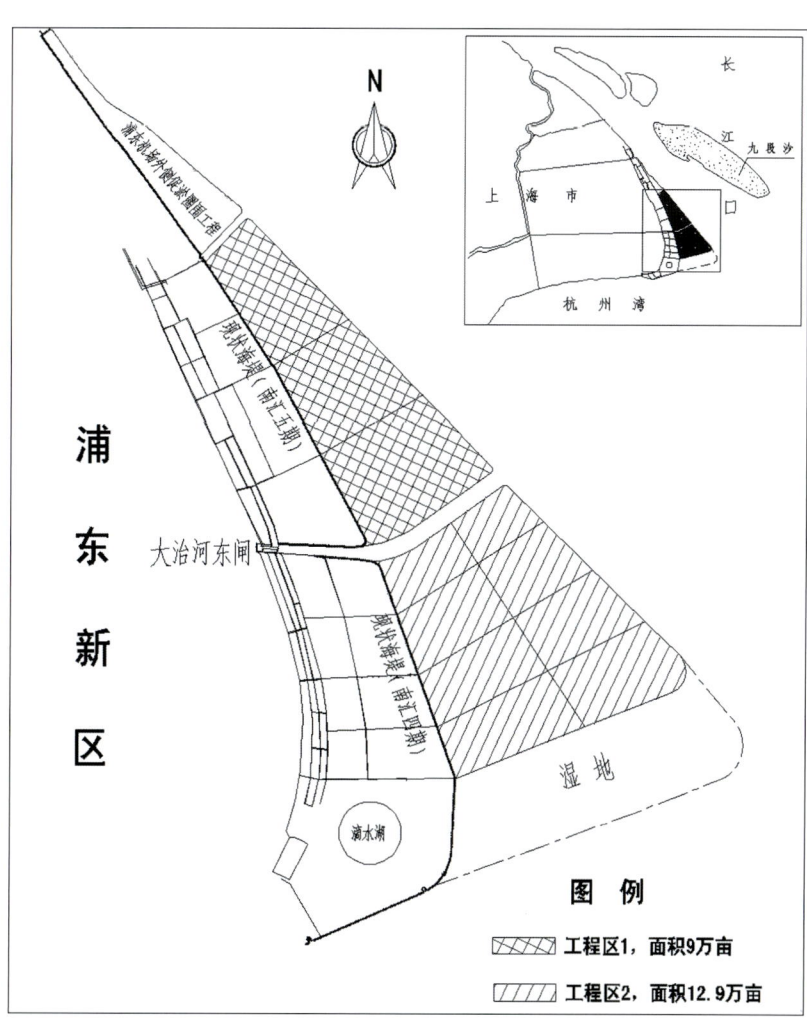

图1  南汇东滩促淤圈围工程平面布置示意图

## 【项目内容】

项目位于浦东机场外侧促淤区以南的没冒沙水域,以及大治河延伸段以南的-2~-3 m高程以上的南汇东滩滩地,紧邻上海东南沿海的重点开发区域南汇及滨海新城临港开发区。根据项目建议书编制深度要求,本报告对项目建设的必要性和任务、建设条件、建设规模、主要建筑物布置、工程施工、工程管理、环境影响、投资估算及资金筹措、经济评价进行了全面的分析论证,主要成果如下:

1. 项目建设的必要性

一是解决上海市土地紧缺矛盾的必要措施;二是可以有效利用长江口泥沙资源;三是可优化湿地,为滩涂湿地动态平衡创造条件;四是相关配套项目的实施还有利于提高浦东片及新围区域防洪排涝能力。

2. 工程任务

结合大治河延伸段以北、机场外侧促淤区以南的没冒沙水域可能成库区的保护,培育湿地资源,分期促淤圈围成陆,开发滩涂资源。工程拟按一次立项,分期建设的步骤实施。

3. 工程建设条件

工程建设顺应本区域滩势河势的变化特点,工程区基本无不良地质条件,具有较好的建设条件;工程建设后对邻近区域的防洪、河势及相关重大工程无明显不利影响,对邻近区域的环境无不利影响。

4. 工程建设规模

大治河延伸段以北、机场外侧促淤区以南的没冒沙圈水区9万亩,大治河延伸段以南、临港大堤与南汇四期大堤交点以北的促淤圈围区12.9万亩,总计21.9万亩。

5. 主要建筑物布置

圈围工程等别为Ⅰ等,大堤建筑物级别为1级堤防,工程外边界一线大堤防洪标准为100年一遇加同频率风。分期建设过程中过渡性大堤为20年一遇加同频率风。促淤工程建筑物级别为4级,护面结构按100年一遇设计。

6. 工程施工

促淤工程建设周期1~2年,自然促淤2~4年;实施围堤工程和吹填工程约需2年,整个工程建设周期约需6~8年。

7. 工程管理

在汛前、汛后和台风影响前后,对工程进行检查、维修,并对堤前滩地和堤身进行定期观测。

8. 投资估算及资金筹措

估算总投资约349亿元,其中工程费用约231亿元。本工程投资按30%自有资金,70%贷款进行资金筹措。

9. 经济评价

工程经济内部收益率23.81%,大于社会折现率,经济效益费用比为1.47,大于1.0,说明工程从国民经济角度分析是可行的。敏感性分析结果表明,即使是最不利组合,其经济内部收益率也大于社会折现率,表明工程从经济角度分析是稳定的,应尽快立项建设。

## 【工作过程】

南汇东滩促淤圈围工程是长江口近年涉及的规模最大的低滩促淤圈围工程,工程堤线长,滩面高程低,实施难度大;同时工程位于南槽南侧,位置特殊,相邻重大工程多,相互关系复杂,因此研究技术要求高、难度大。

项建书编制工作从2008年8月初开始。在接受业主委托后,精心组织了以院长及副院长为项目经理、有丰富设计咨询经验成员的项目组,严格执行我院设计咨询质量管理体系,历时近半年,深入研究,于2008年12月完成了本咨询研究报告。本阶段在收集了工程邻近区域大量的水文气象、地形、地质等基础资料的基础上,对工程的建设条件进行了分析;在研究确定了工程任务的基础上,对工程总体布置作了方案的技术经济比较,对堤线布置作了比较优化;对堤身结构、吹填砂源、地基处理、合龙工艺、堤身的稳定性、地

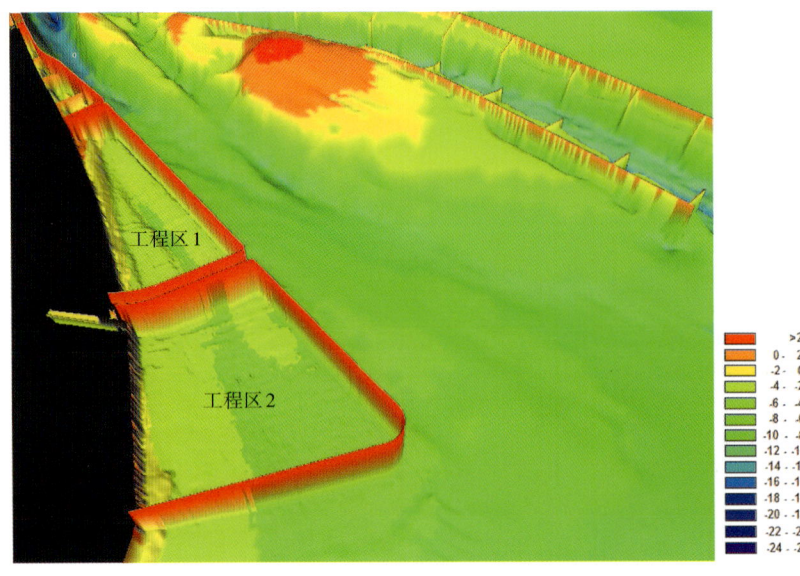

图2 工程区地形及拟促淤圈围外轮廓线示意图

基沉降、护坡结构等进行了初步计算分析；通过水流模型分析，对工程实施可能对周围水域及上下游工程的影响作了分析及对策研究；通过计算初定了龙口规模、合龙时间及合龙方式；通过施工组织设计初步提出合理的施工方案和工期，并提出施工度汛和防寒防潮措施。

2009年2月项目建议书通过了上海市发改委委托上海投资咨询公司组织的专家审查。2009年6上海市发改委以沪发改城〔2009〕120号文，正式下达了《上海市发展改革委关于南汇东滩促淤圈围工程项目建议书的批复》，项目正式立项。目前南汇东滩促淤工程——促淤一期已经竣工。

**【咨询工作特点】**

1. 多角度论述项目建设的必要性

上海现有土地面积64.5%是多年来不断圈围形成的。"十一五"时期是上海落实科学发展观，加快实现"四个率先"，建设"四个中心"，筹办2010年上海世博会的重要时期，经济社会又好又快的发展对土地资源提出了更高的要求。

首先，在当时本区域淡水资源开发最终目标现阶段难以明确的条件下，可兼顾后期成陆或成库的双重可能性，在不产生废弃工程的前提下，圈水区可先促淤进行拦蓄泥沙，待后期研究结论明确时，进行后期围水区功能定位的转换，既不影响整个区域项目的推进实施进程，还有经济合理性。

其次，本工程的建设顺应河势滩势，作为南槽航道的南边界，工程的建设有利于南槽航道的整治。

再次，此区域客观上是滩涂湿地动态平衡过程中生态功能发挥的低谷期。从临港新城开发的力度和高度来看，迫切需要有一个品质出众、生态良好的环境与之匹配。南汇东滩大治河以南的促淤圈围工程，是一个较长的逐步淤涨过程，可以弥补东滩生态功能发挥低谷期的不足，其作用是江中九段沙和陆上滴水湖所无法比拟的。工程的建设是必要和紧迫的，还有多重功能效应。

2. 提出开发滩涂、保留水源、促进航道、培育湿地的一揽子总体方案

首先，工程位于长江口南槽南侧，邻近长江口与杭州湾交汇处，位置特殊，圈围工程的建设首先必须符合长江口综合整治的要求，符合"圈围与整治相结合、寓圈围于整治"的综合开发利用与保护的主导思想。

其次，工程附近还有长江口南槽航道、北槽深水航道、东海大桥和天然液化气管线（LNG）等已建或在建重大工程，相邻重大涉水工程多，工程建设须妥善处理好与邻近重大工程的关系。

通过创新综合运用各种研究方法对特别关注的水域和涉水工程进行了分析，以顺应河势和综合治理为原则，研究提出的滩涂开发利用与保护的外围控制线和围区总体布局和实施顺序，可有效控制河势变化、冲淤变化、水环境变化及其不利影响，极大地统筹满足造地的紧迫性与水源地研究与保护的长期性，有利于南槽航道发展。首次创新提出的优质自然湿地培育区既有效保护和提升本区域的生态环境，也解决了临港新城临海水景观的保持和提升问题，实现了特大规模滩涂多目标、多功能开发利用与保护综合效益最大化。到规划期末，本区域总共促淤圈围21.9万亩（202 km$^2$），其中造地12.9万亩，圈水9万亩（后期视水源地研究部分或全部转为土地），另可培育优质湿地7.4万亩。

3. 提出先整体促淤后按功能分期圈围的项目实施方案，既可兼顾满足功能置换的需要，又大大推进了开发进度

在项建书编制阶段，大治河以北没冒沙区域功能尚未明确，面临后期成陆或成库的双重可能性。而规划区域促淤圈围任务紧迫，而水源地研究需要一个较长的周期，河势变化的联动性要求两个功能目标不能割裂开来处理。研究创新提出先整体促淤后按功能分步圈围，"挖淤成库、弃土成陆"和"进可成库、退则成陆"的时空置换实施技术路线，实现了以提早促淤建设的"时间"，换取水源地1:1原位"原形"实体观测研究和水域控制与拦蓄泥沙资源造地的"空间"，方案既抓住了滩涂拦沙促淤造地的机遇，大大节约造地成本，又通过巧妙布局堤线，保护了可能的水源地，使水源地研究保护与拦沙促淤造地协调推进，无废弃工程，两相得益，平衡了各方矛盾，经济效益以数亿元计，对城市建设土地占补平衡贡献的社会效益更大。

4. 提出利用南槽航道疏浚土方作为围内部分吹填的建筑材料，可达到疏浚土的综合利用

圈围工程除了堤身需要较多的好砂外，围区在工程促淤拦砂的基础上，后期吹填还需要大量

土方。后期若各围区若都以成陆为目标，初步估算，大治河以北9万亩区域按先促淤两年再围内吹填至3.5 m，约需吹填土方19 873万 $m^3$；大治河以南内侧6.6万亩区域按先促淤两年再围内吹填至3.5 m，约需吹填土方13 795万 $m^3$；大治河以南外侧6.3万亩区域按先促淤4年再围内吹填至3.5 m，约需吹填土方9 536万 $m^3$，总计约需43 200万 $m^3$。

南槽航道全长75 km，目前水深6 m，乘潮通航1万吨～2万吨级海轮，作为北槽主航道的分流航道，供长江口通往洋山港区和南方沿海港口的较小船舶进出。规划近期利用自然水深，随着南汇边滩促淤圈围等工程实施，启动南槽航道整治，改善通航条件，缓解北槽压力。本工程堤线在束窄了南槽边界的同时，还可充分利用南槽航道的疏浚土方作为围内吹填的部分砂源，既可满足围内吹填需要，也实现了航道疏浚，达到疏浚土综合利用的目的。

5. 充分考虑促淤工程和大堤工程在标准和结构型式上的结合

将先期实施的促淤工程和后期圈围大堤工程统一考虑，既可满足先期实施促淤坝消浪缓流的目的，形成有利于泥沙沉积的环境，加速滩面的淤涨，也可将其作为后期圈围大堤的外坡脚，有利于后期大堤堤身安全。本阶段新圈围大堤防洪标准取100年一遇标准，按照《海堤工程设计规范》(SL435—2008)设计波浪和设计风速采用与设计高潮位相同的重现期。考虑本工程外边界促淤堤可作为今后圈围大堤的组成部分或作为大堤前沿护脚结构，促淤堤的抗风浪能力应满足圈围大堤结构安全的要求，因此促淤堤结构的设计风速可取100年一遇风速。

在结构型式上，初拟围堤与促淤坝结合和分离两类方案，通过综合比较堤身的稳定、消浪效果（堤高）、圈围面积、堤线与相邻建筑物的连接及造价等多种因素，综合确定促淤坝顶内侧距顺堤外坡脚相距约20～25 m的结合式方案。本方案具有在圈围面积不减小的前提下，节省了分离式方案建在低滩上所必须增加的保滩护底结构费用，还降低了实施难度，在保证大堤稳定的条件下，达到了投资与圈围面积较好的性价比。

6. 经济效益评价显示工程抗风险的能力强

工程整体社会经济效益显著，经经济分析，工程经济内部收益率23.81%，大于社会折现率，经济效益费用比为1.47，大于1.0，说明工程从国民经济角度分析是可行的。敏感性分析结果表明，即使是最不利组合，其经济内部收益率也大于社会折现率，表明工程从经济角度分析是稳定的，具有较强的抗风险的能力。

【咨询效果】

南汇东滩促淤圈围工程项目建议书的编制已取得了良好的咨询效果，体现如下：

1. 项目建议书编制进度和质量控制得好促进了南汇东滩促淤圈围工程的立项

项建书编制工作从2008年8月初开始，于2008年12月完成。2009年2月项目建议书通过了上海市发改委委托上海投资咨询公司组织的专家审查，同年6上海市发改委以沪发改城〔2009〕120号文，正式下达了《上海市发展改革委关于南汇东滩促淤圈围工程项目建议书的批复》，从项目建议书编制完成至项目正式立项仅半年时间。

2. 南汇东滩促淤一期工程竣工取得了良好的效益

南汇东滩促淤圈围工程按一次立项、分期实施的步骤进行。2013年5月，南汇东滩促淤一期工程首先实施，促淤规模为15.7万亩，并于2014年12月通过竣工验收。根据对促淤区的跟踪地形调查，促淤一期工程取得了良好效益：自开工建设以来，促淤区内淤积了1.3亿 $m^3$ 的泥沙，其中大治河以北促淤区淤积了6 500万 $m^3$，平均淤厚1.06 m，大治河以南促淤区淤积了6 320万 $m^3$，平均淤厚1.44 m，保守估计已经产生了26亿元的经济效益，预计促淤区未来2～3年还可以淤积8 000～9 000万 $m^3$ 泥沙，初步估计还可产生16亿～18亿元的经济效益，据此保守估算，促淤一期工程累计将产生超过40亿元的经济效益。同时，促淤一期工程还具有降低后期龙口合龙的实施难度、改善生态环境、稳定南槽河势等其他效益。

3. 为南汇东滩圈围工程的实施奠定了基础

预计可在"十三五"期间圈围成陆并形成土地指标。根据目前南汇东滩促淤区内良好的淤积态势，预计"十三五"期间即可实施部分区域的圈围成陆工程（正在编制的《上海市滩涂资源开发利用与保护"十三五"规划》已有体现），若圈围工程按期顺利实施，则"十三五"期间即可以形成可观的土地指标，为加快发挥南汇东滩水土资源的经济社会效益创造条件。

# 苏州河下游段防汛墙加固和底泥疏浚工程（底泥疏浚部分）可行性研究报告

The Feasibility Study Report of the Flood Prevention Wall Reinforcement and Sediment Dredging Projects (bottom sediment dredging part) in Suzhou River Downstream

编写单位：上海市水利工程设计研究院有限公司
Shanghai Water Engineering Design & Research Institute Co.,Ltd
联系电话：021-32558000　网址：http://www.swedri.com.cn/
主要完成人：石正宝　程松明　卢永金　赵政　李国林　何刚强　张敬国　周金明　王小艳　张晓燕

## 【点评】

本报告深入分析了苏州河底泥污染特征，提出了污染底泥界定的特征参数和评价指标体系，疏浚深度设计有一定的独特见解，疏浚设备选择依据较充分，疏浚断面设计考虑了与防汛墙设计的有机衔接，对淤泥输送和排泥场进行了多方案比选。

## 【项目背景】

苏州河历史悠久，穿越上海市中心城区，见证了上海市的变迁与发展过程。随着上海近代工业兴起和城市规模扩张，从1920年起苏州河市区段就出现季节性的水质恶化现象，此后的数十年间苏州河水体一直遭受污染，水体黑臭，成为一条典型的城市污染河流。消除苏州河水体污染和黑臭，恢复苏州河水清岸绿的面貌，是上海市迫切需要解决的重大问题。

上海市政府十分重视苏州河治理，2000—2005年先后实施了以沿线截污纳管、综合调水等为主要内容的苏州河环境综合整治一期、二期工程，苏州河水体黑臭现象基本消除，水质得到较大改善。2006年，苏州河市区段防汛墙和底泥疏浚工程被列入苏州河环境综合整治三期工程，2007年11月先期开工防汛墙加固改造，至2009年底全面完工，为底泥疏浚创造了条件。

## 【项目内容】

一、建设单位

上海市堤防（泵闸）设施管理处
上海市江海水利资产管理公司

二、建设地点

上海市中心城区

三、建设规模

工程任务是基本清除污染底泥，改善苏州河水质，逐步恢复水生态平衡系统，并有效控制二次污染。

疏浚总土方量130万 $m^3$，设计土方量为114万 $m^3$，超挖土方量为16万 $m^3$，底泥清除率约78%。底泥处置场总占地780亩，泥库占地695亩、尾水沉淀池占地85亩。

四、可行性研究主要结论

1. 苏州河底泥为一般固废，非危险废物。总体上讲，市区河段污泥厚度大，一般在1～3 m左右，污染程度严重；从横断面来看，中央部位底泥组分较粗，以细砂或砂质泥为主，底泥厚度相对较小，一般在1.0 m左右，两侧较厚，质地较细。

2. 底泥对上覆水体水质的影响，主要表现为消耗水体溶解氧，释放各类污染物以增加其在水体中的浓度，从而导致水质下降、甚至恶化。清除底泥是改善水质的重要措施。底泥疏浚十分必要。

3. 苏州河底泥储量为145.34万 $m^3$。拟定折线复式疏浚断面，基本清除底泥，疏浚土方量130万 $m^3$，其中，底泥114万 $m^3$，底泥清除率为78%。

4. 液压反铲挖泥船应作为主导施工设备；在部分底泥重金属和有机物污染严重河段应优先使用液压环保抓斗反铲挖泥船；绞吸式挖泥船不适用苏州河底泥疏浚。

5. 底泥处置场位于南汇东滩促淤圈围五期工程区。底泥处置场主要包括堆场、尾水池、溢流堰、排水泵站、防渗系统、渗沥液收集系统、封场覆盖等。底泥处置场，长1 100 m，宽467 m。堆场设计容积127.04万 $m^3$，尾水池设计容积为14.44万 $m^3$。填埋场底部和边坡设置复合土工膜防渗。填埋场采用人工覆盖结构。渗沥液经盲沟、集液池收集后排入南汇污水处理厂。

6. 采用环保疏浚设备开挖底泥，疏浚土方由泥驳从苏州河，经黄浦江、大治河、清运河，运至新建吹泥站码头，底泥上岸后杂物分离，泥浆由泥浆泵输运至底泥处置场，杂物集中装车运送至老港处置场填埋。

### 五、投资估算

工程总投资5.75亿元，其中，工程费用2.81亿元，其他费用3.61亿元，预备费2.54亿元，征地补偿费2.32亿元。

### 六、效益分析

污染底泥基本清除后，苏州河市区段水质基本稳定，水质改善较为明显，生态系统平衡正在得到逐步恢复，苏州河水环境得到了较大改善。旅游经济效益、居民环境保护意识、公共健康水平等方面都得到了较大提升。

## 【工作过程】

2005年11月，上海市水利工程设计研究院有限公司（以下简称"市水利院"）编制了《苏州河下游段防汛墙加固改造和底泥疏浚工程项目建议书》，2006年5月12日，市发改委对《项建书》进行了批复。苏州河防汛墙加固改造与底泥疏浚工程在可研阶段分防汛墙加固改造、底泥疏浚两个部分。

长期以来，各界对苏州河疏浚争议不断，争议的焦点主要有两个，一是苏州河底泥疏浚的生态环境效果，二是疏浚过程的环境影响。目前，各方对前一个焦点的认识渐趋统一，但对后者仍没有把握。2006年10月25日，时任副市长杨雄和副秘书长洪浩要求尽快开展底泥疏浚的开挖试验工作。市水务局以沪水务〔2007〕478号文批复了苏州河下游段底泥疏浚中试实施方案，中试于2007年3月—2007年7月实施，随后就底泥性状与吹填尾水进行了试验分析，基本回答了疏浚过程的环境控制问题。

2008年7月，市水利院编制了《苏州河下游段防汛墙加固改造与底泥疏浚工程可行性研究报告（底泥疏浚部分）》（以下简称《可研报告》）。2008年9月，上海勘测设计研究院组织专家对《可研报告》进行了评审。2009年5月，市水利院编制完成了《苏州河下游段底泥疏浚工程底泥处置调整方案》。2009年9月，上海市发改委以沪发改投〔2009〕276号文"对《可研报告》进行了批复。

## 【咨询工作特点】

### 一、深入论证底泥疏浚与处置的必要性

2005年为了查明底泥储量、变化情况及污染程度，在华东师范大学1998年近300多个底泥取样的基础上，上海市地质勘查技术研究院开展了横断面测量、底泥储量分析与底泥原状土样采样分析评价，2007年5—6月，为确定适宜的疏浚设备、疏浚工艺，开展了苏州河底泥疏浚中试研究，并由市水利院汇总编制完成了《苏州河下游段底泥疏浚工程中试研究报告》。2008年4月，上海市环境科学研究院对底泥的浸出毒性、疏浚底泥尾水水质、尾水混凝沉淀特性等进行了研究。

前期研究表明：(1) 市区段污染底泥厚度一般在0.5~2.0 m，由淤泥层、浜填土层组成，污染底泥储量为145万 $m^3$。(2) 苏州河底泥污染以耗氧性有机污染为主，重金属含量均值除部分断面底泥Cu、Pb、Cd、Ni含量最大峰值有所超标外，一般都在有关标准值范围以内。(3) 从垂直分布来看，底泥中$COD_{Cr}$、$NH_3-N$以及重金属等污染物均呈现明显的峰值分布特征，底部含量较低，中部含量较高，而表层含量又趋于降低。

根据实验室研究，底泥对上覆水体水质的影响，主要表现为消耗水体溶解氧，释放各类污染物以增加其在水体中的浓度，从而导致水质下降、甚至恶化。苏州河底泥疏浚不能是简单的污染搬家，底泥处置场必须要有防渗覆盖系统，以控制污染扩散。因此，《可研报告》认为，实施苏州河底泥疏浚与处置工程十分必要。

### 二、创新建立与应用底泥污染物分类控制指标

科学确定期望疏浚泥面线，综合防汛墙稳定、景观水深、施工控制等要求，合理确定疏浚设计断面与疏浚规模。

苏州河底泥以耗氧性有机物污染为主，重金属污染为辅，$COD_{Cr}$、$NH_4^+-N$以及重金属等污染物的垂直分布均在淤泥层呈现明显的峰值特征。利用定量的污染物控制指标确定疏浚设计断面是一条科学的技术路线。

目前，仅有《农用污泥中污染物控制标准》(GB4284—84)，尚无《河湖底泥污染物控制标准》。因此，疏浚泥面线的确定无现成标准可依。《可研报告》根据底泥污染垂直分布特性、土壤质量标准、苏州河生物毒性指标、土壤背景值，参考美国、加拿大以及欧洲一些国家和中国香港、台湾地区的研究成果和实践经验，研究确定苏州河底泥污染物控制指标，确定期望疏浚泥面线，综合考虑防汛墙稳定、景观水深、施工控制等要求，对65个典型断面逐个拟合确定疏浚设计断面。疏浚断面为折坡，墙前泥面高程为1.0 m～－1.0 m，河底高程为－2.5 m～－4.0 m，河床边坡1∶4～1∶9。疏浚总土方量为130万$m^3$，其中设计土方量114万$m^3$，超挖土方量16万$m^3$。如图1、图2所示。

### 三、制订并落实苏州河底泥疏浚中试研究方案

合理确定适用于苏州河底泥特征的疏浚设备与疏浚工艺流程，为项目实施决策奠定基础。

中试的主要目标是通过试验来验证和分析疏浚工艺设备及施工影响，为领导决策和设计提供依据。中试研究揭示：(1)绞吸式挖泥船因吸口易受底泥杂物堵塞难以适用于苏州河底泥疏浚。(2)常规抓斗加盖改造后，可明显减小疏浚污泥扩散。(3)就水环境影响而言，抓斗式挖泥船比反铲式挖泥船小。

根据中试结论，确定苏州河底泥疏浚施工设备主要采用液压反铲挖泥船、抓斗挖泥船。疏浚工程范围划分为3个河段，每个疏浚河段内安排12个疏浚作业点，每个作业点安排一艘挖泥船，作业点控制距离约300 m。按照"疏一段，成一段"的原则，先上游后下游逐段推进。

### 四、研究创新疏浚机械的环保改造措施，制订多点挖运作业方案

#### 1. 创新疏浚设备环保改造措施

考虑到液压反铲挖泥船、抓斗挖泥船在施工中，搅动扩散对水环境影响较大，可研报告提出了对疏浚设备的环保改造措施。

（1）对液压反铲挖泥船的改造：可在反铲上安装自动弧度装置，当反铲提升至一定角度，自动旋出，减少漏泥量。

（2）对抓斗反铲挖泥船的改造：经对抓斗结构仔细分析发现，常规抓斗上部开敞，抓挖和提升过程污泥污水极易扩散。采用焊接钢板来封堵抓斗两侧缝隙及减小斗上开口面积，抓斗密封性明显增强，抓斗漏水漏土显著减少，大大降低疏浚施工对水体水质的影响。如图3所示。

（3）在作业中加强定位精度监测，及时发现漏挖和超挖，并及时调整定位参数。

#### 2. 多点挖运作业，实现有限影响的环保疏浚

中试表明，反铲式挖泥船疏浚、抓斗式挖泥

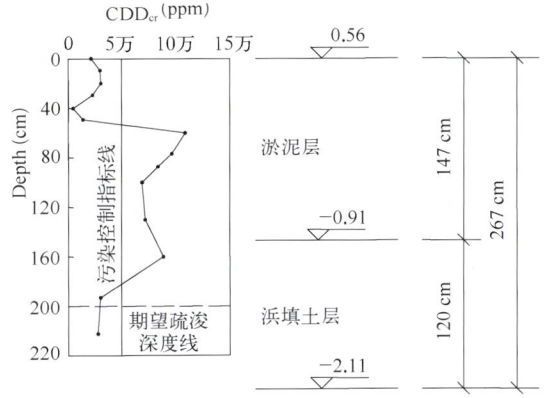

图1　S3底泥柱状样$COD_{Cr}$含量垂直分布图

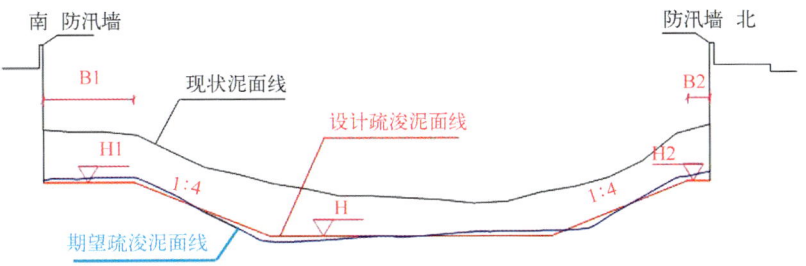

图2　苏州河底泥疏浚断面示意图

图3　密闭抓斗式挖泥船施工作业

船疏浚的明显影响区域分别为300米以内、200米以内。

为减少疏浚期间受到疏浚施工影响的河段长度,拟对整个疏浚工程范围进行分段施工,按照"疏一段,成一段"的原则,先上游后下游逐段推进。疏浚工程范围划分为3个疏浚河段,即真北路桥—武宁路桥、武宁路桥—恒丰路桥、恒丰路桥—外白渡桥。一个疏浚河段内安排疏浚作业点12个,每个作业点安排一艘挖泥船,每个点控制距离为200～500 m。液压反铲挖泥船对环境影响稍大,在部分底泥重金属和有机物污染严重河段使用抓斗反铲挖泥船进行疏浚施工。

## 五、研究底泥运输路线

分析苏州河口水闸、大治河西船闸等约束节点的通行能力,提出苏闸运行方案调整意见和长距离多节点繁忙航线上的交通组织

运输线路控制节点的通行能力分析如下。

底泥运输由水上运输与管道运输相结合,运输方式的转换节点为吹泥站。水上运输路线涉及苏州河、黄浦江、大治河、清运河,其间有苏州河河口水闸、大治河西闸、吹泥站等三个限制性节点。

(1) 苏州河河口水闸通行能力分析。苏州河底泥运输合适的泥驳为300 t。受到苏州河沿河桥梁净空与河口水闸闸门门轴安全的限制,300 t泥驳在苏州河的通行上限水位为3.0 m,通行下限水位为1.7 m。一般情况下,苏州河河口水闸依据《上海市苏州河河口水闸运行管理规定》进行水资源调度,闸门一天两开两关,闸门开启状态,船舶通行;闸门关闭状态,船舶则停泊等候。

根据《2009年上海港、杭州湾潮汐表》,对2009年9—12月通航机会分析统计表明:① 水闸在正常运用情况下,每天水闸平均通航机会是6个小时,按照每5分钟过1艘船计,每天可单向过船72艘,剔除环卫等社会船只数量,可单向过底泥疏浚泥驳约40艘。② 河口水闸在自然敞开情况下,2009年9—12月每天过船时间约12小时29分,每天可单向过船144艘,剔除环卫等社会船只数量,可单向通行底泥运输船约112艘。因此,调整苏州河河口水闸的运行方式,充分利用过船机会,对底泥疏浚工程的工期与运输费用有着积极的意义。

(2) 大治河西船闸通行能力分析。2008年大治河西船闸日均通过6.85万t。底泥运输船总吨位约234万t,底泥疏浚期间,社会船只通行量按2008年水平,大治河西船闸将日均通过8.41万t。根据调查,大治河西船闸最大日通过9.27万t(2008年7月17日)。因此,通过合理调度,底泥运输船还是可以通过大治河船闸的。

(3) 模拟水上交通过程,科学合理确定工期、候泊区、施工设备数量

运输船舶在航线上航行与候泊状态交替变换。为了确定运泥船舶数量、候泊区布置,根据河口水闸运行方式、工期安排、船舶规格、航速、过闸时间等输入条件,对水上交通进行过程分析。

主要分析条件:① 苏州河河口水闸自然敞开;② 疏浚历时6个月,平均每月工作日25天,日疏浚时间10小时,运输、卸泥24小时作业;③ 疏浚作业点12个,泥驳装船耗时2小时;④ 300吨泥驳,重船航速8 km/h,空船航速12 km/h,泥驳过河口水闸耗时5分钟,过大治河西船闸耗时2小时。

模拟结论:需泥驳数量120艘,需在苏州河、黄浦江、大治河、清运河等河道设置9处候泊区,才能保证底泥疏浚的连续施工和水上交通安全。

## 六、创造性提出污泥上岸分离和长距离水力输送入库系统

有效解决极杂疏浚物、大规模、短周期、长距离、有限影响的上岸填埋超级难题。

苏州河底泥杂物含量高达10%～15%(重量比),总量约26万吨。只有分离出杂物,才能保证底泥从吹泥站高效排入泥库。杂物分离是底泥疏浚工艺流程的关键环节。可研报告设置了吹泥站,创造性地提出底泥上岸在吹泥池中进行杂物分离的方式,即挖掘机卸泥入吹泥池,高压水枪冲泥,人工分拣编织袋、轮胎等垃圾,机械清除碎石、煤渣、砖块等固体杂物,垃圾杂物集中装车运往老港垃圾处置场填埋,有效地实现了底泥水路运输与管道运输的对接。如图4、图5所示。

## 七、因地制宜设置防渗排水和覆盖控污的经济环保填埋场设施

考虑到底泥与生活垃圾的不同成分,有选择地应用《生活垃圾卫生填埋技术规范》的相关条款,对底泥填埋场因地制宜实行防渗、封场覆盖处理,防止污染物扩散。

底泥处置场设置在南汇东滩促淤圈围五期工程区内。底泥处置场主要包括堆场、尾水池、溢流堰、排水泵站、防渗系统、渗沥液收集系统、

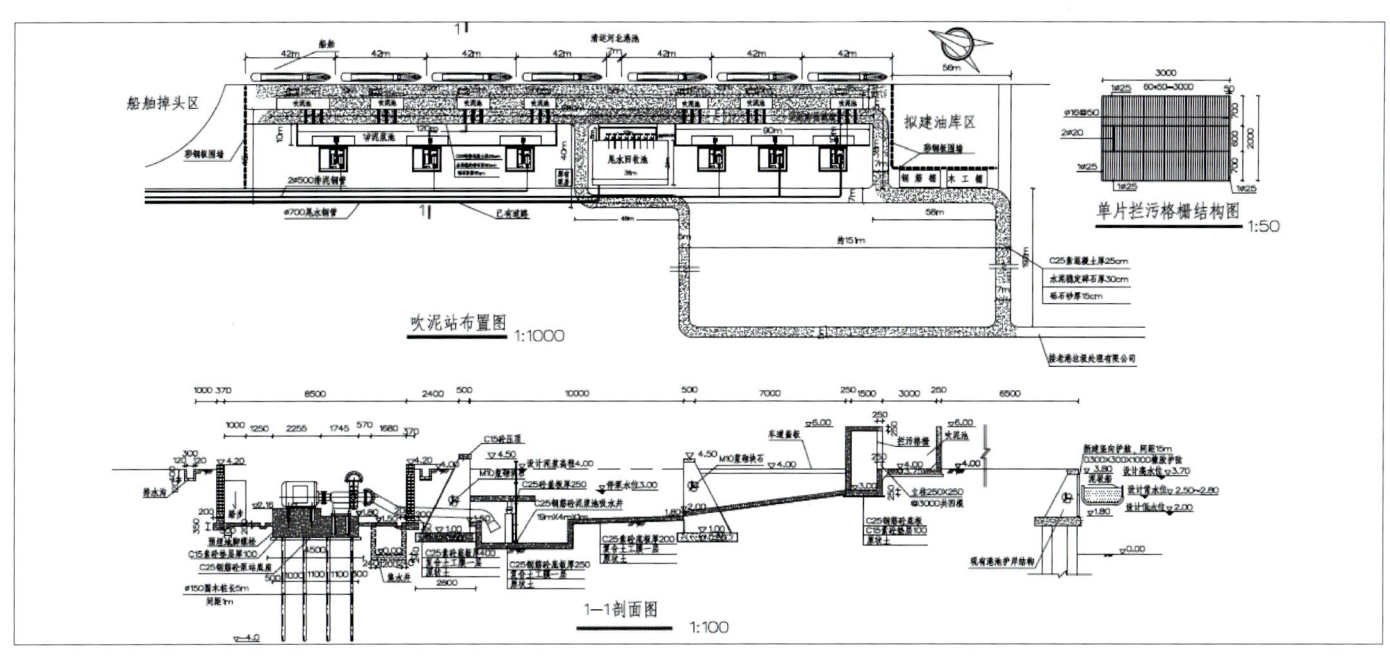

图4 底泥杂物分离与长距离水力输运系统平面布置图

封场覆盖等。底泥处置场,长1 100 m,宽467 m。堆场设计容积127.04万 m³,尾水池设计容积为14.44万 m³。填埋场底部和边坡设置复合土工膜防渗。填埋场采用人工覆盖结构。渗沥液经盲沟、集液池收集后排入南汇污水处理厂。

【咨询效果】

1. 应用于本工程初步设计和工程实践

本咨询成果在苏州河下游段防汛墙加固改造和底泥疏浚工程(底泥疏浚部分)初步设计及施工图设计中得到应用,根据《可研报告》思路编制的《苏州河下游段防汛墙加固改造和底泥疏浚工程(底泥疏浚部分)初步设计报告》已经上海市水务局科学技术委员会评审通过,且经市水务局批复。《可研报告》确定的环保疏浚工艺、水上泥驳运输工艺、底泥杂物分离工艺及底泥卫生填埋工艺,均已成功运用于施工实践,并取得了预期的工程效果(见图6)。

2. 应用于其他河湖污染底泥疏浚工程

《可研报告》对疏浚设备的适用性研究结论,采用底泥污染物控制指标来确定疏浚设计断面的科学思路,借鉴应用生活垃圾填埋方法确定底泥处置场防渗系统,利用吹泥站来实现底泥杂物分离与运输方式转换,吹填尾水加药处理达标排放等,得到了专家及相关科研院所的认可。其相关研究结论亦已应用于上海市其他市区河道疏浚工程,并被应用于哈尔滨市阿什河流域整治工程等国内类似工程设计项目。

图5 清运河吹泥站照片

图6 苏州河照片

# 常州市餐厨废弃物综合处置一期工程可行性研究报告

The Feasibility Study Report of the First Stage Project of the Food Waste Comprehensive Disposal in Changzhou City

编写单位：上海市政工程设计研究总院（集团）有限公司
Shanghai Municipal Engineering Design Institute (Group) Co., Ltd.
联系电话：021-55000000　　网址：www.smedi.com
主要完成人：曹伟华　王艳明　石广甫　邹锦林　高斌　许音　郑中华　方宇　陈萍　徐靓慧

## 【点评】

本项目以餐厨废弃物和废弃食用油脂为原料，制取沼气和生物柴油，达到餐厨废弃物无害化处理、资源化利用的目的。可研报告在充分分析国内外餐厨废弃物处理处置现状基础上，针对干湿厌氧、消化温度、单相两相、加热方式、湿法厌氧技术、沼渣处理、脱水方案、预处理、沼气净化、地沟油处置、污水处理、臭气处理等多方面，对不同工艺技术及方案进行论证，创新了相关设备集成和工艺路线，为引导餐厨废弃物资源化利用和无害化处理的发展起到积极作用。

## 【项目背景】

近年来，国家和地方相继出台餐厨废弃物管理的相关法规政策，多地开展餐厨废弃物无害化处理的研究。

据国务院办公厅《关于加强地沟油整治和餐厨废弃物管理的意见》《省政府办公厅关于加强地沟油整治和餐厨废弃物管理的实施意见》及《常州市政府办公室关于加强地沟油整治和餐厨废弃物管理的工作意见》，要求："加强餐厨废弃物管理""推进餐厨废弃物资源化利用和无害化处理"。根据《国务院批转住房城乡建设部等部门关于进一步加强城市生活垃圾处理工作意见的通知》，明确要"实现厨余垃圾单独收集循环利用。进一步加强餐饮业和单位餐厨垃圾分类收集管理，建立餐厨垃圾排放登记制度。"根据《江苏省餐厨废弃物管理办法》，"餐厨废弃物实行集中处置，任何单位和个人不得随意处置餐厨废弃物。禁止以餐厨废弃物为原料生产加工食品，禁止使用未经无害化处理的餐厨废弃物喂养畜禽。"

常州市生活废弃物处理中心餐厨废弃物综合处置工程项目建成后，将是常州中心城区唯一有资质处理餐厨垃圾的单位，承担着常州市餐厨垃圾处理的任务。

本工程可行性研究报告的编制，将推动常州市餐厨废弃物的收集运输和处理处置系统的建立和完善，提高餐厨废弃物无害化处理水平，将对国内类似工程的建设具有重要的推广意义。

## 【项目内容】

一、建设单位

常州市生活废弃物处理中心/常州维尔利餐厨废弃物处理有限公司

二、建设地点

常州市武进区雪堰镇常州市工业固体废弃物安全填埋场南侧

三、建设规模

按"一次规划、分期实施"原则，一期工程处理餐厨废弃物200 t/d，废弃食用油脂40 t/d。

四、产品方案

餐厨废弃物采用厌氧消化处理，产生的油脂制取生物柴油、沼气发电自用、沼渣制取有机肥。

五、技术可行性

项目采用以厌氧消化为核心的资源化处理工艺，符合国家《餐厨垃圾处理技术规范》，符合常州市社会经济发展水平。

在产品利用上选择成熟、可靠、稳定且适合项目的工艺技术。采用制取生物柴油作为废弃油脂利用技术，避免了油脂被二次利用制取潲水油的风险；采用发电自用作为沼气利用技术，适应项目建设地点偏远的特点，也满足了与周边项目形成静脉产业园的需求；采用制取有机肥作为沼渣利用技术，符合常州市市场需求，利用前景较好。

## 六、投资估算

本工程建设项目总投资为14 871.18万元。

其中工程费用11 238.40万元；

工程建设其他费2 419.03万元；

基本预备费1 092.59万元；

铺底流动资金121.15万元。

## 七、效益分析

本项目作为城市环境保护基础设施建设项目，直接为社会大众服务，具有明显的社会效益和环境效益，同时，项目采用的资源化处理工艺也带来一定的经济效益。

### 1. 社会效益

本项目的建成完成了对餐厨废弃物从产生到最终处置的全过程管理，切实做到餐厨废弃物的无害化、减量化和资源化，改善生存环境，保障人民群众的身体健康，社会效益非常显著。项目的建成为居民创造优美、舒适、清洁的城市环境，有益于市民身心健康，降低致病率，提高劳动生产率；有利于改善投资环境，促进经济发展，实现和谐社会；有利于保障城市可持续发展。

### 2. 环境效益

本工程属于环保工程，其建设投产能够大大减轻餐厨废弃物不规范处置对我们赖以生存的环境所造成的污染，其环境效益非常显著。本工程采用先进的环保技术措施，不仅安全环保的集中处置餐厨废弃物，而且可避免对周边环境造成二次污染；同时项目的实施将改善城市市容市貌、改善水体环境，为当地的发展提供良好的生态环境。

### 3. 经济效益

餐厨废弃物处置项目的投资，不仅能够促进宏观经济的发展，同时可以解决部分劳动就业问题，促进地方经济的发展，对地方的社会稳定和人民生活水平的提高起到积极的作用。本工程的建成可以通过餐厨废弃物处理处置费用的收取和生物柴油销售取得一定的直接经济效益。

## 【工作过程】

### 一、主要工作内容

项目研究初期，首先通过调研餐厨废弃物收集处理现状，合理进行产量预测，并合理确定处理规模。

咨询工作在对预处理、厌氧消化、生物柴油、沼气利用等工艺方案进行了多方案技术经济比较和论证的基础上，进行物料平衡、水平衡、气平衡计算，抓住核心内在联系，合理进行总平面各单体的布局。优化分配近远期用地资源，有效控制投资。

### 二、工作流程及步骤

一是主要基础资料的收集工作。

二是考察分析类似工程设计、建设、运行情况。

三是提出工可报告编制大纲沟通交流。

四是提出工可报告评审稿。

五是配合环境影响评估编制单位编制环境影响评价报告。

六是可研报告完善工作。

七是配合业主完成工程的报建工作。

八是配合业主完成下阶段工程招标及项目谈判工作。

工作流程见图1。

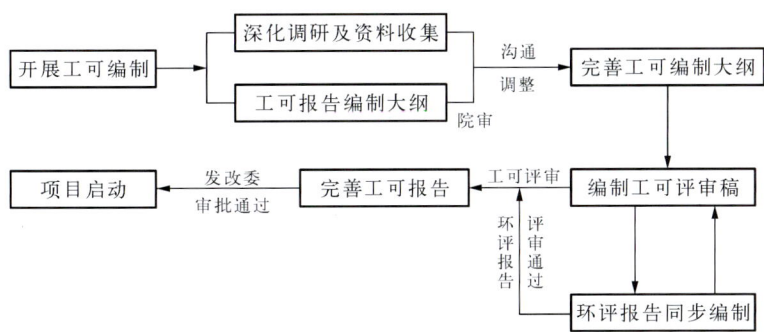

图1 可行性研究报告编制的工作流程框图

### 三、工作路线

本项目咨询阶段详细的工作路线见图2和图3。

## 【咨询工作特点】

### 一、项目建设必要性和规模论证充分

从《常州市城市总体规划(2010—2020)》与《常州市环境卫生专业规划》出发，对餐厨垃圾产

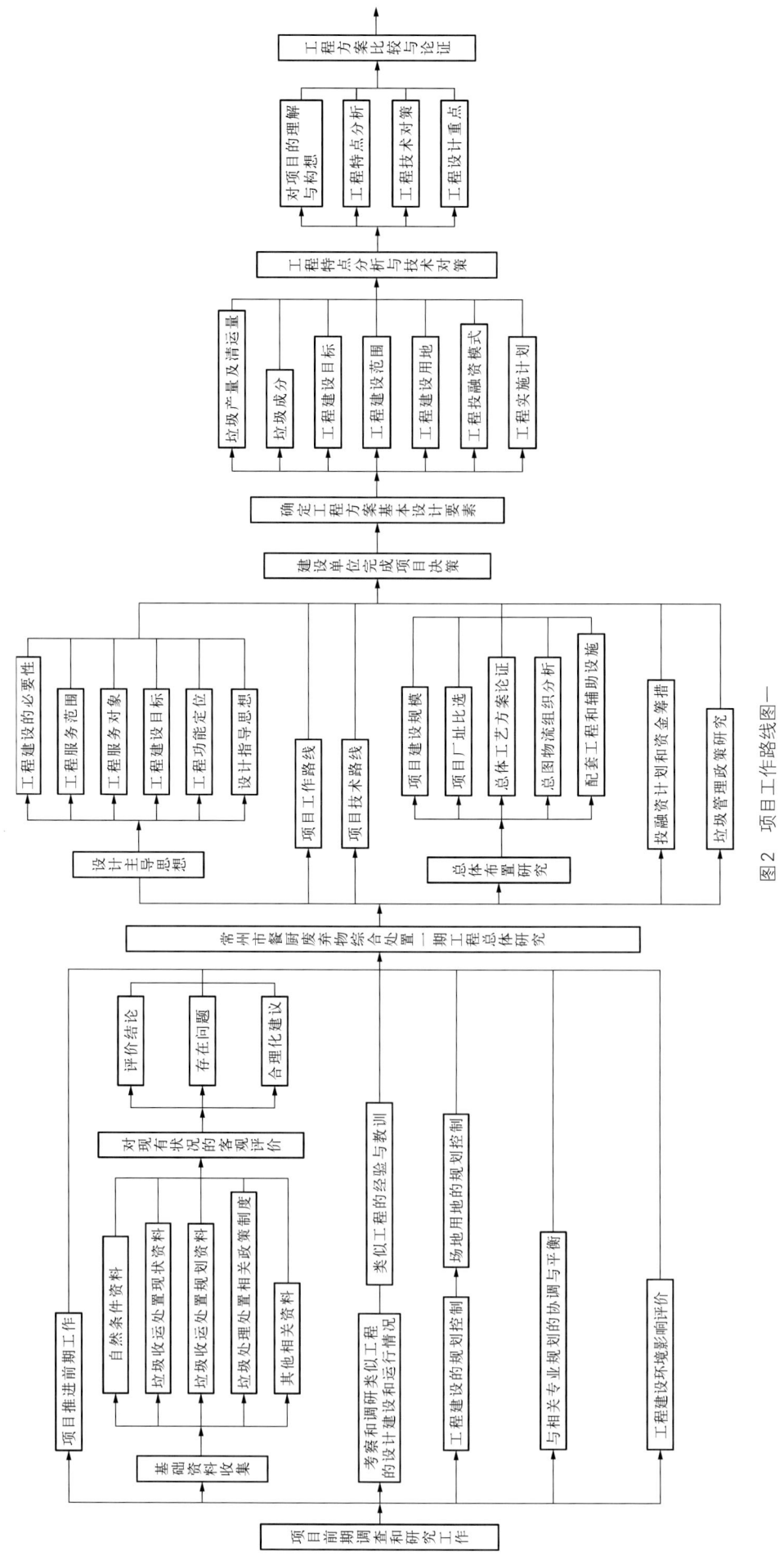

图2 项目工作路线图一

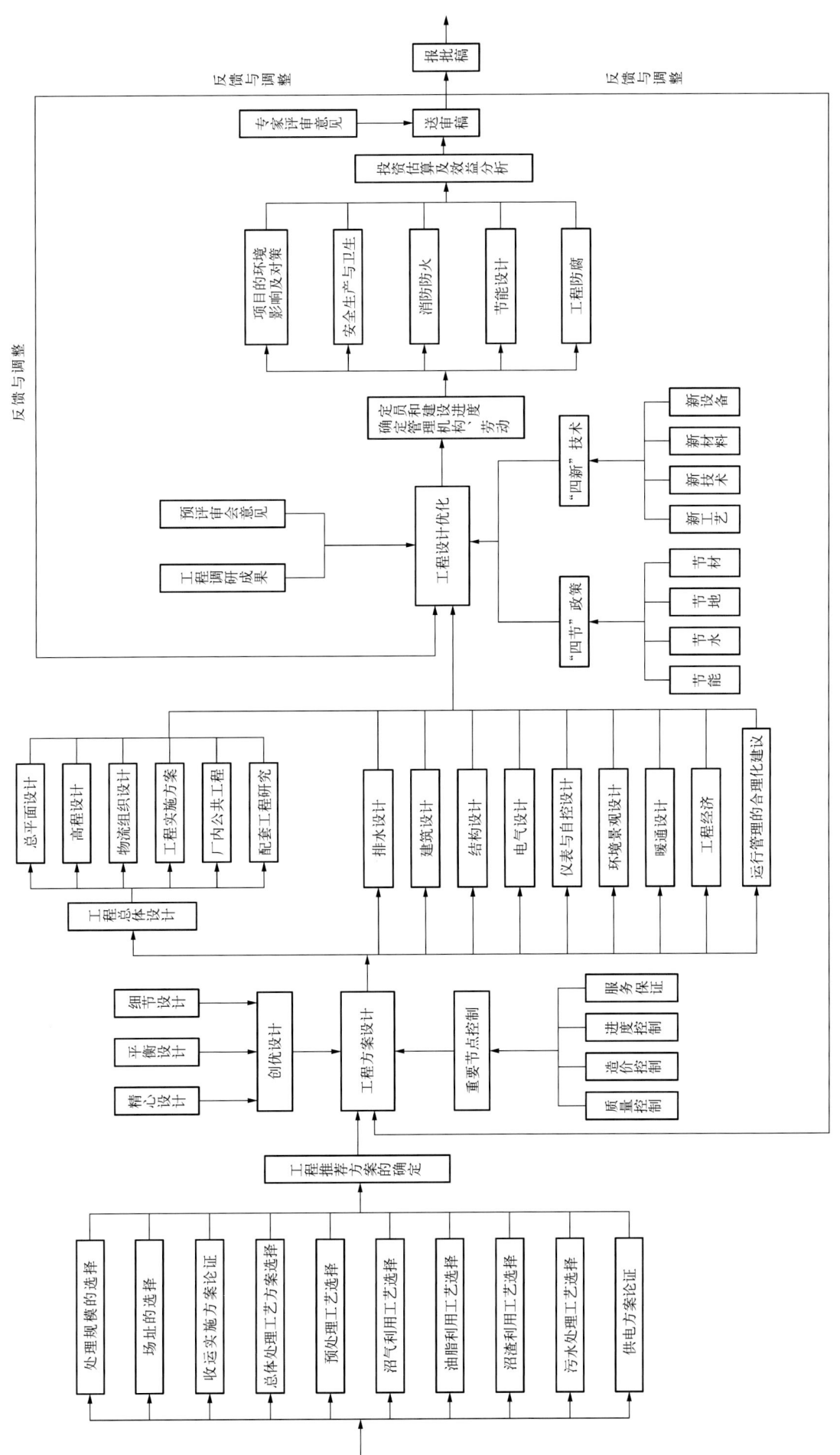

图3 项目工作路线图二

量进行了较为详细的预测，从餐厨废弃物尤其是地沟油对社会公共安全和食品卫生安全所带来的巨大影响的角度，对常州市餐厨废弃物收运处置现状进行了分析，指出了目前存在的各方面食品卫生安全隐患，提出了项目建设的必要性与迫切性。

根据餐厨垃圾收运处理现状，按照规划人口与人均垃圾产量双因素法进行预测，确定了常州市餐厨废弃物处理一期工程处理规模为：餐厨垃圾200 t/d，废弃食用油脂40 t/d。

## 二、项目技术难度大、定位高、资源化效应显著，具有示范意义

目前，国内餐厨垃圾厌氧发酵处理厂成功运行案例不多，大多数城市均在探索或观望阶段，加之中国的饮食习惯和西方发达国家存在巨大差异，实践证明照搬国外先进技术在国内是走不通的。因此，如何走出一条适合中国国情的餐厨垃圾无害化、资源化处理之路，是摆在我们面前的巨大挑战。

餐厨垃圾厌氧发酵处理厂涉及先进的预处理工艺、厌氧产沼工艺、沼气发电工艺及生物柴油制取工艺，需要多学科的理论和实践经验支持。可研论证中，在引进国外先进技术成果的同时，充分结合国内餐厨垃圾含油率高、含水率高、含盐率高的、含杂率高的特点，相关设备的集成为国内外首次，充分利用了市政院多年的工程实践经验，探索出一条适合本国国情的餐厨垃圾处理之路。加之，本项目原本就作为国家餐厨垃圾试点，具有极大的示范意义。

## 三、多方案比选论证充分

由于相关工艺的不成熟，因此需要对各个环节进行技术方案论证，可研中在充分分析国内外餐厨废弃物处理处置现状的基础上，针对干湿厌氧、消化温度、单相两相、加热方式、湿法厌氧技术、沼渣处理、脱水方案、预处理、沼气净化、地沟油处理、污水处理、臭气处理等方面，全方位地对不同工艺技术及方案进行论证，最终形成了推荐的工艺路线。

本工程总体工艺路线见图4。

（1）考虑到餐厨垃圾来料特性，需设置预处理设施。

预处理主要目的是分离出油水、杂质后，把有用的有机物质破碎制浆，达到厌氧处理系统进料的要求。通过综合比选，采用卸料—油水分离—杂质分离—制浆工艺。

（2）本工程厌氧消化采用单相、连续、湿式、中温工艺。

（3）沼气净化采用湿法+干法两级脱硫工艺。除锅炉房供热外，剩余的沼气发电自用。

（4）废弃食用油脂利用采用酸碱联合催化法制取生物柴油。

## 四、合理进行总体布局和物流组织

本项目中涉及沼气和生物柴油单元的防爆，因此总图布局中不仅要考虑合理的交通物流，还要结合整个厂区的防爆要求，合理布局，见图5。

（1）总图布置充分满足生产工艺流程和运行管理方便的要求，布置尽量集中紧凑，节约用地。

（2）总图布置统筹安排、合理布局，功能分区明确，交通组织顺畅，满足生产和生活需求。

（3）突出防爆区的集中布局和管理，做到安全第一，同时注重环境保护，对污水、臭气、噪声进行有效控制，使本项目的环境影响降至最低程度。

## 五、核心工艺创新

餐厨废弃物预处理是关系到整个处理厂安全稳定运行的最为关键一环，可研拟定工艺基于国内外成熟稳定运营的现有设施的成功经验和

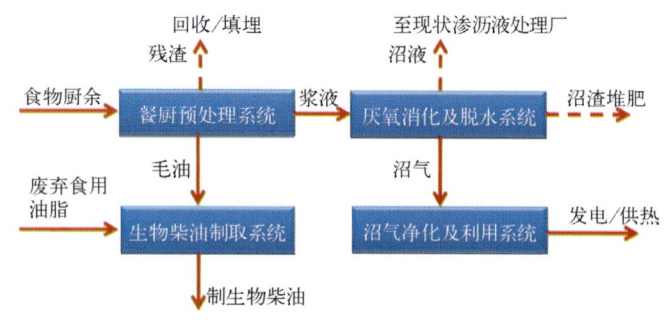

图4　总体工艺路线

图5　项目鸟瞰图

运营数据，采用基于自动分选一体机的预处理环节，结合除油、固废分离设施，可高效完成预处理过程，该预处理工艺已在常州餐厨废弃物应急处理线中得到成功运用，预处理分离效果显著。工艺流程见图6。

此外，可研中首次运用UBF厌氧发酵罐对餐厨垃圾进行厌氧产气，结合沼气预处理及发电机，实现沼气发电过程。

## 六、成本费用测算

目前，国内餐厨废弃物处理仍处于起步阶段，各地对于餐厨废弃物收运、处理处置的收费标准差异较大。本项目今后采用BOT模式运行，为保证收费标准的合理公正，项目咨询期间通过大量的实地调研工作获取了财务分析的基础数据，包括废弃食用油脂收购、生物柴油外售、水、电、药剂等的价格，在此基础上计算出运营期内餐厨废弃物的收费价格，具有更高的实际意义。

## 七、收运体系管理

收运系统是餐厨废弃物处理工程的保障系统，是保证常州市餐厨废弃物处理工程正常运行的关键，也是整个餐厨废弃物资源化处理系统的重要环节。采用科学手段收集处理餐厨废弃物，保证收运系统正常化运行，是实现餐厨废弃物无害化、减量化处理的前提条件。由于餐厨废弃物及地沟油的特殊性，其收运方案需结合国情进行分析，提出合理的收运管理意见。本工程从收运设备、体系保障、政府职能等多反面进行分析论证，拟定了符合常州地区特色的收运方案。

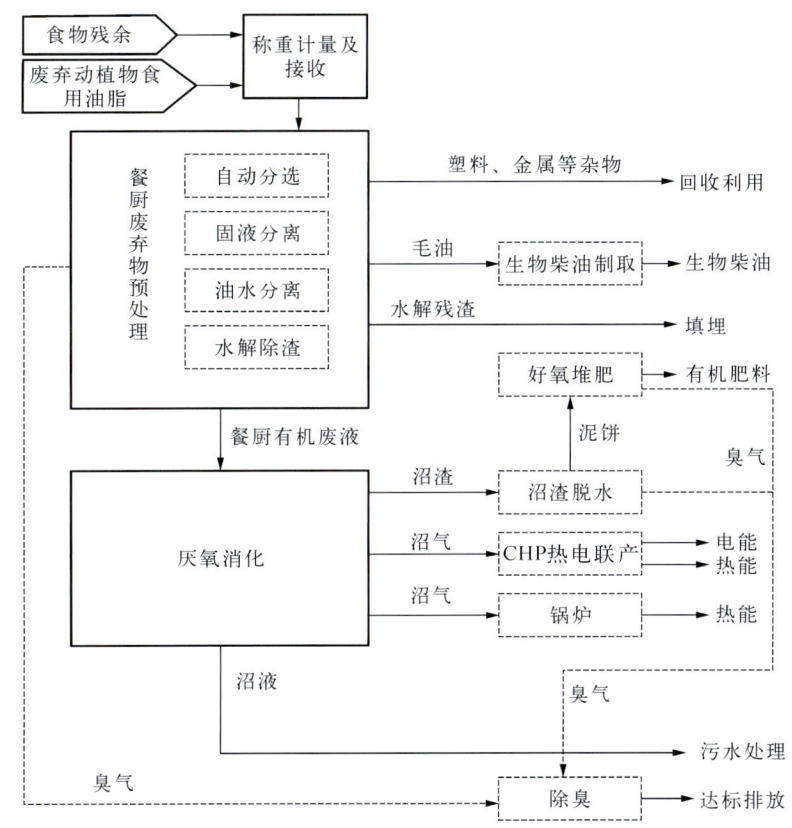

图6 工艺流程图

## 八、提升建筑景观效果

本项目作为一项环境工程，有必要在自身的环境建设上有所创新，创造一种"生态工艺"景观，一方面与处理工艺及其设施紧密结合，另一方面要与城市的总体风貌相协调，体现高效、现代、生态之概念。建筑设计充分体现现代建筑的特色，同时重视工业化建筑自身的本质特征与自身特点，强调工业建筑的风格特征，造型表现上简洁大气，古典优雅，见图7。设置屋顶景观绿化和休

图7 预处理车间透视图

闲健身区,创造清洁、卫生、美观的厂区环境。

### 九、注重环境效益,提升城市形象

餐厨废弃物处置工程本身就是一个环保工程,设计贯彻"预防为主、防治结合"的原则,采用了可靠的废气控制、废水处理技术,对必须外排的污染物均采取了严格的控制措施,有效地防止了二次污染,减轻了对周围环境的影响。

该项目的实施可有效避免常州市"潲水油""潲水猪"问题,减轻餐厨废弃物对常州市的污染危害,并可进一步提升常州市的城市形象。同时,本工程在实现社会效益、生态效益、环境效益、节能效益的同时,还可以带来一定的经济效益,是餐厨废弃物资源化处理、生物质能源开发和节能减排的综合性示范工程,作为国家相关试点城市,具有极大的推广意义。

### 【咨询效果】

1. 对国内餐厨行业发展的重要意义

本项目从餐厨废弃物收运保障体系、餐厨废弃物处理利用的工艺技术、餐厨废弃物处理收费标准等方面进行了研究探索,为引导餐厨废弃物资源化利用和无害化处理的发展起到积极作用,同时对餐厨行业的发展具有重要意义。

2012年,常州市顺利通过了国家发改委等五部委的选拔,成为全国餐厨废弃物资源化利用和无害化处理试点第二批候选城市。本可研报告中的大量数据及工艺路线作为申报材料的核心内容之一,有力的支撑了申报材料的科学性。

2. 对餐厨废弃物规范化管理的推广作用

目前,国内各地虽然都在试点餐厨废弃物处理,但对餐厨废弃物从产生到处置整个产业链的管理仍未形成系统的、完整的、科学的管理体系。本咨询报告在吸收国内类似项目研究经验的基础上,对目前餐厨行业产业链的几个薄弱环节进行了重点研究,为餐厨废弃物规范化管理体系提供依据,同时也为国内餐厨废弃物规范化管理的推广起到重要的作用。

3. 对常州市餐厨废弃物管理的促进作用

目前常州市部分餐厨废弃物已处于规范的收集、消纳状态。部分偏远、零星分布的餐饮网点的餐厨废弃物收集消纳则还不够规范,有的直接将餐厨废弃物随意倾倒,极易引起二次污染。本项目从餐厨废弃物收运管理、餐厨废弃物收集质量保障两方面进行重点研究,提出了申报收集、协议收运、台账制度等办法加强餐厨废弃物收运管理,避免餐厨废弃物的无序管理。

4. 对本项目实施的推动作用

本项目除了对餐厨废弃物收运、处理利用的主体工艺技术进行探索研究外,对项目实施条件、辅助配套及公用工程设计、消防等均进行了深入的研究,为项目的实施奠定了坚实的基础。对投资控制和下阶段工程的开展有很好的指导作用。

5. 客户评价

本项目成果应用于常州市国家试点城市申报材料,受到业主好评,为编制单位取得项目后续设计服务打下基础。

# 2011年第八届中国（重庆）国际园林博览会
## ——上海园工程可行性研究报告

The Feasibility Study Report of Shanghai Garden Project in the Eighth China International Garden Expo (Chongqing), 2011

编写单位：上海市园林设计院有限公司
Shanghai Landscape Architecture Design Institute CO.,LTD
联系电话：021-54043588　　网址：www.shlandscape.com
主要完成人：秦启宪　刘　星　王姗姗　韩莱平　陈惠君　周乐燕　李　娟　周艺雯

【点评】

本报告将低碳节能的理念体现在园林设计中，采用规则式和自由式交错的平面布局手法，景区布局合理，游线清晰，突出展示上海近年来绿化发展的成果，以及2010年上海世博会科技成果的应用示范工程。

【项目背景】

本项目地点位于重庆市北部新区龙景路1号，重庆市园博会中心区景西侧JQ-02地块，西临龙景湖，北近北京园，东靠太原园，地势东高西低，高差约11米，占地面积约7 346平方米。地块西侧与园博会主园路衔接，主园路宽4.5 m，是园博会主要的参观流线。地块东侧与园博会次园路衔接，次园路宽4 m，是联系与其他展园的参观流线。基地现状有少量地被植物。

【项目内容】

一、建设单位

上海市绿化和市容管理局、上海市绿化行业协会

图1　国际园林博览会总平面图

## 二、建设地点

重庆市北部新区龙景路1号

## 三、建设规模

占地面积约7 346平方米。

## 四、产品方案

2011年第八届中国（重庆）国际园林博览会——上海园突出展示上海近年来绿化发展的成果及对世博会科技成果的应用。从低碳节能的角度出发，把对能源资源的关注体现在园林设计中，探讨未来园林发展的方向。

### （一）空间设计

1. 竖向地形

上海园依山临湖，景观视线良好，竖向设计与总体设计相呼应，因地制宜就地填挖塑造地形，平衡土方量。同时以自然排水为主，人工排水为辅，合理储蓄雨水。根据其竖向情况从上至下大致分为远景环抱，中景展览，前景过渡三个空间层次。

2. 交通流线

考虑到展会期间大量的参观人流，根据基地特点，设计构建了完善的园路体系。并在主次园路节点处形成展览景点，合理设置集中活动场地，满足游人安全集散与无障碍通行。同时考虑到与其他城市展园的整体衔接，在环形主路上设置多个出入口，方便游人参观游览。

### （二）功能设计

1. 功能布局

借鉴中国古典园林中的造园手法。设计构建了"绿岛"环绕的功能布局形式。主要展示空间建在中心区域，使之独立成景。环绕四周的绿化景观对周边城市展园进行了遮挡和修饰，同时借用园外美景（如园博会中心塔），使上海园融入整个山地园林景观之中。

2. 构建复合功能

在传统的观赏园林基础上注入了包括园林艺术，科技创新，文化展示，科普教育多种复合功能。

3. 展会后续利用

考虑展会后续利用，可以改造利用形成湖滨聚会，康体健身，科研示范，素质教育等多功能户外场所。

### （三）生态设计

1. 生态绿化技术

为了构建良好的景观生态格局，加强绿地的碳汇功能。运用现代生态景观学的概念，力求做到"立足生态、体现自然、合理布局、突出主题"的生态绿化设计原则，形成层次丰富，植物多样化的绿化空间。

2. 生态可持续技术

针对现状水土流失的问题应用雨水收集，净

图2　博览会远景之一

化技术,透水铺装技术。

针对山体裸露面应用垂直绿化技术修复山体。

针对建设后区域碳排放量增加的问题应用LED,太阳能等清洁能源节能技术。

针对当地高温炎热的气候应用雾喷降温技术。

（四）用地平衡表

| 编　号 | 项目名称 | 面积（m²） | 百分比 |
|---|---|---|---|
| 1 | 总面积 | 7 346 | 100.00% |
| 2 | 绿化 | 5 780 | 78.7% |
| 3 | 道路、广场 | 1 200 | 16.3% |
| 4 | 旱溪 | 301 | 4.1% |
| 5 | 景亭 | 65 | 0.9% |

（五）技术可行性

本项目是2011年代表上海绿地景观建设的项目之一,受到上海市政府,绿化和市容管理局及相关部门的高度重视。这一项目的建成将对上海未来园林景观的发展起着积极的推动作用。在经济上,本项目的建设资金是得到上海市财政局保证的,因此,本项目的建设是必要且可行的。

投资估算：689.28万元

（六）效益分析

1. 生态效益分析

促进园博会环境建设可持续发展,改善局部小气候,降低城市热岛效应。

2. 社会效益

为居民及游客创造了休闲活动场所,扩大了与国内外园林绿化行业的交流,是对上海园林绿化成果的展示与推广。

## 【工作过程】

项目自2010年7月始,至2011年5月完成。第八届中国（重庆）国际园林博览会——上海园由上海市园林设计院有限公司完成设计。

2010年8月　接受方案设计征集书,组织设计团队进行实地考察,听取重庆市、上海市等各级领导与专家的意见,初步确定方案规划构思、定位和布局。

2010年9—12月　多次现场调查和采样分析,得到一系列重要数据。

2011年1—4月　结合重庆园博会上海园区域的调研情况,提出低碳节能的生态方案在院内进行多方案比选。

其中,在2011年2月,设计院提出7个不同主题的设计方案：

1. "道"主题方案

上海园以"道"为主题,同时结合上海发达的地铁轨道交通,展示上海时代和快节奏的生活缩影,让游人在寻觅中感悟上海园林在发展中园林人的园林智慧之道。

2. "海之蓝、山之绿"主题方案

以上海的海派特色与重庆的山城特色相结合,构成不同的地形变化,结合特色的海派景观小品,形成"海山对话"的主题方案。

3. "海上传奇"主题方案

以传达上海文化和上海印象为主题,布局"上海之音""上海之影""上海之恋"的景观。

4. "舞动的奇想空间"主题方案

作品以"虹桥""地景""溪涧""空间""小径""竹格"整合而成,突出设计中的富有创意的空间布局,展示新颖的设计思维,诠释灵感创意的设计空间。

5. "风从东方来"主题方案

以"绿意风尚"为主题,围绕区域中心点位置旋转的"风筒"景观标志物,象征着上海风采,与世界的沟通,神韵与未来交融,把感受风、聆听风、寻找风为主线,展示以风为主题的特色景观,体验一次风尚艺术之旅。

2011年5月　调整规划布局,补充并完善景观及低碳节能系统的设计方案,使得规划方案布局更具上海特色,投资更合理,更具可实施性。

该项目设计图纸详尽清晰、合理,满足施工需要。设计中多处采用国内、国际先进的环保节能技术及材料,建成以雨水收集、再生能源利用为特色的创新园林景观,由于其专业性较强,主创设计师多次主动到现场指导,保证施工能够更充分的体现设计意图的同时,以确保了工期和设计效果的体现。在建设过程中遇到问题,各专业的设计师能随叫随到,协同业主、监理、施工方共同解决施工难点问题,从而保证了工程顺利竣工,并通过工程验收。

## 【咨询工作特点】

一、可行性研究方法具有创新性和先进性

打破以往可行性研究只作静态分析的方法,实地对重庆园博会上海园展区进行了充分调查与挖掘,收集大量现场资料,并对整个展区的建设条件充分分析。规划突出展示对世博会科技成果的应用,以及探讨未来园林发展的景观设计理念,尤其是涉及雨水回收、绿化种植、再生能源利用等技术型专项设计,积极地运用科学理论作为支撑,力求务实规范,确保研究成果严谨而富有创新。

## 二、以"低碳节能"为依托,确立完整的景区框架

确立保护框架,划定周边区域严格的建设控制范围,对重庆园博会上海园展区所承载的低碳节能体系进行有效展示。结合东高西低,高差约11米的特有地势、组织游客观赏路线、雨水收集再利用、再生能源植物配置等一系列有效措施。

## 三、五大景区的设计框架,展现可持续发展园林景观模式,对未来园林发展及低碳生活的探讨

从低碳节能的角度出发,把对能源资源的关注体现在园林设计中,形成了岩石花园、雨水花园、花之谷、观赏草花园、能源植物园五个特色景点。

### 1. 岩石花园

以岩生植物和特色岩石展示为主题,选择抗旱性强的岩生植物对山体起到护坡、固土的作用。同时就地取材,结合保健养生植物为主,采用当地特色岩石来重塑地形,营造独具地域特色的岩石台地花园景观。

### 2. 雨水花园

以雨水收集及循环利用为主题,雨水经过屋面及地表径流汇入旱溪,通过沉淀—过滤—净化对植物进行灌溉并形成溪流景观,塑造生态节水示范性雨水花园。通过对绿地、地面及构筑物的雨水收集、展示及利用,营造自然美丽的雨水花园。雨水花园中心是一处代表上海精神的景观亭。花园平时是作为旱溪植物景观,当雨水汇聚时溪流由高至低流入雨水收集池。既形成了自然的溪流景观,同时通过雨水收集对场地及植被进行灌溉。打造生态节水示范性园林景观。

### 3. 花之谷

以花卉植物展示为主题,结合自然地形,因地制宜地营造出连续、绵延的花海景观。展示色彩艳丽和芳香类花卉植物,将地形线条勾画出来,形成色彩斑斓、芳香宜人,美不胜收的花卉景观。

### 4. 观赏草花园

以观赏草植物展示为主题,观赏草植物景观独特,养护成本低,发展前景广阔。同时使用再生材料(锈钢板雕刻艺术)以展示上海人文历史风情,以体现对环境保护的重视及应用,形成节约型生态景观。

### 5. 能源植物园

以观赏性强可提供能源原料的植物展示为主题,特别是展示含油率高的生物能源植物,诠释可再生、可替代型能源的新概念。倡导生态能

图3 博览会远景之二

源为主题的能源植物园,由展示木本能源植物而组成。特色的能源植物种植和展示,诠释"低碳节能"的新概念,让游人感受全新的环保理念。

四、生态优先,体现上海特色

体现上海与重庆两地间联系,展示上海园林绿化发展成果

使用再生材料(锈钢板雕刻艺术)以展示上海人文特色,以体现对环境保护的重视及应用。构筑物、景观小品代表了上海悠久的历史,又展示出了上海崭新的城市形象,同时集中展示了雨水收集的生态理念。

1. 景观亭

将上海市中心的特色景观亭为缩影,重新打造并布置于雨水花园的中心。景观亭高6~8 m,由石材及钢结构组合而成,并重新赋予了雨水收集的生态功能,展示了生态的理念。

2. 景观小品

该项目设置了包括锈钢板景墙、整石景墙等展示上海文化特色的景观小品。

3. 铺装设计

本项目道路广场铺装材质规划为有地方文化符号的、成本合理的、耐久性的、可渗透或可再生的材料。(如当地石材等)。

五、植物配置突出低碳节能的技术措施,并展示六大植物展示区域

植物配置力求做到"立足生态、体现自然、合理布局、突出主题。"并对不同区域的绿化空间进行自然美观、符合生态规律的设计。植物景观主要有六大植物区域:闻香类植物,保健养生植物,观赏草植物,水生植物,能源植物,背景林植物景观等形式。以重庆当地植物为基础栽植,选择可在重庆生长代表上海特点的植物。

1. 闻香类植物景观

运用芳香类花境植物,结合自然地形,因地制宜将地形线条勾画出来,亦摒弃传统园艺配置形式中人工化、非自然的配植形式。营造连续、绵延的花海,形成色彩斑斓、芳香宜人、美不胜收的花卉景观。

2. 保健养生植物景观

结合丰富的台地、岩石,在其中运用保健类植物,突出人与环境的共融性。以"中华养生体疗植物"为主题,运用中医"五行":"金——肺","木——肝","水——肾","火——心",

"土——脾"。营造放松调养的植物氛围。

3. 观赏草植物景观

运用观赏草类植物,在条带状、块状的台地花坛中展示具有生态,自然风情,形成错综交融的各色观赏草植物景观。

4. 水生植物景观

结合雨水收集的新概念,在植物上运用水生植物、湿生类植物、构成旱时有景,水盈绿岸水绿交融的水生植物花园景观。

5. 能源植物景观

宣传和诠释"低碳节能"的新概念,展示可提炼能源类木本植物,在游园观赏中,让游人感受全新的环保理念。

6. 背景林植物景观

围合整个园区的外围,运用当地特色的乡土树种,常绿落叶相结合,提供丰富的林冠线,并形成茂盛的背景林。

六、设计创新性强,引领行业的设计趋势及革新

1. 生态花园

以雨水收集及循环利用为主题,雨水经过屋面及地表径流汇入旱溪,通过沉淀—过滤—净化对植物进行灌溉并形成溪流景观,塑造生态节水示范性雨水花园。

2. 能源植物

从低碳节能的角度出发,把对能源资源的关注体现在园林设计中,形成了能源植物园,以观赏性强的能源植物作为展示主题,诠释可再生、可替代的新能源概念。

3. 创新要点

(1)针对现状水土流失应用雨水收集和净化技术,透水铺装技术。

(2)针对山体裸露面应用垂直绿化技术修复山体。

(3)针对建设后区域碳排放量增加应用LED,太阳能等清洁能源节能技术。

(4)针对当地高温炎热的气候使用雾喷降温技术。

七、实现"减排放、再利用、再循环"的给排水系统设计

根据"2011年中国(重庆)国际园林博览会展园控制性详细规划"、现行的给排水设计规范和市政基础设施的可行性情况,体现"生态优先,

节约环保"的理念。

上海园位于园林博览会中心景区的西面,紧邻园区主干道,距4#灌溉泵房约150 m,北面即为DN200生活给水管。

园内旱溪的下游为上海园的地形较低点。

1. 给水水源

景观给水以雨水回用系统为主,龙井湖水源为补充,展园区内补充景观用水从4#浇灌泵站的出水管引入。

直饮水水源接自北面的生活给水管。

2. 给水水量

按2.5 L/m²·天的用水指标,浇灌清扫用水量约为17 m³/天。

设计区域的直饮水给水量约为2.0 m³/h。

3. 给水系统

景观给水由旱溪下游的雨水收集处理系统供水,4#浇灌泵站引入的龙井湖水为补充供水水源。

直饮水给水从生活给水系统引水,经"活性炭+PVC合金超滤膜+紫外线"组合处理工艺供水,水质指标达到现行国家《饮用水卫生标准》和《饮用净水水质标准》的要求。

4. 雨水排出

园内结合景观布置透水管、渠,地面径流雨水经拦截、收集回收,入旱溪下游的雨水收集处理系统。经处理后回用。

## 八、电力工程方案采用环保节能的绿色能源材料

根据绿化布置的内容来布灯,融灯光于自然环境中,创造高品质的景观环境,使之具有较强的自然生态氛围。

1. 电力工程方案设计

(1) 用电负荷: 25 kW。

(2) 供电电源: 供电电源为三相四线380 N/220 V。

(3) 线路敷设: 电力电缆均采用埋地敷设。

2. 广播系统

园内设置有线广播及背景音乐系统,控制系统纳入园博会总控制系统。

3. 监控安保系统

园内设置区域控制箱、摄像机、UPS等设备。控制系统纳入园博会总控制系统。

4. 景观照明系统

景观照明的照度及亮度不宜过高,以免造成光污染。照明的设备安装容量按《公共建筑节能设计标准》中的内容执行。照明光源采用LED灯、节能灯、紧凑型节能荧光灯及高效气体放电灯(金卤灯等),具有寿命长、光效高、透雾性强、一致性好并节能的特点,并选用光输出比不小于65%~80%的灯具,合理的配光,防止眩光的产生。

三相照明回路中应尽量使三相负荷达到平衡。较大功率的气体放电灯配套电容补偿,提高功率因数素。

电力主干线的最大电压降不大于2%,分支线路的最大电压降不大于3%。

## 【咨询效果】

本届园博会上海园采用规则式和自由式交错的平面布局手法,五个景区的布局基本合理,游线清晰,体现了本届园博会"园林,让城市更加美好"的主题,设计方案总体可行。

第八届中国(重庆)国际园林博览会——上海园为设计征集招标项目,由上海市园林设计院有限公司中标。设计紧扣"低碳节能"的主题,突出展示上海近年来绿化发展的成果及对世博会科技成果的应用,以及探讨未来园林发展的景观设计理念。

上海园在雨水回收、绿化种植、再生能源利用等技术型专项设计,积极地运用科学理论作为支撑,力求务实规范,充分体现了研究成果的严谨性及创新性的同时,又展示出了上海的历史和崭新的城市形象。

在设计及施工配合期间,设计团队充分发挥了专业水平和协作能力,克服了项目周期短、见效快、路途远、地域差别等诸多困难,较好地完成了设计工作。部分主创设计师其专业高效、严谨务实的工作态度得到了主管部门、业主单位的好评。

上海园项目建成后荣获第八届中国(重庆)国际园林博览会组委会颁发的第八届中国(重庆)国际园林博览会——展园设计大奖等五项奖项。在第八届中国(重庆)国际园林博览会开园展览期间,上海园成为展览会中的一大亮点区域,吸引了大量游客以及各方环保组织人士在此参观、交流,接待了各省市的各级领导的视察,得到了行业内及各界的积极评价和赞许。